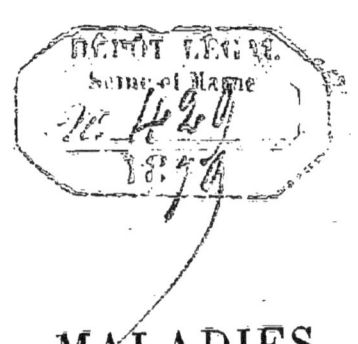

MALADIES
DES VOIES DIGESTIVES

A LA MÊME LIBRAIRIE

AUTRES OUVRAGES DU MÊME AUTEUR

Des différentes formes de pneumonie aiguë chez les enfants.
1867, in-8 de 154 pages. 3 fr. 50

La pleurésie purulente. 1869, in-8. 3 fr. 50

Étiologie de la tuberculose. 1872, in-8 de 204 pages (thèse d'agrégation). 2 fr. 50

MALADIES

DES

VOIES DIGESTIVES

LEÇONS PROFESSÉES A LA FACULTÉ DE MÉDECINE DE PARIS

(SUPPLÉANCE DU COURS DE PATHOLOGIE INTERNE)

PAR

F. DAMASCHINO

Agrégé à la Faculté de médecine, médecin de l'hôpital Laënnec

RECUEILLIES PAR LE Dr M. LETULLE, INTERNE LAURÉAT DES HOPITAUX

ET REVUES PAR L'AUTEUR

PARIS
LIBRAIRIE GERMER BAILLIÈRE ET Cie
108, BOULEVARD SAINT-GERMAIN, 108

1880

Les leçons que je publie, réunies en livre, ont été faites en 1874, alors que j'étais chargé, comme agrégé, du *cours de pathologie interne* en remplacement du regretté professeur Axenfeld. Je demandais à cette époque toute la bienveillance de mes auditeurs; je réclame aujourd'hui celle de mes lecteurs.

Loin de moi la prétention de mettre au jour un nouveau *Traité des maladies des voies digestives ;* la plupart de ces affections sont bien connues, et, pour en retracer l'histoire, je ne pouvais m'appuyer sur des recherches originales. Rassembler les notions acquises, les exposer avec ordre et précision, en présenter le tableau aussi exact que possible : tel était mon devoir et tel a été le but de mes efforts.

Écartant avec intention tout ce qui n'était que pure

hypothèse, passant vite sur les théories douteuses, exposant avec sincérité le pour et le contre dans les questions indécises, je ne me suis attaché qu'aux faits, et j'ai tâché de les décrire avec clarté et méthode.

Ces leçons, pour le fond comme pour la forme, sont la reproduction du cours de 1874 ; je remercie mon élève et ami M. le Dr Letulle, interne lauréat des hôpitaux, qui s'est chargé de les recueillir ; je les ai revues avec soin. Je m'étais efforcé, dès le principe, de les rendre complètes, de manière à constituer, pour ainsi dire, l'année où elles furent faites, le bilan de nos connaissances sur les maladies des voies digestives. Afin qu'elles ne perdissent point ce caractère d'actualité, et aussi pour que l'œuvre en fût améliorée, j'ai résumé, dans des *notes* ajoutées au texte, les travaux et observations de quelque importance publiés ultérieurement.

Que ce livre didactique soit profitable aux élèves, qu'il reçoive l'approbation de mes maîtres, c'est ma seule ambition et ce serait ma grande récompense.

LEÇONS

SUR LES

MALADIES DU TUBE DIGESTIF

PREMIÈRE LEÇON

CONSIDÉRATIONS GÉNÉRALES SUR LES MALADIES DU TUBE DIGESTIF

Les maladies du tube digestif, dont je dois vous présenter l'histoire, sont un sujet d'étude très-important tout à la fois au point de vue historique, théorique et clinique, mais en même temps fort difficile par sa complexité. Vous savez en effet que l'appareil de la digestion est chargé de fonctions multiples : il n'est pas seulement destiné à diviser les aliments qui, soumis à l'action des sucs divers de la digestion, sont ainsi rendus solubles et finalement absorbés dans les cavités de l'intestin ; son rôle est encore plus compliqué : il comporte une fonction hématopoïétique, c'est-à-dire qu'il contribue à la rénovation du sang (cette *chair coulante*, suivant la juste définition de Bordeu), car il prend part et à sa constitution chimique et à sa constitution globulaire. Sans nous aventurer témérairement sur un terrain peu solide, nous ne pouvons toutefois méconnaître ce mode d'action du tube digestif sur la constitution du sang. Et notez bien que ces considérations ne s'appliquent pas seulement au foie, dont la sécrétion biliaire est, selon la remarque déjà faite par Galien, excrémentitielle et récrémentitielle, au foie, dont l'importance en physiologie est encore augmentée par sa fonction glycogénique [1]; elles s'appliquent pareillement à la rate, à toute la muqueuse pharyngienne et aussi à la muqueuse gastro-intestinale, puisque, indépendamment des follicules lymphatiques isolés et agminés, cette membrane renferme dans son épaisseur un riche appareil lymphoïde qui doit être certainement fort utile à la sanguification.

L'anatomie et la physiologie du tube digestif nous font également connaître la grande participation du système nerveux dans la constitution et le fonctionnement de l'appareil gastro-intestinal. Vous n'avez pas oublié le développement considérable du double réseau nerveux en rapport avec les plans musculaires et surtout avec la muqueuse; vous n'avez pas oublié non plus les expériences intéressantes de M. Armand Moreau sur le rôle qui est dévolu à ce réseau dans la sécrétion et la digestion intestinales.

1. Les intéressants travaux de M. le professeur Brouardel ont fait

Par ces quelques considérations physiologiques, vous pouvez vous rendre compte de l'importance extrême de ces organes et des fonctions qu'ils remplissent dans l'économie animale. Aussi comprendrez-vous sans peine comment leurs lésions restent très-rarement limitées dans leurs effets et comment au contraire elles retentissent sur l'organisme, qui en est impressionné tout entier; les plus récentes découvertes anatomiques et physiologiques viennent donc confirmer jusqu'à un certain point les théories pourtant trop exclusives de Broussais et de son école.

Mais, de même que les affections du tube digestif font sentir leur influence sur toute l'économie, de même les maladies générales influencent à leur tour le tube digestif, qui en éprouve la plupart du temps le contrecoup : il en résulte des manifestations, des déterminations morbides qui jouent un grand rôle dans l'histoire de ces maladies. En voulez-vous une preuve? Sans aller la chercher bien loin, vous la trouvez dans l'état fébrile lui-même. Pendant l'accès de fièvre, en même temps que le pouls s'accélère, que la température s'élève, que le malade se plaint de lassitude et de courbature, il existe un sentiment d'inappétence, de dégoût pour l'alimentation ; parfois même surviennent quelques vomissements. Que se passe-t-il donc du côté du tube digestif? Les recherches de Beaumont sur son fameux Canadien atteint d'une fistule gastrique vont nous l'apprendre :

la muqueuse de l'estomac perd alors sa couleur et son aspect normaux; elle devient tantôt rouge et sèche, tantôt pâle et humide; la sécrétion gastrique est diminuée, parfois même tarie, et les aliments, indigérés, peuvent séjourner un ou deux jours dans l'estomac sans subir aucunement son action peptique.

Le tube digestif peut d'ailleurs être affecté, sinon dans sa constitution anatomique, au moins dans son fonctionnement régulier, et à la suite de maladies générales, et pendant le cours de certaines affections locales. Il est ainsi très-souvent le siége de phénomènes réflexes. Chez les enfants, par exemple, rien n'est plus fréquent que de voir survenir des vomissements au début d'une fièvre éruptive, d'une pneumonie ou d'une légère angine; chez l'adulte, ce phénomène est à peu près constant dans la colique néphrétique même peu intense.

Ces sympathies, ces désordres complexes rendent plus difficile l'étude des maladies du tube digestif. Et d'abord une première question se présente : comment doit-on délimiter le sujet? Quelles affections doit-on y comprendre? Quelles sont celles qu'il en faut écarter? C'est là une difficulté beaucoup plus grande qu'on ne saurait l'imaginer. Certes, il n'y a aucune discussion possible pour un certain nombre d'états morbides : telles sont les diverses congestions et inflammations des différentes parties du tube digestif, bouche, pharynx, œsophage, etc., quelle que soit d'ailleurs la nature (catarrhale, ulcéreuse, pseudo-membraneuse) de ces inflammations; telles aussi les gangrènes; ou les hydropisies de la séreuse péritonéale; telles encore les manifestations locales de certaines diathèses, comme le cancer ou la tuberculose. Dans ces diathèses, il n'existe pas seulement des phénomènes généraux, mais encore des symptômes locaux en rapport avec l'organe dont la structure et les fonctions sont altérées. Vous pensez bien, par exemple, que les manifestations du cancer de l'œsophage seront très-différentes de celles du carcinome stomacal ou intestinal, et ainsi de suite; du reste, il importe que vous le sachiez dès à présent, dans l'évolution de ces localisations diathésiques, les phénomènes locaux, les troubles fonctionnels peuvent se montrer bien avant les symptômes généraux ou même sans que ceux-ci apparaissent.

Des considérations analogues seraient applicables aux corps étrangers, soit venus du dehors et arrêtés dans un point quelconque des cavités digestives, soit développés dans l'organisme, tels que les concrétions calculeuses, ou provenant de germes introduits accidentellement, comme les helminthes.

Jusqu'ici, les difficultés ne sont pas très-grandes; mais d'autres fois les choses sont beaucoup plus complexes. Il est des maladies générales, des affections dans lesquelles le tube digestif présente non pas seulement des troubles fonctionnels, mais encore des lésions matérielles, des altérations anatomiques constantes et assez considérables pour que l'on ait cru pouvoir considérer ces affections comme de simples maladies du tube digestif. De là des discussions nombreuses; de là, suivant les époques et les divers systèmes prédominants, des idées toutes différentes d'après lesquelles ces affections ont été successivement envisagées tantôt comme générales, tantôt comme locales. Je pourrais vous en citer de nombreux exemples : la fièvre typhoïde est certainement le plus démonstratif.

Vous connaissez les discussions infinies dont les *fièvres continues* ont été le point de départ : les dénominations, les classifications, auxquelles ces pyrexies ont donné lieu. Il serait hors de propos de vous en tracer une histoire même abrégée : le cadre de cette leçon n'y suffirait pas; je veux uniquement vous rappeler les variations multipliées que les doctrines régnantes ont fait successivement subir à cette partie de la nosographie.

Je commence cette étude à la seconde moitié du siècle dernier, alors que la pyrétologie était le plus en honneur. C'était l'époque où Sauvages (1759) écrivait sa *Nosologie philosophique*, où bientôt Cullen (1770) et Selle (1773) composaient leurs célèbres écrits et imposaient leur influence aux médecins de leur temps. L'*essentialité des fièvres* régnait alors sans conteste et dominait toute la médecine.

Toutefois, les recherches anatomo-pathologiques avaient acquis déjà quelque valeur : les ouvertures des corps devenaient le complément nécessaire de toute étude nosologique. Déjà, dans le siècle précédent (1690), Bonet avait écrit son fameux *Sepulchretum;* mais c'est dans la seconde moitié du xviiie siècle, en 1762, que Morgagni composait son immortel ouvrage, qui fut la base réelle de toutes les recherches modernes. Les anatomistes ne laissaient certainement pas que de scruter les altérations des organes chez les malades qui avaient succombé aux *fièvres malignes*, *putrides*, comme l'on dénommait alors nos fièvres continues. Antécédemment, Willis avait signalé l'existence des ulcérations intestinales (sans toutefois que nous puissions affirmer qu'il ne s'agissait point des lésions dysentériques). Chirac, dont le nom ne vous est point étranger (et qui d'ailleurs est plus renommé par ses exagérations de phlébotomiste), faisait, en 1694, à Rochefort, des observations sur les *fièvres malignes pestilentielles*, et affirmait que leur cause première est souvent une inflammation soit des organes digestifs, soit du cerveau. Baglivi reprit à son tour cette étude, et quoiqu'il eût reconnu et décrit des altérations anatomo-pathologiques de divers organes chez les sujets atteints de pyrexie, il n'en continua pas moins à envisager ces états morbides comme des fièvres continues.

Ce sont en réalité les recherches de Rœderer et Wagler qui, dès l'année 1765, firent connaître d'une manière positive les altérations du tube intestinal : les médecins de Gœttingue montrèrent que la lésion de l'intestin siége dans les *follicules* isolés et agminés, et ils décrivirent la plaque gaufrée, pointillée, puis le ramollissement progressif des parties malades. Si, depuis lors, on a mieux connu et précisé davantage les altérations morbides, et si l'on a pu en mieux suivre l'évolution, du moins Rœderer et Wagler les avaient-ils déjà vues et bien vues, et c'est à eux que revient le grand mérite d'avoir réuni dans une description unique toutes les apparences diverses des ulcérations de l'intestin que présente la *maladie muqueuse*.

Pinel, ce célèbre nosographe, n'hésita pas, malgré ces travaux positifs, à reprendre les anciens errements, et, dès la première édition de sa *Nosographie philosophique*, il vint affirmer de nouveau l'essentialité des fièvres, c'est-à-dire leur indépendance de toute lésion des organes. Sa nomenclature comprenait cinq classes correspondant aux fièvres inflammatoire, muqueuse, bilieuse, putride ou adynamique, maligne ou ataxique. Pinel maintenait donc l'*essentialité des pyrexies*, et cependant lui-même insistait sur leurs localisations distinctes.

En 1804, Prost, qui avait aussi constaté par l'ouverture des corps les lésions de l'intestin, étudiant à son tour les fièvres, attribua à ces altérations du tube digestif une grande importance ; il déclara qu'il fallait y chercher la cause des pyrexies et proclama que celles-ci étaient de nature symptomatique.

Petit et Serres (1813) reprirent ensuite ces recherches et donnèrent une description très-complète des lésions que présentent les organes de la digestion. Toutefois, dominés par l'autorité de Pinel, ils n'osèrent rompre avec la tradition ; ils firent une fièvre maligne de leur *fièvre entéro-mésentérique* (nom qu'ils adoptèrent en raison des altérations cadavériques qu'ils avaient toujours retrouvées). Il est bon toutefois de noter que Petit et Serres finirent par réunir sous une seule dénomination les formes si souvent dissociées jusqu'alors de ces pyrexies.

Battu en brèche par ces résultats de l'anatomie pathologique, Pinel, homme à systèmes, ne voulut pas se rendre à l'évidence, et, plutôt que de modifier sa classification, plutôt que de renoncer à l'essentialité, il préféra, dans la quatrième édition de sa *Nosographie philosophie*, consacrer tout un chapitre à l'*entérite folliculeuse*, disant à ses contradicteurs : oui, vous avez raison ; il y a quelquefois des maladies fébriles où l'intestin est malade, mais ce ne sont pas mes fièvres ; c'est une nouvelle espèce d'entérite non décrite jusqu'à ce jour et véritablement spéciale.

Broussais parut alors et se jeta dans la mêlée avec son ardeur et son talent de polémiste. Adversaire résolu, théoricien convaincu, il fit une attaque à fond contre les fièvres essentielles. Il faut lire les pages que dans son *Examen des doctrines* il consacre à la *Nosographie* de Pinel : vous y verrez avec quelle verve mordante il raille le système qu'il vient combattre. Pour Broussais, il n'y a pas, il ne peut pas y avoir de fièvres essentielles : la fièvre n'existe pas isolément : elle est le symptôme d'un état d'irritation, d'inflammation locale, et les fièvres continues trahissent précisément cet état inflammatoire, dont le siége, vous l'avez deviné, est justement le tube digestif. Votre malade a de la fièvre : *gastro-entérite;* il a du délire : gastro-entérite ; il a de la somnolence, de la prostration, du coma : gastro-entérite, gastro-entérite encore et toujours.

Pour Broussais, l'inflammation est prouvée tout à la fois et par les symptômes et par les lésions anatomiques. Toutes ces dernières sont phlegmasiques et constituent « une sorte de débordement des phlegmasies intérieures ». Les contradicteurs ne se firent pas longtemps attendre : un des plus consciencieux observateurs de cette époque, un clinicien rigoureux, M. Louis, entreprit ses recherches sur la fièvre typhoïde et traça la plus complète description qui eût encore été donnée et des symptômes et des altérations cadavériques. Repoussant la gastro-entérite, il établit que toutes les fièvres séparées et dissociées dans les descriptions de Pinel appartiennent à une seule et même maladie, et cependant, tout en attaquant les doctrines de Broussais, il fit de cette affection unique une maladie intestinale, une *entérite folliculeuse*.

Bretonneau et ses élèves, étudiant à leur tour cette question, envisagèrent la *fièvre typhoïde* comme une pyrexie éruptive, mais avec éruption interne, avec enanthème. La *dothiénentérie*, ainsi qu'ils la dénommèrent, n'était donc plus une affection locale, une gastro-entérite, mais bien une fièvre enanthématique.

Ainsi le système si laborieusement édifié par Broussais croulait de toutes parts ; malgré sa critique acerbe et ses railleries sur Bretonneau et son inflammation, cantonnée, disait-il, « sur les follicules avec défense d'en sortir », malgré tous ses efforts, l'essentialité des fièvres reparaissait. Et pourtant les théories de Broussais étaient profondément enracinées dans les esprits : vous pouvez vous faire une idée de l'enthousiasme qu'elles avaient éveillé en parcourant les remarquables écrits de cette époque et en particulier les nombreux ouvrages dans lesquels un de nos maîtres les plus vénérés, M. le professeur Bouillaud, a décrit avec tant de talent et si complètement la maladie typhoïde.

Vous verrez par exemple qu'un des professeurs les plus illustres de cette école, M. Andral, après avoir, dans la première édition de sa *Clinique médicale*, décrit les fièvres continues, abandonne plus tard les idées qu'il avait d'abord défendues sous l'impulsion de son maître Lherminier et ne parle plus que de l'entérite folliculeuse. Disons toutefois que ses travaux d'hématologie, faits en commun avec un de nos maîtres les plus éminents, M. le professeur Gavarret, ont donné un nouvel argument en faveur de l'essentialité des fièvres.

Mais je m'arrête dans cet historique : vous savez que les recherches contemporaines, basées tout à la fois sur les connaissances étiologiques, sur l'étude des symptômes et sur les altérations anatomiques, ont à nouveau consacré le groupe des fièvres continues. Aujourd'hui, avec ces données positives, serait-il légitime de faire de la fièvre typhoïde une maladie d'organe, une pure phlegmasie gastro-intestinale ? Evidemment non. Outre que les notions symptomatiques et notamment les études de thermométrie clinique rapprochent cette affection du groupe des pyrexies, la complexité même des lésions cadavériques est un argument des plus puissants dont nous ne pouvons pas ne pas tenir un très-grand compte. Ce ne sont point les intestins seuls qui sont altérés, mais ce sont également les bronches, les poumons, les divers viscères abdominaux (foie, rate, reins) ; l'encéphale, le cœur, le sang, les muscles même ; tous les organes enfin, et, l'on peut dire, tous les tissus sont affectés. C'est bien une maladie *totius substantiæ* et non plus simplement gastro-intestinale : on ne saurait donc la ranger parmi les maladies du tube digestif.

Une difficulté du même genre se présente pour certaines angines : vous savez que dans plusieurs affections, dans plusieurs pyrexies exanthématiques, il existe des manifestations angineuses. Certes, il ne peut entrer dans l'esprit de personne de décrire, à propos des maladies du tube digestif, l'angine prodromique de la scarlatine, de la variole ou de la rougeole. Mais pouvons-nous rejeter de notre cadre les sérieuses manifestations gutturales qui surviennent à titre de complication dans le cours de la scarlatine par exemple? Ici, les phénomènes angineux acquièrent une importance considérable : il est nécessaire de les bien connaître pour pouvoir apprécier justement la valeur pronostique, pour établir sûrement la diagnose différentielle des diverses inflammations du pharynx.

Il en est à peu près de même de l'*angine rhumatismale*. Vous n'ignorez pas qu'au début, et plus fréquemment avant l'apparition des symptômes du rhumatisme articulaire aigu, il n'est pas très-rare de constater des troubles pharyngés consistant surtout dans la douleur pendant la déglutition, avec coïncidence de phénomènes locaux très-légers. Il importe de bien connaître cette variété de mal de gorge, afin de pouvoir en porter sûrement le diagnostic, et je dois d'autant plus en faire l'histoire que cette manifestation rhumatique peut se montrer absolument isolée et indépendante de tout symptôme articulaire.

Une difficulté plus grande encore se présente à propos de la *diphthérie*. Vous savez que, parmi les phlegmasies bucco-pharyngées, il en est plusieurs dont le caractère principal est la présence de productions pseudo-membraneuses ; certaines de ces affections ont même pour essence la disposition de l'organisme à donner naissance aux fausses membranes dans tous les points du revêtement cutané ou muqueux dont l'épiderme est localement entamé. Or il est un grand nombre de médecins (et je suis de ceux-là) qui pensent que ces angines de nature diphthérique ne sont pas de simples affections locales, mais bien des manifestations d'une maladie générale, à laquelle participe l'économie tout entière, de cette affection en un mot que depuis les beaux travaux de Bretonneau on désigne sous le nom de diphthérite ou mieux de diphthérie. Conséquent avec cette manière de voir, je devrais retrancher l'angine diphthérique du cadre des maladies de la gorge : je ne crois pas cependant pouvoir le faire, parce que la manifestation pharyngée de la diphthérie a une grande importance, et parce que la connaissance parfaite en est indispensable à qui veut comprendre l'histoire des autres angines, notamment celle des angines membraneuses. Aussi étudierons-nous la diphthérie avec ses différents modes et ses complications, à l'exception du croup, dont la description rentre tout spécialement dans le cadre des affections laryngées.

Vous voyez, en somme, quels liens intimes unissent les maladies locales aux maladies générales ; vous comprenez combien la nomenclature nosologique devient difficile, et vous devinez que les lignes de démarcation tracées par le pathologiste sont trop souvent artificielles, la nature ne nous présentant pas ordinairement des distinctions aussi nettement tranchées que le laisseraient supposer nos classifications. Mais là ne se bornent pas toutes les difficultés de notre programme. Parmi les maladies locales, on a coutume de décrire en effet les hémorrhagies diverses qui peuvent s'effectuer dans les organes dont on trace l'histoire pathologique. On empiète, en suivant ces errements, sur la pathologie générale, puisque l'on fait en définitive l'étude d'un symptôme.

Mais cette analyse sémiotique est un très-utile complément pour la connaissance des états pathologiques locaux. Elle permet de rassembler et de comparer, à un point de vue spécial, les divers processus morbides qui peuvent occasionner l'issue du sang hors des vaisseaux de l'organe : il est donc indispensable de faire cette étude à propos des maladies locales, dont elle constitue un véritable complément. A propos de la gastrorrhagie par exemple, il sera instructif de comparer, en ce qui concerne l'hémorrhagie stomacale, les différentes maladies de l'estomac, telles que l'ulcère simple, le cancer et certaines gastrites chroniques, de les comparer, dis-je, avec quelques affections générales, telles que la fièvre jaune ou même l'ictère grave.

Des considérations analogues sont applicables aux divers troubles fonctionnels ; c'est ainsi que la dyspepsie, le vomissement, la diarrhée, pour ne citer que ces exemples, constituent en quelque sorte un appendice à la pathologie de l'estomac et des intestins ; ce sont de vraies *maladies-symptômes* d'une importance souvent capitale, dont la connaissance fera même saisir les analogies et les différences des diverses affections gastro-intestinales et tout à la fois leurs rapports avec certaines maladies générales. Aussi serons-nous donc contraints de comprendre dans ces leçons quelques chapitres de sémiotique ayant trait tout spécialement aux troubles fonctionnels des organes et des appareils digestifs. Cette étude des désordres fonctionnels aura l'avantage de servir en quelque sorte de résumé et de nous permettre de coordonner utilement les connaissances que nous aurons acquises sur les diverses maladies locales. Connaissant, en effet, d'une part le fonctionnement normal des divers organes et appareils, d'autre part les affections dont ils sont le siége, il nous sera plus facile de résumer et de comparer les troubles fonctionnels observés dans ces états pathologiques. Nous pourrons également mieux apprécier les ressemblances et les différences que ces troubles présentent avec ceux que l'on observe dans le cours des maladies générales ou qui se rencontrent à titre de véritables phénomènes réflexes à la suite de diverses affections d'organes éloignés.

Les considérations que je viens de vous présenter vous font déjà pressentir quelles sont les maladies que j'ai l'intention d'étudier avec vous : quelques détails sont maintenant nécessaires pour vous faire connaître l'ordre que je compte suivre dans ces leçons.

Deux méthodes s'offrent à nous : toutes deux présentent des avantages et aussi certains inconvénients. L'une consiste à faire l'histoire des différents états morbides envisagés successivement dans les divers segments du tube digestif. Commençant, par exemple, par les inflammations, on peut comparer les unes aux autres, les stomatites, les angines, les gastrites, les entérites, et chercher à faire voir quelles sont les formes et les modalités que présente le processus phlegmasique suivant que telle ou telle portion de la muqueuse digestive est affectée ; comment la tendance exsudative est plutôt l'apanage des premières voies, tandis que la forme catarrhale et ulcérative semble prédominer dans la portion gastro-intestinale. De même encore, les affections organiques ne se montrent pas partout avec les mêmes caractères et la même fréquence : tandis que les tubercules se localisent de préférence dans les intestins, le cancer affecte plus particulièrement l'estomac et aussi l'œsophage.

Cette manière de procéder est très-fructueuse en rapprochements intéressants : elle permet de comprendre les liens assez étroits qui unissent parfois les affections des sections diverses du tube digestif. Elle nous montre, par exemple, certaines inflammations de la bouche se propageant à la gorge, ou certaines phlegmasies simultanément ou successivement développées dans l'estomac et l'intestin, à la façon de la laryngo-bronchite, qui peut donner naissance à la bronchiopneumonie. Et pourtant, quoique cette méthode soit vraiment féconde en aperçus généraux, elle offre quelques inconvénients au point de vue pratique, dont il ne convient pas de s'éloigner trop longtemps dans un cours de pathologie interne.

L'ordre que je compte suivre est beaucoup plus simple : il consiste à considérer les uns après les autres les différents états morbides dont un organe donné peut être le siége. Il permet de comprendre et de comparer plus facilement les altérations anatomiques des diverses maladies locales, d'apprécier plus sainement les symptômes et l'évolution de ces affections de même siége. Cette étude, plus facile, rend en outre possible une comparaison plus complète du tableau clinique. Les déductions diagnostiques et pronostiques se présentent en quelque sorte d'elles-mêmes à l'esprit, comme une conséquence logique des notions déjà acquises, sans qu'il soit besoin de s'exposer à de nombreuses redites. En outre, l'étude des troubles fonctionnels de cette partie de la sémiotique, si importante (puisque quelques-uns d'entre eux peuvent se montrer à titre de phénomènes isolés, de maladies-symptômes proprement dites), cette étude est rendue par cela même plus intéressante et plus complète. D'un autre côté, s'il est vrai que certaines de ces affections puissent se développer simultanément dans plusieurs parties du tube digestif, il est incontestable qu'elles se montrent d'ordinaire à l'état isolé : il est par suite nécessaire de scinder leur étude pour discerner plus sûrement ce qui, dans le tableau clinique, appartient à chacune de ces localisations.

En conséquence, nous adopterons cette seconde classification, et nous étudierons séparément les maladies de la bouche, du pharynx, de l'œsophage, de l'estomac et des intestins. J'aurai soin toutefois d'insister plus spécialement sur celles de ces affections que vous aurez plus habituellement l'occasion d'observer et sur lesquelles il importe par conséquent que vous ayez des notions plus nettes et plus précises.

En résumé, vous voyez que les maladies du tube digestif constituent un ensemble complexe d'affections importantes au double point de vue théorique et pratique : au point de vue théorique, parce qu'elles ont souvent fourni le champ de bataille où se sont heurtés les principaux systèmes médicaux, en raison des rapports incessants qu'elles ont avec les maladies générales ; en effet, pour plusieurs d'entre ces affections, le système digestif constitue une sorte de zone intermédiaire où le nosographe ne peut établir sûrement ses classifications. Elles sont importantes au point de vue pratique, à cause de leur extrême fréquence, des difficultés de la diagnose pour beaucoup d'entre elles, à cause de leur gravité souvent très-grande, et de la nécessité d'en bien connaître les indications thérapeutiques.

MALADIES DE LA BOUCHE

DEUXIÈME LEÇON

LES STOMATITES

Les affections inflammatoires de la muqueuse buccale dont nous allons d'abord faire l'histoire sont désignées sous la dénomination générique de stomatites.

Étudiées ainsi spécialement, en dehors de toute manifestation morbide concomitante, les stomatites constituent des affections très-communes; elles sont également fréquentes à titre de maladie isolée et comme détermination locale d'une maladie générale, laquelle imprime sur la muqueuse de la bouche des traces souvent caractéristiques et d'une valeur sémiotique considérable. La stomatite peut donc, selon les circonstances où elle se montre, être primitive ou secondaire, idiopathique ou symptomatique.

A ses causes nombreuses correspondent des espèces différentes : de là une division qui a dû varier suivant le point de vue auquel se sont placés les divers auteurs. On doit choisir entre deux classifications principales; l'une, se basant uniquement sur les lésions anatomiques, sur les altérations élémentaires, et donnant par suite une importance majeure aux symptômes objectifs, fait abstraction de la nature du mal : d'où la division, sans ordre et sans limites précises, des stomatites érythémateuse, ulcéreuses, pseudo-membraneuses, ulcéromembraneuse, crémeuse (ou muguet); puis les stomatites fongueuses, et enfin la stomatite aphtheuse.

Est-il besoin d'insister sur les inconvénients sérieux d'une pareille division ? La simple énumération des variétés admises sur de telles bases vous fait voir combien est défectueuse la classification anatomo-pathologique des stomatites. Elle réunit en effet, dans un groupe commun, des affections qui se ressemblent beaucoup, il est vrai, au point de vue des lésions élémentaires, mais profondément dissemblables, quant à leur nature, à leurs causes, à leur marche et à leur terminaison. En outre, elle oblige à scinder en de nombreux groupes une seule et même maladie. Voici par exemple le mercure, dont l'usage et surtout l'abus déterminent souvent sur la muqueuse de la bouche des manifestations morbides aboutissant à une véritable stomatite. Or, aux diverses périodes de cette affection, on peut trouver, comme nous le verrons bientôt, de la rougeur érythémateuse, des ulcérations, des fausses membranes, des fongosités même. A quelle variété anatomique devrions-nous rattacher la stomatite mercurielle ? Il serait difficile de répondre précisément à cette question.

Tenant compte avant tout des deux éléments les plus importants dans l'histoire des stomatites, la nature de la maladie et les causes qui l'ont produite, on arrive à une classification plus satisfaisante et que nous adopterons : elle divise les affections inflammatoires de la bouche en stomatite simple (érythémateuse ou catarrhale), stomatite mercurielle, ulcéro-membraneuse, diphthérique, crémeuse (ou muguet); enfin la stomatite aphtheuse.

Tel est également l'ordre que nous suivrons, et nous aborderons immédiatement l'étude de la première variété, tout en faisant dès à présent des réserves sur la nature phlegmasique de certaines de ces affections buccales, du muguet par exemple.

STOMATITE SIMPLE OU ÉRYTHÉMATEUSE.

La stomatite érythémateuse ou catarrhale (catarrhe buccal) est une affection très-fréquente, que vous aurez l'occasion d'observer pour ainsi dire tous les jours, et qui trop fréquemment est traitée avec la plus grande négligence. Cette variété de stomatite, tellement peu grave qu'elle mérite à peine, le plus souvent, le nom de maladie, reconnaît un nombre infini de CAUSES les plus variées. Tout d'abord, certaines conditions spéciales prédisposent à cette manifestation inflammatoire. Je vous citerai en première ligne l'*âge* du sujet : chez l'enfant, en effet, non-seulement le tégument externe, mais encore la plupart des membranes muqueuses possèdent une sensibilité et une délicatesse des plus marquées. Or, la muqueuse de la bouche est sinon l'une des plus sensibles et des plus fines, du moins l'une des plus exposées : aussi se trouve-t-elle fréquemment envahie par les lésions inflammatoires, et il est positif que les affections buccales sont plus fréquentes chez l'enfant que chez l'adulte.

Les CONDITIONS ÉTIOLOGIQUES qui occasionnent la stomatite simple sont des plus nombreuses. Fréquemment, ce sont des *causes externes :* un traumatisme, et notamment une brûlure produite de différentes façons (liquides ingérés trop chauds, vapeurs brûlantes, etc.). D'autres fois, c'est une cause d'irritation moins vive, telle que l'ingestion d'aliments trop épicés ; la malpropreté ou le défaut d'entretien de la bouche qui permettent l'accumulation du tartre dentaire dans les anfractuosités gingivales, l'abus du tabac, constituent autant de circonstances suffisantes à éveiller le processus inflammatoire. Il faut y ajouter les corps étrangers et surtout la présence longtemps prolongée, dans la bouche, de dents aiguës, brisées ou cariées, qui finissent par devenir, comme les dents artificielles, de véritables corps étrangers.

Indépendamment de ces causes externes, il existe un certain nombre de *causes internes*, parmi lesquelles l'une des plus importantes, et qui tient, en quelque sorte, le milieu entre les causes externes et internes, est le travail congestif de la première et même de la seconde dentition. Rappelez-vous, à cet égard, les phénomènes fonctionnels et généraux liés, chez l'enfant, à ces périodes critiques ; et n'oubliez pas, d'autre part, que l'évolution de la dent de sagesse détermine assez fréquemment aussi une stomatite simple, habituellement localisée, il est vrai, mais dépassant souvent la forme érythémateuse pour produire des ulcérations.

Une cause interne bien connue, la constipation habituelle ou passagère, est une des circonstances occasionnelles qui peuvent favoriser le développement de la stomatite. Il en est de même d'ailleurs de certains troubles digestifs plus ou moins bien marqués, caractérisant cet ensemble morbide peu grave et assez vague qu'on appelle l'échauffement.

Le TABLEAU SYMPTOMATIQUE présente des variations notables suivant que la stomatite érythémateuse occupe la totalité de la muqueuse buccale ou qu'elle reste circonscrite, constituant alors certaines variétés (gingivite, palatite, glossite), dont nous aurons occasion de dire quelques mots : toutefois, la glossite, en raison de son étiologie plus spéciale et de ses symptômes, non moins que par ses indications thérapeutiques, est plutôt du ressort de la chirurgie.

Dans cette étude symptomatologique, nous confondrons forcément les symptômes et les altérations anatomiques qui constituent en définitive les *signes objectifs*. Parmi ces signes, la coloration de la muqueuse buccale attire tout d'abord l'attention; sa teinte normale d'un rose uniforme fait place, en effet, dès que l'inflammation se développe, à une *rougeur* plus ou moins marquée, tantôt distribuée par plaques de dimensions variables, d'autres fois disséminée sous forme d'un pointillé général ou partiel assez confluent. Le fonctionnement de la muqueuse est bientôt altéré : il survient rapidement une sécheresse souvent notable, en même temps qu'un dépoli remarquable de sa surface; aussi le mucus buccal ne tarde-t-il pas à devenir visqueux et collant. Plus tard, au contraire, le liquide salivaire sera sécrété en abondance. En même temps, se forment, à la face interne des joues et des lèvres et sur le bord gingival, des plaques opalescentes, indice de la production exagérée des cellules de l'épithélium. Bientôt, ces lamelles épithéliales se détachent et tombent dans la cavité buccale, où l'on peut les retrouver mêlées au mucus. Il n'est pas rare de voir alors apparaître de petites érosions qui ajoutent encore à la cuisson et à la sensation de sécheresse éprouvées par le malade. Quelquefois même, de petites exulcérations très-douloureuses, mais peu étendues et très-superficielles, résultent de cette desquamation épithéliale.

Le *gonflement* de la muqueuse buccale s'accuse rapidement par un certain état d'empâtement qui, en quelques points, devient œdémateux. Il se passe là un phénomène en tous points semblable à l'œdème qui apparaît si rapidement dans les régions cutanées, les paupières par exemple, où la peau, très-fine, est doublée par un tissu cellulaire assez lâche. De même, à la face interne des joues, sur les bords de la langue, un gonflement œdémateux apparaît, et, par suite, les dents y laissent leur empreinte. Est-il besoin de dire que, sur les gencives, à la voûte palatine, partout où existe une fibro-muqueuse, la tuméfaction sera moins marquée, les tissus étant plus résistants.

Si limitée que soit la stomatite, le processus inflammatoire qui a envahi la muqueuse se révèle par une *chaleur* très-grande de la bouche, symptôme bien connu des nourrices qui donnent le sein. Un signe non moins constant est l'odeur de l'haleine exhalée par le malade. C'est surtout le matin, au réveil, que s'accuse la fétidité de l'air expiré : parfois elle est assez accentuée pour gêner le malade lui-même.

Ce n'est pas sans un certain nombre de *troubles fonctionnels* que progresse la stomatite érythémateuse. Le patient se plaint toujours de douleurs assez vives qui varient toutefois suivant l'intensité du mal. Dans les cas légers, elles se montrent sous forme de démangeaisons plus ou moins intenses, ou d'une sensation de picotements irritants; d'autres fois, c'est une chaleur âcre, mordicante, qui occupe la totalité de la cavité buccale, et cette impression s'élève souvent jusqu'à un sentiment de brûlure très-douloureux.

Par suite de ces troubles variés de la sensibilité, on conçoit sans peine que le sens du goût soit fréquemment émoussé. Cette diminution de l'impressionnabilité gustative va quelquefois, dans les cas de stomatite intense, jusqu'à la perte complète du goût.

Les *phénomènes généraux* manquent d'ordinaire dans les cas bénins. Toutefois vous rencontrerez fréquemment chez les enfants, parfois même chez les femmes, un état fébrile, toujours très-léger et de peu de durée : la soif apparaît, et parfois même des phénomènes d'excitation nerveuse peuvent se montrer. En même temps, quoi qu'en aient dit quelques auteurs, il existe un certain trouble des fonctions digestives, révélé par l'état saburral de la langue, l'inappétence, le mauvais état de la digestion stomacale. Ces symptômes dénotent un léger embarras gastrique ; vous les trouverez presque toujours, si vous avez soin de les rechercher.

Il faut noter enfin que les *ganglions* sous-maxillaires sont très-légèrement engorgés et quelque peu sensibles :

en particulier, dans les stomatites partielles et principalement dans la stomatite liée à l'évolution de la dent de sagesse, on voit constamment apparaître une adénite rétro-maxillaire qui doit attirer l'attention, car, chez certains sujets prédisposés, elle peut être le point de départ d'un adéno-phlegmon.

La MARCHE de la stomatite érythémateuse est ordinairement rapide. En quelques jours, si l'affection est *aiguë*, elle achève son évolution ; elle est alors presque toujours plus ou moins généralisée. D'autres fois cependant, elle affecte une marche assez lente ; elle se prolonge, ainsi qu'il advient surtout dans les cas de stomatite partielle, causée par la présence d'un fragment dentaire ou par l'évolution de la dent de sagesse. Il n'est pas rare alors de voir le gonflement de la région malade augmenter notablement, et aux érosions légères succéder de véritables fongosités.

Bientôt se forme une ulcération qui occasionne des douleurs vives, gêne notablement la mastication et se recouvre de détritus pulpeux et grisâtres, d'aspect pseudo-membraneux ; en même temps, les ganglions se prennent et deviennent douloureux. Il y a là une cause d'irritation locale qu'il est bien important de reconnaître et que l'on doit toujours rechercher avec le plus grand soin, car un traitement topique appliqué sur l'ulcération est impuissant à faire disparaître l'adénopathie consécutive tant que subsiste la cause locale qui a fait naître la stomatite.

Enfin, sous l'influence d'irritations longtemps prolongées et répétées, principalement chez des sujets âgés ou débilités, la stomatite peut devenir réellement *chronique*. Le tartre dentaire, s'accumulant alors sur les dents au niveau des bords gingivaux, contribue à prolonger l'affection buccale ; la gingivite ainsi produite détermine un certain degré de périostite alvéolaire : de là l'ébranlement, puis la chute des dents. Il faut d'ailleurs que vous le sachiez, le ramollissement des gencives avec ou sans fongosités et la perte rapide des dents se voient fréquemment *chez les diabétiques* ; aussi devrez-vous toujours examiner les urines des sujets atteints de ces gingivites chroniques.

La *durée* de l'affection est de quelques jours, une semaine au plus, lorsqu'elle est franchement aiguë ; elle peut, au contraire, se prolonger pendant des mois et des années quand elle est devenue chronique.

La guérison définitive est la *terminaison* presque constante de la stomatite simple. Dans certains cas, toutefois, il n'en est pas ainsi : c'est qu'alors la cause déterminante persiste, soit qu'il s'agisse de lésions locales, telles qu'un fragment dentaire ou des dents artificielles, soit que le malade souffre de ces troubles digestifs un peu vagues dont nous avons déjà parlé. Dans ces circonstances, vous verrez se produire des alternatives fréquentes d'amélioration interrompues par des reprises nouvelles du travail inflammatoire. Parfois même, il existe une véritable *stomatite à répétitions*; ou bien encore une ulcération chronique, s'établissant au point irrité, peut quelquefois donner le change et causer une erreur préjudiciable.

Le *pronostic* est toujours favorable; la stomatite simple est par elle-même une affection bénigne. N'oubliez pas, toutefois, qu'elle peut être le symptôme indicateur d'un mauvais état du tube digestif ou même du diabète, et, comme telle, acquérir une valeur sémiotique toute spéciale et nécessiter une thérapeutique appropriée.

Le DIAGNOSTIC de la stomatite érythémateuse est toujours des plus faciles : il suffit, pour l'établir, d'examiner la cavité buccale. Toutefois il ne faut pas oublier qu'au début d'une affection fébrile intense, accompagnée de phénomènes prodromiques plus ou moins marqués, la stomatite symptomatique concomitante peut avoir une grande importance et devenir un signe diagnostique très-valable. A un certain moment, en effet, la *fièvre éruptive* que l'on soupçonnait se révèle déjà par l'éruption caractéristique développée au niveau de la muqueuse buccale, alors que la peau n'offre encore aucune trace des papules varioliques ou des taches morbilleuses qui paraîtront seulement plus tard : il en est de même pour la scarlatine. Dans la rougeole, le piqueté palatin aurait une importance plus grande encore, si des recherches ultérieures confirmaient les assertions du Dr Girard, de Marseille : d'après cet observateur, l'éruption de la voûte palatine précéderait même le début des troubles prodromiques ; s'il m'a été possible, dans quelques faits rares, de constater l'exactitude de cette assertion, je puis affirmer que presque toujours ce symptôme fait absolument défaut.

Dans certains cas exceptionnels, en même temps qu'un état fébrile intense, existe une stomatite aiguë avec larges phlyctènes auxquelles succède très-vite le décollement de l'épithélium ; les ganglions tuméfiés sont très-douloureux ; presque toujours il coexiste une angine très-intense : c'est l'*érysipèle de la bouche* et du pharynx. Cette localisation buccale de l'érysipèle est une véritable rareté : car le plus ordinairement l'enanthème érysipélateux ne fait que traverser la cavité buccale pour gagner la face ou le pharynx. En tout cas, le diagnostic, comme pour l'angine de même nature, serait basé sur l'existence des phlyctènes et du décollement épithélial.

Il est parfois très-important de *reconnaître la cause* de la stomatite. A ce point de vue, on doit surveiller soigneusement la bouche des enfants au moment de la première ou même de la seconde *dentition ;* le jeune malade est en proie à un état nerveux mal défini : il devient grognon, dort mal, se réveille parfois en sursaut, est pris de mouvements nerveux de la face, plus rarement de véritables convulsions. S'il existe en même temps une rougeur alternative des joues; si l'enfant présente en outre une certaine salivation accompagnée d'un signe important, le mordillement, qui indique le prurit de dentition, ne manquez pas d'examiner la cavité buccale, et constatez l'état de l'évolution dentaire. Presque toujours alors, vous rencontrerez au niveau des gencives quelques rougeurs plus ou moins étendues, symptôme de la fluxion sanguine. En même temps vous verrez, au niveau des dents en voie de développement, une ou plusieurs saillies qui résultent, ainsi que l'a montré Trousseau, beaucoup plus de la congestion gingivale intense que de la dent elle-même.

Chez l'adolescent ou chez l'adulte, alors même qu'il n'y aurait point de fluxion dentaire, toutes les fois que vous trouverez des ganglions sous-maxillaires engorgés et douloureux, examinez la bouche, regardez les gencives; et souvent vous reconnaîtrez une stomatite localisée, soit aux environs d'une dent brisée, soit à la partie reculée de la muqueuse des arcades alvéolaires, au niveau d'une des dents de sagesse [1].

Le TRAITEMENT comporte deux indications distinctes. Il faut tout d'abord rechercher et *combattre la cause* de la stomatite, ce qui sera quelquefois facile lorsque l'affection se rattache à une lésion locale (avulsion de racines dentaires, limage de dents brisées avec pointes aiguës,

[1]. J'ai tout récemment observé ces symptômes chez un homme de 38 ans qui se croyait atteint d'une angine.

excision de la gencive recouvrant une dent de sagesse incomplètement sortie). Chez les enfants dont le système dentaire est en voie d'évolution, et tout spécialement quand l'inflammation buccale est en rapport avec la première dentition, doit-on toujours pratiquer des incisions gingivales pour guérir la stomatite? Nous ne croyons pas qu'il faille intervenir énergiquement lorsque la stomatite est seule en cause, à moins toutefois qu'il ne se soit développé une forte congestion de la muqueuse, auquel cas l'incision, jouant le rôle de saignée locale, constitue un excellent moyen thérapeutique.

D'autre part, il faut *agir sur l'inflammation* buccale elle-même. Les émollients de toute espèce sont absolument indiqués au début de la stomatite érythémateuse. A cette période, en effet, on doit proscrire tous les astringents et les cathérétiques, tels que l'alun, le tannin, le nitrate d'argent et surtout le sublimé, qui augmentent la douleur sans bénéfice bien assuré. Plus tard, au contraire, si l'inflammation se prolonge sous la forme subaiguë, les astringents peuvent être employés, et, dans ces circonstances, ils agiront rapidement : l'alun et surtout le borax sont les deux médicaments le plus employés en collutoires ou en gargarismes.

Enfin, quand il existe quelque exulcération dont la cicatrisation se fait attendre, les cautérisations légères avec le crayon de nitrate d'argent ou avec l'acide chlorhydrique dilué assurent en peu de temps la guérison définitive.

TROISIÈME LEÇON

STOMATITE MERCURIELLE

Parmi les affections phlegmasiques de la bouche, l'une des plus intéressantes est sans contredit la stomatite mercurielle (ptyalisme, salivation mercurielle). L'inflammation de la muqueuse buccale est en effet l'une des manifestations les plus importantes de l'intoxication hydrargyrique, parce qu'elle en est ordinairement le premier indice. Il est donc nécessaire pour le médecin de bien connaître cette affection dans tous ses détails, dans toutes ses formes, afin de se tenir en garde et d'être prêt à la découvrir dès qu'elle apparaît. Il importe que vous le sachiez, non-seulement cette stomatite joue un rôle important dans certaines questions d'hygiène professionnelle, mais encore dans la pratique de chaque jour ; elle peut exposer le médecin qui emploie les préparations mercurielles à des mécomptes et le malade auquel on les administre à des dangers, mécomptes et dangers si communs autrefois que, suivant la judicieuse remarque de M. Fournier, « le public d'aujourd'hui garde rancune au mercure en souvenir du passé. »

La stomatite hydrargyrique résulte de l'action exercée sur la muqueuse buccale et les glandes salivaires par le mercure qui s'élimine par cette voie, quel qu'ait été d'ailleurs son mode d'introduction dans l'économie. Toute circonstance pouvant permettre l'absorption du mercure est donc susceptible de donner naissance à la stomatite.

Considérées à un point de vue général, les CAUSES qui peuvent déterminer l'intoxication et par suite la phlegmasie buccale doivent être divisées en trois grands groupes. Tantôt c'est à la profession du malade qu'il faut s'adresser pour trouver le point de départ des accidents ; tantôt le mercure a été administré dans un but thérapeutique ; tantôt enfin la cause est tout accidentelle, et le médecin assiste à un empoisonnement aigu, volontaire ou involontaire.

Or, dans ces diverses circonstances, le mercure peut pénétrer dans l'organisme par l'une des trois voies suivantes : la peau, la muqueuse respiratoire, ou la muqueuse digestive ; et l'absorption du métal sera plus ou moins facile suivant qu'elle se fera plus spécialement par l'une ou l'autre de ces membranes, ou simultanément par plusieurs d'entre elles.

Parmi les *professions* qui exposent le plus fréquemment aux accidents hydrargyriques, nous devons citer en première ligne l'état de *mineur :* les procédés d'extraction et de distillation du mercure employés à Almaden et à Idria placent sans cesse les ouvriers au milieu de vapeurs métalliques ; il en résulte une forme souvent grave d'intoxication. Dans les grandes villes, les ouvriers le plus fréquemment atteints sont les étameurs de glaces, les *doreurs* et *argenteurs* au feu, qui emploient le métal en nature, puis les *chapeliers*, qui font usage du nitrate acide de mercure. Chez la plupart de ces malades, l'introduction du poison se fait et par la peau qui est en contact incessant avec des substances chargées du métal ou de ses sels, et par le tube digestif (les particules toxiques se mélangeant sans doute aux aliments), enfin, et surtout peut-être, par les voies respiratoires, en raison de la volatilité du métal. Qu'il me suffise, comme preuve de l'absorption par le poumon, de vous rappeler l'observation remarquable fournie par l'équipage du *Triumph*, vaisseau anglais à bord duquel on vit 200 hommes affectés de la sorte dans la courte période de trois semaines seulement.

Les *empoisonnements* par le mercure (dont la fréquence est assez grande, puisque M. le professeur Tardieu l'évalue au 1/20 du nombre total des suicides ou homicides constatés annuellement) sont surtout produits par l'ingestion de sublimé corrosif. On constate alors sur les lèvres et dans les cavités buccale et pharyngée, outre les traces produites par le passage d'un caustique violent, les signes d'une inflammation éliminatrice plus ou moins intense.

Quant à la stomatite déterminée par un *traitement hydrargyrique*, elle est beaucoup plus rare aujourd'hui que jadis : c'est que non-seulement on regardait autrefois le mercure comme le médicament antisyphilitique par excellence, mais on croyait que la salivation (et par conséquent la stomatite) était le signe nécessaire de l'intervention curatrice : aussi prescrivait-on des doses massives, en peu de jours. Actuellement, au contraire, on se base sur l'apparition des symptômes buccaux pour suspendre tout traitement mercuriel ou du moins pour diminuer les doses, en se guidant ainsi sur la tolérance plus ou moins grande du malade.

On peut recourir à l'absorption cutanée pour assurer l'introduction du mercure dans l'économie : c'est la méthode des frictions, qui, poussée autrefois à l'extrême, est employée de nos jours avec les plus grandes précautions. Le médicament trouve là une voie puissante et rapide d'absorption, j'allais dire d'effraction. Aussi la stomatite, lorsqu'elle se développe dans ces circonstances, survient-elle brusquement : elle serait en outre moins curable, d'après M. Fournier, que lorsqu'elle résulte d'un autre mode d'absorption. Cette assertion paraît surtout vérifiée dans les cas où les doses employées ont été énormes, comme on le vit à la fin du xviie siècle. La méthode des frictions fut alors préconisée jusqu'à l'excès : on assista pour ainsi dire à des orgies de mercure ; le corps entier (sauf le thorax et la face) était largement frotté, et l'on employait jusqu'à 60 grammes de métal et plus en neuf jours. Les fumigations mercurielles, les bains de sublimé, prescrits encore de nos jours avec ménagements, peuvent aussi déterminer vite la salivation ; la prompte absorption par le poumon rend peut-être compte de cette intoxication rapide. Enfin, on a vu les cautérisations au nitrate acide de mercure être suivies de stomatite : M. le professeur Hardy a insisté sur cette cause.

A l'intérieur, toutes les préparations mercurielles, mais avant tout le sublimé, puis le calomel, le mercure métallique, et les iodures qui sont les plus employés, peuvent, quand ils sont donnés sans ménagement, occasionner l'affection qui nous occupe : il en est de même des injections hypodermiques de solutions mercurielles.

Il est impossible, on le comprend, de déterminer à l'avance la dose du métal nécessaire et suffisante pour faire naître la stomatite. La quantité employée des diverses préparations est d'ailleurs des plus variables, suivant les individus. Tel malade pourra tolérer des doses considérables ; tel autre présentera, même après quelques heures, les signes initiaux de l'intoxication. Une simple cautérisation, une journée de travail aux mines, une seule fumigation, un seul bain de sublimé ou même l'usage de quelques grains de calomel auront suffi : tout récemment encore, j'ai observé un fait de ce genre. D'autres fois, les accidents se montreront après l'administration de faibles doses fréquemment répétées, comme on le voit dans le traitement de certaines ophthalmies par les préparations mercurielles. Nous trouvons ainsi, en face de ce poison unique et toujours semblable à lui-même, des idiosyncrasies incontestables et le plus souvent inexpliquées. Disons toutefois que, d'après M. Fournier, les femmes plus que les hommes seraient sensibles au mercure.

Les SYMPTÔMES de la stomatite mercurielle s'offrent au clinicien avec deux formes différentes : *aiguë* ou *chronique*.

La *forme aiguë* présente une phase initiale, la période prodromique, dont les symptômes sont des plus importants à bien connaître, car ils se retrouvent dans la majorité des cas : il faut en excepter certains empoisonnements suraigus, ou aigus, tels que ceux qui éclatent parfois brusquement dans le cours du traitement par les frictions mercurielles. En raison même de ces symptômes prémonitoires, M. Ricord a pu dire avec raison que la bouche est le thermomètre vivant de l'action du mercure.

La stomatite s'annonce donc par une *période initiale* que caractérise essentiellement un état d'*agacement gingival* des plus remarquables. L'haleine devient rapidement fétide, et, dès le début, cette fétidité est d'une odeur presque pathognomonique ; à ce moment, le malade perçoit dans la bouche un goût désagréable, *métallique*, vraiment caractéristique ; il y accuse également une sensation de chaleur insolite et de sécheresse qui fera bientôt place à une salivation plus ou moins marquée.

En même temps, les malades se plaignent d'un sentiment de douleur vers l'angle de la mâchoire ; la mastication, gênée dès l'abord, devient vite presque impossible, tant la douleur est intense. De plus, lorsque le malade rapproche ses mâchoires, il éprouve une impression bizarre : il croit sentir ses dents allongées ; ce fait s'explique par le gonflement des gencives et du périoste alvéolo-dentaire, qui tend à faire sortir la dent de son alvéole.

En examinant avec soin l'*état de la cavité buccale*, on remarque en effet que les lésions sont surtout manifestes au niveau des gencives, et tout spécialement à la mâchoire inférieure. Le bord gingival offre une rougeur livide, violacée ; il est le siége d'un gonflement notable. Les dents, rapidement ébranlées, s'écartent les unes des autres, et sont recouvertes d'un enduit sale plus ou moins abondant. Bientôt la salive afflue dans la cavité buccale, le malade est pris de crachotements incessants, et l'affection arrive ainsi en peu de jours à sa période d'état.

Lorsque la maladie est confirmée, les lésions inflammatoires de la muqueuse buccale, d'abord limitées au bord libre des gencives inférieures, surtout dans les points où il existe des dents cariées, gagnent progressivement la totalité de la gencive, puis la face interne des joues, la voûte palatine, la langue, rarement l'isthme du gosier, et très-exceptionnellement enfin le pharynx et même la région sus-laryngienne : la stomatite s'est alors généralisée.

A cette période, les régions envahies sont le siège d'une rougeur de plus en plus intense, très-marquée sur toute l'étendue des gencives. Bientôt se montre un *gonflement* qui s'accentue de jour en jour, et occupe premièrement la face interne des joues et les bords de la langue. Celle-ci se tuméfie quelquefois au point d'acquérir un volume considérable ; la tuméfaction de la langue est parfois telle que la cavité buccale ne peut plus la contenir et qu'on voit la pointe de l'organe projetée au dehors des arcades dentaires : l'état de gêne et de souffrance du patient est alors extrême. Toutefois, il faut bien le savoir, ces faits sont exceptionnels ; le gonflement est d'ordinaire modéré, et les dents laissent seulement leur empreinte à la face interne des joues et sur la langue, qui ne sort pas de la cavité buccale.

Très-rapidement, les régions de la muqueuse, envahies par la rougeur et la tuméfaction douloureuse, perdent leur épithélium. Elles offrent alors une surface dépolie, inégale, infiltrée, qui ne tarde pas à se recouvrir de dépôts muqueux sous lesquels on voit des *plaques grisâtres*, irrégulières, superficielles, plutôt constituées par des exulcérations fongueuses que par des fausses membranes proprement dites. Cette sorte d'enduit crémeux, souvent étendu en nappe sur la muqueuse ulcérée, se détache assez aisément : il est constitué par des cellules épithéliales altérées, un grand nombre de leucocytes, des parcelles alimentaires, et des touffes d'un cryptogame aujourd'hui bien connu, le leptothrix buccalis. Bamberger y aurait même trouvé les spores de l'oïdium albicans ; ce fait tout exceptionnel doit probablement être expliqué par le développement de plaques du muguet chez un individu qu'a débilité l'intoxication hydrargyrique.

Dans la forme aiguë commune que nous décrivons ici, les ulcérations peu étendues, souvent localisées au bord libre des gencives, aux lèvres, à la face interne des joues, aux bords de la langue, où elles se limitent par des sillons verticaux correspondant à l'intervalle des dents, ne gagnent pas en profondeur ; mais elles s'accompagnent d'un certain nombre de symptômes très-remarquables.

Tout d'abord, il existe une *salivation* caractéristique et qui naguère encore servait à dénommer la maladie. Ce ptyalisme, parfois si abondant, comme nous le verrons bientôt, n'est pas simplement un acte réflexe produit par l'irritation buccale seule, au même titre que survient le larmoiement lorsqu'un corps étranger s'est logé sous la conjonctive : c'est un phénomène spécial; il tient aussi à ce fait que la salive est une voie importante de l'élimination mercurielle.

La salivation, en effet, a d'ordinaire un caractère particulier; elle peut devenir rapidement très-abondante, épuisant alors le malade. Cette excessive abondance est en rapport avec le fonctionnement physiologique des glandes salivaires et ne doit pas vous surprendre, puisque vous savez qu'à volume égal ces glandes sont l'organe sécréteur le plus actif de toute l'économie. C'est ainsi que l'on a vu des sujets rendre jusqu'à 3, 4 et 5 litres de liquide dans les vingt-quatre heures. On y constate par l'analyse une petite quantité de mercure; la preuve clinique en est facilement donnée : cette salive blanchit l'or.

Il existe souvent un gonflement extérieur qui peut devenir considérable : les joues, les lèvres se tuméfient; l'empâtement se prononce aussi au niveau des régions sous-maxillaires; il est alors occasionné par un état pathologique des glandes salivaires. Celles-ci sont-elles le siège d'une simple hypercrinie ou d'une inflammation réelle? Il n'est pas encore possible de se prononcer avec quelque certitude sur ce point. Il faut ajouter que les ganglions lymphatiques sous et rétro-maxillaires sont douloureux et légèrement tuméfiés.

Des *phénomènes généraux* accompagnent d'ordinaire

ces troubles fonctionnels : la fièvre s'élève, mais elle est peu intense dans la forme aiguë commune ; le pouls est petit, faible et dépressible. Cet état fébrile s'accompagne de troubles digestifs constants : outre l'anorexie plus ou moins complète et un certain degré d'embarras gastrique, il survient souvent de la diarrhée. Il en résulte que nombre de conditions défavorables se trouvent réunies chez le même malade et déterminent rapidement un état d'anémie profonde.

Et cependant nous n'avons étudié jusqu'à présent que la forme la plus commune, la stomatite aiguë bénigne et de moyenne intensité. Or, on peut voir se dérouler rapidement sous les yeux des manifestations beaucoup plus sérieuses de la même maladie. Ces *formes graves* de la stomatite mercurielle aiguë sont occasionnées en général par un empoisonnement ; quelquefois elles succèdent à une médication imprudente ou intempestive, comme il arrivait journellement autrefois, et comme il advient encore quelquefois de nos jours, aux malades qui sont les victimes de certains charlatans.

On voit alors se produire un gonflement considérable de la muqueuse buccale : un œdème très-étendu se forme et gagne en peu de temps la langue, qui bientôt, projetée hors de la cavité buccale, s'étrangle contre les arcades dentaires et peut s'ulcérer à ce niveau. Le pharynx est souvent envahi par l'infiltration séreuse ; on a même vu les replis aryténo-épiglottiques se tuméfier et donner lieu aux symptômes de l'œdème glottique.

Dans ces cas graves, les *phénomènes généraux* sont en rapport avec l'intensité des lésions. Une fièvre vive s'allume ; la céphalalgie est intense, les malades ressentent de violentes douleurs dans la bouche, le pharynx, les oreilles même. Privés de sommeil, incapables de s'alimenter, épuisés par une abondante salivation, ils ne tardent pas à tomber dans un état d'abattement et d'hébétude du plus fâcheux augure. L'*anémie* devient extrême : elle est produite, d'après les recherches de M. le professeur Sée, par une combinaison directe du mercure avec l'albumine du plasma et la protéine des globules. La *mort* peut être la conséquence de ces graves accidents : le plus souvent alors, il existe en même temps d'autres symptômes d'intoxication et notamment des tremblements désordonnés, quelquefois une éruption hydrargyrique caractéristique : on a constaté dans certains cas l'existence de lésions rénales en rapport avec la présence de l'albumine dans les urines. Lorsque ces malheureux malades échappent à la mort immédiate, ils sont d'ordinaire condamnés à la stomatite chronique.

La MARCHE de la stomatite mercurielle *aiguë* varie essentiellement suivant que l'affection est bénigne ou grave. Dans la forme bénigne, l'amélioration se produit graduellement et conduit à la guérison parfois complète en quelques jours. Mais souvent, même dans les cas les plus légers, la bouche reste assez longtemps sensible ; il n'est pas rare de voir quelques ulcérations, quelques fongosités même, persister au niveau des gencives, qui restent ramollies ; la chute d'une ou plusieurs dents précède même parfois la guérison. Dans les formes graves, les malades, lorsqu'ils échappent à la mort, perdent généralement la totalité de leurs dents.

Nous avons déjà dit que la stomatite mercurielle peut se montrer sous une *forme chronique*. Le plus souvent, celle-ci succède à la stomatite aiguë ; mais, dans certains cas, l'affection de la bouche se montre d'emblée chronique sans aucun des signes de la période d'acuité. Chez les premiers malades, après la disparition des symptômes aigus, il persiste un certain gonflement de la muqueuse buccale, et l'on voit se développer des fongosités au niveau des exulcérations anciennes. Les dents, qui étaient restées vacillantes, tombent graduellement, souvent sans être malades, quelquefois après avoir subi des altérations progressives. Les gencives, puis les joues se creusent d'ulcérations : les maxillaires même, atteints par le travail inflammatoire chronique, se nécrosent parfois dans une étendue variable. La guérison n'est alors obtenue qu'au prix de souffrances et de mutilations nouvelles ; encore la muqueuse demeure-t-elle souvent sensible à la moindre cause d'irritation.

Dans les cas où la stomatite est *chronique d'emblée* (et ce fait, ainsi que l'a fait connaître M. Th. Roussel, s'observerait assez fréquemment chez les mineurs d'Almaden), le tableau symptomatique est tout différent. Les malades n'éprouvent point de douleurs; à peine se plaignent-ils d'un léger ptyalisme. Il existe une tuméfaction légère, une rougeur peu marquée, quelquefois des ulcérations au niveau du bord libre des gencives; puis les dents voisines, tour à tour ébranlées, tombent successivement : aussi ces mâchoires édentées donnent-elles aux jeunes gens une physionomie tout à fait spéciale. Il faut ajouter que les malheureux ouvriers ainsi défigurés sont désormais à l'abri de toute manifestation buccale de l'hydrargyrisme.

La stomatite mercurielle a des traits tellement tranchés que le DIAGNOSTIC en est ordinairement facile. Le plus souvent d'ailleurs, vous serez mis sur la voie dès vos premières investigations par l'état professionnel du malade ou par la connaissance d'un traitement mercuriel antérieurement suivi. Toutefois, vous vous trouverez plus d'une fois en présence de sujets qui ne veulent pas avouer ou même ne savent pas qu'ils ont pris du mercure : en pareille occurrence, l'erreur est possible, et vous pourrez, méconnaissant la nature toxique de l'affection buccale, diagnostiquer une *stomatite simple*. Cette diagnose sera particulièrement délicate lorsque l'affection est légère. Vous devrez attacher une importance capitale au siége des lésions, à leur localisation au niveau des gencives et particulièrement à la mâchoire inférieure; de plus, la salivation est ordinairement beaucoup plus considérable que dans la stomatite érythémateuse.

Plus difficile sera parfois le diagnostic différentiel de la *stomatite ulcéro-membraneuse*. Dans les deux affections buccales, en effet, les gencives présentent des ulcérations. Mais, dans la phlegmasie ulcéro-membraneuse légère, il existe un gonflement bien moins notable; les fausses membranes ont des caractères spéciaux : elles sont souvent unilatérales; enfin la salivation est moins considérable. D'autre part, dans la forme intense, on trouve sur les joues des fausses membranes jaunes; les ganglions sont fortement tuméfiés, et la réaction fébrile est beaucoup plus intense que dans l'inflammation produite par le mercure.

Il serait, à la rigueur, possible de croire, surtout dans la forme chronique de la stomatite mercurielle, à l'existence pure et simple d'un *ramollissement fongueux des gencives*. Mais, point capital, ce ramollissement est longtemps, sinon toujours, localisé, tandis que le reste de la muqueuse buccale est indemne : il n'existe pas ou presque pas de salivation. Et d'ailleurs, en examinant plus attentivement la bouche, on constate la suppuration péri-alvéolaire (pyorrhée alvéolo-dentaire) bien plutôt que l'existence de fongosités gingivales.

Nous n'insistons pas sur la possibilité d'une confusion avec l'état des gencives dans le cours du *scorbut*, du *diabète* ou du *purpura*. L'erreur est ici difficile, car il existe d'autres symptômes caractéristiques.

D'autres *intoxications* peuvent se présenter avec des manifestations buccales, et notamment la *nécrose phosphorique* des maxillaires; mais la marche et les symptômes de cette affection diffèrent essentiellement de ceux de l'intoxication mercurielle chronique.

Nous ne parlerons pas ici des autres stomatites, qui ne peuvent d'ailleurs être confondues avec celle-ci et que nous étudierons plus tard.

La stomatite mercurielle, nous venons de le voir, est toujours sérieuse, si légère qu'elle puisse paraître; il importe donc de la combattre énergiquement : le TRAITEMENT peut être préventif ou curatif.

Pour les ouvriers qui manient le mercure dans les mines ou dans les ateliers, le *traitement préventif* est très-important; on doit réclamer et faire installer de nombreuses cheminées d'appel, afin d'éviter l'absorption par les voies respiratoires. D'autre part, les ouvriers, à l'aide de bains fréquents, éviteront le contact prolongé du mercure sur la peau; ils devraient aussi, au sortir des ateliers, quitter leurs vêtements de travail ; enfin, pour empêcher l'introduction du métal par les voies digestives, ils ne prendront pas leurs repas dans les lieux où ils travaillent.

Quant aux malades soumis au traitement hydrargyrique, la prophylaxie est des plus simples : il suffira de n'administrer que des doses modérées du médicament et de donner à l'organisme malade des repos fréquents ; en d'autres termes, on aura recours à la méthode des traitements successifs, préconisée par M. Fournier ; mais, avant tout, il conviendra de surveiller attentivement l'état de la bouche et notamment des gencives inférieures, qui, vous vous en souvenez, sont les premières atteintes. Enfin, il sera bon, surtout lorsque l'on prescrit les frictions mercurielles, de donner, dès le début, du chlorate de potasse à l'intérieur.

Nous arrivons maintenant au *traitement curatif*. Herpin, de Tours, a démontré le premier (1855) que le *chlorate de potasse* ingéré dans l'estomac est éliminé par la salive et les urines. Les travaux ultérieurs de M. Isambert ont confirmé et précisé cette importante propriété du sel de Berthollet. Ce médicament représente effectivement un collutoire permanent, car les liquides produits par les glandes salivaires et les follicules mucipares et qui tiennent en dissolution le chlorate, sont en contact incessant avec la muqueuse malade. Le chlorate de potasse se prescrit à la dose quotidienne de 4, 5 et même 8 grammes dissous dans une potion de 125 à 200 grammes.

Certains *topiques* ont été très-vantés. Le plus souvent, disons-le tout de suite, ils sont inutiles, surtout pendant la période aiguë, où les émollients sont préférables. Plus tard, les astringents peuvent, à titre d'adjuvants, rendre des services : je vous citerai en particulier l'alun, préconisé par Velpeau.

Mais, lorsqu'il faut faire disparaître des ulcérations persistantes, le perchlorure de fer, l'acide chlorhydrique, le nitrate d'argent deviennent des médicaments absolulument indispensables; ils agissent en modifiant rapidement la vitalité de la muqueuse buccale profondément altérée et en détruisant les fongosités qui entravent la guérison définitive.

Le *régime* des malades doit être l'objet d'une attention toute spéciale, surtout dans les formes graves de l'affection, où l'anémie, vous le savez, se développe avec une grande intensité et accroît à chaque instant la faiblesse. Aussi est-il nécessaire de donner des aliments liquides ou demi-liquides (bouillons, potages, lait surtout, œufs battus, purées de toutes sortes, au besoin viande crue hachée finement et mêlée au bouillon), et de conseiller de bonne heure une médication tonique dont le vin, les préparations de quinquina, le café noir même, constitueront les principaux éléments. On se trouvera bien également de prescrire l'emploi des bains sulfureux. Enfin, il sera bon de faire prendre, pendant deux ou trois semaines, de l'iodure de potassium, à la dose quotidienne de 50 centigrammes à un gramme, afin de faciliter l'élimination du mercure.

QUATRIÈME LEÇON

STOMATITE ULCÉRO-MEMBRANEUSE

Il y aurait un intérêt très-réel à vous faire connaître en détail les phases par lesquelles a passé l'étude de la stomatite ulcéro-membraneuse, dont nous allons nous occuper aujourd'hui. Il me suffira, je pense, de vous en donner un aperçu rapide avant d'aborder la description de cette maladie.

Depuis de longues années, cette affection spéciale de la muqueuse buccale a été vue et décrite; depuis longtemps aussi, elle a donné lieu à des interprétations successivement proposées et délaissées. La richesse des termes employés pour désigner une seule et même lésion, toujours semblable à elle-même, est une des meilleures preuves que l'on en puisse fournir.

Les premiers observateurs furent frappés tout d'abord par les phénomènes extérieurs les plus notables, en d'autres termes par les symptômes principaux. Ce fut en particulier l'odeur nauséeuse, comme gangréneuse, de l'haleine, en même temps que l'apparente décomposition; la mortification spéciale de la muqueuse, qui attirèrent l'attention. Aussi cette stomatite fut-elle considérée et décrite comme une affection gangréneuse de la bouche : la dénomination de stomatite *gangréneuse* lui fut imposée. Disons en passant que cette opinion a été soutenue à nouveau par Taupin.

Puis vint Bretonneau qui, étudiant à Tours cette affection pendant le cours d'une endémo-épidémie qui sévissait dans les casernes, et voyant apparaître en même temps dans la ville une épidémie d'angines couenneuses et de croups, conçut une idée toute nouvelle sur la nature du mal. Se fondant sur cette coïncidence, il crut devoir réunir et confondre dans le même cadre nosologique des affections qui sont si différentes : la stomatite gangréneuse devint sous ses auspices la stomatite *diphthéritique*. A cette opinion du maître, Trousseau apporta le concours puissant de son éloquence. Différents travaux ultérieurs concordèrent avec cette théorie; on vit que la maladie se développait surtout chez les enfants; l'élan était donné, et l'accord paraissait unanime.

Bientôt cependant, des observateurs autorisés remarquèrent que cette singulière affection diphthérique, convenablement traitée, guérissait toujours. Puis, examinant les faits de plus près, on s'aperçut que les symptômes de cette stomatite présentent des différences très-notables, que l'étiologie elle-même est toute spéciale ; on accorda plus d'importance à l'ulcération : d'où la qualification de stomatite *ulcéro-membraneuse*, adoptée par Rilliet et M. Barthez.

En 1859, M. J. Bergeron, observant sur des soldats casernés à l'hôpital militaire Saint-Martin, étudie à nouveau l'évolution clinique de la maladie ; il en recherche les causes avec soin, en précise les lésions anatomiques, et, démontrant l'identité des stomatites ulcéro-membraneuses observée chez les soldats, avec celle des enfants, fait connaître clairement les relations nosologiques de ces états morbides jusqu'alors séparés. A cette affection unique, il impose une même appellation, celle de *stomatite ulcéreuse spécifique*. Nous verrons bientôt pour quelles raisons il convient de préférer la qualification ulcéro-membraneuse que nous adoptons : je dois cependant vous faire connaître la synonymie si riche de cette affection qui comprend les dénominations de stomacace, de noma et de chancre aquatique, de stomatite gangréneuse, couenneuse, pseudo-membraneuse, ulcéreuse, diphthéritique.

La stomatite ulcéro-membraneuse est une affection souvent épidémique se développant sous l'influence de mauvaises conditions hygiéniques et caractérisée par la formation de produits membraneux déterminés par le sphacèle superficiel de la muqueuse, sphacèle à la suite duquel se développent des ulcérations de siége et d'aspect spéciaux.

Dans quelles CONDITIONS ÉTIOLOGIQUES apparaît cette maladie? Tout d'abord, il faut tenir le plus grand compte de l'*âge*. C'est sur les enfants, et spécialement entre 4 et 10 ans, que sévit surtout la stomatite ulcéro-membraneuse. Pourtant les jeunes gens et les adultes n'en sont pas à l'abri, puisque les soldats, dans certaines circonstances, peuvent et surtout pouvaient autrefois en être atteints. La vieillesse lui échappe ordinairement, sauf de très-rares exceptions.

Les *mauvaises conditions hygiéniques* au milieu desquelles s'est trouvé vivre le malade, et que nous verrons jouer un rôle parfois considérable chez les soldats, constituent un groupe de causes déterminantes, aujourd'hui bien connues et d'une importance réelle. Une aération insuffisante, l'encombrement plus ou moins grand de sujets renfermés dans un local restreint, comme par exemple dans les hospices, les prisons, les chambrées : telles sont les principales conditions atmosphériques qui favorisent l'éclosion du mal. Dans ces circonstances données, par suite de l'agglomération d'hommes malades ou même bien portants, un air impur, chaud et surchargé de vapeur d'eau, circule dans des salles qui d'ailleurs sont souvent basses et humides.

Que si vous ajoutez à cette déplorable insalubrité des habitations, une nourriture mauvaise, insuffisante et en même temps peu variée, des fatigues de toute sorte, matérielles et morales, qui peuvent épuiser les individus, vous comprendrez, sans peine, la fréquence relative de cette affection spéciale, qui n'est en somme que la conséquence et l'expression extérieure d'une débilitation de l'organisme.

Les causes que nous venons d'énumérer donnent parfois naissance à des cas sporadiques; mais, le plus fréquemment (et nous rencontrons là une preuve frappante de l'existence d'un élément miasmatique dont la nature est encore ignorée), la maladie se montre sous la forme épidémique ou, pour parler plus exactement, sous la *forme endémo-épidémique*. C'est ainsi que l'on a pu assister à l'évolution du mal dans les orphelinats, les hospices, et surtout dans certains corps d'armée. En France, en Portugal, et quelquefois en Belgique, les troupes ont été autrefois atteintes à plusieurs reprises par de véritables endémo-épidémies de stomatite ulcéro-membraneuse; elles le sont beaucoup plus rarement de nos jours.

Chez les *soldats*, la réunion des mauvaises conditions hygiéniques se trouve en effet complètement réalisée. L'encombrement, les fatigues répétées, la mauvaise alimentation (surtout dans les cas de levées en masse, comme on en vit par exemple en 1793), condamnent presque fatalement les hommes au *scorbut buccal* des anciens auteurs. Sous ces influences nocives, qui ont été heureusement très-modifiées de nos jours, un nombre quelquefois considérable de soldats et surtout de recrues, non accoutumés aux fatigues de la guerre, quelques sous-officiers même, présentèrent simultanément les plaques et les ulcérations buccales caractéristiques de la maladie. Les officiers, mieux favorisés au point de vue de l'hygiène, ne furent presque jamais atteints.

Comment expliquer autrement que par la *contagion* ces épidémies, ces endémies, créées pour ainsi dire de toutes pièces, à volonté? L'épidémie de 1818, qui frappa la légion de la Vendée, l'atteignit tout d'abord quand elle tenait encore garnison à Bourbon-Vendée. Mais les soldats furent pris en plus grand nombre lorsque, changeant de garnison, ils arrivèrent à Tours, où Bretonneau put étudier la propagation de la stomatite. Les premier et deuxième bataillons du 55ᵉ de ligne avaient été primitivement épargnés; mais à l'arrivée du troisième bataillon, dont quelques soldats étaient malades, l'affection se développa avec véhémence parmi les hommes des deux bataillons jusqu'alors indemnes, preuve évidente de la contagion.

La maladie peut se propager de deux façons différentes : soit par suite d'une *infection miasmatique* spéciale, inconnue dans son processus autant que dans ses éléments, mais pourtant incontestable; soit par *contact direct*. Ce dernier mode d'action paraît bien réel; les soldats eux-mêmes, souvent victimes de la contagion, s'éloignent de leurs camarades malades.

D'ailleurs, une expérience d'*inoculation* bien connue constitue un argument important en faveur de la transmission du mal par contact. M. J. Bergeron s'inocula les plaques de la stomatite : tout d'abord, aucun symptôme morbide n'apparut; mais quelque temps après, peut-être sous l'influence du froid, se développa une affection pustuleuse de la bouche. Quelques jours plus tard, un des parents de l'expérimentateur, éloigné pourtant de toute cause pathogénique, était atteint à son tour de plaques ulcéro-membraneuses.

La stomatite spéciale que nous étudions s'annonce ordinairement par un certain nombre de SYMPTÔMES qui durent habituellement deux ou trois jours, très-rarement quatre à six. Ces *signes prodromiques* sont d'ordinaire peu intenses : il existe un léger malaise, de la courbature avec perte d'appétit, en somme, rien de bien spécial. D'autres fois, mais plus rarement, les phénomènes généraux de cette période d'invasion sont très-marqués; le malade accuse un mouvement fébrile plus ou moins violent, qui peut même être précédé de frissons. Quelquefois, et retenez bien ce fait, il éprouve une douleur de gorge, fréquemment rapportée à l'angle de la mâchoire, très-vive au moment de la déglutition, et causée par l'existence d'une ulcération siégeant profondément à la face interne des joues en un point correspondant aux dernières molaires, et cela longtemps avant que d'autres ulcérations n'aient apparu. Enfin, les troubles fonctionnels, dont la valeur est capitale, ne tardent pas à se montrer : c'est une sensation pénible de chaleur, de brûlure vive plus ou moins généralisée dans la cavité buccale. Bientôt après, on peut constater l'existence des symptômes locaux, et la maladie est constituée.

Les *signes objectifs* sont caractérisés à leur début par une *rougeur*, souvent étendue, de la muqueuse. Sur cette rougeur, on verrait, d'après Caffort, apparaître une pustule peu étendue, qui ne tarderait pas à se rompre pour donner lieu à l'ulcération membraneuse spécifique. Ces lésions occupent, par ordre de fréquence, premièrement les gencives supérieures et inférieures au niveau de leur sertissure, et les joues à la hauteur des arcades alvéolaires, dans leur intervalle ; moins fréquemment, la voûte palatine, le voile du palais, quelquefois la gorge elle-même. Par contre, il n'est pas très-rare de voir envahies, dans les régions correspondant aux lésions gingivales, les deux lèvres et aussi la langue sur ses bords et à sa pointe.

Que les *pustules du début* aient été ou non constatées, les parties malades ne tardent pas à se présenter avec l'aspect suivant. Les gencives tuméfiées offrent sur leur bord libre un liséré grisâtre ; la muqueuse est en ce point le siége d'un travail pathologique spécial qui l'altère superficiellement d'abord, puis de plus en plus profondément, et lui donne un aspect pulpeux, une apparence ramollie très-remarquable. A la face interne des joues, ou pour mieux dire d'une des joues, dans le voisinage des gencives affectées, se montrent des *plaques membraneuses*, jaunâtres, molles, allongées le plus souvent transversalement, quelquefois au contraire suivant un axe vertical. Ces fausses membranes sont d'ordinaire inégales; leur forme est irrégulière, et, tandis que leurs bords peuvent être assez facilement soulevés, leur centre est au contraire très-adhérent.

Au bout d'un temps variable, la muqueuse dans le voisinage de ces plaques, se tuméfie, se boursoufle; des fongosités apparaissent, et la pellicule membraneuse ainsi décollée se détache spontanément : on parvient à l'arracher avec plus ou moins de difficulté, suivant l'ancienneté variable de la maladie.

Alors se montrent les *ulcérations* : elles sont facilement saignantes, fongueuses. La muqueuse qui les borde est rouge et tuméfiée, souvent fort douloureuse. Presque toujours à cette période de la stomatite, vous pourrez reconnaître l'existence d'un *œdème* plus ou moins marqué, sous-jacent aux ulcérations : la joue, les lèvres sont alors gonflées et douloureuses. Toutefois, et j'insiste beaucoup sur cette particularité dont la valeur diagnostique est grande, cet œdème n'est pas résistant; il ne forme pas un noyau induré répondant à l'ulcération; c'est une tuméfaction molle et plus ou moins diffuse, jamais circonscrite.

Un des points les plus importants peut-être de l'histoire symptomatique de cette affection, c'est la *localisation* à peu près constante des lésions, qui le plus souvent occupent un seul côté de la cavité buccale, notamment à gauche, d'après M. J. Bergeron et Rilliet et M. Barthez : Bretonneau au contraire, dans l'épidémie de Touraine, les constata à droite. Cette localisation du mal serait-elle due à la propagation par l'usage des mêmes ustensiles de table? L'hypothèse est au moins plausible et concorde bien avec les tentatives d'inoculation.

L'évolution de la maladie amène des modifications successives dans les signes objectifs. Les ulcérations s'agrandissent sous l'influence d'une mortification moléculaire progressive : il s'en détache un détritus pulpeux, d'odeur fétide; les bords de l'ulcération se décollent en même temps et présentent une coloration grisâtre ou gris rougeâtre, produite par l'infiltration sanguine des éléments de la muqueuse profondément atteinte.

Observez en même temps les *symptômes fonctionnels* accusés par le malade : il se plaint d'une *douleur* plus ou moins vive, continuelle, étendue souvent à toute la bouche. Les sensations douloureuses perçues à l'état de repos, et variables suivant les sujets qui accusent, les uns une brûlure, les autres une démangeaison persistante, s'exagèrent encore au moindre essai de mastication : cette fonction devient presque toujours à peu près impossible.

La *salivation* s'établit, d'ordinaire modérée, quelquefois très-abondante ; mais, même dans ce dernier cas, la quantité de salive rendue ne s'élève jamais jusqu'aux chiffres extrêmes assez fréquemment constatés dans l'intoxication hydrargyrique. Dans tous les cas, l'*odeur de l'haleine* devient remarquablement fétide, et cette fétidité permet de comprendre l'opinion des auteurs qui veulent voir dans cette affection spécifique une manifestation gangréneuse atteignant la muqueuse buccale.

Les *ganglions lymphatiques* sous et rétro-maxillaires se sont rapidement engorgés. La douleur souvent assez vive à leur niveau, l'empâtement fréquent du tissu cellulaire qui les entoure, pourraient, dans quelques cas, faire craindre la suppuration : ces menaces, toutefois, ne se réalisent pas, et les observateurs les plus compétents n'ont jamais constaté d'abcès ganglionnaire aigu dans le cours de la stomatite ulcéro-membraneuse même la plus grave. L'adénopathie se borne à un engorgement qui persiste jusqu'au jour de la guérison complète, et dont la rétrocession est un signe favorable annonçant la terminaison prochaine de l'affection buccale.

Dans un certain nombre de cas, assez peu fréquents il faut le dire, et observés presque toujours sur des sujets mal soignés, on constate la *propagation de la lésion* au voile ou à la voûte du palais, aux amygdales, au pharynx même. Vous comprendrez sans peine quelle difficulté peut présenter le diagnostic de semblables manifestations lorsqu'elles se localisent dans ces régions, sans qu'il existe la moindre trace des lésions caractéristiques sur la muqueuse buccale proprement dite. En face de ces pertes de substance grisâtres, à bords saillants, paraissant boursouflés, sans réaction bien vive, les plus expérimentés n'ont pas craint quelquefois de rester sur une prudente réserve et de demander à la thérapeutique une solution définitive.

Les *phénomènes généraux* revêtent une intensité variable, suivant la gravité des cas : la fièvre, plus ou moins vive, est toujours en rapport avec le nombre et l'étendue des ulcérations. Les troubles gastro-intestinaux sont de règle, et l'inappétence, le dégoût des aliments font rarement défaut. Enfin vous constaterez chez les enfants, plutôt que chez les adultes, quelques troubles nerveux : le malade tombe rapidement dans un état d'abattement, de prostration qui ajoute un trait de plus à la physionomie déjà assez inquiétante de la maladie.

La MARCHE de cette stomatite est ordinairement celle d'une affection aiguë. En général, du sixième au septième jour (surtout lorsqu'un traitement approprié a été institué à temps), on voit les ulcérations se déterger rapidement : les membranes grisâtres qui les recouvraient encore se détachent et tombent; au-dessous d'elles, les tissus prennent un aspect rosé, la surface devient bourgeonnante et ferme : la réparation s'effectue, et la *cicatrisation*, dans les cas favorables, ne se fait pas attendre. En même temps que s'amendent les symptômes locaux, le ptyalisme et la fétidité de l'haleine disparaissent, les ganglions diminuent de volume et reprennent bientôt leurs dimensions normales. Pendant assez longtemps toutefois, il persiste au niveau de la cicatrice une certaine rougeur, indice certain d'une perte de substance plus ou moins considérable ; mais la guérison est de règle, car d'ordinaire le derme seul a été intéressé par le processus ulcéreux, et l'on sait avec quelle facilité se réparent les pertes de substance de la muqueuse buccale.

La stomatite ulcéro-membraneuse n'est pas modifiée dans sa marche par les maladies intercurrentes. C'est ainsi que M. Bergeron a observé des cas où la fièvre typhoïde, le choléra survenant dans son cours évoluaient avec une intensité plus ou moins grande, sans agir en aucune façon sur la lésion buccale.

La *durée* de cette affection est essentiellement variable. En huit à dix jours, et même dans un temps moins long, vous verrez la stomatite guérir lorsqu'elle est traitée convenablement et dès son début ; mais si, faute de soins ou sous l'influence d'un traitement mal dirigé, les ulcérations persistent ou même s'étendent, la maladie peut durer plusieurs semaines ; on a vu des cas où les lésions n'avaient disparu qu'au bout de sept, huit mois et davantage.

Comment se termine la stomatite ulcéro-membraneuse? Le plus ordinairement, nous pourrions dire régulièrement, par la *guérison* absolue. Toutefois, il ne serait pas très-rare, d'après Rilliet et M. Barthez, de voir récidiver l'affection à plusieurs mois de distance, probablement par suite de la persistance ou du retour des causes qui lui avaient donné naissance.

Quelquefois enfin, la maladie tourne à la *chronicité*. Les phénomènes aigus et la fièvre en particulier ayant disparu, les bords des ulcérations restent saillants et s'indurent : les gencives demeurent tuméfiées et facilement saignantes ; puis les lésions persistent ainsi sans aucune réaction, jusqu'au moment où un traitement énergique met fin à l'affection buccale.

Il n'est pas très-rare, surtout chez les sujets gravement atteints, de voir *les dents* se déchausser et s'ébranler ; quelquefois même, quelques-unes tombent sans que l'on y rencontre aucune trace de carie. Enfin, vous ne devez pas oublier que la muqueuse buccale n'est sur quelques points, notamment au niveau des gencives, qu'une fibro-muqueuse, confondue avec le périoste du maxillaire : il résulte de ce fait que le bord alvéolaire peut se nécroser partiellement, surtout lorsque l'ulcération a été persistante. Il m'est arrivé une fois d'enlever un *séquestre* comprenant toute la partie de ce bord correspondant aux dents molaires droites : c'était chez un enfant de sept ans dont la stomatite avait été complètement négligée.

Quelquefois et surtout chez les enfants, la tuméfaction des ganglions ne disparaît pas : telle est la règle chez les jeunes strumeux. La scrofule imprime alors son cachet spécial à l'affection ulcéro-membraneuse, comme elle le fait d'ailleurs pour la plupart des maladies aiguës ou chroniques de l'enfance : dans ces circonstances, la prognose et le traitement doivent être modifiés.

La stomatite ulcéro-membraneuse constitue en somme une affection d'un PRONOSTIC peu grave, malgré les apparences, surtout lorsqu'elle est soumise à un traitement convenable. Au contraire, abandonnée à elle-même, elle donnera presque fatalement lieu à des désordres fâcheux : ulcérations fongueuses et persistantes, tendance à la récidive, ou même à des lésions irrémédiables, telles que la chute des dents, ou même la nécrose du maxillaire. On peut donc dire que dans cette affection le pronostic se trouve entièrement subordonné au traitement.

Après vous avoir exposé l'étude symptomatique de la stomatite, je puis aborder maintenant les discussions auxquelles ont donné lieu la nature et la constitution ANATOMO-PATHOLOGIQUE de la maladie. Longtemps, vous le savez, on a cru à l'existence d'une gangrène localisée de la muqueuse buccale. Puis Bretonneau et Trousseau admirent la nature diphthérique de la maladie; ces auteurs ne virent pas qu'ils assistaient à l'évolution simultanée de deux épidémies différentes; une simple coïncidence devint à leurs yeux la preuve d'une identité de nature.

Les recherches histologiques entreprises par MM. Robin, J. Bergeron, Laboulbène établirent définitivement que, dans cette stomatite, la production membraneuse est le résultat d'un sphacèle superficiel de la muqueuse buccale. J'ai pu moi-même examiner plusieurs fois ces membranes au microscope, et j'ai nettement constaté dans tous les cas qu'elles sont constituées tout à la fois et par la *mortification* superficielle de la membrane muqueuse, et par des produits d'exsudation.

L'examen microscopique permet en effet de retrouver aisément dans les productions membraneuses la présence de la muqueuse; les éléments du derme y sont facilement reconnaissables [1]; dans les couches les plus superficielles, on retrouve des cellules épithéliales granuleuses, quelquefois des spores du leptothrix buccalis; il existe en outre un certain nombre de leucocytes.

Quelle est la signification de ces altérations anatomiques? Devons-nous leur appliquer la dénomination de

---

1. Dans une leçon toute récente (*Gazette des hôpitaux*, février 1879), M. le professeur Laboulbène a fait connaître le résultat d'un examen histologique pratiqué par lui sur une fausse membrane, et dans laquelle il a découvert non-seulement des cellules épithéliales, des fibres conjonctives et élastiques, mais encore des portions de glandules muqueuses de la joue. Le dessin de cette préparation est reproduit dans son *Traité d'Anatomie pathologique*.

diphthériques ? En aucune façon, et nous verrons bientôt combien sont différentes les lésions que l'on rencontre dans cette maladie générale, que nous désignons depuis Bretonneau sous le nom de diphthérie.

Les auteurs allemands, il est vrai, détournant de son acception première ce terme de diphthérie, l'ont appliqué à des lésions superficielles et interstitielles des membranes muqueuses, lésions produisant finalement des produits membraniformes et mortifiant superficiellement le derme muqueux ; de même aussi qu'ils ont créé toute une classe d'affections croupales n'ayant avec le croup véritable aucune relation. Je n'insisterai pas davantage sur ces vues théoriques ; nous décrivons en France sous le nom de diphthérie une maladie générale tout à fait particulière et n'ayant aucun rapport avec la stomatite ulcéro-membraneuse.

Celle-ci consiste en réalité dans une forme absolument spéciale d'inflammation accompagnée d'une mortification toute superficielle de la muqueuse ; cette mortification est-elle produite par la présence d'un exsudat qui, s'infiltrant entre les vaisseaux, les comprime et amène la nécrose de la muqueuse dans la région avoisinante ? Je l'ignore absolument. Les auteurs qui admettent une pareille interprétation décrivent là un processus pathologique complètement imaginaire, car ils n'ont pas fait d'autopsie et n'ont pu étudier à l'aide de coupes histologiques le processus de la maladie.

Le DIAGNOSTIC de cette affection est ordinairement facile, même chez les enfants. L'odeur fétide de l'haleine, le gonflement des parties, attirent l'attention sur l'état de la bouche, et l'examen local, l'aspect des surfaces malades permettent de reconnaître la nature de l'affection buccale.

La couleur de la plaque ulcéro-membraneuse, les adhérences qu'elle affecte avec la muqueuse sous-jacente, le siége unilatéral (si fréquemment constaté que quelques auteurs y voient un caractère spécial et pathognomonique) : tels sont les principaux signes auxquels le clinicien s'attachera pour affirmer le diagnostic. La marche de la maladie, la connaissance des conditions étiologiques si importantes qui l'auront déterminée, seront, au besoin, le complément des notions déjà nombreuses recueillies par l'examen local.

En tenant compte de toutes ces données, vous ne confondrez jamais l'affection que nous venons de décrire avec la *stomatite mercurielle*. Dans celle-ci, en effet, la salivation est toujours beaucoup plus abondante; les lésions sont bilatérales; l'odeur de l'haleine n'atteint pas ce degré de fétidité si spécial; la langue est toujours envahie et tuméfiée; enfin les causes sont le plus souvent faciles à retrouver.

Les lésions buccales du *scorbut*, du *purpura* pourraient-elles donner le change? Mais les] prodromes, les symptômes généraux ne sont point les mêmes, et par-dessus tout les altérations de la muqueuse ne se ressemblent pas ; en effet, le scorbut et le purpura produisent des fongosités livides, violacées, facilement saignantes, lesquelles sont bien distinctes des ulcérations et des fausses membranes de la stomatite.

Il existe une maladie grave, chronique, qui s'accompagne quelquefois de manifestations buccales : je veux parler de la *leucocythémie*. Mossler, M. Ollivier, ont pu constater un gonflement considérable de la muqueuse buccale, qui en certains points était triplée de volume ; mais, dans ces cas, les gencives, blanchâtres, résistantes au toucher, ne sont pas même douloureuses.

L'odeur fétide de la bouche pourrait faire croire au premier abord à l'existence d'une affection des plus graves, la *gangrène de la bouche*. Mais celle-ci occupe de préférence les lèvres et surtout les joues : elle se caractérise essentiellement par la présence d'un noyau gris rougeâtre ou brunâtre, reposant sur une induration profonde absolument constante. Enfin la marche de la maladie diffère complètement, comme vous le verrez bientôt, de celle de la stomatite ulcéro-membraneuse.

Permettez-moi de ne pas insister ici sur la stomatite *diphthérique* ou pseudo-membraneuse. Nous l'étudierons bientôt, et vous verrez qu'elle peut être aisément reconnue, grâce à l'absence d'ulcérations et à la couleur de ses plaques, formées par de véritables fausses membranes. Ajoutons dès à présent que les symptômes et l'évolution du processus morbide sont essentiellement différents dans ces deux affections.

Je ne vous parlerai point du diagnostic des aphthes, affection buccale toute distincte ; quant à la nécrose phosphorique, je vous la signale simplement pour mémoire, car la confusion serait vraiment impardonnable.

Le TRAITEMENT est préventif et curatif. Connaissant les conditions étiologiques qui président au développement de cette affection, rien n'est plus facile que d'en prévenir le développement : une aération bien entendue, une nourriture substantielle et reconstituante, des soins de propreté parfaite assurant le fonctionnement normal de la peau, tels sont les *moyens préventifs* les plus importants. Que si, dans une agglomération d'hommes ou d'enfants, une épidémie vient à éclater, il importe de pratiquer l'isolement, et avant tout de soustraire les sujets débiles ou atteints d'une autre maladie aux risques de la contagion : il faudra donc éviter soigneusement tout contact direct ou indirect avec les individus affectés de stomatite membraneuse.

Le *traitement curatif* doit être institué dès que les premières manifestations de l'affection buccale sont apparues, car il importe avant tout de ne pas perdre de temps. C'est là un point capital, que vous ne devez jamais négliger, puisque vous avez à votre disposition un médicament capable d'enrayer très-vite et de guérir cette stomatite. Ce médicament par excellence, je le dis tout de suite, c'est le *chlorate de potasse*, tout d'abord employé dans cette maladie par West, puis préconisé par Blache, par M. Isambert, et qui joue un rôle vraiment héroïque dans cette affection. Dès le premier jour de son emploi, au plus tard le deuxième ou le troisième, les surfaces malades se détergent, les lambeaux membraneux se détachent et tombent ; il reste seulement une ulcération dont les bords s'affaissent et qui marche rapidement vers la cicatrisation. D'ordinaire, nous l'avons vu, cette ulcération ne se reproduira pas ; toutefois, comme la maladie est susceptible de récidiver à un court intervalle, il est toujours indiqué de continuer pendant quelques jours le traitement approprié. Les doses de chlorate potassique varieront de 4 à 8 grammes dans les vingt-quatre heures ; le médicament sera donné en potion dans une quantité de véhicule suffisante pour en assurer la dissolution, c'est-à-dire égale à vingt fois le poids du sel. On aide quelquefois à l'action de ce traitement au moyen de frictions faites sur les parties malades avec du chlorate ou de l'alun pulvérisés ; mais la guérison est toujours rapide sans l'emploi d'aucun topique. Par contre, quand il persiste des *ulcérations* plus ou moins étendues, un traitement local est souvent indiqué. On peut employer une dissolution chaude et concentrée de chlorate de potasse : conseillé par M. Lasègue, ce moyen est excellent; mais il a l'inconvénient d'être fort douloureux. On lui préfère d'ordinaire une solution de chlorure de chaux, qui présente l'avantage de répondre à une indication souvent urgente : il permet en effet de désinfecter l'haleine et d'exciter le bourgeonnement de la plaie.

Quand les ulcérations résistent longtemps, le perchlorure de fer étendu, un collutoire de miel et d'acide chlorhydrique, enfin et surtout l'attouchement avec le crayon de nitrate d'argent, sont employés avec un égal succès.

Indépendamment de ces moyens dirigés topiquement, vous ne devrez jamais oublier (et j'insiste encore une fois sur ce point) la nature miasmatique de la maladie. Ce n'est pas seulement une altération locale, mais la manifestation buccale d'un état d'affaiblissement plus ou moins grave qui intéresse l'organisme tout entier. Aussi devrez-vous insister tout spécialement sur l'emploi des *moyens hygiéniques :* vous prescrirez au malade une nourriture tonique et reconstituante, d'abord liquide et en rapport avec l'affection buccale (lait, bouillon, potages avec purée de viande crue, œufs à moitié cuits, café noir, vins généreux, etc.), puis plus substantielle, dès que le permettra l'amélioration des lésions de la bouche. En même temps, les toniques et surtout le quinquina, voilà des adjuvants sur lesquels vous devrez compter. Ils vous permettront en effet d'assurer rapidement et sûrement la guérison d'un malade souvent affaibli et chez lequel la stomatite ulcéro-membraneuse n'est pour ainsi dire que le cri d'alarme d'un organisme profondément atteint.

CINQUIÈME LEÇON

LE MUGUET

Très-anciennement connu, et décrit sous les noms les plus divers (millet, blanchet, stomatite crémeuse, pultacée), le muguet est peut-être de toutes les affections buccales celle qui a donné lieu aux discussions les plus vives. Les causes qui le produisent, l'élément pathologique qui le caractérise, la nature même des lésions auxquelles il donne naissance, tout a été mis en question, à un tel point que l'on a pu lui refuser la qualification de maladie inflammatoire, de stomatite.

On peut définir le muguet une affection de la muqueuse buccale, ordinairement secondaire, sauf peut-être chez le nouveau-né, et caractérisée essentiellement par la production de plaques blanchâtres, spéciales, dans la constitution desquelles entre pour une grande part un cryptogame, l'oïdium albicans. Voyons d'abord sous quelle apparence se présentent ces *plaques blanchâtres* si caractéristiques.

Quel que soit le siége qu'elles affectent (bouche ou pharynx), elles possèdent toujours deux caractères fondamentaux : leur coloration, et leur adhérence nulle ou du moins très-faible à la muqueuse sous-jacente, laquelle paraît saine ou à peu près. La coloration des plaques du muguet est véritablement spéciale : c'est une teinte d'un blanc laiteux, comme crémeux. Quant à l'adhérence, si l'on essaye d'enlever la production nouvelle, on constate qu'au début, tant que l'enduit blanchâtre est peu étendu, il demeure légèrement adhérent à la muqueuse, de laquelle on ne peut le séparer que par un frottement assez rude. Plus tard, au contraire, lorsque les plaques sont plus épaisses et plus larges, leur adhésion étant beaucoup plus faible, on les détache plus aisément; il faut faire une exception pour la muqueuse linguale, au niveau de laquelle, en raison de la présence des papilles, l'enduit est toujours très-adhérent.

Le muguet peut se rencontrer dans presque toute l'étendue du tube digestif; certaines régions toutefois sont le *siége,* en quelque sorte classique, du muguet : d'autres n'en présentent que plus rarement des traces. Sachez avant tout que la cavité buccale est le lieu d'élection, le siége de prédilection du muguet ; toutes les fois que l'on en rencontre sur d'autres points, on peut être assuré que la bouche en est encore ou du moins en a toujours été atteinte. Les plaques peuvent donc occuper le pharynx, l'œsophage (où elles se développent à un degré excessif), ainsi que M. Parrot l'a démontré chez les enfants [1], plus rarement l'anus, la vulve; on les a pu voir aussi sur le mamelon de nourrices allaitant un enfant atteint du muguet. On a longtemps discuté sur la question de savoir si l'estomac et l'intestin lui-même pouvaient être envahis par le cryptogame. Pour Reubold, l'oïdium albicans s'arrêterait au point précis où cesse l'épithélium pavimenteux : *a priori* donc, il serait impossible de le trouver sur la muqueuse du larynx, non plus que dans l'estomac. Billard, Valleix, M. Lélut acceptaient l'existence du *muguet gastrique;* mais c'est à M. Parrot qu'en appartient la démonstration histologique. Il a fait voir que la muqueuse stomacale peut être réellement envahie par la mucédinée : il a décrit et figuré l'aspect de la face interne de l'estomac recouverte de petites plaques, de petites saillies de couleur jaunâtre rappelant la teinte et parfois l'apparence des godets de favus : ce sont des plaques gaufrées, offrant des saillies mamelonnées et remarquables par leur adhérence intime à la muqueuse, sur laquelle elles ne tranchent guère par leur couleur. Au microscope, ces mamelons sont essentiellement constitués par des amas de spores qui remplissent les glandes gastriques; les tubes très-développés dans les couches

---

1. J'ai récemment observé cinq faits de muguet de l'œsophage chez l'adulte; dans l'un d'eux, les fausses membranes, très-développées, s'étaient en partie détachées, et on en trouvait un amas flottant au niveau du repli aryténo-épiglottique droit.

superficielles de la membrane interne pénètrent jusque dans le tissu sous-muqueux.

Jusqu'aux recherches de M. Parrot, on ne connaissait non plus aucune observation authentique du *muguet intestinal;* il a fait voir que là aussi, les plaques sont jaunâtres, marbrées et très-adhérentes ; on y retrouve toujours le même végétal. Toutefois, il est bon de noter dès à présent que M. Parrot n'a observé le muguet intestinal que dans le cœcum, dont le contenu offre une réaction acide, condition absolument nécessaire au développement de la mucédinée.

De même que pour le muguet de l'estomac, les opinions sont partagées au sujet de la présence possible du cryptogame sur la *muqueuse respiratoire.* M. Lélut avait déjà remarqué que les plaques de muguet peuvent se retrouver jusque dans le larynx ; mais M. Parrot l'a démontré par des observations nombreuses avec examen microscopique. C'est uniquement au niveau des cordes vocales inférieures, dans cette région où l'épithélium vibratile est remplacé par un épithélium pavimenteux, que les spores de l'oïdium peuvent germer et se développer. Enfin le même auteur, dont on ne saurait trop invoquer la compétence sur cette question, a pu observer un cas authentique du muguet pulmonaire[1].

Nous devons étudier maintenant les divers éléments qui

---

1. Dans son remarquable *Traité de l'athrepsie*, 1877, M. le professeur Parrot a publié un second cas d'oïdium du poumon.

constituent ces plaques du muguet. Les notions histologiques ont définitivement tranché la question, si longtemps débattue, des rapports réciproques du parasite et de la muqueuse buccale.

L'*examen microscopique* a montré en effet que les plaques sont formées par deux éléments : l'épithélium de la muqueuse sous-jacente à la production morbide, et un végétal spécial. L'*épithélium* qui constitue pour ainsi dire la trame du muguet se présente sous forme de lamelles formées d'un nombre plus ou moins considérable de cellules pavimenteuses buccales réunies par le mucus ; au milieu des cellules anciennes déjà vieillies, on aperçoit des cellules jeunes : toutes sont granuleuses ou même granulo-graisseuses.

Le *végétal*, l'élément le plus important de la plaque, consiste en un cryptogame de la famille des champignons, du genre oïdium. Déjà entrevu par Berg, de Stockholm, en 1840, puis étudié par Gruby, qui l'appela aphthophyta, il fut définitivement classé et décrit par M. le professeur Robin, qui le nomma *oïdium albicans*. MM. Gubler, Laboulbène et plus récemment M. Quinquaud ont complété cette étude.

Comme tous les champignons, ce végétal est essentiellement formé par un mycélium, par des tubes et par des spores tantôt libres, tantôt en chapelet et qui constituent véritablement les germes du muguet. Les filaments tubuleux présentent ce caractère essentiel d'être cloisonnés de distance en distance, et offrent souvent au niveau de leurs cloisonnements des étranglements, indice certain du mode de formation des tubes : ce sont en effet les spores, qui, allongées et développées, se segmentent et leur donnent naissance. Ces tubes sont souvent ramifiés et se terminent d'ordinaire par une ou plusieurs spores ovoïdes en voie de développement. Entrecroisés dans tous les sens, formant ainsi une sorte de feutrage plus ou moins épais, les tubes s'imbriquent au milieu des cellules épithéliales. Quant aux *spores*, les unes sont libres et flottantes, les autres réunies en chapelet à l'extrémité libre des tubes. Ces spores, ovoïdes, brillantes, à bords bien nets et réfringents, sont très-souvent accolées aux cellules épithéliales, sur lesquelles elles se réunissent par groupes.

Il ne faudrait pas croire cependant que l'oïdium ne détermine jamais des altérations dépassant l'épithélium des muqueuses. Les recherches de M. Parrot, basées sur des études histologiques, ont fait connaître que les altérations du muguet s'étendent plus profondément qu'on ne l'avait supposé. Si l'on pratique en effet des coupes sur la muqueuse préalablement durcie, on constate que non-seulement les couches superficielles, mais encore le derme muqueux et parfois même le tissu sous-muqueux, sont affectés ; qu'il se produit un développement des tubes du cryptogame pénétrant en profondeur dans la muqueuse et même jusque dans la tunique musculeuse (muguet œsophagien et muguet gastrique). Je vous ai déjà signalé le développement du végétal dans l'intérieur même des glandes stomacales [1].

Cette courte description de l'oïdium suffit pour vous en faire connaître la nature : c'est un végétal dont les spores transportées dans l'atmosphère viennent se déposer sur la muqueuse buccale et, trouvant en ce point certaines conditions de milieu créées par l'état morbide, y germent et y végètent.

L'oïdium d'ailleurs, au point de vue histologique, diffère considérablement du leptothrix buccalis, qui est constitué par une algue, consistant essentiellement en filaments microscopiques disposés par touffes et que l'on rencontre sur la muqueuse de la bouche, notamment sur les papilles linguales, en dehors de tout état pathologique.

On ne saurait trop insister sur l'importance considérable de l'existence du parasite végétal dans l'affection qui nous occupe. Toutefois, il faut le reconnaître, *l'oïdium albicans n'est pas tout dans le muguet.* Il ne peut se développer que dans certaines conditions nettement déterminées. A cette plante, dont l'évolution peut être si rapide, il faut un *terrain spécial,* une atmosphère humide

---

[1]. J'ai constaté ces mêmes altérations chez des adultes qui avaient été atteints de muguet œsophagien : j'ai constaté également la présence des tubes et des spores de l'oïdium au fond même des lacunes de l'amygdale et dans le conduit excréteur des glandes en grappe du voile palatin.

et chaude, et surtout, ainsi que l'a fait voir M. Gubler, un milieu acide. Vainement les spores pourront être accumulées en foule autour d'un individu malade : si la muqueuse buccale n'est pas préparée à les recevoir, le parasite ne pourra se développer, et l'on ne verra point survenir les plaques de muguet. En d'autres termes, deux données essentielles sont absolument indispensables pour l'évolution de la maladie : le champignon spécial, dont les spores arriveront sans peine jusqu'à la muqueuse, et le terrain favorable, où la plante se développera.

Il ne faut donc pas exagérer, mais on ne doit pas nier non plus l'importance du parasite dans cette affection : il en est probablement de même pour la plupart des maladies cutanées parasitaires. Il est incontestable, par exemple, que dans la crasse parasitaire ou pityriasis versicolor, le champignon spécial, le microsporon furfur, n'apparaîtra que sur un terrain approprié; c'est chez des individus cachectiques, affaiblis par différents états pathologiques, qu'on voit évoluer cette affection cutanée. Les conditions sont peut-être analogues pour les autres maladies de même nature; mais ces affections de la peau touchent encore trop de points inconnus pour qu'il nous soit permis de formuler à leur égard une conclusion définitive.

Maintenant que nous possédons des notions suffisantes sur la nature même de la maladie, nous pouvons essayer de pénétrer plus avant dans son étude, et rechercher d'abord quelles sont les CAUSES qui lui donnent naissance aux divers âges de la vie et dans des conditions en apparence si différentes. L'étiologie du muguet est un des points les plus importants à bien connaître, car à elle seule, comme nous allons le voir, elle rend compte à la fois de la fréquence de cette affection, de sa marche, de sa valeur pronostique, aussi bien que des indications thérapeutiques qu'elle comporte.

Les causes du muguet, notablement différentes suivant les cas, justifient l'ancienne division de la maladie en primitive et secondaire : primitive, c'est le muguet des enfants et surtout des nouveau-nés ; secondaire, c'est celui des adultes et surtout des vieillards.

Chez les enfants, les conditions pathogéniques du muguet diffèrent notablement selon que l'affection se montre chez le *nouveau-né* et l'enfant à la mamelle, ou bien au contraire qu'elle apparaît chez un sujet plus âgé.

Le muguet des enfants allaités se montre dans des conditions variables. Mais presque toujours, et je ne saurais assez insister sur ce point qu'ont mis en lumière les belles recherches de M. Parrot, cette affection buccale se rattache à une *alimentation insuffisante*, soit que la quantité de lait produit par la mère soit trop faible pour son enfant, soit qu'une seule femme donne le sein à deux nourrissons. Souvent aussi, pendant une maladie accidentelle, le lait maternel perd ses propriétés nutritives, et le bébé ne tarde pas à souffrir.

C'est plus particulièrement chez les *enfants élevés au biberon* que l'on voit éclater les accidents qui détermineront le muguet. Le lait qui sert à l'allaitement artificiel est souvent mauvais, acide; fréquemment aussi, il est frelaté : le biberon, d'ordinaire, n'est pas suffisamment propre, et le lait s'y altère; aussi peut-on dire que ce mode d'alimentation est la grande cause déterminante du muguet chez le nouveau-né. Et lorsque vous saurez que cette affection buccale a une valeur extrême, puisqu'elle annonce des troubles profonds subis par l'organisme, vous comprendrez sans peine les dangers sérieux liés à l'élevage au biberon.

Indépendamment des qualités défectueuses du lait, c'est parfois à de *mauvaises conditions hygiéniques* qu'il faut attribuer le point de départ des accidents; une aération incomplète, le manque des soins élémentaires de propreté : telles sont les causes qui, dans quelques circonstances, semblent suffire à elles seules pour occasionner le muguet.

On a invoqué aussi un certain nombre de *causes locales*, qui, croyons-nous, n'ont le plus souvent qu'une importance accessoire : elles agissent en gênant l'alimentation ou en troublant la composition chimique du lait. La mauvaise conformation du mamelon chez certaines primipares, les biberons durs, et surtout l'entretien défectueux de ces derniers, ont été cités tour à tour. Ce sont là des conditions défavorables pouvant prédisposer à l'éclosion du muguet, mais probablement insuffisantes à le faire naître en dehors de toute autre circonstance étiologique.

On a cru voir, dans quelques cas de manifestations multipliées de cette maladie buccale dans une zone restreinte, une preuve de l'épidémicité de l'affection. Mais on a fait aujourd'hui justice de ces erreurs, très-excusables d'ailleurs, et l'on explique ces faits par l'action répétée des mêmes causes sur des sujets différents, placés dans des conditions à peu près identiques. Toutefois, s'il a été facile de rejeter l'hypothèse de l'épidémie, on n'a pu faire de même en face de certains cas de *contagion* avérée. Sans parler des faits usuels de muguet apparaissant simultanément sur un nombre plus ou moins considérable d'enfants dans une même salle hospitalière, faits qui peuvent prêter à discussion[1], on ne saurait contester les observations si curieuses de contamination directe. On a vu, par exemple, une nourrice communiquer la maladie à un enfant bien portant, qu'elle allaitait après avoir donné le sein à un petit nourrisson atteint

---

1. J'ai eu l'occasion d'observer cette année une série de cas très-curieux concernant le mode de propagation de cette affection buccale. Dans mon service de crèche, il n'y en eut pas un seul cas avant l'arrivée d'un petit athrepsique dont la bouche était couverte de muguet; depuis lors, deux autres enfants en ont été atteints, puis la maladie s'est développée successivement chez trois femmes, et, plus tard, chez trois malades de la salle des hommes.

de muguet. Cette contagion s'explique par la production des plaques du végétal sur le mamelon et le développement en ce point des spores de l'oïdium albicans.

Vous parlerai-je maintenant de l'*âge* des sujets atteints? Si l'on s'en rapportait à Valleix, ce serait dans les deux premiers mois de la vie que l'on rencontrerait le plus grand nombre de cas. Pour Trousseau et M. Delpech, ce serait de deux mois et demi à vingt-deux mois. Ces assertions, contradictoires en apparence, tiennent à l'âge différent des enfants reçus dans les hôpitaux où ces auteurs ont observé, Valleix ayant recueilli ses observations aux Enfants-Assistés, Trousseau et M. Delpech à l'hôpital Necker. Retenez donc ce fait incontestable : c'est que le muguet se montre pendant toute la période de l'allaitement, mais qu'il est plus fréquent pendant les cinq ou six premiers mois, époque où l'enfant est plus exposé aux influences morbifiques et trop faible encore pour y résister suffisamment.

On a voulu faire entrer en ligne de compte dans l'apparition du muguet l'existence de maladies puerpérales, et l'on s'est demandé s'il n'y avait pas là des conditions nosologiques similaires ou tout au moins analogues. Pour nous, ce fait de muguet coïncidant avec les maladies puerpérales doit se rattacher à l'alimentation mauvaise des enfants allaités par leurs mères, dont la maladie altère la sécrétion lactée.

En résumé, dans toutes ces conditions étiologiques,

nous voyons intervenir des circonstances variables en apparence, mais qui, en dernier ressort, aboutissent à la mauvaise alimentation et constituent la première étape de cet aboutissant si grave : je veux parler de l'*athrepsie*.

Chez les *enfants plus âgés*, comme chez l'*adulte*, le muguet est toujours une affection secondaire, développée sous l'influence d'un état général grave compromettant l'existence de l'individu atteint. Il peut apparaître dans deux conditions assez distinctes.

Tantôt le muguet représente l'expression ultime d'une *maladie aiguë ou chronique*, assez grave pour épuiser rapidement les forces et déterminer un véritable état cachectique. Citons, parmi les affections chroniques, la tuberculose, le cancer ; et, parmi les maladies aiguës, la fièvre typhoïde, la fièvre puerpérale, la cystite et la pyélo-néphrite.

D'autres fois, c'est encore à l'occasion d'une affection plus ou moins grave que le muguet se développe ; mais il est appelé pour ainsi dire non par la maladie elle-même, mais bien par la *débilité du malade*, laquelle existait avant l'apparition du processus morbide ; dans ces circonstances, l'étiologie du muguet réside dans l'état antérieur du sujet. C'est ainsi qu'il faut comprendre et expliquer ces cas de muguet, se montrant quelquefois dans le cours d'une pneumonie et en particulier dans ces cas de pneumonie typhoïde qui ne tiennent d'ordinaire qu'à l'état constitutionnel du malade. Dans des conditions semblables, j'ai pu voir survenir le muguet chez un rhumatisant; mais je dois ajouter qu'il s'agissait d'un vieillard, et vous savez qu'à cet âge la résistance vitale est beaucoup moindre que chez l'adulte, et, à ce point de vue, on peut dire que le vieillard se rapproche de l'enfant.

Dans tous ces cas, on trouve résumées les conditions pathogéniques suivantes : d'une part, il existe une faiblesse générale de l'individu, et cette diminution des forces facilite le développement du parasite; d'autre part, le défaut de soins hygiéniques de la cavité buccale contribue à l'évolution de la maladie, en donnant lieu à l'acidité du mucus sécrété, sans qu'il y ait cependant sécheresse absolue de la muqueuse.

En définitive, qu'il s'agisse du muguet des nouveau-nés d'une part, ou du muguet des enfants, des adultes et des vieillards d'autre part, les conditions étiologiques doivent être uniquement rapportées à un état de débilité, à un défaut de nutrition, qui rendent possibles la germination et le développement du cryptogame. Les circonstances causales sont en apparence différentes : au fond, elles sont absolument identiques.

Etudié au point de vue des SYMPTÔMES qui le caractérisent, le muguet s'annonce par deux ordres de phénomènes. Les uns sont les signes locaux, objectifs, tenant à la présence même et à l'évolution du champignon : ces signes sont identiques dans tous les cas. Les autres sont des symptômes fonctionnels et généraux qui varient, on le comprend, suivant que l'affection éclate chez l'enfant ou chez l'adulte.

L'apparition du muguet est ordinairement précédée par une *rougeur* foncée, sombre, de la muqueuse buccale, qui prend alors une teinte violacée. En même temps, il existe une certaine tendance à la sécheresse de la bouche, bien que la muqueuse conserve encore quelque humidité. Cet état tout spécial, comme vernissé, du tégument buccal, tient à la desquamation partielle de l'épithélium, dont les couches superficielles se détachent : c'est une phase initiale que je n'ai jamais vu manquer. Bientôt, sur cette muqueuse d'un rouge sombre, apparaissent de *petits points blanchâtres* d'aspect tout à fait laiteux, d'abord isolés, peu saillants, assez adhérents à la muqueuse et justement comparés à des grains de semoule. Peu à peu, et souvent avec une rapidité extrême, ces petits points s'étalent, s'élargissent, se rapprochent, et finissent par constituer des *plaques* qui peuvent atteindre sur certains points (la langue, les joues par exemple) une étendue considérable. Ces plaques rappellent, par leur teinte blanchâtre et leur consistance crémeuse, l'aspect du lait coagulé, avec lequel on les confond quelquefois. Plus rarement, elles offrent un aspect jaunâtre : cette coloration accidentelle est produite par le passage des matières rendues dans les efforts de vomissements, ou par les divers topiques portés sur la muqueuse malade.

Leur *siége* de prédilection est la face interne des joues, des lèvres, la face dorsale, les bords et le frein de la langue : sur cette dernière, on voit, avant l'apparition du muguet, les papilles plus saillantes et plus rouges qu'à l'état normal. Les autres régions atteintes sont ensuite la voûte palatine, le voile du palais, enfin la cavité pharyngienne. En ce dernier point, ce n'est plus d'ordinaire sous forme de plaques, mais bien de petits grains saillants et blanchâtres, que se manifeste, au moins à ses débuts, l'affection parasitaire.

Les *troubles fonctionnels* varient suivant l'âge du malade. *Chez les enfants*, on constate tout d'abord une gêne croissante de la déglutition; le nouveau-né éprouve une difficulté de plus en plus grande à prendre le sein : il s'en éloigne en criant. L'inappétence relative est de règle; les douleurs éprouvées par le petit malade, et qui se rattachent à l'état d'irritation de la muqueuse buccale, expliquent et entretiennent cette perte de l'appétit. En même temps, les *vomissements* apparaissent et trahissent la perturbation profonde des fonctions digestives : la *diarrhée* se montre souvent dès le début. D'après Valleix, qui observait à l'hospice des Enfants-Assistés, ce symptôme serait constant, et, pour lui, le muguet est dès le principe une affection intestinale. Cette assertion est encore la conséquence du milieu nosocomial, car, vous rencontrerez, et j'ai vu moi-même plusieurs fois en ville, des cas de muguet moins graves, dans lesquels il n'y avait point de diarrhée et qui guérissaient assez rapidement. En somme, le flux intestinal n'est pas subordonné à la présence du muguet buccal ; mais il reconnaît des causes identiques avec celles qui produisent l'affection de la bouche : il existe en effet une altération profonde des phénomènes de nutrition et d'assimilation, et la dénomination d'*athrepsie* imposée par M. Parrot caractérise précisément ce trouble nutritif.

Quoi qu'il en soit, la diarrhée, quand elle existe, s'annonce par des selles répétées, d'abord d'un jaune verdâtre, puis vertes, et acides, d'une odeur souvent repoussante. On peut même, lorsque ces troubles gastro-intestinaux sont poussés à l'extrême, voir survenir un véritable état cholériforme : l'amaigrissement fait des progrès effrayants ; les selles diarrhéiques et les vomissements sont incessants ; la peau se cyanose et se refroidit, le cri s'affaiblit, la voix s'éteint, et la *mort* termine la scène dans un court espace de temps.

Dans les cas moins graves ou du moins dont l'évolution est moins rapide, on voit succéder bientôt à la diarrhée acide, qui s'établit définitivement, un érythème de la région fessière suivi par une éruption de vésicules qui peuvent s'ulcérer et s'étendre. Cet érythème, consécutif au flux intestinal irritant, se produit de la même façon que les érosions des narines causées par un coryza avec flux nasal abondant et persistant.

Enfin, sous l'influence d'un état cachectique, résultat ultime des accidents gastro-intestinaux qui épuisent le petit malade, on peut voir des *ulcérations cutanées* se former aux points où existent des saillies osseuses ou qui sont exposés aux frottements. Le muguet fait des progrès; ses plaques occupent la cavité pharyngienne, et, si la maladie dure un temps suffisant, l'œsophage et même l'estomac sont pris à leur tour. La peau s'amaigrit, et assez souvent même, surtout chez les avortons, on voit survenir le *sclérème* ou endurcissement du tissu cellulaire, conséquence des pertes liquides abondantes subies par un organisme gravement atteint. Enfin la mort arrive au bout d'un temps variable.

Pendant toute la durée de la maladie, y a-t-il de la fièvre? En aucune façon : la *température* a été étudiée avec soin, et, sur ce point, je dois vous signaler quelques divergences d'opinions. M. Roger a toujours trouvé, dans le muguet, la température normale ou peu élevée au-dessus de la normale, sans que la confluence des plaques morbides parût influencer le chiffre de la température. Pour M. Parrot, qui a suivi plus spécialement chez les nouveau-nés la marche de cette affection, la température est souvent abaissée; mais, chez ses petits malades, la diarrhée, le sclérème existaient, en sorte que les conditions d'observation n'étaient pas identiques : l'athrepsie est le fait du trouble de la nutrition générale et non la conséquence de l'affection buccale elle-même.

La MARCHE de la maladie est des plus variables. Si le muguet est accidentel et peu grave, s'il survient chez un enfant bien portant jusque-là, si un traitement convenable est rapidement employé, en quelques jours (bien que les plaques enlevées se reproduisent vite) la guérison est assurée. Par contre, si l'enfant atteint de muguet est faible, s'il est né avant terme, si les conditions hygiéniques où il se trouve placé sont défectueuses et ne peuvent être promptement améliorées, la maladie continuera à évoluer, les accidents gastro-intestinaux s'établiront, puis la cachexie et même la mort en seront la conséquence nécessaire. C'est dans ces formes à échéance plus ou moins longue que l'on observe le muguet de l'estomac et de l'intestin, dont les altérations intéressent si profondément les tissus, en sorte qu'on ne peut vraiment pas dire, avec M. Bouchut, que le muguet n'a jamais fait mourir personne.

La *durée* de la maladie est très-variable. Après l'apparition des phénomènes graves, la vie peut encore se prolonger pendant quinze jours, trois semaines ; quelquefois même, la mort n'arrive qu'après deux et trois mois.

Chez l'adulte, le muguet, ainsi que nous l'avons vu, n'est qu'un épiphénomène ultime : c'est l'expression dernière d'un état cachectique profond; souvent, c'est l'indice assuré ou à peu près d'une terminaison fatale et prochaine. Dans de semblables conditions, l'organisme épuisé ne réagit guère, et les troubles fonctionnels sont réduits en quelque sorte à leur minimum. A peine les malades se plaignent-ils d'une certaine gêne de la déglutition et d'une sécheresse avec ardeur de la muqueuse buccale. Parfois, il existe des vomissements, mais la plupart du temps ils sont dus à des troubles graves et préexistants de l'appareil gastrique. Très-fréquemment, en même temps que sur la bouche, les plaques siégent aussi sur la muqueuse pharyngée : il n'est pas rare que le voile palatin en soit complétement couvert [1].

La *marche* du muguet est essentiellement subordonnée à celle de la maladie à l'occasion de laquelle il s'est développé et aussi à l'état des forces du sujet atteint. Traitées par les topiques appropriés, les plaques morbides disparaissent assez vite, quand le malade doit guérir. Mais quand l'affection première est grave, le muguet, après avoir cédé d'abord à la médication, ne tarde pas à reparaître et à s'étendre rapidement sous forme de larges traînées grisâtres, qui persistent jusqu'au dernier jour.

---

1. J'ai vu, chez des adultes atteints de muguet buccal, la difficulté de la déglutition, plus particulièrement vers la fin de cet acte physiologique, annoncer l'envahissement de l'œsophage par le cryptogame.

Il n'est pas nécessaire d'insister sur le PRONOSTIC. Il est incontestable que la gravité du mal varie suivant qu'il s'agit d'un enfant ou d'un adulte; même chez les jeunes sujets, où il est parfois moins grave, le muguet est encore une affection sérieuse, parce qu'il est l'indice des troubles profonds de l'organisme, dont les fonctions de nutrition sont grandement atteintes. Chez le vieillard, qui ne possède pas toutes les ressources que l'on rencontre dans l'âge moyen, le muguet est également d'un très-fâcheux pronostic.

Toutes les fois que les plaques de l'oïdium apparaissent chez l'adulte, on peut affirmer que l'affection qui les a occasionnées est grave; mais le pronostic du muguet lui-même est essentiellement subordonné à l'état du malade et aux causes qui l'ont produit. Citons pour exemple le muguet survenant dans le cours d'une pneumonie typhoïde d'une part, du cancer de l'estomac ou de la tuberculose pulmonaire d'autre part; on conçoit qu'il n'y a aucune comparaison à établir entre ces cas si différents.

Peut-on confondre le muguet avec une autre affection de la muqueuse buccale? Le DIAGNOSTIC est véritablement bien aisé, et l'erreur ne serait guère excusable. Il est très-important non pas de reconnaître la nature des plaques, trop caractéristiques pour permettre une confusion, mais bien de ne pas les laisser passer inapercues, faute d'un examen pourtant facile. Considérez donc comme un précepte absolu de surveiller la bouche chez les enfants à la mamelle : dès qu'il vous arrivera de les voir refuser de prendre le sein, ne manquez pas de redoubler de précautions et d'examiner soigneusement l'état de la muqueuse buccale. Les adultes accusent en général une sensation désagréable de sécheresse de la bouche, des picotements ou une chaleur insolite, symptômes suffisants pour attirer l'attention ; lorsqu'au contraire il existe un état adynamique, l'examen quotidien de la langue et des lèvres est l'unique moyen qui vous permette de ne pas méconnaître le développement du muguet.

Seule peut-être, entre toutes, la *stomatite diphthérique* pourrait, dans certaines conditions, être prise pour l'affection qui nous occupe ; mais il vous suffira de vous rappeler que l'exsudat de la diphthérie ne se fait point par grains isolés, petits et saillants, mais bien par des plaques blanchâtres ou d'un blanc grisâtre, adhérentes, consistantes, et s'étalant en couche épaisse sur la muqueuse. D'ailleurs l'existence constante de l'adénopathie sous-maxillaire dans la diphthérie lèverait tous les doutes.

Les *aphthes,* dont nous nous occuperons bientôt, ont été autrefois confondus avec le muguet : aujourd'hui, l'erreur est impossible. Le siége, la marche, la nature d'abord vésiculeuse des boutons aphtheux, et les ulcérations déprimées qui leur font suite : voilà tout autant de caractères différentiels importants grâce auxquels le diagnostic sera facile.

Comme pour toute affection consécutive à un état général plus ou moins grave, le TRAITEMENT du muguet est double : local et général.

Le *traitement local* s'adresse directement au champignon ; il est très-important, et l'emploi des alcalins prime toute autre indication, puisque le développement de l'oïdium ne peut se faire que dans un milieu acide. Le *borate de soude* en poudre, en solution ou mieux en collutoire (incorporé avec du miel rosat par parties égales), tel est le topique vanté à juste titre et qui produit des effets vraiment excellents. Se fondant sur des vues théoriques, Vogel repousse l'usage du miel employé comme véhicule ; les résultats pratiques lui donnent tort.

Les *boissons alcalines*, destinées à neutraliser la réaction acide de la bouche ou du pharynx et à porter dans l'œsophage et dans l'estomac un topique actif, sont recommandées : les eaux de Vals ou de Vichy répondent à cette indication.

Enfin il est utile de *détacher les plaques* du muguet, afin d'enlever les spores qui repullulent ; c'est pourquoi les collutoires portés avec des pinceaux un peu rudes sont préférables aux simples gargarismes ; il vaut mieux encore nettoyer préalablement la bouche à l'aide d'un linge sec qui permettra de faire disparaître les produits morbides sans que le malade puisse les avaler. Quant aux cautérisations avec le nitrate d'argent, autrefois préconisées par Natalis Guillot, elles ne sont pas nécessaires, et l'on n'en fait plus usage aujourd'hui.

Le *traitement général* s'adresse à l'organisme affaibli et profondément cachectique. Les toniques, et particulièrement le café, les vins généreux, le quinquina sous toutes ses formes, mais surtout les moyens hygiéniques, constituent la base de cette thérapeutique. On prescrira les aliments les plus réparateurs et les mieux appropriés à l'âge des sujets. Pour les très-jeunes, un lait excellent, récemment trait, et mieux encore une bonne nourrice, une propreté très-grande non-seulement de la bouche, mais de toute la surface cutanée, une aération convenablement ménagée : tels sont les compléments nécessaires de la médication. Par-dessus tout, dans les crèches, les maisons hospitalières, il convient d'éviter l'encombrement. Enfin on se gardera de donner la même nourrice à des enfants atteints du muguet et à ceux qui sont indemnes de cette affection : que si les exigences d'un service hospitalier nécessitaient quelque infraction à cette règle, on aurait soin du moins de prendre toutes les précautions nécessaires pour empêcher la propagation du mal par le mamelon de la nourrice.

SIXIÈME LEÇON

LES APHTHES

Sous le nom de stomatite aphtheuse, vésiculeuse ou folliculeuse, ou plus généralement sous le nom d'aphthes, qui a l'avantage de ne point préjuger la nature du mal, on décrit aujourd'hui une affection de la muqueuse buccale caractérisée par le développement de vésicules, c'est-à-dire de petits boutons constitués par l'épithélium que soulève un liquide séreux, vésicules qui se rompent et donnent naissance à des ulcérations arrondies. Cette maladie a été longtemps confondue avec les autres stomatites et particulièrement avec le muguet, ainsi que vous pouvez vous en convaincre en lisant la description donnée par Joseph Frank. La stomatite aphtheuse possède cependant, comme nous le verrons bientôt, une physionomie propre; les lésions qui lui appartiennent sont spéciales, ses symptômes intéressants, et son évolution est vraiment caractéristique.

Aussi ne craindrai-je pas, à l'occasion de cette affection, d'entrer dans quelques détails, qui vous seront d'ailleurs nécessaires pour bien connaître l'ensemble des différentes maladies dont la cavité buccale peut être le siége.

Les CONDITIONS ÉTIOLOGIQUES capables de déterminer l'apparition des aphthes sont jusqu'à ce jour assez mal connues. L'*âge* du malade est souvent invoqué ; mais, en comparant les diverses assertions des auteurs, vous trouverez que cette affection se rencontre à toutes les époques de la vie. C'est ainsi qu'on l'observerait chez les enfants, non-seulement pendant la période de la première dentition, mais encore peu de temps après la naissance : toutefois, chez le nouveau-né, cette stomatite est réellement moins fréquente qu'on ne le pensait autrefois, alors que le muguet n'était pas encore bien connu [1]. Chez l'adolescent, et aussi chez l'adulte, les aphthes ne sont pas rares : ils se montrent peut-être plus fréquemment encore chez le vieillard, et, à cette époque de la vie, la maladie pourrait même, ainsi que vous le saurez bientôt, prendre une apparence infiniment grave.

Indépendamment de l'âge, nous devons signaler les *conditions hygiéniques*. On a noté par exemple l'influence nocive d'une mauvaise alimentation, surtout l'usage

---

1. M. le professeur Parrot a fait connaître, chez les enfants athrepsiques, l'existence d'ulcérations buccales et palatines ressemblant aux aphthes à un examen superficiel, mais s'en distinguant par une physionomie et une étiologie toutes spéciales.

immodéré de mets excitants ; chez l'enfant, le défaut des soins de propreté.

Je ne vous parlerai pas longuement des relations que quelques auteurs ont voulu établir entre les aphthes et le lymphatisme. Cette étiologie, vraisemblable dans un petit nombre de cas, est le plus souvent défectueuse; aussi n'a-t-elle qu'une valeur relative.

Vous trouverez signalée par la plupart des observateurs du siècle dernier et même par quelques modernes l'apparition des aphthes à titre d'*affection secondaire* dans le cours d'un nombre assez considérable de maladies aiguës ou chroniques. C'est ainsi que l'état puerpéral, les fièvres graves (comme dans les faits observés par Rœderer et Wagler, à Gœttingue), joueraient un certain rôle dans le développement de la maladie. Peut-être même le génie épidémique, comme tendraient à le prouver les travaux de Ketelaer, qui observait en 1672 en Hollande, où l'affection serait fréquente, doit-il être invoqué. Je n'hésite pas, quant à moi, à faire immédiatement des réserves sur la nature de ces aphthes secondaires, en raison même de la confusion faite par les auteurs anciens et sur laquelle je viens d'attirer votre attention au commencement de cette leçon.

A côté de ces états généraux aigus et graves, capables, en somme, de jeter l'organisme dans un état d'affaiblissement réel, nous devons citer encore un certain rapport signalé entre les aphthes et diverses diathèses ou plus exactement diverses affections de la peau. La coïncidence fréquemment constatée de la stomatite aphtheuse et de manifestations cutanées morbides, telles que l'ecthyma, l'acné (Lailler), l'eczéma, l'impetigo, l'herpès (Gubler), est effectivement un fait d'une haute valeur, mais dont le degré de fréquence n'est pas encore très-bien établi[1]. Il est positif qu'il y aurait à ce point de vue toute une série de recherches intéressantes à faire, mais dont le résultat ne peut être encore prévu. Je dois cependant ajouter que Rilliet et M. Barthez ont apporté un argument puissant en faveur de la nature diathésique de la maladie : dans certains cas, en effet, l'hérédité est manifeste, et la prédisposition aux aphthes se transmettrait comme pour l'eczéma ou l'acné diathésiques. Quoi qu'il en soit de toutes ces opinions, que je ne puis, vu l'état actuel de la science, vous signaler qu'avec quelques réserves, nous admettrons seulement sans conteste ce fait important : c'est que les aphthes peuvent être primitifs ou secondaires et se montrer aux différents âges de la vie, pourvu que les conditions générales du malade s'y prêtent un peu ; je dois ajouter que chez les individus sujets à l'apparition répétée de la forme discrète il est fréquent de constater certains

---

[1]. Cette coïncidence des aphthes et de l'herpès mérite d'être étudiée : il est probable qu'elle n'est pas très-rare, car je l'ai moi-même constatée deux fois. On peut donc se demander si l'apparition de l'éruption aphtheuse chez les sujets qui y sont disposés ne serait pas comparable au développement de l'herpès labialis survenant chez quelques personnes à l'occasion d'une indisposition parfois insignifiante.

troubles digestifs légers, mais en quelque sorte permanents, et en particulier une tendance marquée à la constipation.

Les aphthes constituent une sorte d'éruption buccale, dont les SYMPTÔMES peuvent se montrer, suivant les cas, sous deux formes distinctes : la forme *discrète*, de beaucoup la plus commune, et la *confluente*. Étudions séparément ces variétés, afin de mieux saisir les différences qu'elles présentent.

La *forme discrète* de la stomatite folliculeuse s'annonce d'ordinaire par quelques *signes prodromiques*. Souvent, c'est un état fébrile qui ouvre la scène, état fébrile généralement peu intense, mais s'accompagnant d'une sensation de chaleur ardente, étendue à toute la bouche, et d'une soif vive. Fréquemment, le malade se plaint de troubles digestifs, tels que l'inappétence, et parfois même il survient de la diarrhée (chez les enfants seulement); cependant ces troubles gastro-intestinaux et les signes de la fièvre eux-mêmes peuvent faire absolument défaut, de telle sorte que l'éruption représente l'accident primordial, le symptôme du début.

L'enanthème buccal est en effet le phénomène important. Il commence par l'apparition de *points rouges* disséminés sur la muqueuse et au niveau desquels se développent rapidement des *vésicules*, d'un blanc grisâtre le plus souvent, assez comparables à celles de l'herpès. Le nombre des éléments éruptifs est, dans cette forme discrète, peu considérable : on en compte 6 à 10, rarement plus et souvent moins. Ils occupent des points de prédilection, sur cette grande étendue de muqueuse. Les lèvres à leur face interne, le sinus gingivo-labial de la lèvre supérieure et de l'inférieure, la langue dans le voisinage de la pointe, sur ses bords et au niveau du frein : telles sont les régions affectées de préférence. Il n'est pas fréquent d'apercevoir des aphthes ailleurs : cependant l'on en rencontre quelquefois à la jonction des piliers antérieurs du voile palatin et de la luette, plus rarement au niveau des gencives, de la voûte palatine, des amygdales, du pharynx. Enfin, mais très-exceptionnellement, l'œsophage, l'estomac, l'intestin même, seraient envahis dans certains cas graves appartenant plutôt à la forme confluente. Mais ces dernières localisations mériteraient confirmation, les faits déjà anciens où ils sont signalés ne présentant pas toutes les garanties d'exactitude et de précision absolument nécessaires à une bonne observation.

Les vésicules aphtheuses s'entourent en quelques heures d'une *auréole rouge ;* la muqueuse se boursoufle tout à l'entour, et bientôt (après un ou deux jours) l'aphthe, dont le liquide est devenu louche, se rompt et donne lieu à une ulcération. Ces *ulcérations,* qui résultent en somme de l'évacuation du liquide contenu dans la vésicule et du détachement de l'épithélium, sont de forme arrondie, quelquefois ovalaire. Parfois elles deviennent coalescentes; leurs bords sont alors irréguliers, peuvent s'étendre; toujours ils sont rouges, comme taillés à l'emporte-pièce, et légèrement indurés. L'ulcération est en général peu étendue : souvent elle a la largeur d'une grosse tête d'épingle, d'un petit pois, mais on peut la voir atteindre les dimensions d'une pièce de 20 ou même de 50 centimes, dimensions progressives, qui résultent d'un processus ulcératif qu'il conviendra de combattre.

Le fond de l'ulcération aphtheuse est recouvert par une sorte de *fausse membrane* grisâtre ou jaunâtre, véritable exsudat pelliculaire que l'on peut enlever par une friction énergique : la muqueuse sous-jacente apparaît alors rouge et souvent saignante. De quelle nature est cette exsudation qui recouvre l'aphthe ulcéré? L'examen microscopique qui en a été fait par M. Worms autorise à penser qu'elle doit se développer aux dépens des cellules épithéliales; on y retrouverait un grand nombre de globules graisseux, permettant d'envisager l'affection aphtheuse comme un acné des muqueuses [1].

Bientôt cependant, en deux à quatre jours dans les cas ordinaires, quelquefois après une semaine ou même plus, la réparation se fait; les bords, qui étaient entourés

---

1. J'ai eu cette année l'occasion d'étudier sur deux malades l'histologie des exsudats aphtheux et j'ai pu reconnaître qu'ils consistent essentiellement en cellules épithéliales ayant subi des modifications comparables à celles que l'on a décrites dans la diphthérie.

d'une zone d'hyperémie, s'affaissent; le fond de l'ulcération se déterge, et la *cicatrisation* est promptement achevée. Il ne reste qu'une petite tache rouge, qui persiste quelques semaines, puis disparaît sans laisser d'autres traces qu'une fugace coloration blanchâtre de l'épithélium.

Pendant l'évolution de cette éruption, on observe quelques *troubles fonctionnels*. Avant tout, et dès le début, les malades se plaignent d'une *douleur* très-vive, comparable à celle d'une brûlure, à des piqûres incessantes. Ces sensations, très-pénibles, sont précoces et apparaissent parfois dès le début de l'affection, avant même que les vésicules se soient développées; mais, si douloureuse qu'ait été la période de vésiculation, dès que l'ulcération s'est constituée, la douleur s'accroît encore et prend un caractère de cuisson extrêmement intense, parfois intolérable. Aussi, comme conséquence immédiate, observe-t-on chez le nouveau-né l'impossibilité ou tout au moins une gêne considérable de la succion : l'enfant repousse le sein et pleure sans cesse. Chez l'adulte, la gêne de la mastication est très-grande, et le malade n'accepte plus guère sans difficulté que les aliments demi-liquides et les boissons.

En même temps que la douleur, signalons la salivation, très-rarement abondante dans cette affection buccale, mais qui peut s'ajouter encore aux troubles fonctionnels et accroître le malaise du patient. Les ganglions sous-maxillaires ne sont presque jamais engorgés, sauf dans les cas graves ou compliqués.

Quant aux *symptômes généraux*, ils sont toujours fort légers. La fièvre, quand elle survient, est peu intense et le plus souvent elle cesse avec la période prodromique ; elle peut même manquer totalement. Les troubles digestifs, s'ils n'existaient déjà, apparaissent, mais ne consistent guère qu'en nausées ; rarement il survient des vomissements ou de la diarrhée. Tels sont les phénomènes généraux, en somme peu graves, concomitants de l'éruption aphtheuse.

Dans les cas, assez exceptionnels d'ailleurs, où les aphthes deviennent *confluents*, l'affection est le plus ordinairement symptomatique et consécutive à un état général plus ou moins grave. Les lésions sont alors extrêmement rapprochées, surtout en certains points ; la langue au niveau de sa pointe et de ses bords, les lèvres, l'isthme du pharynx, la muqueuse pharyngée même sont bientôt comme criblés d'ulcérations. Les phénomènes généraux, lorsqu'ils ne préexistaient pas, se montrent constamment et sont plus ou moins graves : la fièvre est vive ; les troubles digestifs sont intenses et sérieux. Le malade tombe rapidement dans un état d'adynamie profonde ; quelquefois, ce sont des accidents ataxiques, souvent ataxo-adynamiques, qui mettent fin à la maladie : la *mort* est en effet la terminaison habituelle de cette forme. Toutefois, je le répète, il serait bien important de savoir si l'affection bucco-pharyngienne dont je viens de vous résumer les traits principaux appartient réellement à la stomatite aphtheuse. Cette remarque est tout à fait applicable à l'épidémie de Hollande, dont je vous ai déjà parlé et dans laquelle les symptômes revêtirent une forme particulièrement grave : des observations nouvelles sont nécessaires pour se prononcer sur ce point. La question reste encore en suspens.

La MARCHE de la maladie se résume en quelque sorte dans l'évolution du bouton aphtheux. Autour de la vésicule se forme un cercle rouge, inflammatoire; l'ulcération s'établit avec ses bords saillants et tomenteux; mais cet aspect ne persiste en général que vingt-quatre à quarante-huit heures; à ce moment, en effet, le fond de l'ulcère, jusqu'alors déprimé, se relève : de jaunâtre, il devient rosé, et la cicatrisation se fait en quelques jours, sans que l'on ait pu apercevoir des granulations ou des bourgeons charnus.

D'après les faits que je viens de vous exposer, la *durée* totale de la maladie est de cinq à sept jours dans les cas les plus ordinaires. Cependant il arrive parfois (et très probablement sous l'influence d'un état général défectueux) que l'évolution se fait avec beaucoup plus de lenteur et que la cicatrice met de deux à trois semaines pour se compléter.

Il est du reste assez commun d'assister à l'apparition de *poussées aphtheuses successives :* dans ce cas, des ulcérations nouvelles se montrent dans le voisinage de celles qui sont déjà guéries ou simplement très-avancées dans leur cicatrisation, et la durée totale de la maladie peut être ainsi prolongée pendant un temps beaucoup plus long. Certains sujets offrent même une tendance à la reproduction de quelques aphthes qui semblent coïncider avec le retour de troubles digestifs. J'ai eu l'occasion d'observer des faits de ce genre : l'affection datait de plusieurs années et se caractérisait uniquement par des phénomènes locaux.

Les aphthes se terminent, on peut le dire d'une façon générale, par la *guérison.* Sauf dans les cas où ils sont confluents, surtout chez les enfants et chez les individus affaiblis par une maladie préexistante, ils constituent un état morbide peu grave ; la cicatrisation se fait si complétement qu'après deux ou trois semaines on ne retrouve plus aucune trace de la perte de substance.

De nombreuses discussions se sont élevées relativement à la nature et au siége anatomique de cette affection : c'est effectivement un point très-délicat et encore obscur. La dénomination de stomatite folliculeuse, qui a servi à désigner la maladie qui nous occupe, indique bien que l'on a voulu en placer le siége dans les *glandes muci-*

pares de la muqueuse buccale. Van Swieten estime que les follicules sont envahis par un travail inflammatoire et se rompent en donnant lieu à une ulcération qui se répare rapidement ; Bichat, de son côté, soutient cette hypothèse du siége de l'affection dans les follicules. Pour Billard, qui observait des nouveau-nés, les symptômes, la marche, l'aspect même de la lésion caractérisent suffisamment la nature glanduleuse de la stomatite. Mais en face de cette hypothèse se place une autre théorie, qui veut voir dans la vésicule une exsudation fibrineuse diffuse, occupant indistinctement un point quelconque de la muqueuse buccale. Pour Bamberger, chez l'adulte, cette exsudation se fait effectivement dans les follicules mucipares ; mais, chez les enfants, la lésion est à la fois folliculeuse et circum-folliculeuse. Vous comprenez parfaitement, par ce simple aperçu, combien de desirata comporte aujourd'hui encore cette question [1]. Je vous rappellerai seulement que les aphthes, quel que soit d'ailleurs leur siége anatomique, semblent se lier souvent à des manifestations cutanées, et qu'il ne nous paraît pas téméraire d'admettre dans quelques cas la nature diathésique de cette éruption buccale.

---

1. J'ai pu constater par des recherches ultérieures que les follicules sont étrangers au développement des aphthes : le processus histologique se borne à une série de modifications subies par les cellules du corps muqueux de Malpighi, lesquelles sont agglutinées les unes aux autres par de la fibrine et se creusent de cavités dans lesquelles on retrouve les noyaux : les papilles dermiques prennent part aussi au travail morbide.

La stomatite aphtheuse se reconnaîtra toujours aisément. Sans doute, dans quelques cas, il pourra être difficile de savoir si l'on ne se trouve pas en présence d'un *herpès buccal;* mais d'abord l'aphthe ne paraît-il pas bien souvent n'être lui-même qu'une affection herpétique? Cependant l'herpès vrai de la muqueuse buccale pourra être toujours reconnu : en effet, l'apparition de l'éruption sous forme de groupes, de plaques vésiculeuses plus ou moins confluentes, l'absence des douleurs vives caractéristiques de l'ulcération aphtheuse, et (détail important) l'existence constante d'un herpès labial, facial ou autre, assureront dans tous les cas le diagnostic.

Le *muguet* ne saurait véritablement vous faire hésiter un seul instant. La confusion qui était souvent faite autrefois est aujourd'hui impossible, puisqu'à aucun moment de son évolution le muguet ne présente de vésicules ni d'ulcérations.

Il est une affection avec laquelle on pourrait confondre les aphthes à la période d'ulcération, c'est la *tuberculose buccale.* Toutefois, dans cette dernière, le processus ulcératif détermine des pertes de substance moins régulières, à évolution essentiellement lente, et qui vont sans cesse en s'accroissant. De plus, ainsi que l'a bien fait voir M. le professeur Trélat, il existe d'ordinaire autour des surfaces ulcérées des granulations grises en voie de développement ou même parvenues à l'état caséeux. Enfin le ptyalisme, souvent très-abondant, diffère beaucoup de la faible salivation que présentent les sujets atteints de stomatite aphtheuse.

Le pronostic de l'affection est en général peu grave : toutefois, chez les jeunes enfants, il est assez sérieux, en raison des troubles rapides que les fonctions digestives présentent presque fatalement à sa suite. Mais, chez les jeunes gens et les adultes, les aphthes n'ont aucune gravité, surtout dans la forme discrète : au contraire, chez le vieillard, ainsi que chez le nouveau-né, l'affection même légère a une importance plus grande, puisqu'on ne sait jamais à l'avance quelle peut être la gravité des phénomènes généraux qui se développent à cet âge; on aurait même vu les aphthes se compliquer d'accidents gangréneux de la muqueuse buccale (?).

Dans la forme confluente, le pronostic, vous le devinez sans peine, est toujours très-sérieux : mais il se rapporte bien plutôt à l'état général du sujet qu'à l'affection buccale. Celle-ci, en effet, est le plus ordinairement symptomatique d'une maladie grave qui, depuis un temps variable, épuise les forces du malade et le conduit à un état adynamique; les aphthes survenant alors constituent donc une complication surajoutée à des périls imminents.

Le traitement varie suivant la période où la maladie est parvenue. Au début, lorsqu'il n'existe encore que des *vésicules*, les émollients sous toutes les formes sont indiqués : pour calmer la douleur, on s'adressera surtout aux narcotiques et en particulier à l'opium, qui produisent ordinairement de bons effets. Vous prescrirez donc des gargarismes fréquents avec une décoction tiède de racine de guimauve et de tête de pavot. On peut encore essayer, comme l'ont recommandé quelques auteurs, de faire avorter les vésicules : on emploie pour cela les cautérisations avec le crayon de nitrate d'argent, les attouchements à l'acide acétique ou chlorhydrique ; mais, il faut le reconnaître, cette thérapeutique est souvent infructueuse ; par contre, à cette même période, il sera parfois indiqué de prescrire quelque léger purgatif pour obvier aux troubles de la digestion.

Quand l'*ulcération* s'est effectuée, les astringents, le borax, l'alun en poudre ou en collutoire, sont le plus ordinairement employés. Ici encore, il faudra chercher à calmer la douleur souvent violente : les émollients et les narcotiques donneront presque toujours les meilleurs résultats ; mais, pour peu que l'ulcération persiste, en entretenant la douleur et en excitant la salivation, il ne faut pas tarder à recourir aux cautérisations légères avec le nitrate d'argent, ou mieux avec l'acide chlorhydrique, lesquelles modifieront heureusement et d'une façon rapide les surfaces ulcérées. Enfin, vous ne devrez pas oublier de rechercher les causes qui ont pu donner lieu à l'apparition des aphthes, pour en prévenir le retour à l'aide d'une bonne hygiène : je vous signalerai tout spécialement le mauvais état des voies digestives ; de même, les relations qui existent quelquefois entre les manifestations buccales et certaines diathèses ne devront pas être méconnues et donneront lieu à d'importantes déductions thérapeutiques.

SEPTIÈME ET HUITIÈME LEÇONS

STOMATITE DIPHTHÉRIQUE

Je ne veux pas terminer cette étude des stomatites aiguës, sans vous dire quelques mots d'une maladie éminemment grave, la stomatite diphthérique. Je n'entends nullement vous tracer en ce moment l'histoire complète de cette affection, épiphénomène d'une maladie générale que nous retrouverons à propos des angines; mais je crois qu'il sera utile d'insister ici, au moment où nous terminons l'étude des affections de la bouche, sur les symptômes locaux de la diphthérie buccale. Ce sera en quelque sorte un complément de l'étude rapide que nous venons de faire : les termes de comparaison vous seront plus faciles, et les éléments du diagnostic se présenteront en quelque sorte d'eux-mêmes à votre esprit.

Souvent confondue, depuis les travaux de Bretonneau, avec la stomatite ulcéro-membraneuse, la diphthérie buccale s'observe rarement à titre d'affection isolée : le plus ordinairement, elle coïncide avec une angine ou une autre localisation de la maladie. Nous n'étudierons aujourd'hui que les signes physiques et fonctionnels de cette stomatite toute spéciale.

C'est principalement sur les lèvres, et notamment vers les commissures, en empiétant un peu sur la lèvre inférieure, que se montre la lésion caractéristique : quelquefois les joues sont envahies, ainsi que le voile du palais, et même la langue. L'extrême fréquence de la lésion au niveau des lèvres, pourrait peut-être s'expliquer par l'irritation que déterminent en ce point les efforts du malade (le plus souvent un enfant), qui lutte énergiquement dès que l'on veut examiner la bouche et le pharynx.

Quoi qu'il en soit, la diphthérie buccale débute par une *rougeur* plus ou moins intense de la muqueuse, rougeur qui passe souvent inaperçue et à laquelle succèdent rapidement des *plaques blanchâtres* étendues en nappe, souvent à la façon d'un vernis que l'on aurait étalé sur les points envahis, et qui bientôt paraissent comme enchâssées dans l'épithélium environnant. Leur forme varie essentiellement : elles sont le plus souvent irrégulières, lisses, adhérentes aux tissus sous-jacents. Mais, que l'on vienne à les arracher, on voit que la muqueuse qu'elles recouvraient est intacte ou seulement injectée ; souvent, elle semble un peu dépolie.

Les plaques buccales passent par des teintes successives; blanchâtres au début, elles deviennent jaunâtres, jaunes, brunes même, suivant la durée, l'épaisseur des membranes, la quantité variable de sang infiltré dans l'exsudat et les topiques employés.

Un des signes les plus importants de cette affection, c'est l'*absence de douleur* ou tout au moins le peu d'acuité des phénomènes douloureux. Il n'y a pas de salivation, ou, lorsqu'elle se montre, elle est toujours très-peu considérable.

Enfin, et j'ai réservé avec intention ce dernier signe, pour vous le signaler d'une façon toute spéciale, les *ganglions sous-maxillaires* sont constamment affectés, souvent tuméfiés et sensibles, quelquefois énormes et comme perdus au milieu d'un œdème de la région.

L'état général, ne l'oubliez pas, ne présente pas toujours de troubles sérieux, au début du moins des manifestations buccales : il est d'ailleurs exactement en rapport avec la forme et l'évolution ultérieure de la diphthérie.

La *marche* de la maladie est variable. Cette stomatite, en effet, peut être dès le début, et rester jusqu'à la fin, un accident isolé : ce fait est très-rare. Ou bien la diphthérie buccale ouvre la marche des localisations graves, et bientôt surviennent l'angine, la laryngite diphthériques, la diphthérie généralisée même ; d'autres fois (et c'est presque la règle), la bouche est atteinte dans le cours d'une angine couenneuse ou même du croup.

La *terminaison* la plus habituelle est la mort, soit par suite de la diphthérie elle-même et de l'intensité des phénomènes généraux, soit par l'extension des fausses membranes et le développement du croup.

Est-il utile d'insister sur le *diagnostic ?* Nous ne le croyons pas. Les symptômes de la stomatite ulcéro-membraneuse sont encore trop présents à votre esprit pour que vous puissiez la méconnaître : dans cette affection, le siége du mal sur les gencives et la face interne des joues, la couleur et les adhérences intimes des plaques ulcéro-membraneuses à la muqueuse qui contribue à les constituer, l'odeur fétide de la bouche, la salivation et en outre la nature des phénomènes généraux tout différents, voilà autant de signes diagnostiques qui ne peuvent tromper.

Le *muguet*, que nous rappellerons pour mémoire seulement, se caractérise suffisamment par son siége, par son pointillé lenticulaire, et par l'absence de l'engorgement des ganglions.

Qu'il me suffise de vous dire en terminant que le *pronostic* de la stomatite diphthérique est extrêmement grave, car elle tue presque toujours. Nous renvoyons le traitement général à l'étude thérapeutique de l'angine diphthérique ; quant au *traitement local*, il est d'une grande importance et d'ailleurs facile à appliquer. Il conviendra d'enlever les plaques et de soumettre les surfaces malades à l'application répétée de topiques semblables à ceux que je vous indiquerai en faisant l'histoire des angines diphthériques.

GANGRÈNE DE LA BOUCHE

Parmi les accidents gangréneux qui sont du ressort de la pathologie interne, l'un des plus fréquents, celui qui joue le principal rôle dans la médecine infantile, est sans contredit le noma ou gangrène de la bouche.

On désigne sous ce nom le sphacèle de la muqueuse buccale, qui envahit surtout et premièrement cette membrane, mais qui y reste rarement limité, car il suit d'ordinaire une marche envahissante, et se termine le plus souvent par la mort.

Il n'est vraiment pas facile de vous présenter l'historique de cette maladie. Le noma, en effet, a été si fréquemment confondu avec la stomatite ulcéro-membraneuse, que les opinions des anciens à ce sujet sont toujours entourées d'une certaine obscurité. Aussi, me garderai-je bien de vous énumérer les dénominations synonymiques consacrées à la gangrène de la bouche; elles pourraient donner lieu dans votre esprit à des confusions regrettables. Conservons seulement le terme de noma et celui de *gangrène* imposé pour la première fois par Van Swieten à cette maladie qui est digne de toute votre attention.

Le noma est essentiellement une *maladie de l'enfance :* c'est surtout de trois à cinq ans, d'après Rilliet et M. Barthez, dans la troisième et la quatrième année suivant Tourdes, qu'on voit le plus ordinairement éclater les symptômes caractéristiques. Pour Taupin, au contraire, la période de l'enfance comprise entre cinq et dix ans serait la plus propice au développement du mal ; cette assertion est inexacte : cet auteur a certainement confondu la gangrène et la stomatite ulcéro-membraneuse. Mais, si fréquente qu'elle soit dans les premières années de l'enfance, la gangrène spontanée de la bouche n'est pas absolument spéciale à cet âge : on la rencontre chez l'adulte et aussi dans la vieillesse : Rilliet et M. Barthez, M. Bœckel, l'ont vue chez des malades de soixante-douze et soixante-dix-huit ans.

Un des points les plus importants dans l'étude de cette affection, c'est la recherche des *conditions étiologiques* qui lui donnent naissance. Le noma est, en effet, *toujours secondaire ;* le terrain où il va évoluer est déjà préparé par une maladie première, toujours grave, qui a duré un temps plus ou moins long. Souvent, cette maladie touche presque à sa fin ; quelquefois même, l'enfant est en pleine convalescence, lorsque le sphacèle de la bouche fait son apparition. Les *fièvres éruptives*, la rougeole plus que toute autre, la scarlatine (surtout quand elle s'accompagne d'anasarque), très=rarement la variole, peuvent se compliquer de noma, à une période souvent éloignée de l'éruption. Je vous citerai aussi la *coqueluche* (qu'on peut rapprocher de ces exanthèmes et que j'ai vue produire la gangrène buccale); la fièvre typhoïde, la diphthérie, le scorbut, voilà encore, dans leur ordre de fréquence, autant de causes pouvant occasionner la mortification de la muqueuse buccale. Dans toutes ces maladies, la vitalité des tissus est considérablement diminuée, la nutrition est incomplète; enfin des causes irritatives locales, produites par le défaut des soins hygiéniques de la bouche, rendent suffisamment compte du mode pathogénique du sphacèle. On pourrait se demander si la fréquence du noma consécutif aux fièvres éruptives ne tiendrait pas à la présence de l'enanthème buccal dans ces pyrexies ; rien ne me semble plus rationnel que d'admettre une sorte d'appel du travail morbide sur les points atteints déjà par l'affection exanthématique. Cependant, même chez des individus débilités, les autres stomatites (ulcéro-membraneuse, mercurielle) se compliquent très-exceptionnellement de gangrène de la bouche.

Parmi les enfants atteints de noma et déjà affaiblis par une maladie antérieure, ce sont ceux qui se trouvent dans les plus *mauvaises conditions hygiéniques* ou constitutionnelles, les pauvres, enfin les enfants exposés aux dangers de l'encombrement (dans les hospices, les salles d'asile), qui sont le plus facilement atteints. Les localités habituellement froides et humides, comme la Hollande, paraissent aussi les plus éprouvées.

Les *adultes*, si exceptionnellement atteints de cette maladie, sont presque toujours des malades épuisés par le typhus, par les accidents puerpéraux, ou enfin par la cachexie paludéenne.

Les auteurs du dernier siècle croyaient à la contagiosité du noma; mieux instruits de nos jours sur la nature de cette maladie, nous ne pouvons admettre cette assertion, évidemment basée sur une confusion.

Quelles que soient les conditions pathologiques où elle se développe, l'affection pourrait débuter de deux façons différentes, si l'on en croit les auteurs. Tantôt, et le plus souvent, pour ne pas dire constamment, c'est la muqueuse buccale qui présente la lésion primordiale. Précédée ou non d'une bulle ichoreuse, presque aussitôt rompue, on voit paraître sur la muqueuse une *ulcération* superficielle, qui se montre quelquefois un jour ou deux avant les manifestations gangréneuses. Cette ulcération offre au début une surface d'un blanc grisâtre; puis elle devient bientôt brunâtre.

Tantôt (suivant les auteurs du *Compendium*), l'altération commencerait non par la muqueuse, mais par les tissus sous-jacents de la joue : on sentirait au milieu des parties molles de la région un noyau dur, qui atteindrait bientôt la membrane muqueuse d'un côté, et, de l'autre, la surface cutanée.

De toute façon, le *siége* de la lésion est important à connaître : les joues dans leur partie moyenne, les lèvres, et particulièrement l'inférieure, le repli gingivolabial, telles sont à peu près les seules régions atteintes dès le début. Tourdes a remarqué que pour le noma, comme pour la stomatite ulcéro-membraneuse, l'affection se produisait de préférence du côté gauche.

Une fois les lésions bien marquées, l'ulcération formée s'étend de plus en plus; elle prend une teinte grisâtre, un aspect putrilagineux, puis enfin une couleur noire caractéristique. Cette zone de *mortification progressive* s'entoure d'un cercle rouge périphérique de nature inflammatoire, qui s'étend à mesure que le sphacèle envahit les parties molles. Ces dernières présentent toujours à une époque plus ou moins rapprochée du début, du troisième au septième jour, d'après Rilliet et M. Barthez, un *noyau d'induration*, indice certain de la propagation des lésions inflammatoires et destructives dans l'épaisseur des parties profondes. D'abord ce noyau reste limité et circonscrit; mais il gagne progressivement la région cutanée, réglant en quelque sorte la marche de la gangrène.

Un autre signe non moins important, à cause de sa constance et de son apparition hâtive, c'est l'*œdème* des tissus sous-cutanés. La joue, la lèvre, souvent même avant que le noyau d'induration s'y soit montré, deviennent tuméfiées, tendues. La peau prend une teinte jaunâtre, cireuse, et quelquefois violacée; mais elle est toujours lisse et comme luisante.

L'*haleine* devient très-rapidement fétide, bientôt d'odeur gangréneuse; c'est cette fétidité qui souvent, dès le début, attire l'attention du côté de la bouche et fait connaître la nature de la maladie. Comme dans toutes les stomatites, il existe de la salivation et les liquides qui s'écoulent par la bouche offrent quelques caractères intéressants : d'abord jaunâtres, ils deviennent ensuite sanguinolents, puis sanieux, et contiennent plus tard des détritus putrilagineux d'odeur infecte.

Arrivé à cette période de son développement, le sphacèle peut se comporter de deux façons différentes. La mortification se borne parfois à la muqueuse; bientôt alors, le processus ulcératif ne fait plus de nouveaux progrès : le fond de l'ulcère gangréneux se déterge, et la cicatrisation s'effectue plus ou moins régulièrement. La guérison est complète; mais, lorsque la perte de substance a été quelque peu étendue, la cicatrice souvent irrégulière peut gêner la mastication.

Très-fréquemment, la MARCHE de la maladie est tout autre, et la gangrène, bornée d'abord à la muqueuse, envahit la peau. Cette extension se produit d'ordinaire rapidement (du troisième au septième jour d'après Rilliet et M. Barthez), quelquefois beaucoup plus tard (le quinzième, le dix-septième jour de la maladie). Alors on voit le noyau d'induration gagner toute l'épaisseur de la joue; l'œdème fait des progrès considérables, et la peau, tendue, tuméfiée, se prend à son tour. Tantôt elle offre un aspect sombre, une couleur violacée, et, au centre de la région ainsi colorée, se forme une plaque noirâtre : l'*eschare* est produite. Tantôt, au contraire, les téguments de la joue sont pâles, jaunâtres; une phlyctène ichoreuse se forme et bientôt se rompt au centre de la région tuméfiée. L'eschare qui en résulte se présente avec des dimensions variables ; plus ou moins régulièrement arrondie, elle paraît déprimée, comme enfoncée au centre des parties tuméfiées. Cette portion sphacélée est desséchée, dure, momifiée, de même que dans les gangrènes sèches des extrémités : d'abord de petit volume, l'eschare s'agrandit et transforme graduellement les tissus qu'elle envahit.

Pendant l'évolution de la maladie, les ganglions lymphatiques ne sont que rarement atteints : à peine sont-ils légèrement engorgés. A mesure que la mortification progresse, la salivation devient plus abondante; le liquide, rendu en quantité assez considérable, est mêlé à des débris gangréneux; souvent même, il s'écoule au dehors à travers la perte de substance produite par la mortification des parties. En même temps, l'eschare cutanée s'étend rapidement; dans les cas graves, elle se propage de la joue vers les lèvres, peut gagner le nez, la paupière et envahir une grande partie de la face.

C'est à ce moment que l'on voit survenir le ramollissement des parties gangrénées qui vont subir la *fonte putrilagineuse*. Tout autour des tissus déjà escharifiés, les tissus encore vivants réagissent ; ils forment un bord rouge tantôt mou et rosé, ce qui est un signe favorable, tantôt induré, engorgé, ce qui est du plus mauvais augure. C'est souvent par lambeaux épais que les parties mortifiées se détachent ; on voit alors se développer sur la joue une large excavation par où s'écoule incessamment une sanie fétide et que traversent aussi les boissons et des parcelles alimentaires. Cette sanie, avalée par le malade, peut être la source d'une auto-infection (Jaccoud).

Les *os* eux-mêmes sont souvent compris dans ce travail nécrobiotique. Les maxillaires, la voûte palatine, les parois de l'orbite, les os du nez sont frappés de nécrose simultanément ou successivement, suivant la région primitivement envahie : de même, lorsque les gencives sont ulcérées, les dents se déchaussent et tombent.

Les *symptômes généraux* acquièrent une assez grande intensité à une certaine phase de la maladie. Le plus ordinairement très-légers au début, ils se caractérisent quelquefois par un état fébrile à peine marqué ; un peu de chaleur de la peau, une faible excitation ou une tendance à la prostration, tels sont les seuls phénomènes observés; encore peuvent-ils faire absolument défaut, les petits malades conservant leur gaieté et leur appétit. C'est ordinairement lorsque la gangrène se propage à la peau que les phénomènes généraux éclatent. Ils sont de deux ordres : tantôt c'est une *excitation* plus ou moins vive qui ouvre la scène, presque toujours marquée par un subdélirium léger qui s'accompagne d'un état fébrile intense; le pouls est fréquent, la chaleur très-vive. Tantôt, et c'est le cas le plus ordinaire, le malade tombe tout de suite dans un état d'abattement, de prostration extrêmes. Le pouls est petit et fréquent, l'*adynamie* profonde : il existe un véritable état typhoïde; la face se grippe, le malade maigrit; la peau devient sèche et prend une teinte terreuse; les extrémités se refroidissent. Bien que la fièvre soit peu élevée, elle s'accompagne d'une grande faiblesse.

Bientôt apparaissent deux sortes de symptômes très-importants, à cause de leur gravité extrême : ce sont des troubles intestinaux et des accidents pulmonaires. La *diarrhée* s'établit, fétide, colliquative, souvent causée par une entéro-colite probablement de nature infectieuse. Quant aux *complications pulmonaires*, elles sont moins constantes et très-souvent méconnues : à peine quelques secousses de toux, une légère dyspnée donnent-ils l'éveil. Les râles crépitants, le souffle et rarement la submatité caractérisent alors les altérations du poumon.

La TERMINAISON de cette terrible maladie est le plus ordinairement fatale : la gangrène s'étend, les phénomènes généraux s'aggravent, et la *mort* survient du deuxième au quatorzième jour ; pour d'autres auteurs, ce serait du cinquième au quinzième ou dix-neuvième jour. Hueter cite un cas où une hémorrhagie considérable mit fin aux jours du malade. La *guérison* est un fait excessivement rare dans les cas où le sphacèle est étendu.

Lorsque la terminaison doit être heureuse, toutes les parties mortifiées se détachent, soulevées par les bourgeons charnus, et tombent successivement, entraînées par la suppuration ; de même, les portions osseuses nécrosées s'éliminent peu à peu. Il en résulte des trajets fistuleux, des cicatrices blanches irrégulières et des déformations souvent considérables. Quelquefois même le malade, épuisé par une suppuration interminable, finit par succomber longtemps après avoir échappé aux accidents les plus graves du sphacèle. Dans un cas où la gangrène avait déterminé la nécrose d'une notable portion du maxillaire inférieur, j'ai vu la guérison, déjà très-avancée, empêchée par une affection intercurrente qui enleva le petit malade.

Les LÉSIONS ANATOMIQUES observées dans le noma sont celles que l'on rencontre dans toute gangrène. La muqueuse est toujours atteinte, souvent détruite dans toute son épaisseur et la peau est mortifiée en un point correspondant. Le tissu cellulaire présente une infiltration séreuse, suivie d'un ramollissement putrilagineux, toutes lésions qui sont toujours plus étendues que le sphacèle cutané ; enfin les os correspondant à la plaque gangréneuse sont dénudés, noircis ; quelquefois ils offrent une exfoliation déjà avancée. Souvent ces altérations osseuses sont beaucoup plus considérables qu'on ne le croit : dans un cas de ce genre, j'ai trouvé la nécrose étendue jusqu'à l'os frontal.

A l'examen microscopique, on trouve les tissus malades infiltrés de granulations pigmentaires ; il existe des globules de graisse libres en grand nombre ; enfin les éléments normaux sont détruits.

Les *vaisseaux* ont été examinés six fois (Rilliet et Barthez). Les artères, perméables hors de l'eschare, sont oblitérées dans toute l'étendue du sphacèle : la lumière du vaisseau est comblée par des caillots adhérents par places. Les veines sont perméables ; on les trouve remplies par un liquide putrilagineux dont une grande quantité a pu être emportée dans le torrent circulatoire, donnant lieu ainsi à un véritable empoisonnement. Parfois les parois veineuses seraient ulcérées, rompues : peut-être cette lésion est-elle la cause de l'hémorrhagie signalée par Hueter. Le sang a présenté des altérations variables : il est tantôt diffluent (Guersart, Eckert), tantôt coagulé dans les cavités cardiaques (Tourdes).

Les nerfs, rosés, perdus au milieu du putrilage, offrent souvent un état d'hyperémie de leur névrilème. Quant aux viscères, ils sont d'ordinaire plus ou moins altérés; souvent, on trouve les traces d'une entéro-colite : presque toujours, les poumons sont affectés (18 fois sur 20, d'après Rilliet et Barthez); on y constate les lésions de la pneumonie lobulaire, quelquefois de la gangrène. Indépendamment du poumon, d'autres organes peuvent être mortifiés (Tourdes). La vulve, le pharynx, les extrémités des membres, l'œsophage même ont été tour à tour et quelquefois simultanément frappés de sphacèle.

Il n'est guère nécessaire d'entrer dans de longs détails sur le DIAGNOSTIC de la gangrène buccale : l'erreur, en effet, n'est guère possible. On sera toujours mis sur la voie par l'odeur et par le gonflement tout à fait spécial de la joue.

La *stomatite ulcéro-membraneuse* et la stomatite mercurielle ne sauraient être confondues avec le noma : la seule difficulté possible serait de les reconnaître dans les circonstances rares où elles auraient déterminé le sphacèle. L'examen local de la joue d'une part, des gencives de l'autre, pourra seul lever les doutes, car il n'est pas jusqu'à l'odeur même de l'haleine qui ne puisse ressembler un peu à celle de la gangrène primitive de la bouche.

Nous ne faisons que rappeler pour mémoire la *pustule*

maligne. Lorsque cette affection siège à la joue, elle débute toujours par la surface cutanée, tandis que nous avons soigneusement insisté sur le début de la gangrène au niveau de la muqueuse.

Le PRONOSTIC ne nous arrêtera pas longtemps : vous le connaissez par la marche de la maladie ; un des signes les plus importants est fourni par la profondeur des lésions : sont-elles superficielles, la guérison est probable ; profondes, la prognose est excessivement sérieuse. Enfin l'état des bords de l'ulcération doit encore entrer en ligne de compte dans l'appréciation du pronostic.

D'une façon générale, la gangrène buccale est une affection des plus graves. D'après Vogel, on compterait un cas de guérison sur cinq ; sur 239 cas de gangrène réunis par Tourdes, 63 seulement se sont terminés par la guérison.

Le TRAITEMENT doit être local et général. *Localement*, ce sont les cautérisations énergiques qui ont donné les meilleurs résultats ; aussi ne devrez-vous pas hésiter à en faire usage. En attaquant vigoureusement les surfaces malades de la muqueuse, on peut préserver les parties restées saines : il en est de même pour la peau. Il convient habituellement de répéter deux fois par jour les *cautérisations*, jusqu'à ce que le travail de mortification cesse de faire des progrès. N'hésitez pas d'ailleurs à cautériser largement et profondément : l'acide chlorhydrique, et surtout le fer rouge, sont les deux moyens les plus recommandés; souvent, il est nécessaire de fendre l'eschare et de porter à nouveau le caustique sur les lèvres de l'incision que l'on vient de faire. Le thermo-cautère peut servir à remplir cette double indication; il présente d'ailleurs l'avantage de dégager moins de calorique rayonnant.

Certains *topiques* sont aussi recommandés : tels sont le charbon en poudre et surtout le chlorure de chaux, qui, vous le savez, est un désinfectant et un antiputride précieux. Enfin, les injections, les gargarismes au chlorate de potasse sont d'une grande utilité.

Quant au *traitement général*, il devra toujours être l'objet de prescriptions minutieuses. Est-il nécessaire de vous dire que la médication tonique en fera tous les frais? Vous prescrirez donc le quinquina sous toutes les formes, et vous l'associerez au café noir, aux vins généreux, à l'alcool même. Une alimentation aussi substantielle que le permettra l'état des fonctions digestives, une bonne hygiène, tels sont les moyens adjuvants dont vous devrez toujours conseiller l'usage jusqu'à la guérison définitive.

RÉSUMÉ DES MALADIES DE LA BOUCHE

Nous venons de terminer l'histoire des maladies de la cavité buccale, considérées à un point de vue un peu

restreint, il est vrai, mais cependant digne d'intérêt.
J'ai dû, dans cette étude, laisser complètement de côté
le cancer de la bouche et l'épithélioma de la langue,
qui rentrent sans conteste dans le cadre des lésions
chirurgicales. J'ai dû pareillement éliminer les glossites, qui ressortissent plutôt à la pathologie externe :
les inflammations de la langue, d'une part reconnaissent
fréquemment une origine traumatique, et d'une autre
part le traitement qu'elles nécessitent est essentiellement chirurgical, puisqu'elles réclament souvent une
opération grave.

Limitée aux affections que nous avons passées en revue,
l'étude que nous venons de faire mérite pourtant toute
votre attention, car elle nous offre quelques données
générales d'une certaine importance et que je vais vous
résumer en quelques mots. Ces maladies en effet présentent plusieurs traits communs : et, d'abord, elles
sont souvent superficielles, puisqu'elles se limitent
presque toujours à la muqueuse buccale. Quelques-unes
d'entre elles le sont même toujours, à toutes les périodes de leur évolution : telles sont les stomatites simples, le muguet, les aphthes même ; les autres sont
superficielles à leur début au moins, et peuvent conserver ce caractère lorsqu'un traitement approprié leur
est appliqué à temps ; par contre, elles sont susceptibles
de faire des progrès en profondeur lorsqu'elles revêtent
une forme grave et quand elles ne sont pas traitées

convenablement. Telle est la stomatite ulcéro-membraneuse, telle surtout la gangrène de la bouche.

Leur *étiologie* reconnaît, pour la plupart d'entre elles, l'influence simultanée de deux ordres de causes : les unes extérieures ou occasionnelles, qui jouent en général un rôle d'une importance fort médiocre; les autres internes, très-actives, mais des plus variables. Tantôt en effet la stomatite ne sera que l'expression symptomatique d'une intoxication plus ou moins grave, et dans ces circonstances on peut dire que l'action des causes occasionnelles se trouvera réduite à son minimum; tantôt c'est une alimentation insuffisante, et surtout une hygiène défectueuse, qu'il faudra mettre en cause et qui agira en troublant la nutrition des tissus; quelquefois enfin un état diathésique, comme pour les aphthes, par exemple, pourra intervenir et rendre compte des récidives de l'affection buccale.

Dans leur *évolution*, ces maladies de la bouche présentent certains caractères communs : je vous rappellerai par exemple leur propagation fréquente à la gorge après une durée variable, ou tout au moins la concomitance journellement remarquée des lésions identiques de la muqueuse du pharynx et de celle de la bouche : ces considérations sont applicables à la stomatite ulcéro-membraneuse, au muguet, plus rarement aux aphthes ou même à la stomatite mercurielle. Quelquefois même, l'estomac et le reste de la muqueuse digestive peuvent être affectés en même temps par un processus identique (dans le muguet par exemple). Vous savez en outre que, dans un grand nombre de points, la cavité buccale est tapissée par une fibro-muqueuse qui représente une muqueuse doublée d'un périoste. Il vous est donc facile de comprendre que le travail inflammatoire, lorsqu'il gagne en profondeur, vienne gravement modifier la vitalité de cette membrane et par suite la nutrition des couches osseuses subjacentes. De là résulte la possibilité de mortification des os, de nécroses plus ou moins étendues. Vous vous rappelez en effet que ces nécroses peuvent être observées non-seulement dans le noma, mais encore (quoiqu'avec une bien moindre fréquence) dans les stomatites ulcéro-membraneuse et même hydrargyrique.

Les maladies de la bouche réclament une intervention *thérapeutique* souvent énergique et toujours proportionnée au degré d'ancienneté du mal. Telle affection buccale, légère quand on la traite dès le début, peut au contraire acquérir une gravité toute spéciale alors que les lésions ont évolué en profondeur ou en étendue. Cette remarque ne s'applique pas seulement aux stomatites mercurielle et ulcéro-membraneuse, mais encore à la gangrène de la bouche et au muguet lui-même. D'ailleurs, en raison des relations parfois si intimes qui existent entre les affections buccales et diverses maladies générales, ainsi que certains états constitutionnels, le traitement doit être tout à la fois topique et général. Cette médication, vous le comprenez sans peine, doit être en rapport avec les causes spéciales de la maladie.

MALADIES DU PHARYNX

NEUVIÈME LEÇON

DES ANGINES

Sous la dénomination d'angines, on désignait autrefois toute maladie s'accompagnant de gêne de la respiration. Cette expression s'est graduellement limitée aux inflammations du pharynx et du larynx. Van Swieten emploie encore la dénomination d'angine toutes les fois qu'il y a empêchement ou douleur des parties servant à la déglutition ou à la respiration et plus spécialement des organes dévolus en même temps à ces deux actes physiologiques. De nos jours enfin, les maladies aiguës ou chroniques du pharynx sont seules rangées sous cette qualification, qui est ainsi devenue de moins en moins compréhensive.

Nombreuses, trop nombreuses même ont été les divisions et les classifications des inflammations du pharynx. Les unes, trop multipliées, ont l'inconvénient de surcharger la mémoire de détails secondaires ; les autres, trop peu développées, pèchent souvent par excès contraire. Quelque défectueuses qu'elles soient, ces classifications artificielles rendent néanmoins l'étude plus facile.

Je me garderai bien de vous en proposer une nouvelle qui mériterait peut-être comme les autres d'être jugée sévèrement : je veux seulement vous indiquer ici l'ordre méthodique suivant lequel nous étudierons les angines. J'espère ainsi vous faciliter la comparaison des nombreuses affections dont je vous tracerai successivement l'histoire, et je tâcherai de la sorte d'éviter, autant qu'il sera possible, les redites.

Voici donc l'ordre que nous suivrons.

Nous commencerons par les *angines simples*, superficielles, catarrhales, qui comprennent les *angines catarrhales aiguës* et les *angines catarrhales chroniques;* nous traiterons à part l'*angine granuleuse* et l'*amygdalite chronique* ou hypertrophie des amygdales.

Puis viendra l'*angine phlegmoneuse*, avec ses variétés de siége.

Nous aborderons ensuite l'*angine érysipélateuse*, l'*angine rhumatismale*, et nous terminerons par un groupe d'affections très-importantes au point de vue théorique et pratique, celui des *angines membraneuses*, qui comprend l'*angine herpétique*, ou couenneuse commune, et l'*angine diphthérique* proprement dite, après lesquelles viendront, comme complément, l'*angine scarlatineuse* et certaines angines secondaires.

Enfin nous terminerons par l'histoire si controversée de l'*angine gangréneuse*.

Quant à certaines angines chroniques, telles que les syphilitiques, les tuberculeuses et les scrofuleuses, leur histoire a été faite, et trop bien faite dans les leçons du semestre dernier par M. le professeur Hardy, pour qu'il soit besoin d'y revenir.

ANGINE CATARRHALE AIGUË.

L'angine catarrhale aiguë (angine simple, ou muqueuse) comprend toutes les inflammations superficielles de la muqueuse pharyngée qui n'offrent aucune tendance à la formation d'exsudats membraneux. Fidèles à une loi universellement admise qui veut que les lésions localisées à des régions déterminées donnent lieu à des symptômes spéciaux, les pathologistes ont admis de nombreuses espèces d'angine catarrhale aiguë. C'est ainsi que l'on a décrit successivement : la palatite, l'angine gutturale, la staphylite, l'amygdalite, la pharyngite, etc. Je ne pense pas qu'il soit nécessaire de subdiviser à l'infini les variétés d'une affection aiguë qui occupe d'ordinaire la plus grande partie de la muqueuse du pharynx, tout en offrant souvent en certains points des localisations prédominantes. Je préfère en conséquence de vous présenter d'abord une étude générale de l'angine simple ; il me sera facile ensuite d'insister plus spécialement sur les diverses particularités résultant de la prédominance des lésions phlegmasiques dans certaines régions.

L'ÉTIOLOGIE de ces affections gutturales doit d'abord nous occuper. L'angine simple peut se montrer à tous les *âges* de la vie. Billard la signale chez le nouveau-né : elle est toutefois très-exceptionnelle à cette époque de la vie ; dans l'enfance, l'angine aiguë catarrhale est très-commune, mais souvent méconnue, faute d'un examen suffisant. C'est surtout sur les adolescents que cette affection est particulièrement observée et décrite.

Une des causes les plus journalières, nous dirons même la cause la plus ordinaire, est l'*action du froid*, quelle que soit d'ailleurs la région où elle se fait sentir. Tantôt en effet c'est un refroidissement qui vient à se produire lorsque le corps tout entier ou une partie du corps en sueur, a subi l'influence d'un abaissement brusque de la température, d'un courant d'air frais par exemple ; tantôt l'usage des boissons froides ou glacées a impressionné directement le pharynx.

L'influence nocive de certaines *saisons* est généralement admise ; les statistiques font voir effectivement que le printemps et l'automne, c'est-à-dire les deux saisons que nous pourrions appeler de transition, sont celles où les angines sont le plus fréquentes. Pendant ces mois en effet, les changements brusques de la température amènent des refroidissements qui occasionneront le mal de gorge.

Toutefois, là ne doit pas se borner l'étude étiologique de l'angine aiguë simple. Il existe encore un groupe important de causes spéciales : je veux parler des *irritants locaux*. Des gaz aspirés par mégarde ou dans l'exercice de certaines professions, l'ingestion de substances caustiques (comme on le voit dans quelques empoisonnements), les brûlures de la gorge produites par le passage de boissons trop chaudes, et notamment en Angleterre chez les enfants qui boivent à la théière : voilà autant de causes locales qui déterminent fréquemment l'angine aiguë muqueuse.

Enfin cette affection peut être dans certaines circonstances considérée comme *secondaire* à une autre maladie inflammatoire, telle que la stomatite aiguë, plus rarement le coryza, mais surtout la laryngo-bronchite et la grippe, affections susceptibles de se propager au pharynx. Toutefois nous devons nous demander si l'angine, développée dans ces conditions, n'est pas plutôt une simple localisation d'une maladie à sièges multiples et non point une propagation de lésions inflammatoires développées sur des muqueuses plus ou moins éloignées ; pour la grippe notamment, le doute n'est pas possible.

Nous verrons bientôt, en étudiant la marche de la

maladie, que les *récidives* sont excessivement fréquentes chez certains sujets : souvent, les causes les plus minimes, quelquefois même inappréciables, donnent lieu à une poussée nouvelle que suivent encore d'autres reprises du mal. Il faut donc admettre une sorte de prédisposition individuelle qui expose tel sujet plutôt que tel autre à l'angine catarrhale. A quoi tient cette véritable idiosyncrasie? Devons-nous chercher dans la constitution du sujet une *diathèse*, cause éloignée, mais réelle de la maladie? Je puis vous répondre par l'affirmative. Vous verrez certainement dans votre pratique l'angine aiguë catarrhale survenir accidentellement chez des personnes douées d'une forte constitution, d'un tempérament sanguin ; mais quand les récidives se produiront faciles et fréquentes, soupçonnez le tempérament lymphatique, la scrofule, l'herpétisme, et le plus souvent l'examen des antécédents vous donnera raison. Je n'insiste pas plus longuement aujourd'hui : cette intéressante question trouvera mieux sa place quand nous nous occuperons des causes de l'angine chronique.

Les symptômes de l'angine aiguë varient suivant qu'on les étudie à la période de début ou à la période d'état, alors que la maladie confirmée évolue de façon à constituer telle ou telle forme particulière.

Au début se montrent, diversement combinés suivant

les cas, des phénomènes généraux, des troubles fonctionnels et des signes locaux. Assez souvent, c'est l'état fébrile qui apparaît d'abord ; quelquefois ces trois ordres de symptômes se montrent simultanément ; ailleurs, ce sont les signes locaux et fonctionnels qui occupent les premiers la scène, et la fièvre ne se développe qu'après un certain temps.

Néanmoins, comme les *phénomènes généraux* sont constants et qu'ils annoncent d'ordinaire l'invasion de la maladie, c'est par eux que nous commencerons cette description. La *fièvre*, à son début du moins, est en général peu forte; le malade éprouve des frissonnements, plutôt qu'un frisson, lesquels sont bientôt suivis d'une sensation de chaleur générale peu marquée. La courbature, le brisement des membres, sont par contre quelquefois très-intenses, surtout chez les enfants : vous savez d'ailleurs que, dans le jeune âge, la réaction fébrile est toujours plus vive : elle peut même déterminer des convulsions.

Dans les cas où ces divers phénomènes généraux sont bien accentués, ils caractérisent la *forme inflammatoire franche* des auteurs. Ces symptômes pyrétiques apparaissent d'ordinaire un petit nombre d'heures seulement avant les troubles fonctionnels. Quelquefois, d'après Wunderlich et Thomas, ils pourraient persister un, deux et même trois jours avant que l'angine se révèle par ses signes caractéristiques. Les troubles gastro-intestinaux sont pour ainsi dire de règle ; très-légers d'ordinaire, ils sont parfois bien plus marqués dès le début même de l'affection pharyngée : d'où la forme gastrique de la maladie.

Bientôt, ou même simultanément, se montrent les *troubles fonctionnels* caractéristiques, c'est-à-dire la douleur gutturale et la gêne de la déglutition. Cette *douleur* est spontanée : elle se caractérise par une sensation de corps étranger dans le pharynx, par des picotements, ou bien par un sentiment de sécheresse dans la gorge, souvent fort gênant ; mais c'est surtout lorsque le malade fait un effort de déglutition que ces phénomènes subjectifs revêtent leur plus grande intensité. Ils coïncident avec deux signes objectifs que nous allons étudier en détail, à savoir la rougeur de la gorge et le gonflement des parties.

Parvenue à la *période d'état*, l'angine se caractérise de la façon suivante : les symptômes locaux peuvent être constatés dans des régions variables. Ordinairement disséminés à des degrés divers, ils occupent l'isthme du gosier, les amygdales, le pharynx, affectant parfois certaines localisations prédominantes, ainsi que nous le verrons bientôt. L'examen de la gorge est nécessaire et doit être pratiqué avec attention, quoique rapidement, de manière à vous permettre d'explorer complètement la cavité du pharynx. Vous devez avoir soin d'abaisser avec le doigt, ou mieux avec une cuiller, la langue, qui se soulève. Quand la lumière naturelle est insuffisante, vous vous servez avec avantage de deux cuillers : l'une permet de déprimer la langue; l'autre, placée derrière une bougie, sert de réflecteur et éclaire le fond de la gorge. L'examen ainsi pratiqué vous fera voir d'abord de la *rougeur*, signe important et facile à constater. Les caractères de cette rougeur sont assez variables; tantôt c'est une teinte rosée ou d'un rouge vif, uniformément étendue à toute la muqueuse pharyngée; tantôt, on aperçoit des plaques rouges plus ou moins rapprochées, disséminées dans la gorge; tantôt enfin, c'est un pointillé plus ou moins fin, formé par des saillies apparentes qui tranchent sur un fond uni moins coloré. Ces saillies, disons-le tout de suite, sont formées par les glandes mucipares de la muqueuse, tuméfiées par le processus irritatif.

En même temps que la rougeur, se montre un *gonflement* plus ou moins intense des parties atteintes par l'inflammation. Ce gonflement est constant, mais d'étendue variable; il peut caractériser deux états différents : soit l'inflammation de la muqueuse, et il s'accompagne alors d'une tension notable de la région, dont la surface apparaît luisante et rouge; soit simplement l'œdème des parties, en rapport avec la congestion du réseau dermique, et produit par l'infiltration séreuse du tissu sous-muqueux. Cet œdème d'ailleurs peut être étendu ou circonscrit, et l'on comprend déjà que les symptômes ne seront pas les mêmes dans les deux cas.

Sur les surfaces ainsi rouges et gonflées, quelques *mucosités* tranchent par leur teinte jaunâtre; elles sont formées de mucus concrété, et leur disposition est variable: souvent étalées sous forme de stries contre la paroi du pharynx ou les piliers, elles sont quelquefois agglomérées, voilant ainsi des parties plus ou moins considérables de la gorge; elles se détachent toujours très facilement, et la muqueuse alors apparaît absolument saine. Quelquefois les produits sécrétés ont un autre caractère : ce sont des *enduits pultacés;* mais c'est spécialement sur les amygdales qu'on les trouve, ainsi que nous le verrons bientôt.

Les *troubles fonctionnels* ou symptômes subjectifs ne manquent jamais à cette période de la maladie. Nous retrouvons d'abord la *douleur* signalée au début, mais qui présente un degré d'acuité plus considérable. Spontanée, elle est rapportée par le malade au niveau de la gorge, et se caractérise par une sensation de sécheresse, des picotements, souvent une impression de tension plus ou moins grande, et une cuisson vive. Elle augmente encore pendant la déglutition des aliments solides et des liquides; fréquemment aussi la pression extérieure pratiquée en arrière de l'angle de la mâchoire provoque une sensation douloureuse d'une grande intensité : c'est l'indice probable de l'inflammation des amygdales, plus rarement de la congestion des ganglions lymphatiques de la région. Cette adénopathie se rencontre surtout chez les enfants dont le système lymphatique s'enflamme si facilement.

La *gêne de la déglutition*, souvent plus marquée pour les liquides que pour les solides, occasionne des grimaces, des mouvements d'extension de la tête, vraiment caractéristiques. Il existe en même temps une *salivation* abondante; les liquides, rendus sans cesse par des mouvements d'expuition fréquents, se reproduisent très-vite et augmentent encore l'état de malaise.

Les aliments, pendant l'acte de la déglutition, sont fréquemment rejetés par le nez au lieu de passer dans l'œsophage. Quelle en est la cause? Est-ce la paralysie des muscles du voile palatin, comme le veulent certains auteurs? ou bien l'œdème musculaire dont l'existence n'est pas encore prouvée; ou enfin (hypothèse plus vraisemblable), le gonflement des parties et l'obstacle mécanique consécutif? On ne saurait le dire précisément.

La *voix nasonnée*, si caractéristique, si spéciale à l'angine, qu'elle a mérité le nom de voix angineuse, est également constante; on peut l'expliquer par les mêmes conditions anatomiques sus-mentionnées et par le même mécanisme que le passage des boissons dans les fosses nasales.

Vous constaterez fréquemment l'existence d'une *toux*

rauque, *pharyngée*, dite gutturale, qui est produite tantôt par la tuméfaction de la luette, dont l'extrémité vient irriter la base de la langue, tantôt par la propagation de l'inflammation jusqu'à la muqueuse qui avoisine le vestibule du larynx.

Au début de l'angine, l'*haleine* du malade a une odeur désagréable, qui n'est pas à proprement parler fétide, mais est bien plutôt celle des matières saburrales.

Enfin, pour compléter les symptômes fonctionnels, je dois vous signaler les *troubles de l'ouïe*, que l'on rencontre fréquemment, quoiqu'à des degrés variables. Ils sont caractérisés tantôt par des douleurs vives dans une seule oreille ou dans les deux simultanément, tantôt par des bourdonnements, souvent par une surdité plus ou moins forte, subite ou progressive. Ces divers accidents se rattachent tous au catarrhe de la trompe d'Eustache; nous y reviendrons en étudiant les complications.

Pendant l'évolution de l'angine, les *symptômes généraux* se modifient à leur tour. La fièvre persiste, mais le plus ordinairement elle est peu intense : le pouls, légèrement accéléré, demeure plein et large; la chaleur du corps reste en général à un chiffre inférieur à 39° (Wunderlich). Toutefois, chez les enfants, les symptômes sont toujours plus accentués : la fièvre est forte, l'agitation vive; la réaction intense. Il est exceptionnel de voir un certain état de subdélire; moins rarement, comme au début de tout accès fébrile chez un jeune sujet, des convulsions apparaissent et peuvent dérouter le médecin non prévenu. Bientôt cependant cet orage se calme, et l'angine marche rapidement vers la guérison.

Quoi qu'il en soit, chez tous les malades, sans distinction d'âge, les *troubles gastro-intestinaux* existent quoique variables d'intensité. Lorsque leur prédominance est bien établie, ils donnent à la maladie une forme particulière.

La langue est en effet plus ou moins chargée. Mais existe-t-il, en même temps que l'angine, les signes d'un embarras gastrique, la langue est-elle large, limoneuse; les nausées, l'anorexie, les vomituritions, rarement les vomissements, s'accompagnent-ils d'une tension notable du ventre et de constipation, vous reconnaîtrez sans peine à ces symptômes une angine aiguë à *forme gastrique*. Si la langue est couverte d'enduits jaunâtres épais, s'il existe une teinte subictérique des téguments, l'état bilieux sera manifeste, et vous diagnostiquerez une angine aiguë à *forme bilieuse*.

Cet état gastrique, cet état bilieux, ont donné lieu à de nombreuses discussions. Sont-ils effectivement la conséquence de l'angine qui constitue le phénomène prédominant? doit-on y voir au contraire le point de départ de l'affection pharyngée? Je crois, pour ma part, qu'il n'y a là ni cause ni effet de l'angine, mais bien plutôt qu'il s'agit de manifestations multiples d'un seul et même état morbide.

Quand en même temps que l'angine on constate d'autres symptômes catarrhaux vers les conjonctives, la pituitaire, la muqueuse laryngo-trachéo-bronchique; s'il existe tout à la fois de l'abattement, une courbature bien marquée, de la prostration même, de la céphalalgie frontale, des douleurs dans les membres, un pouls mou et faible, on est autorisé à affirmer l'existence d'une angine aiguë, symptomatique de la *grippe*.

Tel est le tableau général de l'angine aiguë. Nous venons de voir que les troubles fonctionnels permettent d'établir quelques formes un peu spéciales de l'affection; si nous étudions maintenant, dans leurs détails, les modifications symptomatiques résultant du siége variable des lésions inflammatoires et surtout de leur prédominance dans certaines régions, nous serons conduits à admettre certaines variétés que je dois présentement vous décrire.

Lorsque l'inflammation se localise à l'isthme du gosier, au voile du palais, aux piliers, à la luette, on dit qu'il existe une ANGINE GUTTURALE. Les phénomènes fonctionnels les plus accusés sont surtout les *troubles de la déglutition*. C'est dans ces cas que le nasonnement est prononcé et qu'en même temps les aliments sont fréquemment rejetés par les fosses nasales.

La *luette* se présente volumineuse, gonflée ; elle est le siége d'un œdème quelquefois considérable. Aussi le malade se plaint-il bien souvent d'une toux spéciale, toux gutturale, rauque et sèche, en même temps qu'il éprouve la sensation d'un corps étranger, irritant sans cesse la muqueuse de la gorge. Relativement rare dans les formes aiguës, cette localisation appartient surtout aux cas où la maladie revêtira la forme chronique. La palatite l'accompagne d'ordinaire, et alors le voile du palais est rouge, douloureux, peu mobile.

L'AMYGDALITE simple ou isolée, tonso-staphylite de Broussais, est la localisation angineuse la plus habituellement observée. Cette fréquence si grande porte non seulement sur la forme catarrhale, mais même sur la forme phlegmoneuse, dont nous ferons une étude spéciale.

L'amygdalite simple s'accuse au début par une *douleur* très-*intense* qui, pendant les efforts de déglutition, entraîne les malades à des grimaces pénibles : la pression au niveau de l'angle de la mâchoire exagère les souffrances du patient. En outre, dans cette forme, il existe très-souvent des troubles de l'audition qui se caractérisent par des bourdonnements, des crépitations sonores très-gênantes. L'aspect du malade est remarquable par son *facies vultueux*, et de plus, fait important, on constate un certain empâtement, du gonflement même sur les côtés du cou dans la région qui correspond aux tonsilles, lesquelles sont toutefois profondément situées.

En examinant le pharynx, on remarque une rougeur souvent intense au niveau des amygdales et sur la muqueuse avoisinante. On aperçoit aussi sur les tonsilles des concrétions plus ou moins abondantes, qui forment une sorte d'*enduit pultacé :* accumulées dans les cryptes folliculaires, elles se présentent avec des caractères que vous devrez bien connaître, sous peine de commettre une erreur grave en les prenant pour des fausses membranes. Leur couleur est d'un jaune verdâtre ; molles et sans consistance, elles se laissent aisément écraser ; enfin on les détache facilement, et, une fois enlevées, elles ne se reproduisent plus. Quelquefois elles paraissent comme enchâtonnés : elles sont formées alors par l'accumulation dans les cryptes tonsillaires de l'épithélium desquamé et mélangé avec les sécrétions des follicules [1].

Indépendamment de ces signes, il existe un gonflement plus ou moins considérable qui peut porter sur une seule amygdale ou sur les deux ; dans ce dernier cas, il prédomine d'ordinaire sur l'une des deux glandes. Quelquefois, cette tuméfaction présente des variations

---

[1]. Ces sortes de productions d'apparence caséeuse s'accumulent dans les cryptes de l'amygdale et sont, chez quelques malades, le point de départ d'angines aiguës à répétitions : je les ai observées chez une petite fille de trois ans, sujette aux phlegmasies gutturales et dont le père avait souffert pendant son enfance d'accidents angineux produits par la même cause.

d'intensité : il se produit une sorte de va-et-vient pendant lequel l'inflammation semble se porter d'une amygdale à l'autre. Je dois ajouter que l'intumescence des tonsilles est quelquefois énorme : vous comprenez à quel point la déglutition et parfois même la respiration doivent en être troublées.

En même temps, vous observerez toujours un mouvement fébrile assez accentué, parfois très-intense, la température pouvant s'élever à 39°,5 et même 40°. Toutefois la fièvre est toujours moins vive et surtout moins durable que dans l'amygdalite phlegmoneuse.

Dans l'ANGINE PHARYNGÉE le processus morbide affecte la muqueuse pharyngienne proprement dite : l'inflammation est quelquefois généralisée, envahissant simultanément les parties supérieure et inférieure de la cavité du pharynx; parfois cependant, elle se limite à l'une de ces deux régions.

L'*angine pharyngée supérieure* présente quelques phénomènes un peu spéciaux. Et d'abord la déglutition est moins gênée et presque toujours possible, sans grande peine; c'est seulement vers la fin de cet acte physiologique que la douleur s'éveille. Le malade fait des efforts répétés de déglutition et il existe une toux gutturale. A l'examen de la gorge on aperçoit sur le pharynx des mucosités épaisses fort difficiles à détacher; mais la rougeur de la muqueuse siégeant en un point de la cavité gutturale très-élevé au-dessus du voile palatin et par suite difficilement visible, on est souvent obligé d'employer le rhinoscope ou le laryngoscope retourné pour constater l'état de la muqueuse. Une inspection attentive permettra alors de reconnaître sur cette membrane tuméfiée et luisante tantôt des mucosités croûteuses, tantôt des granulations saillantes formées par les glandules.

Toutefois le symptôme capital, celui qui attirera surtout votre attention, c'est la *douleur d'oreille*. En effet, l'inflammation de la muqueuse pharyngée se propage fréquemment à la trompe d'Eustache et à la caisse du tympan : aussi les malades accusent-ils l'existence d'une douleur vive qui se localise à l'apophyse mastoïde ou vers le conduit auditif externe. En même temps, vous retrouverez, développés à un haut degré, les troubles fonctionnels dont je vous ai déjà parlé : des bourdonnements intenses, continuels, des battements, des pulsations pénibles, éclatant tout-à-coup, quelquefois à l'occasion d'un effort ou même spontanément, rendront facile le diagnostic de la *salpingite* et de l'*otite moyenne*. Ajoutez que la dureté de l'ouïe, parfois même une surdité presque complète, feront rarement défaut.

Il n'est pas très-rare, surtout chez les enfants, de voir se développer dans ces circonstances des *troubles nerveux* variables, tels que le délire ou les convulsions. D'ordinaire, ces symptômes effrayants s'apaisent vite : c'est une manifestation transitoire, aiguë, qui guérit facilement. En face d'un enfant atteint de fièvre et de phénomènes nerveux inexpliqués, *songez toujours à examiner la gorge et les oreilles ;* vous y trouverez souvent l'explication de symptômes qui vous semblaient d'abord fort obscurs.

Quand il existe une *angine pharyngée inférieure*, les phénomènes sont bien différents. Vous ne constatez guère, en effet, de signes physiques appréciables : ici, *pas de rougeur* dans la gorge, à moins d'avoir recours au laryngoscope. Par contre, la *douleur spontanée* est très-vive et s'accentue principalement pendant l'acte de la déglutition, au moment précis où le bol alimentaire a franchi l'isthme du gosier. Le malade ressent alors comme un point d'arrêt au niveau du larynx : c'est là d'ailleurs qu'il rapporte sa douleur, et la pression exercée de chaque côté de cet organe est très-pénible. Et cependant, malgré cet ensemble de symptômes (et c'est là un fait important, je dirai même capital pour le diagnostic), malgré ces troubles considérables des fonctions pharyngées, le larynx n'est pas atteint et la voix reste normale.

Les diverses lésions inflammatoires de la muqueuse gutturale peuvent s'accompagner ou être suivies de troubles qui modifient à des degrés divers le pronostic et le traitement de l'angine aiguë simple : ces COMPLICATIONS sont de divers ordres.

Et d'abord, certains états inflammatoires peuvent se développer vers les organes voisins. Que ces inflammations soient simplement concomitantes ou le résultat d'une véritable propagation, elles ajoutent toujours à la gravité de l'angine : tels sont les stomatites, la glossite, le coryza, les laryngites. Je ne crois pas qu'il soit nécessaire de vous rappeler longuement les discussions soulevées, à propos de la pathogénie, sur cette question. Il faut reconnaître aujourd'hui que, presque toujours dans ces cas, il s'agit d'une maladie unique, à manifestations multiples, produite sous l'influence des mêmes causes.

Dans quelques circonstances, d'ailleurs assez rares, on a pu voir des accidents plus graves, apparaître tardivement à la suite d'une angine aiguë simple : je veux parler des *paralysies musculaires consécutives*. Nous reviendrons sur ce sujet, que nous étudierons avec détails à l'occasion de la diphthérie; qu'il me suffise de vous rappeler ici que ces paralysies, signalées d'abord par M. le professeur Gubler, étudiées ensuite par MM. Barascut, Mayer, enfin réunies dans la thèse récente du Dr Bailly (1872), peuvent se montrer non seulement au voile du palais, mais même se généraliser et affecter le système musculaire tout entier.

Considérée au point de vue de sa MARCHE, l'angine inflammatoire est une affection essentiellement aiguë. Vous vous rappelez son début rapide, presque subit : parfois, en quelques heures, le plus souvent dans l'espace d'une ou deux journées, elle atteint son acmé, et sa période d'état dure à peine quelques jours ; d'autres fois, comme nous l'avons vu, elle présente des alternatives de siége ; c'est ce qui arrive lorsqu'elle affecte les deux amygdales, se transportant pour ainsi dire de l'une à l'autre et pouvant les frapper à plusieurs reprises. Ailleurs c'est l'extension vers des points jusqu'alors indemnes qui modifiera le cours de la maladie ; il est même rare que vous trouviez atteintes d'emblée les diverses régions de la muqueuse : elles ne seront envahies qu'ultérieurement.

La TERMINAISON de la maladie peut varier. Presque toujours, c'est la *guérison*, parfois au bout de quelques jours, d'ordinaire après une semaine et rarement davantage : elle est complète, absolue, surtout lorsque l'angine que vous observez est la première atteinte portée à l'intégrité de la muqueuse pharyngée. Chez d'autres malades, la résolution se fait lentement, en particulier quand les amygdales ont été affectées : il existe alors une sorte de convalescence de quelques jours de durée. C'est ainsi que les choses se passent le plus fréquemment dans la forme catarrhale proprement dite : de même, dans la grippe, la lenteur de la convalescence est un fait habituel. On peut voir l'angine se terminer par la *suppuration*, principalement dans le cas d'amygdalite ; nous reviendrons plus longuement sur cette terminaison en étudiant l'angine phlegmoneuse.

Il n'est pas rare que l'affection passe à l'*état chronique*. Dans ce cas, les phénomènes aigus, surtout la fièvre, la douleur vive, le gonflement, s'apaisent, diminuent; mais la rougeur, la voix nasonnée, la dysphagie persistent ; il est assez habituel alors que les phénomènes se localisent, ainsi que nous le verrons en traitant de l'angine chronique. Enfin les *rechutes* sont fréquentes : une nouvelle poussée réveille les douleurs et la fièvre, au moment où les troubles semblaient s'atténuer et où la maladie paraissait sur son déclin. Quant aux *récidives*, il vous arrivera souvent de les observer, surtout, comme je vous l'ai déjà dit, chez les sujets prédisposés par un état diathésique.

Le PRONOSTIC est évidemment favorable : l'angine aiguë simple constitue une affection bénigne qui n'occasionne par elle-même aucun accident sérieux.

Je ne vous ai point encore parlé de l'*anatomie pathologique* de cette affection : en voici les raisons. D'abord les lésions de l'angine catarrhale aiguë sont visibles pendant la vie : vous pouvez suivre jour par jour le processus de la maladie. En outre, on n'a presque jamais eu l'occasion (sauf dans des circonstances fortuites) d'en étudier les altérations cadavériques. Dans ces cas extrêmement rares, on a pu constater que l'injection vasculaire, si considérable pendant la vie, diminue après la mort et disparaît presque complètement; la friabilité de la muqueuse est accrue : ce caractère est principalement marqué pour les amygdales, ainsi que l'ont établi Morgagni, Velpeau, Andral, qui ont surtout fait connaître les lésions de ces organes. La rougeur, le gonflement du tissu glandulaire, s'accompagnent, au niveau des lacunes folliculaires, d'une production épithéliale exagérée, parfois de la formation de pus.

Le DIAGNOSTIC de l'angine catarrhale est très-simple : la méconnaître est à peu près impossible. Je tiens cependant à vous dire quelques mots des affections qui la peuvent simuler, afin de passer en revue certaines angines des fièvres éruptives que nous avons forcément rejetées de notre cadre.

Je ne vous parlerai pas de la *rougeur pharyngienne des enfants naissants*, signalée par Billard, car dans cet état, qu'on ne saurait réellement appeler pathologique, il n'existe ni fièvre, ni gêne de la déglutition.

L'erreur ne serait guère possible qu'avec une *fièvre éruptive au début*, et encore, bien entendu, à cette période de la maladie, autrefois dite prodromique (alors que l'on considérait les fièvres exanthématiques comme des affections de la peau), et dénommée aujourd'hui période d'invasion, ou mieux encore *période enanthématique*.

La *rougeole* commençante pourrait être confondue avec une simple angine catarrhale. Mais l'enanthème morbilleux commence à la voûte palatine sous forme d'un pointillé rouge plus ou moins cohérent, auquel succèdent assez vite des taches légèrement saillantes rappelant l'éruption de la rougeole à son début. Cette éruption s'étend aussi au pharynx ; toutefois elle en occupe surtout (ainsi que l'a fait voir M. le professeur Lasègue) le plancher postérieur et les piliers palatins postérieurs. C'est là aussi un pointillé fin, parfois une éruption papuleuse ; en outre, il n'existe que peu, ou même point de gonflement de la muqueuse ; vous observez en même temps les signes d'un catarrhe des conjonctives, des fosses nasales et de la muqueuse laryngo-bronchique (chez les enfants les éternuments sont fréquents). Enfin, les phénomènes généraux sont caractérisés par une fièvre rémittente d'une grande importance au point de vue de la diagnose.

Dans la *scarlatine*, on trouve, au niveau de la gorge, une rougeur plaquée, d'une teinte ardente, pourprée, qui occupe l'isthme du gosier et aussi la cavité buccale, et notamment la face interne des joues, en même temps que la langue est couverte d'un épais enduit saburral ; très-rarement, la congestion de la muqueuse est localisée en un point du pharynx. Enfin, un caractère important de cette congestion bucco-pharyngienne, c'est son indolence remarquable. L'intensité des phénomènes généraux, la chaleur extrême, beaucoup plus vive, comme l'a démontré M. Roger, que dans toute angine simple, et l'existence des troubles gastro-intestinaux, complètent et facilitent toujours le diagnostic.

Vous parlerai-je de la *variole?* Il me suffit de vous rappeler que sa précoce éruption bucco-pharyngienne apparaît sous forme papulo-vésiculeuse.

L'urticaire, dans sa forme chronique, ne peut prêter à confusion, car le gonflement œdémateux de la gorge qui revêt l'apparence de plaques circulaires à bords nettement circonscrits et saillants, est trop caractéristique pour n'être pas toujours reconnu. Mais, dans l'*urticaire à forme aiguë* et à début subit, le pharynx peut être affecté dans une grande étendue : c'est le soir ou pendant la nuit que les accidents se développent, et ils revêtent parfois une apparente gravité. Le malade, excessivement gêné, semble sur le point d'étouffer : à l'examen local, on trouve sur le pharynx une rougeur intense, un gonflement notable de la muqueuse de la gorge ; mais, en même temps, il existe une rougeur avec aspect vultueux de la face, accompagnée d'une sensation marquée d'ardeur ou de démangeaisons vives ; enfin l'étiologie constante (ingestion d'aliments excitants et notamment de crustacés) lèvera tous les doutes et confirmera le diagnostic de l'urticaire.

Dans certains *empoisonnements*, surtout par la belladone, très-rarement par l'opium, on voit apparaître sur la muqueuse de la gorge une coloration rouge, très-vive, généralisée ; en même temps, le malade éprouve une chaleur très-grande avec une certaine gêne de la déglutition, quoiqu'il n'existe que peu de gonflement. L'erreur n'est guère possible, car vous retrouvez en même temps les autres symptômes de l'intoxication et, notamment pour la belladone, la dilatation des pupilles et l'apparition de plaques d'un rouge intense au niveau des joues; en outre, l'apyrexie est complète.

Je n'insisterai pas sur les accidents d'*iodisme*, consécutifs à l'emploi trop prolongé ou exagéré, dès le début, de l'iodure de potassium. Il existe, dans ce cas, un état catarrhal de la muqueuse conjonctivale et de la pituitaire, pendant que se montre au visage une éruption acnéique plus ou moins abondante : enfin le catarrhe des sinus coronaux occasionne une douleur plus ou moins vive à la région du front.

On ne pourrait confondre une angine muqueuse aiguë avec l'*angine syphilitique secondaire* à forme érythémateuse. Cette dernière, anciennement connue, puisque Swediaur la mentionne, se caractérise quelquefois par une simple rougeur, rarement diffuse, ordinairement plus localisée à l'isthme du gosier, aux piliers du voile palatin (Martellière). Cette surface rouge est tantôt lisse, tantôt granuleuse, d'après Cullerier et Pillon. Mais un caractère capital, je dirais presque pathognomonique, c'est l'aspect spécial, la teinte grisâtre et comme opalescente de la muqueuse. Vous trouverez d'ailleurs d'autres manifestations syphilitiques concomitantes, et notamment la roséole, qui, à cette période, ne fait guère défaut : pour ma part, je ne l'ai jamais vue manquer dans tous les cas d'angine syphilitique précoce qu'il m'a été donné d'observer.

Il va sans dire qu'il est impossible de prendre n'importe quelle *angine membraneuse* pour une inflammation simple du pharynx : ce serait commettre une erreur impardonnable. Il suffit d'examiner la gorge avec quelque soin pour reconnaître les produits pultacés ou membraneux caractéristiques.

Je ne vous parlerais pas de l'*œdème du pharynx et de la luette*, si je ne voulais vous signaler à cette occasion une forme importante du début de l'anasarque albuminurique. Dans quelques cas, en effet, un individu éprouve tout à coup une certaine douleur avec gêne de déglutition : c'est la première manifestation d'une anasarque commençante. Or, il est impossible de croire à une angine simple, car l'œdème souvent considérable s'accompagne d'une pâleur remarquable de la muqueuse. M. le professeur G. Sée a insisté tout particulièrement sur ces faits, et j'ai eu moi-même occasion d'observer un cas de ce genre.

Le TRAITEMENT de l'angine catarrhale aiguë varie suivant que l'on est appelé au début de l'affection, ou pendant la période d'état, quand la résolution tarde à se faire, enfin selon qu'il existe ou non des complications.

Au début, on a préconisé l'emploi de divers moyens locaux. C'est ainsi que l'on a vanté, outre mesure, la cautérisation au nitrate d'argent en solution concentrée ou en crayon; c'est ce qui constitue la *méthode dite abortive*. Ceux qui la conseillent et qui l'appliquent disent en avoir obtenu de bons résultats; quant à moi, je n'en fais pas usage, et je ne vous donnerai pas le conseil de la mettre en pratique. Je vous en dirai tout autant de l'usage des astringents, tels que le borax ou l'alun, tels encore que la ratanhia ou la monesia, dissous dans une décoction de feuilles de ronces ou employés, sous forme de poudre, en insufflations.

Les *émollients* de toute nature sont, à juste titre, préférés et journellement employés : gargarismes au lait, avec la décoction de guimauve ou d'orge, édulcorés avec le miel ou la glycérine, tels sont les divers agents de cette médication. Le point essentiel est de ne pas les employer froids; lorsqu'on a soin de les faire tiédir, ils calment bien mieux la douleur. En même temps, quelques révulsifs légers (pédiluves, sinapismes) seront recommandés; ils constituent un bon adjuvant aux topiques émollients.

De nos jours, les *antiphlogistiques* sont généralement abandonnés : cette exclusion absolue est véritablement excessive. Quand les symptômes inflammatoires sont très-accentués, avec gonflement considérable de la gorge, intumescence des ganglions lymphatiques, quand surtout vous aurez lieu de craindre la formation d'un foyer de suppuration, n'hésitez pas à faire une application de sangsues, et vous verrez parfois les phénomènes phlegmasiques s'atténuer rapidement.

Le *traitement interne* consiste dans l'usage des sédatifs. Les potions calmantes opiacées produisent souvent les meilleurs effets : la belladone, très-vantée sous l'influence de certaines vues théoriques, donne véritablement d'assez bons résultats. — Les *vomitifs* (et en particulier l'ipéca) sont très-généralement en faveur. Ils ont une double action : d'abord, en déterminant des efforts de vomissement, ils dégonflent les parties congestionnées; ensuite ils s'adressent à l'un des éléments habituels de la maladie, à l'embarras gastrique qu'ils modifient avec une grande rapidité. — Les *purgatifs* ont aussi été conseillés; vous en ferez usage s'il y a lieu, pour compléter l'action de l'ipéca.

Lorsque la période aiguë est passée et que, la résolution s'effectuant lentement, la guérison se fait attendre, n'hésitez pas à conseiller l'emploi des divers *astringents*, qui, à cette période, vous donneront d'excellents résultats. L'alun, le borax, seront administrés en gargarismes avec addition de sirop de mûres, et vous verrez alors la maladie se modifier en peu de temps et la résolution se compléter.

Parmi les *complications*, c'est surtout, vous le savez, la salpingite et l'otite moyenne qui sont le plus à redouter. Dès l'apparition des premiers symptômes de ces affections, les émissions sanguines locales (sangsues à la région mastoïdienne, ventouses scarifiées à la nuque) devront être ordonnées sans retard, car l'inflammation développée dans l'appareil auditif pourrait compromettre gravement les fonctions de l'oreille. Les fumigations tièdes par les fosses nasales, soit par simples aspirations, soit avec l'appareil de M. Duplay, seront aussi recommandées et atténueront sensiblement les souffrances des malades. Vous pourrez également agir sur le conduit auditif externe : vous ferez faire dans les oreilles, soit des fumigations de vapeurs tièdes, soit des irrigations avec les décoctions émollientes ou calmantes que l'on devra employer toujours chaudes : les injections prolongées, véritables bains locaux, seront encore préférables. Enfin, il sera bon de prescrire quelques purgatifs et des pédiluves irritants. De toute façon, n'oubliez pas que ces complications nécessitent un traitement tout de suite actif : la première condition est de ne pas perdre en hésitations un temps précieux.

DIXIÈME LEÇON

ANGINE CATARRHALE CHRONIQUE

Souvent envisagée comme identique avec l'angine granuleuse, l'angine catarrhale chronique simple constitue bien réellement une affection particulière qui se caractérise par ses symptômes, par ses causes et aussi par ses affinités nosologiques. C'est qu'en effet parmi les angines chroniques on doit admettre, avec les auteurs les plus compétents, deux groupes d'affections bien distinctes : les unes se caractérisent par l'hypertrophie des glandules de la muqueuse : c'est l'angine glanduleuse ou granuleuse; les autres ne s'accompagnent pas de cette hypertrophie glandulaire : ce sont les angines catarrhales chroniques simples. Ces deux groupes ont été souvent confondus, mais bien à tort, car ils sont essentiellement distincts, comme j'espère vous le démontrer. En conséquence, je vous ferai d'abord connaître l'angine catarrhale simple chronique, puis je vous présenterai l'histoire de l'angine granuleuse ou glanduleuse.

Nous avons déjà vu, en étudiant la marche de l'angine aiguë, que cette affection peut passer à l'état chronique, et que c'est là un des modes de terminaison du processus inflammatoire. Exceptionnelle après une première atteinte d'angine aiguë, cette évolution s'observe beaucoup plus souvent à la suite de récidives occasionnées par des causes même minimes. Quelquefois enfin, les phénomènes de la période d'acuité font absolument défaut, et l'affection s'établit d'emblée sous la forme chronique; presque toujours alors, elle est l'indice important d'une diathèse.

Les CONDITIONS ÉTIOLOGIQUES auxquelles on attribue le développement de cette angine sont très-variées : notez d'abord, que certaines époques de la vie y paraissent plus exposées. C'est ainsi que, très-rare chez l'enfant (plus manifestement exposé aux amygdalites), l'angine chronique simple affecte surtout l'*âge moyen*. Les adultes, et principalement les hommes, lui payent un large tribut; les vieillards en sont atteints assez rarement.

L'étiologie de l'angine chronique simple présente quelque chose de spécial au point de vue des circonstances déterminantes de la maladie. Ce ne sont pas des causes transitoires, frappant violemment l'organisme; c'est bien plutôt une action incessante ou répétée qui modifie progressivement la vitalité de la région. Ainsi envisagée, l'étiologie comprend deux ordres de causes : les unes occasionnelles, les autres constitutionnelles ou diathésiques.

Les causes *occasionnelles* sont en définitive des irritations répétées, agissant sur la muqueuse du pharynx. Signalons en première ligne l'usage abusif du tabac et les excès alcooliques lesquels, toutefois, déterminent plus fréquemment l'angine granuleuse : d'ailleurs, l'action de l'alcool n'est pas seulement locale et l'on doit tenir compte de son influence générale.

Les causes *constitutionnelles* sont de beaucoup les plus importantes. Sachez d'abord que l'on invoque souvent comme cause de l'angine simple un *état diathésique ;* mais, selon la remarque de M. Lasègue, l'existence de cette diathèse n'est basée que sur des probabilités et non point sur une absolue certitude. On en peut dire autant de l'*hérédité*, à laquelle on attribue une si grande influence dans l'étiologie des maladies.

Quoi qu'il en soit, il est incontestable que certaines maladies générales ont une action évidente sur la muqueuse du pharynx et doivent être admises comme causes de l'angine chronique. Je vous citerai en première ligne le *rhumatisme*, fréquemment incriminé, et à juste titre. Plus d'une fois, j'ai vu des malades qui présentaient des antécédents rhumatismaux personnels ou héréditaires, être atteints d'angine chronique indépendamment de toute autre influence appréciable. Il en est de même de la *goutte,* dont l'action peut se faire sentir sur la gorge avant que l'on ait constaté aucune manifestation articulaire : en même temps que les symptômes de l'affection pharyngée, le malade accuse des vertiges obstinés, des migraines, une céphalalgie rebelle; parfois, apparaissent des accès de dyspnée singulière. Souvent aussi, le patient a présenté des crises de colique néphrétique ou plus rarement les signes d'une congestion rénale, d'un catarrhe vésical : enfin la dyspepsie, les diarrhées soudaines et insolites complètent le tableau de la maladie encore à l'état naissant. Il semble, comme le dit excellemment M. le Professeur Lasègue, que la goutte, avant d'atteindre les articulations, s'essaye sous des formes moins caractéristiques.

L'*herpétisme* est une cause plus rare de l'angine catarrhale simple : cette diathèse donne plus ordinairement naissance à la forme granuleuse. La *scrofule* a été signalée quelquefois, en particulier par M. Bazin.

Enfin la *syphilis,* lorsqu'elle est parvenue à une période avancée, alors que sous l'influence du traitement spécifique les manifestations cutanées sont guéries, détermine souvent l'angine chronique simple. A cette période, en effet, les membranes muqueuses qui ont été le siége de ses localisations conservent une tendance fréquente aux congestions de longue durée [1].

1. J'ai rencontré assez fréquemment *chez les tuberculeux* une forme

Les SYMPTÔMES de l'angine catarrhale chronique simple, comparés à ceux de l'aiguë, présentent des modifications notables. Etudions d'abord l'*état de la gorge;* nous passerons ensuite en revue les troubles fonctionnels.

La *rougeur* du pharynx existe toujours ; mais elle est plus terne, plus foncée, moins rosée que dans l'angine aiguë. La muqueuse paraît d'un rouge violacé, et la teinte morbide est souvent localisée, ou du moins elle affecte une prédominance plus ou moins marquée pour la luette, les piliers du voile palatin, les amygdales. Nous reviendrons sur ce point en faisant l'histoire des variétés de cette angine.

Le *gonflement* des parties ne fait pas non plus défaut; il est toutefois moindre que dans la forme aiguë, mais ne disparaît pas tout à fait. Il n'est plus constitué, à proprement parler, par de l'œdème (sauf au niveau de la luette); on constate plutôt un épaississement quelquefois très-considérable, surtout chez les goutteux, d'après M. Lasègue : cet épaississement occupe le pharynx, les piliers et le voile du palais.

Le catarrhe de la muqueuse gutturale est souvent peu

spéciale d'angine chronique simple caractérisée par une teinte d'un rouge violacé, localisée tout particulièrement aux piliers palatins et avec gonflement de la muqueuse. Il est ordinaire d'observer concurremment l'existence d'un petit nombre (5 à 10) de glandules saillantes qui, à un examen superficiel, pourraient être prises pour des granulations grises, mais qui en diffèrent par leur petit volume (celui de l'acne punctata) et leur persistance indéfinie sans modification notable.

abondant, ou même presque nul, d'où la dénomination de *pharyngite sèche* proposée par Lewin. Quant aux sécrétions catarrhales, elles sont épaisses, jaunâtres, plus ou moins adhérentes à la muqueuse sous-jacente. Elles donnent lieu, surtout au réveil, à des efforts d'expulsion caractéristiques et constituent un véritable *graillonnement matutinal*. Ces mucosités concrètes proviennent parfois des fosses nasales; elles se collent alors, à demi desséchées, à la face postérieure du pharynx.

Parfois, il vous arrivera d'apercevoir, tranchant sur la rougeur de la gorge, un certain nombre de pustules: cette lésion caractérise l'*angine acnéique* de M. Lasègue; celle-ci peut être simple, pustuleuse, indurée, et elle occupe les piliers du voile du palais, d'autres fois la fossette sous-amygdalienne. Mais nous n'insistons pas sur cette variété, car elle confine à certaines formes de l'angine granuleuse, dont nous devrons nous occuper spécialement.

Les *troubles fonctionnels* ont également subi, si on les compare à ceux de l'angine aiguë, de notables modifications. La douleur est très-atténuée, et non seulement la douleur spontanée, mais encore la dysphagie. Il n'est même pas très-rare de voir les phénomènes douloureux se calmer par la déglutition, comme, dans certaines formes de rhumatisme musculaire chronique, l'exercice des muscles affectés soulage les souffrances du patient. Les malades accusent une gêne caractérisée par un sentiment de picotement désagréable, de sécheresse âpre dans la gorge, et par de fausses sensations, entre autres celles d'une soif persistante. C'est surtout après la fatigue causée par l'exercice de la parole, ou à la fin de la journée, que ces sensations se montrent le plus vives.

La *déglutition* est parfois maladroite : il y a comme des inégalités, des irrégularités dans l'ensemble des mouvements nécessaires à cet acte. C'est une sorte de spasme soit des muscles du voile palatin, soit de ceux du pharynx (Lasègue).

Les *troubles de l'audition* passent souvent inaperçus ; car (c'est là un fait important) ils ne s'accompagnent que de peu de douleur. Les malades se plaignent surtout d'une dureté de l'ouïe, d'une demi-surdité qui les gêne : ces symptômes indiquent la propagation du processus inflammatoire vers la trompe d'Eustache : aussi doit-on toujours examiner la gorge quand on est consulté pour un cas de surdité. D'ailleurs, M. Duplay a insisté avec beaucoup de raison sur l'influence du rhumatisme dans l'étiologie des affections auriculaires.

Les *phénomènes généraux* ne sont pas très-accentués : la réaction fébrile est nulle, sauf toutefois lorsqu'il survient quelque poussée aiguë nouvelle. Par contre, on note souvent l'existence de troubles digestifs variés, tels que dyspepsie, flatulence, renvois nidoreux, qui devront toujours vous faire soupçonner la nature goutteuse de la maladie.

La langue est fréquemment affectée dans l'angine chronique : sa surface est alors recouverte d'enduits épais, qui, suivant la remarque de M. le professeur Lasègue, pourraient faire croire à un simple embarras gastrique : l'erreur, en effet, a été souvent commise. Il suffit, pour l'éviter, de constater que ces enduits disparaissent vite par un simple traitement local.

Telle est l'histoire générale de la maladie. Passons maintenant en revue les VARIÉTÉS résultant du siége des lésions.

L'angine chronique diffuse est celle que nous venons de décrire : elle est assez fréquente et se rencontre surtout chez les rhumatisants et les goutteux. Elle ne présente pas, à vrai dire, de localisation spéciale des lésions; mais il est habituel d'observer quelque prédominance sur certains points.

Parmi les phlegmasies partielles, nous rencontrons d'abord l'*uvulite* et la *palatite* (inflammations de la luette, du voile palatin). La luette est quelquefois plus spécialement, mais non isolément enflammée : dans ces cas, le malade éprouve la sensation d'un corps étranger dans la gorge; il sent un chatouillement perpétuel à la base de la langue, et la toux gutturale est fréquente. Examinez alors le pharynx, et vous verrez la luette grosse, souvent œdémateuse à sa partie déclive, quelquefois rouge, et le plus souvent modifiée dans sa forme. Pointue d'ordinaire, elle vous paraîtra parfois recourbée, ou bien en forme de massue, et, chez d'autres sujets, cylindrique. Sa longueur est des plus variables : elle peut atteindre deux à trois centimètres, quelquefois même davantage.

La luette n'est pas affectée toute seule; le *voile du palais*, suivant M. Lasègue, dont on ne saurait trop invoquer la compétence, est souvent enflammé. Son aspect est le même que celui de la luette; mais le symptôme prédominant est une *paresse de contraction* remarquable. Les mouvements de l'organe sont moins précipités, moins complets : peut-être ce phénomène doit-il être attribué à une certaine obtusion dans la sensibilité de la muqueuse. En outre, vous pourrez noter un *abaissement réel* de la totalité du voile, qui d'ailleurs est gonflé, épaissi par la phlegmasie.

C'est surtout aux *piliers antérieurs* que l'angine se localise le plus aisément. On aperçoit à leur niveau une coloration violacée, produite par une sorte de pinceau vasculaire : rarement, quelques mucosités s'accumulent en ce point. Les rhumatisants semblent plus particulièrement exposés à cette forme d'angine ; mais, dans ces circonstances, il faut vous garder de méconnaître une angine granuleuse : celle-ci, en effet, vous le verrez bientôt, se caractérise souvent à ses débuts par cette altération des piliers antérieurs.

Très-fréquemment, dans l'angine diffuse, il existe au niveau de la paroi postérieure du pharynx une véritable prédominance des lésions. C'est la *pharyngite* proprement dite, qui se localise parfois soit sur la portion visible de la paroi, soit à l'arrière-cavité des fosses nasales; dans ce dernier cas, l'examen rhinoscopique et les troubles de l'ouïe éclaireront le diagnostic.

La coloration rouge est plus ou moins également distribuée; par contre, l'épaississement de la muqueuse est irrégulier, inégal : parfois on voit des sortes de bandelettes verticales, étroites, exagérant la disposition normale de la muqueuse. En outre, le pharynx est tapissé par de grosses mucosités, recoquevillées, qui proviennent peut-être des fosses nasales : c'est surtout le matin, au réveil, que le malade les expulse après de vigoureux efforts.

Enfin l'inflammation peut occuper les *amygdales*. Ici, nous nous trouvons en face d'un tissu glandulaire et lymphoïde qui s'enflamme avec la plus grande facilité; la conséquence de ce fait est facile à prévoir : c'est l'hypertrophie de l'organe. Vraiment spéciale par l'âge auquel elle se développe, par les causes qui lui donnent naissance, par ses symptômes et par son évolution, l'amygdalite chronique mérite d'être étudiée à part : elle fera l'objet d'une leçon prochaine.

La MARCHE de l'angine chronique simple est essentiellement lente. Souvent le début se caractérise par une attaque aiguë dont la guérison n'a pas été parfaite : la muqueuse de la gorge offre dès lors une susceptibilité remarquable; les rechutes sont fréquentes, et bientôt l'angine chronique est constituée.

D'autres fois, le malade a présenté une série d'attaques subaiguës terminées par des guérisons d'abord complètes, puis incomplètes ; l'angine chronique s'établit alors progressivement.

Enfin l'affection peut être chronique d'emblée et persister sous cette forme ; mais, quelque variable que soit le mode du début, cette angine présente toujours dans sa marche des *exacerbations fréquentes.* Des poussées inflammatoires aiguës se produisent, évoluent, puis se terminent, laissant l'angine chronique maîtresse du terrain, comme par le passé.

La propagation du catarrhe aux muqueuses du voisinage n'est pas rare. L'inflammation gagne fréquemment les fosses nasales et donne lieu à un coryza chronique ; souvent aussi, comme nous l'avons vu, les oreilles sont envahies. Rarement le larynx est pris secondairement, car ce n'est pas cette forme d'angine chronique qui se propage jusqu'à lui.

La *durée* de la maladie est très-longue, parfois même indéfinie. Dans certains cas où l'affection est plutôt subaiguë que chronique, la persistance moins grande des symptômes et leur évolution plus rapide permettent de compter sur une guérison relativement prompte.

La *terminaison* par la guérison est donc possible.

Celle-ci a lieu tantôt grâce à un traitement patiemment conduit et bien exécuté, tantôt spontanément, le catarrhe de la gorge faisant place à d'autres manifestations de la maladie constitutionnelle qui l'avait produit.

Le PRONOSTIC ne nous arrêtera pas longtemps : il est implicitement contenu dans l'étude de la marche et de la terminaison. La longue durée de la maladie, la possibilité de poussées aiguës et de rechutes, sont, il est vrai, des circonstances fâcheuses, mais qui n'entraînent avec elles aucune idée de gravité réelle.

Le DIAGNOSTIC est facile, et cette angine ne peut guère être méconnue. Vous serez toujours mis sur la voie par les troubles de la déglutition et les sensations pénibles accusées par le malade : en même temps, les symptômes locaux vous permettront d'affirmer la diagnose. Il n'est pas jusqu'à la toux sèche, gutturale, si commune dans ces cas, qui n'attire l'attention ; lorsque ce symptôme existe, songez à la possibilité d'une uvulite, et ne manquez pas d'examiner la gorge.

Une seule erreur serait possible ou pour mieux dire excusable. Je veux parler de l'*œdème albuminurique*, débutant par le pharynx, la luette ou le voile palatin et qui pourrait prêter à confusion. Ce sont là des faits rares, que vous devez connaître néanmoins, afin d'être prévenus, et sur lesquels je n'ai pas besoin de revenir.

Souvenez-vous seulement que les parties qui sont le siége d'un simple œdème sont toujours absolument décolorées ; presque constamment, d'ailleurs, vous trouverez une légère bouffissure de la face. Enfin les urines que vous songerez toujours à examiner, confirmeront les prévisions qu'aura pu faire naître l'étude des symptômes pharyngés.

Le TRAITEMENT doit être surtout local; mais n'oubliez pas que, pour modifier sérieusement des surfaces affectées d'une inflammation chronique, les gargarismes sont insuffisants, et que leur emploi, souvent utile contre certains symptômes de l'angine aiguë, est d'une médiocre efficacité dans l'angine catarrhale chronique : il est nécessaire que les *topiques* soient directement appliqués sur les points malades. En conséquence, vous toucherez vous-mêmes les régions atteintes avec un pinceau ou des éponges fines imbibés de substances médicamenteuses. Si vous faites usage de poudres, vous les porterez localement à l'aide d'une insufflation.

Les *astringents*, le borax, l'alun, produisent dans des cas moyennement intenses les résultats les plus satisfaisants. Les *cathérétiques*, tels que le sulfate de cuivre, le nitrate d'argent en solutions titrées au 1/20, au 1/10 et même au 1/4, sont fréquemment employés. M. Lasègue recommande les caustiques dilués : le chlorure de zinc au 1/200 ou même au 1/25 dans les cas rebelles :

de même pour le sulfure de calcium, qui doit être employé dissous dans 20 à 30 parties d'eau. Enfin on prescrit souvent des solutions iodurées avec addition d'un centième ou d'un cinquantième de teinture d'iode : ce dernier moyen m'a souvent réussi.

La *pulvérisation* des divers liquides que je viens de vous indiquer, mais à un degré moindre de concentration, est un moyen journellement conseillé ; de même que tous les médicaments qui précèdent, la pulvérisation doit être réservée pour la période réellement chronique de la maladie ; c'est d'ailleurs un excellent adjuvant des badigeonnages ou des cautérisations. Des douches filiformes seront pareillement employées avec grand avantage.

Pendant les poussées aiguës, si fréquentes dans l'angine chronique, la médication substitutive sera momentanément abandonnée. Vous aurez recours alors aux émollients de toutes sortes, auxquels vous ferez rapidement succéder les astringents végétaux (ratanhia, monesia).

Enfin le *traitement général* ne doit pas être négligé ; il est au contraire toujours indispensable de l'employer concurremment avec les topiques. Les divers médicaments balsamiques, le goudron, le baume de tolu, l'essence de térébenthine, les préparations d'eucalyptus, enfin les sulfureux, seront à leur tour conseillés et longtemps continués ; leur usage donnera tout particulièrement de bons résultats lorsqu'il faudra diminuer la sécrétion des parties malades. Au contraire, quand la membrane muqueuse est dans un état de sécheresse marquée, le chlorate de potasse donné à l'intérieur ramènera la sécrétion tarie et modifiera avantageusement l'état des surfaces enflammées.

ONZIÈME LEÇON

ANGINE GRANULEUSE

L'angine granuleuse (angine glanduleuse, folliculaire, papillaire), quoique déjà signalée par Van Swieten, Portal, puis par Trousseau et Belloc, est réellement de connaissance moderne. Elle date de 1846, époque à laquelle Chomel et après lui Green et M. Noël Guéneau de Mussy en ont fait une étude approfondie.

La variété d'angine chronique que nous allons étudier est spécialement caractérisée par la formation sur la muqueuse pharyngée de *granulations* plus ou moins nombreuses, en général de petit volume, et paraissant en rapport avec un développement anomal des follicules glanduleux. Elle est en outre remarquable par la concomitance fréquente ou le développement successif de manifestations laryngées de même nature.

Cette affection plus fréquente, d'après M. Guéneau de

Mussy, chez l'homme que chez la femme, et nous verrons bientôt pourquoi, affecte surtout l'âge adulte ; c'est de vingt-cinq à trente-cinq ans qu'elle est le plus commune, selon Green. Ses causes sont de deux ordres : les unes locales et les autres générales.

Les *causes locales* peuvent être rapportées à l'excitation fonctionnelle de l'organe, et plus rarement aux irritants divers. En première ligne, nous devons signaler tout *exercice abusif de la voix*. C'est ici que l'influence de certaines professions est indéniable : les prédicateurs, les avocats, les chanteurs, de même aussi les marchands à la criée, les marchands des quatre saisons, sont souvent atteints de cette maladie. De quelle manière cette angine chronique se développe-t-elle chez ces sujets ? Est-ce, comme l'enseigne M. Peter, par le contact d'un air froid et sec venant frapper fréquemment le pharynx ; ou bien, comme l'admettent d'autres auteurs, est-ce aux congestions répétées déterminées par le fonctionnement exagéré de l'organe, qu'on doit l'attribuer ? Il est probable que ces différentes causes interviennent simultanément, quoiqu'à des degrés divers, et aboutissent à un même résultat.

Une cause également puissante réside dans les *irritations répétées* de la muqueuse pharyngée. Les professions où les ouvriers sont exposés sans cesse à respirer des poussières ou des gaz irritants ; la fumée du tabac, principalement chez les personnes qui fument des pipes à court tuyau et surtout la cigarette, dont l'action est de beaucoup la plus nocive ; l'usage du tabac à priser, sont autant de causes réelles dont l'influence fâcheuse a été constatée dans maintes circonstances. Enfin les excès alcooliques, qui produisent non seulement une irritation locale, au passage de la liqueur dans le pharynx, mais aussi une action générale sur l'organisme, viennent bien souvent s'ajouter aux causes précédentes.

De même doivent agir *certaines maladies aiguës*, la grippe, la rougeole, où il y a un appel énergique aux localisations congestives sur la muqueuse pharyngée.

Les *causes générales* jouent un rôle capital dans l'étiologie de cette affection ; la plus importante peut-être est l'*herpétisme*. Cette diathèse, déjà signalée par Chomel, a été mise en relief par M. Noël Gueneau du Mussy. L'influence du vice dartreux n'est pas toujours rendue évidente par le développement concomitant ou l'existence antérieure d'affections cutanées caractéristiques et persistantes : plus souvent, ce sont des éruptions fugaces, c'est l'excitabilité, l'impressionnabilité de la peau, qui, selon M. Lasègue, démontrent la présence de la diathèse ; quelquefois enfin c'est l'hérédité.

Le *rhumatisme*, la *goutte*, ont aussi leur part d'influence, car dans nombre de cas on a vu et j'ai vu moi-même l'acné, la couperose (maladies arthritiques) coexister avec l'angine granuleuse. La *scrofule* elle-même a été incriminée, en particulier en Allemagne ; mais si vous songez à l'âge habituel où les individus sont atteints de cette angine, vous jugerez avec moi que c'est une étiologie peu probable.

L'influence exercée par la *syphilis* est plus positive. Il y a chez les anciens syphilitiques, au niveau de la muqueuse pharyngée, un point d'appel tout choisi pour des irritations chroniques, ainsi que nous l'avons déjà vu à propos de la grippe et la rougeole.

Les SYMPTÔMES de l'angine granuleuse sont très-rarement aigus : d'ordinaire, ils apparaissent d'emblée sous la forme chronique. Le malade éprouve d'abord, au niveau de la gorge, les mêmes sensations de picotement, de *chatouillement* que produirait la présence d'un corps étranger. Cette sensation anomale, d'abord passagère, fugace, devient bientôt plus fréquente, presque incessante : c'est surtout le matin, au réveil, que le malade fait les plus grands efforts pour s'en délivrer, on le voit exécuter des séries d'expirations bruyantes, brusques et saccadées, dont la sonorité est souvent très-grande, et en même temps surviennent des efforts de toux secs et courts. On a parfaitement rendu compte de ces mouvements expiratoires, tout à fait spéciaux, par la syllabe *hem* (d'où le *hemming* des Anglais).

Les *mucosités* rendues par ces efforts de toux sont ordinairement peu abondantes et c'est surtout le matin qu'elles sont expulsées. Lorsqu'elles sont rendues en plus grande quantité, c'est la conséquence de certaines complications, ou bien on peut l'expliquer par l'extension de l'inflammation au larynx et à la trachée. Elles peuvent se présenter sous trois aspects assez différents et qu'il faut bien connaître. Souvent en effet elles sont épaisses, visqueuses et transparentes, globuleuses, rappelant parfaitement la gelée d'amidon cuit. Parfois elles sont encore épaisses, mais jaunâtres, puriformes; toutefois, cette seconde variété, que j'ai plusieurs fois observée, ne se montre pas d'ordinaire sous forme permanente : produite par une exacerbation aiguë ou subaiguë elle est conséquemment passagère. D'autres fois enfin, les mucosités sont sanguinolentes : le sang se présente alors sous forme de stries.

Histologiquement, cette sécrétion est formée de cellules épithéliales et de leucocytes (Professeur Robin).

Je vous signalerai pour mémoire les concrétions plus fermes, d'apparence comme calculeuse : elles sont d'ordinaire la conséquence d'une véritable complication produite par l'irritation des cryptes amygdaliens, et ne constituent pas un symptôme de l'angine granuleuse proprement dite. Il ne me paraît pas nécessaire d'insister sur l'importance qu'il y a de bien connaître ces différents aspects des matières expectorées : sachez bien seulement que les erreurs commises à leur égard sont fréquentes.

Le signe capital, je devrais presque dire pathognomonique, c'est la présence de *granulations* dans la gorge : voyons donc quels en sont les caractères. Leur *siége* est important à bien connaître : elles occupent principalement la paroi postérieure du pharynx, les piliers du voile du palais, surtout les antérieurs. La voûte palatine dans son tiers postérieur, le voile du palais et la luette sont aussi très-souvent atteints. La forme de ces granulations est arrondie, parfois allongée ; elles sont saillantes ; très-rarement, elles se montrent aplaties.

Leurs *dimensions* varient d'un grain de mil au volume d'un grain de chènevis, qu'elles atteignent rarement ; dans des circonstances exceptionnelles, elles peuvent avoir la grosseur d'un petit pois, d'une lentille : ces granulations volumineuses ne se rencontrent guère qu'à la paroi postérieure du pharynx.

Leur *couleur* est souvent rouge, quelquefois très-foncée ; mais il n'est pas rare de leur trouver un aspect demi transparent, rappelant assez bien la coloration et la forme d'œufs de poisson. La teinte rouge subit en plus ou en moins des modifications en rapport avec les exacerbations si fréquentes de cette angine.

Le nombre des granulations est extrêmement variable. Tantôt elles sont discrètes, écartées : on n'en trouve que quelques-unes ; tantôt, elles sont très-confluentes, surtout au niveau de la paroi postérieure du pharynx et derrière les piliers, où, nous l'avons vu, elles peuvent acquérir un volume énorme.

Quelle est la *constitution anatomique* de ces granulations ? Elles indiquent, d'après Chomel, l'hypertrophie des glandules de la muqueuse. M. le professeur Robin a pu en faire l'étude anatomo-pathologique dans un cas observé par M. Gueneau de Mussy. Il a constaté l'hypertrophie des tubes et des acini des glandes muqueuses dont les parois étaient épaissies : l'épithélium de ces acini était normal ; mais il existait, en plusieurs endroits, des concrétions calcaires dans les glandules. De son côté Spengler a trouvé des exsudats plastiques dans le tissu cellulaire sous-muqueux : de nouvelles recherches sont nécessaires sur ce point ; mais on peut affirmer dès aujourd'hui que les altérations anatomiques présentées par la muqueuse du pharynx sont parfaitement comparables à celles des granulations palpébrales et vaginales, dans la conjonctivite et la vaginite chroniques.

Revenons à *l'aspect du pharynx*. Dans l'intervalle des granulations, la muqueuse rarement pâle, est presque toujours plus ou moins injectée. On constate aussi un certain épaississement de cette membrane, mais toujours beaucoup moindre que dans l'angine catarrhale chronique simple. La luette participe souvent au travail inflammatoire : elle est alors augmentée de volume et affectée d'œdème.

Les vaisseaux, surtout autour des granulations, sont habituellement dilatés, absolument comme dans l'acné :

c'est à cette dilatation vasculaire qu'il faut attribuer l'apparition des petites hémorrhagies dont nous avons parlé. Quelquefois, la muqueuse présente une teinte ardoisée, indice d'anciennes congestions répétées, suivies d'extravasations sanguines.

Toutes ces lésions, vous les trouverez surtout marquées sur les piliers, sur la paroi postérieure du pharynx, rarement sur les amygdales ; mais l'affection ne reste presque jamais limitée au pharynx. On constate d'ordinaire des symptômes concomitants du côté des fosses nasales, de la trompe d'Eustache, du larynx, de la trachée et des bronches.

La participation des *fosses nasales* au travail pathologique, s'annonce par un coryza chronique concomitant, coryza dont les sécrétions sont peu abondantes et constituées par d'épaisses mucosités, souvent croûteuses, que l'on trouve accumulées, le matin au réveil, sous forme d'une couche plus ou moins épaisse à la face postérieure du pharynx ; l'odorat est quelquefois diminué.

On peut constater fréquemment à l'aide du rhinoscope, l'existence de granulations au niveau de l'orifice pharyngien de la *trompe d'Eustache*. Des troubles de l'audition, tels que dureté de l'ouïe, surdité même, souvent des bourdonnements d'oreilles, parfois une véritable exaltation douloureuse de l'acuité auditive : telles en sont les conséquences habituelles[1].

1. Sous le nom de tumeurs adénoïdes du pharynx nasal, M. Lœwen-

Mais c'est surtout le *larynx* qui se trouve fréquemment affecté, soit après le pharynx, soit en même temps que lui : parfois même, il est pris le premier, et les symptômes laryngés se manifestent d'abord. Dans tous les cas, le malade accuse une sensation de chatouillement, analogue à celle que déterminerait la présence d'une plume, d'un cheveu dans le larynx (Hastings).

Bientôt, les *troubles vocaux* se développent; mais ils sont constamment soumis à de grandes variations. Souvent, le matin au réveil, ils sont le plus marqués et diminuent ensuite par l'exercice de la voix; très-fréquemment aussi, c'est lorsque l'organe est fatigué qu'ils se montrent, soit à la suite d'une lecture faite à haute voix, soit après un discours ou l'exercice du chant.

Quel que soit leur mode de début, les altérations vocales consistent d'abord dans un certain degré de raucité qui se montre d'une façon intermittente. La voix est couverte : elle prend un timbre enroué; les sons produits sont moins purs et comme voilés. Chez les chanteurs, l'étendue de la voix se perd : certaines notes disparaissent; les régistres sont incomplets, surtout dans les notes de transition, ou même l'un d'eux fait totalement défaut.

L'*expectoration* présente les mêmes caractères que

berg vient de décrire une affection qui ne paraît autre que des granulations extrêmement volumineuses de la partie supérieure du pharynx: l'ouverture permanente de la bouche, le vice tout particulier de la prononciation et des troubles auditifs, en constituent les principaux symptômes.

dans la pharyngite granuleuse. Les malades rendent, en outre, des crachats verdâtres, solides, comparés par M. Gueneau de Mussy à des pointes d'asperge : cette expectoration proviendrait, selon cet observateur, des ventricules du larynx.

Que si l'on examine le malade au *laryngoscope*, on aperçoit des granulations rosées, siégeant surtout au niveau de l'épiglotte, sur ses bords et sur ses faces. On en retrouve même dans la cavité du larynx, ainsi que sur les replis aryténo-épiglottiques ; mais une forte lumière est nécessaire pour un tel examen. En outre, la muqueuse est rouge et vascularisée.

Chez un certain nombre de malades, les lésions ne sont pas localisées au larynx, mais s'étendent dans la *trachée* et même jusque dans les *bronches*. De gros râles ronflants, une expectoration abondante caractérisent l'extension de l'affection au canal trachéo-bronchique.

La MARCHE de l'angine granuleuse est essentiellement chronique. La maladie évolue graduellement, présentant dans son allure des périodes aiguës ou pour mieux dire subaiguës, qui sont à peu près constantes. De toute façon, les phénomènes offrent toujours un lent développement : c'est par années que se compte la durée de la maladie ; encore offre-t-elle souvent des retours plus ou moins pénibles et tenaces.

M. Lasègue a remarqué que les granulations, avec le

temps, s'effacent et se déplacent. Ce phénomène est en rapport avec le processus de l'affection glandulaire : comme dans l'acné, les glandules indemnes d'abord s'enflamment successivement, tandis que les premières affectées guérissent ou s'atrophient.

La TERMINAISON de la maladie est variable. Lorsque la *guérison* a lieu, elle peut se faire de deux façons : tantôt les granulations et l'angine disparaissent; tantôt l'angine s'efface seule, alors que les granulations persistent.

Bien plus fréquemment, la maladie se maintient à l'*état chronique*. Il se produit alors, selon Green, un phénomène curieux; les couches sous-muqueuses ou cellulaires, et la couche musculeuse elle-même s'atrophient : il en résulte que le pharynx paraît agrandi, comme caverneux. Et cet auteur fait remarquer qu'il n'y a pas là une disposition anatomique anomale, car, même à cette période, la guérison est possible, et, dans ces circonstances heureuses, il aurait vu disparaître cet état singulier de la gorge.

Dans certains cas, la terminaison se fait par le passage des granulations à l'état purulent : elles forment alors des saillies jaunâtres qui peuvent se vider spontanément par un orifice que M. Gueneau de Mussy dit avoir constaté.

D'autres fois, il se ferait au niveau des glandules des *ulcérations*. D'après Green, ces ulcérations, creusant la glande, pourraient même entamer le tissu cellulaire sous-muqueux, jusqu'aux cartilages du larynx, et donner lieu à une véritable pharyngo-laryngite ulcéreuse! Mais il faut remarquer que Green admettait la terminaison possible de l'angine granuleuse par phthisie pulmonaire : or, cette assertion me paraît absolument fausse. Il est très-probable que cet observateur a confondu avec une affection spéciale de la gorge chez les tuberculeux : je veux parler de la tuberculose miliaire du pharynx, étudiée avec soin par M. Isambert. Aujourd'hui, cette affection est bien connue, et ses symptômes, ainsi que son évolution, sont tellement caractéristiques que l'erreur n'est plus possible.

L'angine granuleuse constitue par elle-même une affection peu grave. Le PRONOSTIC se règle, à vrai dire, sur l'état du larynx, car, dans les cas où cet organe est le siége de granulations, si la profession du malade est la cause occasionnelle de l'affection, il est à craindre que la guérison ne puisse être obtenue que par le repos de l'organe et que le patient ne soit obligé de renoncer à sa profession.

Mais, dans l'étude du pronostic, nous devons faire entrer en ligne de compte l'influence que cette angine exerce sur le moral de l'individu affecté. Les malades sont préoccupés sans cesse de leur état; leur existence est tourmentée par de certaines gênes, et le repos forcé auquel on les condamne les jette presque inévitablement dans un état nerveux qui aboutit parfois à l'hypochondrie, contre laquelle on a malheureusement peu de prise.

Le DIAGNOSTIC de l'angine granuleuse est très-facile. Vous serez toujours mis sur la voie par le *hemming* caractéristique : en outre, l'expectoration, l'enrouement, sont autant de signes importants qui fixent l'attention. Or, dès que l'angine granuleuse est soupçonnée, on peut dire que le diagnostic en est fait, car à elle seule appartiennent les granulations. L'angine catarrhale simple en sera donc aisément reconnue.

Il est une autre affection qui peut, à un examen superficiel, être confondue avec la maladie que je viens de vous décrire, c'est l'*angine tuberculeuse*. Elle est en effet caractérisée par la présence, sur la muqueuse pharyngée plus ou moins rouge et enflammée, de granulations grises demi-transparentes. Tout à fait semblables à celles que l'on observe à la surface des séreuses viscérales chez les tuberculeux, elles siégent spécialement au niveau des piliers et du voile palatin ainsi que sur la luette[1]. Ces granulations d'abord isolées, puis confluentes, s'étalent sur la muqueuse sous forme de taches blanchâtres ou laiteuses qui ne tardent pas à se ramollir,

---

1. J'ai récemment observé chez un phthisique une angine tuberculeuse localisée au pilier antérieur droit : j'ai pu suivre jour par jour le développement des granulations et du processus ulcératif.

à s'ulcérer et se détruire, en donnant naissance à des pertes de substance anfractueuses, recouvertes d'un muco-pus grisâtre. Les troubles fonctionnels sont surtout remarquables par l'intensité et la persistance des douleurs, ainsi que par un ptyalisme excessif (jusqu'à un demi-litre par jour) : ces phénomènes sont tout à fait caractéristiques et, non moins que les signes objectifs, très-différents du tableau symptomatique de l'angine glanduleuse.

Le TRAITEMENT de cette affection peut être divisé en trois parties : il doit être hygiénique, local et général.

Le *traitement hygiénique* consiste essentiellement dans le repos vocal. C'est dire qu'il faut supprimer les causes qui favorisent l'éclosion ou l'aggravation de l'angine granuleuse : les individus menacés cesseront au moins momentanément l'exercice de leur profession. Ces repos forcés devront être espacés, bien ménagés, et l'on aura soin de n'y renoncer que graduellement.

Le *traitement local* diffère, suivant que vous avez sous les yeux un malade atteint d'une recrudescence aiguë, ou bien au contraire que vous vous trouvez en présence des symptômes subaigus ou chroniques habituels. Dans le premier cas, vous devrez immédiatement exiger le silence le plus complet : vous prescrirez des gargarismes émollients (et toujours tièdes); vous n'hésiterez pas à recourir même aux antiphlogistiques, s'ils sont indiqués par la véhémence des accidents aigus, ce qui est d'ailleurs fort rare. Lorsqu'au contraire la maladie est chronique, sans qu'il existe aucune poussée inflammatoire récente, ce traitement sera simplement subordonné au degré d'intensité des symptômes. Vous aurez recours, selon les cas, aux astringents ou aux cathérétiques.

Les *astringents* seront appliqués au moyen d'attouchements ou plus souvent d'insufflations faites dans la gorge avec des poudres diverses, telles que le borate de soude, le tannin et l'alun non calciné ou même calciné. Vous pourrez aussi employer les badigeonnages avec une solution d'acétate de plomb.

Les *cautérisations* seront pratiquées avec le nitrate d'argent solide ou dissous dans l'eau distillée : le crayon sera tout spécialement indiqué contre les grosses granulations de la paroi pharyngée postérieure. Le chlorure de zinc en solution au 1/10, ou même au 1/4, produira souvent de bons effets; la teinture d'iode, le perchlorure de fer sont également conseillés.

Indépendamment de ces agents puissants et dont l'application ne devra pas être faite à des intervalles trop rapprochés (tous les trois, quatre ou six jours, suivant le besoin), vous prescrirez les *eaux sulfureuses* sous forme de douches pharyngiennes ou simplement de pulvérisations et surtout d'inhalations. Vous obtiendrez aussi de bons résultats, avec une solution glycérinée et boratée contenant pour 500 grammes d'eau, 20 à

30 grammes de glycérine et 2 à 4 grammes de borax.

Lorsque la luette hypertrophiée détermine une gêne trop considérable, vous ne devez pas hésiter à en conseiller l'excision, opération des plus simples, qui se pratique rapidement et sans danger. Ce moyen suffit quelquefois à faire cesser des toux rebelles qui reconnaissaient comme cause unique l'élongation de cet organe.

Le *traitement général* consiste, suivant les cas, dans les sulfureux, les alcalins et les balsamiques.

Les *sulfureux* conviennent tout particulièrement à la forme atonique de la maladie, alors que la nécessité d'une irritation substitutive est manifeste. Cette médication, dont les principaux agents sont les eaux minérales (Eaux-Bonnes, Cauterets, Luchon, etc.), offre également l'avantage de modifier et de diminuer les sécrétions morbides.

Les *alcalins* sont au contraire indiqués lorsqu'il s'agit d'une forme irritative à poussées subaiguës fréquentes et fort pénibles, surtout quand l'arthritis semble jouer un rôle prédominant dans l'étiologie et dans l'évolution de l'angine granuleuse. Dans ces circonstances, les eaux de Royat rendront les meilleurs services.

Enfin, lorsque vous aurez besoin d'exercer une action puissante sur les sécrétions pharyngo-laryngées, vous ne négligerez pas les *balsamiques* (goudron, essence de térébenthine, eucalyptus, et même oléo-saccharure de cubèbe), qui constitueront un excellent adjuvant aux médications précédentes.

DOUZIÈME LEÇON

HYPERTROPHIE DES AMYGDALES

Pour terminer l'histoire des angines chroniques, il ne me reste plus à vous parler que de l'hypertrophie des amygdales. La fréquence relative de cette affection chez l'enfant et chez l'adolescent, sa marche différente de celle des autres angines pharyngées, les indications thérapeutiques qu'elle comporte, nécessitent une description spéciale.

Au point de vue des LÉSIONS ANATOMIQUES, on peut dire que cette affection (également dénommée amygdalite chronique) offre le type du processus hypertrophique. Mais, pour bien comprendre en quoi consistent les altérations pathologiques, il est nécessaire d'avoir présenté à l'esprit la structure des tonsilles : je me contenterai de vous rappeler les éléments principaux qui les constituent. Indépendamment des vaisseaux et des nerfs, on y rencontre essentiellement un tissu lymphoïde aggloméré en amas folliculaires, puis un tissu conjonctif qui réunit entre eux ces divers follicules, enfin une membrane muqueuse qui tapisse la glande et pénètre dans les lacunes dont celle-ci est creusée. Eh bien, dans l'hypertrophie amygdalienne, les lésions portent sur ces différents éléments. Le tissu réticulé est le siége principal de l'altération qui consiste dans une véritable hypertrophie des follicules (Vidal, Kölliker) : lorsque cette hypertrophie est considérable, la glande paraît ramollie, friable. D'autre part, le tissu conjonctif est hyperplasié : cette hyperplasie est surtout accentuée dans les formes lentes accompagnées de fréquentes poussées aiguës ; dans ces circonstances, on constate une dureté plus ou moins grande de la glande. Enfin les lacunes (ou cryptes folliculaires) sont remplies par du mucus aggloméré, et des concrétions épithéliales, d'où résulte la formation de petites masses ayant l'aspect de grumeaux caséeux. Quelles que soient la forme de l'affection et les particularités de structure que l'on constate, il existe toujours une augmentation de volume et de poids. M. Chassaignac, qui a fait de nombreuses ablations d'amygdales, évalue entre 3 et 7 grammes le poids de la tonsille hypertrophiée.

Entre toutes les CAUSES prédisposantes indiquées par les auteurs, l'*âge* est sans contredit un facteur des plus importants. On a pu dire, à juste titre, que l'hypertrophie des amygdales est une *maladie de l'enfance;* il est toutefois difficile d'assigner une époque précise au début de l'affection, car, sur ce point, l'opinion des auteurs varie notablement. C'est ainsi que, pour Alphonse Robert, l'hypertrophie apparaîtrait de six mois à deux ans, tandis que Rilliet et M. Barthez en considèrent le début comme plus tardif et donnent le terme moyen de trois à six ans. M. Lasègue va beaucoup plus loin encore et ne craint pas d'affirmer que l'amygdalite chronique évolue spécialement dans une série d'années comprises depuis l'enfance jusqu'à la puberté. Il est incontestable, d'autre part, que chez les adultes l'hypertrophie amygdalienne primitive est rare, à moins qu'elle ne date de loin, c'est-à-dire du jeune âge ou de l'adolescence.

Quoi qu'il en soit, cette prédilection de l'amygdalite chronique pour l'enfance est absolument incontestable : comment faut-il l'expliquer? Y a-t-il une sorte d'appel, d'incitation morbide déterminée par la fluxion dentaire, comme le voulait A. Robert? Est-ce au contraire par le fait d'une diathèse que l'hypertrophie des tonsilles s'établit? Le doute n'est point possible à cet égard. N'oubliez jamais l'influence considérable de la *scrofule* dans l'étiologie de l'affection qui nous occupe : vous n'en serez pas surpris d'ailleurs si vous vous rappelez que cette maladie constitutionnelle atteint plus volontiers dans ses manifestations locales tous les organes où prédomine le système lymphatique. Or, vous savez que l'amygdale est un tissu éminemment lymphoïde.

A part l'action évidente de la scrofule et du tempérament lymphatique, je n'ai plus à vous signaler que quelques faits encore obscurs où la syphilis, la diphthérie même (d'après M. Lambron), pourraient déterminer la localisation d'un processus inflammatoire chronique sur les amygdales. Nous devons d'ailleurs nous demander si l'état de déchéance constitutionnelle qui succède à ces graves affections ne permet pas d'en expliquer l'action pathogénique.

Les SYMPTÔMES qui annoncent l'hypertrophie tonsillaire sont de deux ordres, les signes physiques et les troubles fonctionnels. Parmi les premiers, le seul constant est *l'augmentation du volume de la glande ;* quant à sa forme, elle est variable. Le plus souvent marronnée, plus rarement de forme conique, l'amygdale est quelquefois peu saillante et semble comme enfoncée entre les deux piliers du voile palatin, qu'elle entr'ouvre. Le processus morbide affecte d'ailleurs tantôt les deux amygdales, tantôt une seule : quand les deux glandes sont atteintes, ce qui est le cas le plus ordinaire, elles se rapprochent vers la ligne médiane, parfois presque au point de se toucher, et rétrécissent, à des degrés divers, l'orifice de l'isthme du gosier.

La surface de l'organe ainsi tuméfié est lisse, ou au

contraire irrégulière, anfractueuse, disposition évidemment en rapport avec l'état des cryptes folliculaires dilatés outre mesure. La coloration de la membrane muqueuse est variable : ici, vous trouverez les amygdales d'un rouge intense ; là, au contraire, elles sont d'un rose pâle. Bien plus, il pourra vous arriver de voir sur le même individu la surface de la tonsille passer successivement, et à quelques jours d'intervalle, du rouge le plus vif au rose le plus atténué : ces alternatives de coloration sont le fait de poussées inflammatoires d'intensité variable.

On pourrait croire que, dans ces organes ainsi hypertrophiés, les fonctions sécrétoires s'exécutent avec une grande intensité. Il n'en est rien cependant, et l'on peut dire que, loin d'être accrue, la *sécrétion* est, au contraire, assez souvent nulle ou peu abondante ; du moins, elle paraît telle. Mais, en prolongeant un peu l'examen de la gorge et en pressant avec soin au niveau des lacunes, il n'est pas très-rare que l'on donne issue à une certaine quantité de produits pultacés, formés par le mucus conglomeré des cryptes et qui, au microscope, sont essentiellement formés par une masse finement grenue contenant quelques cellules épithéliales granuleuses.

Chez les jeunes sujets et surtout chez les enfants atteints d'hypertrophie amygdalienne, vous ne devrez jamais négliger de rechercher l'état des *ganglions lymphatiques* de la région sous-maxillaire : souvent, en effet, vous y constaterez l'existence d'une adénite chronique. Les ganglions ainsi affectés sont plus ou moins volumineux, généralement durs : rarement, le processus inflammatoire aboutit à la suppuration; encore est-il que la formation de foyers purulents ne s'effectue qu'aux périodes avancées de l'amygdalite, après un certain nombre de mois, d'années même. Remarquez d'ailleurs que, pendant les poussées aiguës ou subaiguës de l'affection tonsillaire, les ganglions correspondants subissent une augmentation passagère de volume en rapport avec l'intensité des symptômes inflammatoires.

Les *troubles fonctionnels* sont importants à bien connaître, car ils ne répondent guère à l'idée que l'on pourrait s'en faire *à priori*. En effet, les troubles de la déglutition ne sont pas considérables; de même, il n'y a que peu ou même pas de douleurs, sauf bien entendu lorsque la maladie présente une phase aiguë ou subaiguë. Par contre, une *gêne respiratoire* plus ou moins notable accompagne d'ordinaire l'hypertrophie amygdalienne, surtout pendant le sommeil, et souvent encore au réveil. Dans ces diverses circonstances, la respiration est habituellement bruyante : il y a cependant quelques exceptions. M. Roger insiste avec raison sur la disposition ogivale de la voûte palatine, disposition qui, chez quelques sujets, diminue la hauteur des fosses nasales et contribue pour une large part à l'état de dyspnée.

Quoi qu'il en soit, pendant le sommeil, les petits malades gardent la tête élevée : ils ne dorment pas tranquilles, se réveillent souvent en sursaut, comme sous l'impression de cauchemars pénibles; parfois le matin, ils rendent, par expuition, quelques mucosités sanguinolentes.

Les conséquences de cet obstacle permanent au fonctionnement normal des voies respiratoires sont des plus fâcheuses : le thorax se rétrécit, les épaules s'affaissent, la taille reste petite, et la croissance de l'enfant semble arrêtée. Ces troubles dans le développement de la poitrine et ces remarquables *déformations du thorax* n'étaient regardées par Dupuytren que comme une simple coïncidence. M. Lambron a fait judicieusement remarquer qu'il existe une dépression morbide et progressive des côtes inférieures à leur partie moyenne, en même temps que le sternum s'incurve à sa partie inférieure. Il est incontestable que les contractions énergiques du diaphragme expliquent surabondamment toutes ces altérations de la cage thoracique.

Les troubles respiratoires ne sont pas les seuls phénomènes morbides imputables à l'amygdalite chronique : il est en outre fréquent de constater une *diminution notable de l'acuité auditive*. Même en l'absence de toute douleur pharyngienne, ne négligez donc jamais d'examiner la gorge des enfants atteints de surdité, et souvent vous serez surpris de découvrir d'énormes tumeurs tonsillaires qui vous donneront la clef des altérations de l'ouïe. On admettait généralement que ces troubles auditifs sont consécutifs à la compression de la trompe d'Eustache : les recherches de Harvey et de Crisp ont démontré qu'il peut y avoir aussi une propagation du travail phlegmasique à la muqueuse de ce conduit. Dans l'un comme dans l'autre cas, n'oubliez pas que la diminution de l'acuité auditive, d'abord fugace, devient plus tard permanente; c'est un fait très-important au point de vue des déductions thérapeutiques.

Il n'est pas rare enfin de constater, surtout chez les jeunes sujets, la coexistence d'autres affections catarrhales, localisées aux fosses nasales, sur la conjonctive, ou même aux bronches. Ces bronchites, ces coryzas, ces conjonctivites ou ces blépharites, indices d'un état diathésique (presque toujours de nature scrofuleuse), vous seront d'un utile secours pour le diagnostic et le traitement de la maladie constitutionnelle.

Le *début* de l'affection se fait ordinairement d'une façon insidieuse, et, à cette occasion, je dois vous rappeler que M. Lasègue admet l'origine congénitale d'un certain nombre d'hypertrophies tonsillaires chez les enfants. D'autres fois, c'est à l'occasion d'une ou de plusieurs amygdalites aiguës que le processus hyperplasique s'établit. Dans ces conditions différentes, l'évolution des symptômes est néanmoins toujours la même, c'est-à-dire éminemment chronique : souvent, il est vrai, vous observerez des poussées subaiguës; mais elles ne modifient en rien la physionomie générale du plus grand nombre des cas. Ces alternatives fréquentes d'amélioration et d'aggravation des symptômes, alternatives parfois presque incessantes en raison des nombreuses exacerbations aiguës et surtout subaiguës, sont en quelque sorte l'apanage de l'adolescence. Cette particularité s'explique aisément, chez les jeunes filles, par la relation directe qui existe entre ces reprises aiguës et les périodes menstruelles : vous savez d'ailleurs quels liens incontestables rattachent en général les affections pharyngo-laryngées aux troubles cataméniaux.

L'amygdalite chronique peut *se terminer* de différentes façons. Dans certains cas, la maladie évolue graduellement : la gêne respiratoire augmente peu à peu; le malade éprouve dans la gorge un embarras croissant: on l'examine, on l'opère, et la guérison est définitive. D'autres fois, l'affection, parvenue à un certain degré, ne fait plus de progrès nouveaux, et cet *état stationnaire* peut se prolonger indéfiniment. Parfois encore, mais bien plus rarement, on voit survenir la *guérison* par rétrocession de la tumeur amygdalienne. Cette disparition peut même être spontanée, surtout au moment où l'enfant entre dans l'adolescence. L'amygdalite chronique peut encore guérir sous l'influence d'une médication appropriée :

c'est aussi sur l'adolescent que le traitement médical produit surtout ces résultats favorables.

Chez un bon nombre de malades, l'affection, loin d'offrir une marche rétrograde ou même de rester stationnaire, présente des phases aiguës plus ou moins répétées. C'est alors que peuvent apparaître des *complications* sérieuses ; on a vu l'amygdalite suppurée, et même la péri-amygdalite ou phlegmon péri-amygdalien, survenant tout à coup, modifier notablement le pronostic et rendre parfois nécessaire une intervention active. Enfin l'adénite chronique concomitante, dont nous avons signalé la fréquence, ajoute quelquefois à la maladie son contingent d'accidents.

Rappelons en terminant la coexistence (observée chez quelques adultes) de l'angine granuleuse chronique. Dans ces cas, le pharynx, dans sa totalité, est le siége d'une lésion inflammatoire à évolution lente et très-pénible pour les malades.

Il est impossible de confondre l'hypertrophie des amygdales avec toute autre angine, car la simple inspection du pharynx suffit pour affirmer le DIAGNOSTIC. Toutefois, l'affection peut passer inaperçue lorsqu'on se trouve en présence d'enfants qui luttent de toutes leurs forces contre le médecin et refusent obstinément de se soumettre à l'examen nécessaire. En pareille occurrence, c'est à la ruse que vous devrez avoir recours pour faire pénétrer une cuiller jusqu'au fond de la bouche. En déprimant alors la base de la langue, vous obligerez l'enfant le plus rebelle à écarter les mâchoires et à permettre l'inspection du pharynx.

L'hypertrophie une fois constatée, le diagnostic, pour être complet, nécessitera des recherches minutieuses, destinées à faire connaître l'état de la trompe d'Eustache et d'une façon générale le degré de l'acuité auditive : n'oubliez donc jamais de faire cet examen, qui pourra vous fournir de précieuses indications. Vous devrez également savoir si le jeune malade n'est pas affecté d'un état diathésique auquel soit imputable l'hypertrophie amygdalienne. Les commémoratifs, ainsi que l'étude des symptômes concomitants, vous permettront souvent de reconnaître la scrofule, et cette constatation devra être mise à profit pour le traitement.

Le PRONOSTIC de l'affection n'est pas grave d'ordinaire, sauf peut-être lorsqu'il se produit des attaques aiguës répétées : Dupuytren, Blache ont beaucoup insisté sur ce point. Vous devez en outre tenir compte de certaines maladies intercurrentes qui peuvent survenir dans l'enfance : la coqueluche, par exemple, évoluant chez un jeune sujet atteint d'hypertrophie amygdalienne, peut constituer un véritable danger et aggraver considérablement le pronostic. N'oubliez pas d'autre part qu'en raison de la diminution plus ou moins marquée de l'acuité auditive, l'hypertrophie des amygdales est souvent une affection relativement sérieuse.

Le TRAITEMENT est variable comme la forme de la maladie. Aux complications subaiguës, passagères, transitoires, le clinicien opposera un traitement émollient aidé de quelques dérivatifs légers : souvent d'ailleurs, les exacerbations aiguës s'atténueront et disparaîtront spontanément. Contre l'hypertrophie qui est pour ainsi dire la condition normale de l'affection chronique, les moyens thérapeutiques sont de deux ordres, et le traitement est à la fois général et local.

A l'intérieur, on conseille généralement l'usage des iodures administrés à doses faibles, mais longtemps prolongées; vous vous trouverez bien d'associer l'iodure de potassium au sirop de proto-iodure de fer. Quant à l'huile de foie de morue et aux sulfureux, ils s'adresseront plus spécialement à la scrofule, lorsque l'existence de cette diathèse aura été constatée.

Le *traitement local* consiste dans des applications topiques et surtout dans les diverses opérations chirurgicales. Les *topiques*, tels que les astringents de toute sorte, alun, borax, tels aussi que les cathérétiques (nitrate d'argent ou teinture d'iode) en applications répétées, sont très-indiqués pour combattre ou mieux pour prévenir les poussées aiguës et subaiguës, si fréquentes dans certains cas; mais ils échoueront presque fatalement quand on voudra, par leur emploi, faire dissoudre ou mieux rétrocéder la tumeur amygdalienne.

Les cautérisations doivent être renouvelées à intervalles rapprochés; M. le professeur Lasègue, qui en conseille l'emploi, insiste beaucoup sur la nécessité de répéter, deux ou trois fois par jour, l'attouchement des amygdales à l'aide du doigt trempé dans de la poudre d'alun calciné ou avec l'iode métallique. Graves préférait agir plus profondément sur le tissu de l'amygdale, à l'aide d'un caustique énergique. Parmi les applications locales les plus employées, je vous citerai aussi les douches sulfureuses qui sont souvent d'un excellent effet (Lambron).

Mais, il faut l'avouer, à part certains cas exceptionnels, ces moyens thérapeutiques ne sont que palliatifs; l'intervention chirurgicale est en définitive le seul traitement efficace. L'*excision* à l'aide du bistouri boutonné ou de l'amygdalotome sera surtout indiquée dans les cas où l'audition est gênée ou bien encore lorsqu'il se développe une adénite suppurée. Dans ces circonstances, il ne faut pas trop tarder à intervenir, d'autant que cette petite opération est des plus inoffensives : il est très-rare, en effet, de voir survenir une hémorrhagie de quelque importance à la suite de l'amygdalotomie, car la quantité de sang perdue n'est le plus souvent que fort insignifiante. Chez les adolescents toutefois, on a plus d'une fois observé une véritable hémorrhagie, ce qui rend nécessaires certaines mesures de précaution à cet âge de la vie ; par contre, chez les enfants, rien n'est plus exceptionnel que de voir l'écoulement sanguin se faire en grande abondance. N'oubliez pas cependant que vous devez être très-réservés, quant à cette opération, toutes les fois qu'il y aura quelque épidémie de diphthérie, l'ablation de l'amygdale pouvant ouvrir la porte à l'infection ; les précautions sont tout spécialement à recommander lorsque vous opérez dans un milieu nosocomial.

TREIZIÈME LEÇON

ANGINE PHLEGMONEUSE

La dénomination d'angine phlegmoneuse, plus compréhensive que celle d'amygdalite suppurée, de péri-amygdalite, d'angine péri-amygdalienne, sert à désigner une forme toute spéciale de phlegmasie de la gorge, caractérisée par la tendance à la formation d'un foyer de suppuration.

Ainsi comprises dans leur acception la plus large, les angines phlegmoneuses n'affectent pas toutes le même siége anatomique. Par ordre de fréquence, nous trouvons d'abord les collections purulentes de la loge péri-amygdalienne : c'est là le lieu de prédilection des abcès gutturaux. Aussi est-ce la PÉRI-AMYGDALITE que nous décrirons surtout dans cette leçon; il nous suffira ensuite d'indiquer rapidement les particularités appartenant aux autres variétés. En général, le foyer de suppuration se développe en haut et en dehors de l'amygdale, ou bien encore dans l'épaisseur du pilier antérieur du voile palatin ; quelquefois, c'est à la partie la plus supérieure ou dans la région la plus externe des tissus qui avoisinent l'amygdale. Dans toutes ces circonstances, l'affection mérite à proprement parler le nom de péri-amygdalite.

Viennent ensuite les tonsilles elles-mêmes. Ces glandes, quoique fréquemment sujettes à s'enflammer, sont, plus rarement qu'on ne le croit, envahies par la suppuration. Il est vraiment exceptionnel de voir s'y développer un phlegmon parenchymateux : lorsque l'amygdale suppure, ce sont le plus souvent de petites pustules superficielles qui se forment, ou bien encore c'est une suppuration des cryptes folliculaires qui se produit.

En troisième ligne, il faut ranger le voile du palais et particulièrement la luette. Enfin, le tissu cellulaire rétro-pharyngien clôt la liste des régions susceptibles d'être envahies par la suppuration. Les abcès rétro-pharyngiens aigus rentrent donc dans le chapitre des angines phlegmoneuses : leur symptomatologie spéciale nécessitera une description particulière.

Les CAUSES de la péri-amygdalite méritent de nous arrêter un instant. L'*âge* du malade paraît avoir une certaine importance : vraiment rare chez l'enfant, cette affection devient très-fréquente après la puberté, de dix-huit à vingt ans. Il y a, comme je vous l'ai déjà fait remarquer, à cette époque de la vie, une tendance particulière aux affections gutturales; mais en outre, chez quelques adolescents, vous observerez une sorte de prédisposition spéciale à la formation d'abcès pharyngiens; aussi les récidives ne sont-elles pas rares, mais dans ces circonstances l'affection est relativement légère. Chez les adultes, la péri-amygdalite est moins commune; passé quarante à quarante-cinq ans, elle devient une exception.

Un des points les plus intéressants de cette étiologie, c'est l'étude des relations qui existent entre l'angine phlegmoneuse et les autres phlegmasies gutturales. Il est important de remarquer en effet que le phlegmon péri-amygdalien complique le plus ordinairement un état inflammatoire plus ou moins modéré, caractérisé par une *angine catarrhale chronique ou subaiguë*, et toujours superficielle. Nous pouvons rapprocher ces faits des cas si connus d'abcès axillaires survenant dans le cours d'un intertrigo, ou d'abcès du périnée développé à la suite d'un eczéma. Les autres variétés d'angine occasionnent beaucoup plus rarement le phlegmon ; quant aux angines membraneuses, elles n'en sont jamais suivies, alors même qu'elles ont nécessité les cautérisations les plus vigoureuses.

Les *causes déterminantes* de la péri-amygdalite sont, à peu de chose près, les mêmes que celles de l'angine catarrhale aiguë. Le *froid* surtout a été incriminé, et spécialement le coup de froid, ou en d'autres termes les refroidissements subits, alors que les téguments sont couverts de sueur.

Les symptômes de l'affection présentent deux modes de début essentiellement différents, d'où résultent deux formes cliniques importantes à connaître. Tantôt, en effet, c'est d'emblée, subitement, sous forme d'un phlegmon profond, que commence le mal de gorge; tantôt, au contraire, la maladie s'annonce par une angine catarrhale légère, sur laquelle vient se greffer l'inflammation du tissu cellulaire péri-amygdalien. Ce dernier mode de début est sans contredit le plus habituel.

L'angine catarrhale qui précède est souvent considérée comme *insignifiante* par le malade lui-même : c'est à peine s'il éprouve un peu de gêne pendant la déglutition et quelques douleurs de gorge. Tout à coup, vers le troisième, le quatrième ou le cinquième jour de cette affection si bénigne en apparence, éclatent les signes de l'angine phlegmoneuse, lesquels ressemblent à ceux de la forme à début subit. A ce moment survient un *accès fébrile* plus ou moins intense qui s'annonce par un frisson : la fièvre est souvent fort vive; la température peut atteindre les chiffres de 39°,5 ou de 40°, en même temps que se montrent un certain nombre de phénomènes réactionnels, quelquefois aussi un léger délire.

Bientôt apparaît une *douleur locale* vive, souvent aiguë, spontanée, qui s'irradie dans les mâchoires, vers l'oreille, le cou, et occasionne une gêne très-pénible. La déglutition des liquides et des solides devient excessivement douloureuse; les mouvements du maxillaire inférieur sont très-difficiles, souvent même quelque temps avant que se montrent les signes évidents de la péri-amygdalite. L'abaissement de la mâchoire devient de plus en plus incomplet, et bientôt l'occlusion de la bouche est à peu près absolue. Ce phénomène est des plus importants, surtout lorsqu'il se montre vers le début de l'affection, car, à lui seul, il peut indiquer presque sûrement l'importance réelle d'une angine qui paraissait devoir être simple.

Tels sont les troubles fonctionnels; ils s'accompagnent de signes objectifs d'une grande valeur. Il existe une *rougeur* plus ou moins vive de la muqueuse pharyngienne, rougeur qui, rarement localisée au point où se formera le foyer purulent, se montre d'ordinaire diffuse, étendue. Sa teinte est très-vive; c'est celle des téguments dans le phlegmon. Quelquefois elle offre une prédominance, une intensité plus accusée en un point : c'est là que siége l'abcès en voie d'évolution. Assez souvent, la rougeur, presque uniquement unilatérale, constitue un signe d'une importance toute spéciale.

Une *tuméfaction* d'étendue et de saillie variables accompagne toujours l'injection de la muqueuse. Ce gonflement partiel est quelquefois mou, œdémateux ; bien plus souvent, il possède une rénitence spéciale. C'est le toucher à l'aide du doigt qui procurera ce renseignement précieux : c'est lui qui donnera la meilleure indication dans cette variété d'angine, car à lui seul il suffit pour affirmer l'empâtement et par conséquent le phlegmon développé dans une région profondément située et que l'ouverture incomplète de la bouche dérobe en partie aux regards.

Il est assez habituel de constater tout autour du point empâté l'existence d'un *œdème* mollasse, occupant le voile palatin et la partie antérieure des piliers ; cet œdème explique en majeure partie la difficulté quelquefois très-grande qu'éprouve le malade à fermer complètement la bouche. Quant aux amygdales, saillantes vers l'isthme du gosier, elles ne participent pas, le plus souvent, au gonflement des parties avoisinantes : elles sont simplement repoussées vers la ligne médiane par la tuméfaction inflammatoire du tissu cellulaire qui les environne. Par contre, on aperçoit fréquemment à leur surface, quelquefois sur les piliers du voile du palais, des concrétions, sortes d'*exsudations minces*, blanches, superficielles, opalines, rappelant les desquamations épithéliales ; très-faciles à détacher, elles ne se reproduisent plus quand on les a fait une fois disparaître.

La tuméfaction interne s'accompagne d'un *gonflement extérieur* qui occupe la région sous-maxillaire et plus particulièrement l'angle de la mâchoire; parfois, il envahit toute la partie supérieure de la région cervicale. Ce gonflement n'est pas seulement le fait de l'inflammation phlegmoneuse; assez souvent, on reconnaît par la palpation quelques ganglions plus ou moins profonds, en général peu volumineux, mais par contre très-douloureux.

La douleur gutturale est rapportée dans les premiers jours au point précis où se forme le phlegmon; peu à peu, elle augmente et devient bientôt insupportable. Le malade éprouve un sentiment de tension pénible dans la gorge, dans le cou, dans les oreilles; cette dernière irradiation indique la propagation de l'inflammation à la trompe d'Eustache, mais c'est un accident peu fréquent.

La *déglutition*, difficile dès le début de l'angine, devient très-vite presque impossible : l'isthme du gosier est rétréci; les contractions musculaires sont gênées par l'intensité du gonflement inflammatoire. Le malade, en proie à une salivation souvent abondante, rend par *expuition* presque incessante, d'abondantes mucosités, qui, pendant le sommeil (quand celui-ci est possible, ce qui est rare), s'écoulent spontanément hors de la cavité buccale. A cette période, la respiration est pénible, la bouche reste entr'ouverte; il y a du stertor, et la voix est nasonnée au plus haut point.

Bientôt le gonflement et la rougeur atteignent leur

maximum. Il est difficile d'examiner la gorge en abaissant la langue : le toucher lui-même à l'aide du doigt devient presque impossible, l'écartement des mâchoires diminuant chaque jour davantage.

A ce moment, la maladie entre dans une phase nouvelle. Vers le troisième jour, et surtout vers le quatrième ou même le cinquième jour de la maladie, les symptômes se modifient presque subitement. La douleur change de caractère : elle est moins tensive, mais elle devient pulsative, lancinante; le malade éprouve au niveau du point enflammé des battements rhythmés caractéristiques. La tuméfaction diminue un peu et se localise ; souvent même, la bouche s'ouvre un peu plus facilement. La fièvre diminue de même ; parfois elle disparaît presque tout à fait.

Ces symptômes annoncent d'une manière certaine que l'*abcès* est formé. Si l'on examine alors le pharynx à l'aide du doigt, on sent une saillie plus ou moins volumineuse, non plus dure, mais bien d'une mollesse remarquable, qui présente même souvent une fluctuation évidente, et occupe le point précis où siégeait la rougeur initiale.

Abandonnée à elle-même, la collection purulente ne tarde pas à s'évacuer. L'*ouverture spontanée* peut se faire dans deux conditions différentes. Tantôt elle s'effectue pendant la nuit, et le malade, au réveil, éprouve un soulagement extraordinaire : du jour au lendemain, la déglutition est devenue presque possible, en même temps que la douleur s'est calmée. Tantôt, au contraire, c'est pendant le jour que se fait l'ouverture de l'abcès péri-amygdalien : dans ce cas, le malade rejette tout d'un coup par la bouche un liquide purulent, épais, d'une saveur nauséabonde et d'une odeur fétide. Cette fétidité du pus n'est pas, sachez-le bien, spéciale à cette variété d'abcès : les collections purulentes développées au voisinage de toute cavité muqueuse telles que la bouche, le vagin, l'anus, présentent également cette particularité.

Le point où s'est faite l'ouverture du foyer est souvent fort difficile à découvrir ; il en est d'ailleurs parfois de même après la ponction faite au bistouri : quelquefois cependant, on aperçoit un petit orifice au point le plus saillant de la tuméfaction. C'est souvent à l'intersection des piliers, au-dessus des amygdales, que s'effectue la rupture de la poche purulente.

La MARCHE de la maladie, arrivée à cette période, est assez variable. Il est très-fréquent de voir, après cet amendement subit apporté dans les phénomènes généraux et fonctionnels, l'écoulement se faire avec abondance pendant deux ou trois jours, puis bientôt diminuer et la guérison survenir. D'autres fois, surtout à la suite d'une incision prématurée, plus rarement peut-être après l'évacuation spontanée de l'abcès, l'ouverture se referme prématurément. On voit alors se réveiller, quoique avec moins d'intensité, les phénomènes généraux assoupis; en même temps, réapparaissent la douleur, la gêne de la déglutition, le gonflement inflammatoire; mais, cette fois, les symptômes sont atténués et de courte durée : l'abcès s'ouvre à nouveau, et après un ou deux jours la guérison est complète. Dans certains cas tout à fait exceptionnels, on voit même plusieurs poussées nouvelles se succéder ainsi avant d'assister à la guérison définitive de l'abcès.

La *durée* ordinaire de la maladie est rarement de quatre ou cinq jours : ordinairement, elle atteint huit à dix jours.

La guérison est la *terminaison* la plus ordinaire; elle est précédée d'une courte convalescence; mais celle-ci est quelquefois traversée par certains accidents qui en retardent le cours : c'est ainsi que l'on a pu voir survenir une paralysie des muscles du voile du palais. La guérison peut être même compromise par une complication heureusement assez rare : je veux parler de l'œdème sus-glottique, avec son cortége d'accidents asphyxiques; mais, je le repète, ces faits sont exceptionnels.

Après vous avoir fait connaître les caractères de la forme la plus fréquente de cette angine, c'est-à-dire de la péri-amygdalite, il est nécessaire d'aborder la description des particularités inhérentes aux *différentes variétés* de l'angine phlegmoneuse.

Nous commencerons par l'AMYGDALITE SUPPURÉE. La tuméfaction occupe le plus souvent une seule amygdale; quelquefois cependant, les deux tonsilles sont enflammées; dans ce cas, elles sont d'ordinaire successivement affectées. Très-fréquemment, vous pourrez suivre en quelque sorte pas à pas les deux périodes de catarrhe, puis de phlegmon, que nous avons décrites. En tout cas, l'ouverture du foyer purulent est presque toujours invisible; parfois, c'est par un crypte folliculaire que le pus se fait jour dans le pharynx.

La *gangrène* est un mode de terminaison excessivement rare dans cette affection. Elle paraît cependant avoir été réellement observée, quoiqu'il soit nécessaire de faire de grandes réserves pour la plupart des faits de ce genre.

Parmi les accidents graves signalés par les auteurs, et d'ailleurs fort rares, je vous citerai l'hémorrhagie par ulcération de la carotide interne, de la maxillaire interne (admise par Grisolle, Muller), et la thrombose des veines jugulaires, signalée par Didelot et par M. Blachez; ce sont là des complications presque toujours mortelles et qui constituent des cas vraiment exceptionnels.

La *palatite phlegmoneuse*, l'*uvulite* (cette dernière très-rare) n'offrent rien de particulier à noter, si ce n'est que l'occlusion de la bouche est plus facile que dans les autres variétés.

Les ABCÈS RÉTRO-PHARYNGIENS (ou mieux opistho-pharyngiens) constituent une des variétés les plus importantes à bien connaître pour le clinicien. Je ne vous entretiendrai ici que des abcès aigus, déterminés tantôt par un phlegmon du tissu cellulaire sous-muqueux, tantôt par une adénite, suivant le mode indiqué par M. le professeur Verneuil : je passerai complètement sous silence les abcès chroniques consécutifs à une lésion osseuse, et qui ne rentrent pas dans le cadre que nous nous sommes tracé.

Parmi ces collections purulentes aiguës de la gorge, les abcès rétro-pharyngiens ne sont vraiment fréquents que dans l'enfance, puisque sur 48 faits réunis par M. Gillette, 12 se rapportent à des sujets au-dessous de 5 ans.

Leur début (comme pour la péri-amygdalite) est souvent celui d'une angine aiguë simple ; mais, très-rapidement, les symptômes accusés par le malade et ceux que constate le médecin deviennent tout à fait spéciaux. De même que pour la pharyngite, leur siége et conséquemment leurs symptômes sont variables et nécessitent que l'on en décrive deux variétés : les abcès supérieurs et les inférieurs ou latéraux.

Les *abcès rétro-pharyngiens supérieurs et moyens* (Gillette) sont plus ou moins visibles et donnent lieu à des signes que l'on peut constater directement, quoique parfois avec une certaine difficulté. Ils s'annoncent par une gêne notable de la déglutition, une douleur vive, revêtant quelquefois la forme névralgique et qui dans certains cas (Nélaton, Gillette) serait imputable à une péri-névrite. La dyspnée est en général modérée, sauf dans les faits relativement assez rares où l'on a vu la phlegmasie se propager vers le larynx : dans ce cas, les accidents éclatent redoutables, terribles, et le tableau effrayant de l'*œdème glottique* se déroule sous les yeux de l'observateur. Gêne continue de la respiration, qui s'accroît passagèrement pendant les accès d'étouffement ; inspiration difficile, pénible et contrastant avec l'expiration relativement facile ; finalement menace de phénomènes asphyxiques à échéance plus ou moins lointaine : tels sont les phénomènes indicateurs de cette grave complication.

Les symptômes physiques sont de la plus grande importance pour la précision de la diagnose et les indications thérapeutiques. L'*inspection de la gorge* permet souvent d'apercevoir la saillie formée par la tumeur phlegmoneuse qui projette en avant la paroi postérieure du pharynx ; j'ai vu cette paroi arriver au contact de la luette chez un enfant de 3 ans. Le toucher fournit des renseignements plus précis encore, non seulement sur les limites exactes de la poche purulente, mais aussi sur son degré de mollesse et sur la *fluctuation* qui se développe rapidement et permet d'intervenir d'une façon assurée. Le doigt porté au fond de la gorge fait en outre connaître exactement ce qui, dans la tuméfaction profonde, est le fait de l'œdème collatéral.

Les *abcès rétro-pharyngiens inférieurs* ont une symptomatologie notablement différente. Souvent, l'attention de l'observateur sera éveillée par une angine antécédente ; mais, dès qu'elles ont acquis un certain développement, ces collections purulentes s'annoncent par des troubles respiratoires plus ou moins graves qui donnent à la maladie des caractères tout spéciaux : aussi comprend-on combien fréquemment ces abcès ont pu être méconnus. C'est ainsi que l'on a cru tantôt à l'existence d'un croup ou d'un faux croup au début, tantôt à un œdème de la glotte, ou bien encore à la présence d'un corps étranger du pharynx ou du larynx. Quoi qu'il en soit, vous constaterez toujours dans ces circonstances une *dyspnée* extrême causée par l'occlusion incomplète du vestibule de la glotte : en outre, bien que continue, c'est surtout à la fin de la déglutition, pendant l'ascension du larynx, que la suffocation est le plus marquée. Souvent aussi, la dyspnée résulte de l'inflammation du voisinage, inflammation violente, qui, s'étendant aux replis aryténo-épiglottiques doublés d'un tissu cellulaire lâche, y détermine la formation d'un œdème sus-glottique. Alors le sifflement laryngo-trachéal inspiratoire mettra sur la voie du diagnostic ; notez aussi que la voix, le plus souvent nasonnée, conserve très-rarement ses caractères normaux.

Cependant les symptômes pharyngiens s'accentuent bien vite. La déglutition devient rapidement presque impossible, et la dysphagie est surtout marquée pendant le passage des aliments solides.

Dans cette forme, plus encore que dans la précédente, le *toucher pharyngien* joue un rôle capital : c'est lui qui va remplacer la vue ; car, si l'on a pu chez les adultes apercevoir à l'aide du laryngoscope la collection purulente, ce moyen d'investigation, est-il besoin de le dire, est impraticable sur l'enfant, comme il l'est sur les sujets dont la dyspnée est extrême. Par contre, le doigt fait constater la tuméfaction, la fluctuation même, et, dès lors, le diagnostic peut être positivement établi.

Ces lésions profondes ne se traduisent pas, en général, par le *gonflement* de la région cervicale. Il est bien rare (Rilliet et Barthez) qu'on ait signalé la tuméfaction de la partie postérieure ou postéro-supérieure du cou. Un autre signe bien important et beaucoup plus fréquent, c'est une *raideur de la nuque*, sorte de contracture réflexe immobilisant la région cervicale dans une extension plus ou moins marquée. Dans un cas que j'ai récemment observé, cette raideur était extrêmement pénible pour le jeune malade (un garçon de 18 ans) qui ne pouvait exécuter le plus petit mouvement de la tête.

La *marche* des abcès rétro-pharyngiens est toute spéciale : plus lente que celle du phlegmon péri-amygdalien, elle est aussi plus grave. La *mort*, en effet, peut survenir par suffocation, et celle-ci est la conséquence tantôt de l'occlusion ou pour mieux dire de la compression du larynx, tantôt de l'œdème glottique, parfois enfin de l'ouverture de l'abcès sous-muqueux dans les voies aériennes. En outre, une suppuration prolongée peut s'établir même après l'ouverture par incision, et des accidents pyohémiques graves en être la conséquence : cette longue durée de la suppuration tient parfois à la pénétration de substances alimentaires solides ou liquides dans le foyer. La *guérison* cependant est possible : rarement spontanée, elle est bien plus souvent obtenue grâce à un traitement actif.

Après avoir successivement passé en revue les différentes angines phlegmoneuses, il est nécessaire de vous présenter quelques considérations générales sur leur DIAGNOSTIC différentiel.

Au début, pendant la période angineuse, lorsqu'on aperçoit les exsudations minces et foliacées qui tranchent sur la rougeur de la muqueuse, on pourrait croire, à première vue, à l'existence d'une *angine pseudo-membraneuse* proprement dite ; mais, je vous rappellerai que cet exsudat n'a véritablement point d'importance et ne se reproduit jamais après qu'on l'a détaché. Par contre, dans l'angine phlegmoneuse, il existe un gonflement considérable et une réaction inflammatoire très-vive ; c'est l'inverse de ce que vous observez dans l'angine herpétique et surtout dans la diphthérie pharyngée.

Un point plus délicat de diagnostic consiste à distinguer l'*amygdalite* de la péri-amygdalite. Après les détails que je vous ai donnés sur le siége précis du processus phlegmasique dans les deux cas et sur l'évolution différente de ces deux affections, l'erreur serait vraiment impardonnable. Indépendamment de l'aspect des parties, le toucher montrera que dans la péri-amygdalite la tonsille est plutôt repoussée vers la ligne médiane que véritablement tuméfiée par elle-même. En outre, la péri-amygdalite est presque toujours unilatérale, et l'occlusion de la bouche se fait plus difficilement que dans l'amygdalite. Toutefois, je vous le répète, c'est à l'aide du doigt, et du doigt seulement, que vous acquerrez des notions suffisantes pour formuler une diagnose certaine.

Une question très-importante à résoudre pour la connaissance exacte de l'angine phlegmoneuse est celle de *décider si l'abcès est constitué*. Deux ordres de symptômes permettront de porter ce jugement : d'une part, l'amendement, la détente générale si fréquemment observés dans le cours du phlegmon pharyngien au moment de la suppuration, et d'autre part, l'existence de la fluctuation ou tout au moins d'une mollesse, d'une rénitence caractéristiques développées en un point limité.

Toutefois, alors même que la suppuration existe, une erreur de diagnostic est encore possible. Il est en effet une affection grave, qui décolle et détruit profondément le tissu cellulaire et les parties molles de la région amygdalienne, affection qui peut être prise à son début pour une péri-amygdalite simple : je veux parler du *phlegmon diffus péri-amygdalien*. Mais ici c'est le sphacèle des parties molles qui caractérise la maladie : la suppuration, lorsqu'elle a le temps de se produire, se fait jour à l'extérieur, dans la région sous-maxillaire, vers les parties latérales de la région cervicale, parfois même au niveau de la clavicule, comme le rapporte Velpeau. Enfin au sphacèle du pharynx, aux suppurations diffuses gagnant la peau, viennent s'ajouter encore les hémorrhagies graves, qui complètent le tableau de la maladie. Vous n'oublierez pas d'ailleurs que le phlegmon diffus péri-amygdalien est une affection presque toujours secondaire soit à une fièvre éruptive (rougeole, scarlatine, plus rarement variole), soit à la fièvre typhoïde. Il est plus spécial aux enfants, ne s'accompagne pas de phénomènes réactionnels, et son début est ordinairement insidieux.

Je dois, en terminant, insister particulièrement sur les grandes difficultés que présente parfois la diagnose de *l'abcès rétro-pharyngien*, surtout lorsque le foyer n'en est pas accessible à la vue. On peut croire alors à un *œdème de la glotte*, affection à laquelle le tableau symptomatique emprunte ses traits principaux, puisque, dans l'abcès rétro-pharyngien, il existe souvent un certain œdème concomitant des replis aryténo-épiglottiques. On a cru de même à l'existence du *croup,* à la présence d'un *corps étranger;* mais ici l'erreur ne serait point excusable. Rappelez-vous bien, en effet, dans les cas douteux, combien est un signe valable la *gêne simultanée de la respiration et de la déglutition,* gêne qui n'existe point dans les affections que je viens de vous citer. Examinez alors le malade avec attention, et vous remarquerez deux phénomènes importants. En premier lieu, la dyspnée est continue : or, dans le cas de corps étrangers des voies aériennes, il existe des accès de suffocation, et d'autre part, dans le croup, des accès d'étouffement se produisent dès l'abord, et c'est plus tard que la dyspnée devient persistante. En second lieu, vous noterez souvent ce fait, c'est que la voix reste normale, tandis que dans le croup elle s'altère très-vite et quant aux corps étrangers des voies aériennes, sauf pour ceux du larynx, rarement la phonation est atteinte, et encore est-ce seulement au moment des accès. Vous noterez encore que dans l'abcès rétro-pharyngien il n'y a pas, au creux épigastrique, ce tirage spécial au croup. Remarquez bien que je ne vous parle pas de l'expulsion de fausses membranes : ce phénomène, quoi qu'on en ait dit, ne s'observe guère dans le croup, si ce n'est peut-être à la suite d'un vomitif, et même alors il est exceptionnel.

En tout cas, et quelque assurée que paraisse la diagnose à vos yeux, vous ne manquerez jamais au précepte que je vous ai maintes fois rappelé : vous examinerez par le toucher le pharynx, et au besoin vous aurez recours, chez l'adulte, au laryngoscope.

A moins d'abcès rétro-pharyngien, affection heureusement fort rare et d'un PRONOSTIC sévère, l'angine phlegmoneuse constitue en somme une maladie plus effrayante que sérieuse. Ainsi que l'a fort bien dit Trousseau, elle étrangle, mais elle ne va jamais jusqu'à étouffer. Toute la gravité résulte du développement possible des complications laryngées qui peuvent toutefois être souvent prévues et toujours combattues avec succès.

Nous voici arrivés à un point des plus intéressants, je veux parler du TRAITEMENT. Et d'abord, est-il possible de *prévenir le développement de l'angine phlegmoneuse* chez les sujets que des attaques antérieures y prédisposent? Jusqu'à un certain point, la réponse peut être affirmative: aussi devrez-vous donner les soins les plus assidus à toute angine aiguë ou subaiguë survenant dans ces circonstances. Vous emploierez de même tous les moyens sus-indiqués pour faire disparaître les inflammations chroniques de la gorge existant chez ces malades; vous n'hésiterez pas, s'il y a lieu, à conseiller l'ablation des amygdales; vous combattrez la constipation, la dysménorrhée, qui, dans quelques cas, semblent exercer une certaine influence sur l'apparition des phlegmasies gutturales.

Lorsque la maladie est déclarée, le *traitement curatif*

varie suivant que l'on assiste au début de l'angine, que l'on se trouve en présence d'un abcès en voie de formation ou bien d'un foyer de suppuration déjà constitué.

Et d'abord, peut-on espérer, quand on est appelé dès le *début du phlegmon,* empêcher la production du pus? Il va sans dire que nous parlons seulement de malades déjà atteints antérieurement d'angine phlegmoneuse et que nous savons en conséquence exposés à cette affection. Eh bien! on ne saurait compter d'une façon absolue sur les divers traitements dits abortifs : ils réussissent rarement à arrêter dans sa marche une angine phlegmoneuse. Les antiphlogistiques les plus puissants, tels que saignées générales ou dérivatives, sangsues sous la mâchoire, et même sangsues portées dans le pharynx, tous ces moyens sont d'ordinaire impuissants et, malgré vos efforts, la maladie ne s'arrêtera pas.

Pouvez-vous au moins l'abréger? En modifierez-vous la durée et la marche par une thérapeutique violente? M. Louis, qui a fait des recherches statistiques à ce sujet, a vu que la maladie ainsi traitée dès le début durait 9 jours au lieu de 10 jours et un quart : une si faible différence n'est guère de nature à commander l'emploi de cette médication. Je passe sous silence les purgatifs répétés ou énergiques, les vomitifs et quelques autres modes de traitement aussi peu efficaces.

En définitive, mieux vaut se contenter des gargarismes émollients et tièdes, qui atténueront suffisamment les symptômes les plus pénibles. Toutefois, lorsqu'un état gastrique bien caractérisé accompagne et complique l'affection gutturale, vous ne devez pas hésiter à recourir à l'usage des évacuants.

A une période plus avancée, alors que l'*abcès pharyngien est en voie de formation*, que le gonflement, la dysphagie, la gêne de la respiration et les symptômes généraux vous indiquent suffisamment l'état de suppuration commençante, pourrez-vous, devrez-vous rester spectateurs impassibles? Evidemment non. Mais ce n'est pas à la médication antiphlogistique qu'il faudra songer : elle serait sans action ou ne produirait qu'un soulagement très-incomplet, sans modifier sensiblement l'évolution de la maladie. Un excellent moyen, dont j'ai toujours eu à me louer, consiste dans les *scarifications* pratiquées sur la muqueuse du pharynx ; vous vous servirez non pas des pinces de Museux, conseillées par quelques praticiens timides, mais bien du bistouri, avec lequel vous ferez des ponctions multiples sur les points où la tuméfaction est la plus forte. Le léger écoulement sanguin, véritable saignée locale, déterminé par les mouchetures, amènera un amendement immédiat des symptômes. Par malheur, l'amélioration n'est pas durable et ne persiste guère au delà de quelques heures : il importe que vous en soyez prévenus afin de reprendre, s'il le faut, l'emploi des scarifications auxquelles vous pourrez revenir autant de fois qu'il sera nécessaire. D'ailleurs, le malade qui, par ce traitement, voit calmer ses atroces douleurs, en réclamera de lui-même l'application.

Nous arrivons enfin au moment où *l'abcès est formé*. Surveillez avec soin l'apparition des premiers symptômes de la collection purulente : aussitôt que vous apercevrez un gonflement localisé dans le pharynx, dès qu'un commencement de fluctuation se fera sentir, s'il existe une gêne considérable, n'hésitez pas à ponctionner, puis incisez sans crainte ; vous donnerez ainsi une issue facile au pus, et une amélioration rapide en résultera.

Je vous le répète, quand la fluctuation est évidente, ne tardez pas à intervenir : ouvrez l'abcès. La ponction, quoi qu'en ait dit un de nos grands maîtres, Trousseau, abrégera toujours la durée de la maladie, à condition toutefois que l'ouverture soit suffisamment grande pour assurer le libre écoulement du pus. Dans le cas d'ailleurs où l'incision se fermerait prématurément, il suffirait d'en écarter les lèvres avec une sonde cannelée pour vider le foyer et assurer la guérison.

Lorsqu'il s'agit d'un *abcès rétro-pharyngien*, la temporisation n'est point permise : vous devrez faire des mouchetures précoces et aussi souvent répétées qu'il sera nécessaire, et, dès que la fluctuation ou même le ramollissement de la tumeur en un point quelconque donneront à penser que le foyer est constitué, vous inciserez sans attendre davantage. L'ouverture hâtive est le meilleur mode de traitement, le seul qui s'oppose avec efficacité aux graves accidents consécutifs.

L'incision faite, il est rarement nécessaire d'agir contre les accidents d'œdème glottique. Toutefois, si ceux-ci devenaient menaçants avant que l'ouverture de l'abcès fût possible, vous pratiqueriez immédiatement la trachéotomie, qui seule aurait chance de sauver le malade.

QUATORZIÈME LEÇON

ANGINE RHUMATISMALE

L'angine rhumatismale constitue l'une des manifestations, ou pour mieux dire l'une des localisations les plus intéressantes du rhumatisme aigu. Signalée par tous les observateurs, depuis Hippocrate lui-même, jusqu'à nos jours, elle a surtout été décrite par Van Swieten, Sydenham, Joseph Frank. Récemment encore, son étude était remise à l'ordre du jour, par les recherches de Trousseau et surtout de M. Lasègue.

Quelle que soit la théorie que l'on admette pour l'expliquer, un fait incontestable se dégage au-dessus de toute discussion : c'est qu'il existe une affection gutturale en rapport avec le rhumatisme aigu. Quant aux relations qu'affecte cette angine avec les manifestations articulaires on peut les ranger dans trois catégories bien distinctes.

Dans nombre de cas, l'affection pharyngée précède l'attaque de rhumatisme articulaire ; mais tantôt elle constitue un phénomène initial, transitoire, semblable à la fluxion des jointures, pouvant se montrer immédiatement avant l'invasion de celle-ci et disparaître comme elle ; tantôt au contraire l'angine précède de trois ou quatre jours, parfois de près d'une semaine, la poussée articulaire, qu'elle annonce.

Dans un second groupe de faits, d'ailleurs rares, c'est dans le cours même de l'affection rhumatismale aiguë que la localisation gutturale se développe.

Enfin, chez un rhumatisant par hérédité, chez un diathésique, ayant déjà souffert de manifestations arthritiques, on peut voir survenir tout à coup un mal de gorge avec des caractères spéciaux : il s'agit alors d'une angine rhumatismale sans rhumatisme articulaire.

Il n'est pas nécessaire de vous présenter entièrement l'étude étiologique du rhumatisme, pour vous faire connaître les CAUSES de cette angine : il me suffira de passer en revue avec vous les circonstances occasionnelles qui donnent naissance à la manifestation gutturale. Je vous citerai en première ligne les *refroidissements subits*, surtout lorsque le corps est en sueur : comme corollaire, nous trouvons l'influence saisonnière ; plus particulièrement, le passage du printemps à l'été jouerait un rôle important. L'angine rhumatismale, d'après la plupart des observateurs, est donc une *affection printanière*, ainsi que l'avait remarqué Hippocrate. Les nuits froides, les professions qui exposent aux changements brusques de température, voilà autant de circonstances étiologiques dont il faut tenir compte pour expliquer l'éclosion de la maladie. Je ne vous parle pas, bien entendu, de la diathèse rhumatismale, dont l'action prépondérante n'est plus guère contestée de nos jours.

Le fait le plus frappant dans la SYMPTOMATOLOGIE de l'angine rhumatismale, est le contraste remarquable qui existe entre la véhémence des troubles fonctionnels et en particulier de la douleur, d'une part, et la faible intensité des signes objectifs d'autre part.

En effet, le phénomène capital est *la douleur :* nulle pendant le repos du pharynx, ou à peine marquée et rapportée souvent alors à la région de l'oreille, elle se réveille aiguë, parfois déchirante, pendant le plus petit effort de déglutition. A ce moment, le malade se livre aux grimaces les plus bizarres (Jos. Frank). Trousseau a bien observé que c'est surtout quand il s'agit d'avaler quelques gouttes de liquide, que la dysphagie est le plus pénible.

Comment peut-on expliquer ces particularités vraiment spéciales à cette angine? Ce n'est certes point par le gonflement, puisqu'il est précisément peu marqué et que la muqueuse de la gorge est seulement injectée.

Joseph Frank a parfaitement rendu compte de cette apparente contradiction par le siége musculaire de l'affection qui a été également considérée par Chomel comme occupant les muscles pharyngiens. C'est qu'en effet il y a là un phénomène analogue à ceux que l'on observe dans le rhumatisme musculaire périphérique ; et l'on sait que celui-ci (dont les lésions anatomiques sont presque inappréciables) occasionne cependant d'atroces douleurs.

Les *signes objectifs* se réduisent en somme à bien peu de chose : la *rougeur* de la gorge constitue à peu près le seul symptôme constatable. Cette rougeur est diffuse ; elle n'est point disposée par plaques, et sa teinte est d'un rouge sombre. Elle occupe d'ordinaire les piliers du voile palatin et, d'après J. Frank, les bords de ce même voile ; mais les amygdales ne sont pas atteintes, ou bien elles ne se prennent que tardivement. Enfin, la sécrétion de la muqueuse est peu abondante, sans que l'on puisse dire cependant qu'il existe une sécheresse absolue.

Le gonflement est peu prononcé, souvent même il manque totalement (J. Frank, Trousseau) ; on constate très-exceptionnellement un léger œdème (Lasègue). Enfin, chez quelques sujets, on a vu se développer des groupes de vésicules herpétiques disséminés sur la muqueuse (Frank, Monneret, Raphaëlian). Quant à la tuméfaction ganglionnaire, c'est un signe inconstant et, en tout cas, sans grande valeur.

Si les symptômes physiques sont en définitive assez peu accentués, par contre les *phénomènes généraux* sont vraiment caractéristiques. L'état fébrile est constant et affecte une symptomatologie particulière : la chaleur, en effet, n'est pas intense, mais par contre les sueurs sont abondantes et faciles; vous retrouvez dans cette angine les caractères qui appartiennent aux affections rhumatismales dans le cours desquelles l'état fébrile est généralement modéré. Toutefois, le malade éprouve une courbature générale; il ressent dans les membres et dans le tronc des *douleurs* vagues, musculaires, qui se font sentir pendant la durée même du mal de gorge ou seulement sous forme de manifestation ultime.

Ces douleurs affectent, d'une manière toute spéciale, la nuque, le cou, les lombes, et même la langue, selon la remarque de Morgagni et de Chomel. Enfin, les malades accusent presque toujours dans les articulations des sensations douloureuses fugaces et légères.

Les troubles de l'appareil gastro-intestinal consistent essentiellement dans un état saburral, qui varie d'ailleurs selon la constitution médicale régnante : c'est pour cette raison que son existence a pu être contestée. Les urines sont foncées, souvent sédimenteuses.

L'angine rhumatismale s'annonce quelquefois par des prodromes plus ou moins vagues; mais d'ordinaire *le début est subit*, et d'emblée se développent les phénomènes généraux et locaux. Un état fébrile caractérisé surtout par des frissonnements, chez quelques malades par des frissons, précède parfois le mal de gorge et l'accompagne toujours, mais pendant un temps en général assez court (J. Frank).

La *durée* de l'angine est celle d'une affection essentiellement aiguë : assez souvent fugace, elle peut même disparaître en quelques heures, après un ou deux jours suivant Trousseau, et constitue alors un phénomène passager qui ne laisse aucune trace à sa suite et que certains rhumatisants connaissent fort bien. D'autres fois, la maladie se prolonge davantage, et l'on peut dire qu'en somme sa durée présente les plus grandes variations : c'est ainsi qu'elle peut persister pendant trois à sept jours, d'après J. Frank; pour M. Lasègue, elle ne dépasserait guère quatre à huit jours. Quand elle évolue lentement, la phlegmasie se déplace d'ordinaire, et l'on voit la rougeur atteindre les amygdales.

La *guérison* est la terminaison constante : parfois le mal de gorge fait subitement place à une attaque de rhumatisme aigu musculaire ou articulaire. D'autres fois, le malade entre franchement en convalescence : la fièvre cesse, et l'on voit apparaître certains phénomènes critiques habituels aux affections rhumatismales, tels que sueurs profuses, urines abondantes et sédimenteuses (J. Frank); bientôt le malade est guéri; quelquefois cependant la période de convalescence se prolonge pendant un temps beaucoup plus long que ne le comporte une affection d'apparence aussi bénigne.

Les *récidives* sont non seulement possibles, mais encore assez fréquentes. Un malade qui a déjà souffert d'une angine rhumatismale en ressent ordinairement une ou plusieurs atteintes avec ou sans manifestation articulaire concomitante.

Le pronostic de l'affection, considérée en elle-même, est toujours des plus favorables; mais cette angine, par sa nature arthritique, a une valeur pronostique spéciale. Elle permet de prévoir le rhumatisme articulaire aigu à plus ou moins longue échéance, sans en faire toutefois préjuger aucunement la durée ni la véhémence, qui ne sont nullement en rapport avec celles du mal de gorge. C'est qu'en effet, si quelquefois l'angine présente la même intensité que le rhumatisme, souvent au contraire elle est beaucoup plus violente que les manifestations articulaires, ou bien encore l'angine peut être légère, alors que le rhumatisme revêt une intensité considérable.

L'angine rhumatismale est assez fréquemment confondue avec l'*angine catarrhale aiguë* simple. Ce diagnostic est en effet assez difficile, car il est basé sur de simples nuances. C'est le défaut de corrélation existant entre les symptômes fonctionnels et les signes objectifs, c'est la douleur vive développée seulement pendant la déglutition, la courbature, l'absence habituelle d'engorgement ganglionnaire, c'est enfin la connaissance des antécédents diathésiques du malade, qui permettront de reconnaître la nature rhumatismale de l'affection pharyngée.

Par contre, la manifestation angineuse du rhumatisme acquiert une valeur diagnostique capitale, lorsqu'elle survient dans le cours de certaines affections rhumatiques mal caractérisées, soit articulaires, soit même cérébrales (Lasègue). Elle guide alors dans la connaissance des accidents morbides, car elle sert à faire deviner la nature même d'une maladie d'allure indécise.

L'angine scarlatineuse se différenciera de l'angine rhumatismale par l'intensité de la fièvre qui l'accompagne, par le gonflement considérable de la gorge, la couleur rouge et la siccité de la muqueuse, enfin par la tuméfaction ganglionnaire. D'ailleurs l'apparition des plaques exanthématiques lèverait bientôt tous les doutes.

Le TRAITEMENT de l'angine rhumatismale est très-simple. Les gargarismes émollients, employés aussi chauds que possible, produisent les meilleurs effets et atténuent le mieux les phénomènes douloureux. En outre, un traitement général est nécessaire : on emploie le plus souvent le sulfate de quinine; administré dès le début, peut-il être regardé comme prévenant l'éclosion d'une attaque rhumatismale articulaire? Rien ne le prouve absolument. Ce que l'on peut affirmer, c'est que non seulement le sel quinique ne détermine aucune sensation d'âcreté à la gorge, mais encore qu'il calme assez rapidement la douleur spéciale de l'angine (Lasègue).

Les phénomènes gutturaux une fois disparus, vous n'oublierez pas que le malade n'est point à l'abri de manifestations articulaires. Pour éviter autant que possible l'envahissement consécutif des jointures par le rhumatisme, vous n'avez d'autre ressource que dans une hygiène sévère et notamment dans l'emploi de précautions minutieuses contre toute cause de refroidissement. Vous saurez d'ailleurs que ces moyens préventifs doivent être employés pendant un temps assez long, puisqu'il s'écoule quelquefois une semaine entière entre la guérison de l'angine et l'apparition du rhumatisme articulaire.

QUINZIÈME LEÇON

ANGINE ÉRYSIPÉLATEUSE

L'angine érysipélateuse est également désignée sous le nom d'érysipèle du pharynx : cette dernière dénomination est même préférable, car elle offre l'avantage d'éviter toute confusion avec l'angine érythémateuse ou simple. Elle constitue en outre une véritable définition de cette maladie, qui n'est pas autre chose que la locasation de l'érysipèle sur la muqueuse pharyngée.

Très-anciennement connue, puisqu'Hippocrate, Galien, Celse, l'ont décrite, cette affection a servi d'argument puissant à la doctrine des métastases. Cependant son étude était un peu négligée, lorsqu'elle est entrée, avec la médecine contemporaine, dans une voie nouvelle. A mesure que l'on s'est attaché à mieux approfondir l'histoire des maladies générales, l'attention s'est portée sur la période prodromique des pyrexies exanthématiques, et la connaissance des éruptions développées sur les membranes muqueuses a fait des progrès sérieux. A ce point de vue, l'étude de l'érysipèle guttural a été fort intéressante et a fourni un vaste champ de recherches aux observateurs.

Depuis que l'on s'occupe de l'angine érysipélateuse, on a cru constater que sa *fréquence* devient plus grande. Est-ce le fait d'une constitution médicale spéciale, ou bien la maladie, aujourd'hui mieux connue, passe-t-elle moins inaperçue? Cette dernière explication me semble plus plausible, surtout pour certaines formes bénignes ou légères de l'érysipèle guttural. Autrefois, en effet, on avait bien signalé l'existence de l'engorgement ganglionnaire qui précède l'apparition de l'érysipèle facial; mais on ne lui accordait pas l'importance qu'on lui donne, de nos jours, pour la diagnose, parce qu'on ne savait pas le rattacher au développement d'un érysipèle des muqueuses.

L'angine érysipélateuse ne se développe pas avec la même fréquence aux différents *âges* de la vie. Rare dans l'enfance, elle n'aurait jamais été notée avant la deuxième année, d'après M. Lasègue; c'est, selon le même auteur, de trois à six ans qu'on la voit apparaître chez l'enfant : encore a-t-elle alors une physionomie toute spéciale. Par contre, les adolescents et les adultes y sont très-exposés, depuis quinze ans jusqu'à la trentième année :

à partir de cet âge, elle devient moins fréquente. Cependant, chez les vieillards, qui, vous le savez, sont peu sujets aux affections gutturales, l'érysipèle du pharynx n'est pas absolument exceptionnel ; c'est même, de toutes les angines aiguës ou chroniques, la moins rarement observée au delà de l'âge mûr.

Les *causes occasionnelles* de l'érysipèle de la gorge sont à peu près les mêmes que pour celui de la face. En première ligne, nous devons noter toutes les ulcérations, ou pour mieux dire *toutes les lésions du pharynx*, de quelque nature qu'elles soient. Citons d'abord les maladies générales à manifestations pharyngées et en particulier la *scrofule* (Lasègue) : dans ce cas, comme pour l'érysipèle facial de même origine, les récidives seront à craindre. D'autres fois, mais moins souvent, on peut incriminer la *syphilis :* dans deux des faits rapportés par M. Schlumberger dans son excellente thèse, il s'agissait de plaques muqueuses de la gorge. Ailleurs, c'est la variole, c'est la fièvre typhoïde dont les manifestations gutturales occasionneront l'angine érysipélateuse. Enfin un *traumatisme* quelconque, une brûlure du pharynx, une opération telle que l'amputation d'une amygdale, pourront être parfois le point de départ des accidents.

Il ne faut pas oublier que les épidémies, les constitutions médicales, ou encore le séjour dans un air vicié, dans un hôpital par exemple, constituent fréquemment les seules causes appréciables de la maladie.

Les symptômes varient un peu suivant que l'érysipèle est d'emblée pharyngé, ou bien qu'il succède à un érysipèle cutané; dans ce dernier cas, l'exanthème forme la première phase de la maladie.

Le *début* est important à bien connaître : l'angine érysipélateuse s'annonce par des *prodromes* qui, bien que très-fréquents, ne sont pas cependant d'une constance absolue. Ils consistent dans un certain degré de lassitude, d'abattement, de courbature accompagnée de céphalalgie, souvent de fièvre : puis l'érysipèle se manifeste.

Deux ordres de symptômes apparaissent alors, généraux et locaux. Le plus souvent, en effet, un *accès fébrile*, violent, éclate tout à coup : son importance est capitale, car il indique presque sûrement l'invasion d'une maladie générale. C'est d'abord un frisson souvent unique, parfois répété à plusieurs reprises et auquel fait suite une fièvre vive; la chaleur devient vite intense, et le thermomètre atteint, dans l'aisselle, une température fort élevée, 40°, 40°,5, et même 41°. Simultanément se développent tous les symptômes de l'état pyrétique, tels que l'abattement, la prostration, rarement une excitation et une agitation pouvant aller jusqu'au délire.

Les *troubles digestifs* qui accompagnent d'ordinaire la fièvre sont assez habituellement précoces et presque contemporains du début. Le malade accuse une anorexie plus ou moins grande et surtout une soif vive, inextinguible ; il existe fréquemment un état saburral des premières voies. Parfois même, l'embarras gastrique est tellement marqué, surtout dans la forme bilieuse, que la maladie a reçu le nom d'érysipèle pharyngien *à forme gastrique*. Dans tous les cas, un phénomène commun au début de l'angine érysipélateuse consiste dans l'apparition de vomissements quelquefois répétés, muqueux ou bilieux : la constipation est de règle.

Quelques heures après le développement de ces symptômes généraux, quelquefois presque simultanément, les troubles fonctionnels et les signes locaux apparaissent. Le premier de tous est la *douleur*, d'ordinaire très-marquée, pénible, cuisante, rappelant celle de la brûlure ; parfois, au contraire, très-légère, notamment chez les scrofuleux, qui n'éprouvent guère de souffrances vives quand ils sont affectés d'érysipèle facial. A la douleur s'ajoute vite une gêne de la déglutition, bien souvent assez prononcée, mais qui ne s'accompagne pas de tendance à la suffocation, comme dans d'autres angines aiguës.

Examinez alors la gorge, et vous y verrez une *rougeur* intense : la muqueuse est d'un *rouge sombre*, ou bien encore la teinte est ardente, *écarlate* ou d'un rouge vineux. Cette coloration est diffuse, c'est la règle ; plus rarement, elle forme des plaques dont les bords frangés seraient, d'après M. Lasègue, plus ou moins saillants. M. Ciure, dans sa thèse (Paris, 1865), a noté que ces plaques érysipélateuses sont quelquefois délimitées par un liseré plus ou moins irrégulier.

Outre la rougeur, on constate une *sécheresse* très-grande du pharynx. Toute sécrétion est tarie sur les points affectés, et la surface de la muqueuse apparaît luisante, comme vernissée; quelquefois elle semble rugueuse : souvent enfin, l'on y aperçoit quelques filaments de mucus visqueux et adhérent.

Le *gonflement* de la muqueuse est en général peu marqué : il tient le milieu entre celui de l'angine rhumatismale et de l'angine catarrhale. Nous verrons bientôt que la tuméfaction est au contraire considérable lorsque l'érysipèle se propage vers les replis aryténo-épiglottiques et le larynx.

M. Cornil a signalé la fréquence d'un symptôme très-important, qui consiste dans l'apparition de *phlyctènes* sur le voile palatin, au niveau de sa face inférieure et de ses bords, ainsi que sur la luette. Ces bulles, de même nature que celles qui caractérisent l'érysipèle phlycténoïde de la face, rappellent tout à fait l'apparence des soulèvements épithéliaux que l'on rencontre dans l'érysipèle buccal. Leurs dimensions varient entre celles d'une lentille et d'une noisette : leurs bords sont arrondis, à angles plus ou moins rentrants. Elles contiennent un liquide séreux qui s'écoule aussitôt que l'on vient à les piquer. Leur durée est d'ailleurs éphémère, car elles se rompent spontanément, et les lambeaux d'épithélium qui constituaient leur paroi se rapprochent et se réappliquent sur le derme muqueux, simulant ainsi des fausses membranes. Cet aspect est d'autant plus trompeur que ces pellicules épithéliales une fois détachées se reproduisent comme les croûtes à la suite des phlyctènes : aussi, lorsque la guérison est survenue, voit-on persister pendant quelque temps une certaine rougeur et des arborisations vasculaires fines. M. Ciure a signalé, dans deux cas mortels, l'existence de bulles remplies d'un liquide sanguinolent, qui siégeaient simultanément à la face et au pharynx.

L'angine érysipélateuse n'occupe pas indifféremment toutes les régions de la gorge : tantôt c'est le voile du palais ou ses piliers ; tantôt la muqueuse pharyngée, mais moins fréquemment, suivant la remarque de M. Lasègue ; tantôt enfin les amygdales : celles-ci sont alors peu tuméfiées, phénomène important au point de vue du diagnostic.

Telles sont les principales localisations ; mais l'érysipèle est susceptible de prendre une grande extension. Dans ces circonstances, toute la cavité du pharynx ainsi qu'une partie de la bouche et la langue même peuvent être envahies par l'enanthème, qui devient alors bucco-pharyngien (Schlumberger).

Un des symptômes les plus importants est l'*engorge-*

ment des ganglions lymphatiques et j'ajoute l'engorgement précoce. Est-il prodromique ou contemporain de l'érysipèle pharyngé? Les discussions qui ont surgi sur ce point de détail ne permettent pas encore de se prononcer avec certitude : ce que l'on peut affirmer, c'est l'extrême rareté de l'adénopathie tardive survenue pendant le décours de la maladie.

Je n'ai pas besoin de vous dire que les ganglions affectés sont ceux de la région sous-maxillaire et parotidienne et qu'ils correspondent au réseau lymphatique de la muqueuse pharyngée. Cet engorgement s'annonce par une douleur parfois très-intense : en même temps surviennent une tuméfaction de la région correspondante et une gêne des mouvements du cou, symptômes dont la valeur diagnostique est considérable.

Il est très-rare de voir l'érysipèle du pharynx naître et s'éteindre sur place : dans ces cas, on le conçoit, il est d'ailleurs toujours possible de contester la nature érysipélateuse de la maladie. Lorsque, au contraire, l'enanthème guttural se propage au tégument extérieur, il constitue, à proprement parler, une affection transitoire qui n'est que la première étape de l'érysipèle médical ou de la face. Née au niveau de la muqueuse pharyngée, l'éruption peut se faire jour soit par les fosses nasales ou par les points lacrymaux, soit encore par la bouche, parfois par la trompe d'Eustache et par le conduit auditif externe. Telles sont, par ordre de fréquence, les voies suivies par l'enanthème lorsqu'il devient exanthème; quelquefois, cependant, l'érysipèle, pour gagner les téguments, s'échappe par plusieurs voies simultanément, comme Gull et M. Ciure le signalent : M. Schlumberger a rapporté un cas où les deux narines et les deux oreilles furent simultanément envahies par un érysipèle profond devenu cutané.

La MARCHE est toute différente quand l'affection, primitivement externe, devient ensuite interne. C'est alors par la bouche qu'a lieu d'ordinaire la propagation des lésions; mais n'oubliez pas ce fait important que cette extension de l'érysipèle pharyngé à la peau, ou, inversement, des téguments au pharynx, s'effectue toujours par continuité et non par métastase.

Ces diverses migrations s'annoncent d'ailleurs par des symptômes spéciaux. Et d'abord la *propagation aux fosses nasales* se révèle par un coryza tout à fait caractéristique. Le malade éprouve un enchifrènement pénible, une sensation de gêne, de sécheresse, de brûlure dans les fosses nasales : très-rarement se produit un écoulement séreux considérable. L'examen de la pituitaire fait reconnaître qu'elle est le siége d'une vive rougeur accompagnée de gonflement; presque toujours il se développe des croûtes plus ou moins épaisses : chez l'enfant, M. Lasègue signale l'apparition d'épistaxis d'abondance variable. Quand les sinus frontaux sont affectés, une céphalalgie gravative, une tension pénible dans la région sus-orbitaire, permettent de soupçonner cette localisation de l'enanthème.

Lorsque l'érysipèle des fosses nasales se propage à la face par les *points lacrymaux*, un larmoiement considérable apparaît, et les paupières sont bientôt envahies par les plaques érysipélateuses.

L'extension de l'enanthème pharyngé à la *trompe d'Eustache* s'annonce par une dureté considérable de l'ouïe, de la surdité même, et par des bourdonnements pénibles : le malade éprouve en outre des douleurs vives dans les oreilles, souvent aussi à l'angle de la mâchoire. Cette salpingite érysipélateuse constitue une phase peu observée de la progression du mal : elle aboutit rapidement à l'érysipèle externe du conduit auditif, car la membrane du tympan n'oppose aucun obstacle au développement du processus morbide.

La *cavité buccale* n'est guère affectée que d'une façon transitoire, et c'est plutôt par la voûte palatine, où l'on peut apercevoir quelquefois des vésicules ou des phlyctènes, puis par les joues, que se fait l'extension de l'enanthème. On peut alors voir se développer sur la muqueuse des joues et dans une étendue variable, des bulles, des phlyctènes, dont la valeur sémiotique a été bien signalée par M. Fernet. C'est enfin par la commissure des lèvres que l'érysipèle guttural vient envahir la face. D'ailleurs dans ces diverses migrations, la bouche est une voie rarement suivie par l'énanthème pharyngé.

Il en est de même pour l'*œsophage*, qui est exceptionnellement atteint par le processus morbide : aussi les symptômes de l'œsophagite érysipélateuse ne sont-ils pas connus. Du reste, dans les autopsies d'érysipèle de la gorge, on constate que l'éruption se délimite très-nettement à sa partie inférieure, les lésions s'arrêtant brusquement au commencement même de l'œsophage.

La propagation de l'érysipèle aux *voies aériennes* constitue une grave complication, toujours redoutable et souvent mortelle.

Lorsque les *replis aryténo-épiglottiques* sont affectés, il se développe, dans les mailles du tissu conjonctif si lâche qui les forme, une suffusion séreuse, un œdème souvent considérable. Les symptômes ne sont autres que ceux de l'œdème glottique, et, dans ces cas, la dyspnée offre parfois une marche extrêmement rapide, surtout lorsqu'il s'agit d'un érysipèle cutané devenu interne. Le laryngoscope, ainsi que l'a montré M. le professeur Verneuil, pourrait alors fournir d'importants renseignements.

Le *larynx* peut être affecté à des degrés divers par le processus morbide. Tantôt en effet il est peu atteint; la voix est simplement enrouée, la toux sèche, la douleur peu vive. Tantôt au contraire les lésions sont très-étendues et par conséquent très-sérieuses ; les symptômes laryngés se confondent, dans ce cas, avec les signes fournis par l'envahissement de la trachée, des bronches et aussi du vestibule sus-glottique, lesquels sont d'ordinaire affectés simultanément.

La *trachée* et les *bronches*, lorsqu'elles sont envahies par l'érysipèle venu du larynx, peuvent aussi être atteintes légèrement ou gravement. Dans les cas légers, il est difficile d'affirmer la nature érysipélateuse d'une maladie dont les symptômes ne diffèrent point de ceux d'une bronchite aiguë ordinaire.

Lorsqu'il s'agit au contraire de la forme grave, et qu'en définitive il se produit bien manifestement un *érysipèle de la trachée et des bronches*, la mort est rapide. Tous les observateurs qui ont rencontré des faits de ce genre, MM. Labbé, J. Simon, Beaumetz, sont d'accord sur ce point. La suffocation éclate violente, et aboutit rapidement à l'asphyxie, sans que l'auscultation dénote des signes importants : à peine si l'on perçoit quelques ronchus sibilants, bien plus rarement encore des râles muqueux ; mais la respiration est sèche, et la mort survient en quelques heures. M. Peter a observé trois faits de bronchite capillaire consécutive à un érysipèle pharyngé.

Les *poumons* peuvent être affectés à leur tour. On a rencontré dans certaines autopsies des lésions anatomiques, parfois étendues, appartenant à l'engouement pulmonaire, et les symptômes qui les avaient décelées étaient ceux des pneumonies bâtardes caractérisées par une matité incomplète, par une respiration soufflante accompagnée de râles sous-crépitants. S'agit-il véritablement d'érysipèle du poumon? Je ne saurais l'affirmer positivement. Notez d'ailleurs que je ne fais pas allusion en ce moment à certaines formes de pneumonie dites érysipélateuses, se développant sans érysipèle externe ni pharyngé : je laisse de côté ces faits, bien décrits par Trousseau, mais qui ne présentent que des rapports éloignés avec l'affection qui nous occupe.

En résumé, vous voyez que l'érysipèle du pharynx peut se développer, évoluer sur place et s'y éteindre sans faire sentir son action sur les organes de voisinage; mais vous n'oublierez pas non plus que souvent il progresse soit vers l'extérieur, donnant naissance à l'érysipèle facial, soit profondément et gagne alors plus spécialement la muqueuse des voies respiratoires.

Envisagée dans le pharynx, où nous devons surtout l'étudier, l'angine érysipélateuse constitue une affection aiguë à la MARCHE de laquelle on peut reconnaître trois périodes assez distinctes.

La première période, dite d'*augment* ou ascendante, dure en général un jour à un jour et demi, rarement deux jours. La fièvre est intense ; le thermomètre marque

40°, 40°,5 et quelquefois même 41°. Les symptômes locaux apparaissent en même temps, les troubles fonctionnels se montrent plus ou moins intenses, et les phénomènes gastriques complètent l'ensemble symptomatique de la maladie.

La seconde *période*, d'*état* ou stationnaire, se prolonge généralement deux ou trois jours, rarement plus. Les plaques érysipélateuses développées sur la muqueuse pharyngée évoluent alors et quelquefois s'étendent plus ou moins loin. La fièvre persiste, la température reste à son apogée; parfois cependant il y a de petites rémissions matutinales. Rarement on constate une ascension nouvelle, à moins toutefois que la peau du visage ne se prenne, auquel cas l'érysipèle de la face succède à l'érysipèle interne et suit sa marche ordinaire.

Enfin la *troisième période*, dite de *déclin* ou descendante, s'établit d'ordinaire brusquement : la fièvre tombe tout à coup, et la maladie est terminée. Cette phase dure vingt-quatre heures environ, et quelquefois bien moins longtemps, huit à dix heures seulement.

La *durée* totale de la maladie est très-variable. Quelquefois, tout est terminé en deux ou trois jours au plus; d'ordinaire, l'affection évolue plus lentement et ne se prolonge pas moins de quatre à huit jours (Lasègue). Il faut tenir compte en effet des diverses éventualités qui se peuvent présenter : c'est ainsi par exemple que la marche ambulante de l'enanthème augmente la durée de la maladie et en retarde conséquemment la terminaison. Le plus habituellement, selon M. Cornil, le passage de la plaque érysipélateuse de la muqueuse pharyngée à la peau de la face, et réciproquement, se fait du troisième au cinquième jour. D'autre part, les sujets scrofuleux présentent souvent des rechutes qui peuvent faire traîner la maladie en longueur.

La TERMINAISON favorable peut se faire par délitescence ou par résolution ; en général, la convalescence est courte. La *guérison* s'observe le plus habituellement lorsque l'érysipèle se développe de dedans en dehors, du pharynx à la peau. Dans ces circonstances, l'affection est souvent si bénigne que les symptômes de l'enanthème peuvent passer inaperçus, et l'interrogatoire attentif du malade vous permettra seul de poser un diagnostic rétrospectif. Il vous arrivera de rencontrer à l'hôpital des faits de ce genre chez des sujets qui se font admettre pour un érysipèle de la face.

Malheureusement, la terminaison est loin d'être toujours aussi heureuse. La *mort* est fréquemment la conséquence de cette affection : elle peut survenir à des époques variables, déterminée par divers accidents qu'il importe de bien connaître.

C'est surtout dans le cours d'une épidémie qu'on voit plus spécialement apparaître des troubles *ataxo-adyna-*

miques graves, auxquels succombent rapidement les malades : les symptômes cérébraux se développent avec véhémence, la langue et les dents se recouvrent de fuliginosités ; puis la diarrhée s'établit avec tous les signes d'une adynamie profonde, et la mort termine la scène.

Ailleurs, ce sera le *sphacèle* de la muqueuse pharyngée ou laryngée ou même la mortification des cordes vocales qui occasionnera la terminaison fatale. Quatre cas de gangrène de ces diverses régions ont été réunis par M. Cornil, parmi lesquels deux observations de M. Pihan-Dufeillay, une de M. Meunier et une de M. Guéniot. Dans tous ces faits, le mauvais état général de l'organisme, l'odeur caractéristique de l'haleine, les phénomènes adynamiques, ont été les symptômes indicateurs de la gangrène. Le sphacèle de la muqueuse a paru toujours précédé par la formation de phlyctènes.

Les *hémorrhagies* survenant dans le cours d'un érysipèle du pharynx sont d'un fâcheux augure, surtout lorsqu'il s'agit de pertes sanguines multiples ou répétées ; par contre, l'épistaxis qui apparaît isolément est sans valeur pronostique.

C'est l'*érysipèle secondaire des voies respiratoires* qui constitue la complication la plus terrible. Alors l'œdème de la glotte, la bronchite capillaire, la pneumonie bâtarde, dont je vous ai parlé, peuvent en quelques heures emporter le malade. Une complication que l'on ne s'attendrait pas à rencontrer a été signalée par M. Peter, c'est la tuberculose miliaire aiguë. Pourquoi la diathèse tuberculeuse survient-t-elle ainsi brusquement au milieu même d'une affection aussi grave que l'érysipèle interne? Il est difficile de le dire.

Le PRONOSTIC de la maladie est essentiellement variable. Toutefois on peut affirmer, en restant dans la généralité des faits, que l'érysipèle interne se termine favorablement, lorsqu'il gagne l'extérieur. Par contre, Hippocrate avait déjà très-bien vu que l'érysipèle externe est d'une prognose fort sévère quand il devient interne. M. Cornil a dit avec raison que l'érysipèle qui rentre est plus grave que celui qui sort.

D'autre part, il faut tenir compte des *particularités épidémiques* au milieu desquelles s'est développée la maladie. L'érysipèle né dans les salles de chirurgie où il existe des cas d'infection purulente est toujours une affection sérieuse; de même, les faits de M. Pihan-Dufeillay, dont je vous ai parlé à propos de la gangrène, ont été observés dans une salle où régnait la fièvre puerpérale. Dans ces conditions, il faut toujours, comme l'a remarqué M. Verneuil, se méfier des hautes élévations de température survenant tout à coup chez un malade.

Les LÉSIONS ANATOMO-PATHOLOGIQUES sont encore bien peu connues, notamment au point de vue histologique, car on n'a pas spécialement étudié sur la muqueuse gutturale les altérations que nous ont fait connaître, dans l'érysipèle cutané, les recherches de M. Vulpian, et de Volkmann et Steudener.

Après la mort, la muqueuse pharyngée conserve une *rougeur* plus ou moins vive sous forme d'un pointillé, d'arborescences très-accusées; d'autres fois, elle a paru grisâtre et ramollie.

Le tissu cellulaire rétro-pharyngien, dans un cas de M. O. Larcher, était fortement œdématié : à l'incision, il s'écoula deux cuillerées à bouche de sérosité. Au niveau du *larynx*, les lésions sont importantes : l'*œdème de la glotte* a été souvent constaté, la muqueuse du larynx et de la trachée paraît teinte en rouge pourpre. Cette coloration résiste au lavage (J. Simon, Beaumetz), et on a pu la retrouver jusque dans les bronchioles et dans le tissu cellulaire sous-muqueux (J. Simon). Un détail curieux, c'est l'état de sécheresse de la muqueuse et l'absence de mucosités bronchiques, d'où résulte un *aspect comme vernissé*.

Les poumons offrent les traces d'une congestion plus ou moins étendue, et quelquefois des noyaux de pneumonie lobulaire.

Les altérations *gangréneuses* sont rarement localisées. On a trouvé des plaques sphacélées sur les replis aryépiglottiques (Pihan), sur le voile du palais. La consistance mollasse, la teinte grisâtre des parties mortifiées est remarquable : par contre, comme le fait observer

M. Schlumberger, on n'a jamais constaté de suppuration dans les parties malades.

Enfin je vous signalerai les ulcérations de la muqueuse du duodénum, semblables à celles que l'on observe chez les sujets morts de brûlures et qui ont été rencontrées deux fois par M. O. Larcher : ces ulcérations siégeaient autour de l'ampoule de Vater et atteignaient environ un demi-centimètre de diamètre.

Vous serez bien souvent appelé à ne faire qu'un DIAGNOSTIC rétrospectif. Un malade entre en effet à l'hôpital pour un érysipèle de la face qui présente tous les symptômes réguliers de cette affection : ne vous arrêtez pas aux apparences, songez toujours à la possibilité de l'érysipèle du pharynx, et recherchez s'il n'a pas été le point de départ de l'exanthème dont la diagnose s'offre si facile à vos regards. Interrogez alors avec le plus grand soin; insistez pour savoir si quelques jours avant l'apparition de la rougeur faciale, le patient n'a pas eu de la fièvre, des douleurs vives, une sécheresse intense dans la gorge; et l'étude de ces symptômes, joints à ceux que pourra vous faire encore découvrir l'examen du pharynx, vous permettra fréquemment d'affirmer l'existence antérieure d'une angine intense et de courte durée. Vous constaterez ainsi, comme je l'ai pu faire souvent moi-même, la fréquence réelle, indéniable, de l'angine érysipélateuse.

Quand le mal de gorge n'est pas accompagné d'un érysipèle cutané, le diagnostic devient difficile, car tous les symptômes et les signes observés peuvent s'expliquer par une *angine catarrhale simple*. Ce sera en vous fondant sur la couleur moins vive, plus rose de la muqueuse, coïncidant avec un gonflement considérable, et par contre, sur l'absence presque complète de tout engorgement ganglionnaire, enfin sur l'intensité moindre de la fièvre et des symptômes généraux, que vous parviendrez à éliminer l'existence d'un érysipèle pharyngé.

D'autres fois, la véhémence de l'état fébrile, la soudaineté d'apparition des phénomènes généraux et des troubles fonctionnels, devront vous faire hésiter entre un érysipèle de la gorge et une *angine scarlatineuse au début*. Lorsque l'examen du pharynx ne vous fera pas apercevoir de phlyctènes, la diagnose sera fort difficile. Vous devrez, pour vous décider, tenir compte de l'âge du sujet, la scarlatine étant plus probable lorsqu'il s'agit d'un enfant : souvent aussi, les antécédents vous mettront sur la voie, la scarlatine apparaissant très-rarement deux fois chez le même individu (vous savez que c'est le contraire pour l'érysipèle). D'autres fois, l'existence d'une épidémie vous fera presque sûrement deviner d'avance, soit la scarlatine, soit l'angine érysipélateuse. Enfin les signes objectifs eux-mêmes seront d'un certain secours, la tuméfaction ganglionnaire précoce étant plus spéciale à l'érysipèle, ainsi que la coloration d'un rouge sombre de la muqueuse pharyngée. Il va sans dire que le seul fait de la localisation des signes objectifs sur un côté de la muqueuse gutturale suffirait pour faire éliminer la scarlatine. En tout cas, l'hésitation ne saurait se prolonger plus que la durée de la période prodromique de cette pyrexie, c'est-à-dire dix-huit à trente-six heures au maximum.

Dans l'*angine rhumatismale*, la fièvre est intense aussi, mais de courte durée : d'autre part, la faible intensité de la rougeur et du gonflement contraste manifestement avec la douleur violente accusée par le malade et accrue dans l'acte de la déglutition. Voilà tout autant de symptômes importants qui n'existent pas dans l'érysipèle pharyngé et auxquels les anamnestiques pourront ajouter aussi un appoint utile.

L'*angine herpétique* ne saurait être confondue avec l'érysipèle du pharynx. Dans la première de ces affections, le fond principal de la maladie consiste dans la présence de vésicules éphémères auxquelles succèdent de vraies fausses membranes; la coloration de la muqueuse n'offre pas la teinte rouge sombre de l'érysipèle, et l'engorgement ganglionnaire est très-léger; une confusion serait donc inexcusable.

Terminons l'étude du diagnostic en rappelant que dans

certaines affections phlycténulaires, dans le *pemphigus* par exemple, la muqueuse du pharynx peut être envahie; mais les phénomènes généraux manquent absolument, et d'ailleurs la présence de l'éruption cutanée rend le diagnostic facile.

Vous serez peut-être surpris d'apprendre qu'il existe un véritable TRAITEMENT préventif de l'érysipèle pharyngé : il ne s'adresse toutefois qu'à certains sujets prédisposés à la maladie, soit par un état scrofuleux latent ou avéré, soit parce qu'ils ont eu antérieurement une angine érysipélateuse, car vous n'avez pas oublié que les récidives en sont fréquentes.

Ce *traitement préventif* répond à deux indications, dont la première est de détruire, lorsqu'il existe, ou pour mieux dire lorsqu'on le découvre sur un malade, le point de départ, le foyer d'où procède l'érysipèle : il faut donc traiter les ulcérations plus ou moins profondément cachées dans la gorge. Les injections à l'eau de goudron, et surtout avec le gaïac (en décoction de 4 à 15 grammes pour 1000), rendront de grands services. L'insufflation de certaines poudres, telles que le sous-nitrate de bismuth, le calomel, le sulfate de zinc, sera souvent indiquée; les badigeonnages avec une solution de sulfate de zinc donnent aussi de bons résultats. En second lieu, on ne négligera pas de traiter la diathèse, et vous savez que cette diathèse, c'est presque toujours la scrofule : l'huile de foie de morue, l'iodure de fer seront largement et longtemps administrés.

Le *traitement de l'affection confirmée* présente également des particularités importantes. Et d'abord quels seront les topiques dont vous devrez faire usage? Ici encore, les émollients unis aux narcotiques vous rendront les meilleurs services : telle est la décoction de racine de guimauve et de tête de pavot. Quel que soit le gargarisme que vous aurez formulé, n'oubliez pas de recommander au malade de l'employer chaud et à des intervalles fréquemment répétés, toutes les demi-heures environ.

Les troubles gastriques comportent, lorsqu'ils prédominent, le traitement habituel : d'ailleurs, dans cette affection comme dans l'érysipèle de la face, les vomitifs seront toujours utiles.

Aux phénomènes cérébraux vous opposerez les antiphlogistiques, le bromure de potassium et surtout le musc.

Les accidents les plus graves, sans contredit, sont les *manifestations laryngées*. Ces complications, par leur menace incessante, par la rapidité de leur évolution, réclament une intervention énergique et rapide. La trachéotomie, dans ces circonstances, sera souvent nécessaire : toutefois il ne faut pas se faire de grandes illusions sur le résultat ultime. La fréquence relative de la bronchite capillaire, de la pneumonie lobulaire même, rend la guérison peu probable : celle-ci n'est cependant pas impossible, comme le prouve le cas de Radcliffe, cité par M. Schlumberger, dans lequel il s'agissait pourtant d'un érysipèle cutané devenu interne. En pareille circonstance, vous ne devrez donc pas hésiter un seul instant, car, si minime que soit la chance de guérison, elle existe néanmoins, et vous ne pouvez la refuser à un malade infailliblement condamné si l'on n'intervenait point.

Lorsque la *gangrène* du pharynx est imminente, ou même quand elle est effectuée, vous n'avez de ressources que dans le traitement interne. Vous prescrirez donc les toniques sous toutes leurs formes, sans toutefois négliger les moyens locaux et notamment les injections détersives et désinfectantes, qui pourront, jusqu'à un certain point, s'opposer aux inconvénients de la putridité.

SEIZIÈME LEÇON

ANGINE HERPÉTIQUE

L'angine herpétique ou angine couenneuse commune, mieux dénommée herpès du pharynx, est une affection gutturale caractérisée par le développement de vésicules auxquelles succèdent des fausses membranes peu ou point extensives.

Vous comprendrez la nécessité d'une aussi longue définition quand vous connaîtrez à fond la maladie, quand vous saurez bien que ces fausses membranes, qui diffèrent incontestablement des exsudats diphthériques, sont dans certaines circonstances d'un diagnostic vraiment difficile.

Si l'on recherche l'influence des causes qui président au développement de l'affection, on constate d'abord que l'angine herpétique peut survenir à tout *âge;* mais c'est surtout dans l'enfance, comme pour nombre d'angines aiguës, et principalement après la deuxième ou la troisième année, qu'elle se montre de préférence. Néanmoins l'adolescence, l'âge adulte lui payent un assez large tribut ; par contre, l'herpès de la gorge est rare dans la vieillesse : M. Lasègue croit qu'on ne l'observe plus après soixante-dix ans.

Chez la *femme*, il existe une relation curieuse, mais indéniable, entre l'apparition de l'herpès guttural et les fonctions menstruelles (Bertholle), relation comparable à celles de l'herpès vulvaire ou de l'herpès labial apparaissant au moment des règles.

La cause essentielle, déterminante, de cette angine, c'est le *froid;* pour M. Gubler, l'herpès représente une crise de *fièvre a frigore*. L'influence du refroidissement est en effet incontestable, quelle que soit d'ailleurs la région sur laquelle elle se fasse sentir, que ce soit la gorge elle-même, ou les pieds, ou n'importe quelle autre partie des téguments. J'ajouterai que pour cette angine, comme pour le rhumatisme articulaire, il existe une véritable période d'*incubation* dont M. Lasègue évalue la durée de un à trois jours : je l'ai vue plusieurs fois ne pas dépasser quelques heures. Les climats froids, certaines saisons, en particulier le printemps avec ses changements brusques de température, influent évidemment sur l'apparition plus ou moins fréquente de la maladie.

On a aussi invoqué, comme cause de l'angine herpétique, la mauvaise hygiène et particulièrement l'intempérance : cette influence étiologique est douteuse. Je ne vous parlerai pas davantage des causes locales de l'angine herpétique, telles que le contact plus ou moins direct des objets irritants ou malpropres avec la muqueuse gutturale, lesquels pourraient exercer une certaine action sur le développement de l'affection.

Très-rarement, l'herpès du pharynx est *secondaire*. On ne le voit pas apparaître au début ou dans le cours des maladies graves, comme par exemple l'herpès labialis dans la pneumonie : une seule fois, M. Lasègue l'a observé dans la variole.

L'angine herpétique se montre quelquefois sous la *forme épidémique*. J'ai vu moi-même, deux fois, plusieurs membres d'une même famille affectés successivement de cette angine : il est inutile d'ajouter que les enfants en étaient plus spécialement atteints. Sachez d'ailleurs que l'herpès guttural peut se développer pendant une épidémie diphthérique, et à ce propos je vous rappellerai la fameuse épidémie de 1858, qui fut observée par Trousseau. Quelques auteurs ont même admis la *diphthérisation* possible de l'herpès du pharynx : nous verrons bientôt ce qu'il faut penser de cette manière de voir.

L'angine herpétique, ainsi que nous l'avons dit, présente une véritable *incubation* qui se prolonge de quelques heures à trois jours ; bientôt apparaissent les *prodromes* de la maladie, dont la durée pourrait également osciller entre quelques heures et deux ou trois jours. Selon Trousseau, ils ne dépassent guère vingt-quatre à trente heures : je les ai toujours trouvés d'une durée beaucoup plus courte (quatre à dix heures au maximum).

Ces prodromes consistent en une courbature intense, un malaise général accompagné de quelques troubles digestifs, et chez certains sujets un léger état fébrile. Mais bien plus ordinairement, je dirais presque régulièrement, le *début* est brusque, violent, *tumultueux*. Une fièvre intense éclate : un frisson parfois très-fort, prolongé ou répété, annonce l'invasion de l'état pyrétique, puis le malade éprouve une chaleur vive : la face est colorée, d'un rouge ardent ; les yeux sont injectés.

En même temps est ressentie une céphalalgie frontale, vive et pénible, souvent gravative : il n'est pas rare de constater une certaine agitation, avec un sentiment d'anxiété. D'autres malades tombent au contraire dans un état de somnolence, d'abattement, accompagné de rêvasseries, état qui indiquerait, d'après M. Lasègue, un certain degré de congestion encéphalique. Le même auteur fait remarquer l'importance considérable du mal de tête, qui serait parfois aussi violent que dans la méningite.

Certains *troubles fonctionnels* accompagnent ces phénomènes généraux. Une soif vive, une inappétence complète, des nausées, et même des vomissements tourmentent les malades. La langue est souvent blanche et, presque dès le début, une *douleur pharyngienne* apparaît. D'abord légère, quelquefois à peine accusée et sans dysphagie concomitante, elle peut ne pas être signalée par le malade ; mais bientôt elle devient plus vive et se caractérise alors par une ardeur, une cuisson intense, une sensation d'âcreté pénible dans le pharynx. Cette douleur souvent unilatérale, parfois bilatérale, est rapportée par le patient soit au fond de la gorge, soit plus rarement au niveau des angles du maxillaire inférieur : elle est d'ailleurs subordonnée non point à l'abondance de l'éruption vésiculeuse qui se produit, mais bien à la rougeur pharyngienne ambiante. En même temps, la déglutition devient pénible et réveille toujours une sensation de brûlure.

Les *symptômes locaux* révélés par l'examen du pharynx présentent, dans leur évolution, *trois phases successives*.

Si vous pouvez examiner la gorge dès le début, au moment même où apparaissent la fièvre et la douleur gutturale, vous trouverez une légère rougeur de la muqueuse : c'est la *première phase*, et j'ajoute qu'on a bien rarement l'occasion de l'observer. Cette *rougeur* est disposée sous forme de taches disséminées. En même temps, fait important pour le diagnostic, les amygdales sont tuméfiées, bosselées, mûriformes : dans les cas où l'angine est très-étendue, vous constaterez toujours une prédominance des lésions au niveau de ces glandes ; et, alors même que des plaques herpétiques se développent en d'autres points, vous pouvez être assurés de trouver au moins un foyer tonsillaire.

Au bout de quelques heures, parfois deux ou trois jours seulement après l'invasion (Trousseau), commence la *deuxième phase*. Des *vésicules* se développent principalement sur les amygdales, quelquefois sur les piliers palatins, sur le voile, sur la luette : elles sont petites, miliaires, ayant la dimension d'une tête d'épingle ou d'un grain de chènevis, dont elles possèdent, à leur début, la forme parfaitement arrondie. D'autres fois, elles sont plus volumineuses ; mais alors elles perdent leur régularité, leurs bords deviennent dentelés, crénelés : cette forme spéciale, et jusqu'à un certain point caractéristique, annonce la confluence de plusieurs vésicules ; les choses se passent donc à la gorge comme dans l'herpès des lèvres et des organes génitaux.

Le nombre et la disposition de ces boutons sont en effet variables. Tantôt les vésicules sont *discrètes*, et dans ce cas elles peuvent être très-peu nombreuses, ou au contraire assez abondantes, ressemblant alors à des gouttes de rosée déposées sur une surface lisse et rouge; tantôt, au contraire, on les trouve *confluentes* et disposées par groupes. Leur nombre, quel qu'il soit, n'exerce aucune influence sur l'évolution et sur le pronostic de la maladie.

Après un temps très-court, ces vésicules deviennent opalescentes, puis lactescentes ; elles rappellent assez bien, suivant les cas, l'aspect de perles fines, de gouttes de lait. Mais leur caractère important, capital, c'est leur *durée éphémère :* aussi est-il très-fréquent qu'elles passent absolument inaperçues.

C'est alors que commence la *troisième phase,* très-souvent la seule qu'il vous sera donné d'observer et qu'il vous importe en conséquence de bien connaître. A ce moment, en effet, des *fausses membranes* se sont formées ; leur siége, nous le connaissons déjà, car c'est celui qu'occupaient les vésicules auxquelles elles succèdent. Ces fausses membranes, *petites,* ne dépassant pas d'ordinaire les dimensions d'une lentille, sont cependant susceptibles d'acquérir une largeur d'un centimètre et même plus. Quelquefois, surtout dans la forme discrète de la maladie, chaque pellicule est entourée par une auréole rougeâtre ; cette apparence justifie la dénomination d'aphtheuse proposée par M. Féron, mais qui n'a pas prévalu, à cause de la confusion qu'elle occasionnerait entre deux angines essentiellement différentes.

La couleur de ces fausses membranes peut servir à la diagnose : elles sont *blanches* ou d'un blanc grisâtre et conservent d'ordinaire cette teinte blanchâtre dont la persistance constitue un signe d'une certaine valeur diagnostique, signe qui par malheur est inconstant. Les exsudats herpétiques sont arrondis quand ils sont petits, ou bien irréguliers, à bords crénelés, quand ils sont volumineux et largement étalés sur la muqueuse pharyngienne, où ils forment de petits disques plus ou moins régulièrement limités. Lorsque la luette est envahie par l'éruption, on peut la voir se couvrir en partie ou en totalité de produits membraneux discontinus.

La *consistance* de ces fausses membranes n'est pas toujours la même ; quelquefois mollasses et friables, elles offrent d'ordinaire une assez grande résistance, en même temps qu'on les trouve très-adhérentes aux parties sous-jacentes. On peut néanmoins les détacher en frottant la surface malade avec des tampons d'ouate (Lasègue). Il faut d'ailleurs savoir que l'épaisseur de ces exsudats est faible, aussi offrent-ils quelquefois une véritable opalescence.

Si vous examinez avec soin la *muqueuse* que recouvrent les produits membraneux, vous y trouvez des exulcérations superficielles (qui se répareront rapidement). D'autres fois cependant, il vous sera impossible d'apercevoir la moindre érosion ; la muqueuse, débarrassée de ses fausses membranes, apparaît saine ou à peine injectée. Il est inutile d'ajouter que l'on ne constate plus aucune trace de vésicules, sauf sur les amygdales, où, avec un peu d'attention, vous pouvez parfois, après en avoir détergé la surface avec précaution, retrouver quelques vésicules visibles au pourtour des orifices lacunaires.

Nous avons déjà fait observer que les *ganglions sous-maxillaires* sont à peine gonflés : leur tuméfaction est pourtant habituelle ; mais, comme le disait Trousseau, il faut les chercher pour en constater la présence. Vous verrez bientôt qu'il en est tout autrement dans la diphthérie.

Les *phénomènes généraux* accompagnent d'ordinaire dans leur développement les symptômes locaux et les troubles fonctionnels. Une fois la maladie en voie d'évolution, la fièvre, la céphalalgie et les troubles digestifs n'augmentent pas ; mais ils persistent et durent tant que l'éruption pharyngienne reste dans son plein. Cependant l'état des forces est toujours satisfaisant ; il est facile de voir que l'on est en présence d'une affection bénigne. Aussi le facies, loin d'offrir la teinte mate de la peau et la pâleur si remarquables dans la diphthérie, présente-t-il une coloration rosée.

La MARCHE de l'angine herpétique est celle d'une maladie aiguë, dont la durée est subordonnée, il est vrai, à l'évolution possible de nouvelles poussées gutturales.

Dans les cas les plus simples, il se produit une *éruption unique de vésicules* plus ou moins nombreuses, quelquefois discrètes, qui se localisent aux amygdales, et même à une seule de ces glandes ; plus rarement, les piliers du voile palatin sont seuls affectés. On peut d'ailleurs retrouver sur la bouche ou à la face, des boutons vésiculeux de même nature. Cette éruption concomitante de la face et du pharynx est parfois absolument unilatérale : d'où, selon M. Ollivier, la possibilité de rapporter, dans certains cas, à une cause nerveuse, ces lésions muqueuses et cutanées, et de les considérer comme un zona de la cinquième paire. Quoi qu'il en soit, dans les formes simples, l'éruption vésiculeuse s'est à peine effectuée, qu'elle fait rapidement place à des fausses membranes. Les phénomènes généraux conservent encore leur intensité pendant deux ou trois jours; puis la fièvre tombe, les exsudats ne s'étendent guère, et la maladie s'éteint sur place. Après la chute des produits membraneux, on trouve la muqueuse fort peu tuméfiée, et bientôt c'est à peine s'il persiste une faible rougeur dans les régions occupées naguère par l'éruption. Enfin la *guérison* s'obtient après une convalescence courte, souvent même sans convalescence : dans ces conditions, la *durée* totale de la maladie est de six à huit jours, y compris les prodromes.

Mais d'autres fois c'est par *poussées successives* que procède l'herpès guttural. Deux, trois éruptions vésiculeuses se succèdent, et ces éruptions peuvent, en même temps qu'au pharynx, se faire dans la cavité buccale, aux lèvres, quelquefois même (comme l'ont démontré MM. Tardieu, Féron, Gubler) au prépuce, à la vulve et jusqu'au col utérin. Les boutons de la cavité buccale et de la face interne des joues ont une grande importance :

ils permettent de suivre l'évolution de la maladie et forment un lien évident entre les vésicules pharyngées et celles des lèvres ou de la face. Celles-ci sont très-utiles pour un diagnostic rétrospectif, car elles sont encore très-reconnaissables, alors que depuis longtemps il n'existe plus que des fausses membranes au niveau du pharynx.

Elles ont une valeur sémiotique d'autant plus utile que l'on observe ordinairement, dans cette forme à poussées successives, un *développement plus considérable des exsudats*, ce qui tient le plus habituellement à la succession et à la juxtaposition de vésicules nouvelles, quelquefois aussi à l'extension de la fausse membrane. Cette marche envahissante s'observe au niveau de la luette, des piliers du voile palatin, plus rarement à la face postérieure du pharynx. Dans ces circonstances, la guérison définitive de la maladie se fait plus longtemps attendre; enfin, certaines complications peuvent survenir.

C'est en effet dans cette forme que le larynx peut être, lui aussi, affecté; mais nous touchons ici à une question vivement discutée par les observateurs. On a contesté en effet la possibilité d'un herpès laryngé, d'un *croup herpétique :* on a même affirmé que jamais le larynx ne pouvait être atteint et que l'existence du croup suffisait à elle seule pour faire rejeter le diagnostic d'une angine herpétique. Des exemples de cette complication existent pourtant, et vous les devez connaître, sous peine de vous exposer à de terribles mécomptes. Dès l'année 1858, à l'occasion de l'épidémie qu'il a si bien étudiée, Trousseau avait rencontré des cas de ce genre, qu'il expliquait par une sorte de juxtaposition, de concomitance, ou plutôt de succession de deux épidémies, la diphthérie et l'herpès guttural. C'est cette idée qu'il a exprimée par une expression originale : « *la diphthérisation de l'herpès guttural* ».

Que faut-il penser de ces faits, où l'angine herpétique aurait coïncidé, sur le même individu, avec une diphthérie se manifestant par une laryngite plus ou moins grave? Quelle nécessité y a-t-il de créer ainsi une affection hybride pour expliquer le développement, sur le larynx, de quelques vésicules évoluant comme au pharynx? Pour quelle raison anatomique ou autre, la muqueuse laryngée serait-elle à l'abri d'une localisation qui se fait à la gorge, à la bouche, au prépuce, à la vulve, au col utérin lui-même? Je pense au contraire qu'il faut absolument admettre un croup herpétique. Parcourez, en effet, les observations de croup publiées : à côté des cas plus ou moins graves, toujours vous trouverez quelques *cas bénins*, retenez bien ce mot, quelques cas bénins, où l'herpès buccal ou labial par exemple a dévoilé pour ainsi dire la nature de la maladie. Lisez la thèse de M. Morax, où ces faits sont parfaitement exposés et discutés, et vous conclurez avec lui, et avec moi, à l'existence d'un croup herpétique. Et d'ailleurs vous aurez certainement l'occasion d'observer et de traiter des enfants atteints de ces formes bénignes; pour ma part, j'en ai vu plusieurs.

En dehors du croup, dont la symptomatologie, quoique atténuée, ne saurait nous arrêter, nous devons passer rapidement en revue les *complications* qui peuvent apparaître dans le cours de l'angine herpétique ou à l'occasion de la convalescence.

Rappelez-vous d'abord que, chez les enfants strumeux, l'adénite légère occasionnée par l'affection de la muqueuse gutturale peut, comme en général dans toute angine, donner l'éveil à la diathèse et devenir le point de départ d'une *adénopathie* chronique, susceptible de se terminer par suppuration.

Très-rarement, il vous arrivera de voir se développer une *angine phlegmoneuse* dans le cours d'un herpès guttural; toutefois le fait a été signalé, et vous devez en être prévenus.

La *convalescence* est, dans cette forme, souvent fort lente; elle se prolonge parfois huit et dix jours et s'accompagne alors d'une faiblesse générale, d'une anémie plus prononcée qu'on ne serait porté à le croire; mais il faut se souvenir que l'organisme tout entier a pris part à la maladie.

Une complication curieuse, encore mal expliquée, surtout pour la forme ici décrite, se montre parfois à la suite de l'angine herpétique : c'est une *paralysie* localisée aux muscles du voile du palais et pouvant même se généraliser. Ces paralysies secondaires sont moins rares que dans l'angine catarrhale ou même que dans l'angine phlegmoneuse ; mais il faut ajouter bien vite qu'elles sont beaucoup moins fréquentes que dans l'angine diphthérique : nous en ferons bientôt une étude détaillée.

Le PRONOSTIC de l'angine herpétique est presque toujours favorable, même dans les cas où elle s'annonce par un début aigu, avec phénomènes généraux intenses, frisson et fièvre vive. Si, en suivant l'évolution de l'angine, vous constatez les vésicules ou les fausses membranes isolées, peu confluentes, vous pourrez, presque à coup sûr, prédire une terminaison favorable, très-rarement retardée par la paralysie secondaire.

Mais, pour peu que la période initiale de la maladie vous ait laissé quelques doutes, ou qu'elle ait échappé à votre observation, si l'angine suit une marche envahissante, si des poussées successives se répètent, si certains symptômes peuvent vous faire craindre l'apparition du croup, soyez très-réservé dans l'énoncé de votre pronostic ; vous devrez l'être d'autant plus que vous aurez à soigner un enfant plus jeune, car vous savez que la trachéotomie ne réussit guère avant l'âge de deux ans.

Pour être assez simple dans un grand nombre de cas, le DIAGNOSTIC n'est pas toujours aussi facile qu'on veut bien le dire. Comparez en effet les observations où la maladie s'est montrée avec son aspect typique, aux faits mal caractérisés ou complexes si fréquents dans la pratique, à ceux où le mal de gorge date déjà de quelques jours et où vous êtes conséquemment privés des renseignements puisés dans l'étude du processus morbide; d'autre part il vous faudra tenir compte des circonstances extérieures au milieu desquelles évolue la maladie, telles, par exemple, que l'existence d'une épidémie d'herpès guttural ou de diphthérie. Voilà tout autant de difficultés que vous pourrez avoir à résoudre.

Certes, vous ne confondrez jamais l'herpès de la gorge avec une *angine catarrhale simple*. Les phénomènes généraux, les symptômes du début sont, il est vrai, les mêmes : la fièvre est vive, la céphalalgie intense dans l'un et l'autre cas; mais les signes locaux, fournis par une inspection même superficielle, lèveront tous les doutes.

Le diagnostic de l'*angine phlegmoneuse* est peut-être moins facile, quand l'examen de la gorge est fait à la période d'exsudation membraniforme. Toutefois, la tuméfaction considérable, la prédominance du gonflement dans une région déterminée, l'étude de la plupart des signes physiques et des symptômes fonctionnels vous permettront, dans tous les cas, d'affirmer l'existence d'une collection purulente en voie de formation, sinon déjà formée.

Nous ne reviendrons pas sur l'*angine érysipélateuse;* rappelez-vous seulement que là encore les symptômes généraux sont insuffisants pour assurer le diagnostic : c'est l'examen local du pharynx qui devra vous décider. Cependant la tuméfaction ganglionnaire, l'évolution de la maladie et les circonstances extérieures qui auront présidé à son développement vous seront aussi d'une réelle utilité, surtout aux périodes initiales.

Mais où la difficulté est grande, parfois même presque insurmontable, c'est lorsqu'il s'agit de différencier l'*angine diphthérique* de certains herpès du pharynx. Je ne fais certes pas allusion aux cas types, très-accentués, comme par exemple la diphthérie maligne, hypertoxique, décrite par M. Roger, et où l'hésitation n'est point permise, non plus qu'aux herpès gutturaux bien caractérisés évoluant sous vos yeux. Mais il en est tout autrement lorsque vous êtes appelé dans le cours d'une diphthérie bénigne, alors que vous ne possédez sur le début de l'affection que les renseignements, souvent si vagues, fournis par les parents. Vous avez sous les yeux un enfant atteint de mal de gorge, présentant sur les amygdales des fausses membranes bien visibles, mais sans caractères positifs; il existe un léger engorgement ganglionnaire et un certain état fébrile. Avec cet ensemble symptomatique, vous est-il possible de vous prononcer? Évidemment non, et je le répète, quand les membranes sont étendues, dès votre premier examen, à une partie de la gorge, lorsque vous êtes privés du secours si précieux fourni par l'évolution de l'herpès guttural, ne formulez pas de diagnostic absolu, restez sur vos gardes : sachez-le bien d'ailleurs, la présence de l'herpès labialis ne suffit pas pour éliminer l'existence de la diphthérie. Par contre, les signes tirés de l'état général vous seront toujours d'un grand secours, et je reviens avec intention sur ce point : l'affaiblissement léger des forces du malade, sans prostration réelle, le facies rosé, coloré, injecté même, voilà autant de symptômes qui appartiennent à l'herpès. Enfin, si la blancheur des fausses membranes n'est pas certainement un signe favorable, par contre, leur coloration foncée, brunâtre ou même noirâtre, indiquera constamment un mauvais état général, imputable à la diphthérie.

Le TRAITEMENT de l'herpès guttural est le plus souvent fort simple. Selon la remarque de Trousseau, « l'angine herpétique guérit d'elle-même. » Gardez-vous toutefois d'accepter d'une façon absolue cette affirmation du maître, et souvenez-vous que, si l'expectation est permise quand l'affection est de peu d'importance, elle ne saurait être conseillée lorsqu'il se fait plusieurs poussées successives, à plus forte raison toutes les fois que l'on peut craindre la diphthérie.

Dans les cas très-légers, le traitement devra naturellement se réduire à peu de chose. Quelques gargarismes ou quelques collutoires astringents, avec l'alun, le borax, des badigeonnages avec un pinceau trempé dans du jus de citron, suffiront amplement.

Lorsqu'au contraire les fausses membranes seront étendues et que vous jugerez une intervention active nécessaire, insistez encore sur le *traitement local :* vous emploierez alors les *badigeonnages*, non pas avec le nitrate d'argent, lequel produit des pellicules blanchâtres qui empêchent de bien suivre l'évolution des exsudats, mais avec une solution d'acide citrique au 1/8 ou au 1/4, avec le perchlorure de fer ou la teinture d'iode, et mieux encore avec une solution de soude caustique au dixième dans la glycérine (M. Roger).

Avant de cautériser la gorge, commencez par la déterger, soit avec des tampons d'ouate, comme le conseille M. Lasègue, soit par des lavages répétés, des irrigations. Ces *irrigations*, faites avec ou sans l'aide de l'abaisse-langue creux, proposé par Guersant, permettent l'abord facile des liquides dans le pharynx, et agissent mieux que les gargarismes; ceux-ci, d'un emploi peu commode chez les enfants, sont souvent insuffisants chez les adultes.

En même temps que vous appliquez le traitement

local, n'oubliez pas les indications tirées de l'*état général*. Quand, par exemple, la céphalalgie sera intense, ayez recours à un vomitif, qui procurera sûrement un soulagement très-rapide. D'autre part, certains médicaments pris à l'intérieur seront des adjuvants utiles à l'emploi des topiques. Le *chlorate de potasse* en potion (à la dose de 3 à 5 grammes) facilitera la détersion de la muqueuse. De même, les balsamiques, et en particulier le cubèbe, surtout sous forme d'oléo-saccharure, parfaitement supporté par les enfants et dont vous donnerez 4 à 8 grammes par jour, modifieront avantageusement l'évolution des fausses membranes.

DIX-SEPTIÈME LEÇON

ANGINE DIPHTHÉRIQUE

On désignait autrefois sous le nom de mal syrien, mal égyptiaque, d'angine maligne, ou encore d'angine gangréneuse, la maladie que l'on dénomme aujourd'hui angine diphthéritique ou mieux diphthérique (ou encore angine couenneuse, pseudo-membraneuse, fibrineuse). Cette variété de mal de gorge, la plus grave de toutes, est caractérisée par la production de fausses membranes avec tendance extensive, et remarquable encore par la facilité avec laquelle des exsudations de même nature se développent sur les autres muqueuses ainsi que sur la peau dépouillée de son épiderme.

L'importance de cette angine est extrême, car non seulement elle constitue l'une des manifestations les plus fréquentes d'une maladie générale, la *diphthérie* (que certains pathologistes regardent encore, à tort, comme absolument locale), mais, en outre, elle a pour conséquence très-commune, parmi ses localisations, la laryngite pseudo-membraneuse, le croup. Nous verrons aussi que c'est l'angine diphthérique qui, entre toutes les affections pharyngées, occasionne le plus souvent les paralysies secondaires.

Il me paraît nécessaire de vous rappeler d'abord, dans une courte vue d'ensemble, l'HISTORIQUE de la diphthérie. Cette maladie, qui semble connue dès les premiers temps de la médecine, est certainement signalée dans Hippocrate et dans les auteurs hippocratiques, où l'on en trouve des traces sous la dénomination d'angine pestilentielle, d'angine maligne, de mal de gorge gangréneux. Les anciens se montrent surtout préoccupés du tableau clinique de la maladie ; dès cette époque, deux formes de diphthérie sont étudiées : d'un côté, les angines graves par elles-mêmes, malignes, et de l'autre celles qui s'accompagnent de troubles respiratoires, de suffocation : il vous est facile de reconnaître déjà la maladie du pharynx à forme maligne ou grave, et aussi, la maladie du larynx qui, dans la suite des siècles, deviendra le croup.

C'est ainsi qu'il faut interpréter les écrits d'Asclépiade de Bithynie, ceux de Celse, et notamment d'Arétée de Cappadoce, dont les descriptions sont vraiment remarquables.

Puis vinrent ces longues séries d'années d'ignorance et de ténèbres, où l'esprit humain semblait endormi, où s'observe un temps d'arrêt dans toutes les études scientifiques et littéraires. Il en fut pour la diphthérie comme pour la médecine tout entière : il se fit un silence profond sur son histoire.

En nous rapprochant des temps modernes, nous trouvons des relations fort intéressantes d'épidémies d'angines graves, rapportées par Forestus, par Baillou dans la seconde moitié du XVIe siècle, au XVIIe par Heredia et par Marc-Aurèle Séverin, au XVIIIe par Malouin, par Chomel l'ancien, par Ghisi de Crémone; Fothergill, Huxham, relatent les fameuses épidémies de Cornouailles, où la scarlatine joua un rôle important. Vous le voyez donc, la diphthérie a été étudiée dans tous les pays.

C'est de la fin de ce même siècle que datent les recherches de deux observateurs distingués, Home et Samuel Bard. S. Bard, de New-York (en 1771), et Home, quelques années avant lui (en 1765), ont bien fait connaître, chacun de leur côté, les lésions anatomo-pathologiques de l'angine couenneuse. Le médecin américain produisit la première étude complète, basée sur des recherches anatomo-pathologiques exactes : au point de vue de l'angine, Bard a vu, et il a bien vu.

Je passe avec intention sous silence les faits se rapportant à la diphthérie laryngée, et bien étudiés par Home, car j'ai hâte d'arriver à Bretonneau. Dans une communication faite en 1821 à l'Académie de médecine et depuis lors dans des travaux divers, ce grand observateur eut le mérite de bien exposer les faits basés sur une étude à la fois clinique et anatomo-pathologique. Bretonneau montra les relations qui existent entre ces maladies analogues des différentes membranes muqueuses, qu'il s'agisse du pharynx, du larynx, de la muqueuse respiratoire, génito-urinaire, et aussi celles de la peau. Enfin, point capital, il sut créer un mot qui rendît bien compte de ces diverses relations morbides et qui représentât l'idée principale de ses recherches.

Cette doctrine, bientôt Trousseau la vulgarisa, mais en la modifiant sensiblement. Bretonneau avait créé la *diphthérite*, inflammation spécifique ; Trousseau fit la *diphthérie*, maladie générale spécifique : vous le voyez, la différence est notable. L'affection était créée ; elle avait dès lors droit de domicile dans la science.

Mais, je m'arrête dans ce court aperçu historique : je ne veux pas vous parler ici des recherches contemporaines sur la diphthérie ; nous aurons bientôt occasion de les analyser en détail, et je passe maintenant à l'étude des causes de la maladie.

L'angine pseudo-membraneuse peut affecter tous les *âges* de la vie. Toutefois, elle a manifestement une prédilection marquée pour l'enfance, notamment de deux à dix ans ; M. Roger a fait voir qu'elle se montre surtout dans le cours de la quatrième année. Les adultes et surtout les adolescents ne sont pas à l'abri de cette terrible affection ; les vieillards en sont très-rarement atteints, sauf dans les cas de contagion et dans le cours de certaines épidémies.

L'angine couenneuse constitue, au sens propre des mots, une maladie tantôt *sporadique* et tantôt épidémique ou mieux endémo-épidémique. Dans tous les cas, un certain nombre de *circonstances occasionnelles* semblent favoriser son éclosion : quoi qu'en ait dit Trousseau, le *froid*, l'*humidité* agissent bien réellement dans ce sens. On ne peut contester que les influences atmosphériques jouent un rôle considérable ; par suite, les *saisons* ont une action réelle sur le développement de la diphthérie. C'est l'automne et surtout l'hiver qui, d'après les recherches statistiques de M. Garnier, de MM. Roger et Peter, sont les saisons où l'angine couenneuse est le plus fréquente : M. Roger, dans un relevé de faits réunis à l'Hôpital des Enfants, compte 576 cas dans le semestre d'hiver contre 370 dans le semestre d'été. Et d'ailleurs cette influence des temps froids a été signalée par tous les observateurs : les épidémies de Ferrière et de Chenusson, si bien étudiées par Bretonneau, se développèrent au mois de novembre. J'ajouterai que les affections diphthériques sont non seulement plus fréquentes, mais aussi plus graves en hiver. Voyez le croup par exemple : c'est à peine si l'on en voit guérir pendant le mois de janvier, au grand désespoir des internes qui entrent dans les hôpitaux d'enfants à ce moment de l'année et qui voient succomber presque tous leurs opérés.

Les *climats* ne semblent pas exercer une grande influence : chauds ou froids, tous peuvent être ravagés par cette affreuse maladie ; rappelez-vous en effet les dénominations de mal syriaque, de mal égyptiaque. Toutefois en examinant les épidémies circonscrites à de *petites localités*, on constate que la diphthérie se développe de préférence dans les lieux bas et humides, dans les villages avoisinant un cours d'eau, tandis qu'il pourra n'en exister aucun cas dans un hameau voisin, mais situé plus favorablement.

L'angine diphthérique est souvent *épidémique* et surtout *endémo-épidémique* : elle se montre actuellement avec ces caractères à Paris et dans les grandes villes de province. En Italie, une épidémie cruelle sévit pour ainsi dire toujours : il en est de même en Allemagne (à Munich, à Berlin, à Francfort, à Dresde), de même enfin en Belgique, en Angleterre, et tant d'autres pays [1].

Quelles sont donc *les circonstances qui président au développement d'une épidémie de diphthérie ?* Dans les grandes villes, où l'air est constamment vicié par toutes

---

1. M. Tholozan a exposé récemment l'histoire très-intéressante de la diphthérie en Perse. Cette étude renferme des faits très-curieux surtout au point de vue de la propagation de l'affection diphthérique.

sortes de matières nocives, ces conditions sont bien difficiles à préciser. Il n'en est plus de même dans une petite localité : Bretonneau a prouvé qu'il s'agit alors d'une *contagion médiate* par l'air atmosphérique. Sont-ce des germes appréciables qui transportent dans l'organisme les ferments morbides? Sont-ce des miasmes, particules impalpables, qui se chargent de cette dissémination de la maladie? Nous verrons tout à l'heure quelles assertions ont été émises sur cette délicate question. Je dois ajouter que Bretonneau, dans ces circonstances, a vu naître aussi bien la diphthérie bénigne que la diphthérie grave ; il a vu que parfois l'une provient de l'autre, ce qui prouve bien, soit dit en passant, la nature unique, l'*unicité* de la maladie.

C'est par cette contagion médiate, c'est aussi par des contacts fréquents et prolongés, que s'explique la transmission de la diphthérie des enfants à leur mère et réciproquement, le père, qui séjourne moins à la maison, étant aussi moins fréquemment atteint. Quoi qu'il en soit, cette maladie générale, cette intoxication ainsi contractée demande, pour se manifester par des signes extérieurs, une incubation qui peut durer de deux à huit jours et, par exception, de douze à quinze jours (H. Roger).

C'est quelquefois par un *contact direct* que se transmet la maladie. M. le professeur Sée cite le cas d'une nourrice indemne elle-même et dont le mamelon avait été l'agent probable de la transmission entre deux nourrissons.

D'autre part, vous savez tous quel large tribut les médecins payent eux-mêmes à la diphthérie : faut-il vous rappeler les cas d'intoxication directe du médecin par son malade? C'est dans les annales de la médecine un véritable martyrologe. Souvenez-vous d'Herpin de Tours, recevant quelques crachats dans la narine gauche pendant qu'il cautérisait la gorge d'une petite fille. Et Valleix, atteint à la bouche par la salive lancée de la gorge de son malade! Et mon excellent collègue d'internat Brière intoxiqué dans des circonstances analogues! Gendron, aspirant des fausses membranes pendant une trachéotomie, et tant d'autres, soit élèves des hôpitaux, soit praticiens, victimes de leur dévouement! D'ailleurs, ici même, que d'obscurités dans la détermination exacte du mode de contagion : dans le cas de Gillette, par exemple, contractant l'angine après avoir été chercher en voiture à la campagne et ramené à Paris un enfant atteint de croup.

Ces faits de contamination directe nous amènent à étudier *l'inoculation* de la diphthérie. Cette inoculation est-elle possible? Trousseau et M. Peter, pour étudier la transmissibilité de l'affection, ont fait sur eux-mêmes des recherches expérimentales plus courageuses que démonstratives : M. Peter a même tenté non seulement le badigeonnage de la muqueuse buccale, mais encore l'inoculation. Les résultats heureusement négatifs de ces expériences ne suffisent pas pour juger à fond la question : il en est de même pour certains cas également négatifs de contamination dans le cours d'une trachéotomie. A qui de nous n'est-il pas arrivé d'insuffler par la canule un enfant qui ne se ranimait pas assez vite après l'ouverture de la trachée? Je l'ai fait plus d'une fois moi-même, bien que j'eusse des crevasses aux lèvres. Et cependant, malgré ces résultats contraires, je me garderais bien d'affirmer que la contagion directe est impossible; au contraire, l'observation bien connue de Paterson, quoique unique, semble absolument démonstrative : Paterson introduit son doigt blessé dans la gorge d'un diphthérique; sur cette plaie, il voit se développer des fausses membranes cutanées, et plus tard apparaît une paralysie secondaire.

Des *expérimentations* ont été tentées sur les animaux. M. Raynal avait essayé déjà d'inoculer la diphthérie à des gallinacés : il ne réussit pas. Ces recherches ont été reprises récemment, sous l'influence d'idées un peu théoriques, les observateurs ayant cru trouver des spores ou champignons, agents vecteurs de la maladie infectieuse. Nous devons avouer cependant que les résultats sont, encore aujourd'hui, tellement contradictoires qu'ils ne peuvent permettre des conclusions trop absolues.

OErtel, de Munich, se fondant sur les recherches de Bühl, tente sur des lapins l'inoculation des produits diphthériques de l'homme, puis une série d'inoculations, des lapins ainsi infectés à d'autres animaux de même espèce. Ces essais réussissent, et l'auteur remarque que les accidents ainsi déterminés, tendent à s'affaiblir à mesure qu'on s'éloigne des premiers sujets mis en expérience.

Hueter et Tommasi inoculent à des lapins des fausses membranes recueillies sur des malades et ils trouvent, dans le sang des animaux morts au bout de vingt à quarante heures, des corpuscules infiniment petits et, disent-ils, caractéristiques. Cependant Billroth essayant de son côté à reproduire les expérimentations antérieures, arrive au contraire à des conclusions négatives et affirme que Hueter et Tommasi ont obtenu des phlegmons et rien autre chose.

Enfin M. Labadie-Lagrave se livre à une série de recherches bien conduites. Il fait une injection hypodermique avec du sang diphthérique et n'obtient aucun résultat ; il inocule ensuite des fausses membranes sous la peau : mêmes résultats négatifs. Enfin il place des exsudats dans la trachée au moyen d'une canule en caoutchouc, et, cette fois, il fait naître des fausses membranes trachéales. Il faut pourtant se méfier de ces dernières expérimentations, le traumatisme pouvant exercer une certaine influence sur la production de la trachéite membraneuse.

Malgré tous ces travaux, nous devons avouer que nous

ne sommes pas encore absolument édifiés sur cette grave question de l'inoculation de la diphthérie, et que des recherches nouvelles sont nécessaires.

La *récidive* de cette maladie est-elle possible ? En d'autres termes, une première atteinte d'angine couenneuse crée-t-elle l'immunité pour l'avenir ? En aucune façon ; les récidives sont possibles et, même, elles ne sont pas rares. Le cas de Gillette en est une preuve ; des faits analogues s'observent tous les ans dans les hôpitaux d'enfants, et j'ai moi-même opéré du croup un jeune garçon qui avait déjà subi la trachéotomie deux années auparavant : aussi devrez-vous bien vous garder de croire à l'abri d'une récidive, les individus atteints une première fois de diphthérie.

On admet généralement que l'angine couenneuse peut être *secondaire*. C'est ainsi qu'on la voit éclater après la scarlatine, dans la convalescence de la rougeole, de la fièvre typhoïde, dans le cours de l'état puerpéral, et même dans la grippe (W. Marshall). Nous verrons ce qu'il faut penser de ces cas : qu'il me suffise, dès à présent, de vous dire que l'on ne doit pas les accepter sans réserves.

Nous venons de passer en revue les conditions étiologiques et pathogéniques qui président à l'évolution de l'angine pseudo-membraneuse ; voyons maintenant quelles sont les LÉSIONS ANATOMIQUES qui la caractérisent. Nous étudierons d'abord à l'œil nu les altérations des différents organes atteints dans le cours de cette maladie infectieuse ; nous chercherons ensuite les désordres révélés par le microscope.

Les lésions *macroscopiques* varient très-sensiblement suivant que l'on envisage les cas légers, bénins, ou au contraire les formes graves; il est donc nécessaire d'en faire successivement l'étude. Nous commencerons par les FORMES SPORADIQUES OU BÉNIGNES, dont les lésions sont moins complexes, et nous décrirons successivement les fausses membranes et les modifications que présente la muqueuse de la gorge.

Les *fausses membranes pharyngées* offrent, suivant les régions, une disposition et une étendue variables. On les trouve sur les amygdales, occupant les surfaces lisses inter-lacunaires ; au voile palatin, elles s'étalent sur l'une ou sur les deux faces et les piliers sont tapissés par des pseudo-membranes souvent lisses : la luette est souvent comme engaînée par l'exsudat fibrineux. Enfin la paroi postérieure du pharynx semble enduite d'une couche jaunâtre plus ou moins épaisse; quelquefois même, la voûte palatine est envahie. Les exsudats peuvent se montrer encore à l'intérieur du larynx, sur d'autres muqueuses et même sur la peau; nous y reviendrons.

La *forme de l'exsudat* diphthérique est variable : tantôt ce sont, à proprement parler, des plaques plus ou moins larges ; tantôt, au contraire, les membranes forment un revêtement complet à une région plus ou moins étendue de la muqueuse. Quelle que soit d'ailleurs leur dimension, ces produits diphthériques offrent tous un caractère remarquable, c'est d'être toujours exactement moulés sur les parties qu'ils recouvrent.

La *coloration* des fausses membranes n'est pas constante : on les trouve, ici, d'un blanc laiteux, rappelant assez bien l'aspect de l'albumine cuite ; là, au contraire, d'un blanc grisâtre ; ailleurs enfin, d'une teinte foncée, brunâtre : dans ce dernier cas l'exsudat membraneux contient, comme nous allons le voir, une certaine quantité de sang, particularité d'ailleurs peu commune dans les formes sporadiques.

Les *adhérences* entre la fausse membrane et la muqueuse sont fort intimes au début, ce qui s'expliquera par les notions histologiques : elles diminuent plus tard, mais n'empêchent jamais d'enlever par larges plaques les produits exsudés. En somme, l'agglutination des couches membraneuses qui recouvrent la muqueuse, semble moins considérable, moins intime que pour les fausses membranes herpétiques. C'est pourquoi ces dernières ne peuvent guère être détachées sans que l'on emporte une couche, si minime qu'elle soit, de la muqueuse, fait qui ne se produit pas pour les plaques diphthériques.

Quant à *l'épaisseur* de ces fausses membranes, elle varie d'un demi à un millimètre, jusqu'à deux millimètres et même davantage : elle est d'ailleurs en rapport avec l'époque de la maladie, ou mieux encore avec le degré d'ancienneté de la fausse membrane.

La *consistance* des produits pelliculaires est d'abord un peu molle : Bretonneau la comparait à celle du mucus à demi coagulé. Puis les exsudats deviennent de plus en plus résistants, et surtout, caractère important, élastiques; ils se déchirent mal et se brisent par une traction un peu forte. Enfin, lorsqu'ils sont plus anciens, ils se ramollissent et se détachent plus facilement.

Les fausses membranes offrent aux *agents chimiques* une résistance bien différente suivant le réactif employé. Tandis que l'acide nitrique, l'acide chlorhydrique même, n'ont guère d'action sur elles, les alcalis, la potasse, la soude, la chaux, les désagrègent : il en est de même, mais à un moindre degré, pour le chlorate de potasse. C'est encore avec l'eau de chaux et surtout avec une solution de soude caustique dans la glycérine (H. Roger et Réveil) que l'on obtient le mieux la dissolution des produits diphthériques. Ce résultat vous laisse immédiatement pressentir des conséquences importantes au point de vue de l'intervention thérapeutique.

La *muqueuse sous-jacente* paraît à peu près saine, sauf la rougeur initiale sur laquelle insistait Bretonneau. Il existe en somme une hyperémie assez peu considérable; d'autre part, la muqueuse a parfois conservé son aspect lisse ordinaire; plus souvent peut-être, elle offre des parties dépolies, par suite de la chute de son épithélium. Rarement, elle est le siége de petites ecchymoses; enfin sa consistance est absolument normale ou à peine diminuée.

Les FORMES ÉPIDÉMIQUES OU MALIGNES de la maladie, encore appelées septiques ou *toxiques*, présentent quelques différences dans l'état des exsudats diphthériques et de la muqueuse.

Les *fausses membranes* sont souvent plus étendues; leur *consistance* est plus molle, comme pulpeuse, à ce point qu'elles paraissent même quelquefois à demi diffluentes. En outre, elles sont toujours moins adhérentes à la muqueuse qu'elles recouvrent.

Leur *coloration* s'éloigne du blanc laiteux et prend une teinte jaunâtre, jaune verdâtre, qui peut, dans d'autres cas, tirer sur le gris, ou même atteindre le brun noirâtre. Dans ces conditions dernières, l'apparence de l'exsudat est bien celle d'une couche mortifiée : on dirait de larges plaques sphacélées; ces particularités permettent de comprendre l'idée de gangrène que les anciens avaient de la maladie; ces teintes différentes sont le fait d'une certaine quantité de sang exhalé, sang dont le mélange modifie l'aspect de la fausse membrane, de même qu'il contribue, en se décomposant, à vicier l'haleine des sujets. Dans cette forme, en effet, les fausses membranes ont ordinairement une *odeur fétide*, qui est parfois assez prononcée pour faire croire à l'existence d'une gangrène.

La *muqueuse*, débarrassée des couches pseudo-membraneuses plus ou moins épaisses qui la tapissent, se montre tuméfiée et rouge, en sorte que la fausse membrane semble quelquefois comme enchâssée de tous côtés par les tissus sains ; et de là résulte la fausse apparence d'une ulcération grisâtre taillée dans la muqueuse pharyngienne. La coloration rouge du derme est très-accusée et va souvent jusqu'à la teinte violacée ; il n'est même pas rare de constater l'existence de petites hémorrhagies interstitielles. Enfin l'on a vu, dans quelques cas, des exulcérations ou même des ulcérations au niveau des parties malades.

Un des points les plus controversés, dans cette longue histoire anatomo-pathologique, c'est l'existence possible de la *gangrène*. Vous avez déjà vu à quelles erreurs on pourrait se laisser entraîner si l'on ne tenait compte que de l'aspect des fausses membranes, de leur odeur, de la tuméfaction des tissus. Il faut donc se méfier de ces cas difficiles à interpréter : ils sont véritablement la cause des discussions nombreuses auxquelles a donné lieu l'étude de la gangrène dans la diphthérie, étude à laquelle on peut reconnaître trois phases assez distinctes. La première a été basée presque exclusivement sur les recherches cliniques, l'anatomie pathologique étant encore délaissée ou peu s'en faut : la gangrène, à cette époque, était envisagée comme l'élément essentiel de ces angines. Avec les recherches de Bretonneau commence la seconde période : Bretonneau ne constate pas l'existence de la gangrène dans les nombreux cas de diphthérie observés par lui : conséquent avec ses observations, il nie la possibilité du sphacèle; c'était se montrer trop absolu. Après lui vient la troisième phase, où commence la réaction contre ces idées exclusives : on se demande pourquoi il ne pourrait pas y avoir de gangrène dans la diphthérie; bientôt on en trouve des cas incontestables, en particulier une observation de M. Millard, où l'on vit se produire manifestement le sphacèle de la luette, et, l'attention des observateurs étant attirée sur ce point, d'autres faits analogues ont été recueillis.

Que conclure de toutes ces discussions? Que la gangrène peut être, dans le cours de la diphthérie, l'expression symptomatique plus spéciale de telle ou telle épidémie. Mais il n'en est pas moins vrai que, même dans les formes graves, malignes, il n'y a pas le plus ordinairement de sphacèle; la meilleure preuve que l'on en puisse donner, c'est la rareté même des observations de gangrène, malgré le nombre considérable d'autopsies de croup, d'angines couenneuses et des autres localisations diphthériques; notez aussi que dans les cas, malheureusement peu communs, de guérison de la diphthérie grave, on ne signale pas l'existence de cicatrices ultérieures, cicatrices qui ne devraient pas faire défaut s'il y avait eu mortification réelle du pharynx.

Le *tissu cellulaire sous-muqueux* participe, ordinairement à un faible degré, à la tuméfaction ; quelquefois on y constate un œdème notable. J'ai eu l'occasion d'observer un de ces faits vraiment exceptionnels : dans un cas d'angine diphthérique maligne avec croup, indépendamment des fausses membranes qui tapissaient le pharynx et le larynx, j'ai constaté à l'autopsie l'existence d'une suffusion séreuse qui distendait à un très-haut point les replis aryténo-épiglottiques ; je n'ai jamais vu un cas plus accentué d'œdème de la glotte [1].

Lorsque la mort survient vers la fin, ou *à une période avancée*, de l'angine couenneuse, qu'elle soit déterminée par l'intoxication diphthérique ou par le croup, on trouve les lésions anatomiques un peu modifiées. Les fausses membranes anciennes sont molles, à demi détachées ; elles pendent, retenues encore sur quelques points, en particulier au niveau des cryptes amygdaliens.

La muqueuse est pâle, mais n'offre aucune trace de mortification ni d'ulcérations ; parfois, elle présente encore une légère rougeur : l'épithélium qui la recouvre est opalescent, comme on le voit après la stomatite aphtheuse ou à la suite de l'herpès guttural. En défi-

---

[1]. J'ai rencontré, cette année même, un second fait semblable chez un très-jeune enfant : le larynx a été présenté à la Société anatomique par mon interne, M. Michaux.

nitive, l'examen macroscopique décèle des altérations de peu d'importance.

Après avoir passé en revue les lésions anatomiques susceptibles d'être constatées à l'œil nu, il est nécessaire de rechercher quelle est la *composition histologique des fausses membranes.*

L'étude de la structure et de la composition des produits diphthériques a, elle aussi, subi plusieurs phases successives. A l'époque où Bretonneau faisait connaître ses premiers travaux sur la diphthérie, on considérait les pseudo-membranes comme un *produit de sécrétion de la muqueuse.* Plus tard, ce furent des *productions fibrineuses;* encore cette fibrine était-elle regardée comme *moléculaire* par les uns, comme *réticulée* par les autres : le microscope donnait en effet (et donnerait encore) l'une ou l'autre de ces apparences, suivant que l'on préparait les fausses membranes par écrasement ou par dissociation avec les aiguilles.

Les récentes recherches de Wagner, Rindfleisch, Wertheimber et d'autres observateurs autorisés ont donné des notions exactes sur l'histologie des membranes diphthériques. Après durcissement dans l'acide picrique, si l'on pratique des coupes et qu'on les colore, on aperçoit des lésions intéressantes. Ce sont d'abord des cellules épithéliales d'apparence vitreuse, présentant des prolongements, et d'autant plus grandes qu'elles sont plus superficielles : est-ce de la fibrine qui les distend ? Le doute est légitime. Quoi qu'il en soit, pour la plupart des micrographes, ces cellules subissent une rétraction graduelle du protoplasma d'où résultent des sortes de ramifications qui constituent des réseaux plus ou moins larges; en même temps, les noyaux disparaissent. Ces cellules déformées représenteraient les couches successives de l'épithélium de la muqueuse, et il y aurait en outre une néoplasie véritable de cellules petites, cellules lymphoïdes ou leucocytes. Seulement, pour Wagner, les éléments épithéliaux subissent la dégénérescence fibrineuse, tandis que Rindfleisch voit, dans l'exsudation primordiale d'un liquide qui se coagule dans les interstices cellulaires, le point de départ des lésions.

Toujours est-il que les couches profondes de ces fausses membranes n'ont pas absolument la même structure que les superficielles : elles constituent un réseau à mailles lâches emprisonnant de nombreux leucocytes; cette disposition permet de comprendre (les couches profondes étant les plus molles) pourquoi les fausses membranes épaisses se détachent mieux que les minces.

Il est inutile d'insister plus longuement sur ces détails histologiques. Rappelez-vous seulement que les divers éléments qui constituent les fausses membranes peuvent subir plus tard la fonte granuleuse et granulo-graisseuse, ce qui explique la mollesse et même la diffluence progressive de l'exsudat[1].

Il me reste, pour achever cette étude, à vous parler d'un fait de détail, d'une grande importance, qui, s'il était confirmé, modifierait profondément l'histoire entière de la diphthérie : je veux parler de la présence des spores arrondis d'un cryptogame, au milieu des différents éléments que je viens de vous décrire. Letzerich, qui le premier a décrit ces spores dans les crachats d'un diphthérique, les rapproche de ceux du *Zygodesmus fuscus*. Bühl et surtout OErtel ont repris cette étude : ce dernier micrographe aurait vu des myriades de ces champignons pullulant partout, non seulement dans la fausse membrane, mais même dans la muqueuse, dans le tissu sous-muqueux, dans les voies lymphatiques, et jusque dans les reins ; on les a retrouvés dans la moelle ! Poursuivant leurs recherches à ce point de vue spécial, Hueter et Tommasi décrivent ces microphytes dans le sang des diphthériques. Enfin, d'après Nassiloff (de Saint-Pétersbourg) les os seraient dénudés de leur périoste, et les spores seraient accumulées jusque dans les conduits de Havers.

Ces faits et cette théorie ne sont pas admis par tous

---

1. MM. Balzer et Talamon ont signalé des lésions inflammatoires des glandes salivaires (sous-maxillaires et parotides). Ces lésions sont caractérisées par un gonflement anomal des glandes qui prennent une teinte jaunâtre. Histologiquement, les altérations occupent les épithéliums, le tissu conjonctif circum-canaliculaire, les vaisseaux sanguins qui sont congestionnés et les lymphatiques qui se remplissent de cellules.

les observateurs, et Wertheimber, par exemple, refuse aux champignons toute importance. Dans l'état actuel de la science, nous ne sommes donc pas en mesure de formuler une conclusion nette et précise : ces spores, il est vrai, ont été décrites par nombre d'histologistes; mais nous ne savons pas si leur présence est purement accidentelle, et conséquemment de valeur très-secondaire, ou si au contraire elles constituent un fait constant, capital, pouvant et devant tenir une place importante dans l'histoire de la diphthérie.

Les *ganglions* auxquels se rendent les lymphatiques de la région malade présentent toujours certaines altérations. Ce sont d'abord les plus superficiels, ceux de la région sous-maxillaire, puis les profonds, carotidiens et sterno-mastoïdiens qui sont affectés. Ils offrent un gonflement inflammatoire; ils sont rouges, et le microscope montre que cette rougeur est produite par une véritable hyperémie; en même temps, on y constate une accumulation de leucocytes. Quelquefois, l'adénopathie aboutit à la purulence, et l'on peut voir se former un abcès ganglionnaire. Le tissu cellulaire *péri-adénique* est également le siége d'un gonflement et d'une hyperémie notables; pour MM. Roger et Peter, il ne s'agit pas là d'un œdème véritable, mais bien d'une sorte de bouffissure des parties.

Les altérations cadavériques ne sont pas bornées aux premières voies et aux ganglions lymphatiques : il existe aussi des *lésions viscérales*. C'est qu'en effet la diphthérie n'est point une affection locale, mais une maladie générale, donnant lieu à des altérations de tout point comparables à celles que l'on a constatées dans les pyrexies à forme typhoïde. Ces altérations profondes, qui appartiennent surtout aux *formes graves* de la maladie (comme d'ailleurs dans toutes les fièvres), peuvent être rangées en deux groupes bien distincts : premièrement des *congestions*, auxquelles il faut bien prendre garde, car elles ne doivent pas être confondues avec des suffusions cadavériques, et secondement des *modifications des tissus*, conséquence des troubles nutritifs et pouvant par suite se caractériser par des altérations des éléments cellulaires.

Commençons par le *tube digestif*. Et d'abord, y a-t-il des propagations diphthériques le long de sa muqueuse? La diphthérie de *l'œsophage* est fort rare. M. Empis, M. Isambert, Wertheimber ont expliqué cette difficulté de la propagation par ce fait que la muqueuse œsophagienne se trouve partiellement à l'abri du contact de l'air. Vous retrouverez toutefois dans l'ouvrage de Bretonneau deux cas de diphthérie de l'œsophage propagée jusqu'au cardia. M. Millard, M. Vidal, l'ont également observée [1].

---

1. M. Talamon a présenté en 1878 à la Société anatomique un fait d'angine diphthérique dans lequel l'œsophage était recouvert d'une

L'*estomac* est sain ; mais l'*intestin*, d'après Trousseau, présenterait souvent les traces d'une entérite catarrhale. Ces altérations sont, en somme, de peu d'importance ; il n'en est pas de même de celles de la glande hépatique, des reins et des muscles, altérations dont j'ai pu constater l'existence dans un grand nombre d'autopsies.

Le *foie* paraît volumineux ; son aspect extérieur dénote tantôt la congestion, tantôt au contraire l'anémie : sa substance dans ce dernier cas est pâle, souvent sillonnée de lignes d'un blanc jaunâtre, correspondant aux impressions costales. Sur la coupe, le tissu de l'organe est sec, rarement humide, et dans ce cas le sang qui s'écoule est poisseux. Les cellules hépatiques sont troubles, présentent un état très-granuleux et souvent il existe une stéatose très-marquée ; il va sans dire que pour cette appréciation vous devrez toujours tenir compte de la présence normale de granulations graisseuses antérieures à la maladie.

Nous avons peu de chose à dire de la *rate :* quelquefois hyperémié, cet organe est alors légèrement augmenté de volume.

Par contre, les *reins* nous offrent des altérations intéressantes, qui sont toujours de la même nature que celles

---

fausse membrane qui se prolongeait jusqu'au cardia où elle cessait brusquement : l'exsudat présentait la plus grande épaisseur à la partie inférieure du canal œsophagien.

du foie. La substance corticale est d'ordinaire congestionnée; les glomérules tranchent sur la coupe par leur teinte d'un rouge violacé; quelquefois, de place en place on aperçoit des régions pâles. La substance médullaire, au contraire, est d'un gris jaunâtre, décolorée; j'ai vu plusieurs fois la distension sanguine des artérioles d'Arnold trancher sur la pâleur du tissu environnant. L'examen histologique prouve que l'épithélium des tubes est altéré; il a subi la tuméfaction trouble de Virchow : il est souvent rempli de granulations protéiques, ou même absolument granulo-graisseux; j'ai toujours trouvé ces lésions surtout marquées au niveau des tubes de Henle, qui deviennent alors très-faciles à suivre.

L'appareil respiratoire offre des altérations variables, suivant que l'angine s'est compliquée ou non de laryngite diphthérique; dans ce dernier cas, les *poumons* sont quelquefois sains. Plus fréquemment peut-être, ils présentent une congestion hypostatique; il n'est pas rare de trouver de petites hémorrhagies pleurales et sous-pleurales; quant aux lésions phlegmasiques elles sont extrêmement rares en dehors du croup.

Lorsque les voies aériennes participent à la diphthérie pharyngée, les poumons sont le siége d'une congestion plus ou moins considérable, congestion qui s'accompagne d'emphysème. La bronchio-pneumonie lobulaire, et non pas la pneumonie lobaire, est le plus souvent constatée. Par contre, la pleurésie se rencontre rarement : l'existence d'un épanchement pleurétique constitue une rareté clinique, et, pour ma part, je n'en ai observé qu'un seul cas ; mais, quand les noyaux bronchio-pneumoniques sont superficiels, il n'est pas rare de trouver à leur niveau quelques fausses membranes pleurétiques de date récente.

Les *muscles* présentent, à des degrés divers, des lésions à peu près constantes. Il ne s'agit point ici de dégénérescence cireuse, comme on le voit souvent dans la fièvre typhoïde et dans nombre de pyrexies graves, notamment dans la scarlatine ; je ne l'ai jamais rencontrée dans les nombreuses autopsies que j'ai pu faire ; mais il existe une *dégénérescence granuleuse* à des degrés variables de développement. La striation transversale des fibres musculaires devient moins marquée, moins visible. Les éléments fibrillaires des faisceaux primitifs semblent plus facilement dissociables, comme s'ils avaient perdu leur cohésion normale ; et, de fait, cette dissociabilité disparaît après le durcissement dans l'acide chromique, en même temps que la striation transversale réapparaît. On trouve en outre une *altération granuleuse* des muscles, caractérisée par la présence de granulations protéiques ou même graisseuses dans les fibres musculaires ; les noyaux du sarcolemme ne paraissent pas altérés.

Ces lésions se retrouvent réparties à toute l'étendue du système musculaire à fibres striées; mais cette distribution se fait d'une manière inégale. Il faut reconnaître avant tout que les muscles sous-jacents aux fausses membranes semblent surtout atteints; la loi de Stokes trouverait donc ici son application. Mais, dans un même muscle, à côté de faisceaux totalement dégénérés, vous en rencontrerez d'autres tout à fait intacts, et, dans un même faisceau, vous apercevrez, isolées au milieu de parties malades, des fibres absolument normales.

L'appareil circulatoire ne laisse pas que d'être souvent atteint, et principalement le cœur; le *muscle cardiaque*, cela va sans dire, participe largement à l'altération musculaire générale qu'il me suffit de vous rappeler. Le siége spécial de la dégénération granuleuse se trouve sur les muscles tenseurs des valvules auriculo-ventriculaires, ou muscles papillaires; mais les lésions histologiques n'en occupent pas toujours toute l'épaisseur; la dégénérescence s'étend quelquefois sous forme de pinceaux gris jaunâtre, d'un ou deux millimètres de largeur, et visibles au milieu du cylindre musculaire non altéré. D'autres fois, les lésions sont disséminées dans toute l'épaisseur de l'organe, mais occupent seulement quelques fibres musculaires isolées.

Le *péricarde* n'a pas encore été bien étudié au point de vue des lésions qu'il peut présenter dans la diphthérie.

On a pourtant constaté quelquefois, dans le croup, l'existence d'ecchymoses sous-péricardiaques : en Angleterre, on les a signalées également à la suite de l'angine diphthérique. La présence d'un épanchement dans le péricarde (Robinson Beverley) est absolument exceptionnelle.

L'état de l'*endocarde* est mieux connu depuis les recherches de MM. Labadie-Lagrave et Bouchut, et surtout depuis la thèse très-complète de M. Labadie-Lagrave. Ces observateurs ont rencontré sur le bord des valvules, surtout sur la mitrale et plus rarement sur les sigmoïdes, des altérations qu'ils rapportent à l'angine infectieuse. Ces lésions consistent en un certain gonflement, en une boursouflure plus ou moins notable de la séreuse cardiaque : toutefois, il faut bien se garder de prendre pour une lésion pathologique ce qui peut n'être qu'une disposition normale. Cette apparence ne suffirait pas pour admettre chez les enfants l'endocardite, si, dans un certain nombre des faits rapportés, on n'avait noté la présence de vaisseaux évidents sur les bords valvulaires ; les études histologiques sont venues en outre prêter un certain appui à cette vérification. Si ces résultats étaient ultérieurement confirmés, il serait donc démontré que la diphthérie peut se compliquer d'une endocardite à forme hyperplastique : c'est une forme végétante aiguë, mais non point ulcéreuse. Il reste à prouver quelle en est la fréquence et quelles déductions pathogéniques on en peut tirer [1]. En tout cas, il ne s'agit pas ici d'une de ces endocardites ulcéreuses pouvant donner naissance à des embolies.

Les cavités du cœur, surtout à droite, renferment ordinairement des *caillots*. Ainsi que l'a montré M. Robinson Beverley, les uns sont cruoriques, récents, sans importance réelle, les autres fibrineux. Ces derniers, que l'on rencontre à l'autopsie des sujets morts d'angine diphthérique, sont-ils *préagoniques* ou *agoniques* ? J'avoue pour ma part que je ne suis pas très-convaincu de la formation ancienne de la plupart, sinon de la totalité de ces coagulums. Est-il possible dès à présent de formuler des conclusions tirées de leur présence dans les cavités cardiaques ? Je ne le pense pas.

Il résulte en somme des faits que je viens de vous exposer que le cœur participe aux altérations qui frappent tout l'organisme des diphthériques; mais l'altération consiste-t-elle dans des lésions de ses valvules, dans la présence de caillots ou dans la dégénérescence de son tissu musculaire ? Voilà ce que je ne puis préciser; toutefois, on ne saurait se refuser à reconnaître dans le cœur, comme dans les divers organes et tissus, les traces d'une profonde lésion de nutrition.

1. J'ai tenu à reproduire sans aucune modification cette leçon (comme toutes les autres), en ce qui concerne tout particulièrement les manifestations cardiaques de la diphthérie. Les recherches plus récentes de M. le professeur Parrot ont définitivement élucidé cette question et démontré que les *nodules hématiques* des valvules sont absolument indépendantes de la diphthérie et ne sont aucunement le produit d'une phlegmasie endocardiaque.

Le *sang* lui-même, comme dans toute maladie générale, est altéré. Il peut se présenter sous deux aspects différents : tantôt fluide, d'une teinte brun sale, comparée à la sépia (Millard); c'est véritablement le *sang dissous* qui caractérise les affections pyrétiques graves, dans lesquelles la mort a été rapide. Tantôt la coagulation de la fibrine donne naissance à des caillots cardiaques ou vasculaires, mollasses, brunâtres, tremblotants comme de la gelée; quelquefois, ces deux états coexistent et rappellent l'aspect du raisiné mal cuit. Je dois ajouter que M. Bouchut, ayant fait l'examen microscopique du sang, aurait constaté, dans la plupart des cas, une véritable leucocytose. Enfin, je me contenterai de vous rappeler les recherches de Hueter et Tommasi, d'OErtel, sur les microphytes du sang.

Pour terminer cette étude anatomo-pathologique, il me resterait à vous parler des lésions du *système nerveux;* mais elles sont encore bien incomplètement connues et d'ailleurs leur étude sera mieux placée à la description des paralysies diphthériques.

DIX-HUITIÈME LEÇON

ANGINE DIPHTHÉRIQUE (SUITE)

Envisagée au point de vue clinique, cette angine peut se présenter sous des aspects très-différents; aussi l'étude des SYMPTÔMES a-t-elle permis de décrire un certain nombre de formes. Ici, vous assistez à l'évolution d'une angine diphthérique beaucoup moins grave : c'est l'*angine diphthéroïde* de M. Lasègue. Là, au contraire, vous voyez se dérouler sous vos yeux les accidents de la forme *infectieuse*, dont une variété, d'allures comme pestilentielle, constitue l'*angine hypertoxique*.

Pour plus de clarté, et pour éviter des redites, étudions séparément chacune de ces deux formes.

L'ANGINE DIPHTHÉRIQUE COMMUNE (angine diphthérique normale de Trousseau, angine diphthéroïde de Lasègue, forme abortive de Wertheimber), la moins grave de toutes, est beaucoup moins fréquente qu'on ne serait tenté de le croire au premier abord. D'après les recherches auxquelles se sont livrés MM. Roger et Peter, l'angine légère ne comprendrait guère que le tiers des cas de diphthérie gutturale. Le début en est ordinairement *fort insidieux* : c'est à peine s'il existe un léger état fébrile, quelques frissonnements, d'ailleurs inconstants, assez fréquemment un simple malaise (Lasègue). Il est rare que l'on voie survenir un accès de fièvre précédé d'un frisson; MM. Roger et Peter ont très-exceptionnellement noté des attaques éclamptiques. En somme, une légère chaleur à la peau, quelques troubles digestifs, une céphalalgie modérée, tels sont les signes constatés ordinairement à la période initiale : la pyrexie infectieuse s'établit sourdement, sans bruit, sans tumulte; elle surprend le malade. Il en est de même pour les symptômes fonctionnels, qui, à cette période, passent souvent inaperçus. Un *léger mal de gorge*, qu'on ne pourrait guère qualifier de dysphagie, se montre discrètement; et, comme le dit Trousseau, « c'est très-peu de chose ». Par contre, un signe important, capital, apparaît souvent dès le début, je veux parler de l'engorgement ganglionnaire. On observe donc, dans cette forme légère, des *phénomènes initiaux de peu d'importance*, absolument comme dans ces cas appartenant aux formes graves et où, trompé lui-même par des symptômes aussi peu alarmants, le malade, selon la remarque de Trousseau, mange, marche, travaille et peut mourir tout à coup, le lendemain ou le soir du jour où il s'est alité. C'est ce qui arriva à une petite fille qui gardait ses troupeaux dans la journée et qui succombait le soir même.

Cependant, il existe dès lors un certain nombre de *signes objectifs* qui permettent, dès qu'ils sont constatés, d'établir la nature de la maladie : sur la muqueuse pharyngienne, un peu rouge, on aperçoit en effet, en faisant largement ouvrir la bouche, des *fausses membranes*. Ces exsudats, qui apparaissent de quelques heures seulement à vingt-quatre ou trente-six heures après le début, sont d'abord d'une teinte opalescente, bientôt blanche, d'une blancheur mate et offrant un aspect lardacé. Cette fausse membrane occupe de préférence les amygdales, les piliers palatins; sa forme arrondie est celle d'une tache, d'une plaque plus ou moins irrégulière; quelquefois les plaques sont multiples, accolées ou non. Les dimensions de l'exsudat s'accroissent avec une rapidité effrayante : peu importe le nombre des pellicules diphthériques; une fois formées, elles s'étalent et progressent suivant une marche serpigineuse remarquable, bien différente de celle de l'herpès guttural. La fausse membrane est adhérente à la muqueuse qu'elle recouvre; elle offre à ses débuts l'épaisseur d'une grosse feuille de papier à filtre.

Lorsque l'on arrache les pseudo-membranes récemment formées, la *muqueuse* sous-jacente est souvent saignante; celle du voisinage, d'abord d'un rouge sombre, fréquemment d'une teinte violacée, pâlit très-rapidement; dans certains cas, elle forme autour de la plaque diphthérique une véritable saillie, en sorte qu'elle donne alors à la lésion la fausse apparence d'une ulcération grisâtre, avec un cercle ambiant d'un rouge vif.

Quel est le *mode de développement* de ces fausses membranes? Il vous arrivera peut-être, mais d'une façon bien exceptionnelle, d'assister à leur naissance; d'ordinaire, vous n'en pourrez suivre que les progrès : néanmoins voici l'évolution de l'exsudat tel que l'ont décrite les auteurs qui ont pu l'observer. Quelques heures avant que les produits pelliculaires apparaissent, on constate l'existence d'une rougeur plus ou moins vive : cette période qui précède le développement des fausses membranes a été désignée par MM. Roger et Peter sous le nom de *période inflammatoire*. Bientôt après se dépose sur la muqueuse un mucus à demi concret (Bretonneau) : puis l'on voit se constituer une plaque opaline, à moitié transparente, et se laissant d'abord facilement détacher : c'est la fausse membrane.

Une fois formés, les exsudats progressent, avec une facilité d'extension remarquable : les amygdales sont bien vite recouvertes par les plaques qui, débordant en avant et en arrière, s'étalent sur les piliers du voile palatin, sur le voile lui-même; rarement elles vont plus loin. Le pharynx reste souvent indemne; de même, les limites de la région palatine sont fréquemment respectées par les produits diphthériques, lesquels forment à ce niveau une sorte de bord festonné.

Si la *marche extensive* semble momentanément arrêtée, il ne faut pas croire que la maladie subisse un temps d'arrêt véritable. Arrachez ces fausses membranes, cautérisez la muqueuse, et malgré cela vous assisterez en peu de temps à la *reproduction des exsudats:* c'est en effet l'un des caractères les plus importants, les plus constants de la diphthérie. Cette repullulation sur place se fait avec une rapidité effrayante; en quelques heures, toute la région que vous avez détergée se recouvre de plaques nouvelles qui présentent alors une surface assez souvent inégale, comme stratifiée : l'arrachement, la cautérisation de ces exsudats, loin de les détruire, semble même quelquefois accroître leur force d'extension.

Pendant que ces altérations pharyngées se déroulent sous les yeux de l'observateur, les *troubles fonctionnels* s'accentuent de même. La douleur, il est vrai, reste d'ordinaire faible, légère, et très-supportable; mais la gêne de déglutition, peu considérable au début, souvent même nulle d'après Bretonneau, augmente graduellement à mesure que s'étendent les fausses membranes. Y a-t-il là, suivant la loi de Stokes, une véritable parésie des muscles sous-jacents à la muqueuse malade? Le fait est possible; en tout cas, lorsque le derme muqueux est à nu, il existe toujours une vive douleur, qui entraîne une dysphagie très-grande. Par contre, il n'y a pas de gêne respiratoire réelle, ou du moins ce n'est pas une dyspnée du même genre que celle des affections des voies aériennes. La respiration est seulement troublée, comme dans toute angine, et la voix prend en même temps un timbre nasonné plus ou moins marqué.

Les *ganglions sous-maxillaires*, ceux de l'angle de la mâchoire, sont pris de très-bonne heure, et non pas du premier au cinquième jour, comme le disaient Rilliet et M. Barthez, qui d'ailleurs faisaient des réserves à cet égard. L'adénite est en effet précoce : les ganglions se tuméfient isolément ou par groupes, et font une saillie visible à l'extérieur; la pression exercée à leur niveau est douloureuse. Il existe en même temps une faible chaleur de la peau, une rougeur très-légère de la région, nullement comparable à celle que l'on observe dans certaines formes graves d'angine diphthérique.

Les *phénomènes généraux* ne sont pas toujours en rapport avec l'état local. La *fièvre* ne dure ordinairement que deux ou trois jours; le plus souvent légère, 39° à 39° 5 (Jaccoud), elle n'est même pas constante : la peau, à peine chaude, est plutôt moite que sèche.

L'*état des forces* est rarement normal, à moins qu'il ne s'agisse de cas remarquablement bénins. Dès le début de l'angine, au contraire, vous verrez la plupart des malades accuser de l'abattement, de la prostration, parfois légers, mais déjà sensibles, et que trahit en outre le *facies*. Les téguments du visage sont pâles, décolorés, vraiment anémiques, et cette teinte de la peau contraste avec le visage turgescent, rosé, des sujets atteints d'angines de bonne nature. De même aussi, le pouls, quoique fréquent, est souvent un peu mou et sans résistance.

Les fonctions digestives sont peu troublées : à peine la langue est-elle blanchâtre, et quant à l'inappétence, elle est loin d'être constante, si l'on s'en rapporte à certains faits signalés par Trousseau. Il ne faudrait pas toutefois attacher une grande importance à cette conservation de l'appétit : on ne l'observe guère que dans les formes peu sévères.

Lorsque la diphthérie se montre ainsi sous l'aspect d'une angine pseudo-membraneuse commune ou légère, la MARCHE de la maladie n'en est pas moins encore très-variable, suivant que les cas sont légers, ou bien au contraire qu'ils ont déjà une certaine gravité.

Dans les *cas très-légers*, le mouvement fébrile dure un ou deux jours, puis il tombe. Les manifestations gutturales se bornent à quelques exsudats diphthériques avec poussées peu nombreuses, exsudats qui s'étendent à peine et disparaissent soit en se détachant ou se laissant détacher aisément, soit par suite d'un ramollissement moléculaire. La rougeur de la muqueuse persiste un certain temps encore, et la guérison est bientôt assurée ; tout au plus est-elle entravée modérément par une légère tendance aux exulcérations, que présentent les parties de la muqueuse précédemment occupées par les fausses membranes. Toutefois la nature de la maladie se manifeste par l'anémie profonde, et par la lenteur souvent considérable de la convalescence, laquelle n'est pas en proportion avec l'apparente légèreté de l'affection gutturale; la guérison peut d'ailleurs, comme dans les autres formes de diphthérie, être retardée par des paralysies secondaires.

Ces cas si bénins caractérisent les *formes abortives* de l'angine couenneuse, bien étudiées par Wertheimber, et dont la nature diphthérique est surabondamment prouvée par les circonstances étiologiques au milieu desquelles on voit la maladie se développer.

Dans les *cas plus graves* de la forme commune, la diphthérie est plus tenace : l'évolution des fausses membranes est rapide, leur extension facile. Il se fait alors des poussées successives très-rapprochées, de quatre à douze heures d'intervalle, et qui ne se caractérisent pas nécessairement chaque fois par l'apparition de plaques pseudo-membraneuses nouvelles ; la marche extensive ne se décèle alors que par l'accroissement périphérique très-manifeste des fausses membranes déjà formées. Sur les amygdales, les produits diphthériques irréguliers, sont déprimés au niveau des lacunes amygdaliennes qu'ils tapissent; aussi leur surface est-elle inégale, comme stratifiée. Les piliers et le voile palatins sont souvent recouverts de produits pelliculaires qui, atteignant la luette, l'enveloppent comme d'un doigt de gant; parfois, un des bords seul de ce dernier organe est diphthérisé : il en résulte une incurvation toute spéciale. Enfin, le pharynx lui-même peut être envahi : sur sa muqueuse, on voit alors, d'après Bretonneau, apparaître des bandelettes rouges auxquelles succèdent, bientôt après, des plaques pseudo-membraneuses.

La diphthérie ne reste pas toujours localisée à ces régions ; la propagation des fausses membranes à la voûte palatine, pour être rare, n'en est pas moins possible; d'autre part, l'arrière-cavité des fosses nasales, la trompe d'Eustache, la muqueuse pituitaire et même les narines, sont souvent envahies, et l'on voit apparaître un coryza couenneux, dont la prognose est toujours sérieuse.

Les fausses membranes ainsi formées évoluent assez vite ; elles tombent, mais se reproduisent souvent, même sur les points d'où elles avaient semblé spontanément disparaître. Ces chutes et ces reproductions successives des plaques pseudo-membraneuses constituent une période d'état qui peut durer assez longtemps.

Dans les cas heureux, la *terminaison* ne se fait pas trop longtemps attendre. Les surfaces envahies se détergent ; les fausses membranes disparaissent, la muqueuse redevient rosée ; la *guérison* est obtenue au bout de huit, quelquefois dix jours et même plus, sans qu'il y ait eu d'ulcérations. La convalescence est toujours de longue durée ; les paralysies diphthériques, dont nous nous occuperons bientôt, peuvent retarder encore ou même compromettre la guérison définitive.

Souvent, trop souvent même, cette forme de mal de gorge se complique d'accidents redoutables. C'est qu'en effet, de toutes les angines diphthériques, c'est peut-être cette forme qui donne le plus fréquemment naissance au *croup* : c'est au croup secondaire qu'elle doit en grande partie sa gravité.

La facile propagation des plaques diphthériques à laquelle est due la diphthérie précoce des fosses nasales permet de comprendre la rapidité d'apparition des symptômes laryngés. Les fausses membranes existent encore ou sont à peine guéries à la gorge, que déjà les modifications du timbre vocal, puis bientôt les troubles respiratoires, les accès de suffocation, annoncent l'envahissement du larynx.

C'est surtout chez les enfants que se produit cette complication terrible. Trousseau ne craignait pas de dire que les 19/20 des angines couenneuses, dans le jeune âge, s'accompagnent de laryngite pseudo-membraneuse. Bretonneau estimait que le croup primitif d'emblée, sans diphthérie pharyngienne, ne s'observe qu'une fois sur cinquante-cinq. Cette proportion ne me semble pas répondre à la réalité des faits ; elle est certainement beaucoup trop faible, ce qui tient probablement à la nature des épidémies observées par le grand clinicien de Tours. Il importe que vous le sachiez bien, afin de ne pas méconnaître l'existence du croup par cette seule raison qu'il n'aurait pas été précédé d'une angine diphthérique, ou même qu'il n'y aurait point de fausses membranes gutturales au moment de votre examen.

Chez les adultes, le croup secondaire est plus rare.

La *mort par le larynx* est très-fréquente ; la terminaison funeste peut encore être occasionnée par l'adynamie profonde, par l'état d'épuisement où tombent les malades. Enfin vous pourrez voir des cas où la mort se produit, subitement, par syncope : j'ai observé plusieurs faits de ce genre.

L'ANGINE DIPHTHÉRIQUE TOXIQUE ou infectieuse diffère considérablement de la forme commune. Elle a été subdivisée elle-même en plusieurs variétés dont je ne crois pas qu'il soit nécessaire de vous tracer une description séparée : il me suffira de vous exposer la diphthérie toxique dans une étude générale ; quelques détails suffiront ensuite pour vous en faire connaître les diverses variétés.

Le *début* de cette angine infectieuse s'annonce par un accès de *fièvre*. Le mouvement fébrile est variable dans ses allures; il est souvent plus fort que dans la forme commune, mais il dure peu; parfois un abaissement de la température lui succède. En même temps, les symptômes initiaux apparaissent, et d'emblée ils sont très-intenses : engorgement ganglionnaire considérable, douleur quelquefois vive, apparition rapide des fausses membranes, tels sont les trois phénomènes constants et de grande importance.

Les *engorgements ganglionnaires* prennent dans cette forme un aspect tout particulier : ce sont de *véritables bubons*, rappelant ceux des maladies infectieuses. « *Pestiferi morbi naturam redolens :* le bubon sent la peste, » suivant l'expression de Mercatus. Il se produit en effet une tuméfaction énorme de toute la région sous-maxillaire : les ganglions et le tissu cellulaire qui les entoure se perdent au toucher dans une masse pâteuse, douloureuse et chaude; quelquefois, au niveau de la tuméfaction ganglionnaire, les téguments offrent une rougeur localisée : nous reviendrons plus tard sur ce point. L'adénopathie est d'abord unilatérale, puis elle devient vite bilatérale, comme les productions diphthériques de la gorge.

Les *fausses membranes* présentent quelque chose de spécial. Leur coloration est grisâtre, noirâtre, quelquefois d'un jaune fauve (Trousseau). Leur consistance est moins grande que dans l'angine commune : elle est pulpeuse; parfois même les exsudats forment un magma putrilagineux et sanieux. Leur odeur est fétide, comme gangréneuse, sans qu'il y ait cependant un véritable sphacèle de la muqueuse, du moins chez les enfants, ainsi que Trousseau l'a fort bien indiqué ; nous verrons que, chez les adultes, la gangrène, quoique très-rare, a été observée dans la diphthérie.

L'*évolution* de ces fausses membranes est prompte : en deux ou trois jours, quelquefois moins, toute la gorge en est couverte ; elles se détachent, mais elles se reproduisent aussi très-vite. La muqueuse sous-jacente est ecchymosée, violacée ; autour des plaques couenneuses, elle est d'un rouge foncé, tirant même sur le violet et souvent boursouflée, ce qui donne lieu à une fausse apparence d'ulcération, d'autant plus que la membrane diphthérique est fréquemment déprimée. Enfin Trousseau a signalé l'œdème de la muqueuse ; mais il est fort rare.

Les troubles fonctionnels sont très-marqués. La *douleur* est, chez quelques malades, assez vive ; Trousseau l'a même vu précéder l'apparition des fausses membranes : elle est parfois suivie d'une sécheresse, d'une ardeur de la gorge, et aussi d'une certaine difficulté de la déglutition. En même temps, le malade rend par expuition une certaine quantité de salive, de mucus et de débris fétides, qui communiquent aux crachats une odeur nauséabonde et sont le point de départ d'une auto-infection (Jaccoud).

L'appétit se perd très-rapidement, et bientôt existe

un dégoût invincible pour les aliments. Cette *anorexie* s'accompagne d'une soif légère, que calme l'ingestion de la faible quantité de boissons nécessaire pour humecter la bouche. La constipation est habituelle ; on n'observe la diarrhée qu'à la suite de certains traitements ou à titre de phénomène ultime.

Les forces sont très-promptement déprimées ; le malade tombe dans la *prostration*. Cependant MM. Roger et Peter ont noté que le décubitus dorsal est rare, car il augmente le malaise du patient. Les téguments de la face sont d'une pâleur extrême : cette teinte anémique s'accentue, alors même qu'il n'y a pas eu et qu'il n'y aura aucune hémorrhagie ; souvent encore, elle succède à une perte de sang insignifiante. La peau est cireuse, livide ; les yeux sont cernés, les traits immobiles. Le pouls, d'ordinaire fréquent, est quelquefois ralenti ; il est petit, faible, comme dans une maladie qui déprime le système nerveux. Cette faiblesse du pouls est-elle la conséquence de l'état du muscle cardiaque ? La chose est possible : si vous auscultez le cœur, vous trouvez en effet un bruit de souffle très-léger, mais qui mérite cependant d'attirer votre attention.

La respiration demeure indemne, car la propagation de la diphthérie à l'arbre bronchique est rare dans cette forme de la maladie, dont la réelle et rapide gravité ne laisse pas ordinairement aux pseudo-membranes le temps de s'étendre aussi bas. Quand vous voyez survenir la dyspnée, soyez assurés qu'elle tient presque toujours à une simple gêne mécanique résultant, comme dans toute angine, du gonflement de la gorge; et ce qui le prouve, c'est qu'en même temps apparaît un nasonnement plus ou moins marqué de la voix, que d'ailleurs il n'existe aucune menace d'asphyxie, et que le murmure respiratoire reste normal.

L'intelligence est souvent conservée jusqu'à la fin; chez l'adulte cependant, on peut voir un délire, une anxiété profonde, apparaître comme accidents ultimes : c'est ainsi que les choses se sont passées chez Valleix. D'autres fois, le malade tombe dans une stupeur très-marquée; souvent enfin, jusqu'à la dernière minute, il demeure dans une parfaite quiétude, aucun des symptômes qui se succèdent si rapidement, ne troublant sa tranquillité d'esprit.

Après avoir passé en revue les symptômes de l'angine diphthérique infectieuse, il est nécessaire de revenir sur les *diverses voies de propagation* possibles du mal. Nous avons déjà remarqué que, dans la forme toxique, la diphthérie laryngée est fort rare : bien plus fréquent est le *coryza couenneux*. L'envahissement des fosses nasales s'annonce par la rougeur des narines, qui se couvrent de croûtes, et par lesquelles se fait un écoulement séromuqueux, parfois mêlé d'un peu de sang; on peut même voir survenir des épistaxis dont l'abondance est rarement assez grande pour affaiblir les malades. L'écoulement séro-muqueux ou même sanieux qui se fait incessamment par les narines est fétide ; il ne tarde pas à déterminer des *excoriations cutanées* sur la lèvre supérieure. Le malade rend parfois en se mouchant des fausses membranes enroulées, moulées sur les cornets d'où elles proviennent. L'examen à l'aide du spéculum permet d'apercevoir les exsudats qui tapissent en grande partie les fosses nasales et autour desquels la muqueuse est rouge et tuméfiée ; mais de nombreuses croûtes gênent cet examen, toujours difficile chez les enfants. Il est inutile de revenir sur l'extrême gravité du coryza couenneux dans l'angine diphthérique ; la mort en est la terminaison habituelle.

L'extension de la maladie à la *trompe d'Eustache* s'annonce par ses symptômes habituels ; la rhinoscopie postérieure a permis à M. Fournié de constater directement la présence de l'exsudat à l'entrée de la trompe. On a également signalé des *otites internes* déterminant la perforation de la membrane tympanique, et par suite une otorrhée purulente (Wertheimber).

Le coryza couenneux peut également s'étendre jusqu'au *canal nasal* : le larmoiement persistant annonce cette propagation nouvelle (Trousseau). Les fausses membranes, poursuivant leur marche envahissante, peuvent même apparaître au grand angle de l'œil, et de là s'étaler sur la conjonctive et produire ainsi la *diphthérie oculaire*, absolument distincte, ne l'oubliez pas, de cette forme encore mal connue de conjonctivite grave, que l'on a appelée à tort l'ophthalmie diphthéritique. Sachez d'ailleurs que les manifestations oculaires de la diphthérie ne sont pas communes : je n'en ai observé que deux exemples. Dans ces deux faits, il existait un écoulement palpébral séro-purulent ; les fausses membranes, jaunâtres, siégeaient sur la conjonctive des paupières inférieures et du grand angle de l'œil.

Les muqueuses de l'*anus*, de la *vulve*, dès qu'une cause d'irritation quelconque vient à s'y faire sentir, peuvent être recouvertes par les exsudats pseudo-membraneux ; la malpropreté et surtout la leucorrhée ont été invoquées pour expliquer l'apparition de la diphthérie dans ces régions. Enfin la cavité utérine elle-même, si l'on en croit certains auteurs, aurait pu être envahie après l'accouchement.

Une des localisations les plus fréquentes de la fausse membrane diphthérique se fait à *la peau*. Indépendamment de la face cutanée des lèvres, des narines, qui sont affectées par propagation directe de la pseudo-membrane nasale, partout où il existe sur les téguments une solution de continuité quelconque, les exsudats pelliculaires pourront apparaître. Que ce soit une éruption d'eczéma, des plaques de favus, des piqûres de sangsues, l'ouverture d'un abcès, une brûlure, une écorchure due à une cause quelconque, une plaie ou même une déchirure produite par l'application du forceps (Trousseau), dès que l'épiderme protecteur fait défaut, la diphthérie envahit le derme mis à nu.

Les régions sur lesquelles a été faite l'application d'un *vésicatoire* sont tout spécialement sujettes à l'envahissement couenneux. Bientôt alors, vous voyez le derme rougir, puis se couvrir de plaques pseudo-membraneuses qui se développent là comme sur la muqueuse pharyngienne. Des phlyctènes apparaissent tout à l'entour, et se perforent; les surfaces du derme ainsi dénudées dans le voisinage de la première plaque, se diphthérisent à leur tour, et la superficie atteinte peut être double ou triple de l'étendue primitive du vésicatoire; assez souvent, les parties affectées prennent l'apparence de la gangrène. Tels sont les caractères que présentent les vésicatoires diphthérisés chez les sujets atteints d'angine toxique. Sachez aussi que rien n'est plus fréquent que de voir la diphthérie entrer dans l'organisme par la surface d'un vésicatoire; aussi devez-vous, dans les hôpitaux d'enfants, être très-circonspects dans l'emploi des épispastiques. Trousseau a même cité le fait d'un enfant qui contracta de la sorte la diphthérie cutanée et consécutivement une angine couenneuse grave. J'ai vu moi-même l'angine couenneuse suivie de croup se développer dans le cours d'une diphthérie cutanée occasionnée par une brûlure.

Parmi les complications qui peuvent survenir dans le cours de l'angine diphthérique, je signalerai seulement la *gangrène* de la muqueuse pharyngée, si rarement observée. J'arrive maintenant à la description des *hémorrhagies*. C'est presque toujours en très-petite quantité que les diphthériques perdent du sang : vous voyez alors une simple transsudation hématique, un véritable *stillicidium* qui se fait par le nez, par les lèvres, par la cavité buccale, par le pharynx même ; toutes ces exhalations sanguines trahissent l'état général grave qui préside au développement des divers symptômes. Dans ces circonstances, on a pu voir des pétéchies apparaître, et parfois s'accompagner de quelques bulles sanguinolentes ; très-exceptionnellement, vous observerez des hémorrhagies intestinales ou des hématuries. Le poumon lui-même pourrait, au dire de quelques auteurs, être aussi le siége de foyers apoplectiques : je croirais volontiers que l'on a pris pour tels ces pneumonies bâtardes qui, d'après Guersent, apparaissent du troisième au septième jour de la maladie.

Ces diverses hémorrhagies sont en somme peu abondantes ; toutefois, dans certains cas de coryza couenneux, on peut voir de fortes épistaxis survenir et, par leur répétition, contribuer à hâter la fin des malades.

Un symptôme dont la valeur est considérable surtout au point de vue de la diagnose, bien plutôt que pour le pronostic général de la maladie, c'est l'*albuminurie*. Phénomène tantôt précoce, et tantôt tardif, la présence de l'albumine dans l'urine, mais en quantité d'ordinaire peu considérable, est surtout fréquente dans la forme grave. C'est en Angleterre que ce symptôme a été signalé pour la première fois par Copland, puis par Wade, de Birmingham. En France, Abeille, M. le professeur G. Sée, et après eux M. Bouchut, M. Empis, l'ont étudié. Il faut également citer les recherches de Sanderson, de W. Squire. Cette albuminurie décèle l'existence d'une lésion rénale, si légère et si passagère qu'elle soit, lésion rénale créée de toute pièce par l'intoxication diphthérique. La meilleure preuve que l'on puisse donner de l'existence de cette affection rénale, c'est que l'on a vu apparaître à la suite de ces angines toxiques des troubles consécutifs, accidents attribuables à l'urémie et signalés par Gull et par Greenhow. Si nous sommes bien édifiés sur la valeur sémiotique de cette albuminurie, nous ne le sommes pas encore au sujet de la présence ou de l'absence du sang et des cylindres urinaires dans le liquide rendu par la miction.

Je ne puis mieux terminer l'énumération des symptômes accessoires de la forme infectieuse, qu'en vous signalant les diverses *éruptions* qui en accompagnent quelquefois l'évolution. Ce n'est pas seulement au niveau des ganglions qu'il peut, ainsi que nous l'avons déjà vu, apparaître quelques rougeurs; certains exanthèmes se développent parfois sur le thorax, sur l'abdomen, sur les membres même. Borsieri avait déjà signalé le fait : M. Sée en a fait une étude complète. Ces efflorescences cutanées présentent plusieurs variétés : tantôt, en effet, c'est une *rougeur érysipélateuse*, ou bien, et surtout, un *rash scarlatiniforme*, consistant en plaques plus ou moins étendues et nombreuses, dont la durée est variable ; tantôt c'est une véritable éruption de *taches morbilleuses ;* tantôt enfin ce sont des phlyctènes ou mieux des *vésicules miliaires* de courte durée. Comment expliquer ces exanthèmes se montrant ainsi dans le cours d'une maladie générale, comme la diphthérie? La discussion soulevée au sein de la Société médicale des hôpitaux en 1858 a bien montré que dans certains cas incontestables, il s'est agi d'une scarlatine concomitante de la diphthérie. Cependant il paraît tout aussi indubitable que les efflorescences cutanées peuvent être, dans certaines circonstances, absolument indépendantes de toute fièvre éruptive coïncidente ; mais ce sont là des faits rares. C'est ainsi que, chez un angineux, le début des rougeurs se fit quarante-huit heures après l'admission à l'hôpital ; chez un autre, une scarlatine apparut six mois après une angine pseudo-membraneuse qui s'était compliquée de rash scarlatiniforme ; l'existence d'une première éruption attribuable à la scarlatine serait donc inadmissible. En somme, on peut rapprocher ces exanthèmes diphthériques des roséoles qui se développent dans le cours de la fièvre puerpérale, de la septicémie et de l'infection purulente : nous devons aussi remarquer qu'ils semblent appartenir seulement à certaines épidémies.

La MARCHE de la diphthérie maligne varie notablement suivant que l'on se trouve en face de telle ou telle forme de la maladie. Nous pouvons admettre, avec les auteurs les plus compétents, *trois variétés* d'angine diphthérique infectieuse.

Dans la première variété (*angine toxique* de Roger), le début de la maladie se fait comme dans la forme commune de l'angine diphthérique : il est donc insidieux ; et c'est du troisième au sixième jour seulement que l'on voit éclater les phénomènes graves et les accidents qui entraînent habituellement la mort.

La deuxième variété, *angine foudroyante* (*hypertoxique* de Roger), est rare, sauf dans quelques épidémies, ainsi que l'a remarqué Trousseau. Je vous ai déjà dit que dans certains cas consécutifs à des inoculations diverses, il semblait que la maladie, revêtant une gravité subite, fût plus rapidement mortelle que dans tout autre mode de contagion. La fièvre, dans ces cas, est de courte durée, quoique intense ; puis le malade tombe très-vite dans le collapsus : il existe de l'abattement, une prostration profonde, un véritable état typhoïde avec toutes ses conséquences. Les fausses membranes se forment rapidement ; en quelques heures, les amygdales, la luette, sont recouvertes d'exsudats : c'est ainsi que chez Valleix, chez Henri Blache, ont évolué les lésions. Les glandes lymphatiques acquièrent tout de suite d'énormes proportions, et la mort survient en peu de temps, au milieu de troubles nerveux variables.

Enfin, il existe une troisième variété, la *forme toxique lente*, décrite par M. Barthez et par MM. Roger et Peter. Cette angine est grave au début : les fausses membranes présentent une puissance d'extension considérable et envahissent fréquemment les fosses nasales; puis, du cinquième au huitième jour, il se produit une amélioration rapide : bientôt il ne reste plus que quelques exsudats et surtout un peu de coryza. Le malade, profondément anémique, semble néanmoins toucher à la convalescence, lorsque tout à coup, du dixième au quinzième jour, après un répit, un bien-être réel de trois ou quatre jours, la mort survient à l'improviste, au milieu de troubles nerveux.

Quelles sont, d'une façon générale, les TERMINAISONS de la diphthérie pharyngienne? Nous avons vu de quelle grave affection les fausses membranes sont les indices révélateurs. La *mort*, il faut bien le reconnaître, termine le plus souvent la scène morbide même dans les formes qui paraissent le moins sévères ; indépendamment du croup, elle peut survenir par infection, par syncope ou par paralysie secondaire.

D'ordinaire, la mort est la conséquence de l'*intoxication*, dont les funestes effets se font sentir sur l'organisme tout entier : le malade s'affaiblit rapidement et tombe dans un état d'adynamie de plus en plus marqué, dont il ne peut se relever. Quelquefois la complication ganglionnaire détermine le développement de *vastes bubons* avec suppuration prolongée, décollements cutanés, hémorrhagies, gangrène même, qui épuisent le malade et contribuent grandement à la terminaison funeste.

D'autres fois, et plus souvent peut-être encore qu'on ne le croit, c'est par *syncope* que la mort arrive : le cœur joue-t-il dans ces circonstances le rôle principal? Je ne reviendrai pas sur les détails que je vous ai déjà donnés à propos des altérations du myocarde et des coagulations sanguines intra-cardiaques. Cette terminaison par syncope mortelle se fait quelquefois inopinément, sans qu'aucun phénomène précurseur ait permis de la prévoir. Je me rappellerai toujours un jeune garçon de six ans qui avait été atteint d'une angine diphthérique en apparence légère (fièvre modérée, adénopathie peu prononcée, fausses membranes limitées aux amygdales et au voile palatin) : tout faisait espérer la guérison. En effet, les exsudats s'étaient localisés et dès le septième jour, ils avaient disparu ; l'enfant venait de s'asseoir sur son lit pour montrer sa gorge, lorsque tout à coup il pâlit et retomba sur son oreiller : il était mort!

Enfin, dans le cours d'une convalescence normale en apparence, la *paralysie secondaire* peut apparaître et amener à son tour la mort d'un diphthérique dont la maladie semblait achevée.

La *guérison* s'observe surtout dans les formes sporadiques ou dans le cours de certaines épidémies remarquablement bénignes : elle est moins exceptionnelle en été qu'en hiver. En général, cette terminaison favorable s'annonce par la disparition progressive des fausses membranes qui se reproduisent de plus en plus lentement : les engorgements ganglionnaires diminuent d'intensité, l'état général s'améliore et après une convalescence assez lente, le malade finit par se rétablir complétement en conservant parfois une certaine susceptibilité de la gorge aux influences atmosphériques.

On le voit, l'angine diphthérique, quelle que soit sa forme, est toujours d'un pronostic très-sérieux. Même dans la variété commune, en apparence la plus bénigne, le croup ou les paralysies musculaires peuvent se développer tout à coup et modifier complètement l'évolution, jusque-là favorable, de la maladie. A plus forte raison, par conséquent, la prognose sera-t-elle très-grave dans les formes malignes, et l'on peut déclarer sans exagération que la diphthérie infectieuse est plus grave que le choléra, la fièvre jaune et le typhus.

Pour apprécier à sa juste valeur le pronostic des cas

particuliers, il vous faudra tenir grand compte de l'*âge du malade*. Chez les enfants, c'est surtout, sauf dans les formes toxiques, le croup qui rend l'angine diphthérique aussi grave : or, avant l'âge de deux ans, le croup, c'est presque toujours la mort inévitable. Les adultes succombent plutôt à l'intoxication diphthérique, et c'est pour cette raison que la trachéotomie dans cette maladie ne réussit guère passé l'enfance, l'opération qui lève l'obstacle laryngé étant impuissante contre l'infection.

Les *épidémies* ont encore une grande influence sur l'évolution probable d'un cas donné : certaines sont bénignes, d'autres très-graves.

La *généralisation* des fausses membranes, l'existence d'un coryza couenneux, la diphthérisation des plaies, voilà autant de circonstances défavorables dont il faut tenir compte pour établir la prognose.

Le DIAGNOSTIC est-il possible avant l'apparition des fausses membranes sur la muqueuse pharyngée ? Lorsque votre attention aura été appelée vers la gorge par l'existence d'une tuméfaction douloureuse des ganglions sous-maxillaires ou par la gêne de la déglutition, parfois encore par le nasonnement de la voix, si, examinant le pharynx, vous constatez de la rougeur, sans autre signe physique appréciable, pouvez-vous décider à quelle angine vous avez affaire ?

La pensée d'une *angine catarrhale* simple se présente

la première à l'esprit; mais, dans cette dernière, il existe un état fébrile plus accentué; le gonflement des parties enflammées est plus considérable, tandis que les ganglions ne sont guère engorgés. Ce diagnostic, basé sur de simples nuances et forcément indécis, serait cependant très-utile à établir au point de vue de la prophylaxie. S'il vous reste quelques doutes et surtout si vous vous trouvez en temps d'épidémie, mieux vaut prendre tout de suite les mesures de précaution, comme si vous assistiez au début d'une angine couenneuse. Au surplus, en quelques heures, l'existence ou l'absence des fausses membranes viendra confirmer ou infirmer votre diagnose un peu prématurée.

Le diagnostic différentiel de l'*angine herpétique* offre de réelles difficultés, surtout quand on n'observe pas l'affection dès son début, mais bien le deuxième ou le troisième jour, ainsi qu'il arrive le plus souvent. Je vous ai déjà dit, en étudiant l'angine herpétique, quels sont les signes sur lesquels il convient de fonder cette diagnose; mais il me paraît utile de reprendre successivement l'étude des divers symptômes, pour mieux apprécier les quelques différences qui permettent de reconnaître la nature de la maladie. La fièvre, vous le savez, est tantôt forte, tantôt légère, dans la diphthérie : cependant, lorsqu'elle est très-vive et qu'elle éclate brusquement, c'est en général un symptôme favorable et qui appartient plutôt à l'angine herpétique qu'à la diphthérique; toutefois, ce n'est pas là un phénomène d'une valeur absolue : il comporte au contraire de nombreuses exceptions. Quant au contraire la fièvre est légère, c'est un symptôme qui est commun aux deux maladies, et dont par conséquent on ne peut tirer aucun parti pour les différencier. — La coloration blanche des fausses membranes, bien qu'à peu près constante dans l'herpès guttural, peut se présenter aussi dans l'angine couenneuse : le cas de Gillette en fait foi; par contre, quand les exsudats sont d'un gris fauve, ou brunâtres, cette couleur indique presque toujours la diphthérie. — Un caractère beaucoup plus valable est fourni par la non-extension des fausses membranes; en cas de doute, enlevez-les, abstergez la muqueuse malade, et, si les plaques ne se reproduisent pas, vous aurez le droit de conclure à un herpès guttural : vous serez plus affirmatif encore, si vous apercevez alors dans le voisinage quelques traces de vésicules herpétiques sur la muqueuse. Je ne vous rappelle pas les signes tirés de l'adhérence plus grande des fausses membranes de l'herpès, car il s'agit là d'une simple nuance qui peut difficilement servir au diagnostic différentiel.

Par contre, l'intensité de l'engorgement ganglionnaire et l'apparition précoce de ce signe, constituent deux phénomènes qui se montrent exclusivement dans la diphthérie et dont l'importance est extrême. Prenez aussi bonne note de l'existence d'un herpès labialis, si fréquent dans l'angine herpétique, tout en vous rappelant que ce n'est pas un symptôme sur lequel il soit permis de compter absolument. — Quant à l'albuminurie, sa valeur diagnostique est grande, ainsi que MM. Lorain et Lépine l'ont fait remarquer avec raison ; vous devrez donc toujours la rechercher, car elle appartient tout spécialement à la diphthérie. N'oubliez pas d'ailleurs que, pour compléter votre diagnose ou pour l'affermir dans un grand nombre de circonstances où vous pourriez rester dans le doute, il conviendra d'apprécier minutieusement les conditions épidémiques au milieu desquelles vit le malade. Malgré ou plutôt à cause de cette abondance de signes différentiels, dont la réunion seule peut offrir une certitude presque absolue, vous rencontrerez, assez souvent, des faits qui vous laisseront indécis entre l'herpès guttural et la forme commune de l'angine diphthérique. Et pourtant, quelle importance pratique à poser immédiatement, ou du moins très-vite, un pareil diagnostic, non seulement à cause du traitement auquel vous devez soumettre le malade, mais encore, et surtout peut-être, en raison des mesures prophylactiques nécessaires pour la famille et les assistants.

Je ne dirai qu'un mot de l'*érysipèle* du pharynx. La confusion de ces deux angines est presque impossible, car l'aspect de l'épithélium décollé provenant des phlyctènes ou des bulles qui se sont rompues n'est pas celui des vraies fausses membranes.

La diphthérie de la gorge une fois reconnue, la diagnose ne sera pas complète, si vous ne prenez soin de déterminer la *forme* de la maladie. Le point de départ de la contagion, l'épidémie régnante, ne vous fourniront que des indications douteuses; le fait même d'une récidive n'a pas une très-grande valeur : j'ai vu succcomber à une angine diphthérique compliquée de croup un enfant qui avait été deux ans auparavant trachéotomisé avec succès. L'état local, la forme, l'étendue, la coloration, l'extension des fausses membranes, voilà des renseignements bien autrement précieux. De même, l'état général du malade, la pâleur ou la teinte rosée des téguments, l'état des forces, l'affaissement, l'aspect typhoïde, seront des indices beaucoup plus utiles. La généralisation des fausses membranes, l'énorme tuméfaction des ganglions donnant naissance à des bubons suppurés, appartiennent tout spécialement aux angines toxiques. Parfois enfin, la marche seule de la maladie, son explosion plus ou moins rapide, suffisent à faire reconnaître la forme commune ou infectieuse de la diphthérie.

DIX-NEUVIÈME LEÇON

ANGINE DIPHTHÉRIQUE (FIN)

En face d'une maladie aussi terrible que l'angine diphthérique, les ressources de la thérapeutique sont nombreuses et variées ; mais sont-elles efficaces ? La réponse affirmative n'est pas douteuse pour ce qui concerne le TRAITEMENT préventif ; on n'en peut malheureusement pas dire autant du traitement curatif.

Les plus minutieuses *prescriptions prophylactiques* doivent être faites toutes les fois qu'il existe plusieurs enfants dans la famille d'un diphthérique : elles consistent dans l'isolement suffisamment prolongé, car la séparation doit durer, d'après M. Roger, de trois à quatre semaines. Ce traitement devrait être employé aussi bien à l'hôpital qu'en ville ; dès qu'un cas d'angine couenneuse ou de diphthérie se présente, il est en effet indispensable de séparer le malade et d'éloigner pendant longtemps les enfants qui pourraient l'approcher. Et remarquez bien qu'il s'agit ici d'un isolement sérieux, complet, et non pas de cet isolement illusoire, trop souvent pratiqué dans les diverses chambres d'un même appartement. De même, pour les hôpitaux, il devrait être construit des bâtiments séparés et non pas seulement quelques cabinets attenant aux grandes salles et dont les malades sont confiés au même personnel.

Le traitement *curatif* est tout à la fois local et général. Le *traitement local* répond à deux indications : premièrement, il faut détruire les fausses membranes ; et deuxièmement, modifier la vitalité de la muqueuse et s'opposer à la reproduction de l'exsudat.

On peut *détruire les fausses membranes*, soit en les arrachant, comme le conseille M. Lasègue, soit en les attaquant par les caustiques. On a même proposé, intervention radicale s'il en fut, d'amputer les amygdales, lorsqu'elles sont seules atteintes par l'angine couenneuse. Cette pratique est basée sur les théories qui considèrent la diphthérie comme une affection locale à son début ; il est certain que, s'il en était ainsi, l'opération, faite à temps, offrirait de grandes chances de réussite ; mais, vous le savez, la diphthérie est une maladie générale, de tout point comparable aux fièvres exanthématiques, et qui ne peut conséquemment être guérie de la sorte. Aussi ne serez-vous point surpris d'apprendre l'insuccès complet de l'amygdalotomie en pareille circonstance.

Indépendamment de l'arrachement des fausses membranes et de leur destruction par les caustiques, on conseille encore d'en faciliter la chute au moyen de lotions, de collutoires, de pulvérisations. Guersent préconisait les injections faites à l'aide de sa spatule creuse, très-commode chez les enfants. On emploie dans le même but les vomitifs; les efforts qu'ils occasionnent, hâtent en effet l'élimination des exsudats membraneux. Chez les enfants surtout, je vous recommande instamment de ne prescrire que l'ipécacuanha (poudre et sirop mélangés), médicament qui possède l'avantage de n'être point débilitant, puisque, selon la pittoresque expression de Rayer, vous pouvez en nourrir les malades. On n'en saurait dire autant du sulfate de cuivre, et surtout du tartre stibié, qui détermine souvent de la diarrhée et dont l'action déprimante est absolument nuisible aux diphthériques déjà trop prédisposés à l'adynamie. Il importe du reste de ne pas recourir trop vite à la médication vomitive, car dans l'angine diphthérique, elle n'a d'autre utilité que de débarrasser la gorge des fausses membranes qui la tapissent. Or cette indication peut être beaucoup mieux remplie par des nettoyages faits avec un pinceau de charpie ou un tampon d'ouate : mieux vaut réserver l'ipéca pour le moment, trop souvent à redouter, où le larynx sera atteint à son tour.

Pour *modifier la vitalité de la muqueuse*, on a proposé les moyens les plus variés. Tous les astringents ont été tour à tour préconisés : l'alun pulvérisé, et surtout la poudre d'alun calciné, le tannin, les astringents végétaux, ont joui successivement d'un moment de vogue ; ils peuvent rendre quelques services. Le soufre, vanté autrefois, a été remis en honneur depuis que l'on a fait des recherches sur les champignons de la diphthérie : les résultats obtenus ont suscité quelques enthousiastes ; mais ils méritent une ample confirmation avant que l'on n'y ajoute créance.

C'est en définitive aux *caustiques*, tour à tour repris et abandonnés, que l'on a recours de préférence ; le nitrate d'argent en solution, ou même en crayon, est vraiment insuffisant, outre que la blancheur de l'eschare produite gêne beaucoup dans l'appréciation du résultat obtenu. Je vous citerai aussi l'acide citrique appliqué en dissolution concentrée deux ou trois fois par jour (on fait dans l'intervalle des badigeonnages avec le jus de citron) ; puis le sulfate de cuivre, l'acide chlorhydrique pur ou mêlé au miel, à côté duquel nous rangerons le perchlorure de fer, enfin le caustique Filhos et la soude caustique dissoute dans quatre ou cinq parties de glycérine (H. Roger). Cette dernière préparation est très-avantageuse, car elle dissout le mieux les fausses membranes, et après son usage vous trouverez les surfaces malades tout à fait détergées et de bonne apparence ; malheureusement, les exsudats se reproduisent de nouveau.

Telles sont les substances caustiques les plus fréquemment employées; les solutions fortes seront appliquées à de rares intervalles (une ou tout au plus deux fois par jour), tandis que l'on devra faire usage, à quatre et cinq reprises dans les vingt-quatre heures, d'une prépation plus faible. Vous réserverez les plus dilués de ces cathérétiques pour faire des irrigations et des badigeonnages dans l'intervalle des cautérisations; l'eau de chaux par exemple, le jus de citron ou l'acide citrique au quinzième conviendront alors parfaitement.

Le *traitement général* répond à plusieurs indications que nous devons successivement passer en revue. Autrefois, on attachait une extrême importance à l'*état inflammatoire*, qui tenait une grande place en pathologie à l'époque des premiers travaux de Bretonneau sur la diphthérite. On usait alors ou, pour parler plus justement, on abusait de la méthode dite antiphlogistique : sangsues, ventouses scarifiées et même saignées générales, étaient journellement employées contre l'angine couenneuse; il convient d'ajouter les dérivatifs, en particulier les vésicatoires, que l'on appliquait fréquemment contre l'adénopathie. Les inconvénients qui sont attachés à l'emploi des sangsues et des vésicatoires, capables de donner naissance à la diphthérie cutanée, devraient à eux seuls les faire absolument proscrire, si déjà leur utilité n'était fort discutable. Vous renoncerez absolument à toute médication spoliatrice dans une affection où l'adynamie survient si promptement d'elle-même.

On s'est souvent proposé de *modifier la tendance plastique générale de l'organisme*. Les mercuriaux, en particulier le calomel à doses réfractées et même les frictions hydrargyriques ont été vantés dans ce but ; leur action est tout au moins douteuse. J'en dirai autant des alcalins, et notamment du bicarbonate de soude prescrit à la dose de 4 ou 5 grammes par jour. Nous n'avons entre les mains aucun agent thérapeutique pouvant, d'une façon certaine et sans débiliter le malade, empêcher la formation des produits plastiques ; il serait d'ailleurs non-seulement inutile, mais téméraire de chercher à diminuer la plasticité du sang dont nous connaissons la tendance à la dissolution dans la diphthérie.

Une indication tout aussi importante et à laquelle répondent des médicaments actifs est celle de *modifier la sécrétion de la muqueuse pharyngée*. C'est dans ce but que l'on emploie journellement, et avec un certain succès, le chlorate de potasse, les balsamiques et notamment le cubèbe. Il n'est pas besoin d'insister encore sur leurs doses ni sur leur mode d'administration, car j'ai eu déjà l'occasion de les indiquer dans les précédentes leçons. J'ajouterai seulement, en ce qui concerne le cubèbe, que la préparation la plus commode et aussi la moins difficile à faire prendre aux enfants est l'oléo-saccharure, dont la dose devra, dans la diphthérie, être portée jusqu'à 15 et 20 grammes par jour.

Il faut encore *combattre l'adynamie* profonde qui menace bien vite le malade, et aussi lutter contre l'infection. Le perchlorure de fer à l'intérieur (dont on fait prendre de deux à quatre grammes et plus par jour), le quinquina sous toutes les formes et en grande quantité, les toniques à hautes doses, tels sont les plus puissants moyens dont vous puissiez disposer. Lorsqu'apparaissent des phénomènes de putridité, la liqueur de Labarraque, l'acide phénique, le phénate de soude trouveront leur application.

Enfin, il faut, dès le premier jour, vous souvenir que vous avez à combattre une maladie grave, infectieuse, peut-être de longue durée, et que vous n'aurez quelque chance de succès qu'à la condition d'être aidé par la force de résistance du malade. Il sera donc absolument nécessaire que le diphthérique se soutienne, qu'il assimile, qu'il mange ; si les aliments demi-solides sont invinciblement refusés, vous prescrirez des liquides, du lait, du bouillon, du café, du café au quinquina, des vins généreux.

Que si vous êtes assez heureux pour traverser sans encombre les nombreux dangers de l'angine et pour éviter les complications, ne négligez point de *surveiller la convalescence*. Les précautions les plus minutieuses seront indispensables pour empêcher les accidents graves qui peuvent éclater à ce moment et compromettre de nouveau les chances favorables du malade.

ANGINES COUENNEUSES SECONDAIRES

J'ai réservé intentionnellement, pour en faire une étude spéciale, les angines pseudo-membraneuses, remarquablement graves, qui surviennent dans le cours ou à la suite de certaines maladies aiguës. La symptomatologie de ces affections gutturales présente quelques particularités dignes d'intérêt, et d'ailleurs elles ont donné lieu à d'importantes discussions sur leur véritable nature. Nous nous occuperons d'abord de l'angine couenneuse des scarlatineux : quelques mots suffiront ensuite pour vous faire connaître les manifestations pseudo-membraneuses du pharynx chez les typhiques. Ce sont en effet plus spécialement ces deux pyrexies qui donnent lieu à ces sortes d'angines : on peut bien voir se développer des affections couenneuses dans le cours d'autres maladies, à la suite de la rougeole par exemple; mais les fausses membranes ne siègent pas alors sur la gorge : elles envahissent tout spécialement le larynx et donnent naissance au croup morbilleux.

ANGINE COUENNEUSE DE LA SCARLATINE

De toutes les angines couenneuses secondaires, celle qui survient dans le cours de la scarlatine est incontestablement la plus fréquente : elle est aussi la plus intéressante.

Nous n'avons pas à nous occuper ici du léger mal de gorge, qui constitue l'un des phénomènes prodromiques les plus constants de l'exanthème scarlatineux ; vous en connaissez d'ailleurs les caractères habituels. Vous savez qu'il débute par une rougeur vive du pharynx et des amygdales, au niveau de laquelle apparaît assez vite, du troisième au quatrième jour, d'après M. Lasègue, souvent beaucoup plus tôt, une éruption miliaire bientôt accompagnée d'enduits pultacés, qui constituent les phénomènes fondamentaux de l'angine initiale dans la scarlatine. D'ailleurs ce mal de gorge, si intense et si pénible aux premiers jours, n'occasionne qu'une souffrance passagère et disparaît ensuite de lui-même.

L'angine dont nous allons nous occuper est bien autrement grave, bien autrement importante que celle-là. Elle se montre ordinairement vers le huitième jour de la maladie : l'éruption de la fièvre pourprée s'est déjà produite avec ses variations individuelles, souvent même, elle a presque disparu, lorsque l'on voit se développer l'angine secondaire. L'époque exacte d'apparition de cette dernière est assez nettement fixée, par la plupart des observateurs, du huitième au neuvième jour ; pour M. le professeur Lasègue, elle éclaterait plus fréquemment du cinquième au sixième jour de l'éruption. Quoi qu'il en soit, elle coïncide toujours avec le complet dépouillement de la muqueuse bucco-pharyngienne : le mal de gorge du début n'ayant pas toujours complètement cessé, l'angine couenneuse diphthérique se surajoute alors à l'angine prodromique; peut-être même elle est sollicitée par elle.

Quels sont les SYMPTÔMES de cette complication de la scarlatine? Dès le début, il y a de la *fièvre ;* la chaleur, qui était tombée progressivement depuis que l'éruption pâlissait, la chaleur reparaît. Une douleur qui serait souvent intense, d'après Rilliet et M. Barthez, que j'ai trouvée le plus ordinairement faible, selon la remarque de M. Lasègue, se localise à la gorge ; en même temps, se manifeste une gêne, habituellement légère, de la déglutition. Si l'on examine à ce moment le pharynx, on aperçoit des *fausses membranes* tranchant sur la surface rouge vif de la muqueuse, qui parfois est considérablement tuméfiée. Ces fausses membranes ont un aspect pultacé : plutôt jaunâtres ou d'un jaune verdâtre, elles sont molles et se détachent aisément; elles occupent de préférence les amygdales, mais s'étendent d'ordinaire sur les piliers ou le voile du palais, quelquefois sur la face postérieure du pharynx. Il faut ajouter que l'on a même signalé de véritables ulcérations de la muqueuse.

Les *ganglions* sous-maxillaires se tuméfient très-vite dans cette angine; ils acquièrent des dimensions énormes, et deviennent assez fréquemment le point de départ de bubons véritables, ce qui ne doit point vous surprendre, puisque, dans la scarlatine, il existe une tendance bien marquée aux suppurations. L'adéno-phlegmon s'établit alors plus ou moins lentement et s'abcède en général au bout de quelques jours.

L'évolution de cette terrible complication montre bien qu'elle mérite le nom d'angine grave : le plus ordinairement, en effet, elle revêt une forme toxique dont la marche est plus ou moins rapide. Les ganglions sont alors envahis par une suppuration qui devient diffuse et s'étend en disséquant les organes, entre lesquels elle s'infiltre, décolle la peau et détermine le sphacèle de toutes les parties molles de la région cervicale.

Cette grave affection tue parfois en quelques jours. Trousseau, qui avait bien étudié l'angine pultacée bénigne et l'angine grave de la scarlatine, avait dit et n'avait pas craint de répéter, que l'angine scarlatineuse ne se complique pas de *croup*, qu'elle « n'aime pas le larynx » : cette assertion a besoin de quelques explications. Sans doute, le plus souvent, le larynx reste indemne et ce n'est pas d'ordinaire du croup que meurent les sujets atteints d'angine scarlatineuse toxique : vous n'en serez pas surpris, puisque vous savez que dans les formes infectieuses la mort survient avant que le larynx puisse être envahi. Cependant cette extension n'est pas absolument rare; pour ma part, j'ai vu deux cas où la laryngite pseudo-membraneuse est venue rapidement mettre un terme à l'évolution de la maladie ; et, pour le dire en passant, dans ces deux faits, le diagnostic de la diphthérie s'était, pour ainsi dire, inscrit de lui-même sur les téguments, car il existait des fausses membranes cutanées. Graves, vous le savez, avait observé des faits de croup scarlatineux, et Trousseau lui-même, convaincu par les observations plus récentes qu'il avait pu faire, a fini par en admettre la possibilité.

Les *hémorrhagies* abondantes sont rares dans cette forme véritablement infectieuse de l'angine scarlatineuse : on ne constate guère qu'un simple suintement de sang, qui colore en brun rougeâtre les exsudations de la muqueuse pharyngée ; parfois aussi, vous observerez quelques épistaxis de peu d'importance.

Les *manifestations gangréneuses* signalées par tous les auteurs sont-elles réelles ? Ou bien a-t-on pris pour un sphacèle l'apparence produite par les fausses membranes teintes de sang et accompagnées de suintements ichoreux. Les épidémies célèbres de Cornouailles, si bien décrites par Fothergill, par Huxham, et qui étaient bien certainement des épidémies de scarlatine, ont été précisément considérées comme des angines malignes gangréneuses ; le doute, malgré les bonnes descriptions symptomatiques dont nous disposons, est véritablement légitime.

La MARCHE de cette angine est d'ordinaire très-rapide ; parfois la *mort* arrive en quelques jours, comme dans les formes toxiques de la diphthérie. Toutefois, la terminaison n'est pas fatalement mortelle, et cette complication gutturale de la scarlatine peut même, trop rarement il est vrai, être moins sévère. La *guérison* est alors possible; elle survient en huit ou dix jours (Lasègue); cependant les ganglions tuméfiés, comme c'est la règle, peuvent rester volumineux, douloureux, et finir par suppurer. Dans les cas heureux, on voit la tumeur se ramollir lentement, sans grande réaction, sans mouvement fébrile considérable, la peau rougissant à peine; puis, après une semaine, souvent davantage, l'ouverture spontanée ou artificielle donne issue à un liquide purulent, verdâtre, généralement épais : la cicatrisation s'effectue avec lenteur. Dans ces cas, la suppuration ganglionnaire est-elle bien réellement la conséquence de l'angine pseudo-membraneuse? N'est-elle pas plutôt le fait de la scarlatine elle-même? Cette dernière hypothèse me paraît plus probable, les caractères de ces bubons étant identiquement ceux qui appartiennent aux adénites scarlatineuses indépendantes de l'angine grave.

La grande rareté de la guérison, dans cette maladie, vous laisse deviner combien sévère devra être le *pronostic*, lequel diffère absolument de la prognose bénigne de l'angine scarlatineuse proprement dite ou initiale, puisque cette dernière peut se prolonger un temps plus ou moins long sans entraîner de conséquences bien graves.

La plupart du temps, lorsque vous vous trouverez en face d'une scarlatine, le DIAGNOSTIC de l'angine secondaire sera des plus faciles : il vous suffira, en effet, de surveiller la gorge pour surprendre, à son début même, le développement de l'affection couenneuse. Que si la chaleur fébrile reparaît tout à coup, sans qu'un rhumatisme articulaire, sans qu'une pleurésie ou une péricardite puisse vous donner aussitôt l'explication de cette recrudescence imprévue, examinez la gorge. C'est même par cet examen qu'il convient de commencer tout de suite quand vous voyez la fièvre s'allumer chez un scarlatineux, car c'est dans la gorge que vous trouverez le plus ordinairement l'explication du mouvement pyrétique.

La diagnose sera moins simple quand vous n'aurez pas assisté au début de la fièvre éruptive. Cependant, si l'on tient compte de ce fait que c'est le plus souvent dans le cours même d'une scarlatine intense qu'apparaît l'angine secondaire, les symptômes de la pyrexie exanthématique seront encore assez marqués au premier examen, pour que la maladie primordiale ne soit pas méconnue. Il peut arriver néanmoins que la scarlatine la plus atténuée se complique à un moment donné d'une angine grave : c'est alors qu'il faudra rechercher les traces affaiblies d'une maladie légère dont le début remonte déjà à sept, huit ou neuf jours. Examinez la langue et vous la trouverez encore rouge et dépouillée de son épithélium; regardez les téguments, et vous y verrez déjà la desquamation lamelleuse, parfois aussi les traces de l'éruption miliaire caractéristique au bas-ventre et aux aines.

Quant à ce qui concerne le diagnostic différentiel de l'angine pseudo-membraneuse, il ne présente aucune difficulté particulière qui mérite de nous arrêter.

Le *traitement* sera absolument le même que dans l'angine diphthérique, à la fois local et général. Je vous rappellerai seulement l'importance des toniques et d'une alimentation réparatrice.

J'aborde, en terminant, un point qui a été l'objet de nombreuses discussions, je veux parler de la NATURE de cette grave angine : les opinions des auteurs peuvent être ramenées à trois principales.

Pour les uns, l'angine couenneuse des scarlatineux n'est autre que la *diphthérie* contractée soit à l'hôpital, soit en ville. Trousseau a définitivement adopté cette manière de voir, après l'avoir énergiquement combattue. Cette interprétation des faits, incontestable dans nombre de cas où coexistent d'autres manifestations diphthériques, notamment à la peau, n'est cependant pas toujours admissible.

Dans la seconde opinion, l'on considère cette angine couenneuse comme une affection spéciale, spécifique, essentiellement liée à la scarlatine; le principal argument est qu'il existe des faits de scarlatine avortée, ou *fruste*, dans lesquels l'éruption est de peu d'importance, tandis que la manifestation gutturale est grave : c'est la scarlatine à *forme angineuse des adultes*. Les partisans de cette théorie insistent sur l'importance de certaines épidémies, en particulier de celles qui sévirent en Angleterre en 1739 et 1796 et dans lesquelles l'angine attirait seule l'attention des observateurs (bien que l'exanthème scarlatineux fût connu déjà, car il avait été décrit) : ils font ressortir la virulence des liquides sécrétés dans la gorge, virulence qui crée ainsi un mal de gorge putride, malin, une angine à tendance ulcéreuse.

D'autres auteurs enfin considèrent l'angine scarlatineuse comme une *affection diphthéroïde*, présentant de grands rapports avec la dipththérie, mais n'étant pas identique avec elle, sinon au point de vue de sa nature, du moins quant à ses symptômes.

Quelle est celle de ces trois interprétations qui répond le mieux à la réalité des faits? Je crois qu'il est impossible de le dire d'une façon absolue. On ne peut certes pas contester que l'influence du milieu épidémique ou nosocomial soit capable d'engendrer la diphthérie chez un scarlatineux; mais il est tout aussi difficile de méconnaître que l'angine dont je viens de vous tracer la description se présente habituellement avec des caractères à peu près constants et identiques; qu'elle offre notamment dans son époque d'apparition, dans son mode d'évolution et dans l'aspect des fausses membranes, des particularités toutes spéciales. Nous devons donc conclure qu'il s'agit d'une variété d'angine pseudo-membraneuse qui offre de grandes ressemblances avec les manifestations de la diphthérie, mais qui, survenant comme complication grave de la scarlatine, emprunte à cette dernière des traits tout à fait spécifiques. L'expression d'*angine scarlatineuse diphthéroïde* traduit parfaitement cette manière d'envisager les faits.

ANGINE COUENNEUSE DES TYPHIQUES.

Je ne vous dirai que quelques mots seulement sur l'angine pseudo-membraneuse des malades atteints de fièvre typhoïde. Vous savez tous que la rougeur de la gorge est fréquente dans cette pyrexie, et que cette rougeur s'accompagne parfois d'exulcérations, surtout lorsque l'adynamie est intense; dans ces circonstances, le défaut des soins que réclament la bouche et le pharynx occasionne souvent ces lésions superficielles. L'état fébrile prolongé détermine en effet une dessiccation des muqueuses buccale et pharyngienne : l'inflammation ulcérative en est souvent la conséquence.

Mais, indépendamment de ces angines légères, indépendamment aussi des formes graves connues sous le nom de pharyngo-typhus, on observe parfois une véritable angine pseudo-membraneuse. M. Louis, et surtout

MM. Oulmont, Chedevergne, Peter ont démontré l'existence possible des fausses membranes dans la gorge des sujets affectés de dothiénentérie. Ces fausses membranes sont-elles de nature diphthérique ? L'étude rapide que nous allons en faire vous permettra d'en juger.

Cette angine *débute* à une époque un peu variable, si l'on s'en rapporte aux divers observateurs. C'est ainsi que M. Oulmont lui assigne l'intervalle compris entre la deuxième et la quatrième semaine, tandis que M. Peter en circonscrit l'apparition à la fin du troisième septenaire et au courant du quatrième. D'après M. Chedevergne, c'est du huitième au douzième jour que se produisent les pseudo-membranes.

Les phénomènes qui annoncent la complication gutturale sont une douleur plus ou moins vive, avec gêne de la déglutition; quand le malade est dans le délire, la dysphagie est à peu près le seul symptôme appréciable; encore n'est-elle pas toujours rapportée à sa véritable cause.

L'*état local* est seul caractéristique : la muqueuse du pharynx et de l'isthme du gosier est rouge, et sur ce fond rouge apparaissent des plaques pseudo-membraneuses irrégulières, déchiquetées, d'un gris sale, dont le caractère dominant est l'extension rapide, puisqu'on aurait pu voir le larynx envahi en vingt-quatre heures à peine; mais il reste à savoir quelle est la nature de ces manifestations laryngées. Enfin, MM. Peter et Chedevergne notent l'existence d'ulcérations de la muqueuse de la gorge.

Les ganglions lymphatiques dont l'intumescence décèle si constamment les lésions du pharynx, ne sont pas toujours affectés dans cette angine. M. Oulmont les a trouvés indemnes dans la moitié des cas qu'il a observés, trois fois sur six.

Je ne vous décrirai pas la marche et la durée de cette angine : qu'il vous suffise de savoir qu'elle est très-grave, puisque la mort en a été la terminaison constatée cinq fois sur six dans les faits de M. Oulmont.

Rien n'est plus facile que de différencier cette angine membraneuse de l'angine simple, qui accompagne habituellement la dothiénentérie et dont je vous ai rappelé les caractères : l'examen local y suffit.

Je n'insisterai pas longuement sur la *nature* de cette angine couenneuse des typhiques. Dans la plupart des faits rapportés, et en particulier dans les six observations de M. Oulmont, il s'agit positivement d'une *épidémie de diphthérie;* c'est donc bien une véritable angine pseudo-membraneuse de nature diphthérique qui éclôt dans un terrain favorable. J'ai tenu à vous en présenter rapidement l'histoire, afin de vous bien montrer comment évoluent ces angines pseudo-membraneuses secondaires et vous permettre de les reconnaître facilement.

VINGTIÈME LEÇON

PARALYSIES DIPHTHÉRIQUES

Nous avons vu, dans les leçons précédentes, que dans le décours et surtout pendant la convalescence de certaines angines aiguës, presque exclusivement des angines pseudo-membraneuses, il peut se développer des accidents paralytiques : c'est de ces paralysies que je vais aujourd'hui vous tracer l'histoire. Leur intérêt est assez grand, les dangers qu'elles offrent sont assez sérieux pour qu'il vous soit nécessaire d'en faire une étude complète.

La connaissance de cette affection, bien que tout récemment approfondie, n'est pas cependant absolument moderne. Sans parler des paralysies consécutives aux angines malignes dont M. Littré a retrouvé la trace dans les écrits hippocratiques, Ghisi de Crémone, Chomel l'ancien, Samuel Bard et quelques autres observateurs en avaient déjà signalé quelques cas, et avaient expressément noté la paralysie du voile palatin ou des membres à la suite des maux de gorge graves; c'est à M. Orillard, de Poitiers, qu'on doit le premier travail spécial sur ce point de pathologie. Puis Bretonneau (1855) reprend la question dans un mémoire important; après lui, Trousseau et M. Lasègue, M. Maingault, M. Roger, M. Gubler, et d'autres, apportent leur contingent à l'étude d'une question désormais importante. Toutefois l'interprétation des faits a subi, avec ces différents auteurs, des variations sur lesquelles nous aurons à revenir.

Nous étudierons d'abord les *paralysies diphthériques;* il nous sera plus facile ensuite de passer en revue les affections similaires, et nous rechercherons avec soin s'il existe réellement des paralysies angineuses, *amyosthéniques.*

Les premiers SYMPTÔMES de la maladie peuvent se manifester à deux époques distinctes, soit *lorsque l'angine persiste encore*, soit et surtout, quand elle est déjà guérie. Dans le premier cas, les accidents paralytiques sont loin d'être toujours en rapport avec l'intensité de l'affection gutturale : ils se montrent ordinairement peu intenses lorsqu'ils se développent d'aussi bonne heure. C'est alors vers le deuxième ou le cinquième jour de la diphthérie pharyngée qu'on les voit éclater; la paralysie peut se montrer semblablement pendant le cours du croup diphthérique, quand le larynx est encore malade, dès le second ou le troisième jour de la trachéotomie.

Lorsque la paralysie musculaire débute *après que l'angine est guérie*, elle constitue un accident grave de la convalescence. Parfois les phénomènes dus à l'anémie consécutive sont déjà fortement amendés ou presque disparus, et le malade se trouve dans un état général très-satisfaisant, quand la paralysie éclate. J'ai observé un fait de ce genre chez une fillette de huit ans qui, à la suite d'une angine diphthérique contractée au Havre, était restée quelques jours pâle et affaiblie : l'enfant était absolument guérie et avait repris ses couleurs naturelles, lorsqu'à son retour à Paris elle présenta une paralysie du voile palatin, accompagnée de troubles oculaires.

L'invasion des symptômes paralytiques est ordinairement progressive ; elle se fait lentement, insidieusement, et la maladie ne se caractérise aux yeux de l'observateur attentif que par une certaine hésitation des fonctions motrices (Lasègue). Une fois constituée, l'affection se montre sous deux formes ; tantôt les troubles musculaires sont localisés, et tantôt ils sont généralisés.

Localisée, la paralysie diphthérique occupe le voile du palais et le plus souvent aussi le pharynx : elle se traduit par un simple trouble apporté au fonctionnement normal de ces deux organes. Il n'y a pas de fièvre : le pouls est quelquefois ralenti (Maingault); il le serait toujours, selon Hermann Weber. La température reste normale (Duchenne et Descroizilles).

Les *troubles fonctionnels* sont plus ou moins marqués : ils consistent essentiellement dans une *gêne de la déglutition*. Vous savez que le bol alimentaire, chassé jusqu'à l'isthme du gosier pendant le premier temps de cet acte physiologique, tombe dans la cavité pharyngienne, dont les parois se contractent sur lui pendant le second temps de la déglutition. Or c'est précisément ce second temps qui est gêné; en effet, le voile palatin, étant paralysé, ne peut plus fermer l'orifice postérieur des fosses nasales, et les aliments liquides, au lieu de pénétrer dans le pharynx, refluent par le nez. Ce fait s'observe surtout lorsque les boissons ingérées sont chaudes; il semble que, leur température étant sensiblement la même que celle du corps, il y ait en quelque sorte défaut du stimulant nécessaire dans les liquides dont le contact n'est point perçu par la muqueuse. En outre, il existe parfois une petite toux laryngée pendant la déglutition ; elle montre que l'occlusion de la glotte n'est pas toujours complète, ce qui tient alors à un certain degré de parésie du constricteur inférieur, parésie qui permet l'introduction de quelques gouttes de liquide dans l'orifice supérieur du larynx.

La *voix* est *nasonnée*, mais non pas nasillarde, car elle est en même temps faible, au lieu d'être éclatante ou vibrante. Quelques consonnes ne peuvent pas être prononcées, et c'est encore une conséquence de la flaccidité du voile palatin.

La respiration reste normale : à peine si l'on note un peu de stertor, de ronflement, la nuit pendant le sommeil. La toux se fait sans bruit : elle est sourde; l'acte de souffler, celui de la succion chez les enfants à la mamelle, sont plus ou moins gênés.

Les signes constatés par l'*examen direct* de la gorge ne consistent que dans le changement d'aspect du voile palatin, lequel est absolument spécial ; on trouve cet organe dans un état de procidence et d'immobilité remarquable : large, étalé, il a perdu sa forme concave en avant et forme une surface plane. En même temps, on constate qu'il n'existe ni gonflement ni rougeur de la muqueuse, dont la teinte est au contraire plus pâle : la luette est quelquefois déviée d'un côté ou de l'autre.

Il est assez difficile d'apprécier l'état de *sensibilité* de la muqueuse, car cette sensibilité du voile palatin, exquise à l'état normal, s'émousse aisément, comme le prouve l'accoutumance assez rapide de cet organe au contact du miroir laryngoscopique. Il faut donc, ainsi que l'a enseigné M. Lasègue, toujours distinguer la sensibilité au contact et la sensibilité fonctionnelle du voile, chacune d'elles pouvant être troublée isolément, ainsi qu'on l'observe dans l'hystérie par exemple. Sachez toutefois que dans la paralysie diphthérique, l'anesthésie est habituelle et complète : le plus souvent, elle existe dans toute l'étendue du voile, ou bien au contraire elle peut se montrer localisée et occuper une moitié seule de l'organe ; cette anesthésie est pour une certaine part dans la dysphagie dont se plaignent les malades.

La *motilité* subit des modifications variables. Tantôt c'est simplement une inertie plus ou moins grande qui se décèle dans quelques efforts de déglutition ; tantôt, au contraire, il existe une immobilité absolue. Ces troubles paralytiques sont presque toujours étendus à tout le voile ; quelquefois cependant ils sont limités à un seul côté : MM. Gubler, L. Colin en ont cité des exemples ; doit-on y voir la conséquence d'une localisation également unilatérale de la diphthérie? Je n'oserais l'affirmer. Quoi qu'il en soit, vous devrez rechercher l'état de la motilité en titillant la luette, ou même la base de la langue et le pharynx quand la luette est insensible : alors, comme je l'ai vu moi-même, vous pourrez constater la persistance des mouvements dans le côté indemne du voile palatin, tandis que la moitié opposée demeure tout à fait immobile.

La contractilité électrique est absolument conservée ; les muscles paralysés se contractent très-bien sous l'influence du courant d'induction.

Dans la *forme généralisée*, les troubles musculaires peuvent débuter de deux façons distinctes : tantôt en effet la paralysie est d'emblée générale ; tantôt, ayant premièrement frappé le voile du palais, elle envahit ensuite les muscles des diverses régions.

Dans l'un comme dans l'autre cas, les symptômes paralytiques se montrent principalement aux membres. M. Bailly, dans une thèse intéressante (1872), a pu réunir six cas où cette localisation fut observée sans que le voile du palais ait été atteint. Les membres inférieurs sont plus spécialement affectés ; quelquefois, ils sont seuls paralysés. M. Maingault, sur les 90 observations qu'il a rassemblées, a compté en effet 13 cas de paraplégie isolée. Le plus ordinairement cependant, la paraplégie s'associe à d'autres localisations.

Les différents groupes musculaires du tronc sont moins fréquemment atteints ; mais c'est surtout la nuque dont les muscles sont paralysés. Enfin la face et toutes les autres régions musculaires peuvent être simultanément frappées.

Parmi ces diverses paralysies musculaires, celles des *membres* offrent des troubles variés qui portent non seulement sur la motilité, mais encore sur la sensibilité et même sur la calorification des téguments.

Les phénomènes morbides qui ressortissent de la *sensibilité* sont des fourmillements, des picotements, un certain engourdissement, symptômes qu'il est assez fréquent d'observer au début même de la paralysie, et qui sont rapportés surtout aux extrémités des membres.

Bientôt on constate une *anesthésie* plus ou moins complète qui peut quelquefois, comme l'a vu M. le professeur Sée, ne pas remonter au-dessus des coudes et des genoux ; c'est un phénomène réellement très-fréquent, mais non d'une constance absolue. Notons que l'on a vu les troubles de la sensibilité tactile et musculaire caractériser la paralysie diphthérique dont ils étaient les seuls symptômes (Duchenne de Boulogne).

Les phénomènes qui annoncent l'anesthésie consistent dans une certaine incertitude de la marche : le malade croit marcher sur du velours. Les mains deviennent maladroites, saisissent difficilement et gardent mal les petits objets, car le patient distingue incomplètement leur forme et leur poids ; cette maladresse s'accuse encore davantage pendant l'occlusion des yeux.

Les *troubles de la motilité* sont le fait d'une faiblesse musculaire qui rend la marche difficile, souvent même impossible. Lorsqu'ils peuvent encore se tenir debout, on voit ces malades s'avancer en traînant les membres et présenter l'aspect caractéristique des sujets atteints de paraplégie incomplète. Au lit, les mouvements sont plus étendus, mais sans énergie, comme incertains ; les mains sont souvent mal dirigées pour obéir à un mouvement ordonné : aussi M. Jaccoud a-t-il pu se demander s'il n'y aurait pas, dans certains cas, une véritable ataxie des mouvements. Toutefois, la *faiblesse musculaire* est telle qu'elle peut expliquer à elle seule le désordre apparent de la motilité; au dynamomètre, elle apparaît nettement, et l'on voit des malades ne pouvoir plus donner que 20 ou 25 kilogrammes de pression, au lieu de 50 ou 60 (Trousseau). Cependant l'affaiblissement ne va jamais jusqu'à la paralysie complète, jusqu'à l'akinésie absolue.

Malgré cette extrême faiblesse, il ne se produit pas d'amaigrissement des muscles, fait capital dans l'histoire de cette maladie, puisqu'à lui seul il permet de repousser l'hypothèse d'une atrophie musculaire; enfin, les mouvements réflexes ne sont pas exagérés. Quant à la contractilité électrique, d'après M. Duchenne de Boulogne, elle est absolument conservée : j'ai maintes fois constaté la réalité de cette assertion.

Lorsque les groupes musculaires du *tronc* sont atteints, le rachis s'incurve en avant : les malades marchent courbés, voûtés comme des vieillards; quelquefois, la colonne vertébrale semble déviée.

Les muscles de la *nuque* sont souvent pris d'une manière précoce : la tête retombe alors en avant, ce qui donne au malade une attitude toute spéciale.

A la *face*, la paralysie peut affecter soit les muscles innervés par le nerf facial, soit les oculo-moteurs. La *paralysie faciale* est tantôt unilatérale, tantôt double, et dans ces deux variétés, d'ailleurs peu communes, elle peut être complète ou incomplète : M. Bailly en a rassemblé six cas, dont trois paralysies unilatérales et trois bilatérales. Lorsque les deux côtés du visage sont atteints, le facies exprime la stupeur, et les malades ont une apparence d'idiotie caractéristique : les traits, immobiles, semblent avoir perdu toute expression, et cependant l'intelligence reste toujours intacte.

La paralysie des *muscles moteurs de l'œil* s'annonce par du strabisme ; ce phénomène peut être passager, ainsi que l'ont noté MM. Roger et Duchenne. On a également observé la ptosis de la paupière supérieure. En outre, des troubles visuels peuvent apparaître ; c'est ainsi que l'amblyopie, la presbyopie, plus rarement la myopie, ont été reconnues : autant de phénomènes pathologiques imputables au défaut d'accommodation. Quelquefois même, et M. Loyauté en a rapporté deux cas, la cécité absolue a été l'expression suprême des accidents optiques. La mydriase accompagne le plus souvent l'une quelconque de ces lésions (Winter) ; cependant tous les ophthalmologistes, Donders, de Graef, Follin, s'accordent à reconnaître qu'il n'y a pas de lésions du fond de l'œil appréciables à l'examen le plus attentif ; nous sommes donc en droit de conclure que ces troubles optiques ne sont pas de nature albuminurique, mais doivent être attribués à la parésie des muscles de l'accommodation, comme la mydriase à un défaut de contraction du sphincter pupillaire. Chez la petite fille dont je vous ai parlé, j'ai pu rendre la vision momentanément possible en faisant placer au devant de l'œil une carte perforée d'un trou fort petit, lequel remplaçait en quelque sorte l'orifice pupillaire devenu trop large : la perception des objets redevint possible, comme s'il se fût agi de désordres visuels occasionnés par l'emploi de la belladone.

L'appareil auditif est rarement atteint; les accidents ne vont guère jusqu'à la surdité complète. Par contre, la sensibilité gustative est plus fréquemment frappée. Weber a compté 9 fois des troubles du *goût* sur 39 cas : dans ces circonstances, la langue et le pharynx perdent souvent leur sensibilité tactile; d'autres fois, la contractilité des muscles de la langue est simultanément affaiblie. M. Moynier aurait même observé une véritable aphasie; si ces faits se multipliaient, on pourrait se demander s'ils sont bien la conséquence d'une simple glossoplégie.

Lorsque la paralysie intéresse les *muscles respirateurs*, les conséquences deviennent plus sérieuses. Les intercostaux, le diaphragme et les divers inspirateurs ou expirateurs peuvent être simultanément frappés : aussi voit-on survenir des troubles dyspnéiques plus ou moins considérables, mais qui, le plus souvent, constituent des phénomènes ultimes appartenant plutôt aux formes graves de la maladie.

La *musculature cardiaque* peut aussi être atteinte : les battements du cœur et par suite le pouls sont alors irréguliers ; il existe une véritable ataxie cardiaque, tantôt légère et de peu d'importance, comme MM. Duchenne de Boulogne et Contour l'ont observé, tantôt au contraire fort grave.

Les muscles de la vie organique peuvent aussi prendre part à la paralysie diphthérique. C'est le *rectum* qui est le plus fréquemment atteint : M. Roger a même cité un fait où le seul trouble morbide accusé par le malade était une paralysie de cet intestin. On observe alors de la constipation, d'autres fois l'incontinence : les matières fécales peuvent, selon la remarque de Trousseau, être rendues à l'insu du malade, dont la muqueuse rectale a perdu sa sensibilité.

De même que le rectum, la *vessie* peut être frappée d'incontinence ; la rétention d'urine, symptomatique du ténesme vésical, est plus rare : on l'a cependant signalée.

Enfin l'*anaphrodisie* a été notée comme conséquence de ces troubles moteurs et sensitifs généralisés.

La paralysie diphthérique offre dans sa MARCHE les plus grandes variations. Et d'abord, l'évolution est bien différente suivant qu'il s'agit de la forme *localisée* ou de la forme *généralisée*.

Dans la *paralysie localisée*, la marche de la maladie est quelquefois très-rapide ; les accidents peuvent disparaître au bout de quelques jours, et même après quarante-huit ou vingt-quatre heures seulement. Le malade n'éprouve qu'une légère dysphagie, et tout se termine par une guérison rapide ; c'est ce que l'on observe notamment chez certains trachéotomisés dont les boissons ne passent par la canule que pendant un ou deux jours. Cependant des accidents graves sont encore possibles, les aliments pouvant pénétrer dans les voies respiratoires et déterminer l'asphyxie : aussi doit-on toujours recommander aux malades de déglutir lentement et avec la plus grande attention.

Lorsque la paralysie est *généralisée*, l'évolution en est toujours lente; c'est par semaines et par mois que l'on peut compter la durée de la maladie. En moyenne, quatre ou cinq semaines suffisent pour la *guérison ;* mais cette guérison définitive sera bien souvent entravée par la marche ambulante, erratique, des symptômes. La paralysie oscille en effet des bras aux jambes, de la nuque aux parois thoraciques. Elle présente ordinairement une marche ascendante, de telle sorte qu'après avoir atteint la nuque et la face elle peut gagner le pharynx et les muscles de l'œil : alors apparaît une amélioration graduelle, qui se termine enfin par la guérison complète. *Diffusion des accidents et mobilité des symptômes*, tels sont donc les deux caractères importants de la paralysie diphthérique généralisée.

Malheureusement, l'évolution des phénomènes morbides n'est pas toujours aussi favorable : la *mort* n'est pas très-rare, et l'issue funeste peut se produire de différentes façons.

Tantôt c'est *par un affaiblissement progressif :* le malade maigrit et perd ses forces, la dysphagie amenant à sa suite un défaut de nutrition, d'où résulte une véritable inanisation. Trousseau signale la possibilité d'hydropisies; mais comme, dans son observation, il existait de l'albuminurie, l'interprétation de ce fait est au moins fort discutable.

Tantôt, au contraire, la mort survient subitement, par des symptômes *d'asphyxie* développés au milieu d'un repas ; on constate alors dans les voies respiratoires la présence d'aliments formant un corps étranger plus ou moins volumineux : ce fait a été signalé dans plusieurs observations (Trousseau, Roger, Peter).

Ailleurs ce sont les *troubles respiratoires* proprement dits qui causent la mort à brève échéance. C'est quand existe la paralysie des muscles de la respiration, surtout si elle intéresse le diaphragme, que l'on voit éclater ces symptômes redoutables. Les mouvements thoraciques deviennent en effet de plus en plus pénibles, et il suffit alors de la plus petite complication pulmonaire ou bronchique pour en entraver le fonctionnement : les muscles expirateurs affaiblis sont incapables d'expulser les mucosités accumulées dans les voies aériennes, et une simple bronchite peut devenir mortelle par le même mécanisme que dans l'atrophie musculaire progressive.

D'autres fois, les phénomènes morbides sont plus complexes; ils constituent une *dyspnée nerveuse*, qui se caractérise de la façon suivante : dix à douze respirations normales se succèdent, puis survient une inspiration brusque suivie d'une expiration très-courte. La mort, dans ces conditions, est presque constante.

Enfin signalons, après les troubles respiratoires, les *accidents cardiaques*, qui enlèvent quelquefois les malades dans une *syncope*, comme l'a bien montré M. Duchenne de Boulogne. Les contractions du cœur sont souvent inégales, intermittentes, comme le pouls : les battements s'affaiblissent, et une syncope mortelle se produit. M. Maingault en rapporte deux cas remarquables.

Les troubles respiratoires et les accidents cardiaques qui peuvent éclater dans le cours de la paralysie diphthérique constituent une forme spéciale décrite par M. Duchenne sous le nom de *forme bulbaire*. Ces troubles, graves au premier chef, surviennent quelquefois dans le cours d'une paralysie diphthérique généralisée, à évolution lente ; mais on les a vus apparaître, à peine précédés pendant quelques jours par une paralysie des membres ou par des troubles oculaires essentiellement fugaces.

Si l'on tient compte des différents accidents et des complications qui peuvent se montrer à toutes les périodes de la maladie, on doit conclure que le PRONOSTIC est sérieux ; en présence d'une paralysie diphthérique, on se trouve dans une *incertitude effrayante*, les accidents les plus formidables pouvant éclater d'un moment à l'autre.

La proportion des cas de mort serait, d'après M. Maingault, de 12 sur 90 ; M. Roger donne même une proportion plus forte. Cependant la terminaison fatale est beaucoup plus rare dans la forme pharyngée que dans la paralysie généralisée.

Lorsque les symptômes paralytiques se manifestent chez des individus que l'on sait avoir été atteints de diphthérie, le DIAGNOSTIC est facile ; il n'y a pas de doute possible, sauf peut-être pendant les premiers jours, alors que l'on peut prendre les troubles dysphagiques pour une simple conséquence du gonflement de la gorge : l'examen direct du voile palatin ferait cesser toute hésitation.

Si vous ne connaissez point les antécédents diphthériques de votre malade, la difficulté deviendra plus grande. Vous devrez, pour établir la diagnose, tenir compte surtout de l'intégrité de l'intelligence au milieu des phénomènes paralytiques, de l'extrême mobilité des troubles moteurs qui ne consistent que dans une paralysie incomplète, enfin de l'absence d'atrophie musculaire ; ajoutez à cela que le plus souvent vous avez affaire à un enfant, et qu'à cet âge les désordres nerveux s'annonçant par de tels symptômes sont toujours d'origine diphthérique.

Chez l'adulte, au contraire, certaines erreurs peuvent être commises. La paralysie diphthérique ressemble en effet, par quelques symptômes, à une *paralysie générale progressive;* mais, dans cette dernière maladie, les fonctions intellectuelles sont toujours plus ou moins profondément atteintes. La connaissance des causes, la constatation du tremblement fibrillaire des muscles des lèvres et de la langue contrastant avec le fonctionnement à peu près normal du pharynx, constitueront autant de signes importants. Méfiez-vous toutefois de l'inégalité pupillaire, qu'il faudrait bien vous garder de prendre pour un symptôme de la paralysie générale, puisque vous savez que la mydriase a été notée parmi les troubles oculaires consécutifs à la diphthérie.

La *paralysie labio-glosso-laryngée* sera généralement d'une diagnose facile; car l'âge du malade, la marche de l'affection (dont le début est le plus ordinairement caractéristique), l'absence de troubles de la vue, vous mettront sur la voie du diagnostic.

Les *paralysies hystériques* sont presque toujours plus complexes, et plus complètes aussi, en même temps qu'elles sont localisées ; d'ailleurs, l'état névropathique de la malade et la connaissance des antécédents ne permettront pas une longue hésitation.

Parmi les affections médullaires, l'*atrophie musculaire progressive* pourrait seule donner lieu à quelque doute ; mais il suffira de vous rappeler que, dans les paralysies diphthériques, il n'y a point atrophie des muscles, et qu'il existe par contre des troubles de la sensibilité.

Jusqu'à présent, l'ANATOMIE PATHOLOGIQUE est presque muette sur les lésions propres à la paralysie diphthérique, ou du moins les notions que nous possédons sont encore bien incomplètes.

Les *centres nerveux* ne présentent pas d'altérations bien appréciables. Les *nerfs* ont été l'objet d'un examen spécial : déjà MM. Vulpian et Charcot avaient signalé des lésions atrophiques dans les nerfs des muscles palatins. M. Liouville, MM. Lorain et Lépine ont rapporté des faits analogues.

Sur quatre autopsies du service de mon maître, M. H. Roger, j'ai moi-même observé, notamment dans les racines spinales antérieures, dans les nerfs des membres et dans le nerf phrénique, une diminution très appréciable dans le volume des tubes nerveux, qui paraissaient contenir moins de myéline qu'à l'état normal : quelques-uns devenus granuleux, semblaient comme aplatis [1]. Bühl a trouvé, dans les racines des nerfs spi-

---

[1]. J'ai fait voir ces altérations aux élèves qui suivaient les leçons de M. Roger à sa clinique du 9 juillet 1865 : elles se trouvent mentionnées dans la thèse d'agrégation de M. Rendu sur l'anesthésie (1875).

naux et dans les ganglions rachidiens, une infiltration diphthérique du névrilème épaissi [1]. Je n'ai pas besoin de revenir sur les réserves expresses que j'ai déjà faites sur les assertions de cet auteur.

D'autre part, les *muscles* sont plus ou moins profondément atteints : leurs fibres ont subi les altérations granulo-graisseuses que nous avons déjà étudiées à propos de la diphthérie. En résumé, toutes ces lésions sont la conséquence de troubles nutritifs; elles sont d'ailleurs encore à l'étude et l'on ne saurait en déduire des conclusions définitives.

Les CONDITIONS ÉTIOLOGIQUES sont très-importantes à connaître. Et d'abord quelle est la *fréquence* de la maladie? Sur ce point, nous nous trouvons en présence d'assertions contradictoires : pour quelques observateurs, les paralysies diphthériques seraient peu communes, tandis que d'autres leur attribuent une fréquence ainsi qu'une valeur considérables. Cette divergence tient à ce que l'on n'a pas tenu compte des faits graves de diphthérie dans lesquels la mort survient rapidement et où, par suite, la paralysie diphthérique n'a pas eu le temps de se développer. On ne s'occupe que des cas où l'an-

---

[1]. M. Dégerine, dans des recherches faites au moyen de l'acide osmique sur 5 enfants morts de paralysie diphthérique, a trouvé des lésions inflammatoires de la moelle (myélite parenchymateuse des cornes antérieures) et des racines antérieures des nerfs rachidiens (névrite parenchymateuse) : cette dernière altération est analogue à celle que l'on observe dans le bout périphérique d'un nerf sectionné.

gine guérit : il en résulte que les statistiques ont pu varier dans les proportions de 1/8 à 1/4 ; on est même arrivé à 1/3 de paralysies pour un nombre donné d'angines ; c'est ce qui résulte des statistiques de MM. Moynier, Garnier, Maingault. M. Roger va plus loin encore : il est convaincu que l'on trouve un cas de paralysie sur trois ou même sur deux angines diphthériques : je crois cette proportion exacte. Vous voyez donc quelle est la fréquence réelle de l'affection que nous étudions et quel compte il en faut tenir au point de vue du pronostic.

L'*âge* des malades exerce-t-il une grande influence? On a prétendu que la paralysie diphthérique est plus commune chez les enfants. Cependant on l'observe fréquemment aussi chez les adultes; une statistique sérieuse nous manque pour établir cette comparaison.

L'influence des *épidémies* est incontestable. C'est ainsi qu'en l'année 1860, M. Lemarié, de Pont-Audemer, sur dix-huit cas d'angine couenneuse, a obtenu douze guérisons : les douze sujets ont été atteints de paralysie consécutive.

La complication peut se développer alors même que l'affection pseudo-membraneuse a présenté les apparences les plus bénignes : il est du reste bien reconnu aujourd'hui que non-seulement l'angine couenneuse et le croup, mais encore toute manifestation diphthérique peuvent lui donner naissance. M. Barthez, Trousseau,

M. Gueneau de Mussy, ont vu la diphthérie cutanée être suivie de paralysie; M. Roger en a rapporté deux cas dans son mémoire.

La diphthérie n'est pas la seule affection à la suite de laquelle on puisse observer des symptômes paralytiques. Il existe un certain nombre de maladies où l'on a constaté des PARALYSIES SECONDAIRES : ces maladies sont les suivantes. En première ligne, il faut citer les *angines*, quelle qu'en soit la nature : catarrhale, phlegmoneuse ou herpétique. Ces *paralysies angineuses* ont été spécialement étudiées par M. Gubler. M. Bailly en a réuni 26 observations, dont 15 paralysies gutturales et généralisées, les autres faits ayant trait à des paralysies du voile palatin seul.

Les *fièvres graves*, la variole, la scarlatine, la rougeole, puis la fièvre typhoïde, le typhus, la dysenterie, et même certains cas de pneumonie et de pleurésie constituent un second groupe de faits encore plus rare que celui des angines.

Comment faut-il interpréter ces cas de nature si différente? Il est incontestable d'une part que les paralysies diphthériques offrent une fréquence toute spéciale, et d'autre part que leur symptomatologie et leur évolution sont bien spéciales aussi. Pour vous le démontrer, il est nécessaire que je reprenne en détail chacune des affections que je viens de vous citer et dans le cours desquelles on a parfois rencontré des paralysies musculaires secondaires.

C'est surtout la forme cérébrale de la *fièvre typhoïde* qui donne naissance à des paralysies; il convient donc de faire certaines réserves sur leur nature, surtout depuis que les recherches de Fritz nous ont fait connaître la forme cérébro-spinale de la dothiénenterie. Ces réserves sur la nature des accidents paralytiques sont d'autant plus nécessaires que l'évolution de la paralysie chez les typhiques et les symptômes qui la caractérisent ne sont guère semblables à ceux des paralysies diphthériques.

Il en est de même pour les *fièvres éruptives*. La *scarlatine*, par exemple, est suivie d'une angine grave sur la nature de laquelle nous ne sommes pas complètement édifiés : je n'ai pas besoin de vous rappeler les discussions auxquelles elle a donné lieu ; il me suffira de vous dire que la plus grande circonspection est nécessaire dans l'appréciation de ces faits, car on pourrait les rattacher à la paralysie diphthérique, cette forme de l'angine scarlatineuse étant tout au moins diphthéroïde.

La *variole*, comme l'a prouvé Trousseau, s'accompagne à son début de congestions spinales; plus tard, lorsque surviennent des paralysies secondaires, elles offrent, ainsi que M. Bailly l'a bien vu, quelque chose de spécial. Et d'ailleurs, la variole donne quelquefois naissance à des affections paralytiques d'origine manifestement médullaire ; un des cas d'atrophie infantile que nous avons publié, M. Roger et moi, dans notre mémoire sur la paralysie spinale de l'enfance, était consécutif à la variole. La même réflexion est applicable aux paralysies consécutives à la *rougeole*, dans laquelle il existe manifestement une altération de la moelle, puisque l'on y constate de l'atrophie musculaire (Duchenne de Boulogne); de même dans la *dysenterie* à la suite de laquelle on a vu des paralysies limitées avec atrophie consécutive des muscles.

En dehors des paralysies diphthériques, il ne reste guère, en somme, que celles qui se développent à la suite d'angines simples, ou du moins qui semblent telles. Faut-il voir, dans ces dernières, des formes larvées de la diphthérie pharyngienne, formes dont la véritable nature ne pourrait être prouvée que par la contagion? C'est une affirmation qui semble bien téméraire en présence de quelques cas très-nets où la maladie gutturale, suivie dès ses débuts, ne paraît laisser aucune place au doute. Nous devons le reconnaître, ces faits existent; ils sont bien observés, et, quelle que soit l'interprétation que l'avenir leur réserve, il ne paraît guère possible de contester aujourd'hui la réalité des paralysies consécutives à l'angine simple. Mais, tout en ne contestant pas la possibilité de ces symptômes paralytiques secondaires, on ne peut nier que, sous ce point de vue, la diphthérie conserve une action toute spéciale, tandis que l'influence pathogénique des autres angines est relativement exceptionnelle. Deux choses caractérisent en effet les paralysies diphthériques : d'abord leur fréquence, et ensuite les phénomènes symptomatiques qui leur appartiennent en propre.

Nous abordons maintenant un point très-obscur de cette étude, je veux parler de la PATHOGÉNIE. Et d'abord, quelle est la nature de cette maladie si curieuse? Les troubles de la motilité seraient-ils la conséquence d'une *ataxie* des mouvements? Que les mouvements soient irréguliers, c'est un fait prouvé par les recherches de M. Jaccoud, mais qui ne peut rendre compte à lui seul des phénomènes observés, car il existe un affaiblissement réel de la force musculaire et, en outre, une faiblesse ou mieux une parésie de certains groupes de muscles; c'est cette localisation qui explique l'incertitude des mouvements et le tremblement parfois observé.

Serait-ce une *anesthésie?* Nullement, car si la sensibilité est émoussée, cette *hypesthésie* n'a qu'une importance secondaire. Que si par exemple, chez un malade atteint de paralysie unilatérale du pharynx, vous venez à toucher le côté paralysé, ce côté restera, il est vrai, immobile; mais, à l'instant même, vous verrez les muscles non affectés se soulever énergiquement : il existe donc bien évidemment une paralysie réelle, une *akinésie*.

A quoi tient cette paralysie? Est-elle de nature *musculaire* ou *nerveuse?* Ici le problème est obscur, et la question n'est-elle pas subtile, puisque les plaques terminales des nerfs sont en rapport intime avec les fibres musculaires. La clinique pourra-t-elle dissocier des lésions aussi voisines les unes des autres? Demandons-le à l'anatomie pathologique : les altérations constatées à l'autopsie occupant tout à la fois les tubes nerveux et les fibres musculaires, ne paraissent pas nettement localisées, et l'on ne peut encore énoncer une conclusion définitive.

Il resterait à savoir comment se sont développées et de quelle nature sont les altérations nervo-musculaires de la paralysie diphthérique. Et d'abord, serait-ce un phénomène imputable à l'*albuminurie?* Mais rien, dans le tableau clinique de cette paralysie, ne peut y faire penser. Du reste, l'albuminurie est inconstante, et l'on ne constate pas d'ailleurs les troubles oculaires que devrait produire alors cette maladie.

La paralysie serait-elle la conséquence d'une *inflammation propagée* de la muqueuse au tissu musculaire sous-jacent (Stokes)? Cette pathogénie, que l'on pourrait appliquer à la paralysie palatine consécutive aux angines, devient inadmissible pour les troubles moteurs des membres et n'est pas capable de rendre compte de la paralysie gutturale consécutive à la diphthérie cutanée. Préférerons-nous considérer l'affection paralytique comme étant de nature réflexe? Nullement, car cette hypothèse serait passible des mêmes objections.

Est-ce donc une *affection des centres nerveux?* Mais Trousseau ainsi que M. Jaccoud sont les premiers à reconnaître qu'il n'y a rien de constant dans les lésions de ces centres. En tout cas, il ne s'agit pas de foyers de ramollissement ou d'hémorrhagie : les cas cités par OErtel sont bien suspects.

La *névrite*, admise par Bühl, n'est qu'une hypothèse qui repose sur la seule observation de cet auteur. Pour ma part, je n'ai jamais vu cette tuméfaction du névrilème, et j'ai examiné cependant avec le plus grand soin quatre cas au moins de paralysie diphthérique.

Restent, en dernière analyse, les lésions anatomiques constatées par MM. Vulpian et Charcot, par M. Liouville et par moi-même, dans les troncs nerveux comme dans les muscles. Ces altérations indiquent bien que la nutrition des parties a été atteinte : aussi, serais-je disposé à adopter la pathogénie admise par M. Gubler, dans son mémoire sur les paralysies amyosthéniques, et nous pensons qu'il s'agit probablement de troubles nutritifs portant sur les nerfs et sur les muscles, d'une *amyosthénie* et d'une *anévrosthénie*.

Le TRAITEMENT de ces paralysies diphthériques consiste dans l'emploi de moyens locaux et généraux.

Le *traitement local* employé contre les symptômes paralytiques se résume en l'usage des moyens destinés à réveiller la contractilité musculaire. Il consiste plus spécialement dans l'excitation cutanée, pratiquée au moyen de frictions sèches ou irritantes, par exemple, ou de bains sulfureux. D'autres fois, on agit plus directement sur le muscle lui-même à l'aide de massages, ou mieux encore par l'électrisation. On a surtout fait usage des courants intermittents (Duchenne de Boulogne); les courants continus me semblent mieux indiqués.

Le *traitement général* ne doit pas être négligé. Les toniques, le fer, une alimentation substantielle, produisent d'heureux effets dans la paralysie généralisée; mais, selon la remarque de M. le professeur Lasègue, la paralysie palatine n'en bénéficie pas.

La strychnine, la noix vomique, agissent en réveillant ou en stimulant la contraction musculaire : ce sont des médicaments dangereux, dont vous devrez vous méfier surtout chez les enfants.

Enfin certains accidents nécessitent une surveillance particulière. Contre la syncope, contre les troubles respiratoires, l'électrisation sera d'un grand secours; on appliquera les pôles sur les téguments du thorax. M. Duchenne recommande de pratiquer la faradisation par l'intermédiaire de la main de l'opérateur; c'est ce qu'il nomme la main électrique, dont l'action est plus douce et qui mérite conséquemment d'être préférée.

VINGT-ET-UNIÈME LEÇON

GANGRÈNE DU PHARYNX

La gangrène du pharynx (angine gangréneuse) n'est pas aussi complètement connue que les autres affections de la gorge. La cause doit en être cherchée dans les discussions nombreuses dont cette affection a été l'objet et dans la confusion qui a longtemps régné entre elle et la diphthérie. La connaissance de l'angine gangréneuse a effectivement passé par plusieurs phases successives, que l'on peut ramener à trois périodes principales, répondant à trois façons distinctes d'interpréter les faits.

Avant S. Bard et avant Bretonneau, angine gangréneuse et angine maligne étaient deux termes absolument synonymes. L'une comme l'autre de ces expressions servaient à désigner certains maux de gorge graves à évolution presque fatale et dont un des principaux symptômes consistait dans une sorte de désorganisation de la muqueuse gutturale, désorganisation que l'on prenait pour du sphacèle. L'erreur était d'autant plus inévitable qu'à cette époque, toute étude anatomo-pathologique de ces lésions faisant absolument défaut, l'analyse approfondie des diverses angines était impossible; on avait longtemps jugé les autopsies inutiles, comme le prouve la fameuse réponse de Cortesi aux sénateurs de Messine qui lui demandaient de faire l'ouverture des corps.

Avec Bretonneau commence la seconde période : la diphthérite est connue, étudiée, jusque dans ses moindres détails; Trousseau, Guersent, Roche et d'autres non moins connus l'admettent, la décrivent; mais, sous l'influence de l'impulsion donnée, toutes les angines graves ou malignes deviennent de droit des *angines diphthériques :* il n'est plus question de la gangrène du pharynx.

Les travaux de De La Berge, de Monneret, les recherches de M. le professeur Gubler caractérisent la troisième phase ou de réaction. Étudiant de plus près les angines malignes, on en reconnaît les diverses variétés, et l'on démontre enfin qu'il existe incontestablement des affections gangréneuses du pharynx indépendantes de la diphthérie.

Appuyés sur l'interprétation rigoureuse des faits, les observateurs admettent généralement aujourd'hui que l'angine gangréneuse existe, mais qu'elle affecte la plupart du temps des relations indéniables et fréquentes avec la diphthérie, en dehors de laquelle on peut toutefois l'observer.

La gangrène de la gorge est surtout une maladie de *l'enfance* : c'est de trois à six ans, selon Rilliet et M. Barthez, qu'elle survient le plus ordinairement. Vous pourrez néanmoins la voir se développer chez les adultes, ainsi que Trousseau en rapporte des exemples. Plusieurs observateurs ont signalé la constitution lymphatique comme cause prédisposante; mais cette action est plus que problématique.

Envisagée au point de vue de l'étiologie, la gangrène du pharynx peut être *secondaire*, consécutive à une maladie antérieure : c'est ce qui a lieu la plupart du temps; ou bien elle est *primitive*, et survient brusquement chez un individu en bonne santé, ce qui est tout à fait exceptionnel.

L'angine gangréneuse secondaire reconnaît pour cause principale la *diphthérie*, et permettez-moi de vous faire remarquer avec combien de circonspection doivent être accueillis les faits de gangrène non diphthérique : ceux-là mêmes qui paraissent le plus probants comme cas de sphacèle primitif laissent trop souvent beaucoup à désirer; je vous citerai, par exemple, une des observations publiées dans la Clinique de Trousseau. D'ailleurs, cette complication apparaît plus spécialement lorsque la diphthérie est grave, maligne, comme cela s'observe aussi pour les autres gangrènes, pour celle de la vulve par exemple.

La *scarlatine* tient peut-être, après la diphthérie, la place la plus importante parmi les maladies qui favorisent le sphacèle de la gorge. C'est surtout dans le cours de certaines épidémies que cette complication est fréquente, ainsi que nous l'avons déjà vu en étudiant les angines scarlatineuses graves.

Puis vient la *rougeole*, qui, vous le savez, occasionne fréquemment des gangrènes; de même, mais avec une fréquence encore moindre, la *variole* et aussi l'*angine érysipélateuse* (je vous en ai cité quatre cas). La *fièvre typhoïde*, lorsqu'elle fait naître certaines manifestations gutturales graves avec ou sans ulcérations, peut déterminer la mortification de la muqueuse de la gorge : le pharyngo-typhus ne sera pas confondu toutefois avec l'angine couenneuse des typhiques, dont nous avons fait récemment l'histoire et qui presque toujours est de nature diphthérique (Oulmont), plus rarement pultacée (Chédevergne). Je n'ai pas à revenir sur ces détails, qui vous sont encore présents à l'esprit.

Parmi les causes du sphacèle pharyngé, je vous citerai également la *dysenterie* (Trousseau). Enfin, M. Gubler a rapporté en 1851 un cas manifeste de *charbon* de la gorge, caractérisé, chez un corroyeur, par une plaque gangréneuse accompagnée d'un emphysème étendu.

J'ajouterai en terminant que toute affection pouvant produire un état cachectique (les kystes de l'abdomen par exemple, ainsi que l'a rapporté M. Desnos) plonge quelquefois les malades dans un tel état de marasme, que la gangrène de la gorge se développe, de la même façon que surviennent les eschares du sacrum ou le sphacèle du poumon.

En résumé, on peut invoquer pour l'angine gangréneuse secondaire, des causes semblables à celles qui président à l'apparition de la gangrène buccale. Il faut y ajouter seulement toutes les *phlegmasies* gutturales, surtout l'*amygdalite* et l'*angine phlegmoneuse*, dont l'influence étiologique est généralement admise. Quant au mécanisme par lequel on explique le sphacèle de la muqueuse dans ces angines aiguës, doit-on admettre avec J. Frank, et surtout avec Borsieri, un excès d'*inflammation?* Faut-il croire à l'étranglement de la muqueuse amygdalienne par les piliers du voile palatin, comme M. Houzé de L'Aulnoit le soutient? Il est plus que probable que l'état de santé antérieur des sujets doit être principalement invoqué pour rendre compte de ces faits d'ailleurs exceptionnels.

Primitive, l'angine gangréneuse reconnaît pour condition préalable une *déchéance organique* plus ou moins prononcée. Les causes prédisposantes sont ici des plus nettes, tantôt *physiques*, comme la misère, l'insuffisance de l'alimentation, les privations et les fatigues, ainsi qu'on le voit chez les animaux surmenés ; tantôt, ce sont des causes *morales*, tels que les chagrins, les inquiétudes.

Quant à l'apparition de l'angine gangréneuse sur des sujets forts, bien portants, qui sont atteints sans cause appréciable, comme dans les faits cités par Trousseau, il faut se demander s'il ne s'agit pas de véritables cas de diphthérie avec plaques de sphacèle consécutives.

Les SYMPTÔMES de l'angine gangréneuse sont quelquefois précédés par un ensemble de troubles vagues, véritablement *prodromiques;* c'est ainsi que Trousseau signale un changement d'humeur très-marqué, un esprit chagrin, un découragement profond, phénomènes qui sont en définitive absolument comparables à ceux qui annoncent la prochaine invasion de la fièvre typhoïde.

Le *début* de l'affection varie notablement suivant qu'elle est primitive ou secondaire à une amygdalite, à une angine phlegmoneuse, à la diphthérie. Dans la gangrène *secondaire,* en effet, on observe une première phase caractérisée par les symptômes des affections gutturales qui occasionnent le développement du sphacèle; mais, que cette première phase existe ou fasse tout à fait défaut, la mortification s'effectue sourdement, sans être annoncée par des symptômes importants, et il faut examiner la gorge, sous peine de laisser passer inaperçues des lésions déjà caractéristiques.

Par contre, dans quelques circonstances exceptionnelles, en particulier dans certaines gangrènes *primitives,* le début peut être subit. Un frisson parfois unique, plus souvent suivi de nouveaux frissons, éclate tout à coup : le malade éprouve un malaise plus ou moins vague ; puis une douleur est ressentie à la gorge.

Les *troubles fonctionnels*, ces indices précieux pour le diagnostic, peuvent manquer soit en partie, soit en totalité, lorsque les malades sont plongés dans l'adynamie ; le seul changement consiste alors dans une plus grande prostration, comme on l'observe assez souvent chez les enfants. Toujours peu intenses, ces troubles fonctionnels sont caractérisés par une gêne de la déglutition et par une douleur quelquefois très-vive, au dire de Trousseau, qui persisterait après le passage des liquides. D'après Rilliet et M. Barthez cette douleur peut manquer ; mais ces auteurs n'ont observé que des enfants et n'ont vu, par suite, que des gangrènes secondaires. Très-rapidement, une salivation souvent abondante s'établit : elle est ichoreuse, fétide ; mais c'est surtout l'haleine qui présente une odeur gangréneuse des plus marquées. Cette odeur *sui generis*, cette fétidité de l'haleine, tellement forte, qu'elle rappelle celle des matières fécales, est d'une valeur capitale au point de vue du diagnostic.

Les *signes objectifs* permettent seuls de préciser la nature de la maladie. Au début, on trouve assez rarement des phlyctènes, sauf bien entendu quand le sphacèle est secondaire à l'érysipèle guttural : quant aux autres angines, on ne peut citer des cas où des phlyctènes aient été vues au début même de la mortification. Presque toujours, ce que l'on aperçoit dès l'abord, ce sont des *plaques gangréneuses* sur la muqueuse pharyngienne. Ces plaques, arrondies ou ovalaires, dont la dimension, parfois réduite à celle d'une lentille, peut atteindre un centimètre de diamètre et même davantage, sont d'une couleur gris noirâtre, ou même franchement noire ; un de leurs caractères les plus importants, c'est d'être déprimées par rapport à la muqueuse environnante. Vous les trouverez la plupart du temps sur les amygdales ; mais elles peuvent siéger sur toutes les régions du pharynx.

La muqueuse qui entoure la plaque de sphacèle lui forme un bord saillant, irrégulier, taillé à pic. Elle est rouge, d'une rougeur foncée parfois livide ou violacée ; mais, en outre, point important sur lequel j'insiste à dessein, elle est œdématiée.

Les ganglions sous-maxillaires et parotidiens sont le siège d'un engorgement variable et qui peut même faire absolument défaut ; par contre, on a vu l'adénopathie devenir excessive.

Des lésions aussi graves s'accompagnent toujours de *symptômes généraux*, parmi lesquels il faut surtout noter la perte rapide des forces. De très bonne heure, en effet, on constate une adynamie profonde, qui, si elle n'est pas constamment le phénomène initial, constitue du moins toujours un symptôme précoce.

Nous avons vu que parfois un certain *état fébrile* existait au début ; en tout cas, la fièvre tombe vite. La température s'abaisse même considérablement à la périphérie, et il n'est pas très-rare de trouver le corps chaud avec les extrémités des membres glacées, phénomène qui concorde parfaitement avec l'état adynamique.

Le *pouls*, petit, fréquent, est souvent très-ralenti : M. le professeur Gubler l'a vu tomber à 18 pulsations par minute. Ces diverses modifications du pouls coïncident avec une véritable tendance syncopale souvent notée par les observateurs et qui menace de terminer brusquement la marche de la maladie ; fréquemment aussi, les téguments se couvrent de sueurs visqueuses.

Les mouvements respiratoires habituellement réguliers et normaux, sont quelquefois ralentis, surtout à une période avancée de la gangrène. La teinte violacée de la muqueuse, qui accompagne alors l'aspect cyanosé de la peau, trahit immédiatement aux yeux l'état anhématosique. Ces troubles respiratoires, ainsi que l'a indiqué M. Peter, trouvent, mais très-rarement, leur explication dans l'existence d'hémorrhagies pulmonaires.

Les fonctions digestives ne restent pas longtemps indemnes : l'inappétence est presque immédiate ; en même temps existe une soif vive et bientôt une répugnance absolue pour toute espèce d'alimentation ; parfois enfin, une diarrhée fétide s'établit. Ajoutez à tous ces phénomènes morbides des *troubles nerveux* graves, le délire, l'agitation ou bien au contraire le coma, et vous aurez une faible idée des désordres profonds qui caractérisent l'angine gangréneuse.

La gangrène du pharynx existe avec son cortége de symptômes généraux graves : que va-t-elle devenir ? Elle peut affecter, relativement à sa MARCHE, deux formes différentes, suivant qu'elle est *circonscrite* ou *diffuse*.

Circonscrite, l'angine gangréneuse offre une tendance naturelle au détachement de l'eschare qui s'est formée : M. Gubler a pu examiner au microscope ces plaques de sphacèle et en reconnaître l'origine. Après la chute de l'eschare, il reste une ulcération dont la profondeur est variable et sur laquelle on a pu voir quelquefois apparaître des fausses membranes développées secondairement (Valleix).

Diffuse, la gangrène du pharynx suit une marche extensive. On voit alors se former çà et là des plaques sphacélées, irrégulières, qui envahissent le voile du palais, la luette, les lèvres et les gencives, ou même qui, portant profondément leurs ravages, atteignent les replis aryténo-épiglottiques.

En même temps, les phénomènes généraux s'aggravent, et la maladie marche rapidement vers une terminaison funeste : cette forme est la plus fréquente, d'après Rilliet et M. Barthez, qui l'ont rencontrée 8 fois sur 13 observations.

L'angine gangréneuse est une affection aiguë dont la *durée* varie de deux à six jours. Trousseau admet toutefois que la forme primitive est plus lente dans son évolution qui pourrait se prolonger pendant un mois.

La *terminaison* de cette affection est bien rarement favorable. Cependant Guersent avait déjà signalé la *guérison possible* de ces angines gangréneuses ; il avait montré les traces laissées par la maladie, et fait connaître la valeur des cicatrices indélébiles indiquant les pertes de substance plus ou moins étendues subies par la muqueuse du pharynx (Vidal et Trousseau).

Toutefois la *mort* est pour ainsi dire la règle : le malade peut être subitement enlevé par une syncope; d'autres fois, il succombe à l'aggravation rapide des accidents comateux ; enfin, lorsque les replis aryténo-épiglottiques sont envahis, l'œdème de la glotte termine rapidement la maladie. On a quelquefois observé, à titre d'accidents ultimes, la phlegmatia alba dolens, la diplopie (Trousseau) : peut-on dire que cette dernière décèle la nature diphthérique de l'angine gangréneuse? Si l'on admet l'existence de paralysies angineuses consécutives à des angines simples, inflammatoires, nous ne croyons pas que l'on doive accorder à ces troubles oculaires une valeur aussi considérable.

La mort est en définitive la conséquence habituelle de l'angine gangréneuse. Toutefois, il faut le reconnaître, cette affection, dont le PRONOSTIC est si sérieux, n'est souvent que la terminaison d'une affection déjà fort grave : aussi doit-on porter un jugement moins sévère lorsque la gangrène est primitive ou lorsqu'elle succède à une phlegmasie aiguë de la gorge. Dans ce dernier cas en particulier, le sphacèle est un accident local toujours sérieux, mais dont la gravité diffère considérablement de celle d'une angine maligne liée à un état de profonde asthénie.

L'angine gangréneuse, étant le plus ordinairement secondaire, constitue, nous l'avons vu, une affection presque toujours insidieuse dans sa marche et dans l'ensemble de ses symptômes. Le DIAGNOSTIC ne devient donc possible (à moins d'un examen local fortuit) que quand l'attention est attirée vers la gorge par l'odeur fétide de l'haleine ou par la gêne de la déglutition.

Nous ne croyons pas devoir insister sur les signes différentiels de la *gangrène de la bouche* ou *du poumon*. Une telle erreur ne serait pas excusable, puisque vous savez qu'il est de règle de toujours examiner les cavités buccale et pharyngée lorsque la fétidité spéciale de l'haleine fait soupçonner une affection gangréneuse de siége encore indéterminé.

L'existence même de cette odeur fétide et nauséabonde de l'air expiré pourrait faire croire à une *angine ulcéro-membraneuse*. Cette angine, vous vous le rappelez, s'accompagne presque toujours d'une stomatite également caractéristique ; mais elle peut exister seule : souvenez-vous que dans ce cas les lésions sont souvent unilatérales, que l'ulcération grisâtre qui les caractérise offre des bords saillants, boursouflés pour ainsi dire ; puis l'odeur de l'haleine est plutôt fade, tandis qu'elle est au contraire franchement cadavéreuse dans la gangrène. Les causes, la marche de cette angine, les conditions dans lesquelles elle se développe, sont tout autres : enfin, vous devez tenir un certain compte des considérations tirées de l'état général.

La *diphthérie maligne* se caractérise par des symptômes généraux, des troubles fonctionnels et des signes objectifs qui ressemblent bien souvent à ceux de la gangrène du pharynx. Toutefois, si vous détergez avec soin la gorge, vous découvrez la muqueuse non ulcérée ; vous reconnaissez les fausses membranes d'une couleur grise ou brunâtre, et vous pouvez suivre alors l'évolution des nouvelles plaques diphthériques : les ganglions sont tuméfiés, le plus souvent énormes. Enfin les conditions épidémiques, la contagion, l'âge du malade, seront autant de données utiles qui vous aideront à affirmer l'existence de la diphthérie. N'oubliez pas toutefois que, malgré cette certitude, la diagnose devra parfois demeurer en suspens, le sphacèle pouvant compliquer l'angine pseudo-membraneuse.

Les LÉSIONS ANATOMIQUES constatées à l'autopsie sont plus ou moins étendues suivant que la gangrène est circonscrite ou diffuse. Dans cette dernière forme de l'affection, on trouve un véritable putrilage à la place de la muqueuse du pharynx, dont le derme, ainsi que le tissu cellulaire sous-muqueux, sont transformés en eschare, détruits, et, le plus ordinairement, méconnaissables ; la couche fibro-musculaire mise à nu est elle-même parfois mortifiée.

Le *siége* des lésions n'est pas toujours circonscrit au niveau de l'isthme du gosier ; c'est quelquefois beaucoup plus bas que se fait le sphacèle, à l'union même de l'œsophage et du pharynx : on s'explique par cette situation profonde un certain nombre d'erreurs commises sur l'organe affecté de gangrène. Les ganglions sont enflammés plus ou moins violemment suivant les cas.

Enfin l'on a pu rencontrer concurremment des plaques de gangrène dans des régions et des organes plus ou moins éloignés du pharynx. C'est ainsi que certains auteurs ont noté la présence d'eschares dans l'œsophage, l'estomac, les intestins, le larynx, la trachée, les poumons, la bouche. Mais on doit se défier de ces observations, déjà anciennes pour la plupart et en tout cas antérieures à la connaissance de la diphthérie : il est très-probable que des fausses membranes ont dû être prises pour des plaques de sphacèle.

Huxham, dans l'épidémie d'angine gangréneuse qu'il a décrite, avait constaté l'état de dissolution du sang; la remarque précédente s'applique également à ses travaux.

Le TRAITEMENT ne diffère pas sensiblement de celui que l'on emploie contre la gangrène de la bouche : il doit être local et général.

Localement, on a conseillé de toucher les parties malades avec les divers caustiques, depuis l'acide chlorhydrique jusqu'au fer rouge et à la galvanocaustie, qui permettent d'agir plus sûrement et surtout plus énergiquement. Le thermocautère, dont l'application est si commode et qui offre le grand avantage de développer fort peu de chaleur rayonnante, rendrait probablement de grands services dans cette affection.

Les lavages, les injections détersives seront prescrits pour empêcher les accidents produits par la putridité. Les désinfectants les plus employés sont le chlorure de soude, l'hyposulfite de soude et le permanganate de potasse; vous aurez aussi recours à l'acide phénique, aux préparations d'eucalyptus, à la teinture de myrrhe recommandée par M. le professeur Bouchardat.

Le *traitement général*, vous le comprenez, est ici de la plus grande importance. Les toniques à hautes doses, les préparations de quinquina, les amers doivent être continués avec persévérance : le perchlorure de fer a semblé quelquefois utile.

Le vin, l'alcool, le café, les boissons alimentaires constituent de précieuses ressources, à condition d'être bien supportés par l'estomac.

Quelques auteurs ont conseillé l'emploi des vomitifs, afin de faciliter la chute des plaques sphacélées et d'empêcher par suite l'absorption des produits septiques incessamment déglutis et qui vicient l'air respiré par le malade; mais les moyens topiques et notamment les lavages et les injections seront tout au moins aussi efficaces et n'offriront pas les inconvénients réels de la médication vomitive.

Enfin, quand le larynx est envahi, la trachéotomie est une dernière ressource à laquelle vous devrez recourir si tant est que les forces du malade permettent de la tenter dans des cas aussi désespérés.

MALADIES DE L'ŒSOPHAGE

VINGT-DEUXIÈME LEÇON

DE L'ŒSOPHAGITE

Les *maladies de l'œsophage*, dont nous allons commencer l'étude, sont en général assez mal connues, à l'exception peut-être de certaines affections organiques. D'ordinaire, en effet, elles ne se révèlent que par un petit nombre de symptômes et, en conséquence, échappent aux moyens d'investigation ordinaires. Ajoutons qu'elles accompagnent parfois des affections beaucoup plus sérieuses de la gorge et du larynx : elles passent alors complètement inaperçues; aussi leur réelle fréquence est-elle mal établie.

Nous allons décrire successivement les inflammations, les spasmes, les dégénérescences néoplasiques. Quant aux rétrécissements du canal œsophagien, je vous en ferai connaître les signes différentiels à propos du diagnostic de l'œsophagisme et du cancer; mais je ne vous en présenterai pas l'étude complète qui appartient plus spécialement à la pathologie externe.

Sous le nom d'*œsophagite,* on désigne l'inflammation aiguë ou chronique de la muqueuse œsophagienne.

Parmi les CAUSES qui la produisent, il faudrait, d'après Billard, citer le premier *âge*, qui prédisposerait à cette affection ; mais comme, sauf les inflammations accidentelles, qui ne sont pas observées à cette époque de la vie, l'œsophagite est toujours secondaire, il en résulte que cette assertion est tout au moins hasardée. L'inflammation de l'œsophage est en effet primitive ou secondaire : *primitive*, elle est toujours *traumatique ;* elle reconnaît pour causes, le plus habituellement, les *brûlures* déterminées par le passage tantôt d'un *corps chaud*, notamment de liquides bouillants, tantôt de *substances corrosives*, acides, alcalines, ou simplement l'usage répété des irritants, tels que le *tartre stibié*, comme, par exemple, dans les observations bien connues de M. Béhier, de M. Laboulbène. D'autres fois, c'est le passage de *corps étrangers*, notamment ceux qui sont pourvus d'aspérités, tels qu'une arête de poisson, un fragment d'os, ou même une épingle ; l'inflammation se développe principalement lorsque ces corps demeurent fixés dans la muqueuse, où ils se sont enfoncés. On a également incriminé le cathétérisme de l'œsophage dans les cas où cette opération est devenue nécessaire ; mais son influence nocive, quoique très-plausible, ne me paraît pas encore suffisamment démontrée.

Secondaire, l'œsophagite peut être une simple inflammation *par propagation* du muguet, plus rarement d'une angine diphthérique, ou bien même (mais à titre tout à fait exceptionnel) d'une lésion stomacale, telle que la gastrite aiguë.

D'autres fois, c'est une *maladie générale* qui produit une *localisation* œsophagienne : telle est par exemple, mais assez rarement, la variole; tels sont le choléra, la fièvre typhoïde ou même la tuberculose. Ces faits, je le répète, ne sont pas communs.

Les LÉSIONS ANATOMIQUES constatées sur l'œsophage varient avec la cause qui a déterminé l'inflammation de ce canal et suivant que la phlegmasie est aiguë ou chronique.

Si l'on recherche quel est le *siége* de ces lésions, on voit qu'elles sont ordinairement localisées en un point du canal œsophagien : le plus souvent, elles en occupent la portion supérieure, puis la partie inférieure, plus rarement la région moyenne : en somme, on les trouve presque toujours aux environs des orifices d'entrée et de sortie. Parfois les altérations sont généralisées : ce fait, tout exceptionnel, ne s'observe guère que dans certains cas de brûlure.

La muqueuse présente une *rougeur* par plaques ou

sous forme de pointillé; souvent même, elle est comme mouchetée par des hémorrhagies punctiformes. Sa surface offre un aspect dépoli remarquable, dû à la chute de l'épithélium : il en résulte que les glandes de la muqueuse font une saillie anomale. Il existe un gonflement, un véritable état tomenteux de cette membrane, qui est quelquefois manifestement ramollie; la sécrétion, toujours exagérée, devient souvent muco-purulente.

Les altérations de la muqueuse sont susceptibles de gagner en profondeur : sa surface peut, par suite, présenter des *ulcérations* qui, d'ordinaire superficielles, ne sont plutôt à proprement parler que de simples érosions. Parfois, elles sont arrondies; on les a considérées alors comme étant *folliculaires* ou *aphtheuses*. Très-rarement, elles se développent en profondeur; dans ce cas, elles peuvent entamer le tissu sous-muqueux et le tissu musculaire, qui sont ramollis et même perforés. Dans l'intoxication par le tartre stibié, Rokitansky a signalé sur le tiers inférieur de l'œsophage la présence d'ulcérations recouvertes de fausses membranes. M. Béhier a retrouvé l'éruption pustuleuse stibiée, localisée au tiers supérieur de ce conduit, et M. Laboulbène en a vu même au niveau du tiers moyen.

On a rencontré à la surface de la muqueuse des *pseudo-membranes* diphthériques ou diphthéroïdes, sans même qu'il y en eût alors sur le pharynx ou sur le larynx. Wagner a signalé ces fausses membranes à la suite de la fièvre typhoïde et du choléra. Il va sans dire qu'on ne devra pas confondre ces productions avec les plaques du muguet qui, chez l'enfant, se développent fréquemment dans l'œsophage (Parrot).

Les altérations inflammatoires aboutissent quelquefois à la production de foyers purulents : on trouve des *abcès* sous-muqueux, ou même péri-œsophagiens (péri-œsophagite de M. Caulet), dont l'ouverture ne se fait pas seulement dans l'œsophage, mais aussi dans le tissu cellulaire environnant. Il en peut résulter un phlegmon diffus et parfois même gangréneux, qui, selon la région où il se développe, est susceptible de produire des accidents graves. C'est ainsi que l'on a constaté des abcès du poumon, des suppurations développées dans le tissu cellulaire péri-aortique ; d'autres fois, le phlegmon développé à la région cervicale détermine un œdème considérable et une vaste suppuration diffuse du cou avec œdème de la glotte.

Les *eschares* produites par l'ingestion de substances caustiques offrent une coloration, une étendue, une épaisseur extrêmement variables. Quant à la gangrène œsophagienne d'origine purement inflammatoire, son existence ne me paraît pas encore nettement démontrée.

L'œsophagite *chronique* se caractérise par une teinte d'un rouge brun ou ardoisée de la muqueuse ; cette dernière coloration est la conséquence d'anciennes fluxions sanguines. Le calibre de l'œsophage présente alors tantôt des rétrécissements, tantôt des dilatations d'étendue et de siége très-différents. Notons enfin que l'on a signalé, à la suite de stases veineuses de longue durée produites par une affection organique du cœur, le développement d'un catarrhe chronique de la muqueuse.

Les symptômes de l'œsophagite sont quelquefois mal caractérisés, et l'affection reste bien souvent latente. C'est surtout quand elle est légère qu'elle passe le plus facilement inaperçue, ou plutôt qu'on la confond avec une pharyngite; de même, lorsqu'elle est secondaire à une maladie générale grave, à un empoisonnement où les phénomènes toxiques et les troubles de l'estomac sont prédominants, on comprend que l'œsophagite concomitante soit méconnue.

Toutefois il existe un certain nombre de *troubles fonctionnels* que je dois vous signaler. C'est avant tout une *douleur* rarement spontanée (car l'œsophage, vous le savez, est peu sensible à l'état normal); cette douleur est surtout vive pendant la déglutition; son siége, ou pour mieux dire le point où elle est rapportée par le malade, correspond tantôt au commencement de l'œsophage, dans la région cervicale, parfois même au niveau du larynx, en sorte que l'on pourrait penser à l'existence d'une affection de l'appareil phonateur. Ailleurs, la douleur se fait sentir très-bas, et le malade lui assigne comme siége le creux épigastrique, le dos, d'où résulte la possibilité de croire à une affection de l'estomac. Quelquefois enfin, la douleur occupe la partie moyenne de l'œsophage : elle correspond alors à la fourchette sternale ou à la région inter-scapulaire.

Cette sensation douloureuse n'est pas toujours très-intense; elle se caractérise par une brûlure plus ou moins vive, qui se renouvelle au passage du bol alimentaire ou des boissons. Parfois, le malade indique de lui-même que ses souffrances ne s'éveillent qu'à la fin de la déglutition [1]; la dysphagie coïncide alors tantôt avec le début, tantôt avec la fin du troisième temps de la déglutition. Ce sont là les véritables caractères de la *dysphagie œsophagienne;* les malades éprouvent même quelquefois la sensation d'un temps d'arrêt subi dans sa descente par le bol alimentaire. D'ailleurs, le degré de chaleur des aliments ingérés a une certaine action dans ces arrêts spasmodiques; les boissons froides ou au contraire très-chaudes, en d'autres termes à températures extrêmes, influencent manifestement, dans un grand nombre de circonstances, les contractions douloureuses de l'œsophage; le même effet s'observe lorsque la mastication des aliments n'a pas été complète.

Cette dysphagie légère que nous venons de signaler n'est qu'un symptôme de peu d'importance. Mais il

---

1. Cette particularité était très-accentuée chez les adultes atteints de muguet œsophagien, que j'ai observés cette année même dans mon service de l'hôpital Laënnec.

arrive assez fréquemment, que l'œsophage irrité se contracte avec violence sur la moindre parcelle alimentaire : il en résulte une *intolérance absolue* de l'organe enflammé, lequel rejette par régurgitation toute substance qui pénètre dans sa cavité. Notez bien que je parle de *régurgitations* et non pas de vomissements : ici, point de contractions violentes et spasmodiques des muscles abdominaux, aucun effort d'expulsion ; il s'agit au contraire d'un simple renvoi, d'un mouvement ascensionnel antipéristaltique, qui fait refluer de l'œsophage dans le pharynx et dans la bouche, les aliments déglutis. Ces régurgitations ont une grande importance dans l'histoire des maladies de l'œsophage ; quel en est ici le mécanisme ? S'agit-il d'une véritable sténose du canal par suite du gonflement de la muqueuse ? Faut-il admettre au contraire que le spasme du muscle œsophagien détermine à lui seul le phénomène en question ? Il est probable que les deux causes agissent conjointement : le spasme toutefois, sauf dans certains cas particuliers, doit jouer le rôle principal.

Quoi qu'il en soit, ces vomissements œsophagiens, comme les appelle Wichmann, amènent le rejet par la bouche, non seulement des substances alimentaires et principalement des boissons ingérées, mais encore de mucosités filantes, quelquefois striées de sang, ailleurs muco-purulentes. Abercrombie a même signalé la régurgitation d'une certaine quantité de fausses membranes.

D'autres symptômes fonctionnels ont été encore observés dans l'œsophagite, le hoquet, par exemple, que Mondière a si bien étudié dans les affections de l'œsophage, mais il n'est pas constant; en outre, il n'est en aucune façon pathognomonique. J'en dirai autant pour l'oppression, pour les angoisses qui accompagnent les efforts de régurgitation et dont l'intensité est des plus variables.

L'état général ne présente d'ordinaire que des modifications de peu d'importance. La fièvre, la céphalalgie, sont légères et d'ailleurs inconstantes; mais, après plusieurs jours de diète, conséquence forcée de l'impossibilité d'ingurgiter les aliments et même les boissons, le malade s'affaiblit : cependant cette adynamie n'est jamais bien marquée.

Considérée dans ses diverses formes, cette maladie affecte une MARCHE très-variable, d'où la possibilité de reconnaître quatre variétés distinctes.

L'œsophagite suraiguë, celle que l'on observe dans les empoisonnements, se perd un peu au milieu des troubles graves des fonctions stomacales et des phénomènes toxiques dus à l'absorption du poison. Deux circonstances peuvent alors se présenter : ou bien le malade succombe aux désordres locaux et généraux produits par la substance ingérée, ou bien la guérison est obtenue au prix d'une perte de substance qui entraîne à sa suite tous les accidents des rétrécissements œsophagiens. Dans les deux cas, les symptômes de l'œsophagite suraiguë sont masqués par ceux de la pharyngite et de la gastrite concomitantes.

L'œsophagite subaiguë, ou légère, dure quelques jours seulement : je vous citerai comme exemple celle qui succède à l'ingestion d'un corps étranger, ou encore celle qui est déterminée par une brûlure très-superficielle. La guérison est la règle, la maladie ne laisse à sa suite aucune trace, aucune conséquence grave, la muqueuse n'ayant été que superficiellement ou localement intéressée. Signalons toutefois l'intensité habituelle du spasme œsophagien dans le cas de corps étranger.

L'œsophagite aiguë se caractérise par une première période fébrile où, durant quelques jours, les symptômes ont une assez grande intensité, période tout aussitôt suivie d'atténuation, d'apaisement, puis de résolution ; la fièvre, plus ou moins vive au début, est toujours passagère. C'est dans l'œsophagite aiguë qu'Abercrombie a vu les malades rejeter des fausses membranes.

L'œsophagite phlegmoneuse s'annonce au contraire par une acuité très-grande des symptômes fonctionnels et généraux : les phénomènes fébriles sont très-accentués, et précédés de frissons. Après quelques jours commence une seconde période, entièrement marquée par les signes de la suppuration ; en même temps, la dysphagie devient complète, absolue. La maladie peut durer ainsi de six à huit jours, rarement davantage : puis survient tout à coup une détente brusque annonçant que l'abcès a pu se frayer une issue. Tantôt alors le pus est rejeté par la bouche ; tantôt il s'écoule dans l'estomac, et il est rendu avec les selles.

Toutefois la poche purulente ne se vide pas toujours dans la cavité œsophagienne : elle gagne quelquefois le tissu cellulaire avoisinant et donne naissance, comme nous l'avons vu, à un phlegmon péri-œsophagien. L'abcès qui se forme alors s'accompagne d'un œdème plus ou moins considérable de la région cervicale : que cet œdème se propage au vestibule du larynx et aux replis aryténo-épiglottiques, et l'on voit éclater les accidents formidables de l'œdème de la glotte.

D'autre part, la suppuration péri-œsophagienne peut envahir les espaces celluleux qui séparent les différents organes contenus dans le médiastin. Je vous ai déjà dit que ces abcès peuvent pénétrer jusqu'au poumon; on en a suivi d'autres qui avaient fusé le long du tissu cellulaire péri-aortique : ces graves complications échappent à une description méthodique des symptômes.

Nous avons vu que dans le cours ou à la suite de l'œsophagite une *ulcération* peut se former. Cette ulcération se caractérise par la persistance des phénomènes douloureux, de la brûlure œsophagienne ; mais, détail important à noter, cette *douleur* se fait sentir alors *en un point fixe*. C'est surtout au moment de la déglutition, et plus spécialement pendant le passage de certains aliments, de liquides alcooliques ou acidulés, que la douleur se réveille; d'ailleurs la sonde œsophagienne qu'il faut introduire avec les plus grandes précautions rencontre invariablement sur son parcours un point très-douloureux. En même temps, le malade accuse d'une façon persistante des régurgitations de matières glaireuses ou sanguinolentes ; plus tard on voit habituellement apparaître les signes d'une coarctation de l'œsophage.

L'ulcération, tant qu'elle existe, peut occasionner un accident redoutable qui vient modifier tout à coup la maladie, je veux parler de la *perforation* de l'œsophage : les phénomènes généraux les plus graves éclatent alors, et la mort arrive rapidement. Vigla, dans un travail publié dans les Archives de médecine pour l'année 1846, a réuni des faits d'ulcération œsophagienne avec perforation du canal et redoutables accidents consécutifs : on aurait même vu les malades survivre quatre et six mois à cette grave complication. La lecture de ces faits n'est pas absolument convaincante : il me semble plutôt qu'on a eu sous les yeux des cas d'ulcère simple analogues à ceux que nous étudierons bientôt dans l'estomac et dans le duodénum.

On observe quelquefois l'*œsophagite chronique*, consécutive à l'inflammation aiguë. Les symptômes fonctionnels et physiques persistent, notamment la douleur limitée et la dysphagie : la conséquence habituelle d'une pareille altération, c'est la formation possible, même sans ulcération, d'un rétrécissement. Trousseau a enseigné que l'œsophagite légère est susceptible d'occasionner dans un avenir variable la diminution du calibre de l'œsophage ; je pense que l'éminent clinicien a confondu avec le simple rétrécissement spasmodique.

Nous n'avons pas à insister sur le PRONOSTIC de l'œsophagite. On peut dire, d'une façon générale, qu'il diffère suivant l'étendue des lésions et selon l'intensité des symptômes morbides. C'est ainsi que la forme phlegmoneuse de la maladie est beaucoup plus grave que les autres ; de même, la formation d'une ulcération, indépendamment des troubles qu'elle occasionne, devra faire craindre, dans un avenir plus ou moins rapproché, le développement d'un rétrécissement cicatriciel.

La plus grande difficulté que présente le DIAGNOSTIC, consiste, il faut le reconnaître, dans la rareté même d'une affection que l'on n'a pas l'habitude d'observer et à laquelle on ne pense pas d'ordinaire. L'œsophagite constitue en effet une maladie presque latente dont les symptômes fonctionnels, même les plus évidents, ne sont nullement pathognomoniques ; et l'on n'a pas la ressource du contrôle des signes physiques, puisqu'ils échappent à l'observation directe.

L'œsophagite peut être prise pour une *angine pha-*

ryngée, et surtout pour une *pharyngite inférieure*. Mais, dans l'angine, il existe une véritable gêne de la déglutition et non pas des régurgitations alimentaires; regardez en outre à l'aide du miroir laryngoscopique, portez au besoin le doigt jusqu'au fond de la gorge, et vous éviterez toute méprise. Les mêmes remarques sont applicables aux abcès rétro-pharyngiens.

Lorsque la douleur est rapportée au niveau du larynx, c'est-à-dire lorsqu'elle occupe la partie supérieure du canal œsophagien, l'attention peut être détournée du véritable siége du mal, et l'on croit alors à une *laryngite*. Mais, dans cette dernière, il existe toujours des troubles de la voix et de la respiration, tandis que l'ingestion des aliments et des boissons n'est pas sérieusement empêchée : il n'y a donc là aucune difficulté réelle.

Le *spasme œsophagien*, ainsi que vous le verrez, est une affection toujours apyrétique et qui reconnaît d'ailleurs des causes toutes spéciales. Je ne vous parle pas non plus des affections organiques de l'œsophage, que vous apprendrez bientôt à connaître.

Le TRAITEMENT de l'œsophagite est basé sur un certain nombre d'indications que nous allons brièvement passer en revue.

On doit, au début de l'affection, chercher à *combattre l'état inflammatoire :* les antiphlogistiques sont donc indiqués. On a conseillé la saignée (particulièrement celle des veines ranines), les ventouses scarifiées, les sangsues ; les émissions sanguines locales seront employées de préférence et vous devrez d'ailleurs les réserver pour les cas les plus graves.

Il faut en second lieu *calmer la douleur*. On y arrive grâce aux boissons mucilagineuses, qui devront toujours être employées tièdes ; le lait sera particulièrement approprié à cette indication. Les narcotiques en applications extérieures, en tisane, en potion ou mieux en injections hypodermiques, rendront aussi de grands services. Enfin, dans les formes suraiguës, le repos absolu de l'organe sera nécessaire : vous supprimerez alors toute boisson ; vous interdirez même l'usage de la parole, qui s'accompagne toujours de certains mouvements de l'œsophage.

Dans une affection nécessairement débilitante comme l'œsophagite, il faut *soutenir les forces* du malade. Si donc vous jugez indispensable d'interdire l'ingestion des aliments solides et même des liquides, vous pourrez à la rigueur recourir à l'emploi des lavements de vin, de bouillon, de jus de viande, de café : abstenez-vous de recourir à la sonde œsophagienne, qui ne serait pas sans dangers.

En ce qui concerne les *abcès*, une question assez grave se pose sur la conduite à tenir : faut-il sonder l'œsophage pour essayer de rompre avec le cathéter les parois du foyer purulent ? Ici, comme pour les abcès de l'urèthre, on doit avant tout prendre garde à ne pas provoquer d'accidents sérieux et n'agir en tout cas qu'avec la plus grande circonspection.

Lorsque le malade entre en *convalescence,* il ne faut pas reprendre trop vite l'alimentation ; il conviendra d'ailleurs de prescrire d'abord des boissons ou des aliments demi-liquides (bouillon, lait, crèmes, œufs crus ou à peine cuits, etc.). Quant aux aliments solides, vous devrez y revenir graduellement, en conseillant au malade de les bien diviser par la mastication.

Les *ulcérations* nécessitent les plus grands ménagements : les astringents et même les cathérétiques trouveront ici leur application. Quant à l'*œsophagite chronique,* indépendamment du régime, elle réclame l'emploi des révulsifs, et l'on a conseillé en particulier les moxas.

VINGT-TROISIÈME LEÇON

ŒSOPHAGISME

Une constriction plus ou moins complète et durable du conduit pharyngo-œsophagien, occasionnant une dysphagie de caractère variable, caractérise le spasme de l'œsophage, également appelé *œsophagisme*. Le siége exact de cette contracture musculaire est d'ordinaire circonscrit au niveau de l'œsophage ; il peut cependant occuper simultanément le pharynx.

Envisagés au point de vue de l'ÉTIOLOGIE, les spasmes du canal œsophagien comprennent trois espèces différentes, suivant que la contracture est symptomatique, sympathique ou idiopathique.

Le spasme *symptomatique* est le plus souvent consécutif à une lésion œsophagienne quelconque, celle-ci jouant à l'égard de ce canal musculo-membraneux le même rôle que les lésions uréthrales pour le spasme de l'urèthre (Verneuil). D'autres fois, mais beaucoup plus rarement, l'œsophagisme est le symptôme d'une lésion nerveuse ; il s'agit alors d'une affection siégeant à l'origine du nerf spinal, et le spasme n'est que le premier indice d'une paralysie plus ou moins prochaine.

Je n'insisterai pas davantage sur les spasmes symptomatiques, dont l'histoire est encore mal connue : les détails qui vont suivre auront trait seulement aux deux autres variétés, qu'il n'est pas toujours facile de distinguer l'une de l'autre.

Je dirai d'abord, que l'œsophagisme n'est pas une affection très-commune ; mais sa fréquence réelle peut être méconnue, parce qu'il est assez souvent confondu avec le spasme du pharynx.

On le rencontre surtout chez les femmes, car l'*hystérie* est une de ses causes les plus habituelles : et remarquez bien que je dis l'hystérie, d'une façon générale, qu'il s'agisse de la forme convulsive qui, au moment de chaque grande attaque, s'accompagne de spasme œsophagien, ou bien que l'on ait affaire à l'*hystéricisme*. C'est même tout spécialement dans ce dernier que l'œsophagisme apparaît : en ce cas, l'alternance des accidents spasmodiques avec les paralysies, avec les névralgies, est la règle, tous ces accidents pouvant ou non coïncider avec un état dysménorrhéique plus ou moins prononcé.

On voit aussi le spasme œsophagien se montrer chez les *gens nerveux*, irritables ; il n'est pas non plus très-rare dans l'*hypochondrie*, dont il peut même constituer une forme spéciale, l'*hypochondrie rabique*, qui s'accompagne d'accidents analogues à ceux de la rage.

On a dit encore que le rhumatisme (Monneret), et que les vomissements répétés du mal de mer, déterminent parfois le spasme de l'œsophage : ces faits sont exceptionnels.

L'œsophagisme *sympathique* ne peut être révoqué en doute. Nous savons en effet, depuis les expériences de Reid, que la contraction du canal œsophagien est un acte réflexe dont l'exécution nécessite le fonctionnement normal du nerf pneumogastrique. Or, dans les maladies utérines, Niemeyer a signalé l'œsophagisme réflexe ou sympathique, surtout lorsqu'elles se développent chez une femme présentant quelques symptômes hystériques. Quant aux *affections vermineuses*, l'influence des ascarides me paraît tout au moins bien problématique, quoiqu'à l'extrême rigueur, elle ne soit pas impossible. Pour le ténia, sa puissance d'excitation réflexe est trop bien démontrée pour que nous puissions contester l'existence de l'œsophagisme causé par sa présence dans l'intestin.

Signalons enfin, pour terminer les notions relatives à l'étiologie, l'action d'un certain nombre de *causes occasionnelles* qui sont presque toujours d'ordre *moral :* une émotion violente, une vive impression sont fréquemment l'occasion de l'œsophagisme. Nous rappellerons à cet égard les cas de morsure par un chien non enragé :

Boyer rapporte un fait de ce genre où le malade, un mois après l'accident, fut pris de spasme de l'œsophage.

Quelle que soit la cause qui produit l'œsophagisme, les SYMPTÔMES qui caractérisent cette affection sont un peu différents selon que le spasme est *passager* ou bien qu'il est prolongé, *durable*.

Le *début* est d'ordinaire *brusque*; c'est subitement que les accidents apparaissent, très-fréquemment au milieu d'un repas. En raison même de la soudaineté des phénomènes morbides on croit alors fort souvent à l'existence d'un corps étranger de l'œsophage, et vous comprenez aisément de quelle importance sera ce diagnostic au début même de la maladie.

Aussitôt éclatent un certain nombre de *troubles fonctionnels*. La dysphagie œsophagienne se développe immédiatement avec ses signes habituels : l'arrêt des aliments et des liquides déglutis se produit dans un point du canal situé plus ou moins haut, selon le siége de la contracture spasmodique; le tiers supérieur de l'œsophage est surtout le lieu où se réalise plus spécialement cette constriction. Le malade y éprouve la sensation d'un corps étranger, d'un resserrement pénible : parfois même, il aide au passage du bol alimentaire en pressant avec le doigt sur la région où les aliments lui semblent comme arrêtés. Il n'est pas très-rare que la déglutition devienne impossible; le bol est rejeté par régurgitation, quelquefois même avec force, dès qu'il a franchi le pharynx.

Cette dysphagie offre, dans sa forme, quelques variétés intéressantes. Il est assez commun, par exemple, de voir le spasme cesser plus ou moins vite par suite des efforts de déglutition : les premières bouchées ingérées sont alors seules arrêtées, puis l'introduction des aliments redevient facile ou tout au moins possible. D'autres fois, comme dans un fait cité par Latourette, le bol alimentaire, empêché dans sa descente, remonte, puis redescend : à ce moment, il se produit brusquement une contraction énergique des fibres circulaires, qui tantôt fait pénétrer les aliments dans l'estomac et tantôt les renvoie dans la cavité buccale. Ailleurs encore, ainsi que Hoffmann l'a indiqué, c'est la dernière bouchée qui, seule, reste engagée dans le canal œsophagien.

D'une façon générale, on peut dire que la dysphagie est toujours moins absolue pour les boissons, tandis que les aliments solides passent plus difficilement ; aussi les malades sont-ils presque toujours forcés de boire fréquemment pour aider à la déglutition des solides. Les boissons froides déterminent parfois une dysphagie considérable ; aussi depuis longtemps Hoffmann, Pierre Frank, Trousseau, ont-ils signalé les bons effets des boissons tièdes. De même, les liquides très-chauds passent fort difficilement, car ils réveillent le spasme ou du moins l'exagèrent ; chez quelques malades, la glace réussit mieux, comme si elle frappait d'inertie momentanée la sensibilité de la muqueuse.

Enfin on a noté des *idiosyncrasies* bizarres en vertu desquelles certains sujets ne peuvent déglutir telle ou telle substance. C'est chez les hystériques, d'ailleurs, que ces phénomènes sont surtout accusés ; aussi ne faut-il pas les rattacher directement à l'œsophagisme.

Un certain nombre de troubles fonctionnels accompagnent la dysphagie : c'est une angoisse, ce sont des étouffements, une sensation de pesanteur, phénomènes dus à l'arrêt anomal des matières alimentaires dans une région quelconque du conduit œsophagien.

Lorsque la contraction spasmodique occupe le *tiers inférieur* du canal, il se produit deux périodes dans la dysphagie. En premier lieu, les aliments introduits dans le pharynx sont déglutis normalement, puis ils s'arrêtent en un point fixe : à ce moment, surviennent de violents efforts de déglutition, efforts auxquels succède une expulsion plus ou moins tardive, dont le malade peut suivre parfois la marche progressive. Le rejet des aliments est alors effectué par les contractions antipéristaltiques dont l'œsophage est capable, ainsi que l'ont démontré les expériences de Magendie, de Legallois, de Béclard, d'Arnold.

Les signes fournis par le *cathétérisme* de l'œsophage sont assez importants. Parfois la sonde vient buter contre un obstacle permanent, infranchissable ; le cathétérisme est alors impossible. D'autres fois, l'instrument ne rencontre qu'un obstacle passager, transitoire, qui se laisse franchir plus ou moins vite. Enfin, il est assez ordinaire que la constriction, tout en cédant sous la sonde, persiste néanmoins, quoiqu'alors atténuée : le cathéter dépasse l'obstacle, mais en le retirant, on le sent étroitement serré par le spasme musculaire.

Lorsque l'œsophagisme se prolonge, on voit se développer des *phénomènes généraux* qui sont la conséquence de l'inanisation prolongée. L'amaigrissement se produit, les forces diminuent; la peau devient sèche et terreuse, mais elle n'offre pas cependant la teinte jaune paille de la cachexie cancéreuse. Chez certains malades, tous ces phénomènes généraux sont peu marqués, surtout chez les hystériques : celles-ci conservent quelquefois, avec tout leur embonpoint, un état de santé satisfaisant malgré le défaut absolu de l'alimentation : il y a lieu, vous le comprenez, de mettre en doute les assertions de ces prétendues malades. J'ai observé un fait de ce genre où la simulation n'était pas douteuse : la jeune femme, dans le but de se rendre plus intéressante, mangeait et buvait en cachette.

Ordinairement, l'*anémie* la mieux caractérisée et par ses signes cardiaques, et par ses troubles vasculaires, ne tarde pas à se montrer; dans le cas où, avant même l'apparition de l'œsophagisme, la chloro-anémie existait déjà, elle augmente considérablement.

Un certain nombre de *troubles nerveux* accompagnent le spasme œsophagien. La sensation de boule épigastrique et pharyngienne, les diverses perversions de la sensibilité, tous les signes en un mot de l'hystérie, cette cause si fréquente de l'œsophagisme, peuvent exister simultanément. D'autres fois, les malades, affectés d'hypochondrie, accusent les divers symptômes de cette dernière affection.

La MARCHE de l'œsophagisme est soumise à ces brusques modifications qui sont l'apanage des troubles fonctionnels en rapport avec l'état morbide du système nerveux. C'est souvent un phénomène essentiellement *passager* qui peut durer quelques jours ou même seulement quelques heures, comme Monro en a rapporté un exemple : ce spasme passager se rattache surtout à une émotion morale vive.

Mais l'œsophagisme peut revêtir la forme *chronique*. M. le Dr Seney, dans sa thèse toute récente (1873), a spécialement étudié cette variété de rétrécissement spasmodique. L'évolution toujours lente des symptômes offre des rémissions et des exacerbations plus ou moins nombreuses : ces dernières apparaissent principalement au moment des repas. C'est alors par mois, par années même, qu'il faut compter la durée de la maladie; dans ces circonstances, les périodes d'amélioration peuvent être fort longues.

Les accidents spasmodiques de l'œsophagisme peuvent cesser subitement : cette *terminaison* brusque de tous les symptômes est même fréquente. D'autres fois le spasme, comme nous l'avons vu, passe à l'état chronique; cette dernière forme peut-elle, comme le voudraient quelques auteurs, donner lieu à un rétrécissement permanent? Cette transformation ne paraît pas encore démontrée.

La *mort* a été signalée comme la terminaison possible du spasme non symptomatique; elle est alors la conséquence de l'inanisation progressive. Dans un cas de ce genre, Power et Brinton, qui ont eu la rare occasion de faire l'autopsie d'un malade atteint de spasme de l'œsophage, n'ont rencontré aucune lésion organique appréciable.

Le PRONOSTIC est absolument subordonné à la marche de la maladie, à sa durée, à sa persistance avec ou sans rémissions durables. Lorsque l'inanisation se produit, il va sans dire que la gravité du mal s'accroît chaque jour davantage.

Le DIAGNOSTIC du spasme œsophagien est, dans certains cas, assez difficile. En présence d'une dysphagie plus ou moins marquée, on peut croire à l'existence d'une *paralysie de l'œsophage*. Mais, dans cette affection, la déglutition devient de plus en plus lente, puis impossible; les voies respiratoires sont souvent atteintes, et il existe alors une toux laryngée. En outre, l'absence de régurgitation, la facilité du cathétérisme de l'œsophage, les bruits de clapotement déterminés par le passage des liquides déglutis, enfin l'ingestion facile des bouchées volumineuses, qui pénètrent moins difficilement que les liquides, parce qu'elles ne s'engagent pas dans le vestibule laryngien, voilà autant de signes différentiels importants et vraiment caractéristiques.

Dans les *rétrécissements organiques* de l'œsophage, où le spasme (je vous le rappelle en passant) joue un grand rôle, ainsi que l'a montré M. le professeur Verneuil, les causes habituelles de la maladie, sa marche chronique et progressive, l'arrêt brusque et la résistance subis par la sonde vous mettront toujours sur la voie de la diagnose.

La *compression de l'œsophage* (par des tumeurs quelconques du médiastin) s'accompagne d'une telle réunion de signes fonctionnels et physiques, dus à des troubles de voisinage, qu'il vous suffira d'un examen même superficiel pour localiser en dehors du conduit œsophagien la cause de la dysphagie accusée par le malade.

Dans quelques circonstances assez rares, l'artère sous-clavière passe entre l'œsophage et la trachée, ou encore entre l'œsophage et la colonne vertébrale. Cette disposition donne lieu à une certaine dysphagie que l'on a désignée du nom de *dysphagia lusoria*. Il suffira de vous rappeler que les troubles accusés par le malade datent de l'enfance, et que cette anomalie artérielle ne détermine d'ailleurs aucun obstacle au passage du cathéter.

Le *cancer de l'œsophage* peut être pris pendant un certain temps pour un spasme de l'organe; mais dans le cancer, les symptômes sont ceux d'un rétrécissement progressif et chronique : l'âge d'ordinaire assez avancé du patient, et les symptômes généraux de la diathèse rendront la diagnose plus facile.

Quand vous avez reconnu l'existence du spasme œsophagien, il faut, pour que le diagnostic soit complet, que vous en ayez trouvé la *cause*. Songez d'abord à l'hystérie, qui, le plus souvent, occasionne l'œsophagisme; recherchez en conséquence les antécédents de votre malade, mais n'oubliez pas que les grandes attaques peuvent faire absolument défaut. Vous accorderez donc la plus grande valeur aux modifications du caractère, à l'existence de la boule et du clou hystériques, enfin aux diverses anesthésies qu'il vous sera facile de constater.

L'hystérie étant écartée, ne négligez pas certaines causes telles que les affections utérines, l'hypochondrie, n'oubliez pas non plus la possibilité de la présence du ténia.

Toutes ces conditions étiologiques une fois mises de côté, lorsque d'ailleurs l'œsophagisme ne tient pas à une affection nerveuse, vous admettrez, par exclusion, l'existence d'un spasme essentiel.

Quel TRAITEMENT doit-on faire aux malades atteints d'œsophagisme ? L'intervention thérapeutique doit répondre à plusieurs indications, dont les principales sont les suivantes.

Il faut avant tout *vaincre le spasme*. Les antispasmodiques, et surtout la belladone sont administrés dans ce but : je vous signalerai particulièrement le bromure de potassium, très-indiqué ici à cause de son action spéciale sur le pharynx; M. le professeur Gubler a publié un fait remarquable de guérison par ce médicament. Les lavements avec l'asa fœtida, le castoreum, sont également conseillés et souvent utiles. Toutefois le moyen le plus actif, sans contredit, consiste dans le *cathétérisme* : il est rare en effet que le spasme lui résiste longtemps. La sonde doit être volumineuse et lentement introduite; vous pourrez d'ailleurs faire usage des divers cathéters à olives gradués, des bougies à mandrin variées, et de la pince à articulation extérieure, employée par M. le professeur Broca, qui répondent à toutes les indications et sont du reste plus ou moins facilement supportées suivant les cas.

Pour *prévenir le retour* des spasmes, c'est à la cause de l'œsophagisme qu'il faudra s'attaquer. Les traitements ordinaires de l'hystérie, de l'hypochondrie, sont mis en usage avec des résultats variables. L'hydrothérapie, souvent conseillée dans les affections nerveuses, est un des meilleurs moyens dont vous puissiez disposer contre les récidives du spasme.

Une indication souvent plus pressante, c'est encore de *s'opposer à l'inanisation*. Lorsque l'introduction des aliments réduits en purée et même des boissons ne peut plus se faire par les voies naturelles, on doit, sans hésiter, prescrire l'emploi des lavements nutritifs répétés et surtout l'alimentation par la sonde œsophagienne : les injections de bouillon, de vin, de lait, de café, d'œufs battus, de bouillies, de purées de viande, etc., permettront au malade de résister et au médecin de vaincre la contraction spasmodique qui ferme l'entrée des voies digestives.

VINGT-QUATRIÈME LEÇON

CANCER DE L'OESOPHAGE

Parmi les affections organiques dont l'œsophage peut être le siége, la dégénérescence cancéreuse est sans contredit l'une des plus fréquentes.

L'étude ANATOMO-PATHOLOGIQUE des lésions montre qu'il s'agit toujours d'un néoplasme à marche envahissante, mais dont plusieurs variétés ont été observées : on admet généralement que l'*encéphaloïde* (Lebert) et le *squirrhe* sont les plus communes ; mais je ne sais si cette assertion est bien exacte. D'après Bamberger, Rindfleisch, c'est au contraire l'*épithélioma* qui serait le plus ordinairement constaté dans l'œsophage : les faits récents, publiés par MM. Robin et Bucquoy, par M. Lancereaux, les deux cas de Hughes Bennett, confirment cette opinion. Dans l'observation de MM. Robin et Bucquoy, il s'agissait de la forme glandulaire. La grande fréquence de l'épithélioma semble donc résulter des observations les plus modernes ; elle est d'ailleurs comparable à celle de l'épithélioma de la langue, démontrée par les recherches de M. Th. Anger. Pour l'œsophage, la nature épithéliale de la néoplasie, rendue probable par son siége anatomique, est confirmée par les examens histologiques.

Quoi qu'il en soit, c'est surtout dans le voisinage des orifices du canal œsophagien que se développe le cancer. Par ordre de fréquence, le tiers supérieur est le plus souvent atteint, puis le tiers inférieur (ce qui ne doit pas vous surprendre puisque le cancer du cardia n'est pas rare) ; enfin, mais plus exceptionnellement, le tiers moyen. Pour Rindfleisch, cette dernière région serait le point de départ le plus habituel des néoplasmes, ce qui s'expliquerait en raison du croisement de l'œsophage par la bronche : j'avoue ne pas saisir la raison de cette explication.

L'étendue de la production morbide est plus ou moins grande : la néoplasie, toujours partielle, mesure au maximum 6 à 8 ou 9 centimètres, souvent beaucoup moins. Sa forme est d'ordinaire celle d'un anneau, d'un cylindre plus ou moins haut, occupant toute la circonférence du canal œsophagien : rarement la masse morbide se montre sous l'aspect de plaques plus ou moins étendues, ou d'un demi-canal.

Le cancer de l'œsophage est d'ordinaire unique ; mais il peut aussi être multiple, c'est-à-dire affecter l'œsophage en plusieurs points différents. H. Bennett rapporte le cas d'un carcinome double, développé simultanément à l'extrémité supérieure du canal et au cardia : notez bien qu'il s'agit ici d'un fait où l'autopsie a pu être pratiquée, car sur le vivant, il faut, selon la remarque de M. le professeur Verneuil, se méfier des erreurs de diagnostic possibles, par suite des constrictions spasmodiques qui accompagnent les néoplasies et qui peuvent être prises pour des rétrécissements de nature organique.

Les dimensions du canal œsophagien sont presque toujours diminuées à des degrés divers. En effet, au niveau du néoplasme, il existe une *coarctation* dont la hauteur est variable, ainsi que le diamètre. Au-dessus du point rétréci, vous constaterez le plus souvent une dilatation, la *rétro-dilatation*, qui existe dans tout canal affecté de rétrécissement; elle offre un aspect variable suivant les circonstances : ici, c'est une simple petite poche ampullaire; ailleurs, ce sera un sac latéral, sorte de jabot appendu au canal. Borsieri rapporte un fait dans lequel la dilatation était si vaste, qu'elle avait une contenance de deux pintes.

Au-dessous du carcinome, l'œsophage est au contraire diminué de volume, et cette sorte de rétrécissement prolonge la coarctation organique. Quand le néoplasme se développe en deux points situés à des hauteurs différentes, il existe un double rétrécissement, et, par suite, on peut rencontrer deux dilatations, dont la secondé est intermédiaire aux deux foyers néoplasiques.

Lorsque l'on ouvre un œsophage attaqué de cancer, on trouve que la face interne de la tumeur est tantôt d'apparence normale et tantôt ulcérée; assez souvent, il existe une véritable perte de substance plus ou moins grande, au niveau de laquelle la *membrane muqueuse* et même la sous-muqueuse sont détruites. La surface ainsi ulcérée est parfois tout à fait lisse et d'autres fois recouverte de fongosités, d'où s'écoule une sanie ichoreuse. Ces différences d'aspect sont en rapport avec le degré d'ancienneté du néoplasme et aussi avec la variété de cancer : dans l'épithélioma, la muqueuse est absolument confondue avec la tumeur; il n'en est pas de même du squirrhe, dans lequel cette membrane est souvent intacte et où, par contre, le *tissu sous-muqueux* est, au contraire, le siége principal de la lésion. D'ailleurs, ce tissu est toujours altéré, quoiqu'à des degrés divers : dans certains cas, il paraît être le premier affecté : s'agirait-il alors d'un épithélioma glandulaire ?

Le *tissu musculaire* est épaissi; il semble hypertrophié, de la même façon que dans le cancer de l'estomac : nous verrons, à propos de cette dernière affection, ce que nous devons penser de cette altération anatomique.

Les organes avoisinant la masse cancéreuse sont, comme cela a lieu dans les tissus qu'environne toute néoplasie, souvent adhérents à la tumeur; bientôt la production morbide, en proliférant, se développe dans les organes qui l'entourent, et l'ulcération, qui a déjà détruit les tuniques œsophagiennes, envahissant ces organes, les détruit ultérieurement. C'est ainsi que la *trachée* et surtout les *bronches* peuvent être d'abord adhérentes, puis perforées : la perforation de la trachée peut être simple, c'est le cas le plus ordinaire, ou plus rarement double. L'ouverture se produit le plus souvent directement, l'ulcération cancéreuse gagnant de proche en proche les parois du canal trachéal ou bronchique. Mais cette perforation du conduit aérien peut s'effectuer aussi d'une tout autre façon : elle est alors médiate et se produit par l'intermédiaire d'un trajet fistuleux plus ou moins long, ou même d'une poche purulente située entre l'œsophage et les tuyaux aérifères. Il me paraît très-probable que ce foyer purulent représente les vestiges d'un ganglion trachéo-bronchique dégénéré.

Les *poumons*, la *plèvre* peuvent être aussi affectés : on y constate tantôt des adhérences, tantôt des inflammations variées, ou même des perforations ; Vigla a établi que ces diverses lésions sont le plus fréquentes du côté droit (14 fois sur 18 cas). La pleurésie simple ou purulente, l'hydro-pneumo-thorax, la pneumonie, telles sont les altérations le plus habituellement constatées [1].

---

[1]. Chez un vieillard de 53 ans, que je viens d'observer (février 1879), le cancer occupait la partie latérale droite de l'œsophage sous forme d'une plaque allongée verticalement et mesurant trois centimètres de hauteur ; l'œsophage n'était altéré que dans la moitié de sa circonférence, de telle sorte qu'il n'y avait point de rétrécissement. La plèvre droite, adhérente à la néoplasie, était épaissie et infiltrée de nodules

Le tissu cellulaire péri-œsophagien et les *ganglions* du médiastin postérieur sont souvent engorgés, indurés, cancéreux ; les glandes lymphatiques pré-vertébrales sont assez fréquemment envahies par le carcinome ; il en est de même non-seulement de celles qui sont voisines de l'œsophage, mais même de celles des régions cervicale et sus-claviculaire.

Les *os* ne sont pas à l'abri de cette propagation du néoplasme : on a vu la colonne vertébrale, adhérente au cancer, former la paroi postérieure d'un vaste ulcère œsophagien. L'ulcération progressive de l'os par le carcinome est même possible, et ce mal de Pott cancéreux peut occasionner consécutivement des lésions de la moelle et de ses enveloppes.

Le corps thyroïde est parfois atteint lorsque le néoplasme, au lieu de détruire la partie postérieure de l'œsophage, se développe en avant. Les *vaisseaux* eux-mêmes, non-seulement les artères œsophagiennes (qui sont souvent englobées dans la masse cancéreuse), mais l'aorte et d'autres gros vaisseaux, deviennent adhérents au néoplasme, puis s'ulcèrent à leur tour, et peuvent être le point de départ d'une perforation dont on comprend les conséquences fatales.

Les autres *viscères* sont plus rarement envahis. Le

cancéreux dans une assez grande étendue : il existait une pleurésie enkystée du sommet droit avec épanchement sanguinolent, qui donnait lieu aux signes stéthoscopiques de la pneumonie ; le cancer s'était propagé au foie.

plus ordinairement alors, c'est par *propagation* que se fait la généralisation de la néoplasie : c'est ainsi que Bennett rapporte un cas dans lequel une sorte de bande cancéreuse unissait l'œsophage au foie. Bien plus rarement se produit l'infection générale de l'organisme, ce qui tient à l'évolution rapide du mal, le développement local de la tumeur entraînant des accidents trop promptement mortels pour permettre l'apparition des cancers viscéraux secondaires. M. Leudet, Bennett, ont signalé la tuberculose pulmonaire consécutive; elle est évidemment occasionnée par l'état de cachexie profonde secondaire aux troubles graves de la nutrition.

Parmi les symptômes du cancer de l'œsophage, les troubles fonctionnels occupent une place si prédominante qu'ils méritent tout spécialement d'attirer notre attention. Ils se caractérisent essentiellement par une *dysphagie progressive*. Ce sont d'abord les solides qui passent difficilement lorsque le malade les avale sans les avoir préalablement soumis à une mastication complète : bientôt les aliments demi-solides franchissent difficilement l'œsophage ; enfin, au bout d'un temps variable, les liquides eux-mêmes sont péniblement déglutis. Il arrive un moment où la plus grande partie des aliments et même des boissons est rendue par régurgitations : ces *régurgitations*, peu fréquentes au début de la maladie, deviennent de plus en plus complètes et journalières, à un point tel que tous les aliments ingérés finissent par être rejetés sans avoir pu pénétrer dans l'estomac.

Quelques variations existent dans ces symptômes; elles sont généralement en rapport avec le *siége du rétrécissement*. C'est ainsi que, lorsque l'obstacle occupe la partie supérieure du canal œsophagien, le second temps de la déglutition est à peine achevé, que les aliments reparaissent dans le pharynx; toutefois, quand la sténose est déjà ancienne, il se forme, comme nous l'avons vu, une poche qui emmagasine pendant un certain temps les aliments avalés. Dans les cas où le cancer siége au tiers inférieur de l'œsophage, cette rétro-dilatation peut atteindre de grandes proportions; les matières alimentaires, entassées dans le canal dilaté, y séjournent pendant un temps plus ou moins long, et sont finalement rendues sous forme d'une masse pulpeuse et d'odeur fétide. On a voulu voir, dans cette décomposition des substances alimentaires ingérées, les traces et la preuve même d'une sorte de digestion œsophagienne; il n'en est absolument rien : les aliments sont altérés un peu par l'action de la salive, beaucoup par suite de leur séjour dans une poche à parois souvent ulcérées, et ils sont expulsés dans un état d'altération et nullement de digestion commencée.

Les matières rendues ne sont pas seulement constituées par les aliments solides et liquides; elles renferment encore des mucosités, quelquefois du sang. Le sang peut être rouge, fraîchement versé dans le canal œsophagien, ou bien noirâtre, sous forme de masses à demi coagulées, altérées par leur séjour dans la poche. En outre, des liquides ichoreux, des détritus pulpeux, traces de la sécrétion des surfaces malades et de la mortification des fongosités carcinomateuses, ont été trouvés mélangés aux aliments.

Il arrive parfois, pendant que le malade avale, que l'on entend (principalement en appliquant l'oreille sur la région rachidienne) un *bruit de glou-glou* caractéristique : ce bruit dénote que l'air dégluti avec les aliments a franchi le rétrécissement. Les recherches d'Hamburger fourniraient même, si elles étaient confirmées, des ressources importantes pour le diagnostic : d'après cet observateur, lorsque le passage du bol alimentaire est gêné et que la régurgitation se produit, l'auscultation de l'œsophage permettrait de constater que les bruits, au lieu de se faire entendre progressivement de haut en bas, suivraient une marche inverse; d'où un signe précieux pour reconnaître les rétrécissements au début.

Le malade accuse ordinairement une *douleur* spontanée, lancinante, aiguë, d'autres fois sourde, qui se réveille surtout au moment de la déglutition; elle est rapportée tantôt au niveau du dos, tantôt derrière le sternum, parfois plus bas, vers la région épigastrique. Dans certains cas rares, on a vu le cancer de l'œsophage s'accompagner d'une névralgie intercostale (Grisolle). En somme, le lieu où se fait sentir la douleur ne peut, le plus souvent, indiquer le siége du cancer.

Le *hoquet* est un signe inconstant lequel, malgré les assertions de Mondière, est encore plus infidèle dans le cancer que dans l'inflammation de l'œsophage.

Parfois, vous serez frappé de la *raucité de la voix*, qui pourra présenter en outre des modifications de timbre plus ou moins accentuées. Si le larynx n'est pas altéré (et l'examen laryngoscopique vous permettra facilement de vous en assurer), il s'agit alors, le plus ordinairement, d'une compression ou même d'une désorganisation du nerf laryngé inférieur.

En présence de ces symptômes, qui indiquent l'obstruction de l'œsophage, il est nécessaire de compléter l'examen du malade par la constatation des *signes physiques* fournis par le *cathétérisme ;* vous emploierez de préférence, lorsque vous soupçonnerez un cancer, la sonde œsophagienne à olive. L'instrument, enfoncé avec douceur, sera, au bout d'un trajet variable suivant le siége de la néoplasie, arrêté par un obstacle résistant et permanent : il ne vous arrivera pas, comme dans le spasme, de sentir la résistance céder tout à coup, en même temps que la sonde pénètre jusqu'à l'estomac; c'est qu'en effet le rétrécissement est organique, et en conséquence, persistant.

Je vous disais qu'il faut procéder avec douceur : la

prudence la plus minutieuse est en effet indispensable, le cathéter, brusquement dirigé au milieu des tissus profondément altérés, pourrait déterminer une perforation, une rupture de l'œsophage au niveau de la néoplasie. Soyez plus particulièrement réservés dans cette exploration, lorsque le malade se plaint de quelque douleur de côté ; c'est surtout dans ces circonstances que vous devez craindre de provoquer une lésion qui serait suivie d'une grave complication pleurale ou pulmonaire.

Pendant que les troubles fonctionnels s'accusent de plus en plus, l'*état général* s'aggrave à son tour. L'amaigrissement fait bientôt des progrès considérables par suite de l'inanisation qui s'accroît ; l'anémie s'établit rapidement et s'accompagne même parfois d'une cachexie précoce ; bientôt le facies prend la teinte caractéristique des affections carcinomateuses.

Les *ganglions sus-claviculaires* sont fréquemment envahis, de la même façon que vous voyez se tuméfier les ganglions sous-maxillaires dans le cours des néoplasies des lèvres et de la langue, ou ceux de l'aisselle à la suite des carcinomes du sein. Ce signe, indiqué par Mondière, a donc une grande valeur : malheureusement, il fait souvent défaut. Sa présence paraît être en rapport avec le siége anatomique du cancer : est-ce lorsque le tissu cellulaire est envahi que les ganglions s'engorgent ? Je le croirais volontiers ; mais il serait téméraire de l'affirmer d'une façon absolue.

Le *début* du cancer de l'œsophage est presque toujours mal caractérisé. Le malade accuse quelques légers phénomènes dysphagiques, lesquels passent inaperçus ; puis les symptômes de l'affection s'accentuent ; mais sa *marche* reste lente, quoique toujours progressive. Jamais dans le cancer vous n'observerez ces rémissions qui, vous le savez, sont constantes dans l'œsophagisme.

La *durée* de la maladie varie entre un an et dix-huit mois ; pour Lebert, elle ne dépasserait guère treize mois. Cette durée déjà si courte est trop souvent encore abrégée par une des nombreuses complications qui peuvent éclater à tout moment.

La *mort* est la seule terminaison connue ; elle est la conséquence de l'inanisation progressive, laquelle est parfois tellement rapide que le malade succombe sans que la cachexie cancéreuse proprement dite se soit développée.

Parmi les COMPLICATIONS les plus ordinaires, il faut citer d'abord la *perforation de la trachée* ou d'une bronche. Quelquefois, ce travail ulcératif se manifeste très-rapidement ; le malade est pris tout à coup de suffocation, de quintes de toux, et rejette par les voies aériennes les boissons qu'il vient de déglutir ; la mort survient plus ou moins vite.

La pneumonie, la gangrène du poumon, se reconnaîtront à leurs signes habituels ; il en est de même de la pleurésie. Un accident très-grave, parfois même foudroyant, c'est l'*hémorrhagie*, sorte d'hématémèse ou mieux de régurgitation sanglante, due à l'ulcération soit d'une artère des parois œsophagiennes, soit de l'aorte elle-même.

Enfin rappelez-vous que la tuberculose pulmonaire a été signalée comme une complication éloignée du cancer de l'œsophage.

Le PRONOSTIC est donc toujours fatal ; la mort, inévitable, a lieu plus ou moins vite suivant que le cancer évolue lentement ou qu'il survient au contraire quelque grave complication.

Le DIAGNOSTIC différentiel présente quelquefois, surtout dans les premiers mois de l'affection, de sérieuses difficultés. Dans ces circonstances, le cancer œsophagien peut être absolument *latent*, la production pathologique se développant sous forme de plaque et ne mettant pas obstacle au passage des boissons ni même des aliments soumis à une mastication à peu près complète. On conçoit alors qu'une très-légère dysphagie et un état d'anémie parfois peu accentuée soient les seuls symptômes capables d'attirer l'attention. Dans ces circonstances, le diagnostic est impossible [1] : il devient par contre relativement facile lorsque, la néoplasie progres-

---

1. Chez le vieillard dont il a été question plus haut, le cancer était à peu près latent : le malade n'accusait guère qu'une profonde répugnance pour la viande et une gêne très-légère de la déglutition pendant le passage des aliments mal divisés.

sant, surviennent les symptômes caractéristiques de la sténose œsophagienne.

Par contre, à cette période, le cancer de l'œsophage est assez souvent confondu avec le simple *rétrécissement cicatriciel;* les troubles fonctionnels et les signes fournis par le cathéter sont en effet identiques dans les deux cas. Vous devrez donc tenir compte des renseignements fournis par le malade sur les causes probables de l'affection, sur ses antécédents pathologiques et notamment l'existence de maladies antérieures ou d'accidents ayant pu occasionner une lésion cicatricielle de l'œsophage ; vous ne négligerez pas les conditions tirées de l'âge du malade et de l'hérédité. Enfin la bonne conservation des fonctions nutritives sans trace de cachexie, la marche beaucoup plus lente de la maladie, l'absence de l'engorgement des ganglions à la région sus-claviculaire, la nature des matières vomies qui ne renferment pas de liquides sanieux et le plus souvent pas de sang plus ou moins altéré, l'ensemble de tous ces signes permettra de penser que la coarctation n'est pas de nature carcinomateuse.

La *compression de l'œsophage par une tumeur* voisine peut faire croire à un rétrécissement cancéreux de ce canal. Parmi ces tumeurs, il faut citer surtout l'anévrysme de l'aorte ; mais il suffit d'y songer et de rechercher les autres signes de compression, qui d'ordinaire existent concurremment ; enfin l'auscultation et la percussion soigneusement pratiquées, fourniront des signes de la plus haute importance. En cas de doute, si le cathétérisme est jugé nécessaire, il n'y faudra recourir qu'avec les plus grands ménagements.

Lorsque la compression de l'œsophage est produite par un néoplasme cancéreux développé aux dépens d'un organe voisin, si cette compression est forte, il devient difficile d'éviter la confusion. Toutefois en se basant sur le début de la maladie, sur sa marche ordinairement plus lente, sur l'existence d'autres symptômes ayant précédé la dysphagie, on pourra quelquefois soupçonner la nature du mal.

Nous ne reviendrons pas sur le diagnostic du *spasme de l'œsophage*, sur lequel nous avons insisté à propos de cette affection.

Je serai très-bref sur les CAUSES qui président au développement du cancer œsophagien. L'*âge* exerce une réelle influence, car cette affection est certainement plus commune chez les vieillards ; le maximum de fréquence s'observe entre cinquante et soixante ans, ou mieux entre quarante-cinq et soixante-dix. Quant au sexe, on a prétendu que les hommes étaient plus souvent atteints que les femmes ; cette assertion n'est rien moins que prouvée : on a bien invoqué, pour l'expliquer, l'influence nocive des excès de toutes sortes, et notamment l'abus des boissons alcooliques. On a même incriminé l'usage abusif du tabac, comme pour le cancer des lèvres chez les fumeurs ; mais cette dernière condition étiologique est déjà fort discutée : il en résulte que l'on est en définitive assez mal renseigné sur ce point de pathologie.

L'*hérédité* joue incontestablement un rôle causal important. Toutefois l'on n'observe pas la transmission, par voie héréditaire, de l'affection carcinomateuse localisée dans l'œsophage ; il faut prendre ici l'influence étiologique du cancer dans son acception la plus large, les parents pouvant être atteints d'un carcinome siégeant sur n'importe quel organe.

Le TRAITEMENT ne peut être que symptomatique : à ce point de vue néanmoins, l'intervention médicale peut encore rendre quelques services. Il convient d'abord de combattre l'*inanisation* toujours menaçante chez ces malades : dans les premières périodes de l'affection, on aura soin de choisir les aliments liquides, les diverses purées, les potages, le bouillon, le lait, le chocolat, etc. Puis on essayera de suppléer à cette alimentation incomplète à l'aide de lavements alimentaires. Plus tard, lorsque les troubles de la nutrition seront plus accentués, il pourra devenir nécessaire d'employer la sonde œsophagienne ; son usage répété nécessitera les plus grandes précautions.

La *douleur* est rarement assez intense pour vous obliger à un traitement très-actif. Dans le cas où elle deviendrait pénible, l'emploi des liniments calmants, et au besoin des injections sous-cutanées de morphine, rendrait les meilleurs services.

Quant aux *complications* qui peuvent survenir, elles sont ordinairement au-dessus des ressources de la thérapeutique : on ne peut donc leur opposer que des palliatifs.

MALADIES DE L'ESTOMAC

VINGT-CINQUIÈME LEÇON

EMBARRAS GASTRIQUE

Après avoir terminé l'histoire des affections médicales de l'œsophage, nous arrivons, en poursuivant l'ordre que nous nous sommes tracé, à nous occuper des maladies de l'estomac. Le cadre de ces maladies est très-vaste; nous le parcourrons successivement, en commençant par les inflammations aiguës et chroniques de cet organe. Puis viendra l'histoire de ses néoplasies, des dilatations (qui leur sont souvent consécutives); nous terminerons ensuite par l'étude d'un certain nombre de troubles symptomatiques qu'il est d'usage de décrire à la suite des affections stomacales : je veux parler des vomissements, de la gastrorrhagie et de la dyspepsie.

Nous commencerons d'abord par l'embarras gastrique; non que je veuille dès à présent trancher la question de savoir si cette affection est bien réellement une simple inflammation de la muqueuse de l'estomac, mais parce qu'elle présente avec les gastrites de grandes affinités : j'ajouterai aussi parce qu'il est d'usage d'en faire l'étude à propos des maladies de ce viscère.

Lorsque l'on jette un coup d'œil sur l'histoire de l'embarras gastrique, et que l'on se rappelle les nombreuses dénominations qui lui ont été données (état gastrique, saburral, gastricité, gastrite catarrhale, catarrhe stomacal), on est frappé de cette riche synonymie, qui trahit, en somme, de l'incertitude ou mieux des variations nombreuses dans les opinions des nosographes.

L'historique de cette affection présente en effet, ainsi que nous le verrons bientôt, comme le reflet des doctrines médicales régnantes. Qu'il vous suffise de savoir que l'embarras gastrique, englobé d'abord parmi les maladies catarrhales et saburrales, a été bien délimité et dénommé par Pinel. Confondu par Broussais dans la grande classe des gastrites, il en a été séparé de nouveau par Chomel et les nosographes qui se sont succédé depuis lors. J'ajouterai que les travaux modernes, notamment ceux d'auteurs allemands et anglais, tendent à remettre en honneur les idées de Broussais et à ramener actuellement l'embarras gastrique dans le grand groupe des phlegmasies de l'estomac.

Quoi qu'il en soit de ces interprétations nosologiques, l'embarras gastrique peut être défini cliniquement : un état morbide rarement isolé, souvent symptomatique, caractérisé par le trouble léger et ordinairement passager des fonctions stomacales, attribuable à un état catarrhal de la muqueuse de l'estomac.

L'embarras gastrique s'observe à tous les âges, mais plus spécialement chez les adultes; certaines idiosyncrasies semblent y prédisposer.

Les CAUSES sont fréquemment *occasionnelles*. Souvent il s'agit d'*écarts de régime*, et à cette occasion je vous signalerai l'allaitement défectueux des nouveau-nés, que cet allaitement soit trop copieux, ou bien au contraire insuffisant ou mal approprié à l'âge et aux forces de l'enfant. Dans ces circonstances, les phénomènes stomacaux sont d'ordinaire dominés par les symptômes intestinaux : cependant il peut se produire aussi des troubles gastriques; mais alors les accidents prennent tout de suite un caractère très-sérieux et sont plus qu'un simple embarras de l'estomac.

Les repas trop abondants, les aliments de digestion difficile ou en voie de décomposition, ou bien encore soumis à une mastication incomplète, comme on l'observe souvent chez les vieillards, voilà autant de conditions étiologiques utiles à bien connaître.

Les *influences saisonnières* interviennent souvent dans le développement de l'état gastrique, de même que dans toutes les affections catarrhales. Monneret signale le printemps et l'automne comme les deux saisons les plus favorables à l'invasion de la maladie. Stoll incrimine l'été ; cette dernière saison est probablement nocive par les abus de boissons qu'elle occasionne.

Enfin il ne faut pas oublier que le catarrhe stomacal peut sévir à l'état d'épidémie ; mais c'est surtout pour les formes les plus sérieuses, pour les fièvres gastriques, les fièvres gastriques bilieuses, que cette influence épidémique est réelle (Monneret).

A côté de ces états gastriques simples, que l'on pourrait appeler *idiopathiques*, nous devons ranger un certain nombre d'embarras de l'estomac secondaires ou *symptomatiques*, lesquels se montrent dans la plupart des pyrexies, surtout la variole, la scarlatine, beaucoup moins dans la rougeole. Il en est de même pour la fièvre typhoïde, le typhus, le rhumatisme aigu, de même encore pour différentes phlegmasies, les angines, les pneumonies par exemple : vous savez tous à quel point est caractérisé l'état saburral chez les sujets atteints de pneumonie franche.

Le *début* de l'affection est rarement subit, sauf dans les états gastriques secondaires, où la fièvre vive, le frisson initial, contemporains de l'embarras stomacal, ne peuvent être attribués à ce dernier, puisqu'ils sont l'expression de la pyrexie. Parfois c'est une indigestion qui semble en être le commencement ; mais, si vous recherchez dans les antécédents, vous découvrez presque toujours des troubles dyspeptiques, des modifications de l'appétit dont l'invasion date déjà de quelques jours : l'affection, je vous le répète, s'établit d'ordinaire graduellement : l'inappétence, le dégoût des aliments se montrent et s'accusent chaque jour davantage. Pour retrouver quelque appétit, le malade fait usage de boissons froides, acides; il évite les liquides sucrés; bientôt existe une sensation de malaise plus ou moins marqué, accompagnée d'une courbature, d'une lassitude extraordinaire. L'état gastrique est dès lors constitué.

Un certain nombre de troubles *fonctionnels* se manifestent à ce moment. L'inappétence, le dégoût profond pour tout aliment solide sont de règle; la soif est vive, et il existe un état saburral des voies digestives : la bouche exhale une odeur fade et repoussante; la salive, sécrétée en petite quantité, semble épaissie, comme gluante. La langue, large, étalée, présentant sur ses bords l'empreinte des dents, est recouverte d'enduits muqueux, blanchâtres et épais, parfois teintés en jaune par la bile (enduit bilieux). Quelquefois, on aperçoit de petits points rouges et saillants, sur lesquels Stoll avait beaucoup insisté : ce sont les papilles de la muqueuse linguale; mais ils n'apparaissent en général qu'un peu plus tard, vers la fin de la maladie, quand la guérison s'avance et que les dépôts épithéliaux se détachent.

En même temps que cet état saburral des voies digestives s'accentue chaque jour, des troubles fonctionnels nouveaux se développent. Il y a des nausées, des renvois gazeux, nidoreux, fétides, qui coïncident avec quelques régurgitations; toutefois les vomissements sont rares : ils consistent en matières alimentaires, produits d'une indigestion, et qui dans certains cas proviennent d'aliments pris par le malade un ou deux jours auparavant et présentant même un commencement de décomposition. Bien plus communément, le patient rend, mais en petite quantité, des matières muqueuses ou bilieuses.

Les troubles des *fonctions intestinales* sont de peu d'importance. D'ordinaire, il y a paresse de l'intestin, et une constipation parfois opiniâtre; plus rare est la diarrhée, sauf à la fin de la maladie.

L'*état de l'abdomen* est quelquefois normal. Bien plus fréquemment, il existe une véritable tension épigastrique ou circum-ombilicale, en même temps que cette partie du ventre est spontanément douloureuse; en tout cas, la pression réveille ou fait naître une certaine douleur, surtout lorsqu'on explore la région épigastrique. Nous verrons tout à l'heure quel est l'état du foie, dans une certaine forme spéciale de l'affection.

La *fièvre* peut faire absolument défaut : il s'agit alors d'un embarras stomacal simple; ou bien elle est symptomatique d'une pyrexie, d'une phlegmasie. D'autres fois, l'état fébrile est lié à l'embarras des premières voies, et il y a véritablement une *fièvre gastrique :* ses caractères sont les suivants. Après un début brusque, le thermomètre atteignant en trente-six ou vingt-quatre heures le chiffre le plus élevé qu'il devra présenter (39 ou même 40 degrés), la fièvre prend le caractère rémittent; quelquefois même, elle est presque intermittente (Monneret). D'ordinaire, le malade est pris le soir de malaises plus intenses, de bouffées de chaleur; la température augmente ; puis les phénomènes s'atténuent vers la fin de la nuit et le matin : les oscillations du thermomètre sont en rapport exact avec les phénomènes observés. L'invasion de l'état fébrile est ordinairement sourde : elle s'annonce par des frissonnements plutôt que par un frisson violent; sa chute est rapide.

Dans certaines circonstances enfin, la *fièvre gastrique* est dite *bilieuse*. Les symptômes fébriles revêtent alors une forme rémittente très-prononcée, et le malade accuse souvent des frissons le soir. C'est vers le deuxième ou le troisième jour que l'on voit apparaître les symptômes d'un état sub-ictérique : d'ordinaire, à ce moment, le foie se congestionne, mais à un faible degré (Monneret). Les phénomènes généraux et les troubles fonctionnels de l'état saburral sont très-accentués et se prolongent quelquefois pendant tout un septénaire; on comprend sans peine de quelle importance est le diagnostic dans cette forme de la maladie.

Un certain nombre de phénomènes fonctionnels, que

l'on peut appeler *sympathiques*, accompagnent l'embarras de l'estomac. C'est d'abord une *céphalalgie* qui occupe d'habitude la région sus-orbitaire et qui, d'une intensité parfois extrême, est souvent gravative : il semble aux malades qu'ils aient une calotte de plomb sur la tête. D'autres fois, la boîte crânienne semble enserrée comme par un cercle de fer; très-rarement, la céphalalgie est lancinante, et constitue alors une *pseudo-névralgie* très-curieuse.

La prostration, la perte des forces, l'abattement des traits, indiquent suffisamment à quel point l'organisme du malade est atteint; ces derniers symptômes n'appartiennent pas seulement aux formes fébriles simples ou bilieuses : on les retrouve à des degrés divers dans l'embarras gastrique simple, apyrétique. Vous voyez donc que de nombreux traits unissent aux pyrexies l'affection qui nous occupe; la ressemblance est souvent accrue encore par le développement d'un véritable exanthème.

C'est à Monneret que l'on doit la description des *taches bleues* ou ombrées qui apparaissent dans la fièvre gastrique, simple ou bilieuse, et aussi dans les formes apyrétiques; elles ne tiennent donc pas à l'état fébrile, mais appartiennent essentiellement à l'embarras gastrique. Le développement en est précoce, et elles persistent pendant six à huit jours ou même davantage. Ce sont des taches d'un bleu grisâtre, ardoisées, à peu près circulaires, mesurant de cinq à dix ou douze millimètres; absolument lisses, elles semblent comme déprimées à la surface de la peau, à la façon de l'empreinte laissée sur une plaque de plomb par un coup de marteau. Elles siégent sur le bas-ventre, mais elles sont surtout nombreuses vers la région inguinale, à la face antérieure des cuisses, parfois sur le tronc et même sur les membres supérieurs. Ces taches ont été fréquemment observées dans la fièvre typhoïde, en particulier dans les formes légères ; M. Jaccoud les a signalées dans la fièvre intermittente; je les ai rencontrées dans le rhumatisme articulaire aigu. On ne peut donc pas dire qu'elles caractérisent la fièvre gastrique ; je ferai toutefois remarquer que l'embarras stomacal ne faisait jamais défaut toutes les fois qu'on les a constatées.

L'herpès labial ou plus généralement l'herpès de la face se montre aussi dans le cours de la maladie; il constitue alors un phénomène concomitant de l'état fébrile.

Nous avons vu quel est le début ordinaire de l'embarras gastrique ; je n'y reviendrai pas. La MARCHE des symptômes, leur intensité plus ou moins grande permet d'établir deux formes assez distinctes de cette maladie.

La *forme légère* est surtout consécutive à une indigestion. Elle ne dure que quelques jours et s'accompagne rarement de fièvre : la guérison en est rapide, quelquefois brusque, à la suite de vomissements spontanés et surtout après l'administration d'un émétique.

La *forme intense* s'annonce par la fièvre presque dès le début. L'apparition en est soudaine, quoique précédée d'ordinaire par de légers troubles digestifs; le thermomètre monte en quelques heures jusqu'à 39 ou même 40 degrés; enfin les phénomènes généraux et fonctionnels sont assez souvent très-accentués. La maladie se juge parfois par une diacrise : vomissements, diarrhée, urines abondantes et sédimenteuses, parfois même épistaxis; l'herpès labial est assez fréquent dans ces cas.

La *durée* de l'embarras gastrique est en général courte. Quelques jours suffisent le plus ordinairement; parfois la maladie se prolonge pendant une semaine, rarement davantage, même lorsqu'il s'agit de la forme dite bilieuse. Toutefois la marche et l'intensité de cette dernière sont très-variables.

Quelques observateurs ont voulu admettre un embarras *chronique* de l'estomac (Gendrin, de Crozant) : on a dit, avec raison, que ces cas n'appartiennent pas à l'embarras gastrique.

La *terminaison* est toujours favorable, mais les récidives sont fréquentes. Dans les formes fébriles prolongées, il est assez commun de voir la fièvre tomber brusquement, alors que persistent quelques troubles digestifs.

Le PRONOSTIC est peu sérieux. L'embarras gastrique constitue une affection légère en elle-même et peu grave par ses conséquences. Toutefois il faut faire quelques réserves, car cet état morbide peut être symptomatique, et signaler ou même voiler le début d'une maladie grave, la fièvre typhoïde en particulier. Dans les affections inflammatoires, la pneumonie par exemple, l'embarras bilieux ou gastrique est un élément morbide surajouté ; il constitue par conséquent une complication digne d'être notée, et réclame une intervention spéciale.

Le DIAGNOSTIC est très-facile, car il est peu d'affections avec lesquelles la confusion soit possible. Une *simple indigestion* pourrait toutefois être prise pour un état gastrique au début. Mais la cause facilement appréciable, la marche subite des accidents et leur terminaison brusque à la suite de vomissements alimentaires, suffiront pour faire reconnaître l'indigestion simple.

Je ne vous parlerai pas ici de la *gastrite aiguë*, que nous étudierons bientôt et qui ne saurait être prise pour un embarras de l'estomac ; mais le diagnostic est souvent difficile entre la *fièvre typhoïde* et la fièvre gastrique. Les circonstances étiologiques, loin de venir en aide, contribuent fréquemment à l'erreur ; il en est de même pour certains symptômes du début qui sont à peu près identiques. Tels sont les troubles des fonctions stomacales, telle est la céphalalgie ; la constipation, qui est de règle dans l'embarras gastrique, peu se montrer non seulement au début de la dothiénentérie, mais encore pendant un temps assez long. Il est vrai que les épistaxis appartiennent spécialement à la fièvre typhoïde, ainsi que l'augmentation de volume de la rate ; quant aux manifestations pulmonaires, elles n'apparaissent guère avant la fin du premier septénaire, et à ce moment le diagnostic est ordinairement assuré.

C'est donc, ainsi que l'a montré M. Jaccoud, à la marche de l'état fébrile que vous devez avoir recours dans les cas difficiles. En effet, vous n'avez pas oublié que dans le catarrhe gastrique fébrile le thermomètre monte rapidement, et qu'il peut atteindre 39 et 40 degrés dès le premier jour de la maladie, conservant ce chiffre élevé pendant deux, trois jours et même davantage : la fièvre présente pendant tout ce temps un type rémittent très-accentué. Or ce n'est pas ainsi que les choses se passent dans la dothiénentérie, dont l'état pyrétique offre un caractère bien tranché. Vous savez que, dans cette affection, le thermomètre monte lentement en s'élevant d'un seul degré chaque soir et en présentant une chute constante d'un demi-degré chaque matin, si bien que le chiffre de 39 ou 40 degrés n'est atteint que le soir du quatrième ou du cinquième jour. L'étude de la température fournit donc des résultats précis, qui sont de la plus haute importance pour les cas où l'affection est mal caractérisée.

Chez les enfants, les débuts de l'embarras gastrique

sont quelquefois accompagnés de phénomènes réactionnels intenses pouvant en imposer pour une *méningite tuberculeuse*. Mais le doute, s'il est à la rigueur possible pendant quelques instants, ne saurait se prolonger après la connaissance des antécédents du petit malade, des phénomènes prodromiques qu'il a présentés ; d'ailleurs, les symptômes propres à l'affection méningée survenant bientôt, affirmeraient la diagnose.

L'*anatomie pathologique* de l'embarras gastrique n'est point basée sur des recherches cadavériques. Toutefois, Beaumont a pu étudier sur son Canadien Saint-Martin, atteint, comme vous savez, de fistule gastrique, les modifications offertes par la muqueuse stomacale dans l'affection qui nous occupe : il a vu la face interne du viscère devenir rouge et se recouvrir d'une couche de mucus neutre ou même alcalin ; ces modifications rendent bien compte des troubles de la digestion.

Le TRAITEMENT de l'embarras gastrique consiste dans l'emploi des *évacuants*. Lorsque l'on a affaire à un cas léger, les purgatifs salins peuvent à la rigueur suffire : on se trouvera bien dans ces circonstances de prescrire deux ou trois jours de suite une demi-bouteille d'eau minérale, de Pullna ou de Sedlitz par exemple. Un éméto-cathartique (sulfate de soude et tartre stibié) donne également d'excellents résultats. Mais, pour peu que les symptômes soient très-accentués, s'il y a surtout de la fièvre ou s'il existe un état bilieux, il est préférable de faire prendre d'abord un vomitif (tartre stibié si le sujet est vigoureux, poudre d'ipéca s'il s'agit d'une femme ou d'un adolescent); puis le lendemain on prescrit un purgatif salin (sulfate de soude ou citrate de magnésie).

Le malade sera mis à la diète : on lui permettra seulement quelques bouillons ou du lait froid; on lui donnera, pour boisson, une eau minérale alcaline, telle qu'une des sources peu minéralisées de Vals ou l'eau de Saint-Galmier, à laquelle il pourra ajouter une petite quantité de vin blanc (le vin rouge serait mal supporté).

Dès que les évacuants auront produit leur effet, on reprendra graduellement l'alimentation ; il sera bon d'exciter l'appétit à l'aide de la macération de quassia amara additionnée de quelques gouttes de teinture amère de Baumé. Si la fièvre gastrique s'était prolongée pendant quelques jours et s'il existait un certain degré de faiblesse, vous n'hésiteriez pas à conseiller la décoction de quinquina et une eau minérale ferrugineuse, notamment celle de Bussang ou d'Orezza.

Connaissant dans tous ses détails l'histoire nosographique de l'embarras de l'estomac, nous pouvons maintenant aborder plus fructueusement les discussions nombreuses auxquelles a donné lieu la NATURE de cette maladie. C'est incontestablement une affection depuis très-longtemps connue et décrite. Les anciens la considéraient comme un *embarras muqueux*, comme un état saburral : ils admettaient l'existence d'une matière morbide, d'une turgescence de la bile. D'après ces théories, les phénomènes de sécrétion des fluides digestifs, l'altération de ces fluides, donnant naissance à ce que l'on appelait des *saburres*, tenaient dans l'histoire de la fièvre gastrique une place importante. Pour expliquer l'état fébrile, le rôle de la bile dans le sang était invoqué : il est d'ailleurs nécessaire de se souvenir que Stoll désignait sous le nom de bile la matière saburrale qui, résorbée dans l'intestin et passant dans le sang, déterminait tous les phénomènes secondaires. Plus tard, Pinel étudia et dénomma l'embarras gastrique. Telle est la première phase de l'histoire pathogénique de cette affection.

Les travaux de Broussais inaugurent une seconde période. Broussais rejette l'état catarrhal ; il nie l'essentialité des fièvres ; pour l'ardent polémiste, tout devient irritation et phlegmasie : la *gastrite* règne en souveraine sur la pathologie. C'est la phase de l'école physiologique.

Avec Chomel commence une troisième période, de réaction contre les doctrines de Broussais. Dans ses leçons de clinique médicale, Chomel rejette l'existence d'une inflammation de l'estomac dans l'*état gastrique* et étudie à part cette maladie : est-il nécessaire de vous rappeler à quel point ces doctrines ont été adoptées et exagérées par toute une génération de médecins qui contestaient presque l'existence de la phlegmasie de l'estomac ?

Enfin, sous l'influence des recherches contemporaines, nous entrons dans une période nouvelle, ou plutôt renouvelée de l'ancienne. La gastrite, ébranlée jusque dans ses bases, reparaît avec des notions plus précises dans les écrits des médecins allemands et anglais. Ce n'est plus de l'irritation, c'est de l'inflammation, et, une fois engagés dans cette voie, certains observateurs se laissent entraîner aux exagérations les plus bizarres. Pour Niemeyer, par exemple, le catarrhe aigu de l'estomac englobe l'embarras gastrique, la fièvre gastrique, la fièvre muqueuse, le choléra infantile, le choléra nostras lui-même ! Il faut en convenir, Broussais est véritablement dépassé.

Entre ces opinions extrêmes, où donc est la vérité ? L'estomac est-il véritablement irrité ? Est-il le siége d'une inflammation réelle ? On ne saurait le démontrer d'une façon absolue. Ce qui est incontestable, c'est que les sécrétions gastriques sont troublées ou plus ou moins profondément modifiées : on ne peut donc repousser absolument l'élément catarrhal.

Mais est-ce là tout ? Peut-on ne pas reconnaître en outre une influence générale, un état de souffrance de l'économie tout entière ? De l'embarras gastrique simple à la fièvre gastrique, il n'y a en somme qu'un simple degré :

il est vite franchi ; et, dans les formes graves ou bilieuses, la maladie revêt tous les traits d'une pyrexie véritable.

Il est donc possible, sans trop forcer les analogies, de rapprocher cette affection du groupe important des maladies générales. L'embarras gastrique constituerait en quelque sorte la première ébauche d'une maladie générale, le premier groupe du cadre des pyrexies, dont la série serait continuée par la fièvre gastrique, la fièvre muqueuse, la fièvre typhoïde et enfin le typhus exanthématique (Monneret). D'après cette manière de voir, l'embarras gastrique, fébrile ou non, serait une affection générale à détermination vers l'estomac, comme la fièvre typhoïde est une pyrexie à détermination intestinale.

VINGT-SIXIÈME LEÇON

GASTRITE AIGUE

L'inflammation aiguë de l'estomac a subi, plus peut-être encore que l'embarras gastrique, les oscillations des différentes théories qui se sont succédé et sur lesquelles je n'ai pas besoin de revenir. Sachez seulement que, tour à tour envisagée comme fréquente ou niée systématiquement, la forme aiguë de la gastrite est en réalité beaucoup plus rare que la forme chronique.

Certaines conditions générales constituent des CAUSES prédisposantes : l'influence des saisons, de l'été en particulier, est invoquée à juste titre. Les différents âges de la vie y seraient, dit-on, également exposés ; toutefois, ce sont surtout les adultes qui en sont atteints. Mais il est un certain nombre de *causes déterminantes* de la maladie qui permettent de grouper les gastrites aiguës en deux grandes variétés, les primitives et les secondaires.

La *gastrite primitive* peut reconnaître pour cause l'ingestion de substances toxiques. Les alcalis et les acides concentrés, qu'il s'agisse d'un empoisonnement accidentel ou d'un crime, déterminent habituellement une inflammation suraiguë, très-grave, comme nous le verrons : c'est la *gastrite toxique*.

Les *excès de régime*, une *mauvaise hygiène*, l'abus des aliments excitants, donnent naissance à la gastrite aiguë plus encore qu'à l'embarras stomacal. Nous avons vu, lorsqu'il s'est agi de déterminer les causes de cette dernière affection, que ce sont surtout les aliments indigestes ou dont la mastication a été incomplète qu'il faut incriminer. Quant à savoir comment agissent alors ces substances, que l'on pourrait vraisemblablement considérer comme des corps étrangers, la question n'est pas encore résolue. D'après certaines théories allemandes, il se produirait une décomposition, une sorte de putréfaction des aliments ingérés : la formation de produits acides et irritants en serait la conséquence; cette pathogénie, qui reproduit en somme les anciennes théories sur les saburres n'est rien moins que prouvée. Les boissons alcooliques, si souvent prises avec abus, donnent lieu d'ordinaire à des lésions chroniques; parfois cependant, on les a vues déterminer une gastrite aiguë phlegmoneuse.

En dehors des excès alimentaires, une cause assez fréquemment notée de la gastrite aiguë, c'est le *froid*, et en particulier le refroidissement subit consécutif à l'ingestion de boissons glacées.

La *gastrite aiguë secondaire* se montre dans le cours d'une maladie générale grave. Je vous citerai surtout la scarlatine, ainsi qu'il semble résulter des recherches de Brinton et surtout de Fenwick ; de même, l'érysipèle (ainsi que les brûlures étendues) se complique parfois de gastrite aiguë. La pyohémie, la fièvre puerpérale, la variole, déterminent plutôt, mais très-rarement, une forme spéciale, la gastrite phlegmoneuse.

Les LÉSIONS ANATOMIQUES de la gastrite aiguë atteignent surtout, d'une façon générale, la muqueuse stomacale, bien plus rarement le tissu cellulaire sous-muqueux. On distingue deux formes principales, la gastrite aiguë simple ou érythémateuse, et la phlegmoneuse, auxquelles il faut joindre la gastrite toxique, dont les altérations consistent surtout en escharés, avec des hémorrhagies caractérisées par la présence dans l'estomac d'un liquide noirâtre d'abondance variable.

La muqueuse stomacale est, nous l'avons vu, le siége principal des lésions de la gastrite aiguë. Elle présente une *rougeur* dont l'intensité est variable et qui peut aller depuis une teinte rose pâle jusqu'au rouge brun sombre. Ces colorations diverses diffèrent complétement de l'imbibition cadavérique; celle-ci d'ailleurs occupe les parties déclives et coïncide toujours avec un état de putréfaction commençante. La rougeur congestive de la gastrite aiguë est disséminée sous forme de plaques ou d'un pointillé plus ou moins fin, surtout dans les régions du pylore et du cardia. On aperçoit même sur quelques points de petites hémorrhagies interstitielles qui sont la conséquence d'une congestion excessive ; on voit en outre, sur la muqueuse hyperémiée, des vaisseaux gorgés de sang et plus ou moins volumineux. Cette injection vasculaire forme, suivant le volume des vaisseaux, des dessins ramifiés assez largement espacés, ou bien de petites touffes capillaires très-serrées (Billard).

En outre, la muqueuse est le siége d'un *gonflement*, le plus ordinairement léger, parfois déterminé par la turgescence des glandules de l'estomac. Assez souvent on constate un *ramollissement* plus ou moins notable de la muqueuse, ramollissement qui a soulevé de nombreuses discussions : est-il cadavérique? S'est-il au contraire formé pendant la vie? Nous aurons plus tard l'occasion de revenir sur ce point; il nous suffira quant à présent de reconnaître que dans la gastrite aiguë le ramollissement est fréquent, à des degrés divers ; mais cette altération consiste dans un état de mollesse de la membrane muqueuse et non dans la lésion que nous étudierons et qui a été décrite sous le nom de ramollissement de l'estomac. On a parlé aussi d'*induration* de la muqueuse : cette induration n'existe en réalité que dans l'état chronique.

La cavité stomacale contient des mucosités parfois

jaunâtres et colorées par la bile, rarement du sang, ou des fausses membranes.

En examinant avec soin la surface interne de l'estomac, on y trouve souvent des érosions, de véritables *exulcérations* déterminées par la chute de l'épithélium. Les pertes de substance peuvent être arrondies, cupuliformes; elles constituent alors les ulcérations dites folliculeuses de Billard [1]; d'autres fois, elles sont plus étendues.

On peut rencontrer des altérations plus profondes aboutissant à la formation de foyers purulents, ainsi que l'ont établi les recherches de M. Raynaud et surtout de M. Auvray dans son intéressante thèse (1866) ; dans ce cas, le tissu cellulaire est envahi. C'est cette forme que l'on désigne sous le nom de *gastrite phlegmoneuse* : la suppuration peut se montrer tantôt sous la forme diffuse et tantôt en foyer.

La *suppuration diffuse* donne lieu à des nappes purulentes plus ou moins étendues, infiltrant le tissu sous-muqueux à des degrés divers. Ici, c'est un simple exsudat épais, jaunâtre, puriforme ; là, on trouve une véritable éponge dont les cavités sont remplies de pus.

---

1. Les recherches de M. le professeur Parrot sur l'athrepsie obligent à de très-grandes réserves pour toutes les questions relatives à la gastrite des nouveaux-nés. M. Parrot décrit en effet deux formes de gastropathie, l'une ulcéreuse et l'autre diphthéroïde, la première répondant aux ulcérations folliculaires de Billard.

La *suppuration en foyer* donne naissance à des abcès nettement circonscrits et qui sont tantôt sous-muqueux, tantôt sous-péritonéaux ; leur volume varie depuis celui d'un grain de chènevis jusqu'à celui d'une noisette ou d'une noix. Leur nombre est très-différent : on trouve tantôt un seul abcès et tantôt un nombre considérable de foyers purulents. Quant à leur siége, ils affectent de préférence les environs du pylore ; toutefois on les a rencontrés à peu près dans toutes les régions (Auvray).

Ces collections purulentes ont une tendance manifeste à rester stationnaires ; cependant l'abcès peut se vider dans la cavité stomacale ou dans le péritoine. L'évacuation de l'abcès à travers la muqueuse se fait ordinairement par une ouverture unique : d'autres fois, on trouve plusieurs petits pertuis qui, d'après Brinton, correspondraient aux orifices glandulaires. Lorsque le pus se porte vers le péritoine, il existe presque toujours des adhérences pseudo-membraneuses, lesquelles peuvent cependant faire défaut, auquel cas surviennent des accidents de péritonite suraiguë.

Une altération assez rare de la muqueuse (sauf dans certains empoisonnements) c'est la *gangrène*. On a cependant rapporté quelques faits où le sphacèle était produit par l'abus de l'alcool ou même imputable à une pustule maligne.

L'anatomie pathologique de la gastrite aiguë ne se borne pas toujours aux lésions constatées dans l'estomac :

il n'est pas rare de rencontrer d'autres altérations dans les viscères. Ce sont surtout les intestins qui participent à l'inflammation (gastro-entérite aiguë de Broussais); l'œsophage, dans les cas d'empoisonnement, présente à peu près les mêmes lésions que l'estomac. Signalons enfin la congestion hépatique, la congestion pulmonaire, notées dans un certain nombre de faits.

Les SYMPTÔMES de la gastrite aiguë, notamment ceux du début, présentent une grande irrégularité en rapport avec les causes et la forme de l'affection.

Le *début*, en effet, peut être brusque ou lent. *Brusque* (et c'est la règle dans la gastrite toxique), l'affection s'annonce par une violente douleur à l'épigastre, par une intolérance remarquable de l'estomac, provoquant des vomissements répétés et pénibles; en outre par un état fébrile plus ou moins accentué, souvent même précédé de frissons.

D'autres fois, la gastrite aiguë s'annonce par quelques prodromes; le début est alors *lent* et graduel. On constate un malaise plus ou moins notable, de la soif, de l'inappétence ou même un véritable embarras gastrique; le malade éprouve une sensation pénible au creux de l'estomac : enfin apparaissent les symptômes de la maladie confirmée.

La *douleur* constitue l'un des principaux signes, souvent le premier de tous, dans les cas d'empoisonnement par exemple. Elle occupe l'épigastre, aux environs de l'appendice xiphoïde, surtout à droite, parfois l'hypochondre du même côté ; souvent, elle présente des irradiations dans le dos au niveau de la colonne vertébrale, rarement du côté de l'ombilic. La douleur spontanée, toujours réveillée et tout au moins exagérée par la pression et par l'ingestion des substances solides ou liquides, offre le caractère continu, avec exacerbations sous forme d'accès ; gravative, souvent lancinante, elle est parfois comparée par le malade à une sensation de brûlure profonde. Son intensité varie non-seulement suivant la violence de la phlegmasie stomacale, mais encore et surtout selon les sujets : les gens nerveux en particulier souffrent beaucoup plus que les autres.

Les *vomissements* sont fréquents et apparaissent dès le premier jour, accompagnés ou non de nausées : ils font rarement défaut et même l'intolérance de l'estomac peut devenir absolue. Ces efforts répétées amènent le rejet de liquides mêlés à des mucosités dans lesquelles, en cas d'empoisonnement, on retrouve d'ordinaire les substances toxiques ingérées ; d'autres fois, le malade rend des aliments liquides ou solides ou bien de la bile, et même des lambeaux de muqueuse sphacélée.

En même temps, la *soif* est vive, d'autant plus intense que l'absorption des boissons est plus incomplète. L'*anorexie* est absolue, mais elle ne s'accompagne pas du dégoût profond pour toute alimentation, si fréquent dans l'embarras gastrique.

L'état du ventre est fort important à connaître : il existe toujours une *tension épigastrique* remarquable, souvent accompagnée de ballonnement abdominal. En outre, la contraction du diaphragme réveillant la douleur, on voit bientôt les parois abdominales s'immobiliser, et la respiration prend le type costal supérieur.

Les autres troubles présentés par le tube digestif offrent un certain intérêt. La bouche est ordinairement sèche; la langue, recouverte d'un léger enduit, est souvent pointue, rouge : Broussais, vous le savez, attachait une grande importance à cet état de la langue, ce *miroir de l'estomac*. La constipation est habituelle : l'apparition de la diarrhée permettrait de présumer l'existence d'une entérite concomitante.

Les *symptômes généraux* consistent essentiellement dans la *fièvre* qui, nous l'avons vu, ouvre quelquefois la scène : elle est précédée de frissons plus ou moins intenses, souvent répétés. La température s'élève; la peau est chaude et sèche, le pouls plein et rapide ; les urines, chargées de sels, sont assez rares. Parfois il existe une toux sèche, dite toux gastrique, à laquelle on a attaché une grande importance ; mais ce symptôme est inconstant.

Les malades accusent ordinairement une céphalalgie plus ou moins vive. Dans les cas graves seulement, il se développe quelques symptômes nerveux : l'agitation, le délire, constituent des phénomènes du plus fâcheux augure, presque toujours ultimes.

La gastrite aiguë est, au propre sens du terme, une affection aiguë. Pour en bien étudier la MARCHE, il faut l'envisager dans ses diverses formes, suraiguë, aiguë et phlegmoneuse.

La *gastrite suraiguë* offre un début brusque, comme par exemple dans le cas d'empoisonnement : l'évolution en est parfois très-rapide, pour ainsi dire foudroyante. Les symptômes se développent en quelques instants : la douleur, les vomissements, la soif vive se succèdent très-vite ; la péritonite même se manifeste quelquefois, surtout à la suite d'une perforation subite, plus rarement par propagation, et s'annonce par ses signes habituels. Il faut toujours craindre cette perforation stomacale quand on trouve, dans les matières vomies, des lambeaux sphacélés de la muqueuse.

En définitive, la mort survient en partie par suite de la gastrite et des troubles graves qu'elle occasionne, en partie aussi par l'absorption du poison corrosif, de l'acide nitrique par exemple.

Je n'insisterai pas sur la *gastrite aiguë* ; c'est précisément celle que j'ai eue surtout en vue dans la description que je vous ai donnée.

La *gastrite phlegmoneuse* est, dans nombre de cas,

insidieuse, les phénomènes morbides étant souvent obscurcis par l'état antérieur du malade : nous savons en effet que cette variété de gastrite est ordinairement secondaire à une maladie générale grave. Ce qui domine dans le tableau symptomatique, ce sont les nausées et les vomissements : rarement vous observerez une véritable *vomique stomacale*, comme dans le fait de M. Raynaud ; j'ai eu, pour ma part, l'occasion de voir un cas analogue. C'est surtout dans cette forme que les phénomènes nerveux ont été constatés : ils peuvent être assez intenses pour faire croire à une méningite. La gastrite phlegmoneuse est une affection extrêmement aiguë, dont l'évolution est très-rapide.

La *durée* de la maladie varie selon ses formes. La gastrite suraiguë se termine par la mort en deux ou trois jours : c'est ce que l'on observe notamment dans celle qui est d'origine toxique. La forme aiguë peut se prolonger une semaine ou deux ; la durée de la gastrite phlegmoneuse ne dépasse guère quelques jours.

La *terminaison* habituelle de la variété aiguë d'origine toxique est la *mort ;* c'est également par la mort que se termine rapidement la gastrite phlegmoneuse, lorsqu'un abcès vient à s'ouvrir dans la cavité péritonéale. On a parlé aussi de métastases qui modifieraient brusquement la marche de la maladie ; mais on conteste aujourd'hui ce mode de terminaison : il n'était admissible qu'à une époque où l'on croyait à l'existence d'une gastrite initiale, dès qu'une affection aiguë quelconque s'annonçait par des phénomènes fébriles accompagnés de douleur avec gonflement de l'épigastre et vomissements. Il est inutile de revenir sur ces discussions, dénuées maintenant d'intérêt.

La gastrite aiguë passe aussi à l'*état chronique ;* nous étudierons bientôt cette forme d'inflammation stomacale.

Enfin la *guérison* définitive est possible ; elle est même habituelle dans la gastrite aiguë simple ; toutefois il ne faut pas oublier que les *récidives* sont fréquentes, la muqueuse conservant, après la guérison, une extrême susceptibilité aux causes morbifiques.

Le PRONOSTIC est surtout subordonné aux causes de la maladie, et aux formes diverses qu'elle peut présenter. Dans la gastrite toxique par exemple, la nature et la quantité du poison ingéré, son degré de concentration, ont une importance capitale quant à la prognose de l'inflammation stomacale consécutive.

Enfin les gastrites primitives et secondaires ne présentent pas la même gravité : celles-ci sont toujours beaucoup plus sévères, car elles évoluent sur un sujet déjà débilité par une affection antérieure et dont l'organisme ne réagit pas suffisamment.

Nous n'insisterons pas sur le DIAGNOSTIC différentiel de l'*embarras gastrique fébrile*. Vous savez que dans cette dernière affection, le début est lent et graduel, que la perte de l'appétit est absolue et s'accompagne d'un dégoût complet pour toute espèce d'aliments; que la langue est plus particulièrement large, et saburrale; que la céphalalgie est intense et pénible; enfin que la douleur de l'épigastre, quand elle existe, n'est aucunement comparable à celle que je vous ai décrite dans l'inflammation de l'estomac.

On a pu confondre avec l'*hépatite* certaines formes de gastrite aiguë : mais pour éviter cette erreur, il suffirait de constater que, dans l'inflammation du foie, le foyer douloureux occupe l'hypochondre droit, que la matité hépatique est accrue, qu'il existe fréquemment une teinte sub-ictérique. D'ailleurs, outre que les phénomènes fébriles sont plus intenses et affectent un autre type, les causes de l'hépatite aiguë ne sont pas les mêmes que celles de l'inflammation stomacale.

La *péritonite aiguë* généralisée ne peut être prise pour une simple gastrite aiguë ; d'autre part, la péritonite partielle, qui prêterait plutôt à confusion, ne se développe pas dans la région de ce viscère en dehors d'une affection de l'estomac.

La fièvre vive, la douleur épigastrique et dorsale, les frissons pourraient faire croire au début d'une pyrexie exanthématique et en particulier de la *variole*. Mais, dans cette dernière, la fièvre est d'emblée beaucoup plus vive; elle s'accompagne de divers prodromes caractéristiques, notamment de céphalalgie sus-orbitaire et de douleurs lombaires.

La *gastralgie* ne ressemble que vaguement à la gastrite aiguë; dans la névralgie stomacale, en effet, la fièvre et les phénomènes réactionnels font absolument défaut; en outre, la marche et les symptômes de la maladie sont différents.

Les *coliques hépatiques*, qui, dans leurs manifestations atténuées, ne s'accompagnent pas d'ictère, se caractérisent par des douleurs bien autrement violentes, irradiées dans l'épaule droite et occupant surtout l'hypochondre; d'ailleurs, dans la colique hépatique, l'apyrexie est complète.

Lorsque, dans une gastrite aiguë, l'influence d'un poison est bien manifeste, le TRAITEMENT est formel : il faut d'abord provoquer le plus vite possible l'expulsion du toxique, puis administrer un contre-poison s'il en existe. Pour amener le vomissement, un bon moyen consiste dans la titillation de la luette; quelques verres d'eau tiède activeront l'évacuation des matières encore contenues dans l'estomac.

La *médication antiphlogistique*, si vantée par Broussais, convient spécialement aux formes aiguës. Les émissions sanguines locales sont le mieux appropriées aux conditions morbides, car elles atténuent les douleurs : toutefois elles seront employées avec ménagement. Des sangsues, des ventouses scarifiées, seront appliquées sur l'épigastre une ou plusieurs fois s'il est nécessaire, mais toujours en petit nombre.

Une des indications les plus importantes est d'*arrêter les vomissements*. Il importe d'obtenir le repos complet de l'estomac; le régime le plus sévère, la diète absolue, l'abstinence (même de boisson) seront formellement recommandés, non-seulement dans les formes suraiguës, mais encore dans la gastrite subaiguë; la glace, prise par petits morceaux sera très-utile. La potion anti-émétique de Rivière et surtout l'opium à haute dose ont donné parfois d'excellents résultats.

Il faut aussi *calmer la douleur* : les divers narcotiques, l'opium, la morphine, la belladone à l'intérieur ou en applications locales, répondent à cette indication. Je vous recommande les injections sous-cutanées de morphine, de préférence à tout autre mode d'administration des opiacés : on assure par leur emploi l'absorption du médicament qui, donné par la bouche, serait très-vite rejeté par les efforts de vomissements.

Enfin, vous n'oublierez pas qu'il faut *soutenir les forces* du malade : les lavements alimentaires devront être administrés aussi longtemps que persistera l'intolérance gastrique. Dès que l'état de l'estomac le permettra, le régime lacté, puis les bouillons, les œufs, les gelées de viande et aussi les médicaments toniques seront donnés largement.

VINGT-SEPTIÈME LEÇON

GASTRITE CHRONIQUE

Beaucoup moins rare que la gastrite aiguë, l'inflammation chronique de la muqueuse stomacale est même assez communément observée, à titre de manifestation secondaire, dans le cours de certaines maladies aiguës et surtout chroniques.

Les CAUSES de cette variété de gastrite sont assez complexes. On a signalé l'existence de cette affection à tous les âges de la vie : les enfants eux-mêmes n'en seraient pas exempts. Le sevrage, la mauvaise alimentation, ont été principalement incriminés ; mais s'agit-il à cet âge d'une véritable inflammation chronique de l'estomac? Le doute est tout au moins permis [1]. En réalité, la gastrite chronique s'observe surtout chez les adultes ; elle est plus rare dans la vieillesse. Les *hommes*

---

[1]. Consultez les remarquables travaux de M. le professeur Parrot sur la gastropathie des athrepsiques.

y sont surtout sujets ; nous en verrons bientôt la raison.

Parmi les *causes déterminantes* de la maladie, il faut d'abord noter le passage à l'état chronique d'une inflammation aiguë de la muqueuse stomacale, celle qui succède à certains empoisonnements, par exemple. C'est particulièrement aux formes subaiguës qu'appartient ce mode de terminaison : à la suite de nombreuses récidives ou après quelques rechutes, surtout lorsqu'elles sont amenées par la reproduction des mêmes causes, par des imprudences ou des traitements défectueux, la gastrite chronique s'établit d'une façon définitive.

La condition étiologique la plus fréquente de cette affection est sans contredit la mauvaise hygiène alimentaire, les excès de table et surtout les excès de boissons. L'*alcoolisme* est en effet la grande cause de la gastrite, celle qui est la mieux connue et la plus fréquente : c'est pourquoi les hommes sont atteints plus souvent que les femmes. Toutefois l'affection stomacale n'apparaît pas indifféremment chez tous les alcooliques : elle attaque d'une façon spéciale ceux qui supportent bien l'intoxication et chez lesquels ne surviennent pas des phénomènes nerveux précoces ; chez eux, l'alcool est bien toléré, les excès succèdent aux excès, et l'agent toxique irrite lentement, mais sûrement, la muqueuse de l'estomac. La bière, l'eau-de-vie, les liqueurs de mauvaise qualité, plus encore que le vin, produisent ce résultat.

Quand elle n'est pas d'origine alcoolique, la gastrite chronique est presque toujours *secondaire,* consécutive à une maladie antérieure. Tel est le *mal de Bright,* alors que l'urée, insuffisamment éliminée par les reins, passe par les sécrétions gastriques, où, se décomposant, ainsi que Cl. Bernard l'a montré, elle donne naissance à du carbonate d'ammoniaque, corps irritant au premier chef.

Les *maladies du cœur* et du foie, sous l'influence des troubles circulatoires qu'elles occasionnent, peuvent, ainsi que Budd l'a montré, retentir sur l'estomac et faire naître une inflammation chronique. Toutefois l'interprétation de ces faits, déjà signalés par Bamberger, laisse quelque place au doute : on peut se demander si ces lésions du cœur et du foie sont réellement la cause déterminante de la phlegmasie stomacale, ou s'il ne faut pas plutôt admettre que la même circonstance étiologique (l'abus de l'alcool par exemple) a déterminé des lésions multiples.

Je vous citerai ensuite la *phthisie pulmonaire.* Wilson Fox a rencontré, dans 31 autopsies de tuberculeux atteints de vomissements, 16 fois les lésions de la gastrite chronique. Si ces chiffres étaient confirmés par des recherches ultérieures, il faudrait en conclure que les tubercules du poumon déterminent très-fréquemment l'hyperémie chronique de l'estomac [1].

---

1. Dans un assez grand nombre d'autopsies que j'ai faites dans mon service de l'hôpital Laënnec depuis le commencement de l'année, je n'ai pas rencontré cette gastrite qui serait si fréquente au dire de W. Fox. Chez un tuberculeux qui accusait récemment encore des sym-

Dans la *goutte*, les troubles dyspeptiques sont, vous le savez, fréquents; mais s'agit-il là d'une véritable gastrite? Doit-on expliquer ces symptômes par l'excès d'urate de soude constaté dans le sang (Garrod), excès qui donnerait aux expériences de Zalesky une assez grande valeur au point de vue spécial de la gastrite goutteuse, puisque cet auteur, enlevant les reins à des serpents, aurait vu l'acide urique s'éliminer par la muqueuse stomacale? Nous ne pouvons répondre encore avec une certaine précision à cette question : la pathogénie et même la nature des troubles gastriques d'origine goutteuse restent indécises; mais la fréquence de ces troubles est incontestable, et l'on peut dire avec M. Ball que la goutte est à l'estomac ce que le rhumatisme est au cœur. Quoi qu'en disent certains observateurs, qui, à l'exemple de Watson, estiment qu'il s'agit bien plutôt d'indigestions chez les goutteux, ou qui avec Brinton, admettent tout au plus un peu d'irritabilité gastrique chez les goutteux, nous devons accepter, avec Budd, Scudamore, Dittrich, M. Charcot, l'existence de la gastrite goutteuse. Il faut ajouter que ce ne serait pas la goutte larvée à forme stomacale qui constitue la gastrite goutteuse, mais bien la goutte *retrocédée* ou *remontée* à l'estomac.

L'action pathogénique du *rhumatisme* est beaucoup

ptômes d'inflammation chronique de l'estomac, j'ai pu m'assurer que la gastrite était d'origine alcoolique : il y a peut-être lieu d'interpréter de cette façon les faits rapportés par l'observateur anglais.

plus discutable que celle de la goutte ; elle n'est même guère admise de nos jours.

Les ALTÉRATIONS ANATOMIQUES de la gastrite chronique correspondent, mais avec de notables modifications, aux lésions constatées à l'état aigu.

La *rougeur* manque souvent, ou bien elle est incomplète, partielle ; bien plus ordinairement, il existe une teinte ardoisée, une pigmentation de la muqueuse, pouvant même former des taches noires plus ou moins sombres. Mais ces lésions, qui sont les réliquats d'anciennes extravasations sanguines à peu près résorbées, n'ont ici que peu d'importance : elles ne sont aucunement nécessaires pour caractériser la nature phlegmasique des lésions constatées.

La *muqueuse* n'offre pas toujours le même aspect. Tantôt elle présente une *surface lisse*, plane, tout à fait régulière, recouverte par une petite quantité de mucus ; c'est ce que l'on observe notamment quand l'affection reconnaît, pour cause déterminante, l'alcoolisme. Tantôt la surface de la muqueuse est irrégulière, avec des saillies plus ou moins volumineuses, séparées les unes des autres par des dépressions en forme de rigole. M. Louis a décrit le premier cet *état mamelonné* de la muqueuse : Trousseau donnait à cette lésion le nom d'estomac à colonnes. Tantôt enfin, l'altération s'exagère, et l'on voit se former de véritables masses saillantes, d'apparence polypeuse, et que l'on rencontre surtout dans la région pylorique.

La muqueuse de l'estomac est épaissie; elle présente en outre une plus grande consistance, due à l'induration des couches profondes et moindre par conséquent au niveau des parties saillantes qui sont en grande partie constituées par l'élément glandulaire.

La tunique sous-muqueuse et la musculeuse sont toujours notablement épaissies et comme infiltrées de produits plastiques.

L'*examen microscopique* fait voir que les lésions, disséminées dans les différentes couches, occupent d'une façon toute spéciale les *glandes* de l'estomac et la muqueuse qui les environne. Handfield Jones, W. Fox ont bien décrit ces altérations, dont la plus commune consiste dans l'état granuleux de l'épithélium glandulaire. Le fond des glandes gastriques, et surtout leur cul-de-sac est granulo-graisseux : on trouve en outre dans les cavités glandulaires une accumulation remarquable de matières muqueuses : l'atrophie est plus rare. D'autres glandes subissent la dégénérescence kystique, et l'on rencontre alors, disséminés dans l'épaisseur de la muqueuse, des kystes plus ou moins volumineux; chez les vieillards, il peut même se former des polypes (Cornil) : la lésion élémentaire est à peu près la même que dans la dégénérescence kystique, car il se fait là un travail analogue à celui qui préside au développement des polypes muqueux des fosses nasales, une véritable hypertrophie des saillies villeuses de la muqueuse qui existent normalement à l'état rudimentaire (Frerichs, Cornil) et aussi des glandes. Parfois, le processus pathologique qui a envahi certaines glandules en a déterminé la suppuration, et le liquide purulent a été versé dans l'estomac.

Le *tissu cellulaire interstitiel* est épaissi, par suite d'une hypergenèse lente et progressive. Dans les formes les plus chroniques, peut-être surtout dans la gastrite alcoolique (les lésions consécutives à l'alcoolisme offrent toujours cette tendance), il existe un état granuleux du tissu conjonctif.

Les *couches musculaires* de l'estomac sont également épaissies : les fibres lisses semblent tuméfiées, mais la lésion principale occupe le tissu cellulaire intermusculaire, qui présente une véritable hyperplasie. Enfin la *séreuse péritonéale* et surtout le tissu cellulaire sous-séreux seraient fréquemment, d'après Brinton, le siége d'une phlegmasie chronique, qu'il décrit sous le nom de *linitis plastique* (du grec λίνον, *rete ex lino factum*) : nous croyons cependant devoir faire sur ce point quelques réserves.

Ces différentes lésions s'accompagnent souvent de modifications notables dans le *calibre* de la cavité stomacale. Deux sortes d'altérations consécutives peuvent en résulter, le rétrécissement ou la dilatation.

Le *rétrécissement* de l'estomac, sur lequel Broussais

avait tant insisté, est assez fréquent lorsque l'inflammation chronique est généralisée à toute l'étendue de l'organe : on le rencontre surtout dans la gastrite alcoolique (Leudet).

La *dilatation* accompagne d'ordinaire l'atrophie et l'amincissement des parois stomacales; elle s'observe en particulier lorsque les lésions, siégeant plus spécialement au niveau du pylore, déterminent une sténose de cet orifice. Il faut cependant se défier de certaines descriptions, car on a beaucoup exagéré la fréquence des faits de ce genre et l'on a très-positivement décrit, sous la dénomination de gastrite chronique, des néoplasies de la région du pylore avec épaississement considérable des tuniques sous-muqueuse et musculaire.

Quelquefois aussi, l'on rencontre des *ulcérations*, tantôt petites, folliculeuses, tantôt plus larges, mais superficielles, ne dépassant pas la couche muqueuse. Ces ulcérations sont ordinairement multiples et paraissent être le plus souvent d'origine alcoolique (Leudet).

Parfois enfin, on trouve des abcès dans l'épaisseur de l'estomac : ils caractérisent la *gastrite phlegmoneuse chronique*, qui n'offre rien de bien particulier à noter. Il est exceptionnel que ces collections purulentes se développent vers le péritoine : dans ce cas, des adhérences existent dans leur voisinage; aussi la péritonite aiguë consécutive est-elle rare.

Le contenu de la cavité stomacale varie suivant les

cas; il est en rapport avec les diverses lésions constatées sur la muqueuse.

On peut trouver des altérations disséminées dans divers organes : l'intestin est plus particulièrement atteint, et notamment le duodénum. Cette *duodénite*, ordinairement alcoolique, est remarquable par la présence d'ulcérations bien décrites par M. Teillais dans sa thèse (Paris, 1870). Le foie est atteint fréquemment de cirrhose, en même temps que les reins présentent les lésions du mal de Bright; enfin, il existe souvent de l'athérome cardio-vasculaire : ces altérations sont d'ordinaire la conséquence de la cause qui a donné naissance à la gastrite, c'est-à-dire de l'alcoolisme. Il faut donc se garder de croire que les lésions viscérales concomitantes de l'affection stomacale lui soient forcément consécutives.

Les symptômes de la gastrite chronique ne sont autres que ceux de la forme aiguë légèrement modifiés. Quel que soit le mode de *début*, qu'il ait été lent quand l'affection est d'emblée chronique, ce qui est rare; ou qu'il ait eu lieu par petites poussées subaiguës suivies de rémissions, comme c'est l'ordinaire ; ou bien enfin qu'il ait été subit et constitué par la gastrite aiguë, le tableau symptomatique est toujours à peu près le même.

La *douleur* ne fait presque jamais défaut, mais elle est rarement spontanée. Plutôt sourde, elle se caractérise par un sentiment de lourdeur, de poids à l'épigastre, sauf cependant lorsqu'elle se complique de gastralgie, auquel cas les symptômes douloureux peuvent être très-violents. C'est surtout après l'ingestion des aliments que ces sensations pénibles se réveillent : le malade éprouve une pesanteur, une brûlure, ou même une sorte de déchirement dans la région de l'estomac ; parfois il lui semble qu'une barre comprime la base du thorax. Cette douleur, si vive qu'elle soit, diffère des souffrances véhémentes occasionnées par l'ulcère simple de l'estomac. Elle occupe la région épigastrique, et dans les formes intenses se fait sentir dans le dos : très-rarement, notez bien ce fait, elle se propage vers un côté du thorax, donnant lieu alors à une véritable névralgie intercostale ; cependant ces irradiations latérales sont possibles.

En outre, les malades se plaignent de *vomissements* fréquents, quotidiens : les matières vomies sont constituées par des aliments rendus parfois après un séjour plus ou moins prolongé dans l'estomac, ce qui s'expliquerait par le rétrécissement de la région pylorique, avec dilatation consécutive de la cavité stomacale elle-même. Outre les substances alimentaires, les malades rejettent, par le vomissement, des matières muqueuses constituées par les sécrétions gastriques et par la salive, ainsi que Frerichs et d'autres auteurs l'ont noté : ces *pituites* apparaissent surtout au réveil, sans que l'affection soit nécessairement d'origine alcoolique. D'autres fois enfin, les matières rendues sont brunâtres ou noires, ce qui tient à la présence du sang altéré par les sécrétions stomacales; pour expliquer cette coloration, M. Andral admettait que dans la gastrite alcoolique les malades peuvent vomir du sang, sans qu'il y ait pour cela des ulcérations : le fait n'est pas impossible, mais nous savons que dans cette variété les ulcérations sont assez communes. Enfin, on a retrouvé, dans les vomissements, certains cryptogames, entre autres la sarcine.

Les *éructations* sont fréquentes : elles consistent dans le renvoi de gaz nidoreux, ou même acides; ces derniers sont attribués par quelques observateurs à la décomposition des aliments dans la cavité stomacale.

En même temps, l'appétit est diminué; le besoin de manger se fait rarement sentir : il est vite satisfait; d'ailleurs, l'*inappétence* la plus absolue n'est pas rare, surtout chez les alcooliques. Par contre, la soif est souvent assez vive ; la langue est ordinairement sèche, souvent elle se couvre d'aphthes, ou même, à une période avancée, de muguet. Les fonctions intestinales sont ralenties et une flatulence extrême accompagne d'ordinaire la constipation : des hémorrhoïdes peuvent se développer, mais elles ne donnent pas lieu à de grandes pertes de sang; plus rarement, la diarrhée, même lientérique, a été notée. L'ictère, quelle qu'en soit la cause, se montre parfois dans le cours de la maladie.

L'*état du ventre* est souvent remarquable par un ballonnement excessif : l'abdomen, comme le remarque M. Durand-Fardel, est alors tendu, résistant; plus fréquemment peut-être, modérément gonflé par les gaz gastro-intestinaux, il reste mou, dépressible, et se laisse explorer en tous sens. Cette distension n'est d'ailleurs pas constante et nous savons que la loi de Stokes n'est applicable qu'aux inflammations aiguës. Aussi peut-on, chez quelques malades, trouver le ventre rétracté, et la paroi antérieure véritablement aplatie; dans ces cas, on a quelquefois senti, par la palpation méthodique, une rénitence, et même une sorte de tumeur épigastrique (Jaccoud), qu'il faudrait bien se garder de prendre pour un cancer de l'estomac.

L'*état général* du malade s'aggrave par degrés. Bien que l'affection conserve jusqu'aux derniers jours son caractère d'apyrexie absolue, comme l'indique la lenteur du pouls, on voit fatalement se développer les symptômes d'une cachexie plus ou moins profonde, et le malade ne tarde pas à tomber dans le marasme : il maigrit progressivement, en même temps que le faciès présente les signes d'une anémie croissante, sans toutefois qu'il prenne jamais la teinte jaune paille spéciale au carcinome.

Un certain nombre de phénomènes sympathiques accompagnent l'évolution de la maladie. La céphalalgie, les douleurs de tête, quelquefois de véritables migraines s'observent dans le cours de la gastrite chronique : aussi devrez-vous toujours tenir pour suspectes les migraines tenaces dont se plaignent certains malades. L'hypochondrie elle-même, l'apathie intellectuelle sont des manifestations névropathiques fréquemment observées à la suite des inflammations chroniques de l'estomac.

La MARCHE de l'affection mérite d'être bien connue. Le début, nous le savons, peut être brusque, lorsque la gastrite chronique succède à la gastrite aiguë : ou bien il est lent et graduel, vraiment insidieux. Le malade éprouve d'abord, pendant un temps variable, de légers troubles des fonctions stomacales : les digestions deviennent pénibles; quelques douleurs se montrent : on croit à une simple dyspepsie; mais il faut toujours vous méfier de ces dyspepsies bizarres, et soyez sur vos gardes, car vous avez peut-être affaire à une maladie bien autrement sérieuse. Bientôt, en effet, les phénomènes s'accentuent, les accidents se rapprochent, et l'existence de la gastrite chronique est nettement établie.

Les *rechutes* sont fréquentes, occasionnées par des causes minimes, par un excès de table ou de boisson, parfois même par une fatigue corporelle ou bien par une maladie nouvelle. Il y a par contre dans la gastrite chronique de fréquentes améliorations, des rémissions quelquefois très-complètes ; malheureusement, les espérances de guérison sont trop souvent tout à fait déçues.

La *durée* de la gastrite chronique se compte par mois et par années. On peut la voir persister jusqu'à la mort, malgré les traitements les plus variés et les mieux appropriés, soit que l'affection stomacale tienne à une maladie générale comme la goutte, ou bien que les altérations de la muqueuse soient trop profondes pour n'être pas devenues absolument irréparables.

Ce n'est pas à dire pour cela que la *guérison* soit impossible. Cette terminaison favorable de la gastrite chronique, quoique assez rare, a pu être observée : tantôt c'est à la suite d'une amélioration graduelle que tous les symptômes disparaissent; tantôt au contraire, comme l'ont fait voir MM. Hardy et Béhier, la guérison survient après une gastrite aiguë, véritable inflammation substitutive qui se charge ensuite de toute la réparation : ce dernier mode est très-rare.

Bien plus fréquemment, la gastrite chronique se perpétue, entretenue souvent par une autre affection de même origine, notamment la cirrhose hépatique, ou par une affection causale, le mal de Bright, la tuberculose pulmonaire.

La *mort* arrive plus ou moins vite, en général par inanisation progressive. D'autres fois, une complication grave, la gastrite phlegmoneuse par exemple, vient accélérer la terminaison fatale. On a parlé aussi de cancer surajouté à la gastrite chronique et la compliquant : ces faits sont susceptibles d'une toute autre explication, les symptômes de la soi-disant gastrite chronique n'étant en somme que ceux du carcinome au début.

Est-il besoin de vous faire remarquer que le PRONOSTIC est toujours sérieux dans cette maladie? A plus forte raison, lorsqu'elle sera secondaire à une affection déjà très-grave par elle-même, ou lorsque la gastrite chronique évoluera chez des individus prédisposés par un état de débilité antérieure.

Il n'est pas nécessaire d'insister sur le DIAGNOSTIC différentiel de la *gastrite aiguë :* il suffit de reconnaître les symptômes qui en signalent le passage à l'état chronique. La marche de la maladie, son amendement relatif, malgré la persistance de plusieurs des phénomènes morbides, et surtout la disparition de la fièvre, tels sont les indices certains de la cessation de l'état aigu.

On a quelquefois confondu la gastrite chronique avec la *gastralgie*. Cependant, si l'on tient compte de ce fait que dans celle-ci les douleurs prédominent, intenses, parfois atroces, que les symptômes dyspeptiques sont au contraire bien moindres, et peuvent même faire défaut, on parviendra le plus souvent à éviter l'erreur. Ajoutons encore à ces signes différentiels que, dans la gastralgie, il existe des troubles de l'appétit devenu souvent bizarre, capricieux, et que la pression dans la région épigastrique soulage quelquefois la douleur, et vous aurez un ensemble de symptômes différentiels vraiment important.

Je n'insiste pas ici sur la diagnose du *cancer de l'estomac*, ni de l'ulcère simple, dont nous allons bientôt faire l'étude complète.

La *cirrhose hépatique*, au début, est souvent fort malaisée à distinguer de la gastrite chronique, car pendant la longue période initiale ou de dyspepsie, les symptômes et la marche sont à peu près les mêmes. Vous devrez, en cas de doute, mesurer avec le plus grand soin la matité du foie, et rechercher s'il n'existe pas quelques traces d'épanchement dans le péritoine. Il est d'ailleurs toujours difficile de savoir si les troubles gastriques, presque constants dans la cirrhose, tiennent seulement à l'affection hépatique ou bien à une gastrite concomitante : ce diagnostic est d'autant plus complexe que l'alcoolisme préside fréquemment au développement de l'une et de l'autre affection.

La gastrite chronique étant constatée, il faut en *reconnaître les causes*. Indépendamment des excès alcooliques, l'une des plus fréquentes et des plus facilement méconnues, c'est l'*urémie* : il faudra donc, toutes les fois que vous serez en présence d'un malade atteint de gastrite chronique, songer à examiner les urines. Vous ne pouvez, en effet, vous baser sur les hydropisies, car, dans ces circonstances, elles manquent assez souvent : quant aux vomissements muqueux, ils ont lieu non seulement le matin, comme chez les alcooliques, mais même dans la journée; d'ailleurs l'analyse chimique des matières rendues y décèlerait souvent la présence du carbonate d'ammoniaque.

Parmi les symptômes de la *gastrite alcoolique*, le rejet de la pituite est l'un des plus caractéristiques. C'est le matin à jeun que les vomissements muqueux se montrent, précédés de troubles vagues, de lassitude, d'abattement, de céphalalgie : les nausées surviennent, bientôt suivies de rejets pituiteux souvent faciles, rarement très-pénibles, et plus ou moins abondants. En outre, le sommeil est troublé par des cauchemars caractéristiques; il existe des troubles de la vue (bluettes, sensations de flamme au-devant des yeux) et surtout un tremblement des membres très-marqué le matin, au point de gêner les mouvements quand les malades veulent s'habiller, tremblement qui disparaît en général après l'ingestion d'une petite quantité d'alcool. Enfin je vous rappellerai l'existence fréquente des désordres de la sensibilité (hyperesthésies, fourmillements).

La première indication dans le TRAITEMENT de la gastrite chronique est de supprimer la cause productrice, lorsque la chose est possible; l'alcoolisme, par exemple, et l'urémie seront, s'il y a lieu, le point de départ des prescriptions appropriées.

Le traitement consiste surtout dans le *régime*. Les aliments les mieux choisis, de meilleure qualité, seront prescrits avec précaution : le lait constitue tout à la fois un aliment et un médicament qui produit des effets souvent merveilleux. La viande crue ou peu cuite est bien digérée par quelques estomacs délicats ; d'autres tolèrent parfaitement les viandes salées et fumées, le jambon, ou autres aliments qui passent pour être lourds : il y a donc lieu, à ce point de vue, de tenir grand compte des particularités personnelles que le malade indiquera lui-même. La quantité d'aliments sera sagement réglementée ; de même, les heures des repas devront être suffisamment espacées.

Quant aux médications proprement dites, je ne vous parlerai pas des *antiphlogistiques*, qu'il faudrait tout au plus réserver pour les poussées aiguës. Par contre, les *révulsifs* donnent d'assez bons résultats : les vésicatoires, les mouches de Milan, au besoin même les pointes de feu ou un cautère seront prescrits et souvent avec grand avantage.

La *médication vomitive* a été préconisée par Graves. M. Jaccoud en approuve l'emploi ; il est incontestable que l'action de l'ipéca peut être utile en certaines circonstances où l'appétit est perdu et où les fonctions stomacales sont plutôt alanguies que gravement compromises. Dans ces conditions, on peut et on doit essayer de faire vomir une ou plusieurs fois le malade, qui en obtient souvent un certain bénéfice.

On a conseillé et employé, non sans succès, pour

modifier l'état de la muqueuse, certains médicaments, parmi lesquels je vous citerai surtout le *nitrate d'argent* donné à jeun sous forme pilulaire; dans certains cas de gastrite chronique avec petites exulcérations décelées par une douleur assez violente au moment des repas et par la présence d'une petite quantité de sang plus ou moins altéré dans les matières vomies, le sel d'argent a paru véritablement salutaire au malade. Le perchlorure de fer, le sous-nitrate de bismuth peuvent être prescrits dans le même but.

Lorsque l'état général est sérieusement affecté par les progrès de l'anémie, comme aussi dans certaines formes légères tenant à l'alcoolisme, l'*hydrothérapie* rend de réels services : sous son influence, vous verrez une modification parfois rapide se produire et aboutir même à une guérison définitive. Vous conseillerez aussi le séjour aux stations minérales de Vichy, Carlsbad, Royat, Pougues, Plombières, où l'usage des eaux à l'intérieur est uni à l'emploi des moyens balnéaires.

La prédominance de *quelques symptômes* pourra nécessiter une médication appropriée. C'est ainsi que la douleur, quand elle est trop vive, commande l'emploi des applications calmantes, des vésicatoires morphinés, des injections hypodermiques. Les amers et les toniques (macération de quassia, de colombo, teinture ou poudre de noix vomique, gentiane, quinquina) seront prescrits pour combattre l'inappétence. On essaye d'activer le travail de la digestion à l'aide de quelques boissons chaudes et aromatiques; la pepsine donnée dans ce but, pendant le repas même, n'a pas toujours tenu les promesses qu'avaient faites ceux qui l'ont prônée.

Enfin la gastrorrhée, la flatulence après les repas nécessitent l'usage des absorbants (sous-nitrate de bismuth, craie préparée, charbon de Belloc) auxquels on associe volontiers la poudre de cannelle ou de colombo et assez souvent la magnésie décarbonatée ou la poudre de rhubarbe, qui conviennent en raison de la constipation habituelle : celle-ci sera d'ailleurs combattue par le podophyllin, ou même par les eaux minérales purgatives. Reste un dernier moyen, l'usage de la pompe stomacale, qui, pour certaines pituites, paraît avoir donné de bons résultats et auquel il faudrait recourir en dernier lieu.

VINGT-HUITIÈME LEÇON

RAMOLLISSEMENT DE L'ESTOMAC

A l'époque où, sous l'influence de Broussais, on soumettait à un examen sérieux l'anatomie pathologique du tube digestif, et où l'on fondait spécialement les classifications sur les caractères extérieurs des lésions, le ramollissement était un des états morbides étudiés dans chaque appareil, dans chaque organe : aussi avait-on décrit le ramollissement de l'estomac. Aujourd'hui, il est peut-être aussi difficile de passer absolument sous silence cette affection que d'en présenter l'histoire : je vous ferai surtout un bref exposé des notions principales qui s'y rattachent et qui ne sont guère intéressantes qu'à un point de vue rétrospectif.

Et d'abord en quoi consistent les LÉSIONS ANATOMIQUES du ramollissement de l'estomac? On en a décrit *plusieurs espèces :* le ramollissement blanc, le noir, celui qui s'accompagne d'un amincissement des parois, etc. Nous verrons ce qu'il en faut penser.

Lorsque l'on ouvre un estomac ramolli, on aperçoit des *plaques* plus ou moins étendues, de dimensions extrêmement variables, ou de véritables bandes qui sillonnent la paroi stomacale; parfois, la presque totalité du viscère est altérée. Ces plaques ramollies occupent plus particulièrement la partie postérieure de l'organe et son grand cul-de-sac : au contraire, le cardia, la face antérieure de l'estomac, sont assez rarement affectés. La coloration des parties ramollies est variable depuis une teinte blanchâtre, blanc grisâtre, noirâtre, jusqu'au rouge brun le plus foncé.

La *consistance* des parois stomacales est considérablement diminuée. Il faut d'ailleurs tenir grand compte de la résistance variable de ces parois suivant la région : les recherches de M. Louis ont montré en effet qu'au niveau de la petite courbure on pouvait, en arrachant la muqueuse avec une pince, détacher des lambeaux de trois à six centimètres, tandis qu'au grand cul-de-sac ces lambeaux ne mesurent que deux à neuf millimètres. Quoi qu'il en soit, le degré de mollesse des parties est plus ou moins marqué; quelquefois les parois de l'estomac sont réduites à un état pulpeux, comparables à de la gelée; d'où le nom de *ramollissement gélatiniforme*. Au milieu de cette masse, les vaisseaux de l'organe sont parfois très-visibles : leurs troncs, leurs branches sont tantôt vides, tantôt remplis de sang coagulé. D'autres fois, les parties ramollies offrent une teinte noirâtre : ce *ramollissement noir* est causé par les hémorrhagies des parois et par les caillots sanguins (Rokitansky).

Le degré de *profondeur* des lésions est des plus variables. La muqueuse et la couche sous-muqueuse, la musculeuse, le péritoine lui-même peuvent être affectés ; dans ce dernier cas, il est ordinaire de trouver une perforation stomacale : l'épanchement des matières alimentaires dans la cavité de la séreuse en est la conséquence. Un point capital, pour ce qui touche à l'explication pathogénique du ramollissement, consiste à savoir s'il y a *péritonite* ou non : les avis des divers auteurs sur ce point sont partagés, et la péritonite a été niée avec autant d'ardeur par les uns qu'admise avec empressement par les autres ; il est définitivement acquis aujourd'hui qu'elle n'existe jamais.

Mais le ramollissement de l'estomac ne s'arrête pas toujours ainsi aux parois de ce viscère : on a pu voir les organes du voisinage, les intestins, la rate, le foie, plus particulièrement le diaphragme, et même le poumon gauche envahis par les mêmes altérations.

L'étude des *causes* du ramollissement stomacal éclairera un peu la question de sa nature. L'influence de l'âge est d'abord incontestable : c'est chez les nouveau-nés et pendant la première enfance que l'on observe surtout cette gastromalacie, notamment chez les enfants mal nourris (Andral). Les adultes et les vieillards eux-mêmes (Cazeaux) ne sont pas forcément à l'abri de ces lésions.

Si l'on parcourt les nombreux travaux qui ont été publiés sur le ramollissement de l'estomac, on reconnaît que cet état pathologique se rencontre dans deux conditions bien différentes : ou bien il constitue une *affection primitive* et s'observe chez les enfants [1] ; ou bien, c'est une *affection secondaire*, constatée chez des sujets ayant succombé à la tuberculose, au cancer utérin, etc.

La *symptomatologie* du ramollissement stomacal est fort incertaine et constitue un véritable roman pathologique. Les symptômes, tout le monde le reconnaît, sont mal accusés, ce qui s'explique (disent les défenseurs de cette entité morbide) par ce fait qu'il s'agit ordinairement d'une affection secondaire, méconnue, qui a été précédée ou non de prodromes, de troubles digestifs.

Cependant on a cité quelques signes d'une valeur relative, comme vous allez en juger : la *douleur stomacale* serait presque constante; la dyspepsie, la règle. Les malades auraient des *vomissements* verdâtres, comparés par M. Cruveilhier à de l'herbe hachée : ce symptôme serait presque pathognomonique ; toutefois il pourrait faire dé-

---

[1]. Les recherches de M. Parrot sur l'athrepsie ont jeté une lumière toute nouvelle sur cette question et démontré péremptoirement la nature *nécro-chimique* de ce ramollissement chez les nouveau-nés.

faut! Les troubles intestinaux, la constipation ou au contraire la diarrhée, peuvent exister! Enfin, la fièvre ne serait pas constante; on l'aurait cependant observée! Quelle incertitude et quelle variété dans ce tableau clinique du ramollissement!

La terminaison, c'est la *mort* presque fatale : je dis presque, car M. Louis, au milieu de cas mortels, en a rapporté quatre de guérison (?). En général, l'amaigrissement est rapide; la maladie durerait de quelques jours à quelques semaines : on a même dit qu'elle pouvait passer à l'état chronique.

Quelle est la NATURE de ce ramollissement des parois stomacales? quelle en est réellement la valeur? Plusieurs opinions ont été émises; on peut les rapporter à trois principales :

1° Le ramollissement est une *altération cadavérique*. L'action dissolvante du suc gastrique d'une part, de l'autre la décomposition des matières alimentaires, ayant pour conséquence la formation des acides lactique et butyrique : telles sont les conditions invoquées pour expliquer la rapide altération des parois de l'estomac après la mort. Cette pathogénie est basée sur l'absence totale de symptômes chez certains sujets, et aussi sur l'étude des lésions cadavériques lesquelles sont situées sur les parties déclives; d'où la possibilité, par une attitude spéciale donnée au cadavre (Elsässer), de changer le siége habituel du ramollissement[1]. On a remarqué l'influence considérable de la digestion, la gastromalacie se produisant d'autant mieux que le malade était mort à une époque plus rapprochée de l'ingestion des aliments. La composition même de ces aliments exerce aussi une grande influence sur la génèse du ramollissement, qui est facilitée par la présence du sucre et des substances pouvant produire l'acide lactique. Enfin, l'absence des symptômes de la perforation et de la péritonite est un fait de grande valeur à l'appui de cette théorie chimique de la lésion.

2° Pour d'autres observateurs, le ramollissement constitue une *altération phlegmasique*. Parfois en effet les caractères objectifs de l'inflammation auraient été constatés; l'étude approfondie des symptômes, la constance de quelques-uns d'entre eux, qui aurait permis à M. Louis de reconnaître le ramollissement sur le vivant, puis l'existence des signes de péritonite : tels sont les principaux arguments présentés à l'appui de cette manière de voir.

3° Les faits observés s'expliquent par une *lésion de nutrition*. Cette théorie rapproche donc la gastromalacie des autres ramollissements, et en particulier de celui de l'encéphale : elle est fondée sur l'absence des lésions phlegmasiques, et surtout de la fièvre.

Que conclure de ces opinions opposées ? D'abord, il

---

1. Dans quelques expériences toutes récentes, j'ai pu reproduire la plupart des faits observés par Elsässer.

y a bien évidemment un *ramollissement cadavérique* de l'estomac (Camerer, Elsässer), siégeant spécialement dans les régions déclives, au niveau du grand cul-de-sac, et auquel il faut rapporter les altérations décrites sous le nom de ramollissement noir et gélatiniforme. Il est probable que *la cause en est mixte*, c'est-à-dire que le suc gastrique et la décomposition alimentaire doivent, à des degrés divers, jouer un rôle dans ce processus : une preuve remarquable en est fournie par l'expérience dans laquelle l'estomac, retiré du corps d'un animal que l'on sacrifie, se ramollit si l'on prend soin de remplir de lait la cavité gastrique.

Il existe un *ramollissement inflammatoire*, décrit par Louis, Cruveilhier, Billard, MM. Hardy et Béhier. Nous l'avons constaté précédemment en étudiant la gastrite aiguë et la gastrite chronique ; mais il diffère absolument des lésions que nous venons de décrire ; toutefois, cette gastromalacie phlegmasique peut être accrue par la présence d'aliments en voie de digestion ou même en décomposition qui lui surajoutent alors des altérations d'ordre chimique.

Faut-il enfin admettre l'existence d'un ramollissement causé par un *vice de nutrition?* L'on peut dire, à cet égard, que des troubles vasculaires, comparables à ceux qui causent le ramollissement cérébral, sont des faits relativement exceptionnels quand il s'agit de l'estomac. Quand ces troubles vasculaires se produisent, ils aboutissent non pas à un simple ramollissement, mais à une destruction rapide des parties mortifiées, d'où résulte la formation d'une perte de substance, d'un ulcère de l'estomac.

Telles sont les conséquences pratiques que l'on peut tirer de cette courte étude. Je devais vous mettre à même de juger les faits : insister plus longtemps sur ce sujet serait dépasser de beaucoup l'importance actuelle de cette question, plutôt intéressante au point de vue historique qu'au point de vue clinique.

ULCÈRE SIMPLE DE L'ESTOMAC

Depuis les travaux de M. le professeur Cruveilhier, on décrit sous le nom d'ulcère simple de l'estomac (gastrite ulcéreuse, ulcère rond) une variété d'affection ulcéreuse à marche ordinairement chronique, à symptômes bien caractérisés et se développant en dehors de toute manifestation cancéreuse.

La *fréquence* de cette affection est très-grande. Elle est cependant diversement appréciée, puisque les chiffres donnés par différents observateurs varient de 2 à 13 sur un chiffre total de cent autopsies ; ces différences tiennent sans aucun doute aux diverses classifications d'ulcères de l'estomac.

Tous les *âges* sont tributaires de l'ulcère rond. On a prétendu que cette affection respectait absolument l'enfance : M. Luton en rapporte cependant deux cas chez des sujets au-dessous de dix ans ; ce sont surtout les adultes, et aussi les vieillards, qui y sont le plus exposés. Trier, de Copenhague, a semblablement donné une moyenne de trente à soixante ans pour l'époque d'apparition de l'ulcère simple du duodénum.

Quant au *sexe*, les femmes sont plus souvent atteintes : tous les auteurs sont d'accord sur ce point, que confirment les recherches de Brinton. Il n'en est pas ainsi pour l'ulcère simple du duodénum, lequel est beaucoup plus fréquent chez l'homme (43 fois sur 54, d'après Trier). C'est plus particulièrement à l'âge de la menstruation que se montre la maladie ; doit-on y voir un fait de congestion supplémentaire ? ou bien, comme le voudrait M. Luton, s'agirait-il au contraire d'une anémie causée par un ulcère simple en évolution et donnant lieu à la dysménorrhée ? Ce serait, d'après le même auteur, par l'existence de lésions gastriques latentes qu'il conviendrait souvent d'expliquer l'anémie si accentuée, ainsi que les désordres menstruels des chlorotiques, ce qui permettrait de comprendre la fréquence de l'ulcère simple chez les femmes atteintes de chlorose.

En dehors de ces causes individuelles, il faut tenir un grand compte des *ingesta*, qui ont une action souvent considérable dans l'apparition de la maladie : l'alcool en particulier, et d'une façon générale tous les aliments d'une digestion difficile ou fermentescibles, exercent souvent une influence fâcheuse. Il en est de même, bien entendu, pour toute gastrite toxique, qui peut laisser après elle, à une époque plus ou moins éloignée, les signes d'un ulcère chronique de l'estomac.

On a voulu dans quelques cas invoquer l'influence, en vérité plus que douteuse, d'un *traumatisme* à l'épigastre : ne s'agit-il pas alors d'une simple coïncidence? Par contre, il est admis que les *corps étrangers* de l'estomac, par l'irritation qu'ils déterminent sur la muqueuse gastrique, peuvent causer l'ulcère simple.

Un certain nombre de maladies générales ont des relations indéniables avec cette affection. C'est ainsi que la *tuberculose*, et peut-être la *chloro-anémie*, d'après M. Luton, prédisposeraient à l'évolution de l'ulcère simple; quant à la syphilis, son influence me paraît ici plus que problématique.

Enfin la gastrite aiguë, et surtout la *gastrite chronique* offrent souvent un terrain tout préparé à l'évolution de la maladie. Je crois cependant qu'il serait bon de faire quelques réserves à ce sujet, car la nécessité de séparer nettement les érosions ulcéreuses de la muqueuse stomacale et l'ulcère simple proprement dit me paraît urgente. Les premières ne sont pas toujours, tant s'en faut, en relation directe avec l'ulcère rond, qui s'en distingue par son aspect, sa marche et ses symptômes : il est donc nécessaire de n'admettre l'existence d'un ulcère simple qu'en face de signes indiscutables.

Les LÉSIONS ANATOMIQUES occupent à la surface de l'estomac un *siège* variable. Cependant la face postérieure paraît en être plus spécialement affectée : vient ensuite la petite courbure, puis le pylore. D'après M. Luton, la petite courbure serait la localisation la plus habituelle de la perte de substance (22 fois sur 82 cas). Brinton insiste sur la rareté de la lésion au niveau de la face antérieure de l'estomac.

La *forme* de la solution de continuité est arrondie, souvent même régulièrement circulaire, d'où la dénomination d'ulcère rond préférée par quelques auteurs. Cependant le bord peut être ovalaire ; quelquefois c'est une bande plus ou moins large, creusée dans l'épaisseur de l'estomac, ainsi qu'on le voit à la région pylorique, où il se forme alors une sorte de demi-anneau, ou même un anneau complet. Partout la perte de substance est assez profonde, nettement délimitée des parties avoisinantes ; il semble qu'on l'ait taillée à l'emporte-pièce. Lorsque les bords de l'ulcère sont irréguliers, ils sont ordinairement constitués par la réunion de plusieurs ulcérations, et cette coalescence donne lieu à un aspect tout spécial, la circonférence étant alors formée par des segments de cercle réunis ensemble.

L'ulcère n'est pas toujours unique. Brinton l'a trouvé double une fois sur cinq ; parfois les ulcères sont multiples ; on en a rencontré jusqu'à cinq sur le même estomac (Rokitansky) ; la multiplicité des exulcérations est constante dans ce que l'on nomme les érosions hémorrhagiques (Cruveilhier, Dietrich, Jaksch), érosions véritablement distinctes de l'ulcère rond et qui appartiennent plutôt à la gastrite chronique [1].

Les *dimensions* de la perte de substance sont en raison inverse du nombre des ulcères : elles mesurent d'ordinaire 1 centimètre et 1/2 à 2 centimètres de diamètre ; mais on peut rencontrer toutes les variations possibles, depuis la largeur d'une pièce de 50 centimes jusqu'à celle d'une pièce de cinq francs ; certains ulcères atteignent 12 ou 15 centimètres de diamètre.

La *couleur* de l'ulcération est généralement grisâtre ou jaunâtre. Parfois, à la périphérie, on aperçoit des traces d'inflammation ; mais cette inflammation n'est pas constante, en raison même de l'inconstance de la gastrite.

Les *bords* de la solution de continuité sont presque toujours taillés à pic, d'autant plus saillants que l'affection est plus ancienne ; ils présentent une disposition en terrasses toute spéciale ; parfois enfin l'ulcère offre une forme en godet, en entonnoir. Les *tuniques* de l'estomac sont altérées de la façon suivante : la muqueuse offre toujours la perte de substance la plus large ; puis vient la couche sous-muqueuse, souvent épaissie par un dépôt de lymphe dans les mailles du tissu aréolaire

---

[1]. Voyez un intéressant travail de M. Balzer sur les érosions hémorrhagiques in *Revue mensuelle de méd.*, juillet 1877. M. Balzer décrit comme point de départ de ces érosions de petits abcès circumglandulaires en rapport avec la distribution des veines de la muqueuse.

(Brinton). La couche musculaire est parfois à nu, et dans ce cas, épaissie ; quant à la séreuse et au tissu cellulaire sous-séreux, ils présentent, au niveau de l'ulcération, des adhérences, des épaississements que l'on retrouve dans les 40 centièmes des cas. Toutefois ces adhérences n'existent pas lorsque la lésion siége à la face antérieure de l'estomac, à cause sans doute des mouvements incessants de cette partie de l'organe.

Avec le temps, certaines modifications se produisent dans la perte de substance. On constate, quand elle est de date récente, la minceur des parois avec aspect normal des différentes tuniques ; puis, à mesure que l'affection est plus ancienne, on trouve les bords indurés, épaissis, pigmentés, parfois même assez modifiés pour prendre l'aspect du cancer ; mais l'examen histologique démontre qu'il s'agit simplement, non pas d'une néoplasie, mais bien d'un développement exagéré de tissu fibreux.

La terminaison la plus commune, si l'on en croit Rokitansky, celle que l'on pourrait constater dans le septième des cas, selon Brinton, c'est la *perforation* de l'estomac. Elle s'observe surtout lorsque l'ulcère occupe la face antérieure, qui serait 50 fois plus exposée que la postérieure à ce mode de terminaison (la rupture est également fréquente lorsque la lésion siége au duodénum). Le fond de la perte de substance, tapissé par des exsudats, s'ouvre souvent dans la cavité péritonéale : la *péritonite aiguë* qui en est la conséquence, se caractérise par un épanchement, souvent abondant, des matières contenues dans l'estomac : la séreuse est tapissée de fausses membranes molles et récentes, n'offrant aucune résistance, et faciles à détacher. On a, il est vrai, trouvé quelquefois sur le cadavre de sujets morts d'affection intercurrente ou de cachexie, une perforation avec épanchement alimentaire dans la séreuse abdominale, mais sans trace de péritonite : cette apparente anomalie tient simplement à ce que la perforation s'est faite *post mortem*, comme dans le ramollissement cadavérique.

Cependant les *adhérences* péritonéales peuvent localiser la péritonite au voisinage de l'ulcère. Assez souvent même, les tuniques musculeuse et sous-séreuse ont été assez lentement détruites pour que des adhésions solides aient réuni l'estomac aux organes voisins : dans ce cas, le processus ulcératif peut s'étendre au loin. Tantôt il se fait des fistules que l'on a vu s'ouvrir dans le duodénum, dans le côlon, dans les bronches ou même à la peau (j'ai vu une de ces fistules gastrocutanées) ; tantôt le fond de l'ulcération est formé par un des viscères avoisinants, surtout le pancréas (15 fois sur 22), ou le foie, les ganglions mésentériques, l'épiploon, assez rarement la rate[1]. Les organes ainsi mis

---

1. Dans un cas que j'ai observé cette année même, le foie et le pancréas étaient mis à nu tous les deux chez le même malade : il exis-

à nu sont le siége d'altérations progressives, de véritables pertes de substance que l'on explique par l'action digestive du suc gastrique.

Dans un grand nombre de cas (la moitié, suivant certaines statistiques), l'ulcère présente une véritable tendance à la guérison : la réparation se fait, et l'on peut alors trouver à l'autopsie une vraie *cicatrice*, fibreuse d'après M. Cruveilhier, ou même muqueuse (Rokitansky). Il n'est pas rare d'ailleurs de constater, chez un sujet qui succombe aux suites d'un ulcère gastrique, une ou deux cicatrices provenant d'ulcérations guéries. Ce tissu de nouvelle formation a, dans l'estomac, comme dans tous les organes, une grande tendance à se rétracter ; aussi voit-on parfois les tuniques et notamment la séreuse, froncées et attirées vers la cavité stomacale. Cette rétraction peut d'ailleurs être le point de départ de troubles fonctionnels sérieux et même d'accidents graves, lorsque par exemple un ulcère annulaire se développe au niveau du pylore. On a vu également l'estomac prendre une forme bilobée, une perte de substance très étendue ayant donné lieu à une cicatrice siégeant à la partie moyenne du viscère.

L'état des *vaisseaux* nécessite une description toute spéciale en raison des théories dont il a été le point de

---

tait en même temps un petit kyste hydatique du foie. La paroi de ce kyste était à peine séparée du fond de l'ulcère par un centimètre de substance hépatique, si bien que l'ulcération stomacale aurait fini par amener la perforation de la tumeur kystique.

départ. Parfois les artères sont parfaitement perméables : on les a vues affectées, à des degrés divers, de dégénérescence athéromateuse. Virchow et Niemeyer attachent, comme nous le verrons, une grande importance à ces diverses altérations. Haldane a pareillement publié une observation dans laquelle quatre ulcères coexistant dans le duodénum, correspondaient à autant de branches artérielles athéromateuses.

Indépendamment de ces lésions, qui ont été considérées par certains auteurs comme la cause déterminante de l'affection stomacale, il en est d'autres qui sont la conséquence du travail ulcératif, je veux parler de la rupture et de la perforation vasculaires. Ces altérations peuvent se rencontrer sur les vaisseaux sous-muqueux, sur ceux qui rampent dans les parois stomacales ou enfin envahir ceux des organes voisins. Ce sont plus particulièrement les *artères* splénique, gastro-épiploïques, pancréatico-duodénale, dont les lésions sont les plus fréquentes et aussi les plus graves [1]. Les veines, bien que moins souvent atteintes par le processus morbide, ont présenté quelquefois les mêmes altérations que les artères. Quant aux ganglions lymphatiques, ils sont en général sains et cette intégrité constitue l'un des caractères différentiels importants qui séparent l'ulcère simple du cancer.

---

1. Stich a publié un fait d'ulcère simple développé dans la troisième portion du duodénum (ce qui est rare) et où la mort survint par perforation de l'aorte.

L'estomac présente parfois les lésions de la gastrite chronique : ses dimensions sont très-variables : tantôt il existe une dilatation de la cavité stomacale, tantôt au contraire un véritable rétrécissement ; ces modifications diverses sont en rapport avec le siége, les dimensions et le degré d'évolution de l'ulcère.

Le tube digestif offre souvent des altérations de même nature. Le *duodénum*, notamment, peut lui-même être atteint d'ulcère simple, fait qui tendrait à confirmer la théorie pathogénique dans laquelle on fait jouer un grand rôle à l'action du suc gastrique; disons toutefois que, d'après Lebert, l'ulcère rond peut se développer dans toute l'étendue des intestins. Dans le duodénum, lorsque l'altération occupe la région de l'ampoule de Vater, le canal cholédoque peut être obstrué; la dilatation des voies biliaires, avec ictère, en est la conséquence.

Toutes les altérations dues à l'alcoolisme, en particulier la cirrhose hépatique, ont été constatées dans un certain nombre de cas. Enfin la phthisie pulmonaire et même la tuberculose généralisée ont été aussi rencontrées.

VINGT-NEUVIÈME LEÇON

ULCÈRE SIMPLE DE L'ESTOMAC (FIN)

L'ulcère simple de l'estomac se caractérise par un certain nombre de SYMPTOMES des plus inconstants, soit dans leur évolution, soit dans leur intensité. Le début, notamment, peut être lent ou brusque, quelquefois foudroyant, l'affection s'annonçant d'emblée par une des complications que la connaissance des lésions anatomiques vous permet déjà de pressentir.

La *douleur* constitue le signe le plus important, car elle fait rarement défaut (Brinton). Elle occupe la région xiphoïdienne d'une part, et de l'autre correspond au niveau du rachis, ainsi que l'a bien montré M. Cruveilhier : c'est entre la huitième vertèbre dorsale et la deuxième lombaire que Brinton la localise. Cette douleur est très-intense, mais non pas lancinante, et rappelle plutôt la sensation de la brûlure ; elle s'accompagne d'un sentiment de pesanteur, de réplétion épigastrique. Le moment où elle apparaît est souvent très-précis : c'est quelques minutes après l'ingestion des aliments, rarement davantage. Ce développement plus ou moins rapide peut-il être attribué au siége de la lésion aux environs du cardia ou du pylore? On ne saurait l'affirmer. Par contre, l'influence des boissons irritantes, liquides alcooliques, vin, café, celle des aliments indigestes, est bien prouvée. De même, la pression, même légère, augmente toujours ou réveille les douleurs épigastriques.

Osborne et Brinton ont noté que, dans certains cas, le malade s'efforce, par une attitude spéciale (décubitus sur le dos ou le ventre), d'éviter la douleur; l'inconstance de ce fait ne permet pas de lui accorder une réelle valeur pour la connaissance du siége précis de l'ulcération.

La *pathogénie de ces douleurs* est diversement présentée par les auteurs. Les uns, avec Niemeyer, en cherchent la cause dans les adhérences stomacales; mais il ne faut pas oublier combien tardives sont ces adhérences, qui sont d'ailleurs inconstantes ; d'autres, avec Bamberger, estiment que, les progrès de l'ulcération déterminant la lésion des filets nerveux de la muqueuse, la destruction de ces derniers est le point de départ des douleurs observées. Le suc gastrique sécrété au moment des repas est regardé par quelques-uns comme ayant la plus grande part dans la production du symptôme, par suite de l'irritation qu'il déterminerait au niveau des parties dépouillées d'épithélium. On a également invoqué la présence des aliments qui irritent la surface de l'ulcère; cette explication est d'ailleurs fondée sur l'action spéciale de certaines boissons. Ajoutez à tant d'hypothèses l'action des contractions spasmodiques réflexes de l'estomac, et vous aurez un résumé à peu près complet des théories émises à propos de cette pathogénie, théories probablement trop exclusives, car la douleur, dont les caractères sont variables comme le mode d'apparition, est probablement due à plusieurs de ces causes à la fois.

Un second phénomène tout aussi important, dont la précocité d'apparition plus ou moins grande est en rapport, selon Niemeyer, avec le siége même de l'ulcération, aux environs du cardia ou du pylore, c'est le *vomissement*, qui fait rarement défaut, mais qui est parfois tardif. La nature des matières rendues varie beaucoup : les vomissements alimentaires sont les plus fréquents de tous, et ils constituent très-souvent un phénomène véritablement critique, lequel met un terme rapide aux accès douloureux causés par l'ingestion des aliments. Les vomissements muqueux consistent dans le rejet de matières glaireuses claires ou légèrement colorées par la bile, parfois tout à fait pituiteuses : ils ne sont pas rares et se montrent surtout à jeun; ils n'ont pas la valeur diagnostique des vomissements alimentaires.

Tout autre est l'importance des *vomissements de sang*. L'hématémèse peut, dans quelques circonstances, apparaître subitement et sans prodromes, ou bien encore elle est précédée de quelques vagues sensations à l'épigastre ; on l'a vu se montrer après un repas copieux, un excès de boisson. L'hémorrhagie stomacale se produit parfois sous l'influence d'une cause occasionnelle, telle qu'un traumatisme, une chute, une pression à l'épigastre, etc. En général, le malade rejette tout à coup une certaine quantité de sang liquide et rouge, parfois coagulé ; plus rarement, le liquide sanguin ayant subi pendant quelque temps l'action du suc gastrique, est rendu à l'état d'une masse noirâtre comparable au marc de café. Cette hématémèse, surtout celle qui consiste en un flot rutilant, s'accompagne des phénomènes généraux ordinaires des grandes hémorrhagies : la face pâlit, le pouls devient petit, misérable, les extrémités se refroidissent ; les lipothymies se succèdent ; la mort même, par syncope, peut être l'expression ultime de ces phénomènes nerveux. En tout cas, il reste à la suite des pertes sanguines une anémie profonde.

Le *melœna* est souvent le signe ultérieur de l'hémorrhagie gastrique : il fait connaître que la quantité de sang perdue était plus considérable encore qu'on ne le pensait : le melœna peut même apparaître sans qu'il y ait eu hématémèse.

Les *troubles digestifs* sont à peu près constants, quoique

très-variables d'intensité. Il y a parfois de l'inappétence, plus souvent des bizarreries du goût et de l'appétit. Les digestions sont fréquemment pénibles, troublées par des flatulences ou par des vomituritions acides; la constipation est habituelle. Au contraire, chez quelques malades, en dehors des accès gastralgiques si douloureux, les fonctions du tube digestif restent à peu près normales.

L'examen de la région épigastrique doit être fait avec le plus grand soin. Et d'abord la *palpation* même la plus légère peut provoquer ou tout au moins réveille les douleurs momentanément assoupies, et dont l'importance diagnostique est si grande. Parfois, elle permet de découvrir une tumeur à laquelle il faudra prêter la plus grande attention : il se peut en effet que des adhérences péri-gastriques donnent la sensation d'une tumeur résistante; ou bien, et le fait, quoique très-rare, a été observé, il s'agit d'une poche purulente accolée aux parois stomacales. On a même prétendu, (mais cette assertion est discutable), que l'on pouvait sentir à travers les parois abdominales les bords indurés de l'ulcère. De toute manière, ainsi que nous le verrons à propos du diagnostic, la constatation d'une rénitence épigastrique rend une grande circonspection nécessaire. Il va sans dire que, dans ces cas, la *percussion* superficielle pourrait quelquefois révéler l'existence d'une zone de matité d'étendue variable : d'autres fois elle permet d'affirmer une *dilatation* de l'estomac.

L'état général du malade présente des modifications qu'il est quelquefois difficile de bien interpréter. Sous l'influence des vomissements, des hématémèses plus ou moins abondantes, des crises douloureuses qui gênent l'alimentation, on voit le malade maigrir, et l'anémie apparaît. Chez la femme, les troubles menstruels sont très-précoces, l'aménorrhée devient vite absolue, et l'on assiste au développement complet d'une chlorose dont les débuts avaient souvent précédé ceux de l'ulcère simple. Bientôt les forces se perdent et le patient tombe plus ou moins vite dans un état de cachexie entretenu par les troubles dyspeptiques. Néanmoins, le faciès, fait important, présente certains traits caractéristiques : si avancée que soit la cachexie, jamais l'aspect du visage ne rappelle le faciès propre aux cancéreux ; jamais on ne constate l'existence de la teinte jaune paille. On n'assiste pas non plus aux complications ultimes habituelles au cancer, et notamment au développement de la phlegmatia alba dolens.

La MARCHE de l'affection est essentiellement irrégulière. Le *début* est souvent caractérisé par l'ensemble des troubles digestifs qui appartiennent à la gastrite chronique : lentement, et par degrés, le malaise augmente ; puis on voit tout à coup se manifester les symptômes caractéristiques : crises douloureuses, vomissements, hématémèse. D'autres fois, l'invasion est brusque, soudaine : c'est une hémorrhagie abondante avec rejet d'un sang rouge, ou bien le malade est pris de crises très-douloureuses avec vomissements ; parfois même, au milieu d'une santé en apparence satisfaisante, on voit tout d'un coup éclater les symptômes promptement mortels d'une perforation, c'est la forme dite foudroyante par M. Jaccoud. En général, l'évolution de la maladie est lente, offrant une série d'améliorations et de rechutes successives ; l'anémie, déterminée par les hémorrhagies et les troubles dyspeptiques, forme le fond des symptômes, sur lesquels tranchent les accidents douloureux.

La *durée* totale de la maladie est variable : elle se prolonge d'ordinaire pendant des mois et souvent des années entières ; en moyenne, elle atteint habituellement deux à cinq ans : M. Luton rapporte même un fait dans lequel l'ulcère gastrique dura dix-sept années.

La maladie se termine par la *guérison* dans la moitié des cas : d'autres fois, mais très-rarement, elle persiste à l'état chronique, comme dans le cas précité de M. Luton ; alors même, la guérison peut être obtenue au bout d'un temps très-long, ainsi que le prouve un fait rapporté par Trousseau.

La *mort*, lorsqu'elle survient, se produit de différentes façons. Tantôt c'est par suite des progrès de l'affection gastrique, les vomissements répétés entraînant la mort par *inanisation*, sans toutefois que l'on assiste au développement des phénomènes propres à la cachexie cancéreuse. Tantôt une *hémorrhagie* stomacale termine en quelques minutes ou en quelques heures l'évolution des lésions. D'autres fois enfin, la perforation de l'estomac se produit et le malade succombe soit brusquement dans le collapsus, soit par les progrès rapides d'une péritonite par perforation. Cette terminaison par perforation gastrique se montre assez fréquemment puisque Brinton l'a évaluée à 13 0/0 des cas de mort.

Est-il besoin, en face de ces symptômes, d'ajouter que le PRONOSTIC de l'ulcère rond est toujours fort sérieux ? Toutefois, pour établir une saine appréciation de la prognose, il faut tenir compte, dans cette affection plus encore peut-être que dans toute autre, de l'âge du sujet, de ses forces, et aussi du siége présumé de la perte de substance. Toutes choses égales, la localisation aux environs du pylore est toujours fâcheuse, à cause du rétrécissement qui en est souvent la conséquence.

En outre, les *récidives* sont possibles ; elles ne sont même pas rares, et l'on peut voir apparaître des accidents formidables, quelquefois subits, inopinés, alors que la maladie semblait en voie de guérison. Aussi devrez-vous toujours réserver le pronostic ; et, jusqu'à la complète disparition des phénomènes morbides, vous demeurerez sur vos gardes, prêts à reprendre le traitement dans toute sa rigueur.

Le DIAGNOSTIC de l'ulcère simple de l'estomac est souvent facile, surtout lorsque les symptômes classiques se trouvent réunis et que l'affection se montre avec son apparence régulière.

Cependant il n'en est pas toujours ainsi, et en particulier la *gastrite chronique* peut être assez facilement confondue avec l'ulcère rond. Je ne vous parle pas, bien entendu, de la gastrite catarrhale sans ulcération, dont la diagnose différentielle est assez facile, puisque la douleur n'offre pas les mêmes caractères et que les vomissements sont glaireux. Un signe important, au dire de Niemeyer, serait tiré de l'état de la langue : dans la gastrite chronique, la langue est couverte d'un enduit épais, tandis que dans l'ulcère simple elle serait rouge et lisse (?). En résumé, la ressemblance n'est pas grande entre les deux affections ; toutefois il faut se défier des gastrites chroniques qui s'accompagnent de gastralgie, puisque l'ulcère simple, vous vous le rappelez, évolue quelquefois sourdement, jusqu'au jour où éclatent les accidents les plus sérieux.

Lorsque l'on se trouve en présence d'une *gastrite chronique* avec *exulcérations*, le diagnostic devient plus complexe. Néanmoins la douleur est toujours bien moindre que dans l'ulcère ; elle ne s'irradie guère dans le dos ou du moins ne présente pas un point dorsal bien délimité. Il est vrai que le malade rend parfois, pendant les efforts de vomissements ou dans les selles, des matières noirâtres et grumeleuses ; mais jamais ces hémorrhagies ne sont abondantes et ne présentent la coloration rouge vermeille. Enfin les causes ne sont pas absolument les mêmes ; cependant vous ne devez pas oublier que la transformation d'une gastrite chronique exulcéreuse en ulcère simple de l'estomac est admise par quelques cliniciens.

Peut-on confondre les accès de la *gastralgie* avec les douleurs de l'ulcère stomacal ? Les caractères propres aux crises gastralgiques suffisent dans le plus grand nombre des cas pour établir la diagnose : en effet, dans la gastralgie, il existe sans contredit des accès douloureux ; mais ils n'ont pas pour cause l'ingestion des aliments, puisqu'ils sont ordinairement calmés par les repas : ils n'ont pas non plus une aussi longue durée et ne se terminent pas d'ordinaire par des vomissements violents. Les irradiations douloureuses n'ont pas le même siége : dans la gastralgie elles donnent lieu à des névralgies intercostales et non pas à une douleur surtout xiphoïdienne et dorsale ; jamais, bien entendu, vous ne constaterez de vomissements noirs ou sanglants.

Quant au diagnostic de l'ulcère et du *cancer* de l'estomac, vous vous rendrez mieux compte de ses difficultés et de la valeur des signes différentiels quand nous aurons fait l'étude de cette dernière affection.

Le TRAITEMENT de l'ulcère simple, comme celui de la gastrite chronique, est essentiellement basé sur l'hygiène et l'alimentation.

La *diète lactée*, préconisée par M. Cruveilhier, constitue encore la meilleure médication. D'ordinaire, le lait est admirablement supporté ; c'est par lui que tout essai thérapeutique doit débuter, de l'avis des plus habiles observateurs. Budd recommande l'usage de féculents concurremment avec l'alimentation lactée ; la digestion du lait serait alors plus complète et plus facile. Quant à l'alimentation proprement dite, les plus grandes précautions doivent être prises non-seulement en ce qui concerne la quantité des aliments et leur qualité, mais encore quant aux intervalles des repas. Les aliments les plus simples devront être préférés : les potages, les œufs, la viande crue finement tamisée, seront essayés avec précaution au fur et à mesure que l'amélioration se fera sentir ; on reprendrait le régime lacté dans toute sa rigueur au moindre retour des symptômes morbides.

L'eau de chaux, le carbonate de magnésie, conseillés par Rokitansky, constituent de bons adjuvants à l'alimentation spéciale par le lait. De même, les alcalins, et notamment les eaux minérales alcalines, sont particulièrement indiqués.

L'usage des médicaments que l'on pourrait appeler *cicatrisants* donne de bons résultats. Le nitrate d'argent, à la dose de 5 à 10 centigrammes (Niemeyer), pris le matin à jeun, produit des effets assez satisfaisants : il convient toutefois d'en suspendre de temps en temps l'emploi pour permettre l'élimination du métal qui, sans cette précaution, déterminerait la coloration ardoisée ou olivâtre de la peau. Le perchlorure de fer présente, d'après M. Luton, un double avantage : outre qu'il modifie la surface de l'ulcère, dont il active la cicatrisation, il est hémostatique et facilite le développement d'un caillot obturateur. Enfin, le sous-nitrate de bismuth est également employé, et avec un réel avantage.

D'autres indications doivent être remplies : il faut *calmer les douleurs* parfois intolérables. La belladone, et mieux encore la morphine (Stokes), à l'intérieur et à l'extérieur, en pommades, en liniments, surtout en injections hypodermiques, devront être conseillées ; enfin les gouttes noires anglaises, préconisées par Monneret, sont aussi très-utiles. La médication révulsive (vésicatoires volants, mouches de Milan, cautérisation transcurrente ou ponctuée, cautères permanents) peut rendre de bons services pour calmer la douleur et activer la guérison.

Contre les *vomissements* vous emploierez le froid, la glace *intus et extra*. M. Cruveilhier n'a pas craint de donner dans ces cas des boissons chaudes ; je pense qu'il faudrait les prescrire avec prudence, en raison des hémorrhagies qu'elles pourraient occasionner. L'opium s'adresse aussi aux vomissements, qu'il calme parfois très-vite : on a encore vanté la créosote, la teinture d'iode ; la potion de Rivière réussit également fort bien, mais son action n'est que momentanée.

Les complications réclament aussi leur traitement. Dans les *hémorrhagies*, on donnera les astringents, le perchlorure de fer (qui, nous l'avons vu, est utile contre les petites hémorrhagies gastriques) : on aura recours aux applications glacées sur l'épigastre, à la glace à l'intérieur. Les absorbants (sous-nitrate de bismuth, quand vous n'aurez pas fait usage du perchlorure ferrique), enfin l'ergotine, seront successivement essayés. Il va sans dire que tous ces moyens seront malheureusement impuissants contre les ulcérations des gros vaisseaux.

Lorsqu'une *perforation* survient, la première indication est d'obtenir le repos complet de l'organe ; on supprimera donc toute alimentation et même toute boisson : la soif sera calmée en mouillant la langue avec de l'eau fraîche et surtout par l'emploi des lavements. L'opium sera donné à haute dose par le rectum ; vous préférerez les injections hypodermiques de morphine.

Enfin, lorsque le malade aura échappé aux dangers imminents, aux complications graves, lorsque l'on pourra penser que l'ulcère est cicatrisé, il faudra longtemps encore surveiller les fonctions de l'estomac, à cause des récidives possibles. Le malade devra s'astreindre aux plus grands ménagements et ne jamais se livrer au moindre excès de table, au moindre écart de régime.

Pour terminer l'histoire de l'ulcère rond, je dois vous faire connaître les diverses opinions émises sur sa NATURE.

Broussais admettait l'existence d'une phlegmasie, d'une *affection inflammatoire* circonscrite ; mais l'évolution des lésions contredit cette manière de voir, puisque les altérations, au lieu de s'étendre en surface comme dans toutes les gastrites, progressent au contraire en profondeur.

Pour North, il s'agirait d'une *ulcération* absolument comparable à celle des aphthes ; cette assertion est tout à fait inacceptable.

D'après certains auteurs, il se fait premièrement une *hémorrhagie* sous-muqueuse pure et simple, puis une destruction de la muqueuse, sous l'influence du suc gastrique ; cette théorie est surtout admise pour les simples érosions hémorrhagiques (Rokitansky). Rindfleisch pense même qu'une contraction violente de l'estomac (sous les efforts du vomissement, par exemple) est susceptible de donner naissance à cette suffusion sanguine : les globules sanguins compriment les capillaires ; il en résulte une mortification, et l'élimination de ce *caput mortuum* n'est plus qu'une affaire de temps.

Dans une dernière théorie on admet l'existence d'un *infarctus hémorrhagique* de la muqueuse, infarctus produit par un trouble de nutrition consécutif à une lésion vasculaire. Dans ces circonstances, la partie mortifiée a la forme d'un cône dont la base regarde la face muqueuse du viscère et le sommet tronqué l'extérieur, forme qui correspond bien à celle du territoire vasculaire affecté. Virchow, pour étayer cette théorie, insiste sur la fréquence des lésions athéromateuses des petits vaisseaux de la muqueuse stomacale. L'eschare ainsi produite se détache, puis s'élimine, et le suc gastrique vient alors agir sur des tissus qui ne sont plus protégés contre ses atteintes par le revêtement épithélial : d'où la formation d'un ulcère qui progresse incessamment.

Je ne conteste pas, pour ma part, cette action du suc gastrique ; mais je comprendrais difficilement la résistance extraordinaire des couches musculaire et séreuse à une perforation rapide, si la seule ou au moins la principale cause de cette ulcération envahissante résidait dans l'action digestive du suc de l'estomac.

Enfin on a aussi prétendu que l'ulcère simple pouvait résulter de la fonte de tumeurs gommeuses ramollies, ou même de l'ouverture d'abcès des parois gastriques. Ces diverses causes correspondent-elles vraiment à l'*ulcus rotundum?* Il est permis d'en douter.

En définitive, il est très-difficile, sinon même impossible, dans l'état actuel de nos connaissances, de formuler une opinion univoque sur la nature de l'ulcère simple stomacal. Il est probable que les altérations vasculaires, les troubles nutritifs, certaines hémorrhagies sous-muqueuses, peut-être même le processus inflammatoire, forment le point de départ de l'altération à laquelle la présence du suc gastrique contribue à donner une évolution toute spéciale.

TRENTIÈME LEÇON

CANCER DE L'ESTOMAC

De tous les organes dont se compose l'appareil digestif, l'estomac est, sans contredit, le plus fréquemment atteint par le cancer. Toutes les formes principales du néoplasme y ont été rencontrées, le squirrhe, l'encéphaloïde, le cancer colloïde ; l'épithélioma même n'y est probablement pas rare. Par ordre de fréquence, il faut d'abord citer le squirrhe : Niemeyer, Lebert, Brinton, M. Lancereaux sont d'accord sur ce point. Puis viennent l'encéphaloïde et le cancer colloïde, enfin l'épithélioma, sur lequel nous n'avons encore que des notions incomplètes. Ces quatre variétés peuvent d'ailleurs présenter l'apparence villeuse ou papillaire ; dans toutes aussi, les lésions sont susceptibles de revêtir plusieurs aspects divers : ici, vous trouverez une tumeur plus ou moins volumineuse, là, une ulcération de largeur plus ou moins variable et à bords bourgeonnants ; d'autres fois, il s'agira d'une destruction plus ou moins avancée des tissus qui forment les parois de l'estomac.

Lorsqu'il existe une *tumeur*, ou une masse plus ou moins volumineuse faisant tumeur, le néoplasme présente ordinairement une forme arrondie ou ovalaire; dans ce dernier cas, sa plus grande longueur est dirigée dans le sens du diamètre transversal de l'estomac, fait important au point de vue du diagnostic. Parfois c'est une véritable *plaque* cancéreuse étalée en nappe ; ailleurs, la tumeur prend un aspect fongiforme; mais alors elle est toujours sessile.

Les *dimensions* de la masse morbide, qu'elle soit unique (c'est le cas le plus ordinaire) ou multiple, varient depuis le volume d'une noisette jusqu'à la grosseur d'une noix et plus. Saillante ou non, la néoplasie peut être sous-muqueuse ou bien au contraire appartenir à la muqueuse même; dans les deux cas, la *face externe* de l'estomac, au niveau de la production morbide, offre parfois sa coloration normale; plus souvent, elle est rougeâtre, vascularisée. A sa face interne, on trouve la muqueuse environnante saine ou bien congestionnée, tuméfiée, recouverte de sécrétions catarrhales. Quant aux diverses tuniques qui forment l'estomac, elles sont plus ou moins envahies par le cancer ; nous reviendrons sur ce point en étudiant les lésions propres à chacune des formes de la néoplasie.

L'*ulcération*, une fois produite, se caractérise de la

manière suivante : elle peut être unique, occupant une surface plus ou moins étendue de la cavité gastrique; bien plus rarement, les pertes de substance sont multiples, disséminées sur différentes régions de la muqueuse. D'après Grisolle, l'ulcération résulte de la mortification des produits anomaux qui constituent la masse morbide ; nous verrons en effet que les cellules de la néoplasie subissent une infiltration granulo-graisseuse qui aboutit à une véritable gangrène moléculaire. Quoi qu'il en soit, la base de l'ulcère repose presque toujours sur une induration plus ou moins étendue suivant la variété de cancer ; cependant il peut arriver que les tissus sous-jacents à l'ulcère soient à peine tuméfiés et durs. Les bords en sont d'ordinaire renversés, très-développés, bourgeonnants; ailleurs, on les trouve ramollis, rouges, fongueux. Enfin, la destruction complète de toute la masse néoplasique a été constatée exceptionnellement : dans ce cas, il serait, sans le secours du microscope, assez difficile d'affirmer que l'on n'a pas affaire à un ulcère simple.

La *perforation* de l'estomac est beaucoup plus rare que dans l'ulcère rond, car l'ulcération cancéreuse, dans sa marche envahissante, procède lentement, n'atteignant guère que les parties les plus anciennes de la néoplasie, tandis que des productions nouvelles renforcent en quelque sorte la paroi en voie de destruction. Aussi, lorsque les diverses tuniques de l'estomac sont enfin détruites, les adhérences ont-elles eu le temps de se produire, et la perforation est-elle presque toujours évitée ; Brinton prétend que le siége du cancer n'a pas la même influence que dans l'ulcère, car la perforation se ferait toujours, au dire de cet auteur, à la face postérieure de l'estomac où les adhésions sont justement le plus précoces.

La formation des adhérences péri-gastriques permet de comprendre comment il n'est pas absolument rare de voir se former des *fistules* qui font communiquer, au bout d'un temps souvent fort long, l'estomac avec le côlon, le jéjunum, les poumons, le péricarde, et même avec la peau. Les trajets fistuleux s'établissent et s'accroissent par la reproduction incessante de nouvelles masses néoplasiques lesquelles viennent en quelque sorte fournir un élément sans cesse renaissant au processus destructif.

Le travail d'ulcération n'intéresse guère des *vaisseaux* d'un certain calibre ; nous insisterons longuement sur cette particularité à propos des symptômes et du diagnostic : il vous suffit quant à présent de savoir que, dans les cas rares où une artère importante est lésée, cette lésion porte presque uniquement sur l'artère pylorique (Brinton).

Après ces notions générales sur l'aspect macroscopique des lésions, nous pouvons commencer fructueusement l'étude histologique des diverses formes du cancer de l'estomac.

Le *squirrhe* correspond au cancer dur, ligneux, encore appelé lardacé : ces dénominations différentes désignent en somme la même lésion. Le néoplasme débute par le *tissu sous-muqueux* (Andral, Niemeyer, Brinton). Brinton va même plus loin et croit que l'origine du squirrhe se fait probablement au niveau de la couche externe de cette tunique, et qu'elle est quelquefois en rapport avec le réseau vasculaire : pour Rindfleisch, pour Valdeyer, le début, dans cette variété, se ferait au contraire dans la *couche muqueuse*. Rindfleisch prétend même que la marche du néoplasme, lente tant qu'il est localisé dans la muqueuse, devient très-rapide dès que la couche sous-muqueuse est envahie. Le squirrhe apparaît *en nappe* d'étendue variable, ou sous forme de *noyaux;* la dureté en est considérable. A la coupe, on aperçoit un tissu fibreux, lardacé, blanchâtre, de consistance et d'aspect parfois semi-cartilagineux; ce tissu est sec et ne laisse pas sourdre de suc dit cancéreux à la simple pression.

Les différentes tuniques sont successivement envahies. La *muqueuse*, rapidement adhérente, s'amincit, fait corps avec la masse néoplasique; d'autres fois, elle s'épaissit. L'ulcération se fait tardivement; la base en est indurée; les bords sont également durs et résistants. Le *tissu sous-muqueux* est, nous l'avons vu, souvent affecté le premier par la néoplasie; en tout cas, on le trouve constamment très-altéré, épaissi, manifestement carcinomateux.

La *couche musculeuse* est toujours et de très-bonne heure épaissie : elle subirait une véritable hypertrophie, pouvant atteindre jusqu'à trois centimètres d'épaisseur. Les recherches de M. Louis ont attiré l'attention sur ce point d'anatomie pathologique, car il voulait faire jouer à cette altération un rôle considérable; mais s'agit-il toujours d'une véritable hypertrophie? J'ai souvent constaté au microscope que ce n'est point une simple hypergénèse des éléments musculaires, mais bien un développement de tissu morbide, tantôt purement fibreux, tantôt réellement cancéreux. C'est donc un envahissement pathologique et non pas une hypertrophie simple : bientôt même, le tissu nouveau étouffe les fibres lisses musculaires, tout en respectant plus ou moins l'aspect général de cette tunique.

La couche celluleuse sous-péritonéale prend une part assez active aux transformations néoplasiques ; au contraire, le *péritoine* est tardivement affecté. Les adhérences qui s'établissent alors au niveau de la néoplasie ont souvent une forme radiée; quelquefois des tumeurs secondaires se développent au niveau de ces adhésions péritonéales.

Histologiquement, le squirrhe est un *cancer fibreux*. Il ne m'appartient pas de vous décrire l'anatomie microscopique du cancer : qu'il me suffise de vous rappeler que ce néoplasme consiste en un stroma de tissu fibreux, composé de fibres conjonctives circonscrivant des alvéoles, dans lesquels sont accumulées des cellules volumineuses dont les noyaux sont gros avec nucléoles très-apparents. Dans le squirrhe et en particulier dans celui de l'estomac, ce qui domine, c'est la formation du stroma conjonctif; c'est surtout lui que l'on aperçoit sur les coupes. Les éléments cellulaires ne sont pas très-volumineux ni abondants, et l'on ne peut les étudier aisément que par le raclage; on obtient ainsi une certaine quantité de ce suc dit cancéreux, dans lequel on retrouve principalement des noyaux libres. Quant à la question de savoir aux dépens de quels éléments se développe cette néoplasie, malgré les nombreuses discussions soulevées à ce sujet, nous ne pouvons encore formuler une conclusion définitive. Je dois cependant vous signaler les remarques faites par Rindfleisch sur la disposition toute spéciale des cellules en forme de tubes qui rappellent ceux de l'épithélium glandulaire.

L'*encéphaloïde* diffère du squirrhe, parce qu'il forme surtout des végétations, des tumeurs volumineuses : que ces tumeurs soient nées dans la couche sous-muqueuse ou dans la muqueuse elle-même, le néoplasme n'affecte guère la forme en nappe. Le développement du tissu morbide est rapide; aussi envahit-il très-vite la muqueuse, si tant est qu'il n'ait pas débuté par elle.

Sur la coupe, la *mollesse* de ce cancer est remarquable,

mais elle est toutefois sujette à quelques variations, car il existe une forme d'encéphaloïde dite lardacée. Lorsque la consistance est très-faible, la tumeur encéphaloïde mérite bien son nom, car on dirait vraiment la substance cérébrale. Un suc abondant, laiteux, s'écoule de la coupe, surtout lorsque la masse morbide est déjà vieille; nous en verrons bientôt la raison.

Les différentes tuniques de l'estomac sont diversement affectées. La *muqueuse*, envahie rapidement par le travail destructif, est le siége d'une ulcération large, étendue, à bords souvent saillants ou même renversés en dehors. Des lambeaux noirâtres, retenus par quelques filaments, se détachent parfois de la masse; fréquemment on aperçoit des bourgeons fongueux, dits en choux-fleurs, qui indiquent le processus végétant de la néoplasie. La *couche musculeuse* est moins hypertrophiée, disons mieux, moins épaissie que dans le squirrhe; mais elle fait souvent partie de la tumeur, avec laquelle elle se confond bientôt.

Les vaisseaux, toujours nombreux, souvent dilatés, prennent parfois un développement considérable qui donne au néoplasme un aspect tout spécial, auquel répond la dénomination de *cancer hématode*.

Histologiquement, le cancer encéphaloïde est constitué par une trame fibro-conjonctive lâche, formant des alvéoles, comme dans le squirrhe; mais dans ces cavités se trouvent un grand nombre de grosses cellules très-vite granulo-graisseuses avec d'abondants noyaux fort développés à nucléoles brillants. L'élément cellulaire est ici prédominant, d'où l'abondance du suc obtenu par le raclage ; quelquefois, les cellules sont remplies de granulations pigmentaires : c'est le *cancer mélanique*.

Le *carcinome colloïde* ou aréolaire constitue une forme du néoplasme qui peut exister isolée ou au contraire unie à quelqu'autre forme de la dégénérescence. Dans ces différentes variétés, le cancer colloïde se montre tantôt sous forme de tumeur ou de tubercules disséminés, tantôt *en nappe*, ce qui est le cas de beaucoup le plus fréquent. Le caractère prédominant de cette production morbide, c'est sa marche envahissante et son peu de tendance à l'ulcération ; elle se présente sous forme de masses gélatiniformes, molles et pâles, se développant lentement. Sur une coupe de la tumeur, on aperçoit un tissu comme tremblotant, à demi transparent, plus ou moins vasculaire, véritablement colloïde, comme son nom l'indique.

Les tuniques muqueuse, sous-muqueuse, musculeuse et même le péritoine sont rapidement affectés, formant ainsi une masse unique, où les différents tissus se perdent et se confondent, et dont l'épaisseur peut varier de quelques millimètres à un centimètre et demi. Le péritoine est parfois envahi à distance par des masses morbides analogues.

Au point de vue microscopique, cette forme est caractérisée par la dégénérescence colloïde. Aréoles lâches et en petit nombre, renfermant de grosses cellules aux divers degrés de la dégénérescence muqueuse ou granulo-graisseuses, et entourées d'une quantité considérable d'un liquide gélatiniforme : telle est la structure du cancer aréolaire. Pour Köster et aussi pour Rindfleisch, ce cancer se propage par les voies lymphatiques de la paroi stomacale.

L'*épithélioma* existe-t-il fréquemment dans l'estomac ? Ce point n'est pas encore bien éclairci, quoiqu'il ait donné lieu à de nombreuses discussions. Toutefois, depuis quelques années, on a rapporté plusieurs faits d'épithélioma de la muqueuse gastrique : M. Lancereaux regarde même cette variété comme relativement commune, puisqu'il l'a observée 7 fois sur 35 cas. Il est d'ailleurs certain que souvent la confusion a été faite avec l'encéphaloïde, car, suivant Fœrster, ce dernier contiendrait souvent des cellules cylindriques. Et, d'autre part, dans l'estomac, l'épithélioma à cellules cylindriques n'est pas très-rare ; il y forme une tumeur, sorte de polype végétant, qui s'ulcère après un temps plus ou moins long. Les glandes de la muqueuse sont probablement le point de départ de cette néoplasie (Waldeyer) [1].

---

[1]. MM. Cornil et Ranvier, M. le professeur Laboulbène, admettent la très-grande fréquence des épithéliomas à cellules cylindriques : ces

Nous venons de passer en revue l'anatomie pathologique générale du cancer de l'estomac. Voyons maintenant quelles conséquences entraîne la présence de ce néoplasme dans les parois de l'organe. Et d'abord, recherchons quel en est le *siège* : c'est essentiellement au niveau des orifices (Brinton), et notamment de l'orifice duodénal : le *pylore* et ses environs sont en effet envahis dans les 60 centièmes des cas. Quelquefois la production morbide forme autour de cet orifice un véritable anneau ; il en résulte un rétrécissement organique du pylore permettant à peine le passage d'une plume d'oie (Cruveilhier), et une dilatation consécutive de la cavité stomacale. De la région pylorique, le néoplasme peut s'étendre : dans ce cas, il se propage de préférence vers l'estomac, bien plus rarement vers l'intestin, mais le pylore n'offre pas, comme on l'avait cru, une barrière infranchissable au cancer (Rokitansky).

Par ordre de fréquence, la petite courbure occupe le second rang parmi les régions envahies ; on évalue à 17 0/0 le nombre des cas où cette localisation est observée. Vient ensuite le cardia, qui est affecté dans les 8 centièmes des cas et qui, d'après Brinton, serait lésé, primordialement, plus souvent que ne le pensait Rokitansky. Aussi l'extension à l'œsophage n'est-elle

tumeurs ayant l'aspect de l'encéphaloïde, se développent aux dépens des glandes muqueuses et envahissent progressivement les couches profondes. Quant à la variété à cellules pavimenteuses, elle serait toujours secondaire et consécutive au cancer de l'œsophage (Cornil et Ranvier).

pas très-rare, ce qui n'est pas surprenant si l'on tient compte de la continuité des fibres musculaires de l'œsophage et du cardia. Quant aux faces et à la grande courbure, elles sont plus rarement le siége du cancer : la grande courbure, en particulier, est exceptionnellement atteinte, au moins primitivement.

La forme de l'estomac, son volume, subissent, selon les circonstances, différents changements qui sont surtout en rapport avec le siége du cancer. C'est ainsi que la *dilatation* de la cavité stomacale est fréquente quand la tumeur occupe la région pylorique : parfois, les parois de l'estomac ainsi dilaté sont affectées d'hypertrophie musculaire, surtout dans le cas de squirrhe. Cette dilatation, avec ou sans hypertrophie, s'accompagne souvent d'un abaissement du pylore. Chez une femme que j'ai observée, la tumeur pylorique siégeait dans la fosse iliaque droite : il existait en même temps une dilatation énorme de la cavité gastrique. Quant au *rétrécissement* de l'estomac, il se rencontre principalement lorsque le cancer occupe le cardia, ou bien quand il s'agit d'un carcinome infiltré en nappe, ce qui tient alors à la rétraction squirrheuse des parois envahies.

Une loi générale régit l'évolution du cancer de l'estomac : c'est la propagation du néoplasme aux organes avoisinants, et d'autre part sa généralisation possible à l'organisme tout entier. La *propagation* se fait par ordre de fréquence, premièrement au *péritoine* qui est atteint par l'intermédiaire du tissu sous-séreux, le cancer suivant soit les vaisseaux ou les cloisons celluleuses du tissu musculaire, soit les voies lymphatiques (Andral) [1]. On trouve alors des noyaux néoplasiques disséminés sur la surface péritonéale de l'estomac, en nombre parfois considérable, et qui sont même généralisés à toute l'étendue de la séreuse; ces noyaux, ces plaques de cancer, sont entourés d'adhérences celluleuses. Quel est leur mode de développement? sont-ce des noyaux détachés de la tumeur stomacale, comme le veut Rindfleisch? L'hypothèse est probable. La péritonite chronique cancéreuse, conséquence de la propagation du carcinome à la séreuse, peut s'accompagner d'une ascite plus ou moins considérable; cet épanchement est d'ordinaire sanguinolent.

Les *glandes lymphatiques* avoisinant l'estomac sont très-fréquemment envahies : Brinton évalue la fréquence de cette adénopathie à 48 0/0 des cas observés. Les ganglions de la petite courbure contenus dans l'épiploon gastro-hépatique sont le plus ordinairement infiltrés par le néoplasme; puis ceux du grand épiploon, de l'épiploon gastro-splénique, enfin les ganglions mésentériques eux-mêmes sont parfois atteints.

1. Feuger (de Copenhague) a étudié avec soin la propagation du cancer par les lymphatiques et les veines. Il a aussi observé quatre fois l'envahissement carcinomateux des grosses branches du nerf vague ; dans l'un de ces faits, le malade n'avait accusé aucune douleur.

La propagation du cancer au *foie* s'observe dans le quart des cas (Brinton). Cette fréquence excessive ne doit pas vous étonner, puisque vous savez que le cancer primitif du foie développé indépendamment d'un carcinome gastrique constitue presque une rareté (encore occupe-t-il alors les voies biliaires). Enfin l'épiploon lui-même est assez souvent le siége d'une semblable dégénérescence.

La généralisation se fait parfois au *poumon;* les lésions néoplasiques du parenchyme pulmonaire peuvent affecter toutes les formes, depuis celles de nodules, de noyaux cancéreux, jusqu'à celles de grosses tumeurs carcinomateuses. Lorsque ces altérations sont très-avancées, on peut constater le ramollissement et même l'ulcération des produits néoplasiques (Brinton). Les reins sont moins souvent envahis par le cancer généralisé, la rate l'est plus rarement encore. Les *os* eux-mêmes (et notamment les os courts) présentent parfois des noyaux cancéreux : c'est dans ces circonstances que l'on a pu voir des cas de rupture spontanée du sternum, d'affaissement subit de la colonne vertébrale. Je dois également vous signaler la propagation possible du carcinome aux *veines* avoisinantes qui peuvent être perforées par la masse néoplasique (De La Berge, Pressat), plus particulièrement lorsque le foie est déjà envahi. Ces diverses généralisations appartiennent ordinairement aux cas de cancer encéphaloïde, sauf cependant d'après Brinton, pour le foie et le péritoine, où la forme colloïde occasionne assez fréquemment des lésions secondaires.

Avons-nous épuisé la liste des lésions concomitantes du cancer de l'estomac? Nullement, car j'ai encore à vous faire connaître un certain nombre de lésions assez fréquentes, et en premier lieu la *phlegmatia alba dolens* des membres inférieurs, symptomatique de la thrombose spontanée des veines, le plus souvent du côté gauche, ou bilatérale (et dans ce cas elle débute presque toujours à gauche) : Trousseau, vous le savez, insistait sur l'importance de cette phlegmatia au point de vue du diagnostic. En outre, indépendamment de toute coagulation veineuse, on peut trouver, sur le cadavre, des hydropisies d'origine cachectique, lesquelles occupent plus spécialement les parties déclives du corps.

Je dois aussi vous signaler la tuberculose, que Rokitanski déclarait incompatible avec le cancer, et qui a été plus d'une fois constatée. De plus, Brinton a signalé une complication relativement fréquente, la pleuropneumonie, surtout à gauche.

Les chiffres des statistiques mortuaires permettent d'apprécier assez exactement le degré de *fréquence* du cancer gastrique. Marc d'Espine l'a évaluée au quarantième des décès constatés. Brinton estime que cette affection entre pour 1 0/0 dans les causes de mort. L'estomac est d'ailleurs de beaucoup l'organe le plus communément affecté de carcinome, puisqu'à elle seule la néoplasie gastrique forme le quart du chiffre total des cancers et les deux tiers de celui des cancers viscéraux (Tanchou).

L'âge joue un rôle incontesté parmi les causes prédisposantes. C'est en moyenne vers la cinquantième année que la maladie se développe : d'après Brinton, vers quarante ans pour la femme et cinquante seulement pour l'homme. On peut fixer plus exactement entre quarante et soixante-dix ans l'époque d'apparition la plus habituelle du néoplasme ; il ne faudrait pas croire cependant que l'affection ne puisse se développer chez les jeunes sujets : M. Louis en a observé un cas survenu à l'âge de vingt-cinq ans. Le *sexe* a son importance, puisqu'il est bien reconnu que l'homme plus que la femme est exposé à être affecté du carcinome stomacal.

Quoi qu'on en ait dit, l'influence de l'*hérédité* est considérable et il n'est pas possible de la méconnaître. On a vainement invoqué (Luton), pour en diminuer la valeur, l'importance, chez les sujets appartenant à une même famille, d'un genre de vie identique, de goûts, d'habitudes semblables, en un mot autant de conditions inconnues quant à leur action pathogénique à l'égard du cancer. On attache une grande valeur aux émotions morales répétées et vives, inquiétudes, tristesses, dont l'influence est difficile à expliquer, mais qui facilitent probablement la déchéance de l'organisme. Quelquefois d'ailleurs, l'étiologie est complexe, et il n'est pas toujours facile d'apprécier le mode d'action de telle ou telle cause. Napoléon Ier, par exemple, a succombé au cancer de l'estomac, et certes les émotions douloureuses ne lui ont pas fait défaut dans les dernières années de sa vie ; mais il faut aussi remarquer que son père et une de ses sœurs étaient morts de cancer gastrique.

Le rôle de la *dyspepsie* a été diversement apprécié, les uns la considérant comme cause, les autres comme symptôme initial de la maladie. Les excès, les *irritations* plus ou moins répétées de la muqueuse gastrique par l'alcool, le café, les condiments, peuvent-ils être considérés comme des causes déterminantes du cancer, qui agiraient en produisant la localisation de la diathèse sur l'estomac comme le pourrait faire un traumatisme de la région épigastrique? Ce sont là des interprétations encore bien obscures et dont la solution restera longtemps en suspens.

Je ne reviendrai pas sur ce que je vous ai dit de la coïncidence des *tuberculoses ;* je dois cependant vous signaler l'opinion du Dr Burdel, de Vierzon, d'après lequel la tuberculose pourrait se développer chez des sujets de souche cancéreuse, ce qui établirait un lien assez étroit entre les deux diathèses.

En résumé, au-dessus de toutes ces causes plus ou moins appréciables, nous devons placer l'action incontestable de l'*hérédité*. En dehors de cette influence, si obscure dans son mode d'action et dans ses détails, tout n'est que vague et qu'assertions discutables.

TRENTE-ET-UNIÈME LEÇON

CANCER DE L'ESTOMAC (FIN)

Les premiers symptômes du cancer de l'estomac sont presque toujours des *troubles fonctionnels ;* au bout d'un temps variable, quelquefois de très-bonne heure, la digestion est gravement compromise. En premier lieu l'*appétit* est troublé, diminué, souvent pour tous les aliments sans exception, parfois spécialement pour quelques-uns ; c'est alors particulièrement la viande qui excite les répugnances du malade : ce symptôme fait rarement défaut à une période un peu avancée de l'affection. La soif est rarement accrue, excepté vers la fin, alors que les boissons même sont difficilement supportées.

Un signe important par lui-même et dont la fréquence est très-grande, mérite d'être étudié aussitôt après les troubles de l'appétit, car il constitue souvent avec eux les seuls symptômes morbides du début : c'est la *douleur*. Cette douleur occupe l'épigastre, rarement elle s'étend au dos; mais, détail utile à connaître, elle n'est pas localisée, comme dans l'ulcère simple, et n'a pas de rapports étroits avec le siège exact du cancer, sauf peut-être pour celui de la petite courbure, qui s'accompagnerait ordinairement d'une douleur inter-scapulaire. Les irradiations douloureuses se produisent principalement vers les hypochondres; pour en apprécier la réelle importance, il faut tenir compte de la durée de la maladie et songer toujours à la possibilité d'une propagation de la néoplasie. Les caractères de cette douleur épigastrique sont assez variables : souvent, le malade se plaint uniquement d'une pesanteur, ou bien d'élancements qui, pour Grisolle, seraient inconstants, mais dont la fréquence est en réalité assez grande. Chez d'autres malades, la souffrance se caractérise par une sensation de chaleur, une sorte de brûlure, surtout quand l'ulcération s'est produite.

La douleur est d'une intensité variable selon les sujets, parfois aussi d'un moment à un autre, car elle apparaît souvent, comme dans l'ulcère rond, pendant les repas; la pression l'augmente ou la réveille ordinairement. La durée des douleurs est très-irrégulière; habituellement, elles persistent jusqu'à la fin de la maladie; quelquefois, elles finissent par disparaître; elles peuvent au contraire ne se montrer qu'à une période avancée ou même faire absolument défaut pendant tout le cours de l'affection.

En même temps, le malade accuse des troubles digestifs ; la période de la digestion gastrique est devenue laborieuse et pénible : elle s'accompagne de pesanteur, de renvois gazeux, de pyrosis. Enfin les *vomissements* existent fréquemment, parfois presque dès le début, plus rarement ils sont tardifs. D'ordinaire, ils amènent le rejet de matières muqueuses, ou mieux aqueuses, rendues le matin à jeun ou même dans la journée, sorte de pituite spéciale qui doit appeler l'attention du médecin et qui constitue ce que l'on appelle *les eaux du cancer*. Souvent aussi, les vomissements sont alimentaires : parfois, tous les aliments, sans distinction, sont rendus, attaqués ou non par le suc gastrique. C'est un temps plus ou moins long après leur ingestion que le malade les rejette, en général sans grands efforts ; ou bien c'est au bout d'un ou deux jours : dans ce cas, l'on peut être assuré que la lésion siège au pylore et qu'il existe un certain degré de dilatation gastrique. Un détail curieux et important à connaître, c'est l'espèce de choix fréquemment fait par l'estomac parmi les aliments ingérés : on observe à cet égard les plus grandes variations, on pourrait dire l'individualité la plus capricieuse ; souvent les mets les plus lourds passent seuls, ailleurs c'est l'inverse. Brinton reconnaît quatre variétés distinctes aux vomissements alimentaires du cancer ; la première est le fait du dépôt cancéreux lui-même et se montre par suite de l'irritation locale des nerfs, après une période croissante d'anorexie et de nausées. Une seconde variété reconnaît pour cause le rétrécissement de l'estomac, la cavité gastrique ne pouvant recevoir qu'une quantité peu considérable d'aliments. Dans un troisième groupe de faits, le vomissement est consécutif à l'ulcération carcinomateuse : dans ce cas, les symptômes de l'ulcère existent. Enfin la quatrième variété appartient à la sténose pylorique : les vomissements sont produits par l'accumulation des aliments dans l'estomac dilaté, dont l'orifice de sortie est difficilement perméable.

Les *vomissements sanguins* ont été considérés par quelques auteurs comme pathognomoniques : sachez d'abord qu'ils ne sont pas absolument constants. Ils peuvent se présenter sous deux aspects divers : les vomissements *noirs* et les vomissements de sang pur ; les premiers se montrent souvent le matin à jeun et accompagnent le rejet des matières glaireuses ; d'autres fois, ils sont mélangés avec les aliments. Ces matières noires, comparées à la suie, au marc de café, sont grumeleuses : leur teinte spéciale est produite par la matière colorante du sang, qui, ayant séjourné un certain temps dans l'estomac, y a subi un commencement de digestion ; il n'est pas rare de voir survenir du melœna dès le jour même ou plus souvent le lendemain.

Le vomissement de *sang pur* est rare dans le cancer stomacal : cet accident est en effet beaucoup moins fréquent que dans l'ulcère simple; mais, quand il s'est produit une première fois, il peut se répéter de nouveau.

L'hémorrhagie gastrique doit être rattachée, d'après Brinton, à différentes conditions : peu abondante, elle résulte ordinairement d'une congestion de la muqueuse, ou plus tard de l'ulcération et de la rupture des petits vaisseaux qui rampent dans les couches superficielles du néoplasme. Dans les cas où l'hémorrhagie est abondante, l'ulcération progressive peut atteindre un gros vaisseau des parois non encore oblitéré, et, en le perforant, donner lieu à une perte sanguine considérable. Le sang, rendu en grande quantité, est presque immédiatement rejeté par les efforts de vomissements, de telle sorte qu'il n'a pas le temps de subir l'action du suc gastrique.

Au microscope, l'examen des matières vomies montre, indépendamment de détritus divers provenant des matières alimentaires, un certain nombre de globules rouges plus ou moins altérés, et aussi des sarcines ventriculaires ou des torules de la levure. On a même prétendu y reconnaître des cellules cancéreuses : ce serait surtout dans les vomissements à jeun que l'on trouverait de petits flocons constitués par des débris du carcinome; remarquez toutefois que les portions qui se détachent ont subi l'altération granulo-graisseuse et en conséquence leurs éléments cellulaires ne sont guère reconnaissables.

Les fonctions digestives sont, dans leur ensemble, plus ou moins atteintes. La langue, pâle, participe à la décoloration des muqueuses; à la fin, elle se dessèche (ce qui indique une cachexie profonde); souvent alors, elle est couverte de muguet. La constipation est la règle; parfois cependant il existe de la diarrhée, que Brinton explique par le ramollissement du cancer pylorique, lequel ouvre alors une issue trop facile aux matières contenues dans l'estomac : en ce cas, le flux diarrhéique coïncide avec la cessation des vomissements. Je vous signalerai enfin la possibilité du melœna survenant avec ou sans hématémèse et vomissements noirs concomitants; dans ce dernier cas, l'importance diagnostique de ce symptôme est considérable.

Les *signes physiques* apparaissent en général à une période déjà assez avancée de la maladie : le plus important de tous consiste dans la présence d'une *tumeur*. Cette tumeur est appréciable tantôt par la vue, lorsque l'amaigrissement est devenu considérable, plus souvent par la palpation, parfois enfin par la percussion seule. Elle siége habituellement au côté droit de l'épigastre, avec une certaine tendance à déborder vers l'hypochondre : on la trouve plus bas chez les femmes, en raison de la compression produite par le corset, surtout lorsque la néoplasie occupe la région pylorique et que la cavité stomacale est plus ou moins considérablement dilatée. La tumeur gastrique, mobile sur les parties profondes, se déplace après la dilatation de l'estomac par les aliments ou les boissons, à condition toutefois qu'il n'y ait pas d'adhérences péri-gastriques; elle est surtout facilement appréciable lorsque la lésion siége au pylore, à la face antérieure ou à la grande courbure. La forme en est variable suivant les cas, tantôt arrondie, et tantôt ovalaire; les dimensions de cette tumeur diffèrent également depuis un noyau peu volumineux jusqu'à une énorme masse. La percussion légère et méthodiquement pratiquée, permet d'apprécier une diminution de sonorité dans la région envahie par le néoplasme.

Assez communément, la tumeur affecte avec le foie des rapports intimes et la propagation de la néoplasie à la glande hépatique se fait alors plus ou moins rapidement. Il n'est pas très-rare de sentir la masse morbide animée de pulsations artérielles, mouvements qui ne lui appartiennent pas en propre, mais qui lui sont transmis par l'aorte abdominale.

La présence d'une intumescence à l'épigastre est un symptôme d'une grande valeur diagnostique et dont la fréquence est considérable dans le carcinome stomacal. Pour Lebert, on peut l'évaluer aux cinq septièmes des cas observés; Brinton va jusqu'aux quatre cinquièmes. Cependant, il faut que vous le sachiez, non-seulement cette tumeur peut faire absolument défaut (c'est notamment ce qui a lieu lorsque le carcinome s'étend en nappe, selon la remarque de Trousseau), mais encore toute rénitence devient impossible à constater quand la néoplasie se développe dans les régions profondément situées, au cardia par exemple.

La *dilatation* de l'estomac, quelquefois extrême, est facilement reconnaissable aux signes que fournissent la palpation et la percussion ; du reste, en imprimant brusquement une vive secousse au malade, on perçoit au niveau de l'épigastre un bruit de glouglou qui a une certaine valeur.

Les *symptômes généraux* se montrent d'ordinaire à une période assez rapprochée du début : l'anémie précoce, l'amaigrissement rapide, la perte des forces, sont des phénomènes dont l'importance est capitale. Les téguments prennent dès le début une pâleur remarquable ; bientôt se développe une coloration spéciale assez caractéristique, propre au cancer viscéral, la *teinte jaune paille* : il vous suffira de l'avoir vue une fois pour la reconnaître toujours ; plus rarement, la peau offre un aspect verdâtre (Brinton). Ces diverses colorations qui envahissent les téguments, ne sont pas dues à l'ictère, car elles ne s'étendent pas aux sclérotiques ; mais d'autres fois, c'est un ictère vrai qui se décèle nettement sur les membranes muqueuses et donne lieu aux réactions caractéristiques de l'urine : il s'agit alors d'une propagation atteignant la glande hépatique elle-même et comprimant ou envahissant les voies biliaires.

L'*amaigrissement* fait bientôt des progrès rapides, non seulement lorsque les vomissements répétés amènent sans cesse le rejet des aliments, ou lorsque surviennent des hémorrhagies plus ou moins abondantes, mais par l'évolution même de la maladie. La graisse sous-cutanée disparaît, résorbée, détruite pour subvenir aux besoins de l'alimentation ; les muscles diminuent de volume et de dureté, en même temps que de force. La peau se ride, se plisse : elle se sèche ; le malade enfin arrive à la période de *cachexie* proprement dite. C'est à ce moment que l'on voit se développer les œdèmes et les hydropisies des membres et des cavités séreuses ; le visage se bouffit ; les extrémités s'infiltrent, sans que l'examen le plus attentif de l'urine y décèle la présence de l'albumine ; à ce moment aussi se montre souvent l'œdème d'un ou des deux membres inférieurs, produit presque toujours (98 fois sur 100, Brinton) par la thrombose veineuse, la phlegmatia alba dolens. En même temps, la langue devient souvent rouge, se desquame et se couvre de muguet. Quant à la fièvre, elle n'existe point dans le cancer, à moins qu'il ne survienne quelque complication, auquel cas Brinton assure que l'état fébrile est fréquent ; mais il s'agit alors d'une fièvre symptomatique et non point d'une fièvre hectique.

Je vous signalerai en terminant, les symptômes des complications habituelles. L'*ascite* n'est pas absolument rare à une période avancée ; elle peut alors empêcher de découvrir la tumeur gastrique et gêner la diagnose.

D'autres fois, c'est une péritonite chronique cancéreuse qui se décèle par des adhérences, des fausses membranes (donnant lieu sous le doigt à des froissements caractéristiques, perceptibles même au stéthoscope) enfin par des noyaux plus ou moins facilement appréciables. Les tuméfactions irrégulières de la glande hépatique, parfois l'ictère permanent et intense, la cachexie rapidement progressive, décèleront la propagation du néoplasme au foie. Les signes de lésions chroniques du poumon, la dyspnée, les crachats colorés rappelant la gelée de groseilles, le développement d'une pleurésie subaiguë ou pour mieux dire d'un hydrothorax, devront faire penser à la généralisation du cancer à l'appareil pleuro-pulmonaire. Cependant il ne faudrait pas toujours attribuer au carcinome du poumon tous les symptômes thoraciques observés et méconnaître ainsi l'apparition d'une tuberculose.

La MARCHE de la maladie est essentiellement chronique. On a rapporté quelques cas, dits aigus, où le cancer de l'estomac aurait évolué avec une rapidité effrayante ; mais il s'agit là de faits mal observés : ce qui est possible, c'est que la néoplasie se développe sourdement, et ne s'annonce que par l'amaigrissement progressif et la perte des forces, attribués à tort aux progrès de l'âge : c'est ce que l'on désigne parfois sous le nom de *forme latente*.

Le *début* est ordinairement lent, graduel, insidieux : le malade éprouve une sorte de malaise ; l'appétit devient bizarre ; de légers troubles digestifs se montrent : on croit à une dyspepsie. Mais les digestions deviennent lentes, difficiles, pénibles ; des renvois surviennent, puis des régurgitations aqueuses, muqueuses, sorte de pituite qui peut, elle aussi, donner le change pendant quelque temps. Bientôt une gêne épigastrique, des sensations douloureuses tourmentent le patient ; enfin les vomissements s'établissent, d'abord aqueux, puis alimentaires, hématiques, et le tableau de la maladie est complet. L'affection dès lors marche lentement, mais progressivement vers la cachexie ; parfois cependant, sans cause connue, on peut assister à des rémissions légères, lesquelles sont d'habitude en rapport avec certaines localisations du cancer. C'est ainsi que l'on voit les vomissements, la constipation, céder quelquefois brusquement et annoncer le ramollissement d'un cancer du pylore ; le rétrécissement se laisse franchir de nouveau, mais trop vite, sans que les aliments aient le temps de subir suffisamment l'action du suc gastrique.

La DURÉE totale de la maladie est toujours longue, un peu moins cependant pour l'encéphaloïde et le cancer colloïde que pour les autres variétés. On a dit que le carcinome pouvait évoluer en un ou deux mois ; mais il s'agit là, je le répète, de cas mal observés, de cancers restés latents pendant une période de temps plus ou moins considérable. La durée habituelle est de plusieurs mois, treize d'après Lebert, douze et demi d'après Brinton. Elle peut d'ailleurs se prolonger un temps beaucoup plus long; le siége de la lésion est, à ce point de vue, d'une très-grande importance : quand le cancer occupe l'un des orifices (pylore et surtout cardia), la progression des aliments est considérablement gênée, et l'évolution des symptômes, beaucoup plus rapide. Lorsqu'au contraire le carcinome s'est développé au niveau de la petite courbure, d'une des faces et surtout de la grande courbure, le malade peut continuer à vivre pendant deux ans et même plus. J'ai vu chez une vieille femme, atteinte d'un cancer de la grande courbure, la vie se prolonger quatre années. Brinton aurait vu la maladie durer jusqu'à six et sept ans.

La TERMINAISON constante du cancer de l'estomac, c'est la *mort*. Elle peut être occasionnée de diverses manières. Le plus souvent, c'est par les progrès de l'inanisation, de la *cachexie*, qui s'affirme assez souvent par l'œdème des extrémités inférieures. D'autres fois, mais plus rarement qu'on ne serait tenté de le croire (une fois sur cent, d'après Brinton), la mort survient par *hémorrhagie gastrique*, et non par une seule perte de sang, mais bien après des hématémèses répétées, rapprochées à court intervalle. Dans certains cas vraiment exceptionnels, c'est à la suite d'une perforation de l'estomac qu'a lieu la terminaison funeste.

Il n'est pas rare de voir le cancer se généraliser, surtout au foie, où il évolue alors avec une rapidité très-grande et cause la mort au milieu de symptômes et d'accidents spéciaux. Enfin, ce peut être une *complication* qui emporte le malade : par exemple, l'embolie pulmonaire dans le cas de phlegmatia alba dolens; mais cet accident est véritablement très-rare.

La gravité du PRONOSTIC résulte de l'étude que nous venons de faire. Il faut cependant tenir compte du siége de la maladie, (le cancer du pylore et du cardia ayant une marche plus rapide que celui des faces et des courbures); puis de l'âge du malade, de l'état des forces. La sévérité de la prognose s'étend même jusqu'à un certain point aux descendants du malade ; j'ajoute pourtant que la loi de l'hérédité morbide n'a ici rien d'absolu.

Le plus ordinairement, le DIAGNOSTIC de la maladie est simple. Lorsque l'on se trouve en présence d'un cas où les principaux symptômes sont réunis, les troubles de l'appétit, les vomissements alimentaires et sanguins, la douleur, la cachexie, la tumeur épigastrique, indiquent suffisamment la nature de la maladie ; mais il n'en est pas toujours ainsi, et les erreurs, dans certaines circonstances, sont faciles ou du moins possibles.

La *gastrite chronique simple* ressemble assez peu au

cancer. Ses causes, l'âge du malade, la conservation de l'appétit, la nature des matières vomies, plutôt muqueuses qu'alimentaires, l'absence d'hématémèse, sauf dans le cas d'exulcérations (elle est alors légère et peu fréquente) : voilà tout autant de signes diagnostiques d'une grande valeur et qui ne se retrouvent pas dans le cancer de l'estomac. En outre, la douleur n'est pas la même : elle est plus vague, moins localisée ; il n'y a ni rénitence ni tumeur dans la région épigastrique ; enfin l'amaigrissement est réel, mais il n'est pas progressif et ne va point jusqu'à la cachexie.

On peut prendre le cancer pour un *ulcère simple de l'estomac*, et ce diagnostic différentiel est quelquefois bien difficile à établir, notamment lorsqu'il n'y a pas de tumeur épigastrique ; quand il existe une simple rénitence accompagnée d'une légère diminution de la sonorité, on ne peut tirer de ce symptôme une probabilité sérieuse pour l'une ou l'autre affection, l'ulcère pouvant donner lieu à un empâtement péri-gastrique susceptible d'être perçu par la palpation. Toutefois, sachez-le bien, ce sont là des faits exceptionnels, et, si je dois vous les signaler, j'ajoute tout de suite que la constatation même d'une simple rénitence constitue une grande présomption en faveur du carcinome.

Quand il n'y a point de tumeur, le diagnostic doit être basé sur la comparaison attentive des causes et des symptômes communs aux deux affections. En effet, l'âge relativement jeune du sujet, certaines causes et en particulier l'alcoolisme, feront plutôt songer à l'ulcère simple. La localisation de la douleur, qui occupe des points précis à l'épigastre et à la région dorsale, qui s'exagère au moment de l'ingestion des aliments, donnant lieu alors à de véritables accès douloureux souvent terminés par une sorte de symptôme critique, le vomissement : voilà une série de caractères qui appartiennent spécialement à l'ulcère. Par contre, les vomissements du cancer sont électifs (certains aliments étant rendus à l'exclusion de tous les autres); ils contiennent rarement de grandes quantités de sang, mais bien plutôt quelques matières hématiques noires et se produisent surtout à vide, en dehors de la présence des aliments. — Plus importante encore est l'absolue inappétence, le dégoût complet pour l'alimentation, et surtout pour la viande, qui caractérisent plus spécialement le cancer. De même, l'amaigrissement, la cachexie cancéreuse diffèrent essentiellement de l'inanition progressive de l'ulcère. — Quant à la dilatation de l'estomac, elle est plus tardive et moins complète dans l'ulcère : d'ailleurs, comme, dans le cancer, elle est en rapport avec une lésion pylorique, on trouvera presque toujours la tumeur cancéreuse par la palpation. — Enfin il faut tenir compte de la durée de la maladie, qui pour l'ulcère peut être extrêmement longue. Disons en terminant que, dans certains cas, l'apparition d'une phlegmatia alba dolens permettra d'affirmer un diagnostic encore indécis, et même de reconnaître un cancer jusqu'alors latent (Trousseau).

Je n'insiste pas ici sur la diagnose des *tumeurs du foie*. Elles se reconnaîtront à leur siége, à leur volume, à l'étendue de leur matité qui se continue avec celle de la glande hépatique ; d'ailleurs les troubles gastriques ne seront que secondaires.

Lorsqu'une tumeur carcinomateuse de grand volume est soulevée par les battements aortiques, on peut croire à l'existence d'un *anévrysme de l'aorte* abdominale ; mais la tumeur cancéreuse ne possède ni battements propres, ni expansion véritable, ni double bruit de souffle, et le diagnostic n'est réellement pas difficile ; d'ailleurs l'auscultation des fémorales donnerait, en cas de doute, d'utiles indications.

Le *cancer de l'épiploon* est situé dans une région plus basse que l'épigastre, en général aux environs de l'ombilic ou même au-dessous ; la tumeur est énorme et facilement appréciable.

Il est nécessaire, pour compléter ce diagnostic, de vous faire connaître les particularités tenant au siége du carcinome ; nous avons eu déjà l'occasion de les signaler en étudiant la symptomatologie ; mais il importe de les résumer en quelques mots.

Le *cancer du cardia* vous est connu dans ses traits

principaux, qui sont ceux du carcinome de l'œsophage à son extrémité inférieure. Il se caractérisera donc par la précocité des vomissements ou des vomituritions, qui amèneront le rejet d'aliments non encore modifiés par le suc gastrique et rendus plus ou moins vite après avoir été ingérés : le degré de dilatation variable du canal œsophagien et la constriction plus ou moins complète du cardia pourront modifier ces divers symptômes. Il sera quelquefois difficile de préciser si le carcinome occupe le cardia ou l'extrémité inférieure de l'œsophage : la profondeur plus ou moins grande à laquelle pénètre la sonde œsophagienne donnera seule une indication de quelque valeur. Il faut d'ailleurs savoir que les divers symptômes de ce cancer du cardia peuvent être atténués ou même cesser momentanément, l'ulcération de la tumeur pouvant faire disparaître quelques fongosités carcinomateuses et rétablir momentanément le passage des aliments. (Trousseau).

Le *cancer du pylore* présente une symptomatologie vraiment spéciale, qui tient à l'existence à peu près constante d'une dilatation consécutive de l'estomac, laquelle survient graduellement à mesure que se resserre l'orifice duodénal. Les vomissements offrent dès le début de l'affection ce caractère tout particulier d'être tardifs, c'est-à-dire de se produire au bout d'un temps plus ou moins long, deux, trois heures et même plus, après le repas. En outre, et surtout quand la dilatation s'est effectuée, il arrive au malade de rendre des aliments ingérés un jour, deux jours et même trois jours auparavant, et qui sont encore parfaitement reconnaissables, n'ayant pas subi l'influence du suc gastrique.

Les symptômes généraux sont précoces dans cette variété ; la fréquence et l'abondance des vomissements (qui sont le fait de l'obstacle croissant à la pénétration du chyme dans l'intestin et qui coïncident avec une constipation habituelle) en sont la cause. Aussi l'amaigrissement rapide, la cachexie profonde, peuvent-ils être constatés peu de mois après l'apparition des premiers troubles digestifs. Sachez cependant que les vomissements et les phénomènes cachectiques qui en sont la conséquence sont susceptibles de cesser brusquement et pour un temps plus ou moins long. Cette modification dans la marche de la maladie est le fait du ramollissement et de l'ulcération du carcinome qui peuvent rendre perméable à nouveau l'orifice pylorique : en même temps, la constipation cesse tout à coup et fait assez souvent place à de la diarrhée, les aliments ne séjournant plus suffisamment dans la cavité stomacale. L'amélioration est d'ordinaire très-courte : de nouvelles fongosités néoplasiques se produisent et bientôt la maladie reprend sa marche accoutumée vers une terminaison inévitable.

Quant aux signes physiques, indépendamment de la

dilatation gastrique, il faut noter l'existence d'une tumeur perceptible d'ordinaire au palper, mais qui peut, comme vous le savez déjà, se trouver dans une région toute différente de celle qu'occupe l'estomac à l'état normal, ce qui tient à l'abaissement fréquent de l'orifice pylorique.

J'ai peu de chose à vous dire du *cancer des faces et des courbures :* je vous signalerai seulement l'évolution toujours très-lente des symptômes, l'absence habituelle de la dilatation et l'apparition tardive de la cachexie ; par contre, bien plus fréquente est la propagation aux divers organes avoisinants et notamment au foie, et aussi la généralisation du cancer. C'est dans ces cas spécialement que l'on observe les altérations de la colonne vertébrale et la paraplégie douloureuse qui en est la conséquence.

Le TRAITEMENT du carcinome stomacal, purement palliatif, s'adresse aux symptômes et répond aux indications suivantes. Il faut d'abord *soutenir les forces* du malade en lui donnant des aliments de digestion facile ; le régime lacté sera conseillé, car c'est sans contredit celui qui est le mieux supporté par l'estomac. Les bouillons, les jus de viande, les œufs, les diverses purées sont en général moins bien tolérés et déterminent des vomissements. Lorsqu'enfin l'intolérance gastrique est devenue absolue, les lavements alimentaires peuvent calmer la soif et obvier un peu à l'inanition progressive.

L'intervention thérapeutique peut se résumer en quelques mots. Vous devrez *calmer les douleurs, arrêter les vomissements*, à l'aide des divers moyens dont je vous ai déjà indiqué le mode d'emploi. Quand l'obstacle est au pylore et qu'il existe une dilatation considérable, il est difficile d'intervenir utilement : nous reviendrons sur ce point spécial en faisant l'histoire de la dilatation gastrique.

Il est souvent utile de *supprimer certaines sécrétions morbides* (gaz, liquides acides, sécrétions muqueuses) qui occasionnent des troubles très-désagréables. Les diverses poudres absorbantes : charbon, craie préparée, sous-nitrate de bismuth, unies aux amers, seront prescrites avec un certain avantage.

On évitera la constipation par les laxatifs légers et l'emploi des lavements purgatifs. Il sera rarement nécessaire d'employer des moyens actifs contre les hémorrhagies, qui le plus fréquemment ne sont pas abondantes. Enfin vous lutterez contre la perforation par les moyens que je vous ai déjà indiqués à propos de l'ulcère simple.

TRENTE-DEUXIÈME LEÇON

DILATATION DE L'ESTOMAC

La dilatation de l'estomac se définit d'elle-même. C'est un état morbide commun à plusieurs affections stomacales et qui n'a guère d'existence propre, à l'exception peut-être de quelques cas encore assez mal connus : toutefois, comme il se retrouve dans un certain nombre de maladies gastriques différentes, comme il a quelquefois une physionomie un peu spéciale, j'ai cru qu'il vous serait utile d'en faire une étude particulière.

La dilatation de l'estomac reconnaît des CAUSES variées. Et d'abord, c'est une maladie de l'âge adulte et de la vieillesse, dans l'étiologie de laquelle le sexe n'a aucune influence appréciable. Les causes efficientes peuvent se diviser en deux grands groupes : les *obstacles* siégeant à la région pylorique et les *altérations* des parois de l'estomac.

Au pylore, la cause la plus fréquente est sans contredit le cancer de cet orifice. Rappelez-vous seulement que cette obstruction pylorique peut quelquefois céder tout à coup, lorsque le processus ulcératif, détruisant de grosses masses carcinomateuses, rétablit d'une façon anomale (et parfois seulement temporaire) le passage des aliments.

Les tumeurs de la région pylorique, les polypes par exemple, agissent de même, en oblitérant plus ou moins complètement le passage. Enfin l'ulcère rond de cette même région laisse souvent à sa suite une cicatrice rétractile qui occasionne un rétrécissement fibreux, et en conséquence permanent.

On a encore signalé comme cause de la dilatation stomacale par lésion de cet orifice les coarctations spasmodiques : elles accompagneraient un catarrhe localisé dans la région, ou seraient déterminées par l'existence d'*érosions irritables* de la muqueuse pylorique (Kussmaul), suivant le même mécanisme que certains spasmes de l'urèthre consécutifs à un rétrécissement du canal. L'existence de ces rétrécissements spasmodiques n'est pas encore nettement établie.

Les altérations des parois de l'estomac capables de causer la dilatation de sa cavité sont de deux ordres. Tantôt en effet il s'agit d'*adhérences péri-gastriques*, ainsi que Duplay père l'a montré, quelle que soit d'ailleurs la cause de ces adhérences. Tantôt au contraire c'est la tunique musculaire de l'estomac qui est atteinte d'inertie, soit d'emblée, soit secondairement à une infiltration cancéreuse (Brinton); plus fréquemment peut-être cette inertie s'observe à la suite d'une hypertrophie des parois musculaires qui ont longtemps lutté contre un obstacle, par le même mécanisme que dans l'asystolie cardiaque consécutive aux lésions des orifices avec hypertrophie. Dans toutes ces conditions peut-on affirmer qu'il s'agit d'une lésion constante, toujours semblable à elle-même? Est-ce une paralysie musculaire? Je l'admettrais volontiers pour ces dilatations survenant chez les grands mangeurs, chez certains maniaques atteints de polyphagie. Serait-ce une lésion plus intime de la fibre, telle que la dégénérescence granulo-graisseuse? Serait-ce enfin la stéatose primitive de la fibre musculaire, comme dans l'empoisonnement par le phosphore? Ce sont autant d'hypothèses entre lesquelles il est encore difficile de se prononcer et qui peut-être répondent toutes à certains cas déterminés.

Enfin, pendant la convalescence des fièvres graves, on peut voir paraître des distensions rapides et considérables de l'estomac, qui, forçant brusquement l'élasticité des parois de ce viscère, donnent lieu à ce qu'on a voulu appeler une *dilatation aiguë* de l'estomac : on a fait intervenir pour l'expliquer une lésion fonctionnelle et peut-être physique du système sympathique ou du pneumogastrique (Brinton).

A l'examen nécroscopique, l'aspect de l'estomac est remarquable : c'est celui d'une poche d'étendue variable, occupant l'épigastre et l'hypochondre, mais pouvant descendre quelquefois dans les flancs, dans l'hypogastre et jusque dans l'excavation pelvienne : dans ce dernier cas, il s'agit le plus ordinairement d'une altération du pylore, qui se trouve lui-même abaissé. La configuration de l'estomac est tantôt conservée et simplement amplifiée; d'autres fois, elle est modifiée, le viscère présente la forme en bissac, la partie la plus large correspondant au grand cul-de-sac et plus rarement au pylore.

Les *dimensions* de la poche stomacale sont de 50, 60 et 75 centimètres au niveau de la grande courbure; la capacité en est variable; on a vu des estomacs dilatés que l'on ne pouvait remplir qu'avec 6, 10 et jusqu'à 20 litres d'eau. Jadou rapporte un cas où cet organe contenait 98 livres de liquide ; mais il est probable qu'il s'agit simplement dans ce fait d'un volumineux kyste hydatique ouvert dans la cavité stomacale.

Le *contenu* de la poche gastrique consiste en boissons et en débris d'aliments solides plus ou moins digérés, mélangés de salive et de sécrétions muqueuses; le microscope y fait souvent découvrir quelques globules sanguins plus ou moins altérés, et presque toujours ce cryptogame singulier connu sous le nom de sarcine : ces diverses matières ont souvent une odeur d'une fétidité extrême, et une réaction acide. D'autres fois, l'estomac est presque à l'état de vacuité : on le trouve alors affaissé sur lui-même ; ses parois sont flasques et plissées.

L'état des *parois* gastriques est remarquable. La muqueuse peut être parfaitement saine (chez certains maniaques, par exemple); mais ces faits sont exceptionnels. Bien plus souvent, il existe une véritable inflammation de cette membrane : on trouve ici des érosions, là des exulcérations, tout au moins des plaques vascularisées ou pigmentées, vestiges d'une phlegmasie ancienne.

La couche musculeuse est souvent amincie, quelquefois épaissie; ses fibres sont souvent écartées, distendues. Quant aux lésions histologiques correspondantes, elles sont encore peu connues : on a toutefois noté l'état granulo-graisseux des fibres lisses, ou leur stéatose. Le professeur Maier, cité par Kussmaul, aurait constaté les dégénérescences graisseuse et colloïde.

L'état du pylore a été étudié avec soin. Kussmaul a remarqué qu'il est quelquefois parfaitement perméable et que le doigt peut y passer. M. Jaccoud fait remarquer que l'orifice pylorique, dévié par des adhérences, peut présenter une courbure qui efface plus ou moins la lumière de ce conduit. Il faut noter en effet que les organes avoisinants présentent fréquemment des adhérences plus ou moins étendues avec l'estomac.

Les SYMPTÔMES, et en particulier les *troubles fonctionnels* attribuables à la dilatation gastrique, sont très-caractéristiques. L'*appétit* est ordinairement conservé, souvent même excessif, vraiment vorace, avec une continuelle sensation de vide, sauf bien entendu dans le cancer, où l'anorexie est absolue. La soif est habituelle, quelquefois ardente ; les digestions, pénibles, lentes, imparfaites, ne s'accompagnent pas toujours de douleurs ; mais le malade est fréquemment tourmenté par des *vomissements*. Le moment de leur apparition, leur nombre, leur abondance, sont essentiellement subordonnés à la cause de la dilatation ; mais, phénomène assez constant, d'après Kussmaul, ils ne vident jamais totalement l'estomac. Les matières rendues sont acides ; souvent, elles ont subi une décomposition putride : elles contiennent des débris alimentaires, ou même du sang. Les efforts de vomissements sont quelquefois difficiles, très-pénibles, soit qu'il existe une véritable paralysie des fibres musculaires, soit que, la distension de l'estomac ayant été considérable, l'organe ait complètement perdu toute élasticité.

La langue varie d'aspect suivant la période de la maladie et se dépouille le plus souvent vers les dernières semaines ; l'haleine du malade est quelquefois fétide. La constipation habituelle alterne assez fréquemment avec de véritables débâcles : la lientérie n'est pas rare.

Les *signes physiques* ont une grande importance. Il faut noter d'abord une tuméfaction de l'épigastre et même de tout l'abdomen, laquelle d'ailleurs suit, dans son siége et dans ses limites, les mêmes modifications que les vomissements. La palpation fait percevoir un état de tension, une rénitence, également variables suivant les phases de la digestion; quelquefois on trouve une tumeur dans la région pylorique.

La *percussion* révèle une sonorité anomale variant d'étendue, parfois tympanique, plus souvent hydroaérique; souvent, on perçoit dans les points déclives de la région occupée par l'estomac une matité plus ou moins étendue et modifiable, comme la sonorité, suivant la position du malade et surtout suivant le degré de plénitude du viscère dilaté. La succussion hippocratique est d'ordinaire facilement constatée : de même, lorsque le malade avale du liquide et que l'on ausculte au même moment la poche abdominale, on entend un bruit de glouglou très-intense.

Toutes ces lésions si graves dans un grand nombre de cas, tous ces troubles fonctionnels doivent retentir à un moment donné sur l'état général du malade : aussi l'amaigrissement, la déperdition des forces, habituellement précoces, conduisent-ils bientôt à la cachexie. Cette cachexie, d'après Kussmaul, serait propre à la dilatation stomacale, comme le prouverait l'amélioration consécutive au traitement dirigé contre la seule dilatation; parfois cependant, elle est sans conteste le fait du carcinome qui évolue simultanément.

Les symptômes nerveux sont assez communs : ils apparaissent en général après les vomissements et se caractérisent le plus souvent par une tendance à la syncope. Parfois, de véritables convulsions éclatent, surtout, selon Kussmaul, lorsque le malade vient de faire une perte de liquide abondante.

Si l'on s'en rapporte aux descriptions de la maladie données par quelques auteurs, il faut admettre dans la MARCHE de la dilatation deux variétés distinctes, l'une aiguë et l'autre chronique.

La *forme aiguë* a été constatée par Brinton dans la convalescence des fièvres graves, et Hilton Fagge en rapporte deux cas suivis d'autopsie. Les symptômes les plus graves se manifestent tout d'un coup et revêtent les traits d'une maladie abdominale aiguë : le facies du malade est grippé, une anxiété vive s'établit, les vomissements apparaissent, accompagnés de constipation. En même temps se montrent les symptômes physiques de la dilatation gastrique, entre autres le signe important de l'abaissement de l'estomac : on ne voit cependant pas de mouvements ondulatoires appréciables dus aux contractions péristaltiques. La mort est rapide : elle survient en quelques jours.

La forme *chronique*, de beaucoup la plus commune, se développe lentement : elle dure des mois et même des années. C'est à elle que s'applique tout particulièrement la description que je vous ai donnée.

La *terminaison* de la maladie peut se faire par une diminution progressive des symptômes ; c'est qu'alors la dilatation n'est point causée par une lésion organique incurable. Quelquefois, la disparition rapide de tous les phénomènes, et notamment des vomissements et de la constipation, signale la fonte d'un cancer pylorique ; l'ampliation de l'estomac cesse alors, au moins pour un temps, mais le carcinome poursuit sa marche fatale, malgré cette passagère et trompeuse amélioration.

Dans la forme chronique, la *mort* est la terminaison la plus habituelle, quand elle n'est pas le fait même de la maladie grave dont la dilatation n'est qu'un épiphénomène. Toutefois cet état de l'estomac contribue souvent pour une grande part à hâter le terme funeste, comme on le voit par exemple dans les rétrécissements cicatriciels de l'orifice pylorique.

Il me reste peu de chose à vous dire du pronostic. Il dépend en grande partie de la maladie qui a causé la dilatation et du degré de curabilité de cette affection causale.

Toutes les fois que l'examen approfondi d'un malade sera fait et que le diagnostic de la dilatation aura été discuté, cet état morbide sera toujours reconnu ; c'est seulement par une grosse faute d'attention que l'on a pu croire à l'existence d'une ascite ou même d'une grossesse.

La seule affection susceptible dans certaines circonstances de présenter quelques difficultés, c'est la *dilatation du côlon*, car les signes physiques se ressemblent beaucoup dans les deux cas, et quelques troubles fonctionnels présentent aussi une grande analogie. Toutefois la distension abdominale est plus étendue, moins localisée à la région de l'estomac ; la sonorité tympanique occupe à la fois les deux flancs et l'épigastre; enfin les évacuations alvines naturelles ou provoquées résoudront souvent la question. Dans les cas difficiles, il reste un moyen diagnostique préconisé par Kussmaul et qui donne des résultats assurés : c'est l'emploi de la pompe stomacale [1].

Le point le plus délicat consiste à *reconnaître la cause* de la dilatation. Les antécédents du malade, l'existence d'une affection antérieure, l'évolution des symptômes, enfin l'appréciation exacte des signes physiques recherchés avec le plus grand soin : telles sont les données principales dont on devra tenir le plus grand compte. D'une manière générale, on peut dire que les dilatations excessives sont presque toujours de cause orga-

---

[1]. Penzoldt conseille, en cas de doute, de faire prendre au malade une certaine quantité d'eau de Seltz : le gaz se dégage et il devient alors possible de constater immédiatement la dilatation de l'estomac.

nique, cicatricielle ou cancéreuse ; plus rarement elles sont consécutives à un polype. En cas de doute, les résultats favorables définitivement obtenus par l'emploi de la pompe stomacale permettraient au contraire d'affirmer l'existence d'une affection non organique.

Le TRAITEMENT repose essentiellement sur un régime sévère. Éviter la distension stomacale en surveillant avec attention la quantité totale des aliments ingérés chaque jour, prescrire avec sollicitude la nature de ces aliments qui devront contenir le moins de liquides possible, voilà les conditions fondamentales du traitement.

Contre les gaz produits en abondance dans la poche stomacale dilatée, les absorbants seront souvent utiles, pendant quelque temps du moins ; contre les acides, on conseillera les alcalins de toute sorte ; enfin il faut combattre activement la constipation.

L'indication principale résultant de l'étude des symptômes consiste à diminuer le volume de l'estomac. Pour atteindre ce but, Kussmaul, M. le professeur Sée et d'autres médecins ont recommandé l'emploi de la *pompe stomacale :* à l'aide de cet instrument, on peut en outre avantageusement modifier l'état de la muqueuse gastrique en y pratiquant des lavages avec des liquides alcalins, puis avec des solutions actives, telles que celles de nitrate d'argent.

Ce mode de traitement devra être employé avec persévérance, et continué aussi longtemps que l'on constatera la persistance des sarcines dans les liquides extraits par la pompe. On parvient de la sorte à modifier l'état inflammatoire de la membrane muqueuse, et l'on s'oppose à la décomposition des matières contenues dans l'estomac, en même temps que l'on rend à la tunique musculeuse le ressort qu'elle avait perdu : à ce dernier point de vue, l'emploi de la pompe stomacale rend les mêmes services que le cathétérisme dans les rétentions d'urine chroniques chez les vieillards. A la suite de ce traitement, on peut conseiller la compression des parois abdominales, moyen excellent, mais comme simple adjuvant. On emploiera de même pour réveiller la contractilité de la tunique musculaire les toniques de toutes sortes, et en particulier la strychnine, qui produiront souvent de bons effets, surtout dans les dilatations légères de l'estomac consécutives aux maladies graves.

Lorsque les forces du malade s'épuisent, que la nutrition devient défectueuse et qu'un obstacle pylorique infranchissable s'oppose à l'introduction des aliments, les lavements nutritifs sont indiqués et peuvent soutenir pendant quelque temps des sujets condamnés à une mort fatale.

TRENTE-TROISIÈME LEÇON

PERFORATIONS, RUPTURES ET FISTULES DE L'ESTOMAC

Je compte vous faire connaître en même temps les perforations, les ruptures et les fistules stomacales : sous ces diverses dénominations, on comprend des ouvertures ou des communications accidentelles de l'estomac avec les cavités avoisinantes (muqueuses ou séreuse péritonéale) ou avec la peau.

Ces perforations s'observent le plus souvent chez les adultes, et surtout chez les femmes ; nous verrons bientôt pourquoi ; leurs causes peuvent être divisées en deux grandes classes, suivant que les perforations et les fistules sont *accidentelles* ou bien *pathologiques,* c'est-à-dire secondaires à une autre affection.

Lorsqu'un instrument tranchant ou qu'une balle pénètre dans l'estomac, il s'agit d'une plaie de l'estomac et non d'une perforation proprement dite ; cependant une fistule peut en être la conséquence (Beaumont, Bidder et Schmidt). Les corps étrangers déglutis, et en particulier les épingles, les arêtes, déterminent une inflammation ulcéreuse des parois stomacales; c'est donc par un mécanisme tout particulier qu'ils peuvent occasionner les lésions qui nous occupent. Quant aux ascarides, que l'on croyait capables de perforer en différents points les parois du tube digestif, les travaux de De Blainville ont péremptoirement démontré qu'elles ne peuvent produire aucun traumatisme sur des organes sains.

Ce sont surtout les caustiques, acides ou alcalis, qui, déglutis, occasionnent les plus grands désordres et, lorsqu'ils sont concentrés, déterminent le sphacèle de toutes les tuniques stomacales, et consécutivement la perforation du viscère.

Enfin on a voulu incriminer les efforts musculaires violents, les vomissements répétés et pénibles. Il me paraît bien difficile d'admettre cette étiologie dans les cas de *perforations dites spontanées*, dont M. Lefèvre a rapporté l'histoire (*Archives de médecine*, 1842). Les efforts et les vomissements ne constituent probablement qu'une cause occasionnelle agissant sur des tuniques stomacales déjà fort altérées.

Les *causes pathologiques* comprennent les différentes maladies de l'estomac : par ordre de fréquence, nous trouvons l'ulcère simple, le cancer, les abcès, la gastrite chronique (quelquefois consécutive à un empoisonnement). Toutes ces affections déterminent des perforations de dedans en dehors, de la cavité gastrique vers le péritoine : quant aux tubercules de l'estomac, ils constituent une cause toujours fort rare et en quelque sorte mixte (Forget), des lésions péritonéales accompagnant généralement les altérations de la muqueuse gastrique.

Je devrais vous citer ici la fièvre puerpérale, dont on admettait jadis l'influence et sur laquelle ont insisté Chaussier, Paul Dubois et M. Voillemier ; mais le ramollissement de l'estomac, que l'on a constaté dans cette maladie, est certainement cadavérique, et par suite les perforations constatées ne doivent pas trouver place dans cette leçon. J'en dirai autant de toutes les variétés de ramollissement gastrique (noir, gélatiniforme, etc.), sur lesquelles je n'ai pas à revenir.

Les causes pathologiques comprennent en outre tout un groupe constitué par certaines affections développées dans les *organes qui avoisinent l'estomac*. C'est ainsi que les *anévrysmes* des vaisseaux voisins, en particulier ceux de l'aorte abdominale et du tronc cœliaque, sont susceptibles de s'ouvrir dans la cavité gastrique. Nous ne savons pas encore si la perforation de la poche anévrysmale se produit ici par un mécanisme analogue au travail ulcératif lent qui fait rompre les anévrysmes dans l'œsophage ou dans les bronches, et dans lequel les parois de ces organes interviennent très-activement.

De même, les collections purulentes du foie, du rein, les abcès périnéphriques, la péritonite suppurée partielle, se vident quelquefois dans l'estomac, et c'est là, il faut bien le savoir, une heureuse terminaison de ces graves maladies.

Certaines *causes occasionnelles* doivent être rappelées en terminant, car on les trouve signalées dans un certain nombre d'observations. C'est ainsi qu'un effort plus ou moins violent, des vomissements répétés et pénibles, une compression plus ou moins énergique de l'abdomen et surtout de la région épigastrique, la distension de l'estomac par une quantité considérable d'aliments, constituent autant de conditions, de circonstances spéciales qui peuvent, en certains cas, avoir une importance réelle. Parfois même, il a suffi d'un léger effort, comme celui que nécessite l'ascension d'un escalier, comme dans un cas de Geoffroy, pour occasionner la rupture d'une ulcération de l'estomac. Mais, je le répète encore, toutes ces causes sont impuissantes à rompre des parois gastriques normales : on sait en particulier que la distension gazeuse, parfois si considérable, du tube digestif chez les herbivores, ne donne jamais lieu à aucune perforation.

Le siége des ALTÉRATIONS ANATOMO-PATHOLOGIQUES peut faire souvent présumer la cause productrice de la perte de substance. Le pylore et la petite courbure sont le lieu d'élection dans le cas de cancer ; à la face antérieure de l'estomac, on trouve surtout les perforations de l'ulcère rond. Quant au grand cul-de-sac, c'est la zone du ramollissement et aussi des ruptures, car c'est le point le plus faible des parois gastriques, mais les lésions en ce point sont plutôt cadavériques. Il ne faudrait pas croire cependant qu'il s'agisse là d'une loi absolue : rappelez-vous d'ailleurs, que les corps étrangers, une fois déglutis, peuvent léser l'estomac partout, ainsi que les divers traumatismes, qui toutefois se font plutôt sentir sur la face antérieure du viscère.

L'étendue de la lésion est extrêmement variable. D'ordinaire, la perforation est de petites dimensions : parfois, c'est un simple pertuis qui peut échapper même à un œil attentif ; car, dans certaines circonstances, l'orifice est tellement étroit ou si bien dissimulé sous des fausses membranes que l'insufflation de l'estomac ou une injection d'eau sont nécessaires pour déceler le siège de l'orifice fistuleux. Ailleurs, l'ouverture est plus grande, avec véritable perte de substance, quelquefois même très-étendue; mais il faut se méfier de ces derniers cas et regarder comme probable l'action de la décomposition cadavérique, soit pour la totalité des lésions apparentes, soit pour une partie seulement de la perforation.

La *forme* de l'ouverture stomacale est assez rarement celle d'un mince pertuis, creusé dans l'épaisseur des parois du viscère : plus souvent, on trouve une ouverture arrondie, à bords très-nets, bien accusés ; il s'agit alors presque toujours d'un ulcère rond, bien que le cancer puisse présenter les mêmes apparences. D'autres fois enfin, l'ouverture est plus irrégulière : il y a une véritable destruction d'une partie de l'organe. Lorsque la perte de substance est taillée en bandes ou déchiquetée, sinueuse, on peut être assuré que les lésions se sont produites *post mortem* et qu'elles sont d'origine cadavérique.

Les *bords* de l'ulcération n'offrent pas toujours le même aspect : quelquefois ils sont disposés en terrasses, ailleurs taillés à pic. Tantôt les tissus qui les constituent sont sains et conservent la consistance normale des parois gastriques ; tantôt il existe une induration notable, qui peut être squirrheuse, encéphaloïde ou simplement fibreuse. Dans le voisinage de l'ulcération, il n'est pas rare de rencontrer en outre les traces d'une phlegmasie ancienne : pigmentation de la muqueuse, exulcérations, etc.

L'estomac, dans le reste de son étendue, est rarement sain, quoique l'intégrité complète de ses tuniques ne soit pas chose impossible ; mais il existe plus souvent un état d'inflammation superficielle. Parfois on trouve les traces des désordres causés par l'ingestion d'un caustique solide ou liquide : des exulcérations multiples, d'autres ulcérations en voie d'évolution ou en partie cicatrisées et même quelques cicatrices anciennes, sont alors disséminées sur toute la surface ou sur une partie de la muqueuse gastrique.

L'état des organes environnants varie suivant qu'il existe des adhérences ou qu'il ne s'en est pas formé.

S'il n'y a pas d'adhérences, il s'est fait un épanchement intra-péritonéal de matières stomacales, et, dans ces circonstances, les lésions de la péritonite peuvent faire défaut, le malade ayant succombé comme sidéré, presque immédiatement après la perforation. Il est assez commun alors de trouver du sang épanché dans le péritoine, une hémorrhagie s'étant faite aux dépens d'un vaisseau gastrique important. Fait remarquable, ces épanchements hématiques peuvent s'effectuer sans qu'il y ait eu ni hématémèse ni rejet de sang par l'anus : l'observation du Dr Caillaud, où l'artère splénique était lésée, en est un exemple remarquable.

Plus fréquemment, il existe une péritonite généralisée ; mais d'ordinaire les lésions sont peu développées et se caractérisent simplement par une rougeur vive, un dépoli de la séreuse, avec petit épanchement séro-purulent : çà et là, quelques fausses membranes très-récentes déterminent entre les viscères abdominaux des adhésions molles et faciles à rompre.

Lorsque la perforation s'est faite lentement, précédée par un processus ulcératif chronique, les *adhérences péri-gastriques* ont eu le temps de se former (à mesure que la lésion devenait plus profonde) et de localiser ainsi la phlegmasie péritonéale : assez souvent alors, elles ont donné naissance à une poche purulente, sorte de caverne ou de diverticule stomacal. De toute façon, cette péritonite partielle est véritablement salutaire, à condition cependant de ne pas trop s'étendre; mais quelquefois ces adhérences récentes et trop faibles se sont à demi rompues, comme dans l'observation classique de Delpech, où la mort est survenue huit jours après la perforation, alors que la convalescence s'établissait. D'autres fois, ces adhésions ténues ou fortes sont renforcées, bouchées par un organe voisin, qui peut être lui-même plus ou moins profondément érodé ; nous avons déjà étudié ces faits à propos de l'ulcère simple; je n'y reviendrai pas.

Enfin cette perforation ainsi localisée peut donner naissance à des *fistules* gastriques. Dans un premier groupe de faits, la perforation établit une *communication entre l'estomac et un organe creux* du voisinage. Il s'agit alors d'une véritable fistule, dont le trajet plus ou moins perméable est le plus souvent très-court, les deux viscères étant intimement accolés l'un à l'autre : on pénètre ainsi de l'estomac soit et surtout dans le côlon, soit dans le duodénum, d'autres fois dans le jéjunum. Nous ne pouvons nous arrêter à l'étude anatomique de ces faits, dont le principal intérêt réside dans les symptômes qu'ils présentent.

Une seconde variété comprend les cas où *la perforation se fait à travers le diaphragme;* alors, suivant le siége et surtout suivant la durée de l'affection stomacale, l'orifice diaphragmatique fait simplement communiquer l'estomac avec la plèvre (dans laquelle on trouve un épanchement alimentaire et purulent); ou bien le travail ulcératif a gagné le poumon, et une *fistule gastro-bronchique* s'est formée; le péricarde lui-même peut être intéressé.

Enfin, dans un troisième ordre de faits, *la perforation se fait à la surface de la peau.* Vous connaissez le cas ancien rapporté par Percy, les exemples célèbres du Canadien de W. Beaumont (la fistule était d'origine traumatique), de la femme observée par Bidder et Schmidt. Dans ces circonstances, on peut, suivant le point de l'abdomen occupé par l'orifice du trajet gastro-cutané, grandement présumer la région stomacale intéressée. En effet, les fistules de la région pylorique s'ouvrent en général au-dessus et à droite de l'ombilic; celles qui affectent la paroi antérieure de l'estomac occupent la région épigastrique; celles qui partent du grand cul-de-sac gagnent d'ordinaire l'hypochondre gauche : on a vu enfin certaines de ces fistules suivre un trajet beaucoup plus compliqué, traverser le diaphragme à la hauteur de ses insertions sur les côtes et s'ouvrir au niveau d'un espace intercostal.

Les détails que je viens de vous faire connaître vous permettent maintenant d'apprécier l'intérêt réel qui s'attache à la connaissance exacte des lésions gastriques, car vous prévoyez bien de quelle utilité nous seront ces détails pour le diagnostic. Je n'ai plus qu'à vous signaler en terminant l'existence possible d'autres altérations plus ou moins éloignées, celles du cancer généralisé par exemple : ces faits n'ont pour l'affection qui nous occupe qu'un intérêt secondaire.

La symptomatologie est subordonnée à la nature des lésions, et l'on doit étudier séparément deux formes correspondant aux deux groupes que nous venons de décrire et qui sont en rapport avec l'absence ou la présence des adhésions membraneuses.

L'ouverture dans la cavité péritonéale constitue l'une des causes les plus fréquentes de la *péritonite par perforation*. Cette péritonite est ordinairement précédée de troubles variables selon la lésion gastrique qui lui a donné naissance (l'ulcère simple surtout, ou le cancer); il existe donc une sorte de période prodromique plus ou moins longue, parfois caractérisée par des symptômes très-vagues et même presque inaperçus par le malade, et à laquelle succède brusquement le tableau classique de la phlegmasie péritonéale.

Le *début* de cette dernière est d'habitude brusque et violent : une douleur excessive éclate tout à coup, occupant d'abord la région épigastrique, mais s'irradiant bientôt dans tout l'abdomen. Cette douleur augmente par la pression et même par le plus léger attouchement : le malade cherche à s'y soustraire par une attitude spéciale, le décubitus dorsal avec les jambes à demi-fléchies. Les vomissements apparaissent, accompagnés de nausées ; ils sont composés de matières alimentaires, puis rapidement bilieuses et même sanguinolentes ; toutefois il faut bien dire que ce symptôme est inconstant. L'abdomen, dans presque tous les cas, devient le siége d'un ballonnement subit ; les parois abdominales, tendues, immobiles, sont soulevées par un météorisme plus ou moins considérable.

Les symptômes généraux s'annoncent presque aussitôt par un accès fébrile intense, avec frissons : le malade ressent, en même temps que la douleur atroce de la perforation, une sensation de froid très-pénible aux extrémités ; la peau se couvre de sueurs glacées, puis la chaleur s'élève. Parfois cette fièvre manque totalement, les phénomènes de réaction font défaut : la prostration, l'algidité dominent la scène, et la mort survient rapidement.

L'aspect du visage est caractéristique : les yeux se creusent, les paupières deviennent bleuâtres, le nez s'effile, les lèvres se pincent ; c'est en un mot le facies abdominal. Le pouls est petit, filiforme, misérable, d'ordinaire très-fréquent. Tous ces symptômes graves contrastent d'une manière effrayante avec l'intégrité de l'intelligence, car les troubles nerveux font habituellement défaut ; rarement on voit survenir, quelques instants avant la mort, des convulsions ultimes véritablement agoniques.

Lorsque, au contraire, *la lésion est circonscrite par des adhérences*, les symptômes locaux et fonctionnels sont essentiellement différents, car il n'y a plus de phlegmasie péritonéale suraiguë : les phénomènes subjectifs se bornent le plus souvent à quelques vomissements rares, mais sans nausées, et sans l'atroce anxiété épigastrique de la péritonite par perforation. Un simple accroissement plus ou moins considérable dans l'intensité des douleurs déjà anciennes et localisées vers une partie quelconque de la région stomacale, telle est la symptomatologie la plus commune des perforations gastriques avec adhérences.

Il arrive cependant des circonstances où les signes d'une péritonite aiguë circonscrite apparaissent. Les troubles fonctionnels et les symptômes généraux sont alors les mêmes que ceux de la péritonite par perforation, mais notablement atténués : la tuméfaction, le météorisme sont peu considérables; tous ces accidents enfin s'amendent rapidement. Vous comprenez sans peine toute l'importance de ces manifestations, dont le diagnostic peut d'ailleurs présenter les plus grandes difficultés.

La MARCHE de l'affection est sujette aux plus grandes variations. La perforation est quelquefois foudroyante;

la mort arrive rapidement, en quelques jours, ou même en quelques heures, lorsque, par exemple, un vaisseau volumineux a été intéressé et qu'une hémorrhagie considérable s'est produite en même temps que la perforation. D'autres fois, la péritonite suit son évolution habituelle : elle peut en effet, selon les cas, se généraliser, et la mort survient alors dans les quelques jours qui suivent l'accident initial ; ou bien, au contraire, les lésions inflammatoires se localisent, se circonscrivent, et la guérison peut être obtenue après un temps plus ou moins long. D'autres fois, les accidents, après avoir présenté des caractères graves, s'amendent, et le rétablissement du malade semble prochain, quand tout à coup les fausses membranes se déchirent, de nouveaux symptômes de péritonite apparaissent, et la mort survient au bout d'un temps plus ou moins long, depuis huit jours, comme dans le fait de Delpech que je vous ai déjà cité, jusqu'à quatre mois (Hughes et Ray).

La TERMINAISON la plus habituelle est la *mort :* elle est presque constante lorsque la perforation se fait dans le péritoine. Dans de rares occasions cependant, il peut s'établir un trajet fistuleux profond, qui passe inaperçu lorsque ses dimensions sont assez faibles pour ne point gêner les fonctions gastriques.

La terminaison par *fistule cutanée* s'annonce par l'apparition, sous la peau, d'un abcès peu volumineux, qui s'ouvre bientôt, ou que l'on incise, et qui donne issue aux liquides contenus dans l'estomac; le trajet ainsi formé persiste et le trajet fistuleux est constitué. La fistule gastro-cutanée, quand elle est consécutive à une perforation stomacale, n'a aucune tendance à se cicatriser; elle guérit quelquefois quand elle est accidentelle. Dans tous les cas, sa durée peut être fort longue : on l'a vu persister ainsi pendant dix et même vingt-sept ans, sans porter aucune atteinte à l'état général. La femme observée par Bidder et Schmidt était en fort bonne santé et allaitait son enfant.

La *fistule gastro-colique* présente des phénomènes spéciaux qui permettent quelquefois de la reconnaître : en effet, les aliments, à l'état de chyme, passent rapidement de l'estomac dans le gros intestin, d'où ils sont expulsés très-vite, donnant lieu à une lientérie particulière. Il en résulte des troubles de la nutrition très-caractérisés et entraînant une cachexie rapide accompagnée d'une véritable boulimie.

La *fistule gastro-pleurale* se reconnaît à certains phénomènes d'auscultation; le tintement métallique constaté par M. Louis, par M. Andral, et les symptômes d'un épanchement dans la plèvre, sont les signes physiques les plus importants pour la diagnose; il faut y joindre, bien entendu, le rejet par expectoration, et après des efforts de toux, des matières alimentaires contenues dans l'estomac.

Le PRONOSTIC de la perforation est toujours grave, non-seulement lorsqu'il s'est développé une péritonite par perforation, car c'est la mort à brève échéance, mais alors même que les phénomènes consécutifs à l'ouverture stomacale ne sont pas ceux de la péritonite aiguë généralisée, et qu'il ne s'agit pas d'un cancer gastrique. C'est ainsi que la perforation consécutive à l'ulcère simple éveillera des craintes pour l'avenir, car d'autres ulcérations peuvent exister déjà avec tous leurs dangers ; puis les récidives sont possibles. D'autre part, lorsque des adhérences molles se sont formées, elles sont susceptibles de se déchirer, et la péritonite par perforation survient alors tout à coup.

Enfin les troubles nutritifs, dans les fistules gastro-cutanées et surtout dans les gastro-coliques, affaiblissent plus ou moins vite les malades et abrègent certainement leur vie.

Le DIAGNOSTIC des perforations gastriques est assez simple, lorsque l'existence d'une maladie de l'estomac ou les antécédents du malade sont déjà connus ; sauf ces cas, l'erreur est presque inévitable, en particulier dans la forme foudroyante. La première hypothèse qui s'offre à l'esprit en cette occurrence, c'est celle d'un *empoisonnement*. Toutefois, parmi les toxiques, les caustiques seuls se caractériseraient par des symptômes abdominaux de cette nature ; or l'état de la langue, du pharynx, de toutes les régions enfin qui se seraient trouvées au contact du caustique dégluti, présenteraient des lésions facilement reconnaissables; enfin la nature des matières vomies, les symptômes péritonéaux, si évidents et si caractéristiques dans la péritonite par perforation, devront être recherchés avec le plus grand soin. Néanmoins le diagnostic est quelquefois fort difficile, car vous savez que dans certains empoisonnements la perforation de l'estomac peut se produire; dans ces circonstances délicates, c'est l'appréciation des symptômes locaux et de l'état général qui permettra seule de reconnaître la complication survenue à la suite de l'ingestion du toxique.

La diagnose de l'*hémorrhagie gastrique* abondante offre aussi des difficultés qui peuvent devenir insurmontables quand elle coexiste avec la perforation stomacale ouverte dans le péritoine. L'état de l'abdomen et du pouls, la chaleur fébrile pourront offrir quelques indices utiles; le facies n'est pas non plus le même dans la perforation péritonéale, la face est grippée, mais non pas décolorée, pâle, exsangue, comme dans la gastrorrhagie.

La *perforation intestinale* s'annonce par les mêmes symptômes de péritonite. La seule différence consiste dans la nature des matières vomies, et surtout dans l'évolution des phénomènes antérieurs à la complication péritonéale.

L'*occlusion* de l'intestin, en particulier l'iléus, la *hernie étranglée*, se caractérisent par leur marche, leurs accidents spéciaux, l'existence d'une tumeur soit extérieure, développée dans les régions où se font habituellement ou anomalement les hernies, soit profondément cachée dans la cavité péritonéale (étranglement interne), par les vomissements rapidement fécaloïdes, et surtout par la constipation absolue et les particularités que fournissent les localisations initiales du ballonnement de l'abdomen (Laugier).

Le diagnostic ne sera réellement complet que lorsque vous aurez recherché la *cause de la perforation* gastrique. C'est plus spécialement par la connaissance des antécédents du malade, par l'évolution des symptômes morbides, et non pas seulement par l'examen des phénomènes actuels, que ce diagnostic sera le plus souvent possible. Enfin, la présence dans les évacuations alvines d'une certaine quantité de sang plus ou moins altéré vous permettra de reconnaître le développement d'une gastrorrhagie concomitante qui ne se serait pas annoncée par une hématémèse.

Le TRAITEMENT de la perforation stomacale présente un certain nombre d'indications importantes.

Il faut avant tout *empêcher* l'*épanchement* péritonéal de s'effectuer ou de s'accroître. Le repos le plus complet du malade, la diète absolue, l'opium donné en lavement ou par la méthode hypodermique pour modérer les contractions de l'estomac répondront bien à ces indications : ajoutez encore que l'opium calme aussi la douleur; l'application d'une vessie remplie de glace (Bennett) est encore un excellent calmant.

Vous atténuerez *la soif* en faisant fondre des morceaux de glace dans la bouche du malade et surtout en lui prescrivant des lavements aqueux peu abondants, mais répétés, qui devront être gardés et absorbés. La soif, en effet, est une sensation qui résulte d'un besoin général, et non pas d'un mode de sensibilité localisé à la cavité buccale ou pharyngienne; elle ne peut donc être calmée qu'après l'introduction, par une voie quelconque, d'un liquide dans l'organisme.

Il faut encore *relever les forces* du malade, surtout dans les cas où la réaction générale fait absolument défaut, ce qui est fréquent dans les premiers moments de la perforation. Les stimulants extérieurs, les applications chaudes, les frictions douces, employés avec ménagement, seront d'une grande utilité.

Enfin, la *réaction inflammatoire*, dès qu'elle se produit avec intensité, doit être combattue énergiquement. Les émollients seront largement employés, mais vous userez avec réserves des moyens antiphlogistiques généraux, et vous préférerez les émissions sanguines locales et peu abondantes.

Que si tous les accidents formidables de la péritonite

par perforation se calment, si les phénomènes se localisent, la plus grande prudence sera de rigueur. Prolongez sans crainte le repos de l'estomac, car vous le savez, les adhérences en se décollant peuvent compléter une perforation incomplète ou occasionner la généralisation des accidents inflammatoires.

Les *fistules* gastro-coliques, gastro-pleurales, etc., ne comportent malheureusement aucun traitement spécial. Quant à la fistule gastro-cutanée, ses inconvénients peuvent être atténués par l'emploi d'une pelote et par une compression méthodique. Cependant, des douleurs vives vous forceront souvent de suspendre l'occlusion du trajet anomal pour permettre l'issue d'une partie des aliments ingérés. Dans le cas, au contraire, où l'occlusion de la fistule serait bien supportée, il y aurait lieu de songer à tenter d'oblitérer définitivement l'ouverture cutanée à l'aide d'une opération autoplastique; c'est ce que Middeldorpf a fait une fois avec succès.

TRENTE-QUATRIÈME LEÇON

DE LA GASTRORRHAGIE

La gastrorrhagie ou hémorrhagie gastrique n'a pas besoin de définition. Quelles que soient son origine, sa cause, sa source, que l'hémorrhagie se soit produite aux dépens de l'appareil vasculaire de l'estomac, ou qu'elle provienne d'un vaisseau voisin plus ou moins volumineux, la gastrorrhagie constitue un symptôme des plus intéressants. Elle n'est d'ailleurs pas le synonyme de hématémèse, qui est littéralement le vomissement de sang; les deux symptômes peuvent, comme vous le verrez, exister indépendamment l'un de l'autre.

Un certain nombre de conditions générales interviennent dans l'ÉTIOLOGIE de l'hémorrhagie stomacale. Les différents *âges* de la vie sont exposés à cet accident; cependant l'enfance en est ordinairement indemne, quoique Billard, et après lui M. Gendrin, Rahn-Escher,

Kiwisch, Rilliet et M. Barthez, aient rapporté des faits d'hémorrhagie gastro-intestinale chez des nouveau-nés. Nous y reviendrons à propos des troubles circulatoires.

Parfois l'enfant à la mamelle vomit quelque peu de sang, liquide ou même coagulé, avec le lait : gardez-vous alors de craintes intempestives, surtout si l'état général est resté satisfaisant ; souvent, en effet, il s'agira de simples érosions du mamelon, de crevasses qui, pendant les efforts de la succion, auront laissé couler quelques gouttes de sang.

L'influence du *sexe* est assez importante : la femme est en effet prédisposée, dans une certaine mesure, à vomir du sang en raison de la plus grande fréquence de l'ulcère rond chez elle, en raison aussi des hémorrhagies supplémentaires qui peuvent se faire jour par la voie gastrique.

Vous connaissez déjà la plupart des causes tenant aux *maladies de l'estomac*. Je vous rappellerai seulement que, dans l'*ulcère simple*, le sang, ordinairement versé en abondance et à plusieurs reprises dans la cavité stomacale, peut provenir non seulement des vaisseaux propres du viscère, mais encore de ceux du voisinage, ouverts par suite du processus ulcératif.

Vous savez aussi que les sources de la gastrorrhagie dans le *cancer* peuvent être de plusieurs sortes : avant l'ulcération, les congestions hémorrhagiques de la muqueuse ne sont pas très-rares (Brinton). Plus tard, l'ulcération, gagnant les capillaires, donnera lieu à une effusion sanguine de peu d'importance, plus légère surtout que celle qui est occasionnée par la rupture d'un gros vaisseau. Les vomissements hématiques, noirâtres, correspondent aux premières hémorrhagies; l'hématémèse abondante est toujours consécutive à la lésion d'un vaisseau important.

La *gastrite chronique*, surtout d'origine alcoolique, s'accompagne parfois de gastrorrhagie, parce que des érosions se rencontrent dans cette forme, qu'il s'agisse d'ulcérations folliculeuses ou d'ulcérations en coup d'ongle.

Dans les gastrites aiguës de cause toxique, la gastrorrhagie n'est pas très-rare; elle s'observe en particulier après l'empoisonnement par le sel d'oseille et le phosphore, ce dernier poison causant plus spécialement des hémorrhagies secondaires.

Un second groupe comprend les *affections du système vasculaire*, et il est bon de noter que, dans les troubles circulatoires, nous pourrions faire rentrer aisément quelques-unes des causes précédemment énumérées. En tête de ces affections, il faut placer les ruptures (surtout par suite d'anévrysme) d'un gros vaisseau, tel que l'aorte abdominale, la mésentérique supérieure, le tronc cœliaque. Les traumatismes de toute sorte (contusions de l'abdomen, plaies pénétrantes de l'estomac), la présence de corps étrangers peuvent aussi, en intéressant des vaisseaux moins volumineux, déterminer une gastrorrhagie d'importance variable.

Les troubles de la *circulation porte*, causés par une tumeur de l'abdomen, et en particulier du foie, par une affection de la rate; la cirrhose hépatique, qui resserre progressivement les réseaux de la veine porte et détermine par suite une stase veineuse abdominale de plus en plus considérable; de même la pyléphlébite et la thrombose simple, dans lesquelles le tronc même de la veine porte est oblitéré par des caillots : telles sont les causes qui agissent particulièrement sur le système veineux de l'estomac, et occasionnent assez souvent l'irruption du sang en quantité variable dans la cavité gastrique [1].

Bien plus, les maladies des orifices du cœur, les affections pulmonaires même, par l'intermédiaire assez habituel d'une gastrite chronique catarrhale (le plus souvent très-superficielle), peuvent, à une époque variable de leur évolution, surtout à la période asystolique, donner naissance à la gastrorrhagie.

Nous rapprocherons de ces faits certaines hémorrhagies gastro-intestinales des nouveau-nés, dont Billard a rapporté quinze exemples, et qui semblent véritablement occasionnées par la longueur du travail de l'accouchement, entraînant comme conséquence des troubles circulatoires de longue durée.

Viennent en troisième lieu toutes les *maladies générales*

---

1. M. Hanot (Société anatomique, 1875) a signalé l'importance des varices œsophagiennes à la suite de la cirrhose hépatique : on a vu des hématémèses abondantes amener rapidement la mort des malades qui en sont atteints.

avec hémorrhagies, le scorbut, le purpura, l'hémophilie, la leucémie, les fièvres éruptives à forme hémorrhagique, la variole surtout, et aussi la scarlatine, dans laquelle nous savons qu'il existe une localisation gastrique (Fenwick), enfin la rougeole, dont on a cité quelques exemples. La coqueluche, qui s'accompagne de vomissements, dans certains cas si violents, ne cause pas de gastrorrhagie; parfois, il est vrai, vous trouverez dans les matières vomies quelques traces hématiques, mais ce sang proviendra toujours des fosses nasales ou de la bouche : il y aura eu hématémèse, mais non gastrorrhagie.

Aux maladies générales déjà citées, il faut ajouter la fièvre jaune, car vous savez que la dénomination de *vomito negro* a trait précisément au vomissement hématique. L'ictère grave, quelle qu'en soit la cause, qu'il apparaisse tout à coup chez un sujet sain jusqu'alors, ou qu'il constitue une complication très-sérieuse d'une affection hépatique préexistante, l'ictère grave comporte assez souvent l'hématémèse, parmi ses manifestations hémorrhagiques multiples.

De même, les fièvres pernicieuses intermittentes peuvent se dissimuler sous les apparences d'une gastrorrhagie plus ou moins abondante.

Nous ne pouvons quitter l'étude des causes de la gastrorrhagie sans parler des *hémorrhagies gastriques supplémentaires*, qui composent le quatrième et dernier groupe. C'est surtout à l'égard des règles, ou plus rarement des hémorrhoïdes fluentes, que la gastrorrhagie constitue souvent une sorte de phénomène de déviation, on pourrait dire de dérivation; et, particulièrement pour les menstrues, l'hématémèse est peut-être la voie la plus fréquemment suivie par la nature pour rejeter au dehors de l'économie la quantité de sang qui n'est plus évacuée par le flux périodique.

Je ne vous parlerai pas de l'anatomie pathologique de la gastrorrhagie qui est un symptôme et non une maladie; je me garderai de vous décrire successivement toutes les lésions appartenant aux divers états morbides que je viens de vous énumérer, et j'arrive immédiatement aux SYMPTÔMES des hémorrhagies de l'estomac. D'une manière générale, on peut dire que ces symptômes varient considérablement suivant l'abondance de pertes sanguines, leur nombre unique ou multiple, enfin suivant la cause qui leur a donné naissance.

Les *prodromes* sont tout à fait inconstants : ainsi ils font absolument défaut lorsque l'hémorrhagie se produit par une rupture, traumatique ou non, de l'estomac, ou même lorsque c'est un processus ulcératif qui intéresse des vaisseaux plus ou moins importants.

Quand, au contraire, la gastrorrhagie est un phénomène supplémentaire, elle s'annonce souvent par une douleur de tête, un malaise plus ou moins intense, la largeur et la plénitude du pouls, tous symptômes qui annoncent l'hémorrhagie et constituent le *molimen hæmorrhagicum*. Quelquefois il existe de véritables prodromes gastriques, une pesanteur, une tension notable et même une douleur plus ou moins sourde dans la région de l'estomac; enfin on a vu l'augmentation de volume du foie ou de la rate précéder l'effusion sanguine.

Les *phénomènes généraux*, tels que frissons, pâleur de la face, faiblesse, tendance à la syncope, sont plutôt les signes de l'hémorrhagie effectuée que les prodromes des vomissements sanglants. Parfois ils constituent à eux seuls toute la symptomatologie, et la mort survient en quelques minutes, comme le prouvent les observations de P. Frank, de Grisolle, et celles que vous trouverez consignées dans les Bulletins de la Société anatomique. Aussi, en présence des signes habituels d'une perte de sang abondante, et notamment d'une pâleur subite, d'un refroidissement des extrémités, si la mort survient très-rapidement, devrez-vous toujours soupçonner une gastrorrhagie, car celle-ci est un des modes les plus fréquents de l'hémorrhagie foudroyante.

Souvent cependant il existe d'autres symptômes : en premier lieu, l'*hématémèse*, ou vomissement de sang. L'hématémèse survient quelquefois tout à coup, sans préparatif, sans prodromes : le sang est expulsé par un effort de vomissement plus ou moins pénible, en quantité variable, depuis quelques gorgées mêlées aux mucosités gastriques jusqu'à un et même plusieurs litres. Sa couleur n'est pas toujours la même : ici, le sang est rouge, rutilant, tout frais pour ainsi dire, tel qu'il vient d'être versé dans l'estomac ; ailleurs, il se présente avec une teinte déjà brune, plus ou moins foncée ; il est en caillots, ou bien encore grumeleux, noirâtre, déjà modifié par le suc gastrique et, dans ce dernier cas, toujours acide. Quand la gastrorrhagie a été peu abondante et que le liquide sanguin a lentement subi la digestion stomacale, on peut encore le reconnaître dans les matières vomies sous forme d'un dépôt noirâtre semblable à de la suie délayée dans l'eau. On peut trouver d'ailleurs le sang mêlé aux mucosités gastriques, et quelquefois aux aliments, ou encore à du pus, à des débris d'hydatides, etc.

L'hématémèse peut manquer dans certaines circonstances, et l'hémorrhagie se fait jour par les voies inférieures : c'est le *melœna*. Dans ce cas, les selles sanglantes sont plus ou moins abondantes, plus ou moins nombreuses. Leur aspect varie ; tantôt elles rappellent le goudron liquide, tantôt elles consistent en une matière noirâtre, poisseuse. Il faut toujours se méfier de ces évacuations alvines qui ont l'aspect de la poix, car elles peuvent passer inaperçues des malades, et pourtant elles constituent quelquefois le seul symptôme indicateur de l'hémorrhagie stomacale : d'après Grisolle, et cette remarque est cliniquement exacte, le melœna serait peut-être plus constant que l'hématémèse.

Les symptômes locaux ont une certaine importance; il existe une tension de l'épigastre, un ballonnement qui peut devenir considérable ; mais en même temps cette tuméfaction de l'estomac s'accompagne de matité à la percussion : ce n'est donc point du météorisme. Parfois, le malade éprouve, dans la région, une douleur vive, déchirante même.

Les phénomènes généraux qui accompagnent la gastrorrhagie varient selon les circonstances. La pâleur de la face, la décoloration des téguments, la faiblesse et la petitesse du pouls, les palpitations cardiaques sont les symptômes concomitants les plus habituels. La tendance à la syncope, les lypothymies même ne sont pas rares, surtout lorsqu'il existe une hématémèse : dans ce cas, en effet, l'effroi que cause la vue du sang rendu en quantité plus ou moins considérable agit puissamment sur le système nerveux. Du reste, la gastrorrhagie, pour peu qu'elle soit abondante, débilite très-vite le malade ou accroît la faiblesse déjà existante ; en même temps, le visage pâlit, prend une teinte tout à fait cireuse : les signes de l'anémie s'accentuent, et l'on peut entendre des souffles cardiaques et vasculaires. Ces bruits anémiques peuvent cependant faire défaut, au moins dès le début, comme dans toute hémorrhagie : c'est surtout lorsque les pertes de sang se répètent que les symptômes généraux s'accusent davantage.

Les hydropisies peuvent-elles être une des suites de

cette anémie profonde? Vous savez combien les pathologistes sont divisés à cet égard : dans le cas actuel, comme l'anémie peut être symptomatique d'une maladie aboutissant à la cachexie, le cancer par exemple, on comprend sans peine l'existence possible d'hydropisies à la suite de certaines gastrorrhagies ; mais leur pathogénie est au moins fort discutable.

La MARCHE de la gastrorrhagie est extrêmement différente selon la cause qui l'a produite. Ici, c'est un fait accidentel, tantôt de peu d'importance et tantôt très-grave, suivant les cas ; là, au contraire, l'effusion du sang se renouvelle : c'est la gastrorrhagie à répétitions. On le conçoit donc, le *début* se fera d'une façon variable : l'hémorrhagie est-elle active, (supplémentaire par exemple), elle s'annonce souvent par des symptômes de *molimen hæmorrhagicum;* passive, au contraire, la gastrorrhagie s'effectue sourdement, insidieusement dans la majorité des faits.

L'évolution des symptômes est encore subordonnée à l'importance de la perte sanguine. La *gastrorrhagie peu abondante* se caractérise par un état de fatigue, un certain malaise, parfois une impression morale plus ou moins vive ; un léger état anémique en est la conséquence; puis la guérison survient.

S'agit-il au contraire d'une *hémorrhagie abondante?* Si le flux sanguin est supplémentaire ou même complémentaire, le soulagement qu'il produit est rapide, et les malades sont délivrés de certains phénomènes gênants, tels que la céphalalgie, les douleurs lombaires, et tant d'autres symptômes que l'on peut rattacher à une pléthore passagère et par cela même très-pénible. Mais, lorsque la gastrorrhagie abondante n'est pas supplémentaire, l'état anémique se dessine rapidement; souvent, il se surajoute aux symptômes préexistants, comme par exemple dans l'ulcère, dans le cancer gastrique, dans la cirrhose hépatique elle-même. Dans ces circonstances, l'hémorrhagie devient une cause importante d'affaiblissement, ainsi qu'on l'observe dans la fièvre jaune, dans les fièvres hémorrhagiques, où elle aggrave considérablement les dangers que court le malade.

L'hémorrhagie accidentelle, mais considérable, nécessite une convalescence souvent très-longue, retardée encore par l'anémie vraie qui s'est développée chez le patient, dont les forces sont comme brisées. Il faut alors un certain temps pour permettre à l'organisme de se refaire.

Enfin, dans les *gastrorrhagies foudroyantes*, la mort se produit en très-peu de temps, parfois en quelques minutes, en quelques secondes même, comme dans le cas d'un gros anévrysme rompu dans l'estomac.

Ainsi comprise, la gastrorrhagie comporte, dans tous les cas, un PRONOSTIC subordonné à la cause qui l'a produite. Favorable quand elle est supplémentaire, l'hémorrhagie gastrique représente une large voie de dérivation ; elle devient au contraire d'une prognose très-sérieuse, souvent grave, lorsqu'elle est l'indice d'une affection de l'estomac.

Pour tirer profit des notions générales que je viens de vous donner sur la gastrorrhagie, il faut envisager le DIAGNOSTIC de ce symptôme à plusieurs points de vue, que nous allons successivement étudier.

La gastrorrhagie peut passer inaperçue, qu'elle soit ou non abondante ; il faut donc savoir la reconnaître. C'est souvent faute d'un examen suffisant du malade, et surtout de l'état des évacuations alvines, que la méconnaissance du mal a lieu. Aussi devez-vous toujours vous méfier de la lipothymie, des simples tendances syncopales, survenant en même temps que des phénomènes subits d'anémie, chez un sujet quelconque, alors même qu'il eût été très-bien portant auparavant : songez dans ce cas aux hémorrhagies internes et en particulier à celles de l'estomac.

Lorsque la gastrorrhagie est décelée par une hématémèse, le diagnostic est quelquefois assez difficile. Il peut se faire en effet qu'une *épistaxis* se soit produite pendant le sommeil et que le sang, par une déglutition inconsciente, ait passé le long du pharynx jusque dans l'œsophage et l'estomac ; mais le plus ordinairement vous retrouverez dans les narines, sur la paroi postérieure du pharynx, les traces de l'hémorrhagie nasale.

L'*hémoptysie* se reconnaîtra presque toujours aux caractères du sang rendu, spumeux, rutilant, artérialisé, non point vomi, mais bien expectoré avec des quintes de toux. La diagnose cependant devient difficile, et l'on a quelquefois de la peine à l'établir, lorsque le sang a été rendu à flots au milieu d'efforts de vomissements, car, le liquide sanguin ayant été évacué peu après son issue des vaisseaux, a conservé ses caractères de coloration normale et peut aussi bien provenir d'une hémoptysie que d'une hématémèse. La difficulté est encore accrue dans certains cas par l'existence de la toux dite gastrique; ou bien il arrive parfois que dans l'acte du vomissement quelques gouttes de sang passent dans les voies aériennes et déterminent une toux laryngée. L'auscultation méthodique et minutieuse du thorax permettra seule de reconnaître la source (pulmonaire ou stomacale) du sang ainsi rendu au milieu de quintes de toux et d'efforts de vomissements.

Il peut se faire que le sang expulsé par les vomissements provienne non pas de l'estomac, mais de l'œsophage. Dans ce cas, la coexistence d'une véritable régurgitation sanglante pourra permettre le diagnostic; quand au contraire tout le sang passe dans l'estomac, et qu'il est rejeté par le vomissement, l'erreur est absolument inévitable. Plus rarement encore, le sang provenant du duodénum peut refluer jusque dans l'estomac, grâce aux contractions anti-péristaltiques de l'intestin, mais il est toujours mêlé à des matières biliaires rendues dès le début du vomissement[1].

La *gastrorrhagie annoncée par un melœna* ne doit pas être confondue avec une *épistaxis* dont le sang a été dégluti et chassé jusque dans l'intestin; nous avons vu plus haut quelles traces laisse toujours le liquide sanguin provenant des fosses nasales; d'ailleurs de telles épistaxis sont rarement uniques, et l'on est mis sur la voie par les antécédents du malade.

Avec une *hémorrhagie intestinale*, le diagnostic est d'ordinaire moins facile. Parfois, il est vrai, la source de l'hémorrhagie est facilement appréciable : la *rectorrhagie* par exemple se reconnaîtra à l'aspect du sang rouge et liquide, qui, rendu en quantité variable, est mélangé aux matières fécales; mais, dans l'enterorrhagie proprement dite, ce ne sont pas les caractères tirés du melœna qui peuvent servir, puisqu'ils sont les mêmes que dans la gastrorrhagie; votre jugement sera fondé sur la connaissance des troubles gastriques ou intestinaux, qui seuls permettent de soupçonner la source du sang expulsé.

Enfin, la *cause de la gastrorrhagie* doit être recherchée avec soin. Ce n'est guère par l'étude de l'hématémèse ni

---

1. Voyez, sur l'hématémèse par varices œsophagiennes dans la cirrhose hépatique, la thèse de M. Dussausay (Paris, 1877).

surtout du melœna que vous arriverez à reconnaître la condition étiologique du symptôme : par contre, le retour assez régulier des accidents, leur apparition souvent annoncée par des troubles fonctionnels plus ou moins manifestes, le soulagement habituel qui succède à la perte sanguine, vous mettront sur la voie et vous permettront d'affirmer la nature supplémentaire de l'hémorrhagie.

Je ne puis revenir ici sur la diagnose différentielle des gastrorrhagies de cause organique; vous vous rappelez comment elles se présentent dans l'ulcère simple, le cancer et la gastrite chronique : les détails que je vous ai maintes fois donnés à ce sujet vous feront certainement reconnaître la cause probable de l'hémorrhagie stomacale.

Un mot seulement en terminant. Il pourra vous arriver, surtout dans les hôpitaux, de rencontrer des *simulateurs* qui, pour se rendre intéressants ou pour prolonger leur séjour à l'hôpital, prétendent vomir le sang : d'ordinaire, en examinant les gencives ou la muqueuse buccale, il vous sera facile de trouver le point de départ de ces hémorrhagies toujours peu abondantes et mêlées à la salive; mais, dans certains cas, le diagnostic sera moins facile. Les auteurs du *Compendium* rapportent un fait dans lequel une femme avalait, pour le rendre ensuite, le sang des saignées faites sur les malades de la salle; chez un homme, la supercherie ne devint évidente qu'à partir du moment où l'on put lui faire croire que ces sortes d'hémorrhagies sont périodiques. Il vous suffit d'être prévenus de la fraude pour la soupçonner et la reconnaître toujours.

La première question que vous devez vous poser dans le TRAITEMENT du symptôme que nous étudions est la suivante : doit-on essayer de modérer ou d'arrêter la perte sanguine? C'est qu'en effet lorsqu'elle est supplémentaire des règles ou du flux hémorrhoïdaire cette perte soulage les malades : il faut donc la respecter autant bien entendu qu'elle n'est pas assez considérable pour affaiblir le patient ou pour mettre ses jours en danger.

Les hémorrhagies peu abondantes du cancer ou de la gastrite chronique (sous forme de marc de café) n'ont pas d'importance : il n'y a donc pas lieu de s'en occuper.

Les autres hémorrhagies réclament au contraire un traitement rapide, énergique, qui devra être à la fois local et général. *Localement*, on fera sur l'épigastre des applications réfrigérantes (cataplasmes froids, vessies remplies de glace pilée); on pourra aussi faire usage de révulsifs, notamment de larges sinapismes ou de ventouses sèches. A *l'intérieur*, on prescrira des boissons froides, ou même le malade avalera des fragments de glace. Les astringents, en particulier le perchlorure de fer, ou encore (mais jamais avec le sel ferrique), les préparations de ratanhia et le tannin, le sous-nitrate de bismuth, sont surtout utiles quand il s'agit de la rupture de petits vaisseaux, déterminant des hémorrhagies en nappe.

Quelquefois ces médicaments seront impuissants ; vous conseillerez alors les ligatures des membres, qui, diminuant la masse du sang en circulation, arrêtent souvent à merveille les pertes sanguines abondantes. Dans les cas graves, la ventouse Junod vous sera d'un puissant secours ; n'oubliez pas toutefois qu'elle est très-active et peut déterminer des syncopes : il faudra donc en faire usage avec précaution, d'autant que la tendance à la lipothymie se rencontre toujours dans la gastrorrhagie un peu abondante ; vous devrez d'ailleurs combattre ces syncopes par les moyens habituels et en particulier par l'attitude horizontale.

Quand l'hémorrhagie est arrêtée, le *traitement consécutif* habituellement ordonné à la suite de toute perte sanguine est ici de rigueur : les ferrugineux, les toniques, l'alimentation aussi réparatrice que le permettra l'état de l'estomac, obvieront aux inconvénients de l'anémie consécutive. Enfin vous devrez instituer, s'il est possible, un traitement préventif en rapport avec la cause probable de la gastrorrhagie.

TRENTE-CINQUIÈME LEÇON

DE LA GASTRALGIE

La gastralgie (crampes d'estomac, gastrodynie, cardialgie) peut être définie une *névrose douloureuse de l'estomac*. Pour Romberg, dont la théorie est renouvelée de Sauvages, il s'agit d'une véritable névralgie du pneumogastrique ou du grand sympathique.

La fréquence de cette affection est très-grande, soit qu'elle se montre isolée, constituant toute la maladie, soit qu'on la trouve associée à divers états morbides, ce qui est plus fréquent ; elle coïncide surtout avec l'état dyspeptique.

La gastralgie, comme une foule d'affections, se montre de préférence à un certain *âge* de la vie : presque inconnue chez l'enfant, elle frappe d'ordinaire les adolescents et surtout les adultes. Les femmes y sont le plus prédisposées (comme d'ailleurs pour toute affection nerveuse), depuis la puberté, où commence la période menstruelle, jusqu'à la ménopause et même plus tard, quoique avec un moindre degré de fréquence.

Etudiée au point de vue de ses CAUSES, la gastralgie est *essentielle* ou au contraire *symptomatique*.

Les gastralgies *essentielles*, qu'il est assez difficile de séparer en idiopathiques proprement dites et en sympathiques, peuvent apparaître sous l'influence de *causes occasionnelles* : le froid extérieur, par exemple, mais assez rarement, car la gastralgie n'est pas une affection rhumatismale, comme certaines névralgies et en particulier la sciatique. Très-faible aussi est l'action de la chaleur estivale; encore l'abus, en été, des boissons froides, dont l'influence nocive est incontestable, doit-il entrer en ligne de compte : ajoutez en outre à ces conditions un peu complexes, le mauvais régime et l'altération possible des aliments pendant les chaleurs.

Les émotions morales ont une influence extrême sur l'apparition de la gastralgie : d'ordinaire, la maladie vient frapper les individus qui sont en proie aux chagrins, aux inquiétudes, éprouvés par des tourments moraux de toutes sortes, par les secousses de la peur, soumis en somme à une certaine dépression nerveuse.

Il faut ajouter à ces circonstances morales indéniables *toutes les causes d'affaiblissement;* je signalerai en particulier les travaux intellectuels prolongés (vous entendrez souvent parler de la gastralgie chez les hommes de lettres). Les fatigues physiques, par l'intermédiaire de l'anémie qui en est la conséquence, agissent indirectement sur l'estomac et favorisent le développement de la névralgie gastrique. Ces diverses influences débilitantes agissent avec d'autant plus d'énergie qu'elles forcent l'appareil digestif à fonctionner outre mesure pour réparer les pertes subies par l'organisme : c'est un excès de travail qui retentit douloureusement sur l'estomac. De ces différentes causes, il faut rapprocher les *excès vénériens*, qui jouent un rôle considérable, surtout chez l'homme, où ils constituent une grande cause de gastralgie ; peut-être y a-t-il aussi une action sympathique.

Les *ingesta* ont, dans l'étiologie de cette affection, une influence réelle mais variable suivant leurs propriétés plus ou moins irritantes et aussi suivant leur quantité. C'est ainsi que les alcools, le café, le thé, les épices, les aliments très-chauds ou très-froids exercent sur la muqueuse gastrique une action plus ou moins manifeste ; de même, l'ingestion en quantité excessive d'aliments faciles et, à plus forte raison, difficiles à digérer, ou incomplètement mâchés, produira, par suite de la distension stomacale, une gastralgie souvent très-pénible. D'ailleurs il existe ici, comme pour un grand nombre d'affections provoquées, des idiosyncrasies singulières qui font qu'un individu, bien portant du reste, éprouvera régulièrement un accès de gastralgie après avoir fait usage de tel ou tel aliment.

Notons encore, avant de quitter le rôle des ingesta, l'influence nocive de *certains médicaments* mal tolérés par la muqueuse stomacale, et en particulier des balsamiques, du sulfate de quinine, de l'iodure de potassium, dont l'emploi prolongé suffit chez certains sujets pour faire naître des douleurs gastriques.

La gastralgie peut encore se rencontrer dans un grand nombre d'états morbides. Elle est un accident fréquent dans le cours de l'*anémie*, quelle qu'en soit la cause ; mais c'est surtout dans l'anémie consécutive aux pertes sanguines, et plus particulièrement aux hémorrhagies puerpérales, qu'on la rencontre ; la grossesse d'ailleurs lui donne souvent naissance. La névralgie de l'estomac est extrêmement commune dans la *chlorose,* dont elle constitue assez ordinairement un des symptômes indicateurs les plus précieux.

C'est pour l'*hystérie* que la gastralgie est un accompagnement presque obligé : et n'oubliez pas que je parle de l'hystérie sous toutes ses formes, et notamment de l'hystéricisme dans le cours duquel les crampes d'estomac ne manquent presque jamais. Ici, le plus souvent, la cause est complexe, la chlorose intervenant pour sa part dans la production des symptômes douloureux dont l'estomac est le siége. L'état nerveux, l'hypochondrie, donnent assez fréquemment naissance à la gastralgie ; il est bon toutefois de noter que l'hypochondrie est au contraire souvent consécutive aux accès gastralgiques.

Signalons encore les *affections utérines* ; ces affections, ainsi que la grossesse, agissent-elles simplement par sympathie ? Et ne doit-on pas aussi tenir compte de l'anémie et de la perturbation nerveuse qu'elles entraînent si souvent à leur suite ?

Les *affections intestinales*, en particulier l'helminthiase, ou pour mieux dire la présence du tœnia (suivant certains auteurs), détermineraient parfois, par action réflexe, des accès de névralgie stomacale : cette étiologie est discutable. Il n'en est pas de même des affections pulmonaires, et spécialement de la *phthisie*, dont l'importance est capitale. La gastralgie, aussi bien que la dyspepsie, est souvent en effet un des premiers symptômes de la tuberculose : elle s'accompagne ordinairement de troubles dyspeptiques, et diffère d'ailleurs de la gastrite chronique, laquelle survient plutôt dans la période ultime de la maladie, lorsque la cachexie est déjà avancée. En réalité, la tuberculose est la seule diathèse qui possède cette action pathogénique, car la *goutte* a sur l'estomac une influence très-diversement appréciée. Je vous ai déjà signalé ces faits au sujet des gastrites : n'oubliez pas que la goutte occasionne fréquemment des troubles dyspeptiques, mais il n'est pas absolument démontré qu'elle puisse donner lieu à des accès de gastralgie pure et simple. Quant à moi, je pense que l'on a parfois décrit comme accès de gastralgie goutteuse des cas de lithiase biliaire et de coliques hépatiques frustes.

Je ne puis terminer l'énumération, bien incomplète encore, des maladies dans lesquelles la gastralgie constitue un épiphénomène, sans mentionner les affections chroniques de la moelle, et tout particulièrement l'*ataxie locomotrice progressive*, où les accès de douleurs stomacales peuvent constituer les seuls troubles fonctionnels du début de l'affection et caractérisent ainsi une forme toute spéciale dite gastralgique.

Rarement enfin la névralgie de l'estomac se montre dans le cours des *fièvres intermittentes* : on peut cependant la voir constituer toute la symptomatologie d'un accès fébrile et devenir le type d'une forme pernicieuse de la maladie.

La *gastralgie symptomatique* d'une affection de l'estomac se rencontre dans l'ulcère simple et dans le cancer; mais n'allez pas croire que cette interprétation soit universellement acceptée : certains pathologistes veulent voir dans ces accès de douleurs et dans les affections gastriques la succession ou la coïncidence de deux maladies bien différentes. D'autres contestent la nature véritablement gastralgique des accès douloureux observés dans les affections de l'estomac et les considèrent comme une simple souffrance qui serait essentiellement différente de la névralgie stomacale; cette distinction me paraît trop subtile, car la réalité de cette gastralgie symptomatique est indéniable.

Le symptôme essentiel de cet état morbide, celui qui devrait être seul étudié, si l'on s'en tenait au sens précis du mot, c'est la *douleur gastrique*. Ce phénomène peut, en effet, exister seul et constituer toute la maladie, mais c'est un fait rare ; bien plus ordinairement, il est associé à divers symptômes, et en particulier à des troubles digestifs : il existe un état complexe qui tient soit à la gastralgie elle-même, soit à la cause qui l'a produite.

Le *siège* de la douleur est, d'une façon générale, l'épigastre ; toutefois il existe des variations, admises plutôt théoriquement, en sorte que l'on décrit la douleur pylorique, la cardialgie ; mais ces localisations n'ont rien d'absolu. D'habitude, les malades accusent des irradiations dans la région dorsale, dans la région rétro-sternale ; parfois, la douleur se développe en ceinture autour de la base du thorax : il s'agit souvent alors d'une névralgie intercostale associée, concomitante. Vous reconnaissez là les symptômes douloureux que nous avons étudiés dans les diverses affections de l'estomac.

Les caractères de la douleur stomacale varient selon les circonstances et selon les sujets. Tantôt il existe un sentiment de poids épigastrique accompagné d'une sensation pénible de ballonnement, bien qu'il puisse n'y avoir aucun tympanisme stomacal. Tantôt et plus souvent, le patient éprouve des douleurs atroces, comparées à celles que produiraient une déchirure, une brûlure. D'autres fois, ce sont des picotements, des élancements extrêmement pénibles : la douleur peut être tellement vive qu'elle va jusqu'à causer la syncope ou même le délire (Schmidtmann). Les impressions ressenties par le malade sont quelquefois des plus bizarres ; ici c'est une sensation de piqûres innombrables comparées à celles que feraient des fourmis (formication), là une sorte de reptation douloureuse, en rapport probablement avec les contractions musculaires de l'estomac. Ces variétés, qui peuvent différer à l'infini, se combinent le plus ordinairement, se remplacent ou se succèdent pendant les crises gastralgiques.

La douleur, quelle qu'en soit la forme ou l'intensité, est spontanée et se montre sous forme d'*accès ;* en outre, elle est réveillée ou provoquée par la pression sur l'épigastre : ces diverses circonstances occasionnelles ont une importance très-grande pour la diagnose. Il est un fait capital, souvent pathognomonique, c'est que l'invasion des accès douloureux n'a pas de rapports avec les ingesta, sous l'influence desquels la douleur augmente très-rarement, pendant la crise gastralgique ; je le répète, cette coïncidence est tout à fait exceptionnelle, et encore devrez-vous toujours vous tenir en garde quand elle se produit. Nous allons voir bientôt que ces exacerbations douloureuses se présentent surtout quand les vomissements surviennent ; or les vomissements sont inconstants.

La *pression*, elle aussi, lorsqu'elle est légère, peut

réveiller l'accès gastralgique : au contraire, exercée énergiquement, mais sur une large surface, elle soulage habituellement la douleur. Ce détail est très-important pour le diagnostic, car vous vous rappelez combien est pénible la compression de l'épigastre dans le cancer et dans l'ulcère rond.

Parmi les symptômes qui accompagnent la gastralgie et qui relèvent d'elle, nous devons noter en première ligne les *vomissements*. Il se passe dans l'estomac un phénomène facile à concevoir, et qui consiste dans l'excitation simultanée ou consécutive des fibres sensitives et des fibres motrices; en même temps que la douleur s'éveille, se produisent les contractions des parois stomacales, puis, par une action réflexe, celles des muscles abdominaux. Le mécanisme de ces contractions musculaires dans la gastralgie est donc absolument comparable à celui du spasme facial, du tic douloureux dans le cours de la névralgie faciale. Il importe que vous le sachiez, les vomissements ne constituent pas la règle, et bien souvent tout se borne aux crampes douloureuses de l'estomac ; parfois cependant les vomissements sont répétés, et même incoercibles : aucun aliment, aucun liquide n'est toléré ; c'est à peine si des fragments de glace peuvent être gardés par l'estomac. Dans ces cas, il est bien souvent légitime d'attribuer à une même cause, l'hystérie par exemple, les accès douloureux et les vomissements.

Un caractère intéressant de ce dernier symptôme dans la gastralgie pure et simple, c'est que les efforts violents et le rejet du contenu stomacal se produisent sans nausée véritable, sans aucun dégoût. L'*appétit* est en effet habituellement conservé, quelquefois même augmenté (boulimie); mais c'est surtout pour les aliments demi-liquides que l'appétence est le plus marquée : la soif est toujours plus ou moins vive. Quelquefois il existe une véritable perversion de l'appétit, un goût désordonné pour des aliments excitants, poivre, fruits aigres, etc. (*malacia*), ou pour des substances étrangères à l'alimentation (*pica*) : ces diverses modifications morbides de l'appétit sont encore, comme les vomissements, imputables moins à la gastralgie qu'à l'hystérie.

Il existe fréquemment des *renvois* gazeux, nidoreux, des régurgitations muqueuses, autant de phénomènes qui se rattachent en partie au ballonnement, à la tympanite gastrique. Signalons enfin la pyrosis ou régurgitation acide; mais ce symptôme n'appartient pas en propre à la gastralgie; nous le retrouverons quand nous nous occuperons de la dyspepsie.

L'*état général* est remarquable par une complète apyrexie. Pendant l'accès douloureux, le pouls est d'ordinaire petit, serré; on aurait même trouvé des intermittences; en même temps, les extrémités des membres sont froides.

L'*anémie* est de règle, qu'elle soit la cause ou l'effet de la gastralgie; aussi les malades se plaignent-ils presque toujours de quelques accidents secondaires, notamment de palpitations, d'éblouissements, de tintements d'oreilles; l'aménorrhée, la leucorrhée, se rencontrent aussi assez souvent. L'interprétation de ces phénomènes est difficile, et leur cause primordiale échappe le plus souvent.

Quant à la *cachexie* admise par quelques auteurs, il faut s'en défier : la gastralgie, en effet, ne conduit pas à la cachexie; tout au plus amène-t-elle l'amaigrissement, et seulement lorsqu'il existe des vomissements répétés; encore est-il que, même dans cette occurrence, l'émaciation n'est pas constante. Vous n'en serez pas étonnés si vous vous rappelez ces femmes hystériques qui vomissent continuellement sans maigrir.

Quant aux syncopes, aux lipothymies, aux battements épigastriques, et même à la boule hystérique, c'est ailleurs qu'il faut chercher la cause de ces accidents; la gastralgie n'est en effet alors qu'un épiphénomène, un symptôme concomitant, prédominant peut-être, mais rien de plus : l'hystérie est le véritable facteur de ces divers phénomènes.

La MARCHE de l'affection est subordonnée à la cause qui l'a fait naître. On peut admettre *deux formes* de gastralgie, la forme aiguë ou rapide, et la forme chronique.

La *gastralgie aiguë* s'annonce par un début brusque, violent; une douleur d'une intensité extrême, vraiment atroce, s'irradiant dans les régions voisines, se manifeste tout à coup : la face est pâle, anxieuse ; les traits sont contractés, ils expriment la souffrance. Le malade pousse parfois des soupirs, des plaintes, des cris continuels : il est en proie à une agitation extraordinaire, ne peut rester en place, se courbe en deux pour calmer la douleur, appuie avec force ses deux poings sur la région épigastrique, ou bien au contraire ne peut supporter le moindre attouchement, le contact du plus léger vêtement sur l'abdomen. Assez souvent, vous voyez alors survenir, aussi violents, aussi inattendus que la douleur elle-même, des vomissements très-douloureux, car l'estomac ne peut tolérer la moindre substance alimentaire, la plus petite goutte de liquide. Plus rarement, au contraire, l'accès, surtout lorsqu'il est léger, se calme aussitôt après l'ingestion d'une petite quantité d'aliments. Enfin la douleur disparaît complètement, même dans les formes intenses ; d'ailleurs, au milieu de tous ces phénomènes nerveux, vous constaterez toujours l'apyrexie la plus complète.

La *durée* de l'accès gastralgique est variable, de quelques heures à quelques jours : la terminaison en est toujours favorable ; souvent la *guérison* s'annonce par un phénomène véritablement critique, l'évacuation abondante de gaz ou d'urines, en particulier chez les hystériques. Quelquefois la convalescence est longue, l'estomac reste sensible, capricieux, pendant un certain temps ; enfin les récidives ne sont pas rares.

La *gastralgie chronique* peut s'établir de deux façons. Tantôt elle est consécutive à des accès aigus, à répétition fréquente; mais ces faits doivent être examinés très-attentivement, car l'erreur est possible : elle est même facile, la colique hépatique, comme nous le verrons bientôt, étant souvent confondue avec les accès de gastralgie. Cependant cette forme chronique consécutive à une série d'accès aigus s'observe quelquefois.

Tantôt, au contraire, l'état chronique existe d'emblée. La douleur est alors moins violente, et, d'ordinaire, elle persiste, modifiée de temps en temps par une suite d'exacerbations et de rémissions plus ou moins longues, avec ou sans cause appréciable ; quelques retours aigus d'une grande intensité sont assez habituels. Dans ces circonstances, la durée de la maladie se compte non par semaines, mais par mois et par années.

Chez certains malades, les crises gastralgiques cessent pendant un laps de temps parfois très-long, puis reparaissent et continuent pendant une période de durée variable. Enfin la guérison survient assez souvent, parce que la névralgie cède le pas à d'autres manifestations produites par la même cause ; d'autres fois cependant la disparition des accès est complète, absolue.

Le PRONOSTIC est entièrement subordonné aux circonstances étiologiques qui ont fait naître la gastralgie, comme aussi à la forme et à la durée des accès douloureux, surtout à l'existence de vomissements plus ou moins fréquents et opiniâtres. Enfin il faut toujours craindre que cette affection essentielle en apparence, même pendant un long temps, ne soit en réalité symptomatique d'une affection organique de l'estomac; chez la femme en particulier, l'ulcère rond s'annonce souvent par une période plus ou moins longue, pendant laquelle la gastralgie constitue le symptôme prédominant.

Deux points importants de DIAGNOSTIC doivent être résolus successivement : il faut établir l'existence de la gastralgie, et ensuite en rechercher la cause. Voyons d'abord quelles sont les maladies avec lesquelles la confusion est possible.

Il existe une affection douloureuse de la région épigastrique, l'*épigastralgie*, qui consiste soit en une névralgie intercostale, soit en un rhumatisme musculaire (Briquet), et qui ressemble beaucoup à la gastralgie véritable. Le siége précis de la douleur, qui est toujours plus ou moins superficielle, a beaucoup d'importance. Quant à la *névralgie intercostale*, l'exagération constante des phénomènes douloureux par la pression, les irradiations et les points névralgiques que l'on retrouve en avant (vers le bord externe du muscle grand droit), enfin l'existence d'une douleur au niveau des apophyses épineuses (Trousseau) suffiront au diagnostic dans tous les cas; ajoutez à cela l'absence de troubles digestifs, qui au contraire dans la gastralgie manquent rarement d'une façon absolue. Quant à l'étude des causes, il n'y faut pas trop compter, car l'étiologie peut être la même dans l'une comme dans l'autre affection.

Une erreur de diagnostic bien plus commune consiste à méconnaître un accès de *colique hépatique*. L'absence de l'ictère et de la coloration spéciale des urines, soit dans le cours de l'attaque actuelle, soit à la suite des attaques antérieures (l'accès de colique restant léger ou incomplet), est souvent la cause de cette méconnaissance. Mais il ne faut pas oublier que, dans la colique hépatique, le moment d'apparition de la douleur est assez régulier, variant de deux à quatre heures après le repas, qu'il existe des vomissements souvent bilieux pendant l'attaque même, que le siège de la douleur se trouve moins à l'épigastre qu'à l'hypochondre droit; son irradiation possible dans l'épaule droite est également un symptôme de réelle importance; rappelez-vous en outre que la pression sur les régions douloureuses, que la percussion pratiquée au niveau du foie, exagèrent les souffrances; cette exploration permettra d'ailleurs de constater que la matité hépatique est ordinairement accrue.

Je vous signalerai seulement pour mémoire les *coli-*

ques néphrétiques ; le lieu où se fait sentir la douleur avec ses irradiations toutes spéciales, la rétraction du testicule, enfin les troubles de la sécrétion urinaire, tout diffère absolument.

La *gastrite aiguë* peut être confondue avec l'accès de *gastralgie*. L'étude attentive de la fièvre, la continuité et l'acuité progressive de la douleur toujours exagérée par la pression, enfin l'état de la langue et la perte absolue de l'appétit permettront de différencier les deux affections.

La *gastrite chronique* se reconnaîtra d'ordinaire assez aisément. La douleur est moins intense que dans la gastralgie, mais plus continue, plus sourde; elle apparaît d'ordinaire au moment des repas, et la pression sur l'épigastre l'exagère toujours. Les troubles digestifs sont constants, chroniques, au vrai sens du mot; enfin, les vomissements sont fréquents, journaliers, faciles, et non-seulement alimentaires, mais encore muqueux, pituiteux, parfois bilieux et même hématiques (lorsqu'il existe des érosions).

Les souffrances si pénibles, souvent atroces, auxquelles donne lieu l'*ulcère simple*, s'accompagnent de vomissements caractéristiques, parfois sanglants, toujours fort pénibles et en rapport avec l'ingestion des aliments; enfin la douleur épigastrique occupe un point fixe, limité à l'appendice xiphoïde. Cette diagnose sera quelquefois très-difficile, car l'ulcère simple et même le cancer de l'estomac peuvent s'accompagner de véritables accès de gastralgie. Il va sans dire que, dans ce cas, ce n'est pas la douleur elle-même, mais bien l'étude des troubles fonctionnels, qui permettra de formuler une opinion définitive.

Le diagnostic de la *cause* nécessite une analyse minutieuse de tous les symptômes, et notamment des troubles digestifs, ainsi que de l'état général du sujet. Recherchez toujours avec le plus grand soin l'existence d'autres symptômes nerveux qui pourront être l'indice d'un *état hystérique* encore mal dessiné.

Des accès violents, extrêmement pénibles, survenant tout à coup et sans cause appréciable, chez des individus d'ailleurs bien portants en apparence, peuvent être le premier indice révélateur d'une maladie de la moelle, l'*ataxie locomotrice* progressive.

Méfiez-vous aussi des gastralgies qui ont un retentissement considérable sur tout l'organisme : craignez alors, surtout chez un sujet jeune, la tuberculose pulmonaire, peut-être encore latente, mais qui est susceptible d'évoluer rapidement.

Je ne vous ai pas encore parlé du *siége de la gastralgie*, parce que je préférais vous faire en même temps connaître les particularités cliniques qui s'y rattachent. D'après Romberg, la gastralgie occupe tantôt le pneumogastrique et tantôt le plexus cœliaque : les symptômes seraient différents dans les deux cas. La névralgie du pneumogastrique se reconnaîtrait aux sensations syncopales, à la tendance aux lipothymies; il existerait en outre une constriction du pharynx et de l'œsophage, une sensation de brûlure œsophagienne, avec ou sans pyrosis; on noterait aussi l'exagération de la sensation de la faim, avec ou sans satiété rapide. Quant à la forme commune de la gastralgie, elle appartiendrait spécialement à la névralgie du plexus cœliaque. Il me paraît inutile d'insister longuement sur ces signes différentiels, dont la valeur est fort douteuse.

La première indication à remplir dans le TRAITEMENT des accès gastralgiques est de *calmer la douleur :* vous savez déjà quels sont les meilleurs moyens d'y parvenir, puisque je vous les ai fait connaître à propos du traitement de l'ulcère simple, du cancer, de la gastrite. Les calmants administrés à l'intérieur, sous forme de potions, ou dilués dans une petite quantité de véhicule (six à vingt gouttes de laudanum de Sydenham, trois à dix gouttes noires anglaises données dans un peu d'eau), seront utiles au moment des accès; mais lorsque la douleur est intense, lorsque surtout les vomissements empêchent l'absorption des médicaments, n'hésitez pas à recourir aux injections hypodermiques de morphine ou même, mais avec de grandes précautions, aux injections d'atropine. La persistance des vomissements pendant l'accès aigu commandera une diète absolue, ainsi que l'emploi de la glace en petits morceaux et de la potion anti-émétique de Rivière, qui sera donnée par cuillerées à café toutes les demi-heures ou tous les quarts d'heure.

L'accès une fois calmé, ne cessez pas brusquement l'emploi des narcotiques : vous prescrirez dans ce cas avec avantage, pendant quelques jours, quatre à huit gouttes de laudanum ou deux à quatre gouttes noires anglaises au commencement de chaque repas.

Dans le cas de névralgie chronique, c'est au régime lacté que vous devrez recourir de préférence.

Enfin le traitement de la *cause* ne doit pas être oublié. En ce qui concerne la chlorose et l'anémie, l'usage des ferrugineux a été diversement apprécié, prôné par les uns outre mesure, accusé par les autres de provoquer les crises gastralgiques. La vérité est entre ces deux opinions extrêmes : il faut employer les martiaux qui sont réellement utiles contre l'état anémique et par suite contre la gastralgie, qui en est un des symptômes ; mais ne croyez point que vous obtiendrez toujours ainsi la guérison des accès douloureux. Vous aurez soin surtout de ne pas exagérer les doses du médicament, afin d'obtenir la tolérance de l'estomac : vous y parviendrez en employant soit un sel soluble tel que le tartrate ferrico-potassique, soit une poudre comme le sous-carbonate de fer. Rien n'empêche d'ailleurs de donner concurremment (au moins pendant plusieurs jours) quelques gouttes de laudanum. Il sera bon d'associer aux ferrugineux la poudre de rhubarbe, qui offre l'avantage d'empêcher la constipation.

Alors même que la gastralgie n'est pas le fait de la chlorose ou de l'anémie, l'*hydrothérapie* constituera un des moyens les plus précieux que vous ayez à votre disposition; dans les gastralgies liées à l'hystérie ou à l'état hypochondriaque, l'emploi de l'eau froide sera toujours plus utile que tous les antispasmodiques trop souvent prescrits sans résultats efficaces; vous aurez soin, bien entendu, d'exiger des malades la continuation de ce traitement pendant un temps suffisant, deux ou trois mois au moins, et vous en ferez reprendre l'usage au moindre retour des accès douloureux.

TRENTE-SIXIÈME LEÇON

DE LA DYSPEPSIE

La dyspepsie est un *état morbide* caractérisé par la lenteur et la difficulté de la digestion. Cette définition, vous le voyez, est uniquement symptomatique : c'est qu'en effet, la dyspepsie n'est véritablement qu'un symptôme survenant à titre de trouble fonctionnel, soit pendant l'évolution d'une maladie de l'estomac, soit dans le cours ou à la suite d'une maladie générale.

La dyspepsie n'est donc pas une entité morbide. Il faut bien le dire, nous restreignons beaucoup aujourd'hui ces prétendus êtres de raison, et la dyspepsie en particulier, phénomène commun à une foule d'affections des plus diverses, ne possède aucune consécration, soit anatomo-pathologique, soit étiologique, soit même pathogénique.

Ce n'est pas à dire toutefois que de vains efforts n'aient été tentés tout récemment encore dans cette voie : on a voulu faire de la dyspepsie une *névrose*, ou encore une affection des glandes de l'estomac. Si l'on veut l'envisager comme un symptôme en connexion intime avec les maladies nerveuses, cette assertion est très-admissible; mais si l'on prétend lui créer un cadre spécial, en faire une entité pathologique, on dépasse évidemment les bornes légitimes. Quant à la considérer comme une *affection chronique des glandes de l'estomac*, c'est faire double emploi avec ces dernières lésions qui appartiennent à la gastrite chronique. Ce reproche peut être notamment adressé au travail d'ailleurs si remarquable publié par M. Luton dans le *Nouveau dictionnaire de médecine et de chirurgie pratiques* [1].

Ainsi donc, la dyspepsie n'est pas une maladie caractérisée par une lésion anatomique; c'est un symptôme, et c'est à ce titre seul que nous devrons l'envisager. Cette manière de voir nous permettra d'en tracer une étude sémiotique, comme nous l'avons fait pour l'hémorrhagie stomacale, comme nous le ferons bientôt pour les vomissements.

On a cru pouvoir diviser les dyspepsies en deux formes bien distinctes : la dyspepsie *aiguë*, qui ne serait autre que l'indigestion (Chomel), et la dyspepsie *chronique*. Mais la dyspepsie aiguë n'est qu'un fait accidentel, sans

---

1. Les considérations précédentes sont de tout point applicables à deux autopsies rapportées par M. le Dr Leven dans son très-intéressant *Traité des maladies de l'estomac*.

gravité, sans ressemblance avec la dyspepsie vraie, laquelle est de sa nature essentiellement chronique.

Les CAUSES de la dyspepsie sont extrêmement nombreuses, et l'on peut dire, d'une façon générale, que la plupart des maladies qui retentissent sur l'appareil digestif (par conséquent la plupart des affections chroniques) peuvent en favoriser ou en déterminer l'apparition. Et d'abord remarquez combien sa fréquence est extrême, puisque Chomel va jusqu'à dire qu'elle se rencontre dans le cinquième des maladies. Tous les *âges* en sont tributaires, mais non pas à un égal degré : rare chez l'enfant et même pendant l'adolescence, elle se développe surtout chez l'adulte et le vieillard. Le sexe n'offre rien de bien particulier à noter : peut-être cependant la dyspepsie serait-elle plus commune chez la femme, en vertu de l'influence indéniable des affections nerveuses sur le développement de cet état morbide ; mais la plus grande fréquence de l'alcoolisme chez l'homme rétablit à peu près la balance.

Il nous faut grouper en ordre les différentes causes de la dyspepsie. Une première classe comprend les diverses *maladies de l'estomac :* vous les connaissez déjà ; aussi serai-je bref sur ce chapitre. Les affections chroniques de ce viscère, la gastrite chronique, et plus particulièrement celle des buveurs, l'ulcère simple, le cancer et la dilatation s'accompagnent très-ordinairement, je dirais presque inévitablement, d'un état dyspeptique plus ou moins accusé.

A côté de ces maladies gastriques proprement dites, nous devons placer des conditions morbides qui sont une conséquence du fonctionnement exagéré ou irrégulier de l'estomac. Tantôt c'est la *quantité* trop considérable *des ingesta* qui est la cause de la dyspepsie, comme on le voit assez fréquemment chez les gros mangeurs, et surtout chez les grands buveurs, sans toutefois qu'il y ait d'autres symptômes de gastrite; il faut néanmoins déjà tenir compte de cette condition nouvelle, la qualité des substances ingérées. Tantôt, en effet, il s'agit tout simplement de la *qualité* des aliments, de l'abus des condiments irritants, les épices, les acides; ou encore des viandes, des féculents, des sucreries pris trop souvent d'une façon exclusive. Tantôt enfin, certains ingesta ont le fâcheux privilége d'occasionner les désordres de la digestion : de là certaines formes connues sous le nom de dyspepsie des féculents, de dyspepsie des viandes, etc. Inversement, l'*inanisation progressive*, dans quelque condition qu'elle se présente, détermine fréquemment un état dyspeptique des plus sérieux, et qui nécessite de grandes précautions dans la reprise de l'alimentation normale. Rappelez-vous, par exemple, l'histoire des naufragés de la *Méduse :* trois sur quinze succombèrent après leur délivrance pour n'avoir pas voulu tenir compte de cette indispensable modération.

Parfois encore, la quantité et la qualité des aliments demeurant parfaitement normales, la dyspepsie se développe, occasionnée par un fait qui paraît, au premier abord, de bien minime importance : je veux parler de l'*irrégularité des heures de repas*. Vous rencontrerez certainement des cas dans lesquels c'est la seule cause vraie d'un état pathologique extrêmement pénible : vous voyez aussitôt quelles conséquences thérapeutiques on peut tirer de ces faits. Chez le nouveau-né, les tétées trop rapprochées, trop prolongées, mal réglées, produisent sinon la dyspepsie, au moins certains troubles digestifs qui peuvent devenir la source d'accidents graves.

La *fatigue*, quelle qu'en soit la cause (qu'il s'agisse de lassitude intellectuelle à la suite de travaux prolongés, ou de fatigue physique, ou encore d'insomnies par suite de chagrins, de préoccupations, etc.), aboutit souvent au même résultat. La dyspepsie est alors fréquemment le fait d'une rupture d'équilibre entre les recettes et les dépenses de l'organisme, mais quelquefois aussi la conséquence du fonctionnement exagéré d'un appareil à qui l'on a trop demandé.

Comment agissent toutes ces causes fonctionnelles? Est-ce en viciant les sécrétions de l'estomac? S'agit-il d'un suc gastrique incomplet, imparfait? N'est-ce pas plutôt une sécrétion insuffisante de ce liquide indispensable à une digestion normale? Ce sont là des hypothèses auxquelles il n'est pas actuellement possible de donner une solution satisfaisante, mais que rend au moins très-plausible l'action parfois utile des préparations de pepsine. En réalité, nous sommes mal renseignés sur ce sujet, et la physiologie normale et pathologique est encore trop incertaine pour servir de base à une explication précise.

Nous n'avons point terminé l'étude des causes de la dyspepsie, et cependant vous voyez déjà combien cet état morbide, quoique fréquent, reste vague, incertain, puisque, dans les formes qui se rattachent uniquement aux troubles des fonctions gastriques, nous en sommes absolument réduits à de simples hypothèses.

Dans un autre groupe de causes, nous comprendrons les dyspepsies consécutives à une affection soit de l'un des annexes du tube digestif, soit même d'un des viscères de l'abdomen.

En première ligne, signalons les *maladies du foie*. On peut dire d'une façon générale que toutes les affections hépatiques réagissent plus ou moins sur les fonctions de l'estomac; d'ailleurs, c'est quelquefois la même cause qui frappe simultanément le foie et l'estomac, soit dans leur fonctionnement physiologique, soit dans leur état anatomique; pour n'en citer qu'un seul exemple, je vous rappellerai la coïncidence fréquente de la cirrhose hépatique et de la gastrite chronique, du cancer du foie et de celui de l'estomac. Parfois cependant, la dyspepsie ne peut être attribuée qu'à l'affection hépatique, l'estomac restant indemne : c'est ce qui a lieu par exemple dans certains cas de lithiase biliaire.

Les différentes *affections du pancréas, de l'intestin*, retentissent moins évidemment sur l'estomac et causent, en conséquence, moins fréquemment la dyspepsie; ou, pour mieux dire, les maladies de ces organes déterminent une forme particulière, la dyspepsie intestinale. On a même décrit une dyspepsie iléo-cœcale (Bachelet); nous verrons plus tard ce qu'il en faut penser.

Un certain nombre d'affections viscérales donnent lieu à des troubles de la fonction gastrique : parmi ces dyspepsies, que l'on pourrait appeler *sympathiques*, il n'en est peut-être pas de plus fréquentes que celles qui se rattachent aux *maladies utérines*. Les simples troubles fonctionnels de l'utérus, depuis l'aménorrhée, la dysménorrhée, jusqu'aux ménorrhagies, peuvent occasionner des dyspepsies très-rebelles. Toutefois, il faut prendre bien garde que les troubles digestifs, survenant dans le cours d'une affection utérine, sont bien souvent, comme cette dernière, symptomatiques soit d'une altération du sang, telle que l'anémie ou la chlorose, soit même d'une diathèse plus ou moins latente. Quant aux diverses métrites, surtout à forme chronique, quant aux déviations de l'utérus, aux phlegmasies péri-utérines, elles s'accompagnent presque régulièrement de troubles dyspeptiques.

Ensuite doivent prendre place, dans la longue série des causes de la dyspepsie, les *affections urinaires*. Je ne vous parle pas ici de la néphrite albuminurique (car la dyspepsie qui l'accompagne peut, vous le savez, être passible d'une autre explication), mais bien des maladies de la vessie, des vieilles cystites catarrhales, ainsi que des affections chroniques de l'urèthre [1].

Je rapprocherai de ces intoxications urémiques et urinémiques les divers empoisonnements et en particulier l'alcoolisme et le saturnisme; qu'il me suffise de vous dire que l'on pourrait discuter longuement sur la pathogénie des phénomènes dyspeptiques observés dans ces circonstances.

Dans les *maladies générales*, la dyspepsie est très-habituelle, mais elle se montre de préférence dans certaines d'entre elles, notamment dans celles où existe une modification pathologique de la constitution du sang (dyspepsies dyscrasiques de M. le professeur Vulpian). C'est ainsi que, dans tout le groupe des *anémies*, les troubles dyspeptiques sont très-importants, ainsi que l'a bien montré M. le professeur Sée; ils constituent en particulier un symptôme fréquent des diverses anémies post-hémorrhagiques et de la convalescence des maladies fébriles graves. Dans ces circonstances, l'estomac

---

1. M. le professeur Guyon a fait une étude spéciale (*Revue mensuelle*, 1878) des troubles digestifs qu'il considère comme une des principales manifestations de l'empoisonnement urineux chez les sujets atteints d'une affection des voies urinaires.

fonctionne mal, soit que ses sécrétions se produisent d'une façon insuffisante, soit encore parce que l'organisme lui demande un travail exagéré pour pouvoir subvenir à la reconstitution des divers tissus et notamment du système musculaire.

De même, la *chlorose* s'annonce souvent par une dyspepsie rebelle. La *grossesse*, dans le cours de laquelle les fonctions digestives sont si habituellement troublées, peut être également rapprochée de ces diverses anémies; toutefois, à vrai dire, il s'agit, dans la grossesse, bien moins de dyspepsie que de vomissements. Enfin, le scorbut, la leucémie, la cachexie paludéenne, s'accompagnent tôt ou tard de troubles dyspeptiques plus ou moins graves.

Je dois vous signaler encore toutes les *diathèses*, et en particulier la tuberculose, dont la dyspepsie est parfois l'un des premiers symptômes, puis la goutte, dans la symptomatologie de laquelle les troubles gastriques tiennent une si large place. Il faut citer encore le cancer, plus rarement la scrofule, et aussi l'herpétisme (Trousseau). Il faut enfin rapprocher de ces affections diathésiques la syphilis elle-même, qui, ainsi que Trousseau et M. Alf. Fournier en rapportent des exemples, peut se compliquer d'un état dyspeptique plus ou moins tenace.

On a voulu faire intervenir les *maladies générales fébriles* dans l'étiologie des dyspepsies. Je rejette absolument cet ordre de causes, convaincu que je suis que

M. Gendrin, et après lui M. Luton, ont établi là une confusion regrettable entre l'embarras gastrique, l'état gastrique des maladies fébriles et la dyspepsie.

Les *névroses*, par contre, constituent une série de causes inconstestables; depuis l'*état nerveux*, l'*hystérie*, jusqu'à l'*hypochondrie*, toutes ces affections déterminent souvent la dyspepsie vraie et en seraient même une complication, suivant certains auteurs, Beau en particulier. Quant à l'épilepsie, je ne crois pas que l'on puisse lui reconnaître une influence pathogénique réelle; tout au plus l'admettrions-nous pour un état morbide mixte, l'hystéro-épilepsie.

Les *affections du système nerveux*, dont le cadre s'élargit chaque jour aux dépens des névroses proprement dites, se compliquent parfois de dyspepsie : telles sont, quoique assez rarement, certaines affections du cerveau et plus fréquemment celles du cervelet (Hillairet); mais il existe une affection médullaire, l'ataxie locomotrice progressive, où la dyspepsie a été observée, les troubles digestifs présentant d'ailleurs dans cette maladie une forme gastralgique extrêmement douloureuse et tout à fait spéciale.

J'aurais encore à vous signaler la dyspepsie des affections cardiaques; ce que je vous en ai dit à propos des gastrites chroniques suffit pour qu'il n'y ait pas lieu d'y revenir.

Telle est la longue énumération des conditions étiologiques de la dyspepsie : elle était absolument nécessaire non pas seulement pour vous faire exactement connaître le degré de fréquence de ces différentes causes, mais encore pour vous permettre de comprendre la grande diversité que va vous présenter le tableau symptomatique.

C'est qu'en effet les SYMPTÔMES qui caractérisent la dyspepsie sont fort différents, d'une part selon les causes qui lui donnent naissance, et d'autre part suivant les formes très-nombreuses que la dyspepsie peut revêtir et qui correspondent à la prédominance de tels ou tels phénomènes.

On peut diviser les symptômes de la dyspepsie en deux groupes, à savoir les troubles fonctionnels et les signes fournis par l'examen des divers organes.

Parmi les *symptômes fonctionnels*, il faut noter les modifications variables de l'*appétit :* d'ordinaire, l'appétit est conservé, ou même augmenté. Assez souvent, il existe un état de boulimie très-remarquable : peu de temps après avoir mangé, le malade éprouve une sensation singulière de vacuité gastrique, et la faim se réveille aussitôt. Il n'est pas rare que l'on constate alors les bizarreries les plus étranges, et en particulier le pica, la malacia, dont je vous ai déjà fait connaître les caractères à propos de la gastralgie.

Parfois, au contraire, l'appétit est diminué : c'est ce qui a lieu dans la dyspepsie symptomatique de quelques affections de l'estomac; c'est encore ce que vous observerez dans les maladies chroniques, la tuberculose par exemple; mais cette inappétence plus ou moins grande n'est pas, à proprement parler, le fait de la dyspepsie elle-même.

Les *douleurs* d'estomac sont inconstantes; il est absolument exceptionnel que les malades se plaignent d'une gastralgie très-intense, sauf peut-être quelques hystériques ou certaines chlorotiques. On a vu cependant la douleur offrir les caractères de véritables coliques avec tendance à la lipothymie (forme syncopale du Dr Guipon); mais le plus ordinairement la souffrance est légère, vraiment très-supportable, et consiste plutôt en une sensation de pesanteur épigastrique, surtout accusée pendant la période des digestions.

C'est qu'en effet la digestion des aliments ingérés est des plus lentes et des plus pénibles. Le travail désormais difficile de la chymification s'annonce par une série de *sensations variables :* un sentiment de lourdeur, de distension à l'épigastre, souvent un malaise général, des bâillements, des pandiculations, de la somnolence, parfois des hoquets plus ou moins répétés. Il n'est pas très-rare que tous ces symptômes se manifestent uniquement après l'usage de certains aliments. Chomel a même décrit à ce sujet la *dyspepsie des liquides*, les troubles morbides ne survenant qu'après l'ingestion des boissons.

Le travail de la digestion provoque assez souvent une série de phénomènes curieux. Après un temps variable, quelquefois avant la fin du repas, l'abdomen se gonfle à un point extrême : ce *ballonnement* s'accuse d'une façon spéciale, et quelquefois uniquement dans la région épigastrique. Le malade est forcé d'entr'ouvrir ses vêtements; en même temps se produisent des renvois gazeux, des éructations plus ou moins sonores, plus ou moins fréquentes. Ces troubles, qui constituent la *dyspepsie flatulente,* apparaissent, je le répète, un temps variable après les repas; mais, fait important, vous ne les verrez jamais se produire à jeun, pendant la vacuité de l'estomac. Quelle est la cause de ce développement gazeux si rapide? Les uns ont prétendu expliquer ce phénomène par la déglutition pure et simple d'une grande quantité d'air mélangé aux aliments ; mais c'est là un fait rare qui ne se rencontre guère que chez les hypochondriaques. Pour d'autres, il s'agit de la décomposition rapide des aliments, étiologie quelquefois exacte et qui trouve souvent sa raison d'être dans l'ingestion de substances dites flatulentes. Cependant, lorsque la production des gaz est extrêmement rapide, lorsqu'elle se fait en quelques minutes après le repas, comme l'a bien indiqué Trousseau, ce n'est plus à la décomposition des aliments qu'il faut l'attribuer. Chez nombre d'hystériques, par exemple, dès les premières bouchées, vous verrez survenir un ballonnement rapide et excessif de l'abdomen : y a-t-il là une supersécrétion gazeuse ou une paresse des parois musculaires du tube digestif? Nous ne sommes pas encore bien fixés sur ce point; peut-être ces deux ordres de causes interviennent-ils simultanément [1].

Certains dyspeptiques se plaignent de renvois muqueux, d'une gastrorrhée plus ou moins abondante, occasionnant la *pituite*, dont je vous ai déjà parlé. Nous avons étudié en effet les régurgitations muqueuses dans la gastrite chronique, les vomissements aqueux du cancer stomacal : il suffit d'ajouter que les femmes grosses rejettent souvent le matin, au réveil, des matières muqueuses en plus ou moins grande abondance; il en est parfois de même des hystériques. Vous savez combien peu l'on est d'accord sur l'origine de ces liquides plus ou moins visqueux, assez souvent neutres au papier de tournesol, qui, pour certains auteurs, seraient une sécrétion gastrique morbide, et pour d'autres consisteraient dans la salive déglutie pendant le sommeil (Niemeyer). J'ai assez insisté sur ce sujet pour qu'il ne soit plus nécessaire d'y revenir aujourd'hui.

En faisant l'histoire de la gastrite chronique, je vous

---

1. Il résulterait d'un travail récent de M. Leven (*Acad. de médecine*, 1877, et *Traité des mal. de l'estomac*, 1879) que les gaz physiologiquement contenus dans l'estomac et dans les intestins ne seraient pas produits par la décomposition des aliments ingérés : ils proviendraient de l'air extérieur, du sang et des matières fécales. Dans la dyspepsie flatulente, les gaz provenant des trois sources sus-indiquées seraient entraînés dans l'estomac par les contractions de l'intestin (se faisant dans le sens anti-péristaltique) et finalement rendus par la bouche.

ai parlé également des renvois acides ; ces régurgitations, qui font vivement souffrir les malades, constituent un fait important dans la symptomatologie de la dyspepsie ; leur prédominance a permis d'établir une forme spéciale dite *dyspepsie acide*. Assez souvent, les matières rendues sont peu abondantes ; le malade rejette simplement quelques gorgées d'une aigreur extrême, âcres au goût : c'est la *pyrosis*. Ces renvois laissent à leur suite une sensation de brûlure, d'acidité de la gorge et de la bouche, souvent aussi une véritable sensation d'agacement dentaire. Chez quelques sujets, j'ai vu survenir simultanément une contraction pénible de la partie supérieure de l'œsophage et du pharynx ; d'autres fois, mais moins souvent, les liquides sont rendus en grande quantité et à la suite d'efforts de vomissements.

Nous ne sommes pas encore bien édifiés sur la nature de l'acide qui donne naissance à la pyrosis : s'agit-il de l'acide normal du suc gastrique produit en quantité extraordinaire ? Sont-ce des acides (lactique, butyrique, acétique) provenant de la décomposition des aliments ? Bien que ces derniers aient été constatés par l'analyse des matières vomies, il est actuellement impossible de donner à cette question une solution positive.

Dans certaines circonstances, les matières rendues ont une réaction alcaline ; elles possèdent souvent alors une odeur ammoniacale plus ou moins prononcée : c'est chez les urémiques que ce fait a été constaté. Les produits de désassimilation, qui devraient être chassés par le filtre rénal, sont alors éliminés par la muqueuse gastrique; l'urée subit dans l'estomac une décomposition et se transforme en carbonate d'ammoniaque. Dans ces circonstances, vous savez qu'au bout d'un temps plus ou moins long l'inflammation de l'estomac est presque inévitable : aussi comprenez-vous sans peine de quelle importance est pour le diagnostic la connaissance de cette dyspepsie spéciale.

Il est assez ordinaire que les dyspeptiques rendent la totalité ou une partie des aliments qu'ils ont ingérés. Le plus souvent, à la suite de véritables *régurgitations* et sans efforts de vomissements, ils rejettent quelques gorgées de matières alimentaires ; quelquefois ce sont uniquement les dernières bouchées avalées qui remontent ainsi dans le pharynx, et l'on a même vu certains malades chez lesquels le travail de la digestion s'accompagnait d'un véritable *mérycisme*. D'autres fois, mais moins fréquemment, les aliments sont rendus en grande abondance : alors les *vomissements* amènent le rejet presque total des substances ingérées ; chez quelques sujets, vous pourrez constater une sorte de sélection : les féculents, parfois la graisse, seront expulsés de préférence.

Les substances ainsi rejetées par les efforts de vomissements tantôt sont intactes, et tantôt ont déjà subi en partie l'action digestive. D'autres fois, vous pourrez constater un certain degré de fermentation; dans ces circonstances, vous trouverez le plus habituellement dans les matières vomies les spores de la Torula cerivisiæ, ou des sarcines; vous savez déjà quelle est la signification de ces cryptogames, que l'on rencontre presque toujours lorsque l'estomac est chroniquement dilaté. Les aliments peuvent aussi être mêlés à de la bile, ce qui indique une contraction simultanée de l'estomac et du duodénum. Parfois il y a du sang dans les matières vomies : sa présence peut, dans quelques cas rares, être le fait d'une véritable complication, ou bien il s'agira d'une dyspepsie symptomatique.

Quelques symptômes œsophagiens, en particulier le spasme, existent chez les dyspeptiques : quant aux *fonctions intestinales*, elles peuvent être troublées par de la constipation ou de la diarrhée. La constipation est plus fréquente; qu'elle soit la cause (G. Sée) ou l'effet de la dyspepsie, il faut toujours lui accorder une grande attention. La diarrhée, elle aussi, peut être indépendante de la dyspepsie; mais quelquefois, peu de temps après les repas, les matières ingérées passent très-vite dans les selles, où l'on retrouve des substances ayant à peine subi l'action des sucs de la digestion (lientérie). C'est qu'alors les aliments sont arrivés rapidement dans le duodénum sans être attaqués par le suc gastrique, et ils ont été chassés par des contractions hâtives du tube intestinal.

Les signes constatés par l'examen des divers organes présentent un certain intérêt. Vous trouverez la cavité buccale tantôt normale et tantôt enflammée : la salive est ordinairement peu abondante, épaisse, spumeuse (Chomel), et forme sur la face dorsale de la langue comme deux bandes latérales antéro-postérieures. La muqueuse linguale, quelquefois recouverte d'un enduit saburral, est le plus souvent normale : il y a de la sécheresse du pharynx.

L'estomac enfin est très-souvent distendu par un mélange de gaz et de liquides : on entend alors le bruit de *gouglou stomacal,* ou de clapotement, d'une fréquence toute particulière dans la dyspepsie des liquides. La présence d'une grande quantité de gaz est, vous le savez déjà, communément constatée chez les dyspeptiques pendant le travail de la digestion.

L'*état général* participe le plus souvent à ces troubles divers, et vous observez des phénomènes variables, en rapport avec les causes de la dyspepsie. Ici, en effet, l'*aspect extérieur* du malade, l'état de ses forces seront dans une situation normale ou tout au moins satisfaisante; c'est ce qui s'observe dans les cas de dyspepsie peu intense, essentielle.

D'autres fois, au contraire, et bien plus fréquemment, il existe un retentissement général plus ou moins sérieux. C'est alors, comme Beau l'a bien montré, que l'on voit survenir l'*anémie*, soit globulaire, soit albumineuse, soit encore fibrineuse : pour M. le professeur Sée, la perte de l'albumine est le symptôme secondaire le plus journellement constaté. La pâleur de la peau et la décoloration des muqueuses, un affaiblissement général plus ou moins marqué, quelques troubles généraux moteurs ou nerveux : telles sont les conséquences fréquentes de la part qu'a prise l'organisme à l'état de souffrance des fonctions digestives. Un fait important, parce qu'il frappe au premier abord, c'est l'*amaigrissement* du tissu cellulo-adipeux et des muscles eux-mêmes. Ces troubles nutritifs vont d'ordinaire en s'aggravant, et finissent quelquefois par aboutir à un état de cachexie : ils se traduisent d'ailleurs par un certain nombre de symptômes, tels que le refroidissement des extrémités et la sécheresse de la peau : on peut même observer des éruptions cutanées, ainsi que l'a montré M. le professeur Hardy.

Beau avait beaucoup insisté sur l'état des ongles, et en particulier sur l'existence de ce *sillon unguéal* que l'on retrouve après toute maladie grave d'une certaine durée; il va sans dire que ce phénomène ne fait jamais défaut lorsque la consomption dyspeptique est devenue l'expression ultime de ces troubles variés. Parmi les sécrétions, les urines présentent assez fréquemment certaines modifications : elles laissent souvent déposer des sédiments uratiques ou phosphatiques, rarement des oxalates, ce qui est en rapport avec l'intensité des phénomènes de désassimilation.

Certains *troubles circulatoires* se développent chez les dyspeptiques; mais ils ont d'ordinaire leur point de départ dans l'anémie : c'est ainsi que les palpitations sont de règle, de même que l'on constate presque toujours l'existence d'un souffle vasculo-cardiaque. Le pouls, quelquefois accéléré et mou, est plus souvent remarquable par l'énergie de ses battements. Très-fréquemment aussi, les artères superficielles présentent des pulsations visibles : le creux épigastrique est également le siége habituel de battements d'intensité variable : ces divers phénomènes sont en rapport avec l'état nerveux presque toujours si marqué des malades. Toutefois (et c'est un point extrêmement important), l'*apyrexie* la plus complète existe pendant toute la durée de la maladie, sauf dans les cas de complication, de tuberculose pulmonaire par exemple.

Les *troubles respiratoires* se caractérisent par un essoufflement, une dyspnée plus ou moins profonde, qui n'est point produite par une lésion des voies aériennes et qui dépend uniquement de l'anémie. Je dois cependant insister ici sur un signe d'une grande valeur au point de vue du diagnostic : je veux parler de la toux ; cette *toux gastrique* est quinteuse, précédée d'une sensation de picotement laryngé, et ne s'accompagne pas d'expectoration ni de vomissements ; elle pourrait induire en erreur un observateur non prévenu.

Les *troubles nerveux* sont extrêmement fréquents et très-variables dans le cours de la dyspepsie. La *céphalalgie* se montre surtout pendant la digestion : elle se caractérise par une lourdeur de tête, quelquefois par des élancements douloureux. Fréquemment, les dyspeptiques sont en proie à des accès de migraine qui se répètent à de plus ou moins longs intervalles et qui sont habituellement en rapport avec une recrudescence des troubles digestifs. Souvent aussi, ces accès, plus ou moins intenses et plus ou moins complets, s'accompagnent de vomissements.

Les *vertiges* apparaissent chez un grand nombre de malades. Ce vertige stomacal (*vertigo a stomacho læso, seu per consensum ventriculi*) peut être quelquefois le seul symptôme de la dyspepsie (Trousseau). Vous voyez donc quelle en est l'importance diagnostique et thérapeutique ; d'ailleurs ses caractères varient à l'infini. Tantôt le malade a une sensation de gyration, et tous les objets qui l'environnent tournent autour de lui ; tantôt il éprouve lui-même un sentiment de tourbillonnement. D'autres fois, il croit voir la terre s'entr'ouvrir sous ses pieds et un gouffre béant se présenter à ses yeux ; ou bien encore, lorsque le vertige se produit, il lui semble que c'est autour d'un axe vertical ou horizontal qu'il a tourné. Qu'est-ce donc que ce vertige stomacal, qui se manifeste surtout lorsque les sujets quittent subitement la position horizontale pour s'asseoir ou se mettre debout (le matin au réveil par exemple)? Est-il le fait de l'anémie? La chose est possible, tout au moins pour une certaine part. M. Luton croit qu'il y a réellement une sensation anomale, ayant son point de départ dans l'estomac, mais qui serait mal interprétée par l'encéphale. M. Jaccoud admet une perturbation dans l'innervation encéphalique par excitation centriprète des nerfs vagues.

Les *troubles des sens* s'observent chez la plupart des sujets : il existe des éblouissements; des bluettes passent devant les yeux; une obnubilation de la vue se produit parfois, mais jamais une perte totale ou partielle de la puissance visuelle : quoi qu'on en ait dit, l'amaurose ne se produit pas chez les dyspeptiques. Les tintements d'oreilles ne sont pas rares. Enfin, la sensibilité cutanée est d'ordinaire plus ou moins atteinte : vous rencontrerez assez souvent l'anesthésie accompagnée ou non d'analgésie (Béau et Trousseau en ont rapporté des exemples); quelquefois il existe de vraies névralgies au niveau des points insensibles de la peau, ce qui donne lieu à des zones d'anesthésie douloureuse. La dermalgie, les névralgies intercostale et faciale ont été signalées. Toutefois il ne faut point perdre de vue que ces troubles des sens ne sont pas tous le fait de la dyspepsie seule, et vous devez tenir compte des affections nerveuses concomitantes ou même antécédentes.

Les *muscles* eux-mêmes sont parfois le siége de phénomènes douloureux ; mais ces myosalgies sont inconstantes : elles appartiendraient surtout à l'hystérie (Briquet) ; par contre, il existe toujours de la courbature, du brisement des membres. Quant aux paralysies, aux contractures que l'on à notées dans certains cas, elles ne sont certainement pas le fait de la dyspepsie elle-même.

Pour clore l'énumération des symptômes généraux et fonctionnels en relation avec l'état dyspeptique, je dois encore vous signaler les *troubles de l'intelligence*. Vous les constaterez chez quelques malades, à l'état habituel, qu'ils soient réels ou imaginaires : l'obtusion cérébrale, la lourdeur d'esprit, la paresse intellectuelle sont les premiers degrés de ces manifestations ; l'hypochondrie, avec toutes ses sensations erronées et ses fâcheuses conséquences, en est l'expression ultime et relativement fréquente.

TRENTE-SEPTIÈME LEÇON

DE LA DYSPEPSIE (FIN)

Rien n'est plus variable que la MARCHE de la dyspepsie : la durée en est toujours longue, comme nous l'avons vu, mais souvent entrecoupée par des rémissions et des exacerbations parfois inattendues.

On a cependant cherché à établir des divisions en *périodes*. Beau notamment en admettait trois, qu'il déterminait ainsi : dans une première période éclateraient les phénomènes dyspeptiques; dans une deuxième ou secondaire, on verrait s'établir la série des troubles hémopathiques et névropathiques; enfin la dernière, celle des accidents tertiaires, se caractériserait par le développement de lésions organiques.

Cette division en trois périodes est très-discutable, car l'évolution des troubles dyspeptiques est fort irrégulière, comme l'est d'ailleurs celle de toutes les affections chroniques; mais, en outre, rien n'est plus obscur que les assertions émises au sujet des *lésions organiques ultimes;* et, par exemple, la tuberculose pulmonaire qui éclaterait à la période finale de la dyspepsie, a pu être considérée à très-juste titre comme un des modes de terminaison de la dyspepsie elle-même. En effet, sous l'influence d'une assimilation incomplète, insuffisante, apparaîtrait l'anémie, suivie plus tard d'une véritable déchéance organique laquelle peut fort bien, sur un terrain préparé, amener l'éclosion de la tuberculose. Malheureusement, ces assertions, pour être admises, nécessiteraient la solution (presque impossible à donner) d'une question préjudicielle, celle de savoir si la dyspepsie n'est pas elle-même le premier symptôme d'une tuberculose en voie de développement. Il en est de même pour le cancer qui se manifesterait à la fin d'une dyspepsie rebelle. Tous ces faits sont discutables et, malgré leur importance, ils ne sont pas encore élucidés; mais ce qu'il faut bien savoir, car il n'y a aucun doute à cet égard, c'est que, lorsque la durée de l'état dyspeptique se prolonge, on observe une dénutrition progressive, aboutissant toujours à la cachexie. Un des premiers traits de cette dénutrition de l'organisme a été mis en lumière par Beau : c'est le *sillon unguéal* dont je vous ai parlé et qui s'accuse de plus en plus; en même temps, l'ongle s'amincit, perd son brillant et même se déforme en un ou plusieurs points.

Pour M. Willième, deux degrés bien distincts existeraient dans la dyspepsie : les troubles fonctionnels constitueraient une première phase toujours constante ; puis une seconde période succéderait plus ou moins tardivement et serait caractérisée par les lésions des glandes de l'estomac. Il s'agit là d'une division purement arbitraire, où l'imagination seule a tout mis en ordre ; aussi la rejetons-nous sans y insister plus longuement.

Il résulte des considérations précédentes que la *durée* et la *terminaison* de la dyspepsie sont extrêmement variables ; pour s'en faire une idée à peu près exacte, il faudrait faire intervenir pour chaque cas la cause et la nature de cet état morbide, tenir compte de l'intensité plus ou moins grande des troubles fonctionnels, enfin étudier avec soin la portée du retentissement produit sur toute l'économie. Sans doute la dyspepsie purement fonctionnelle peut guérir ; mais bien souvent elle se réveille sous la plus petite influence, et d'ordinaire même elle reste à l'état permanent. Quant aux formes symptomatiques ou même sympathiques, elles subissent l'évolution des affections ou des maladies qui les ont fait naître.

Le PRONOSTIC de la dyspepsie est entièrement subordonné à la cause productrice. Toutes choses égales d'ailleurs, une dyspepsie peu intense permet une alimentation qui, pour être défectueuse, n'en demeure pas moins en partie réparatrice : suivant que les forces se conservent ou qu'elles dépérissent, la prognose reste peu grave ou devient très-sérieuse. Enfin, comme Brinton l'a dit avec raison, la dyspepsie peut être un mal utile, car elle prévient à temps l'individu qui n'est pas encore très-malade, mais qui, s'il néglige ce salutaire avertissement, ne tardera pas longtemps à le devenir.

Le DIAGNOSTIC de la dyspepsie doit-il réellement être fait? C'est en définitive le diagnostic d'un symptôme [1]; or, avec quel autre symptôme peut-on la confondre? Serait-ce avec la *gastralgie?* L'erreur n'est pas possible, et le seul point qui puisse offrir quelque difficulté serait celui de savoir si la gastralgie est pure et simple ou bien si elle s'accompagne de dyspepsie. Cette diagnose sera basée sur la connaissance parfaite des accès douloureux et sur les caractères des manifestations concomitantes.

Le cancer de l'estomac, l'ulcère rond ne peuvent être différenciés de la dyspepsie, puisqu'ils s'accompagnent toujours de symptômes dyspeptiques plus ou moins sérieux, dont il reste simplement à reconnaître la nature.

Un état de dyspepsie surtout marqué par des sensations vertigineuses pourrait induire en erreur et faire croire au *vertige de Ménière*, *vertigo ab aure læsa*.

---

[1]. Pour M. le professeur Peter (*Cours de Pathologie interne à la Faculté*, 1879), il y a des dyspeptiques, mais il n'y a pas de dyspepsie essentielle : c'est-à-dire que les faits considérés comme appartenant à celle-ci ne sont autres que des cas de gastrite chronique.

Toutefois les symptômes qui accompagnent cette dernière affection, entre autres les bruits éclatants perçus au moment du vertige, la sensation d'entraînement, de rotation, suffiront à donner l'idée d'examiner les oreilles, et la nature des accidents sera dès lors reconnue.

Le point important du diagnostic consiste dans la connaissance de la *cause* : c'est là que gît véritablement la difficulté. La dyspepsie en face de laquelle vous vous trouvez est-elle *symptomatique*, *sympathique* ou *idiopathique* ? Pour résoudre ce problème, il faut, de toute nécessité, analyser les troubles morbides eux-mêmes, et en rechercher avec soin les symptômes concomitants. Trouve-t-on, par exemple, chez une femme, un appétit bizarre, capricieux, en même temps qu'il existe des vomissements répétés ; tous ces phénomènes cessent-ils tout à coup, les aliments indigestes passent-ils sans difficulté, enfin des manifestations névropathiques apparaissent-elles, la diagnose est certaine : c'est à l'*hystérie* qu'il faut attribuer la cause de la dyspepsie.

Que si au contraire vous constatez chez un malade une anorexie plus ou moins prononcée, si le dégoût des aliments porte principalement sur la viande, si surtout les vomissements sont électifs, c'est-à-dire se produisent de préférence pour certains aliments, enfin si ces vomissements surviennent vingt-quatre, quarante-huit heures après les repas, vous pourrez presque à coup sûr affirmer l'existence d'un *cancer stomacal*, alors même que l'examen local ne vous en aurait fourni aucun signe positif [1].

Un malade a-t-il conservé son appétit, mais accuse-t-il, en même temps que des troubles dyspeptiques, une douleur intense, atroce, apparaissant à la région épigastrique après les repas; tous ces phénomènes sont-ils immédiatement calmés quand les vomissements ont eu lieu, il y a de grandes probabilités pour que l'on se trouve en présence d'un *ulcère simple* de l'estomac.

Et cependant toutes ces données ne suffisent point à elles seules : elles ne constituent qu'une série de simples présomptions qui ont besoin d'être confirmées par l'examen approfondi du malade.

Lorsque, après les recherches les plus minutieuses des causes probables de la dyspepsie, vous n'êtes arrivés à découvrir dans l'appareil digestif, ni dans l'organisme, aucun état pathologique appréciable, alors, mais alors seulement, vous avez le droit de porter le diagnostic de *dyspepsie essentielle*, dénomination qui cache trop souvent notre réelle ignorance. Comme l'a fort bien dit M. le professeur Lasègue, la dyspepsie n'est qu'un terme provisoire, mais le temps n'est pas encore venu où il disparaîtra par les progrès de notre savoir.

1. M. le professeur Peter a fait connaître cette année même les résultats très-intéressants de recherches originales sur l'augmentation de la température épigastrique dans le cancer de l'estomac : cette augmentation était de 1°,8 dans un cas, et de 0°,8 dans un autre (*Société clinique de Paris*, 1879).

Je ne crois pas qu'il soit nécessaire de vous présenter les signes différentiels des diverses *formes* de dyspepsie (flatulente, acide, boulimique, nidoreuse, etc.) admises par les auteurs. M. Luton, dans l'article récent que je vous ai cité, a proposé de diviser les dyspepsies en hyperesthésiques ou gastralgiques et en anesthésiques ou muqueuses; mais cette manière d'envisager les faits conduit à supprimer à peu près complétement la gastralgie, ce qu'il n'est pas possible d'effectuer sans inconvénients sérieux. Je crois donc qu'il est plus sage d'envisager la dyspepsie, ainsi que j'ai essayé de le faire, comme un pur état symptomatique, comme un syndrome, et de l'étudier à l'instar du vomissement ou de l'hématémèse.

Quant à la *dyspepsie intestinale et iléo-cœcale*, il est vraiment difficile d'en donner une description isolée. Certes, les troubles des fonctions de l'intestin ne sont pas rares ni sans importance dans la dyspepsie, et j'ai eu soin de vous les faire connaître; mais est-on autorisé à constituer une forme spéciale des cas dans lesquels ces phénomènes sont un peu plus intenses qu'à l'habitude? Je pense que c'est aller un peu trop loin et compliquer outre mesure une description déjà fort complexe[1].

---

1. Ces différentes formes ont été soigneusement étudiées par M. le Dr Raymond, dans son travail très-complet *Des dyspepsies* (thèse d'agrégation 1878), où se trouvent résumés les travaux les plus récents et en particulier les leçons de M. le professeur G. Sée qui a établi sur des bases physiologiques les divisions des dyspepsies. M. Sée admet les variétés suivantes : 1° dyspepsies glandulaires ; 2° d. muqueuses; 3° d. nervo-vasculaires; 4° d. *ab ingestis* et 5° d. mixtes ou complexes pouvant naître par des mécanismes très-variés.

La question du TRAITEMENT de la dyspepsie constitue l'un des chapitres les plus importants de cette étude; mais il ne faut pas oublier que toute intervention thérapeutique est subordonnée à la connaissance de la cause des troubles dyspeptiques.

Dans certaines circonstances, en effet, dès que la question étiologique est élucidée, on peut dire que la maladie est guérie. C'est ainsi que la dyspepsie liée à la présence du ténia disparaît par l'emploi des anthelminthiques spéciaux; de même, chez les chlorotiques, traitez l'état général, et vous triompherez plus ou moins rapidement des troubles digestifs qui s'y rattachent. J'en dirai autant lorsqu'il s'agira de constipation par paresse intestinale, etc. Le traitement est presque toujours subordonné à la connaissance de la cause : et, par exemple, il ne viendra certes pas à l'esprit de traiter de même la dyspepsie de cause nerveuse et celle qui est symptomatique d'un cancer de l'estomac. Toutefois, abstraction faite de la condition étiologique, la thérapeutique des dyspepsies présente encore des indications nombreuses et qui s'appliquent à la majorité des cas.

Je dois signaler d'abord la nécessité de *règles hygiéniques* sévères concernant l'alimentation. La quantité des aliments sera réglementée, et, pour pouvoir la restreindre autant que possible, il conviendra de diminuer les causes de fatigue et de subordonner l'activité intellectuelle et physique à l'intensité des troubles dyspeptiques; d'ailleurs la quantité des aliments ingérés ne devra pas être la même pour tous les malades. N'oubliez pas notamment que les vieillards doivent peu manger, et rappelez-vous bien la fréquence et le danger des indigestions à cette époque de la vie.

La *qualité* des aliments sera toujours en rapport avec l'intensité du symptôme dyspepsie et aussi avec sa cause. Dans certains cas, en effet, le régime lacté, la viande crue produiront des effets remarquables. Il faut encore tenir grand compte, pour ce qui est de la nature et de la qualité des aliments, des habitudes du malade, de son idiosyncrasie, de ses fantaisies même. Il me suffira de vous rappeler à ce propos l'histoire de ce fameux Cornaro, qui se contentait de prendre chaque jour, en quatre repas, quatorze onces de vin et douze onces d'aliments solides. Vous ne devrez pas oublier toutefois que nombre de dyspeptiques sont bien près d'être des hypochondriaques, et, quant au dyspeptique Cornaro, on doit tenir compte non-seulement de la sévérité de son régime, mais encore du changement hygiénique auquel il s'était soumis et de la cessation complète des excès qu'il commettait antérieurement.

Quoi qu'il en soit, proscrivez toujours l'usage des aliments dont la digestion est essentiellement stomacale: restreignez l'emploi des substances azotées; ayez surtout recours aux fécules et même aux graisses, qui subiront principalement l'action digestive de l'intestin et du foie.

N'accordez qu'une quantité modérée de boisson, malgré la soif habituelle des malades, car, vous le savez, la dyspepsie des liquides n'est pas rare. En thèse générale, un régime sec convient mieux aux estomacs qui fonctionnent mal ; aussi ne devez-vous point permettre l'abus des bouillons, des potages, que les malades réclament sous prétexte de facile digestion. Vous ne ferez d'exception que pour le lait et pour les aliments dont le lait constitue la partie essentielle. Il conviendra, bien entendu, de tenir grand compte des susceptibilités de chaque sujet, et vous n'ignorez pas quel rôle considérable il faut attribuer à l'idiosyncrasie. Tel dyspeptique préférera la volaille, tel autre la viande peu cuite : en général, les salaisons, les aliments fumés sont bien supportés ; aussi devrez-vous non-seulement en tolérer, mais encore en conseiller l'usage.

Soyez réservés sur l'emploi des *excitants :* quelquefois, il est vrai, ils seront nécessaires ; mais, plus souvent, les malades en abusent : la diète lactée ou même la diète absolue doit alors être prescrite, et c'est graduellement et au bout d'un temps variable que l'on reprendra le régime habituel.

Les *heures des repas* doivent être suffisamment espacées. Vous veillerez en particulier à ce que les tétées ne soient pas trop rapprochées chez l'enfant à la mamelle, dont les troubles dyspeptiques tiennent bien souvent à la surcharge alimentaire. Par contre, à cet âge, il est peut-être moins indispensable que chez l'adulte de régler la quantité des aliments, puisque les vomissements ou mieux les régurgitations spontanées débarrassent aisément l'estomac de son trop-plein. Chez l'adulte, et principalement chez le vieillard dont les digestions sont lentes, l'heure bien réglée des repas constitue un détail hygiénique très-important. Quant à la question du nombre des repas en vingt-quatre heures, il vous sera nécessaire de faire grande attention aux idiosyncrasies : tel se contentera de prendre des aliments, deux ou même une seule fois, dans la journée ; tel autre devra manger peu, mais souvent. Les gens nerveux, les anémiques, les migraineux, ainsi que les malades atteints d'affection cardiaque, ne peuvent supporter une diète trop prolongée. Le bouillon, le lait en petite quantité sont très-utiles comme alimentation intermédiaire aux principaux repas ; il en est de même pour toutes les substances de facile digestion.

L'*exercice musculaire* est absolument nécessaire ; il va sans dire que l'on doit se garder de tout excès, les fatigues extrêmes étant aussi nuisibles aux dyspeptiques que le repos exagéré. N'oubliez pas, à ce point de vue, combien les professions sédentaires prédisposent aux troubles digestifs.

Les variations brusques de température et les températures extrêmes doivent être soigneusement évitées ;

cependant le froid excessif sera peut-être moins nuisible que la chaleur.

Nous arrivons maintenant aux *indications spéciales*, qui résultent en définitive de la prédominance de tel ou tel symptôme de la dyspepsie.

L'*inappétence*, vous le savez, est très-inconstante; comme elle constitue un phénomène fâcheux, il faut toujours en rechercher soigneusement la cause : assez souvent on peut légitimement l'attribuer à l'atonie gastrique ; dans ces circonstances, les amers (écorce d'oranges amères, quinquina, gentiane, colombo, quassia, enfin la noix vomique et la strychnine) sont les médicaments le mieux indiqués et qui rendront souvent de grands services.

La *boulimie*, quand elle est très-accusée, réclame un traitement spécial dont l'opium et la belladone forment la base : il convient d'en varier souvent les préparations, que l'on fera prendre immédiatement avant les repas ou quelque temps après.

Se trouve-t-on en présence d'un malade dont la *digestion lente* plus encore que pénible, se prolonge pendant des heures entières, la pepsine est très-indiquée : essayez-la seule, ou, selon les cas, unie à quelques gouttes d'acide chlorhydrique dilué. Vous en obtiendrez quelquefois d'excellents résultats; il ne faudrait cependant pas trop compter sur ce médicament, souvent infidèle. La diastase, la pancréatine, sont utiles chez certains malades.

Je ne reviendrai pas ici sur les indications fournies par le symptôme *douleur;* vous en connaissez déjà l'importance capitale. Vous savez combien elle varie d'intensité suivant les cas, selon les moments même, et quel obstacle elle peut apporter aux fonctions digestives : parfois il s'agit d'une intolérance très-légère, à peine perçue, à peine accusée; quelques calmants suffisent alors. Cependant il ne faut pas oublier que l'opium, bien supporté d'habitude, devient souvent inutile au bout d'un certain temps, les faibles doses demeurant impuissantes par suite de l'accoutumance de l'estomac. Au lieu donc d'en augmenter incessamment la quantité, prescrivez les succédanés de l'opium, l'eau de laurier-cerise, l'acide prussique médicinal, les préparations de jusquiame ou de belladone.

L'acidité gastrique accompagnée ou non de pyrosis réclame l'emploi des alcalins; leur action n'est pas cependant simplement chimique. Suivant la remarque de Trousseau, ils agissent par l'influence qu'ils exercent sur l'économie et qui a son contre-coup sur les sécrétions gastriques. On a prétendu, il est vrai, que, loin d'être utiles, les alcalins s'opposent à la digestion, et qu'en outre ils affaiblissent encore une constitution déjà épuisée. Ces assertions sont incontestablement fort exagérées, et la pratique de chaque jour en donne la preuve : vous n'emploierez jamais les doses excessives, qui seules sont débilitantes, et vous éviterez aussi de donner les alcalins au moment du repas. Leur administration trop hâtive pourrait troubler le travail de la digestion en neutralisant le suc gastrique : aussi Brinton a-t-il fort judicieusement conseillé de faire usage des alcalins quelques heures seulement après le repas. Ce traitement convient encore s'il se produit une décomposition rapide des aliments dans l'estomac.

Inversement, les acides sont quelquefois très-indiqués, en particulier chez les tuberculeux, qui se trouvent bien de l'acide chlorhydrique pris dans un peu d'eau à la dose d'une à trois gouttes au commencement du déjeuner et du dîner (Trousseau). Souvent, la combinaison des acides et des alcalins sera fort utile, les premiers étant donnés avant le repas, les alcalins une ou deux heures après.

La *flatulence* est peut-être le symptôme le plus tenace de la dyspepsie. Les absorbants ont été très-vantés, le charbon, par exemple, qui est assez infidèle, la craie préparée, la poudre d'yeux d'écrevisse, la magnésie décarbonatée et le sous-nitrate de bismuth, employés isolément, ou mélangés, sont quelquefois assez efficaces. D'autre part, les amers végétaux, que vous connaissez déjà et parmi lesquels vous devrez préférer le colombo, la quassia et la noix vomique, seront associés à ces poudres absorbantes, et leur action combinée ne sera pas sans utilité.

Ai-je besoin de vous dire que le régime devra être l'objet de soins tout particuliers, que vous devrez proscrire de l'alimentation certains féculents et notamment les légumes secs qui ont d'une façon toute spéciale la propriété de donner naissance à des gaz intestinaux?

Je n'insisterai pas sur les *vomissements*, que nous avons déjà étudiés dans les différentes maladies de l'estomac. Sachez seulement que, pour les faire cesser, vous ne devez pas vous contenter de l'usage des antiémétiques, tels que la glace, la potion de Rivière, les eaux gazeuses, etc. S'ils s'accompagnent d'un état d'irritation gastrique plus ou moins notable, vous aurez recours aux opiacés ; si c'est au contraire l'atonie de l'estomac qui prédomine, les amers et notamment le colombo sont tout particulièrement indiqués. Ne négligez donc pas de rechercher soigneusement à quelle cause doit être rattaché le vomissement et de diriger le traitement en conséquence.

Les mêmes considérations sont de tout point applicables à la *diarrhée* ; parmi les conditions étiologiques qui lui donnent le plus souvent naissance, je vous signalerai surtout une sorte d'état lientérique, l'évacuation des matières intestinales se faisant trop promptement. Les opiacés, puis le sous-nitrate de bismuth, les astringents, en particulier la ratanhia, seront administrés à doses peu élevées, mais longtemps prolongées.

La *constipation* est bien plus fréquente que la diarrhée, ainsi que je vous l'ai fait remarquer. Évitez d'employer, pour la vaincre, les purgatifs salins ; ayez recours de préférence à une alimentation qui laisse une certaine quantité de résidus lesquels, augmentant le volume des matières fécales, en faciliteront mécaniquement l'expulsion : les légumes verts, les salades, le pain de son, feront partie essentielle du régime. D'autre part, la fleur de soufre, la moutarde blanche, la graine de lin agiront de la même façon. La rhubarbe donnée en petite quantité (20 à 40 centigrammes) au moment des repas, le podophyllin à la dose de 3 à 5 centigrammes dans une pilule prise au moment de se coucher, sont les meilleurs moyens de régulariser les évacuations alvines. L'aloès et les préparations analogues sont plutôt nuisibles, sauf dans certains cas particuliers, à cause de leur action spéciale sur le rectum et de leur tendance à provoquer la formation des hémorrhoïdes.

Les *phénomènes nerveux* réclameront aussi vos soins. Je ne fais pas seulement allusion à la céphalalgie ou à la migraine, mais encore aux vertiges, symptôme parfois fort pénible contre lequel il vous sera nécessaire d'agir. Ici, le régime est de la plus haute importance : il ne faut pas que le malade reste à jeun, et c'est là d'ailleurs un fait bien connu des dyspeptiques et des migraineux. Quant aux liqueurs alcooliques, elles sont souvent employées avec un avantage momentané; les malades doivent pourtant s'en défier, car en cherchant à se donner des forces, ils pourraient tomber dans l'alcoolisme. Vous aurez recours aux absorbants, aux alcalins et surtout aux amers : le traitement agira donc indirectement sur les troubles nerveux, puisqu'il est uniquement dirigé contre l'état dyspeptique. Chez certains malades, ces troubles prennent un développement considérable : le bromure de potassium donne alors de bons résultats, suivant la remarque de M. le professeur Sée.

Les *complications* qui peuvent survenir dans le cours de la dyspepsie nécessiteront une thérapeutique appropriée. Je vous signalerai seulement l'embarras gastrique, contre lequel vous conseillerez la médication évacuante et en particulier les vomitifs (de préférence l'ipécacuanha).

Chez les dyspeptiques, les eaux minérales alcalines ont été prescrites avec quelque succès, surtout celles de Royat ou de Pougues, et même celles de Vichy ou de Vals : on conseille aussi les eaux de Forbach, de Niederbronn, de Plombières; enfin l'hydrothérapie et les bains de mer (Trousseau) sont souvent d'une efficacité remarquable. Ainsi, vous le voyez, le traitement ne vise pas seulement le symptôme dyspepsie; il est dirigé plus haut, vers l'état général lui-même : c'est là bien souvent le secret de cures réputées merveilleuses.

Je vous rappellerai, en terminant, qu'il ne faut jamais oublier, dans la thérapeutique de la dyspepsie, le traitement des *causes* : les diathèses arthritique, herpétique (Trousseau), puis la chlorose, l'anémie, etc. Pour ce qui concerne la chlorose, le fer doit être administré avec ménagements : vous éviterez la constipation qu'il occasionne d'ordinaire, grâce à l'usage simultané de la rhubarbe, et surtout vous prescrirez l'hydrothérapie, dont les effets sont non-seulement rapides, mais encore durables.

TRENTE-HUITIÈME LEÇON

DES VOMISSEMENTS

Vous savez que l'on désigne sous le nom de vomissement le rejet, sous l'influence des contractions abdominales, de la totalité ou d'une partie des matières contenues dans l'estomac. J'insiste avec intention sur ce point important, *l'influence des contractions abdominales*, avec phénomène de l'effort, afin de bien différencier le vomissement des régurgitations, des éructations et même des nausées.

Il convient, en effet, de vous rappeler à cette occasion quelques notions physiologiques. Vous savez que, contrairement à l'opinion ancienne, les recherches de François Bayle, de Chirac, et surtout la célèbre expérience de Magendie, ont démontré nettement le mécanisme du vomissement; cet acte ne peut avoir lieu sans que les contractions des muscles de l'abdomen se produisent, énergiques, violentes ; l'action de l'estomac est absolument insuffisante : d'autre part le pylore doit être fermé, et le cardia ouvert et perméable ; sinon il n'y a pas de vomissement, quelque vigoureux que soient les efforts ; d'ailleurs, la facilité avec laquelle le vomissement s'opère est d'autant plus grande que l'on se rapproche davantage de la première enfance.

Étudions d'abord, dans leurs généralités, les symptômes qui caractérisent le vomissement ; nous passerons ensuite en revue les causes et le diagnostic, ce qui nous permettra de signaler sans redites les particularités inhérentes à chaque variété, à chaque cause.

Il est d'abord nécessaire de connaître l'*acte* du *vomissement* envisagé en lui-même, indépendamment de toute autre manifestation morbide concomitante. Le premier symptôme presque toujours accusé par le malade, c'est l'existence d'une nausée d'intensité variable, accompagnée ou non, selon les cas, de certains phénomènes qui peuvent même précéder ou annoncer la nausée. Le patient éprouve un malaise général plus ou moins grand, parfois une douleur dans la région épigastrique : les téguments se refroidissent ; des horripilations, des sensations vertigineuses, des troubles visuels, une céphalalgie se produisent. Alors le malade exécute une longue inspiration, suivie de l'occlusion glottique ; puis survient un effort prolongé, violent et caractéristique, pendant lequel la respiration s'arrête, la face se congestionne ;

puis la bouche s'entr'ouvre, et les matières contenues dans l'estomac sont rendues, phénomène tout aussitôt suivi d'une sensation de soulagement plus ou moins marquée.

La *fréquence* des vomissements varie, aussi bien que leur abondance et leur durée. Quelquefois unique, plus souvent répété, le phénomène morbide se reproduit chez certains malades à intervalles rapprochés; il indique alors une affection chronique des voies digestives, et en particulier une maladie de l'estomac.

La nature des *matières rendues par le vomissement* est excessivement variable. Très-souvent, ce sont les aliments et les boissons : ils peuvent être rejetés sans aucune modification, comme on le voit dans certaines indigestions, même après un séjour plus ou moins long dans l'estomac. D'autres fois, les matières stomacales *sont modifiées* par le suc gastrique, et déjà, elles sont acides, confondues en un magma semi-liquide, le travail de la chymification étant plus ou moins avancé.

Dans d'autres circonstances, le contenu de l'estomac est altéré par un *travail de décomposition* remarquable. Des acides odorants ont pris naissance; il existe une décomposition putride plus ou moins avancée; l'aspect, l'odeur, la coloration des matières sont absolument comparables à ceux que je vous ai décrits chez les sujets atteints d'un diverticulum ou d'une dilatation de l'œsophage : on y trouve des sarcines. Mais, chez les sujets atteints de rétrécissement du conduit œsophagien, les matières contenues dans la poche située au-dessus de la sténose sont rendues par simple régurgitation : il ne se produit pas de contraction des muscles de l'abdomen. En outre, les malades éprouvent nettement la sensation que les substances dégluties s'arrêtent en route, qu'elles ne pénètrent pas dans l'estomac.

Parfois les vomissements, au lieu d'être alimentaires, sont *muqueux :* il s'agit alors de la gastrorrhée ; le malade rend le matin, à jeun, une pituite d'abondance variable. Vous connaissez déjà ces faits : je n'y insisterai pas ; de même, je vous mentionnerai simplement les vomissements sanguinolents ou même sanglants ; nous avons étudié précédemment l'*hématémèse*, et je ne puis mieux faire que de vous y renvoyer.

Dans de rares circonstances, les matières vomies sont franchement *purulentes*. Un abcès s'est ouvert dans l'estomac, que cet abcès soit sous-muqueux, ou bien (ce qui est plus commun) qu'il s'agisse d'une collection péri-gastrique formée dans le foie ou d'une péritonite circonscrite suppurée, très-rarement d'un abcès froid. Il sera toujours facile de reconnaître la présence du pus, mais quelquefois impossible de trouver le point de départ de la suppuration.

Notons ici que, dans de rares circonstances, il vous arrivera de constater, au milieu des matières vomies, des produits pseudo-membraneux provenant, comme nous l'avons déjà vu, soit d'une diphthérie pharyngo-œsophagienne, soit du muguet des mêmes régions ; quelquefois aussi, vous y retrouverez des *ascarides lombricoïdes*, plus rarement des *hydatides*. On a vu rendre ainsi des calculs biliaires ou même des calculs rénaux. Je dois enfin vous signaler, en terminant cette énumération, et à titre d'exception rarissime, les vomissements spéciaux dits urineux qui surviennent lorsqu'il existe une communication anomale entre les voies urinaires supérieures (calices, bassinet) et l'estomac ou l'intestin ; et je vous rappelle les vomissements urémiques, causés soit par une maladie de Bright parvenue à la période d'urémie, soit même par l'anurie hystérique (Charcot).

Quelles sont les *conséquences de ces vomissements ?* Quelquefois ils n'ont aucune importance réelle, le seul résultat consécutif étant l'évacuation du contenu de l'estomac; c'est ce qui s'observe par exemple pour les vomissements qui surviennent au début d'une maladie aiguë ou bien lorsque les matières vomies sont rendues en petite quantité et que l'acte morbide se répète rarement. Il peut même arriver que les vomissements amènent un soulagement immédiat et fassent rapidement cesser tous les malaises; c'est ce qui se passe dans l'indigestion. Vous verrez certainement des malades (surtout des enfants) pris tout à coup de céphalalgie intense et gravative, présenter même des troubles nerveux plus ou moins accusés pouvant aller jusqu'aux convulsions et au délire; en même temps, il existe une tension plus ou moins grande dans la région épigastrique, accompagnée d'un certain état de dyspnée; puis, brusquement, lorsque tous ces symptômes inquiétants sont à leur maximum, de copieux vomissements alimentaires se produisent : les accidents s'atténuent rapidement, et bientôt le malade est guéri.

Par contre, la répétition fréquente du symptôme et l'abondance des matières vomies constituent une condition fâcheuse et peuvent donner lieu à des accidents véritablement très-graves. C'est ce que vous observerez par exemple pour les *vomissements incoercibles* de la grossesse et pour certains vomissements dits nerveux. Dans ces circonstances, le rejet du contenu stomacal est incessant, et les matières ainsi rendues en abondance constituent la presque totalité des aliments et des boissons ingérés. Toute assimilation devient impossible, et bientôt l'on voit se développer une série de phénomènes de la plus haute gravité. Au début de ces vomissements incoercibles, les malades présentent simplement les symptômes habituels de l'anémie, sur lesquels il n'est pas nécessaire d'insister; l'amaigrissement apparaît : il est rapide; les téguments se décolorent, les forces se perdent. Bientôt la nutrition générale souffre : l'émaciation s'accentue de plus en plus; la graisse disparaît, puis les masses musculaires diminuent de volume; enfin les parenchymes eux-mêmes prennent part à la dénutrition, ainsi que l'ont démontré les belles recherches de Chossat sur l'*inanitiation*. Les troubles nutritifs s'accusent chaque jour davantage : la peau se dessèche, prend une apparence terreuse; les cheveux, les ongles s'altèrent, deviennent cassants; le pouls est petit et fréquent, bien qu'il n'y ait pas de chaleur fébrile, sauf dans les cas de complication ; les urines sont rares, foncées en couleur, sédimenteuses, parfois très-odorantes. Enfin, l'inanitiation, arrivée à sa période ultime, s'accompagne de phénomènes généraux graves, parfois de délire, souvent de coma, et la *mort* survenant met un terme aux souffrances du patient.

Après avoir rapidement esquissé le tableau symptomatique des vomissements et indiqué leurs conséquences possibles, je dois vous faire connaître les CAUSES qui président à leur apparition et qui ont une si grande importance au point de vue du diagnostic.

Il n'est point facile de donner de ces causes un classement méthodique. Si nous prenons par exemple une des divisions les plus habituellement adoptées et qui consiste à les partager en trois groupes, comprenant les vomissements *symptomatiques, sympathiques* et *idiopathiques,* nous éprouvons souvent une grande difficulté pour placer une cause donnée dans tel ou tel groupe. Par exemple, la classe des vomissements sympathiques ou réflexes est plus riche qu'on ne serait tenté de le croire. Suivant la juste remarque de Monneret, les vomissements d'origine stomacale sont, physiologiquement, plutôt sympathiques que symptomatiques, puisque l'évacuation gastrique est surtout le fait de la contraction réflexe des muscles abdominaux. Afin d'éviter des redites, je préfère donc vous exposer successivement les particularités que présente le symptôme que nous étudions, dans les affections des divers organes et dans certaines maladies générales. Il nous sera plus facile de réunir ainsi des faits analogues, et de faire une étude profitable pour le diagnostic.

Il n'est pas nécessaire d'insister longuement sur les vomissements *dans les maladies de l'estomac :* ils vous sont déjà connus. Vous vous rappelez leur rareté relative dans l'embarras gastrique et, par contre, leur importance dans l'indigestion ; lorsqu'ils manquent dans cette dernière, le diagnostic peut devenir parfois fort difficile. Dans la gastrite aiguë, le vomissement est fréquent et très-douloureux; dans la gastrite chronique, il est facile et se répète souvent et longtemps. Des vomissements violents, apparaissant d'ordinaire un certain temps après l'ingestion des aliments et constituant la crise d'accès douloureux, caractérisent l'ulcère simple de l'estomac; quand au contraire, ils sont tardifs, éloignés du moment des repas, et semblent faire comme un choix de certains aliments, ils appartiennent plutôt au cancer. Dans la dilatation gastrique, ils sont plus rares, mais abondants, pénibles, et l'on y retrouve des sarcines au milieu de matières en voie de décomposition. Les vomissements sont rares dans la gastralgie, mais extrêmement pénibles, tantôt acides et tantôt muqueux.

Dans les *maladies intestinales*, les vomissements sont assez souvent réflexes, absolument comparables à ceux que l'on produit par la titillation de la luette ou qui surviennent dans certaines affections du pharynx, et où le phénomène réflexe est, pour ainsi dire, typique. Quelquefois cependant, un même processus morbide existe dans l'intestin et l'estomac; c'est ce qui a lieu par exemple dans certaines phlegmasies intestinales.

L'entérite s'accompagne, en effet, à sa période initiale, surtout lorsqu'elle est franchement aiguë et fébrile, de vomissements passagers. Toutefois, dans le choléra infantile, les vomissements sont bien rarement initiaux; souvent, au contraire, ultimes, survenant dans les derniers jours, ils indiquent un état général très-grave.

Est-il nécessaire de vous rappeler que, dans toute *obstruction intestinale*, les vomissements constituent l'un des symptômes les plus importants du début? Peu importe d'ailleurs la nature de l'obstacle : qu'il s'agisse d'un étranglement interne, d'une compression de l'intestin, d'un volvulus, d'un iléus ou d'une hernie (même épiploïque) qui s'étrangle, les vomissements ne manquent pour ainsi dire jamais et apparaissent de bonne heure. Rappelez-vous aussi que le simple pincement de l'intestin suffit à les faire naître.

Dans les maladies chroniques de l'intestin, en particulier dans le cancer, le symptôme que nous étudions ne se manifeste d'ordinaire qu'au moment où l'obstacle à la circulation des matières fécales est constitué; plus rarement, il est le fait d'une complication. Ces *vomissements*, *dits mécaniques*, survenant dans les affections intestinales, présentent un certain nombre de caractères que vous devez bien connaître, car leur existence suffit pour permettre un diagnostic assuré. Et d'abord, ils se répètent à intervalles de plus en plus courts (sauf assez souvent aux approches de la mort); ils sont premièrement constitués par le contenu de l'estomac, boissons ou aliments dont la digestion est plus ou moins avancée; bientôt apparaissent des matières bilieuses, intestinales, puis véritablement fécaloïdes. En étudiant bientôt l'étranglement interne, nous verrons ce qu'il faut penser du rejet des matières fécales par la bouche.

Les *maladies du péritoine* s'accompagnent presque toujours du symptôme vomissement. La *péritonite aiguë* simple (traumatique ou spontanée), la puerpérale, et même la péritonite partielle péri-utérine, du moment où elle est aiguë ou même subaiguë, s'annoncent toujours par le rejet du contenu stomacal : ces vomissements, alimentaires au début, puis muqueux, mais bientôt bilieux, verdâtres, deviennent presque continuels. Ils sont toujours précoces; souvent ils constituent, avec le frisson du début, avec la douleur et le ballonnement de l'abdomen, toute la symptomatologie initiale. Dans la *péritonite chronique*, ils sont inconstants; mais on les voit apparaître dès que se produit une poussée aiguë ou subaiguë.

Les vomissements qui surviennent chez les malades affectés d'*épanchements abdominaux* reconnaissent ordinairement pour cause une action mécanique; peut-être cependant sont-ils produits d'une toute autre façon et ont-ils une origine irritative ou réflexe. C'est d'ordinaire peu de temps après l'ingestion des aliments qu'on les voit s'effectuer; aussi est-il nécessaire que les malades atteints d'ascite fassent des repas peu copieux mais fréquents.

Les *maladies du foie*, surtout l'hépatite aiguë des pays chauds, s'accompagnent de vomissements qui se montrent en même temps que la fièvre et la douleur hépatique, avec ou sans teinte ictérique des téguments.

Les *tumeurs* du foie, les affections chroniques du parenchyme hépatique, ne donnent pas toujours lieu à des vomissements; ceux-ci, d'ailleurs, peuvent être souvent rattachés à une complication péritonéale (péri-hépatite, généralisation néoplasique) ou à une affection concomitante de l'estomac. Les mêmes considérations sont applicables à certaines maladies de la rate et aux tumeurs de l'abdomen.

Dans la *colique hépatique*, le vomissement est souvent un des premiers symptômes de l'attaque et coïncide alors avec l'apparition de la douleur. Les malades rendent avec plus ou moins d'efforts, quelquefois avec une peine extrême, des substances alimentaires modifiées par leur séjour dans l'estomac, d'ordinaire ingérées depuis deux ou trois heures seulement et auxquelles succèdent des matières bilieuses de couleur verdâtre.

Les *maladies de l'utérus*, ou pour mieux dire des organes génitaux internes de la femme, occasionnent très-fréquemment des vomissements. C'est en effet un symptôme d'ordre réflexe habituel dans la métrite aiguë parenchymateuse et dans les inflammations des annexes de l'utérus, et qui se montre en même temps que les douleurs hypogastriques irradiées, alors même qu'il n'y aurait pas de péritonite.

Dans les déviations utérines, l'existence des vomissements a été admise, mais non sans discussion; il faut évidemment tenir compte des divers éléments qui peuvent faire naître ce symptôme : il en est de même pour les affections chroniques de l'utérus, dans le cours desquelles on ne l'observe pas, sauf dans le cas de complications.

Nous rapprocherons des vomissements liés aux affections utérines ceux de la *grossesse*, bien qu'à proprement parler il s'agisse plutôt d'un phénomène physiologique, au moins dans une certaine mesure. Ce symptôme apparaît quelquefois dès le début de la gestation et persiste habituellement le premier, le second et même le troisième mois, diminue ensuite et disparaît d'ordinaire pendant le quatrième. C'est le matin à jeun, aux premiers mouvements qu'elles font, que les femmes rendent des matières liquides plus ou moins glaireuses. Il n'est pas rare qu'une partie plus ou moins considérable des aliments soit aussi expulsée à une heure variable du jour; cependant on peut dire d'une manière générale que le phénomène se produit surtout lorsque l'estomac est à jeun. Quelquefois les vomissements de la grossesse sont plus fréquents, plus opiniâtres; dans quelques circonstances enfin, ils deviennent réellement *incoercibles* (Paul Dubois) : leur importance est alors très-grande, puisqu'ils constituent une complication des plus sérieuses, qui met en question la vie de la mère et la vie de l'enfant. Leur cause a été très-discutée : on a fait intervenir le déplacement de l'utérus gravide, et la compression qui peut en résulter; le fait bien connu rapporté par Moreau et M. Briau vient à l'appui de cette manière de voir, puisque la réduction de la rétroversion utérine a suffi pour arrêter des vomissements jusqu'alors incoercibles. En réalité, nous ne savons pas bien à quoi nous en tenir sur ce point; aussi admet-on simplement qu'il s'agit d'un phénomène dit nerveux; mais, si nous ne sommes pas fixés sur la pathogénie du symptôme, nous ne pouvons en méconnaître la haute valeur pronostique.

Les vomissements ne sont pas rares dans les *maladies des reins*. Dans la néphrite aiguë, par exemple, ils sont habituels, mais ne se répètent pas souvent : ils surviennent d'ordinaire presque aussitôt après le long frisson initial (Rayer). On ne les a pas notés dans le cours des abcès périnéphriques, non plus que dans la pyélonéphrite chronique suppurée. Au contraire, vous les observerez dans les néphrites albumineuses ; mais alors c'est par l'intermédiaire de l'urémie que s'établissent les vomissements souvent chroniques que vous connaissez déjà et dont la signification pathologique est d'une si haute importance.

Les vomissements alimentaires sont fréquents et très-violents dans la *colique néphrétique :* ils apparaissent avec les premières douleurs, et parfois persistent pendant une grande partie de l'attaque. Ici, il s'agit bien d'un véritable phénomène réflexe, car l'urémie n'est aucunement en cause.

Dans les affections de l'*appareil respiratoire*, les vomissements se produisent dans deux circonstances bien distinctes. Tantôt en effet c'est pendant une maladie aiguë qu'ils se montrent, à titre de symptôme initial accompagné d'un frisson, d'une douleur plus ou moins vive : ce phénomène est surtout manifeste chez l'enfant, plus rare chez le vieillard.

Tantôt au contraire ils s'observent dans le cours d'une maladie de poitrine où les secousses de toux sont plus ou moins violentes. C'est alors un symptôme de synergie musculaire, surtout marqué lorsque se produisent des accès de toux répétés sous forme de quintes, comme par exemple dans certaines bronchites spasmodiques, la coqueluche notamment, enfin et par-dessus tout dans la tuberculose pulmonaire, ainsi que Morton l'a bien indiqué. Dans ces conditions, les vomissements se montrent d'une façon toute spéciale après les repas; l'estomac se vide plus ou moins complètement pendant les secousses de toux, et c'est une cause sérieuse de dénutrition ajoutée à tant d'autres déjà si importantes.

Certaines *maladies du système nerveux* sont peut-être celles qui, à une certaine période, s'accompagnent le plus constamment de vomissements : je vous citerai en particulier la méningite aiguë simple ou tuberculeuse, et aussi (mais avec moins de constance) l'encéphalite; dans l'hémorrhagie et dans le ramollissement du cerveau le symptôme est moins commun. On a cherché à démontrer que le vomissement est surtout fréquent lorsque les corps striés ou les couches optiques sont atteints; mais cette assertion, basée sur les expériences de Budge et Valentin confirmées par Spring, est, au point de vue de la clinique, tout au moins fort discutable. Quoi qu'il en soit, ces vomissements survenant sans nausées, peuvent avoir une valeur considérable, surtout lorsqu'ils sont répétés et, à fortiori, quand ils sont incoercibles; ils indiquent souvent alors l'existence d'une tumeur intracrânienne. M. Roger signale la persistance de ce symptôme pendant plusieurs mois comme un signe diagnostique important de la tuberculose cérébrale chez l'enfant. Est-il nécessaire d'ajouter que le mal de mer, que l'on pourrait peut-être rattacher à un trouble circulatoire encéphalique, est presque toujours caractérisé par les vomissements.

La fréquence du symptôme est moins grande dans les maladies de la moelle. On l'a cependant notée dans les cas où les lésions occupaient la région cervicale ou le bulbe.

Parmi les névroses, l'*hystérie* tient la première place comme cause de vomissements : vous savez que ceux-ci peuvent être fréquents, incessants même, et constituer un phénomène sérieux dans certaines formes de cette affection. La *migraine*, que l'on peut rapprocher des névroses, quelle qu'en soit la nature, est fréquemment accompagnée de vomissements dont l'apparition est même le plus souvent l'annonce d'un soulagement définitif ou tout au moins momentané. Ce symptôme, si fréquent dans la migraine, a été l'un des principaux arguments invoqués par les partisans de la théorie de l'iridalgie : vous connaissez en effet toute l'importance des relations qui existent entre les yeux et l'estomac, et les faits dans lesquels la piqûre de l'iris détermine l'apparition des vomissements sont aujourd'hui classiques.

Je dois encore vous signaler les *vomissements dits nerveux*, qui sont quelquefois causés par une influence manifeste de l'imagination, par une émotion morale vive, par la vue d'un objet qui provoque le dégoût. Ils peuvent aussi être chroniques : leur cause réelle reste d'ailleurs inconnue.

Au début des maladies *générales aiguës*, *fébriles*, les vomissements sont presque constants. Le plus souvent, d'abord alimentaires, puis bilieux, ils n'offrent rien de bien particulier à noter, si ce n'est qu'ils sont de courte durée et ne se répètent guère. Dans les *fièvres éruptives*, ce symptôme est vraiment habituel : la variole le compte parmi ses prodromes les plus importants. Le phénomène est tout aussi fréquent, mais beaucoup plus persistant dans la scarlatine : les matières rendues sont presque toujours très-bilieuses, et il existe en même temps une diarrhée où l'on retrouve aussi de la bile en abondance. Quant à la rougeole, elle débute assez rarement par des vomissements, ce qui peut tenir à l'invasion lente et graduelle de l'état fébrile.

Dans la *fièvre typhoïde* et le typhus, ce symptôme, très-habituel au début, se supprime assez vite, sauf dans le cas de complication. Vous connaissez, au contraire, la fréquence et l'importance diagnostique considérable des vomissements dans le *choléra* ; ils manquent rarement : souvent ils constituent (avec ou sans la diarrhée prodromique, dite prémonitoire), le premier symptôme important. Au début, ils sont muqueux, justement comparés à de l'eau de riz ; plus tard, ils renferment de la bile et prennent une teinte porracée ou plus exactement d'un vert émeraude.

On peut dire, sans exagération, que les vomissements sont de règle dans les *intoxications*, soit que l'empoisonnement résulte de l'ingestion d'une substance corrosive laquelle irrite topiquement l'estomac et détermine une gastrite aiguë, soit que le poison exerce une action générale, à la façon du tartre stibié (Magendie). En tout cas, la plupart de ces vomissements toxiques se caractérisent par leur apparition subite au milieu d'une santé parfaite : ils se répètent d'ordinaire un grand nombre de fois. Dans les empoisonnements chroniques, ils peuvent constituer un symptôme très-valable : je vous citerai par exemple les évacuations stomacales répétées et verdâtres des accès de colique saturnine.

Certains médicaments donnés à des doses trop considérables ou trop prolongées déterminent le vomissement : il en est ainsi par exemple de la digitale, lorsque se produit l'accumulation des doses journellement prescrites. D'autres substances médicamenteuses n'occasionnent l'intolérance stomacale que chez certains sujets prédisposés : c'est ce que vous observerez notamment pour l'opium et aussi pour le chloroforme, l'éther, employés sous forme d'inhalation, et qui amènent des vomissements pendant ou surtout après leur administration.

Les longs détails que je viens de vous donner me permettront d'être bref sur le DIAGNOSTIC des vomissements.

Rien n'est plus facile que de reconnaître l'existence du symptôme et la nature des matières vomies. On ne peut guère confondre le vomissement avec la régurgitation, l'éructation, la sputation, ni l'expuition. La seule cause d'erreur est la possibilité d'une *simulation* par le malade. L'examen des matières rendues, dont la réaction doit être acide lorsqu'elles viennent de l'estomac, au besoin une surveillance attentive, suffiront toujours pour vous éclairer.

Par contre, le *diagnostic de la cause* est souvent fort difficile : il sera basé sur les circonstances au milieu desquelles le symptôme s'est produit, sur sa fréquence et sa répétition, sur l'abondance des évacuations. On tiendra compte de la nature des matières vomies, alimentaires ou autres, nature que j'ai eu soin de vous indiquer dans les diverses maladies ; mais c'est surtout par l'examen attentif des phénomènes concomitants qu'il sera possible d'en connaître la cause.

Parfois le vomissement ne fournit aucune indication au point de vue du PRONOSTIC : c'est un accident sans importance. D'autres fois, au contraire, il constitue à lui seul un fait sérieux et qui permet jusqu'à un certain point de préjuger l'évolution de la maladie qui lui a donné naissance. C'est ainsi que dans le cas de hernie irréductible, ou lorsque l'on soupçonne un étranglement interne, les modifications progressives des matières vomies, d'abord alimentaires, puis bilieuses, enfin fécaloïdes, constituent un caractère extrêmement important et d'une valeur considérable : il faudra toujours tenir compte, cela va sans dire, des phénomènes concomitants. De même, pendant une épidémie de choléra, l'apparition des vomissements chez un sujet jusqu'alors affecté de diarrhée fera reconnaître l'invasion du mal asiatique.

Enfin les vomissements incoercibles, ceux de la grossesse par exemple, ont une gravité toute spéciale, car ils conduisent à l'inanition, dont vous connaissez les conséquences inévitables.

Le TRAITEMENT devra s'adresser avant tout, chaque fois qu'il sera possible de le faire, à la cause du vomissement. Il est, en effet, bien souvent inutile de s'attaquer au symptôme, à moins que ce soit pour en atténuer l'intensité excessive : je vous citerai par exemple les vomissements du choléra, de la scarlatine, de l'étranglement herniaire, et même de certaines maladies de l'estomac.

Une des principales indications à remplir est de calmer la sensation douloureuse qui occasionne le vomissement réflexe. La glace, le froid, l'acide carbonique et les effervescents, l'opium et la belladone administrés par la voie gastrique ou mieux en injections sous-cutanées, produiront souvent de bons effets : vous pourrez associer à ces moyens l'emploi des antispasmodiques et en particulier de l'éther.

Les divers révulsifs, sinapismes, urtication, électrisation au pinceau, vésicatoires, ainsi que la cautérisation transcurrente et très-superficielle (surtout dans les vomissements nerveux des hystériques) ont une action indiscutable et souvent rapide.

Enfin les toniques, les amers, sont indiqués quand l'atonie gastrique est présumée, par exemple pendant la convalescence des maladies graves. Dans ce dernier cas, l'usage simultané de la pepsine est souvent utile.

Les vomissements incoercibles de la grossesse réclament un traitement actif, surtout lorsqu'ils se prolongent et donnent lieu à des phénomènes graves. Quand l'examen attentif des organes génitaux internes fait découvrir une cause (telle qu'un déplacement), il ne faut pas hésiter à intervenir, ainsi que l'ont fait Moreau et M. Briau, dans le fait que je vous ai déjà cité ; mais, par malheur, la cause de ces vomissements est bien rarement appréciable. On a donc recours à certains moyens empiriques : c'est ainsi que l'on a vanté les saignées, les cautérisations du col utérin, etc.[1]. Il va sans dire que l'on mettra en usage tous les agents médicamenteux que vous connaissez maintenant et qui sont

---

1. Copeman (de Norwich) a préconisé la dilatation simple du col utérin avec le doigt. Cette méthode qui a récemment réussi entre les mains du Dr Lucas Championnière, a donné lieu à une intéressante discussion au Congrès médical tenu à Cork, en août 1879.

préconisés contre le symptôme vomissement. Enfin, il arrive un moment où se présente la nécessité d'une intervention active ainsi que l'a conseillé Paul Dubois : c'est l'accouchement prématuré, ou même l'avortement provoqué. Lorsque la nutrition ne se fait point et que la vie est compromise, malgré l'emploi des traitements divers et malgré les lavements alimentaires, on y devra songer sans trop tarder, afin de ne pas laisser passer le moment opportun pour cette ressource ultime.

MALADIES DE L'INTESTIN

TRENTE-NEUVIÈME LEÇON

ENTÉRITE AIGUE

Dans le système de Broussais, l'inflammation de l'intestin jouait un rôle non moins important que la gastrite à laquelle elle était associée : c'était la gastro-entérite. Aujourd'hui, on décrit l'entérite aiguë et chronique, chacune de ces deux formes pouvant être générale ou partielle ; dans ce dernier cas, l'entérite localisée s'appellera, selon son siége, duodénite, iléite, typhlite, colite, rectite.

Nous étudierons d'abord les LÉSIONS ANATOMIQUES de l'entérite aiguë ; il nous sera facile ensuite de connaître les différences qui caractérisent chacune de ses formes partielles.

Les altérations constatées sur le cadavre (et que l'on n'a guère, sauf circonstances exceptionnelles, l'occasion d'étudier dans l'entérite simple, affection généralement bénigne) intéressent essentiellement la muqueuse de l'intestin, qui présente une *rougeur* disséminée par points ou par plaques plus ou moins larges ; l'hyperémie est rendue manifeste par une arborisation vasculaire plus ou moins riche. Cette rougeur inflammatoire est tantôt générale, étendue à toute la muqueuse, et tantôt localisée, occupant alors surtout le pourtour des plaques de Peyer ou des follicules clos, et constituant dans ce dernier cas la psorentérie qui est propre aux enfants [1]. Ces lésions peuvent disparaître après la mort : c'est ce qui explique pourquoi Bednar dit qu'il ne les a pas constatées.

Si l'entérite est tant soit peu intense, il existe simultanément un *gonflement* plus ou moins accusé de la muqueuse : ce gonflement peut être général, mais il est surtout limité aux villosités. Le *ramollissement* de la muqueuse intestinale a été aussi noté : toutefois, comme on le trouve surtout à de certaines époques de l'année, il est probable qu'il s'agit simplement d'une altération cadavérique.

L'entérite avec fausses membranes et exsudats fibrineux, que les Allemands ont appelée *croupale* (et qui est contestée par certains auteurs et reconnue par d'autres)

1. Chez un enfant de 3 mois qui a succombé cette année même dans mon service, l'entérite cholériforme était caractérisée par une injection occupant les valvules conniventes, le pourtour des follicules clos et les plaques de Peyer. Les lésions offraient leur maximum de développement sur l'iléon : les follicules clos du gros intestin étaient aussi très-tuméfiés.

n'est pas commune. On a également admis le développement possible du muguet sur la muqueuse enflammée. Renbold nie formellement la présence de l'oïdium albicans dans l'intestin ; mais vous savez que M. Parrot en a surabondamment prouvé l'existence : toutefois il s'agit là d'une affection spéciale, d'ailleurs localisée au cœcum, et nullement de l'entérite aiguë qui nous occupe.

Lorsque l'inflammation a été intense et plus ou moins prolongée, des *ulcérations* existent sur la muqueuse intestinale ; le plus souvent, il est vrai, ce ne sont que des érosions superficielles et plus ou moins larges. D'autres fois, les exulcérations sont petites, arrondies, taillées à pic, développées aux dépens des follicules clos ; ce sont les *ulcères folliculaires* de Rokitansky : il y aurait alors formation de petits abcès auxquels succéderait une perte de substance.

Les *matières contenues dans l'intestin* sont tantôt des mucosités glaireuses plus ou moins colorées, à moitié transparentes, tantôt des flocons blanchâtres de nature épithéliale. Rarement on y trouve du sang, même lorsqu'il existe des ulcérations ; bien plus souvent, ce sont des glaires muco-sanguinolentes.

Les ganglions mésentériques sont engorgés très-légèrement, mais non toujours ; le péritoine intestinal, quelquefois vascularisé, ne présente pas de traces d'une véritable phlegmasie. Quant aux organes respiratoires, ils sont dans un état d'intégrité absolue, et n'offrent de lésions inflammatoires que si l'entérite, au lieu d'être primitive, constitue une affection secondaire, consécutive à la rougeole par exemple.

L'entérite aiguë peut se développer dans deux CONDITIONS ÉTIOLOGIQUES différentes : tantôt elle est primitive, apparaissant chez un individu bien portant jusqu'alors ; tantôt au contraire elle est secondaire à une maladie préexistante.

L'*entérite primitive* reconnaît un certain nombre de causes prédisposantes : en première ligne, nous devons noter l'*âge* du malade. L'enfance est de beaucoup le plus sujette à l'inflammation intestinale, qui s'observe principalement chez les nouveau-nés et les enfants à la mamelle : à cette époque de la vie, il existe une cause spéciale, la mauvaise hygiène alimentaire. D'autre part aussi, les très-jeunes enfants possèdent une susceptibilité particulière de l'intestin, tandis que chez les adultes c'est surtout la muqueuse bronchique qui est impressionnable. Chez l'enfant, on a encore accordé une grande influence causale à la première dentition qui s'étend en général de six à vingt mois ; mais ne s'agit-il pas plutôt d'une pure coïncidence ? Il ne faut pas confondre en effet la diarrhée de la dentition avec l'entérite proprement dite.

Quel que soit l'âge du malade, l'influence des *saisons* est également considérable. C'est surtout pendant les chaleurs, aux mois de juillet, août et septembre, que l'entérite aiguë est le plus fréquente : les imprudences de toute sorte, commises à cette époque de l'année, doivent intervenir pour une certaine part dans cette étiologie. De même que les fortes chaleurs, le froid exerce une action réelle, en particulier lorsqu'une réfrigération brusque et passagère se faisant sentir soit sur l'abdomen, soit aux extrémités elles-mêmes, il se produit une congestion viscérale réflexe. Un mécanisme absolument analogue doit être invoqué pour expliquer l'entérite aiguë consécutive aux brûlures étendues des téguments. Enfin l'usage immodéré des boissons froides amène finalement une congestion vive de l'appareil gastro-intestinal; le terrain est ainsi préparé à l'entérite.

Le rôle des *ingesta* n'est pas moins considérable dans la détermination de l'entérite aiguë. Les *aliments* peuvent devenir nuisibles, soit par leur abondance exagérée, soit parce qu'ils sont d'une digestion difficile, comme les fruits verts par exemple; dans les deux cas, il survient une indigestion intestinale. L'usage abusif des condiments et des épices produit une action irritante également nocive; on en peut dire autant de certains médicaments, en particulier des balsamiques employés à haute dose ou trop longtemps continués.

Les fatigues de toute sorte ne sont pas non plus sans action sur le développement de l'entérite : elles affaiblissent en effet l'organisme, qui devient plus apte à contracter une maladie quelconque; le plus souvent il est vrai, d'autres causes interviennent plus activement.

Enfin l'entérite se montre quelquefois sous la forme d'*épidémies* véritables; pour en apprécier le mode de développement, il serait nécessaire de tenir un compte exact des influences saisonnières.

L'*entérite secondaire* apparaît souvent, surtout chez les enfants, à la suite de la *rougeole;* la diarrhée, qui se montre habituellement le premier ou le second jour de l'éruption, persiste, augmente, et l'entérite s'établit alors, intense et grave. Moins souvent, l'inflammation intestinale est consécutive à la scarlatine. Quant à la dentition et aux vers intestinaux, leur influence est au moins fort douteuse : il en est de même du rhumatisme et de la goutte. Je ne vous parlerai pas des maladies du foie, ni des troubles circulatoires d'origine cardiaque, car on a fait à cet égard une confusion évidente entre l'entérite et la diarrhée, sous la dénomination un peu trop compréhensive de catarrhe, laquelle s'applique non-seulement aux sécrétions d'origine inflammatoire, mais encore aux simples flux hypercriniques.

Parmi les symptômes de l'entérite aiguë, la *diarrhée* est sans contredit le plus important : d'ordinaire aussi, elle en est le phénomène initial. Des évacuations plus ou moins abondantes et fréquentes amènent d'abord l'expulsion du contenu de l'intestin sous forme de matières stercorales plus ou moins délayées auxquelles succèdent bientôt des mucosités. Puis les selles deviennent liquides; l'évacuation diarrhéique est alors constituée par une sérosité plus ou moins fluide, qui est mélangée à des flocons muqueux, souvent colorés par la bile; ces évacuations ont une teinte jaunâtre, mais non pas d'un jaune marron, comme dans la fièvre typhoïde. Chez les enfants à la mamelle, les selles sont verdâtres et acides, fait important au point de vue du diagnostic : on y retrouve aussi quelques grumeaux de caséum.

Les évacuations alvines ont en général assez peu d'odeur. Au microscope on y trouve des cellules épithéliales cylindriques, des leucocytes, et des cristaux de phosphate ammoniaco-magnésien (qui n'appartiennent pas uniquement à la dothiénentérie, comme on l'avait cru autrefois).

La *douleur* qui accompagne l'entérite est caractéristique : elle se montre sous forme de coliques, c'est-à-dire de sensations très-douloureuses avec paroxysmes. En même temps, les malades ont un malaise général, de l'agitation, ou bien au contraire on constate une prostration profonde, avec altération des traits.

Fréquemment, il y a des *borborygmes* ou bruits hydro-aériques, en même temps que des coliques : ils sont l'indice de la contraction vive des intestins. Celle-ci procède par accès, et ces coliques venteuses qui aboutissent à la diarrhée, sont souvent calmées, au moins pour un certain temps, par les évacuations alvines.

L'appétit est ordinairement diminué : il existe une soif plus ou moins vive, intense surtout chez les enfants. Certains troubles tels que des nausées, une sensation de poids à l'épigastre, se rencontrent fréquemment; quant aux vomissements, ils sont rares, si ce n'est au début même de la maladie ou très-tardivement, alors que l'affection prend un caractère tout particulier de gravité.

L'état de l'appareil digestif fournit quelques notions importantes. La *langue* est presque toujours recouverte d'un large enduit saburral : elle devient assez rapidement rouge à sa pointe et sur les bords, rarement dans toute son étendue, sauf à la fin de la maladie.

L'abdomen est d'ordinaire plus ou moins distendu par des gaz; ce *ballonnement* est général, presque jamais partiel, alors même que l'entérite n'occupe qu'une portion de l'intestin. Les gaz ainsi accumulés proviennent-ils d'une sécrétion intestinale ou sont-ils le fait d'une décomposition (sous l'influence d'un catarrhe gastrique), des substances alimentaires venant de l'estomac? Mais d'abord ce catarrhe gastrique n'est pas constant, et en outre le ballonnement persiste, ainsi que les borborygmes, pendant presque toute la durée de la maladie; c'est donc à une sécrétion gazeuse intestinale qu'il faut attribuer le gonflement de l'abdomen.

Indépendamment des coliques survenant sous forme

paroxystique, il existe une *douleur* sourde, une sorte d'endolorissement permanent, que la pression augmente dans des points variables suivant le siége de l'inflammation intestinale : si c'est aux environs de l'ombilic, on peut en conclure que l'intestin grêle est surtout malade; dans le reste de l'abdomen, la douleur indique la localisation de la phlegmasie au niveau du gros intestin ; nous reviendrons d'ailleurs sur ce fait en décrivant la typhlite, la rectite, etc.

La *fièvre* est un des premiers symptômes généraux de l'inflammation intestinale, car elle fait défaut dans les cas légers ; cet état fébrile présente les caractères de la fièvre catarrhale. Même chez les enfants, la température est peu élevée (de 38 à 39 degrés); elle tombe vite, et sa très-faible élévation est l'indice d'une entérite qui n'est que subaiguë (H. Roger). De même, le pouls est souvent peu fréquent, et les phénomènes réactionnels sont à peine marqués. Rarement le visage est injecté; mais le facies exprime la fatigue, comme dans toutes les maladies de l'abdomen qui donnent lieu à des douleurs paroxystiques, à de véritables coliques.

La MARCHE de l'affection est fort simple : dans les cas très-légers, comme à la suite d'un refroidissement par exemple, le malade éprouve un certain malaise, quelques douleurs de ventre ; puis surviennent des coliques suivies d'une diarrhée peu abondante et de courte durée. La fièvre est nulle ou du moins très-légère ; le repos, quelques soins hygiéniques suffisent le plus ordinairement, et la guérison est complète en quelques jours.

Dans les formes plus intenses, les symptômes s'accentuent rapidement ; l'état général ne tarde pas à ressentir le contre-coup des troubles digestifs : il existe une prostration d'autant plus prononcée que les évacuations alvines sont plus nombreuses et plus abondantes. La durée de la maladie se prolonge huit, quinze et vingt jours, surtout chez les enfants ; néanmoins, la *guérison* est la règle, au moins chez l'adulte ; mais elle ne s'obtient qu'au prix d'une convalescence parfois prolongée.

Malheureusement, la terminaison n'est pas toujours aussi favorable : la diarrhée peut en effet persister, le malade s'affaiblit, et l'affection passe alors à l'*état chronique;* ou bien elle se termine par la *mort*, principalement aux deux extrêmes de la vie, chez l'enfant et aussi chez le vieillard.

Chez les enfants en effet, et surtout avant l'âge de deux ans, l'entérite donne lieu habituellement à des phénomènes sérieux. Une diarrhée abondante s'établit, caractérisée par des évacuations liquides et profuses qui affaiblissent rapidement le jeune malade et aboutissent à une dénutrition progressive. La fièvre du début tombe vite, et bientôt, lorsque les selles, devenues séreuses, sont abondantes et répétées, il se produit une tendance au refroidissement; les traits du visage s'altèrent, les yeux semblent enfoncés dans les orbites, le regard prend une expression vague toute spéciale (*natantia lumina*), le sillon naso-labial se creuse profondément.

C'est alors que le ventre, au lieu de rester ballonné, s'aplatit, se déprime et prend la forme en bateau; les parois abdominales molles, flasques, se laissent déprimer dans tous les sens, comme un chiffon (Rilliet et Barthez). Les évacuations alvines, puis les vomissements deviennent incessants ; la diarrhée, qui est aqueuse, ne tache presque plus les linges. Ceux-ci sont imbibés d'un liquide à peine coloré d'une teinte verdâtre d'emblée, ou d'abord jaunâtre puis verdissant à l'air (ce qui est moins grave).

La durée de cet état sérieux peut être assez longue : vous le verrez se prolonger 5 ou 6 jours, parfois davantage. Cette *entérite cholériforme*, ce choléra *infantûm* diffère donc évidemment du vrai choléra même à ce point de vue spécial. Parfois l'entérite aiguë persiste 8 et 10 jours : c'est ce qui s'observe lorsque les symptômes, légers au début, s'aggravent subitement. La *mort* survient souvent au milieu d'accidents nerveux, tels que le coma ou au contraire une agitation extrême et des convulsions ultimes. La *guérison* cependant est possible, mais elle est précédée d'une convalescence très-lente tant l'organisme a été profondément atteint, bien que la diarrhée qui déprime à ce point les forces ne soit pas albumineuse comme celle de la dysentérie par exemple.

Le PRONOSTIC de l'entérite aiguë est subordonné à diverses conditions qu'il importe de vous faire connaître. Et d'abord l'*âge* du malade influe singulièrement sur la gravité de l'affection : chez les jeunes sujets et en particulier chez le nouveau-né et l'enfant à la mamelle, de même aussi que chez le vieillard, l'entérite aiguë est toujours une maladie sérieuse et assez fréquemment mortelle. C'est qu'en effet le degré de résistance, la force du patient atteint est une circonstance importante, à laquelle il faut toujours avoir égard dans l'appréciation de la prognose. L'entérite survenant au milieu d'un excellent état de santé est, toutes choses égales d'ailleurs, infiniment moins sévère que quand elle est consécutive à une autre affection : dans ce dernier cas, ne l'oubliez pas, elle comporte presque toujours un pronostic grave.

Enfin l'intensité des symptômes doit évidemment entrer en ligne de compte, lorsqu'il s'agit d'apprécier la gravité de la maladie. Le grand nombre et l'abondance des évacuations alvines, l'apparition d'un état adynamique ou d'accidents généraux ; chez l'enfant, l'invasion de vomissements répétés : voilà autant de données qui ajoutent encore à la sévérité de la prognose.

Le DIAGNOSTIC de l'entérite ne présente aucune difficulté réelle : à peine pourrait-on, dans certains cas et notamment dans la seconde enfance, croire au début d'une *fièvre typhoïde*. Toutefois, s'il est vrai que bien souvent la diarrhée initiale constitue un phénomène prodromique de la dothiénentérie, il ne faut pas oublier que l'état général dans cette maladie revêt rapidement un caractère spécial : la fièvre est très-vive, beaucoup plus intense que dans l'entérite et surtout la température atteint des chiffres bien plus élevés, 40° et 41° au lieu de 38° et 39° (Roger). En même temps, le ventre, légèrement ballonné, devient douloureux dans la fosse iliaque droite; la céphalalgie, les épistaxis, l'augmentation de volume de la rate, ne permettent guère une hésitation de longue durée. Enfin lorsque l'on assiste à l'évolution des phénomènes morbides, la marche de la fièvre est absolument caractéristique : vers le 8ᵉ jour, il n'y a plus de doute possible, car l'entérite serait guérie, ou elle aurait jeté le malade dans un état de prostration profonde, au milieu de laquelle les vomissements et la diarrhée, la mollesse du ventre ne laisseraient guère de place à l'erreur.

La *péritonite aiguë* n'offre que des traits de ressemblance éloignés avec l'entérite : la douleur de l'abdomen, le ballonnement même diffèrent, et si, chez les enfants, la péritonite s'accompagne quelquefois de diarrhée, en revanche l'état fébrile intense, les vomissements verdâtres, répétés, et les douleurs excessives suffisent à caractériser le tableau clinique de la phlegmasie du péritoine.

L'intensité parfois exagérée des douleurs de ventre pourrait faire croire à l'existence d'un *rhumatisme des parois abdominales*. Mais, dans le rhumatisme, la douleur seule existe : elle est différente de celle des coliques de l'entérite; beaucoup plus intense, elle est en même temps superficielle; enfin il n'y a pas de troubles fonctionnels, si ce n'est la constipation.

Quant à la *dysentérie*, dont nous ferons bientôt une étude complète, je vous dirai par avance que les selles, extrêmement nombreuses, en sont peu abondantes et caractérisées par des matières muqueuses et muco-sanguinolentes ; enfin il existe des épreintes très-pénibles, du ténesme, lesquels font défaut dans l'entérite proprement dite.

L'*entéralgie* diffère de l'entérite aiguë par l'absence de phénomènes généraux fébriles et de diarrhée, ainsi que par les caractères fort dissemblables des accès douloureux.

L'*iléus* ne ressemble pas non plus à l'entérite, car la constipation y est de règle, et il en est de même pour la *colique saturnine*.

Le *diagnostic du siége* de l'entérite aiguë est d'ordinaire très-difficile, parfois même impossible, d'autant plus que dans la majorité des cas, la presque totalité du tube intestinal est simultanément enflammée. Cependant l'inflammation du gros intestin ou *colite* se reconnaîtra quelquefois aux caractères des selles, qui sont moins liquides, moins aqueuses, plus fréquentes ; en outre, la douleur affecte un siége spécial, qui correspond manifestement au trajet du côlon ; enfin l'abdomen est moins gonflé.

Au contraire, l'inflammation de l'intestin grêle, laquelle constitue plus spécialement l'entérite (*iléite, jejunite*), s'annonce par des selles plus copieuses, plus liquides. Parfois, d'après Niemeyer, les évacuations alvines feraient défaut, et les symptômes seraient réduits aux seuls borborygmes sans diarrhée : c'est là de la théorie pure, à laquelle ne correspondent point les faits journellement observés. Quant à la douleur, elle occupe le pourtour de l'ombilic, mais varie de siége comme les coliques : en outre, le météorisme est plus considérable, les borborygmes sont plus nombreux que dans la colite.

Broussais a décrit la *duodénite ;* cette inflammation, qui correspond à l'affection que nous désignons aujourd'hui sous le nom de *catarrhe gastro-duodénal,* offre un symptôme particulier : c'est l'ictère catarrhal, qui se développe du troisième au cinquième ou sixième jour de la maladie et qui rend alors manifeste la nature de la diarrhée du début. On explique cet ictère par la tuméfaction de la muqueuse de l'intestin, d'où résulte l'occlusion plus ou moins complète du canal cholédoque et par suite la résorption de la bile et son passage dans le sang.

Enfin il est une autre localisation importante de l'inflammation intestinale : c'est la *typhlite ;* mais je ne vous en parlerai pas ici, me réservant de l'étudier en détail, à cause des considérations toutes spéciales qu'elle comporte.

L'intervention thérapeutique varie selon l'époque de la maladie : les indications du TRAITEMENT se succèdent en effet en raison de l'évolution des symptômes et ne doivent pas être remplies par les mêmes moyens.

La première indication consiste dans la nécessité de *calmer la diarrhée.* Au début, les purgatifs réussiront quelquefois, surtout les sels neutres, ou même le calomel ; l'huile de ricin est moins utile dans cette circonstance. A une période plus avancée de l'entérite, l'emploi des purgatifs salins est encore indiqué, lorsque les autres agents employés sont demeurés inefficaces.

L'action des évacuants une fois terminée, on aura recours aux opiacés, notamment aux quarts de lavement avec huit à quinze gouttes de laudanum, que l'on fera répéter chaque jour deux, trois fois et même davantage, surtout s'ils n'étaient pas gardés par les malades. L'opium peut encore être administré par la bouche ; mais son action anti-diarrhéique est alors sensiblement moins puissante ; d'ailleurs, les opiacés offrent le double avantage de s'adresser en même temps à la diarrhée et aussi à l'élément douleur. Chez les enfants, et notamment chez les nouveau-nés, vous ne devrez pas oublier que le laudanum doit être donné avec les plus grands ménagements et à des doses très-faibles, par demi-gouttes seulement.

D'autres moyens sont encore utiles contre la diarrhée. Je vous citerai en première ligne le sous-nitrate de bismuth, que vous aurez soin de faire triturer exactement et que vous prescrirez à haute dose (Monneret), 4 à 8 et 12 grammes par jour. Dès que, le sel bismuthique étant administré, vous verrez les selles noircir, vous devrez bien augurer du traitement : c'est l'indice d'une cessation prochaine de la diarrhée. Le diascordium (4 à 8 grammes par jour) est souvent associé au bismuth, sous forme de bols ou dans une potion gommeuse.

Le nitrate d'argent a aussi été fort conseillé : pour ma part, je préfère ne pas l'employer au début, réservant ce médicament actif pour une période plus avancée, et seulement lorsque la maladie traîne en longueur : c'est à ce moment qu'il est efficace. On doit l'administrer par la bouche, en pilules, sauf quand les lésions inflammatoires sont surtout localisées dans le gros intestin, auquel cas les lavements sont plus spécialement indiqués ; les mêmes considérations s'appliquent aux divers astringents.

Pour boisson, vous prescrirez l'eau de riz, l'eau albumineuse, la décoction blanche de Sydenham, lesquelles produisent parfois à elles seules de bons effets dans les cas légers. En même temps, un régime sévère sera institué pour suspendre la diarrhée ou en empêcher le retour : les bouillons, quelquefois le lait (et particulièrement le lait de chèvre chez les très-jeunes enfants) composent toute l'alimentation. Quant au nouveau-né, le lait maternel est encore le meilleur régime, le seul qui, dans le cas d'entérite, devrait être permis.

Une seconde indication pressante, c'est de soulager la *douleur*. L'opium, vous le savez, est sans contredit le médicament le plus actif et dont l'action est le plus rapide. Vous pourrez encore avoir recours à des applications chaudes sur l'abdomen : les cataplasmes soulagent parfois merveilleusement les douleurs de l'entérite ; ils devront être arrosés de laudanum, largement étendus sur le ventre et maintenus en permanence. Au besoin, les injections hypodermiques de morphine calmeraient rapidement les phénomènes douloureux.

Vous ferez cesser les *vomissements* qui pourraient survenir (surtout chez les enfants), à l'aide des divers moyens que vous connaissez déjà et que nous avons passés en revue. Ici, l'emploi de l'eau de chaux que l'on ajoutera au lait sera très-utile : j'en dirai autant de l'eau de Seltz donnée par cuillerées à café et qui constitue un excellent palliatif de ce symptôme.

Devez-vous songer spécialement à *combattre l'état phlegmasique* de l'intestin ? Vous savez maintenant que cette période inflammatoire aiguë est d'ordinaire peu intense et passagère; d'autre part, j'ai suffisamment insisté sur l'affaiblissement rapide et considérable causé par les abondantes évacuations alvines de l'entérite aiguë. C'est donc vous dire que vous devrez rejeter absolument les saignées générales, comme on les pratiquait autrefois. Quant aux émissions sanguines locales, qui possèdent une action essentiellement topique, elles ont l'avantage de calmer rapidement la douleur; il faudrait toutefois, pour vous décider à y recourir, vous trouver en présence d'une fièvre vive, qui ne s'expliquerait par aucune affection concomitante ni par aucune complication. Dans ce cas, vous pourriez également employer la teinture de digitale.

Enfin n'oubliez pas que la *convalescence* de l'entérite est toujours longue et pénible, et soignez à ce moment le malade avec autant de sollicitude que pendant la période aiguë. Soumettez-le surtout à un régime sévère, car il faut éviter à tout prix les imprudences qui conduiraient si facilement aux rechutes.

QUARANTIÈME LEÇON

ENTÉRITE CHRONIQUE

L'inflammation chronique de l'intestin se caractérise par des LÉSIONS ANATOMIQUES offrant de nombreuses ressemblances avec celles de l'entérite aiguë; il existe néanmoins entre les deux variétés d'inflammation intestinale les mêmes différences que je vous ai déjà signalées entre la gastrite aiguë et la chronique. C'est ainsi que la *rougeur* affecte l'apparence de plaques irrégulières, tantôt plus ou moins largement espacées, tantôt très-rapprochées, mais dont la teinte est le plus souvent sombre, brunâtre, présentant même cet aspect particulier de la muqueuse désigné sous le nom d'état *ardoisé* et qui est le fait des modifications subies par la matière colorante des globules sanguins sortis de leurs vaisseaux par suite de l'hyperémie inflammatoire.

Il est assez fréquent de trouver la muqueuse intestinale épaissie ; le tissu sous-muqueux et même la couche musculaire participent d'ordinaire à cet *épaississement :* cependant cette dernière tunique est quelquefois amincie. L'induration des parois intestinales a été notée dans certains cas d'entérite ancienne : la maladie peut occasionner non-seulement l'épaississement de l'intestin, mais même une diminution notable de son calibre, une véritable coarctation. Quant au ramollissement de la muqueuse, son existence n'est point démontrée.

Par contre, les *ulcérations* intestinales constituent une des lésions les plus communes : elles sont d'ordinaire arrondies, parfois sinueuses, ce qui tient à la cohérence de plusieurs ulcérations de plus petit volume. Elles occupent, par ordre de fréquence, le gros intestin, puis l'intestin grêle.

Lorsque l'entérite chronique est d'origine *urémique*, elle se caractérise par une apparence toute spéciale. Non-seulement, en effet, il existe un nombre plus ou moins considérable d'ulcérations, mais on constate encore des plaques de gangrène à divers degrés d'évolution. Ces diverses altérations siégent plus particulièrement sur le gros intestin, près de l'anus; elles sont plus rares dans le duodénum et le jéjunum. Recouvertes souvent par des mucosités adhérentes, elles atteignent parfois des dimensions considérables, jusqu'à deux et trois centimètres par exemple. Leur forme est arrondie, souvent allongée, leur profondeur considérable, puisqu'elles peuvent intéresser la couche musculaire, et même déterminer une perforation intestinale. Les bords de ces ulcérations, si petites qu'elles soient, sont décollés, flottants dans la cavité de l'intestin. Quelquefois, au milieu de pertes de substance à divers degrés de développement, on trouve des cicatrices arrondies, de coloration ardoisée.

Lorsque l'entérite chronique a donné naissance à des ulcérations, le *péritoine* dans les points qui correspondent aux régions malades, n'est pas toujours dans un état d'intégrité parfaite; alors même qu'il n'y a pas de perforation, la séreuse est quelquefois recouverte d'exsudats fibrineux qui déterminent des adhérences molles, mais suffisantes pour mettre obstacle à la pénétration des matières intestinales dans le péritoine. Dans le cas où les adhérences font défaut, la *perforation* se produit, et l'on trouve alors les traces d'une péritonite, soit aiguë et généralisée, soit chronique et dans ce cas, assez souvent localisée par des adhérences. Parfois enfin, on rencontre, sur la séreuse, au milieu des adhérences par exemple, des granulations grises demi-transparentes, lésions tuberculeuses caractéristiques et qui, non soupçonnées pendant la vie, viennent démontrer la véritable nature des altérations de l'intestin.

Les ganglions lymphatiques de l'abdomen sont plus ou moins enflammés. Quant au contenu de l'intestin, il est constitué souvent par des résidus alimentaires mêlés à des matières glaireuses, à du mucus sanguinolent ou muco-purulent, surtout lorsque l'entérite chronique donne lieu à des ulcérations.

Les poumons sont absolument indemnes de toute lésion, sauf le cas de tuberculose : ils sont alors le siége d'altérations en général peu avancées, et qui consistent plus souvent en granulations grises qu'en lésions pneumoniques avec cavernes. En ce qui concerne les ganglions bronchiques, toutes les fois qu'ils sont caséeux, on peut affirmer qu'il existe des altérations pulmonaires (Parrot).

L'ÉTIOLOGIE de l'entérite chronique est celle de l'entérite aiguë, car souvent, il y a simplement passage de celle-ci à celle-là. Les causes de cette transformation de la maladie sont souvent une mauvaise direction du traitement, l'inobservance des règles de l'hygiène, en particulier les imprudences ou les excès ; enfin la faiblesse constitutionnelle du malade condamne presque fatalement à la chronicité toute affection aiguë de l'intestin qui vient à le frapper.

Il faut également tenir grand compte de l'influence exercée par *certaines diathèses*, notamment par la scrofule. Quant à la tuberculose, c'est une question de savoir si réellement elle prédispose à la forme chronique de l'entérite simple. C'est qu'en effet, lorsque, chez un sujet affecté de cette diathèse, il existe une entérite chronique, celle-ci est d'ordinaire, sinon toujours, de nature secondaire et présente au point de vue anatomique et symptomatique les caractères des manifestations diathésiques. Ces choses se passent donc à peu près comme pour la pneumonie chronique, qu'il est très-rare de voir se développer d'emblée, sauf dans les cas où elle est d'origine et de nature tuberculeuses. Quant à la syphilis, à laquelle Oser rapporte trois faits d'ulcérations intestinales, il n'est pas encore prouvé qu'elle soit réellement capable de donner naissance à l'inflammation chronique de l'intestin.

Le développement de l'entérite chronique, à la suite de *l'albuminurie avec urémie*, est au contraire bien démontré aujourd'hui : le même mécanisme que je vous ai fait connaître à propos de la gastrite chronique donne naissance à l'inflammation de l'intestin. Ici encore, l'élimination anomale et répétée des produits de désassimilation, et surtout la décomposition de l'urée en carbonate d'ammoniaque, détermine une vive irritation de la muqueuse intestinale.

Dans les *affections cardiaques*, l'entérite chronique existe-t-elle ? Il ne peut être question ici d'un véritable processus phlegmasique, mais bien d'un simple flux consécutif à la stase veineuse ; encore ces faits sont-ils très-rares et, peut-être, susceptibles d'une tout autre interprétation.

Enfin l'on a noté, pour l'entérite comme pour l'inflammation des diverses muqueuses, une *influence endémo-épidémique* sur la nature de laquelle nous sommes mal édifiés. Je vous citerai par exemple la maladie désignée sous le nom de *diarrhée chronique de Cochinchine*, laquelle présente un tableau symptomatique un peu spécial et où l'on ne constate à l'autopsie que quelques érosions inconstantes, et peut-être une certaine atrophie des éléments glandulaires de l'intestin grêle.

Les SYMPTÔMES de l'entérite chronique sont les mêmes que ceux de l'entérite aiguë : ils présentent seulement certaines modifications qui ne sont pas sans importance.

La *diarrhée* est toujours le signe principal, et l'on peut dire qu'elle ne fait jamais défaut. La nature des évacuations alvines est assez variable : tantôt ce sont simplement des matières stercorales à demi-diluées ou tout à fait liquides, et tantôt des matières alimentaires mal digérées, qui sont rendues sans avoir presque subi aucune modification. C'est alors la *lientérie* proprement dite, et, dans ce cas, il est habituel que l'estomac fonctionne mal. D'autres fois, les selles consistent en mucosités plus ou moins abondantes mêlées à une certaine quantité de sang ou de pus, ce qui indique alors l'existence d'ulcérations de l'intestin. Parfois enfin, les matières glaireuses contiennent des concrétions membraniformes déjà signalées par Jos. Franck, très-bien décrites par M. Gendrin, puis par M. Potain, M. Blondeau et plus récemment par M. Guyot et M. Siredey (*Soc. méd. des hôp.*, 1868). Dans cette forme toute particulière d'entérite, les malades rendent des matières muqueuses ayant l'aspect de tubes complets ou plus souvent de demi-cylindres rappelant l'aspect des tuniques intestinales [1] et constituées par une matière demi-transparente et élastique. Le microscope y fait découvrir une substance homogène et striée qui devient plus striée encore par l'action de l'acide acétique (Robin), ce qui prouve sa nature muqueuse et non pas fibrineuse; au milieu de cette substance, on trouve quelques cellules épithéliales granuleuses, des leucocytes en petit nombre et de rares globules sanguins (Cornil). Dans un cas que j'ai eu l'occasion d'étudier, les cellules renfermaient un assez grand nombre de granulations brunâtres. Dans cette variété d'entérite, il s'agit en somme d'une sécrétion muqueuse toute particulière, remarquable par son extrême abondance : on a pu voir ces membranes, accumulées et pelotonnées, occasionner des symptômes d'occlusion intestinale (J. Guyot). La constipation habituelle tient incontestablement une place importante dans l'étiologie de cette forme d'entérite chronique.

Les *douleurs* éprouvées par le malade présentent le caractère de véritables coliques avec caractère expulsif très-marqué. Elles reviennent sous forme d'accès dou-

---

[1]. M. Huchard vient de publier (France médicale, 1879) une observation très-intéressante, dans laquelle la fausse membrane avait été prise pour un ténia.

loureux plus ou moins espacés, assez fréquemment accompagnés de borborygmes qui parcourent quelquefois tout l'abdomen, puis cessent brusquement par suite de l'évacuation de gaz et de liquides. Les douleurs se calment alors, puis les mêmes symptômes reparaissent au bout d'un temps variable.

L'appétit est souvent conservé, parfois même augmenté; la soif est constante. La *langue*, rarement recouverte d'un enduit blanchâtre, se dépouille plus ou moins de son épithélium, et l'on aperçoit sur sa face dorsale, sur ses bords et à sa pointe, quelques papilles rouges et saillantes.

Le *ventre* est légèrement ballonné, souvent même aplati, d'ailleurs assez peu ou point sensible; dans quelques cas cependant, la pression est douloureuse, et l'on constate alors un empâtement partiel de l'abdomen. Toutefois, ce signe est inconstant, et d'ordinaire le ventre est simplement flasque et mou.

L'état général, satisfaisant au début, ne tarde pas à se ressentir du trouble des fonctions digestives. Cependant l'apyrexie la plus complète est habituelle, ou bien, s'il existe de la fièvre, elle est le plus souvent symptomatique; quand donc vous verrez un état fébrile apparaître, sans que vous en trouviez l'explication dans une maladie intercurrente, vous devrez redoubler de surveillance et craindre l'invasion de la tuberculose. A mesure d'ailleurs que l'entérite est de date plus ancienne, la dénutrition fait des progrès rapides; l'amaigrissement s'accuse simultanément à la face, qui pâlit et se creuse, ainsi qu'aux membres et au tronc; la décoloration, l'anémie des téguments avec sécheresse toute spéciale de la peau, se prononcent chaque jour davantage.

Les conséquences de cet *état cachectique* vous sont trop connues pour qu'il soit nécessaire de les rappeler ici : sachez seulement qu'indépendamment de la faiblesse et d'un certain alanguissement qui ne font jamais défaut, il n'est pas très-rare de voir ces malades en proie à l'hypochondrie la mieux caractérisée.

Rarement la MARCHE de l'entérite est chronique d'emblée : d'ordinaire, il existe une première période de durée variable, marquée par les symptômes de l'état aigu ou subaigu, à laquelle on voit succéder un amendement considérable des phénomènes morbides. La guérison même peut sembler définitive; mais le plus souvent quelques troubles digestifs persistent : bien que légers, ils indiquent la permanence des lésions; d'autres fois, alors que l'entérite aiguë semble complètement terminée, les accidents reparaissent et prennent alors tous les caractères de l'état chronique. La diarrhée notamment est le signe important de cette tendance à la chronicité : elle n'est pas absolument constante, permanente, mais elle offre des rémissions; fréquemment aussi, des alternatives de diarrhée et de constipation se produisent. Ces rechutes fréquentes amènent finalement chez le malade un état de cachexie profonde.

Parmi les conséquences possibles de ces graves troubles des fonctions digestives, il faut citer d'abord, et par ordre de fréquence, la *tuberculisation pulmonaire*. Sachez cependant que l'on n'est pas tout à fait d'accord sur la question de savoir si l'entérite chronique est le symptôme ou la cause des tubercules du poumon. Ce qui paraît ressortir clairement de l'examen des faits, c'est que les deux éventualités peuvent se produire : dans la majorité des cas, la tuberculose paraît être la cause prédisposante de l'entérite, les lésions diathésiques se développant d'abord dans le poumon, puis dans l'intestin ; mais, d'autre part, il est des faits incontestables dans lesquels la phthisie n'est apparue que chez des sujets épuisés et en quelque sorte préparés depuis longtemps à l'affection diathésique par une entérite invétérée.

Les mêmes divergences d'opinion se sont produites à l'occasion d'une complication bien grave de l'entérite : je veux parler de l'*albuminurie chronique*. On peut dire ici aussi que les deux éventualités sont possibles : d'une part, il est incontestable que l'albuminurie avec urémie est susceptible de produire cette entérite chronique ulcéreuse toute spéciale, dont les caractères vous sont maintenant connus ; mais, d'autre part, la diarrhée chronique jette les malades dans un état d'affaiblissement, de cachexie, qui peut à son tour faire naître la dégénérescence amyloïde des reins.

La *durée* de l'entérite chronique est toujours fort longue : elle se compte par mois et par années même, spécialement chez les enfants. La *guérison* n'est pas impossible, mais rare, et, alors même qu'elle paraît obtenue, vous devrez toujours craindre les rechutes, surtout si vous voyez persister quelques troubles digestifs, par exemple une tendance à la constipation avec quelques courtes alternatives de diarrhée.

La *mort* est en définitive la terminaison habituelle de l'entérite chronique. Elle est souvent le fait des troubles nutritifs, du dépérissement, auxquels succèdent plus ou moins vite un état de *cachexie*, de marasme, et enfin la mort. Parfois la terminaison funeste arrive en quelque sorte subitement : des douleurs violentes éclatent, des vomissements répétés se succèdent, le ventre se ballonne, la fièvre s'allume, précédée de frissons violents; il s'est effectué une *perforation intestinale* qui peut être mortelle dans un court espace de temps. D'autres malades succombent à une péritonite chronique : celle-ci est alors le plus souvent de nature tuberculeuse. Enfin, nous avons déjà dit que l'entérite chronique devient quelquefois mortelle par suite d'une *tuberculose* pulmonaire.

On comprend d'après les considérations précédentes que le PRONOSTIC doit être toujours très-réservé. Lorsque vous avez acquis la certitude que le sujet n'est pas déjà tuberculeux et qu'il n'est pas non plus disposé à le devenir par ses antécédents personnels ou héréditaires, la prognose reste encore assez favorable lorsque les symptômes de l'entérite ne sont point menaçants par eux-mêmes. Il va sans dire que vous devrez toujours tenir grand compte de l'âge, puisque vous savez que chez l'enfant et le vieillard les phlegmasies de l'intestin sont toujours une affection très-sérieuse. De même, les forces du sujet, sa constitution, l'état général, l'intensité des symptômes, voilà autant de données dont il vous faudra tenir compte pour pouvoir établir un pronostic de quelque valeur.

Le DIAGNOSTIC de l'entérite chronique est réellement chose facile. Le seul point qui puisse présenter quelques difficultés réelles, c'est de distinguer l'entérite de la *diarrhée des tuberculeux* laquelle, presque toujours en rapport avec des ulcérations, est quelquefois produite par la dégénération amyloïde de l'intestin. Il faut rechercher attentivement les antécédents personnels et héréditaires du malade, examiner avec le plus grand soin le thorax; l'existence de la fièvre hectique, la déperdition des forces extrêmement rapide et hors de proportion avec la diarrhée, seront aussi des indices d'une grande importance en faveur de l'affection tuberculeuse.

La *péritonite chronique* et le *carreau* sont d'une diagnose parfois malaisée, surtout lorsque le carreau existe seul, sans péritonite concomitante. Vous le comprendrez sans peine quand vous saurez que les ganglions mésentériques, même volumineux, ne sont pas facilement accessibles : M. Roger affirme même qu'il est presque impossible de les sentir par la palpation derrière les anses intestinales, souvent distendues et adhérentes, qui les recouvrent. On tiendra compte du ballonnement abdominal, qui est peut-être plus fréquent dans la tuberculisation mésentérique.

Je ne vous parle pas maintenant du *cancer de l'intestin ;* nous verrons bientôt à quels signes on peut le reconnaître.

Il arrive quelquefois que la nature urémique de l'entérite chronique soit absolument méconnue. C'est qu'en effet il n'est pas rare de rencontrer des affections de Bright larvées (les malades ayant peu, ou à peine d'œdème), et ce sont précisément ces formes-là qui conduisent le plus vite à l'*urémie.* Prêtez une grande attention à la pâleur et à la teinte souvent un peu terreuse des téguments ; n'oubliez pas que l'anémie est extrême, que les paupières, la face sont parfois légèrement bouffies le matin au réveil. Enfin, pour peu que le moindre doute s'éveille en votre esprit, recourez à l'examen de l'urine, qui souvent pourra vous fournir l'explication de cette diarrhée.

Nombreux sont les modes de TRAITEMENT préconisés contre l'entérite chronique. Il s'agit en effet de modifier l'état de la muqueuse intestinale ; on peut y arriver de diverses façons.

Et d'abord, comme pour l'entérite aiguë, les *purgatifs salins* plus ou moins répétés, à la suite desquels on administre l'opium, réussissent parfois ; c'est cependant une éventualité rare, sur laquelle vous ne devrez guère compter.

Les *astringents* de toute nature, cachou, ratanhia, tannin, le quinquina lui-même et certaines préparations ferrugineuses ont été tour à tour employés avec des succès variables. Les lavements d'alun ou de sous-acétate de plomb sont assez souvent utiles dans l'entéro-colite.

Certains médicaments qui semblent agir à titre de *topiques* peuvent rendre des services. Le sous-nitrate de bismuth, par exemple, réussit souvent à merveille (Monnoret); son mode d'action est d'ailleurs encore assez mal connu : peut-être se dégage-t-il une faible quantité d'acide nitrique à l'état naissant. Les doses devront être au moins aussi élevées que pour la forme aiguë : vous devrez en prescrire 6 à 12 ou 15 grammes par jour et continuer, sans diminution, plusieurs jours encore après la cessation de la diarrhée. Il sera d'ailleurs nécessaire de suspendre graduellement et non tout à coup l'usage du sel bismuthique. Les mêmes considérations sont applicables à l'oxyde de zinc, associé au bicarbonate de soude, qui a été préconisé par M. le professeur Gubler et dont j'ai obtenu également de bons résultats.

Les *narcotiques* sont fréquemment employés seuls ou associés au sous-nitrate de bismuth. L'extrait d'opium et les sels de morphine [1], la thériaque, le diascordium sont en particulier le plus recommandés.

Enfin la *médication substitutive* est particulièrement indiquée lorsque l'affection résiste aux traitements précédents. Le nitrate d'argent administré en pilules ou en lavements (quand on a affaire à une entéro-colite) est encore le meilleur médicament que l'on puisse conseiller.

Le *régime* auquel le malade doit être soumis sera l'objet de prescriptions minutieuses : il importe en effet que les aliments soient tout à la fois réparateurs et d'une facile digestion. A ce double point de vue, le régime lacté est parfaitement indiqué, et il rend effectivement de grands services. Le lait, prescrit aux doses et aux intervalles réguliers que je vous ai déjà indiqués à propos de l'ulcère simple de l'estomac, est fort bien toléré par l'intestin chroniquement enflammé et offre en outre l'avantage de satisfaire la soif des malades : il donne les meilleurs résultats dans la diarrhée de Cochinchine. Par contre, les boissons ne devront être permises qu'en

---

[1] M. le professeur Vulpian a conseillé d'employer les injections de morphine dans le cas où la diarrhée ne peut être modifiée par les narcotiques à cause du défaut d'absorption consécutif au flux intestinal. Ce mode de traitement m'a donné d'excellents résultats chez un certain nombre de phthisiques.

petite quantité : elles seront toujours ingérées à une température tiède, afin d'éviter les coliques et le retour des évacuations diarrhéiques. L'eau rougie, l'eau albumineuse, l'eau de riz édulcorée avec le sirop de coing, seront données de préférence.

Quant aux aliments solides, vous permettrez surtout ceux qui laissent le moindre résidu à évacuer, c'est-à-dire les œufs, les viandes rôties ou grillées, les purées de pommes de terre et les diverses pâtes de gluten ; mais vous obtiendrez les meilleurs résultats de la viande crue préalablement hachée et soigneusement passée au tamis. Chez les enfants notamment, vous verrez, par son usage, se modifier et guérir même des inflammations intestinales qui avaient résisté à des médications énergiques.

Il serait important de faire vivre le malade dans un milieu bien aéré et d'une température plutôt moyenne : il pourrait ainsi prendre de l'exercice quotidien en plein air, ce qui est d'une grande importance pour le retour des forces. Enfin, il sera nécessaire de faire fonctionner la peau le plus possible : les bains tièdes de courte durée, les bains d'eau de mer chauds, les frictions sèches, et dans quelques cas l'hydrothérapie, permettront de remplir cette importante indication.

QUARANTE-ET-UNIÈME LEÇON

TYPHLITE

Parmi les inflammations localisées à une portion du tube intestinal, l'une des plus importantes est sans contredit celle du cœcum que l'on désigne sous le nom de cœcite (Piorry) ou plus régulièrement de typhlite (Albers de Bonn). Le processus morbide n'est pas toujours localisé à la membrane muqueuse ni même aux diverses tuniques de cette portion de l'intestin; très-fréquemment, le tissu cellulaire sur lequel le cœcum repose directement à sa partie postérieure, sans l'intermédiaire du péritoine, prend part à la phlegmasie; et comme il est assez difficile de donner un tableau distinct de cette *péri-typhlite*, qui ne s'observe pas sans qu'il y ait en même temps typhlite, on a coutume de décrire simultanément ces deux affections. Ainsi envisagée, l'inflammation du cœcum se présente sous trois formes différentes:

elle peut être en effet *aiguë, subaiguë* ou *chronique*. Ces trois variétés présentent un grand nombre de caractères qui leur sont communs et que nous étudierons d'abord ; il nous sera facile d'insister ensuite sur les quelques symptômes qui leur appartiennent en propre.

Les ALTÉRATIONS ANATOMIQUES dont le cœcum est le siége sont assez variables selon les cas; parfois on ne trouve que les lésions qui caractérisent l'entérite : la muqueuse, tuméfiée, rouge, présente une congestion en général assez vive. Les tissus muqueux et sous-muqueux offrent aussi un gonflement plus ou moins marqué. Mais ce qui appartient en propre à l'inflammation de cette portion de l'intestin, ce sont les *ulcérations* qui existent dans la grande majorité des cas, ainsi que l'a très-bien montré le Dr Blatin dans son intéressante thèse (Paris, 1868). Superficielles et larges, elles consistent en érosions étendues souvent à une assez grande surface du cœcum; ou bien au contraire, petites et folliculaires, elles ont une tendance à la destruction des tissus en profondeur. Ces lésions occupent fréquemment l'appendice vermiculaire : le reste de la muqueuse paraît épaissi.

D'autres fois, la perte de substance s'est faite par sphacèle de la muqueuse : elle est alors beaucoup plus profonde; c'est ce que Niemeyer a appelé la diphthérie de l'intestin. Il est assez commun que cette variété d'ulcération soit en rapport avec la présence de corps étrangers dans le cul-de-sac du cœcum ou dans l'appendice vermiculaire. On y trouve en effet tantôt des matières fécales plus ou moins durcies (Albers, Ménière), tantôt des calculs intestinaux plus ou moins volumineux (entérolithes), ou même des corps durs avalés par mégarde.

La profondeur de l'ulcération est très-variable : elle peut occuper toute l'épaisseur de la muqueuse, pénétrer dans la couche sous-muqueuse, ou même intéresser la tunique musculaire : il ne reste plus que le péritoine, avec le tissu sous-séreux, et l'ulcération détruit assez souvent cette barrière, en somme assez fragile. La *perforation* du cœcum peut se produire dans presque tous les points : par ordre de fréquence, c'est principalement aux dépens de l'appendice vermiculaire. Mélier rapporte huit cas de ce genre où la perte de substance résultait d'une gangrène de cet appendice. Sachez d'ailleurs que la perforation s'effectue soit en avant, ce qui expose à tous les dangers de la péritonite, soit en arrière, et, comme la séreuse n'existe pas en ce point, c'est un phlegmon gangréneux qui se développe.

Le *péritoine* qui recouvre le cœcum à sa face antérieure ne reste pas indemne, alors même qu'il n'y a point encore perforation. Il est assez commun de constater à son niveau les traces d'un travail phlegmasique à évolution lente, caractérisé par la présence de fausses membranes susceptibles de s'organiser et de constituer des adhérences solides. Cette péritonite partielle donne naissance à une véritable tuméfaction inflammatoire, ordinairement circonscrite à la face antérieure du cœcum. Cependant le processus morbide peut être beaucoup plus violent; la péritonite, au lieu de se localiser alors, s'étend et même se généralise. En définitive, les altérations du péritoine résultent tantôt d'une perforation et tantôt d'une simple propagation inflammatoire, celle-ci étant d'ailleurs beaucoup moins grave. Il résulte de ces faits que l'on observe dans la typhlite exactement les mêmes altérations péritonéales que dans la fièvre typhoïde ou dans la dysentérie; mais, qu'elle soit partielle ou généralisée, la péritonite peut entraîner à sa suite ses complications habituelles immédiates ou tardives, comme l'étranglement interne par exemple.

Le *tissu cellulaire* rétro-cœcal est, nous l'avons déjà vu, presque toujours enflammé : on le trouve rouge, plus ou moins tuméfié, épaissi, infiltré d'exsudats plastiques. D'autres fois, les mailles du tissu conjonctif sont remplies de pus : ce phlegmon aboutit assez fréquemment à la formation d'un *abcès* avec ou sans perforation du cœcum. Dans quelques faits on a constaté au milieu du pus la présence d'un corps étranger, point de départ de tous ces accidents, et qui est tantôt libre dans la cavité purulente, tantôt engagé à travers l'ouverture des parois intestinales.

Quant à l'*abcès* secondaire à une pérityphlite sans perforation préalable, il peut se résoudre, ce qui est rare. Bien plus souvent, il se fait jour soit dans le cœcum, soit dans le péritoine : dans le premier cas, la perforation est secondaire; les tuniques intestinales décollées forment une sorte de valvule qui permet bien à l'abcès de se vider dans l'intestin, mais qui s'oppose au passage des matières intestinales dans le foyer (Dupuytren), à moins toutefois qu'il n'y ait une large perte de substance de l'intestin par gangrène (Grisolle). Lorsqu'au contraire l'abcès s'ouvre dans le péritoine, il survient une complication des plus graves et heureusement fort rare : c'est la péritonite purulente d'emblée. Primitif ou secondaire, l'abcès iliaque suit habituellement les diverses évolutions des collections purulentes de la région; il peut perforer les parois abdominales, ou faire irruption dans la vessie, le rectum, le vagin, s'ouvrir à la région inguinale, à la partie postérieure de la cuisse, ou même, remontant autour du rein, donner lieu à un phlegmon péri-néphrique bientôt suivi d'abcès (Grisolle).

Enfin, il n'est pas rare de rencontrer, soit dans la cavité abdominale seulement, soit aussi dans la totalité des organes, des altérations de nature tuberculeuse qui permettent de rapporter à cette diathèse les lésions constatées dans le cœcum et autour de lui. Nous verrons en effet que la typhlite et la pérityphlite tuberculeuses ne sont pas très-rares.

La typhlite reconnaît un assez grand nombre de causes. Un fait incontestable qui se dégage de toutes les statistiques, c'est qu'elle se développe bien plus fréquemment *chez l'homme* que chez la femme. L'âge joue aussi un rôle important, puisque cette maladie est pour ainsi dire inconnue chez les très-jeunes enfants, et qu'elle commence à être plus fréquente chez les *adolescents*, pour frapper de préférence les *adultes*, surtout de vingt à trente ans (Bamberger) ; elle est enfin exceptionnelle chez le vieillard.

Parmi les causes déterminantes, il faut tenir le plus grand compte de la présence de *corps étrangers* dans le cœcum et son appendice qui forment une cavité diverticulaire à l'origine même du gros intestin. Quelle que soit d'ailleurs la nature de ces corps, qu'il s'agisse de substances dures avalées par mégarde, ou même de matières fécales durcies, de véritables entérolithes, leur mode d'action est à peu près le même, car ils déterminent toujours une plus ou moins vive irritation des parois du cœcum.

Il résulte de ces faits que la cause principale de la typhlite est la *constipation*, c'est-à-dire la rétention des matières intestinales. Bien que cette *typhlite stercorale*, décrite par Albers, acceptée par Ménière, ait été niée par quelques auteurs, notamment par Munchmeyer et par M. Béhier, on ne peut cependant contester que l'accumulation des matières fécales puisse produire dans certaines circonstances des accidents redoutables; l'observation de Munchmeyer en est un exemple remarquable, puisque le cœcum, distendu par ces matières, avait subi une véritable torsion et causé des phénomènes d'étranglement mortels. L'obstruction intestinale a pu être également la conséquence d'une énorme tumeur stercorale formée dans le cœcum.

Mais cette action toute mécanique n'est pas la seule qui puisse résulter de l'accumulation des matières fécales. Par suite d'un séjour prolongé, elles acquièrent une dureté de plus en plus considérable; leur décomposition putride est même possible, ce qui occasionne alors une vive irritation de la muqueuse avec laquelle elles se trouvent en contact : de là à l'inflammation du cœcum il n'y a qu'un pas, et il est vite franchi. Voilà pourquoi la typhlite stercorale a véritablement sa raison d'être; il est possible qu'elle soit rare, mais on ne doit pas la rejeter de l'étude pathogénique de la typhlite.

La rétention prolongée des matières contenues dans le cœcum est d'ailleurs favorisée par un certain nombre de causes, qu'il est nécessaire de vous faire connaître. On a invoqué la faiblesse des parois musculaires du cœcum, ainsi qu'une constipation invétérée ; il faut tenir grand compte de la disposition anatomique dont je vous ai déjà parlé et aussi de la présence des culs-de-sac muqueux plus ou moins profonds. On a prétendu que cette rétention est quelquefois consécutive à certaines maladies graves, en particulier à la fièvre typhoïde ou au choléra : pour le choléra c'est une assertion qui paraît inadmissible.

Quant aux *corps étrangers proprement dits*, ils peuvent être divisés en deux grands groupes : les uns venus de l'extérieur, et les autres développés dans l'intérieur de l'intestin. Les corps étrangers *venus du dehors* sont surtout des morceaux d'os, des pepins, des noyaux de fruits; ce sont aussi des grains de plomb, etc. Un certain nombre d'entre eux agissent par leurs aspérités et déterminent un traumatisme plus ou moins étendu de la muqueuse du cœcum, sauf les petits plombs, qui tombent ordinairement au fond de l'appendice vermiculaire et deviennent ainsi le point de départ de perforations de cet organe. Il faut reconnaître d'ailleurs que souvent l'action pathogénique de ces corps étrangers de petit volume est favorisée par la disposition de la valvule qui se trouve à l'entrée de l'appendice et qui précisément jouerait en sens inverse de l'état normal (Bamberger).

Les corps étrangers qui proviennent de l'intérieur du tube digestif sont les calculs intestinaux ou *entérolithes*, dont nous n'avons pas à étudier ici le développement. Quelle que soit la théorie que l'on adopte pour expliquer leur présence, ils peuvent devenir assez volumineux et se rencontrent particulièrement dans la cavité du cœcum. Leur mode d'action est le même que celui de tout corps étranger rugueux et dur; ils irritent et ulcèrent la muqueuse. On a également pensé que les vers intestinaux pouvaient occasionner la typhlite ; or les ascarides, c'est-à-dire les helminthes les plus propres à se réunir en masses agglomérées, ne vivent pas dans le gros intestin. Seuls les trichocéphales et les oxyures y habitent, et l'on ne peut admettre que des animaux de si petite dimension soient capables de produire de pareils effets ; d'ailleurs on les trouve surtout chez les enfants, qui, vous le savez, sont rarement atteints de typhlite. Jusqu'à plus ample informé l'helminthiase doit donc être écartée de cette étiologie.

Il existe enfin un groupe important de causes plus spéciales et que l'on peut désigner du nom général de pathologiques. La *fièvre typhoïde*, en raison des ulcérations et aussi de la faiblesse générale de l'organisme qu'elle entraîne pendant un temps à sa suite, détermine parfois la typhlite. La *dysentérie* agit de la même façon, mais exceptionnellement. M. Blatin a admis l'influence du *choléra ;* elle me semble au moins fort discutable. On a aussi mis en cause les fièvres éruptives, la scarlatine, la variole et même la rougeole : toute cette étiologie est véritablement très-douteuse.

Le *rhumatisme*, en tant que diathèse, ne doit pas être rangé parmi les causes générales de la typhlite. Il en est tout autrement du *refroidissement :* à ce point de vue, on ne peut refuser au froid une action positive, surtout pour ce qui concerne la périlyphlite. C'est en effet aux divers modes d'action du froid que cette dernière doit être le plus souvent rapportée.

Quant à la *tuberculose*, admise par Albers de Bonn et par M. Leudet, elle peut incontestablement accompagner l'évolution de la typhlite à ses diverses périodes, quelquefois même tout à fait au début, lorsqu'il n'existe encore que des signes rationnels de l'affection diathésique. Dans ces circonstances, la typhlite constitue la première détermination locale de la tuberculose.

On a invoqué parmi les causes pathologiques l'ouverture d'un abcès dans le cœcum, d'où inflammation consécutive : il s'agit probablement alors d'une typhlite avec collection purulente secondaire développée dans le tissu cellulaire rétro-cœcal.

Les SYMPTÔMES de la typhlite présentent des différences notables suivant que l'on a affaire à telle ou telle variété. Nous passerons d'abord en revue les phénomènes qui leur sont communs, et il nous sera facile, en décrivant leur évolution, d'insister sur les différences qu'ils présentent suivant les cas.

Une *douleur* plus ou moins subite développée dans la fosse iliaque droite est d'ordinaire un des premiers symptômes de l'affection ; c'est aussi l'un des plus constants. Cette douleur s'irradie souvent le long de la cuisse et dans les lombes ; elle consiste tantôt en une sensation de pesanteur, tantôt en élancements et même en battements perçus dans toute la région douloureuse; quelquefois une sorte d'engourdissement se fait sentir dans la cuisse. Ces diverses manifestations douloureuses s'accroissent sous forme d'accès spontanés, mais se réveillent en particulier pendant les mouvements; aussi la marche devient-elle très-difficile. Enfin et surtout, la pression sur la fosse iliaque est toujours pénible, quelquefois même presque insupportable.

L'état de l'abdomen présente certaines modifications importantes : souvent, le ventre est ballonné, distendu par les gaz intestinaux. Au palper, on constate une rénitence plus ou moins grande dans la fosse iliaque droite, où l'attention est attirée le plus ordinairement par la localisation de la douleur; on y découvre une *tumeur* qui siège au niveau de la fosse iliaque, plus ou moins profondément cachée au-dessous de la paroi abdominale. La forme en est généralement arrondie, assez souvent allongée, parfois comme cylindrique et rappelant parfaitement celle du cœcum. Les dimensions de la tumeur varient légèrement; au début cependant, elles sont presque toujours caractéristiques et représentent assez bien le volume et la forme du poignet d'un adulte; la consistance en est élastique plutôt que véritablement dure : on éprouve sous la main la sensation d'un empâtement plus ou moins manifeste. A la percussion, on perçoit une certaine matité, à laquelle se mêle parfois une sonorité partielle. Enfin cette tumeur n'est pas absolument immobile sur les parties profondes : on peut lui imprimer quelques légers mouvements latéraux.

Les *troubles de l'appareil digestif* sont constants. La constipation est habituelle, souvent opiniâtre; les quelques selles rendues avec grande difficulté sont en général constituées par des matières fort dures. Il est au contraire très-exceptionnel de constater de la diarrhée; on l'a cependant notée dans quelques cas de typhlite proprement dite, mais à titre de phénomène passager, (malgré l'assertion contraire d'Albers, qui en faisait un symptôme constant). Les nausées sont fréquentes au début de la maladie : elles s'accompagnent presque toujours de *vomissements* qui signalent l'invasion du mal et qui peuvent même se prolonger. Les malades rendent ainsi des matières alimentaires, puis muqueuses ou bilieuses, et même fécaloïdes, ainsi qu'on le trouve indiqué dans quelques rares observations. La fréquence et la durée des vomissements sont du reste en rapport avec l'intensité des lésions et surtout avec leur propagation au tissu cellulaire rétro-cœcal : c'est là un signe diagnostique qui n'est pas sans quelque valeur pour distinguer la typhlite de la pérityphlite. Ajoutez encore à ces symptômes importants une soif vive et persistante, une inappétence plus ou moins marquée, un état saburral, et vous aurez le tableau complet des troubles digestifs.

Quant aux *phénomènes généraux*, ils s'annoncent par une fièvre qui apparaît dès le début, (la température ne dépassant guère 38°,5 à 39°), mais qui est toujours d'autant plus intense que la pérityphlite est plus accentuée. De même, les frissons, extrêmement rares au commencement de la typhlite, sont constants, au contraire, dans la pérityphlite. Cette dernière est en outre remarquable par l'aspect du malade, lequel diffère de celui des affections abdominales : le faciès, en effet, est rouge, vultueux; les yeux sont brillants; toute la peau est souvent couverte de sueurs. Les phénomènes réactionnels sont très-rares dans cette affection : cependant M. Blatin a noté les convulsions chez l'enfant.

La MARCHE de la maladie mérite d'être étudiée avec soin, car c'est elle surtout qui caractérise les diverses variétés de la typhlite. Le *début* est souvent marqué par un certain nombre de symptômes prodromiques importants, qui indiquent l'existence de troubles digestifs; c'est surtout une constipation rebelle, ou qui alterne avec certains flux diarrhéiques lesquels sont des sortes de débâcles; quelques sensations douloureuses peuvent se montrer, sous forme de coliques reparaissant subitement par accès. Il est en même temps assez habituel que le malade éprouve une certaine gêne des mouvements; pendant la marche et les efforts une sensation de pesanteur douloureuse s'accuse de plus en plus dans la fosse iliaque droite. Ce sont en définitive les phénomènes qui appartiennent à la *forme subaiguë* et qui, en persistant et en augmentant, vont caractériser la typhlite aiguë.

D'autres fois, au contraire, le début subit et violent des divers symptômes annonce d'emblée la *forme aiguë*. La fièvre est vive ; elle s'accompagne de frissons qui seraient répétés, au dire d'Albers, de Posthuma, de Grisolle, et appartiendraient à la typhlite ; nous avons déjà vu que l'état fébrile intense est au contraire un symptôme de pérityphlite. Puis la douleur de la fosse iliaque augmente, et les lésions inflammatoires évoluent ensuite successivement.

La *durée* de l'affection est bien différente selon les circonstances, ainsi que la terminaison même de la maladie. La typhlite, en effet, peut se terminer par *résolution :* en quelques jours, en général au bout d'une semaine, tous les symptômes s'amendent graduellement. La tumeur de la fosse iliaque diminue de volume, devient moins sensible à la pression ; enfin les troubles fonctionnels et la fièvre disparaissent : la guérison est la conséquence ordinaire de cette terminaison par résolution. Toutefois celle-ci, au lieu de s'effectuer complètement, peut laisser à sa suite une *induration* persistante (Bauchet) ; la guérison n'est plus complète, et l'on peut voir, dans ce dernier cas, des recrudescences et des rechutes successives compromettre et ralentir le retour définitif à la santé. Cependant il est habituel que ces accidents répétés aillent peu à peu en diminuant; bientôt cette *typhlite à répétitions* s'amende, et la guérison définitive est obtenue. Il peut se faire cependant que ces retours de la maladie conservent une grande intensité et que les symptômes caractéristiques de l'*occlusion intestinale* se développent à leur suite.

Lorsque la *suppuration* envahit le phlegmon périt-yphlique, on voit graduellement apparaître les signes d'un abcès de la région. La collection purulente occupe la fosse iliaque, dans laquelle elle s'étale plus ou moins largement; elle est en général peu considérable : souvent elle ne dépasse pas le volume d'un œuf de dinde, rarement celui d'une grosse orange, et n'acquiert des dimensions plus grandes que lorsque le pus, fusant vers les régions voisines, donne lieu à de vastes collections purulentes. La *formation de l'abcès* s'annonce par les symptômes habituels : le malade est pris de frissonnements répétés; il accuse un changement dans la nature des douleurs, qui deviennent franchement lancinantes : la tumeur perd de sa dureté primitive, acquiert un caractère de rénitence, puis de mollesse. Bientôt la fluctuation apparaît avec plus ou moins d'évidence; l'abcès est alors formé.

Ces collections purulentes s'ouvrent en général spontanément dans l'intestin ou à travers la paroi abdominale. L'*évacuation du pus par le cæcum* (terminaison la plus favorable d'une pérityphlite suppurée) se reconnaît souvent à la sensation de soulagement subit éprouvée par le malade au moment où la gêne locale avait acquis sa plus grande intensité. En même temps, la tumeur s'affaisse d'une façon très-appréciable, tandis que les garde-robes contiennent une quantité plus ou moins grande de pus. Cette évacuation purulente persiste en général pendant un petit nombre de jours, va bientôt en diminuant et cesse enfin tout à fait. La guérison est presque toujours définitive, car elle n'est pas entravée, comme nous l'avons déjà dit, par la pénétration des matières intestinales dans le foyer.

Plus rarement, le pus se fait jour *à travers la paroi abdominale.* C'est d'ordinaire en avant, au-dessus ou au niveau, parfois même au-dessous de l'arcade de Fallope, que les téguments se perforent : la peau s'œdématie, rougit, s'amincit ; la fluctuation devient superficielle ; l'abcès s'ouvre spontanément, ou bien on l'incise ; le pus s'écoule, et après un temps plus ou moins long, huit à quinze jours ou même plus, la guérison est obtenue. Toutefois, cette terminaison de la pérityphlite suppurée est moins favorable que la précédente, car elle expose à tous les dangers des collections purulentes ; la suppuration peut, en effet, persister et affaiblir le malade ; d'autre part, une fistule cutanée peut s'établir [1].

Un autre mode de terminaison, je devrais plutôt

---

1. Trélat, *Leçons cliniques*, 1877.

dire une complication de la typhlite, c'est la *péritonite circonscrite*. Elle s'annonce par ses phénomènes habituels : douleur abdominale, fièvre vive avec petitesse du pouls, vomissements répétés et très-vite verdâtres, météorisme, enfin suppression à peu près complète des évacuations alvines. Toutefois, malgré cet ensemble de symptômes inquiétants et graves, la phlegmasie péritonéale étant circonscrite, la mort est exceptionnelle : la guérison est encore possible après un temps plus ou moins long.

La *péritonite généralisée*, produite soit par perforation, soit par propagation, se termine par la mort; ses symptômes sont ceux des phlegmasies péritonéales à marche extrêmement rapide. Le ballonnement du ventre devient considérable, le pouls petit et misérable ; les vomissements sont incessants, les douleurs très-vives, et la terminaison mortelle ne se fait pas attendre au delà de quelques jours.

Les malades peuvent encore succomber au bout d'un temps variable par *tuberculisation* soit pulmonaire, soit intestinale. Dans ce dernier cas surtout, la diarrhée chronique, les hémorrhagies, et même la perforation de l'intestin amènent parfois la mort avec une rapidité plus ou moins grande. Je n'ai pas besoin de vous rappeler les discussions auxquelles a donné lieu le rôle de la tuberculose, considérée tour à tour comme cause et comme effet de la typhlite.

En présence d'une aussi sérieuse maladie, on ne doit porter le PRONOSTIC qu'avec de grandes réserves. La péritonite, en effet, est une complication toujours possible, quelle que soit la forme de la typhlite; les rechutes sont fréquentes; enfin les conséquences éloignées (coarctation du cœcum et de l'orifice iléo-cœcal [Munchmeyer], et par suite obstacle possible au cours des matières) sont des accidents nouveaux que l'on ne peut que prévoir et non empêcher.

L'âge même du sujet, l'état de ses forces, sont des données dont il faut toujours tenir compte; c'est ainsi que chez le vieillard cette affection est toujours plus grave que chez l'adulte. Enfin, n'oubliez pas que les symptômes de la tuberculose peuvent apparaître un temps plus ou moins long après l'invasion de la typhlite.

Dans un grand nombre de circonstances, le DIAGNOSTIC est facile; la constipation, les douleurs subites et localisées suffisent pour amener l'observateur à examiner la région du cœcum. Il n'est donc pas possible de croire à une simple *névralgie* iléo-lombaire ou crurale : d'une part, dans la typhlite, vous ne trouvez pas les points douloureux névralgiques; et, de l'autre, il existe des symptômes généraux fébriles en même temps que des troubles fonctionnels constants.

La *tumeur stercorale*, c'est-à-dire la simple accumulation de matières fécales sans lésion inflammatoire du cœcum, se reconnaît toujours aux caractères suivants : elle est indolore ou tout au moins fort peu sensible; la tumeur est bosselée, de consistance mollasse, et l'on peut la déprimer, la malaxer même; enfin, les purgatifs la font complètement disparaître dans l'espace de quelques heures.

La *psoïtis* se distinguera de la typhlite par l'attitude du membre inférieur (immobile dans la demi-flexion et d'ordinaire dans la rotation en dehors), et dont les mouvements même communiqués sont absolument impossibles; d'ailleurs la tumeur forme une corde dure, extrêmement douloureuse et vraiment caractéristique.

Je ne ferai que vous mentionner les *abcès de la fosse iliaque*, car bien souvent, lorsqu'ils sont sous-péritonéaux, le tissu cellulaire rétro-cœcal est envahi ; d'autre part, les abcès iliaques sous-aponévrotiques s'accompagnent des symptômes habituels à la psoïtis.

Un diagnostic plus difficile et quelquefois impossible, c'est celui de la *péritonite circonscrite* dans la fosse iliaque droite et développée en dehors de la typhlite. C'est qu'en effet, cette péritonite étant presque toujours consécutive à une affection intestinale, les troubles fonctionnels ne peuvent servir au diagnostic. Toutefois, dans ces circonstances, la tumeur est d'ordinaire inégale, plus volumineuse et déborde la région du cœcum ; souvent aussi, lorsqu'elle est de nature tuberculeuse, il existe des exsudats pénitonéaux étalés sous forme de plaques plus ou moins larges et épaisses.

L'*adénite iliaque profonde* s'annonce par les phénomènes généraux et fonctionnels de la périthyphlite; mais il vous suffira ordinairement d'examiner avec soin le membre inférieur correspondant ou les organes génitaux, pour reconnaître le point de départ de l'affection ganglionnaire; d'ailleurs la tumeur qui la constitue est dure, inégale, bosselée, multiple, et siége le long des vaisseaux iliaques.

Est-il nécessaire d'insister ici sur la diagnose différentielle de la typhlite et du *cancer intestinal* localisé au cœcum ou à l'orifice iléo-cœcal? Dans le plus grand nombre des cas, il n'y a là aucune difficulté sérieuse. La forme chronique de la typhlite, et notamment la forme chronique d'emblée, décrite par le Dr Barré (Thèse de Paris, 1873) d'après les leçons de M. le professeur Lasègue, pourrait seule donner lieu à quelques doutes. Rappelez-vous toutefois que, dans le cancer, les symptômes d'un obstacle au cours des matières avec débâcles sont prédominants, que la perte d'appétit est de règle, et que lorsqu'on recherche par la palpation l'état des parties malades, on trouve des masses néoplasiques bosselées et de consistance inégale; en outre, les évacuations alvines renferment parfois du sang ou même des détritus ichoreux; une longue hésitation n'est donc point permise.

Le *diagnostic différentiel* entre la *typhlite* et la *périty-phlite* offre de grandes difficultés, et parfois même il est impossible. Cependant, si l'on se souvient des frissons et de la fièvre vive qui annoncent la pérityphlite, de l'état général souvent sérieux et des vomissements plus ou moins fréquents qu'elle occasionne; si la constipation est opiniâtre; si la tumeur plus rénitente, paraît comme étalée dans la fosse iliaque; si enfin l'évolution de la maladie donne naissance à un abcès, on peut affirmer l'existence de la pérityphlite; par contre, le développement incomplet des signes que je viens de vous énumérer vous forcera à rester dans le doute.

Est-il possible de distinguer l'inflammation du cœcum lui-même de l'inflammation ou de la perforation de son *appendice*? En aucune façon, car les symptômes en sont les mêmes.

Reconnaître la *cause* de l'affection est un des points les plus difficiles. Un refroidissement brusque, parfois un traumatisme plus ou moins direct, telles sont à peu près les seules conditions étiologiques facilement appréciables. Parfois, il est vrai, les commémoratifs vous permettront de songer à la présence d'un corps étranger des voies digestives; mais, en dehors de ces circonstances, vous serez forcés de demeurer indécis. N'oubliez pas d'ailleurs que la lente évolution des symptômes, et surtout la résolution incomplète de la tumeur, coïncidant avec la pâleur des téguments, la maigreur, la perte des forces, l'existence d'accès fébriles irréguliers sans qu'il y ait menace de suppuration, devront, surtout chez un sujet héréditairement prédisposé, vous faire craindre que l'affection du cœcum soit de nature tuberculeuse.

Le TRAITEMENT de la typhlite doit être institué avec vigueur dès le début des phénomènes inflammatoires. A cette première période, vous obtiendrez d'excellents résultats de l'emploi des *antiphlogistiques locaux :* les ventouses scarifiées, les sangsues seront appliquées une ou plusieurs fois s'il est nécessaire. Le nombre et l'abondance des émissions sanguines locales seront d'ailleurs subordonnés non-seulement à la véhémence de l'état fébrile et des symptômes de phlegmasie locale, mais encore à la forme même de la maladie : c'est ainsi que la pérityphlite commandera un traitement beaucoup plus énergique que la typhlite. Sachez d'ailleurs que les saignées locales ont le double avantage d'agir sur le processus inflammatoire et aussi d'atténuer les phénomènes douloureux avec une assez grande rapidité.

Il est toutefois nécessaire de s'adresser directement à *l'élément douleur.* Les applications émollientes et narcotiques (fomentations, cataplasmes arrosés de laudanum ou de teinture de belladone) seront prescrites : vous devrez préférer les solanées vireuses à l'opium, car elles ont le double avantage d'être calmantes et de s'opposer à la constipation, tandis que les opiacés augmentent la paresse intestinale. De même pour les potions narcotiques, vous emploierez plutôt la jusquiame ou le chloral que la morphine.

Combattre la constipation est une des indications les plus importantes; il est absolument nécessaire d'obtenir la vacuité de l'intestin, puisque l'accumulation des matières donne souvent naissance à la phlegmasie du cœcum. Vous ferez prendre au malade soit de l'huile de ricin, soit du calomel qui est très-utile dans cette circonstance : vous devrez y revenir à plusieurs reprises, jusqu'à ce que le cours des matières soit normalement rétabli. A cette période rapprochée du début, il conviendra tout particulièrement d'éviter les purgatifs salins, qui présentent l'inconvénient de laisser à leur suite une certaine tendance à la constipation.

Dès que les phénomènes inflammatoires auront été atténués par les moyens que je viens de vous exposer, il conviendra de commencer l'usage des *résolutifs*, par exemple des frictions sur la région malade avec l'onguent mercuriel belladoné : on emploiera matin et soir 3 à 6 grammes de cette pommade, et l'on recouvrira d'un cataplasme qui, ramollissant l'épiderme, favorisera l'absorption du médicament. Il sera nécessaire de surveiller les gencives pour supprimer les frictions à la moindre apparence de stomatite.

Lorsque, le traitement étant resté impuissant, la *suppu-*

ration s'effectue, on ne doit pas, sauf indication spéciale, se presser d'intervenir et d'inciser la collection purulente (Dance) : on peut espérer, en effet, que l'abcès s'ouvrira de lui-même dans l'intestin et vous savez que c'est là une terminaison très-heureuse. Toutefois, quand le phlegmon devient saillant à la région abdominale antérieure, dès que les téguments œdémateux, puis amincis, laissent manifestement percevoir la fluctuation, il n'y a plus à hésiter : il faut inciser largement de manière à donner au pus une issue facile et à permettre la sortie des débris celluleux et même des corps étrangers qui peuvent se trouver dans le foyer. Des injections antiseptiques seront fréquemment pratiquées, de manière à effectuer le lavage de la poche et à éviter la stagnation et par suite la décomposition des liquides purulents. On peut d'ailleurs, à l'aide d'un tube à drainage, faciliter l'écoulement incessant du pus.

Il va sans dire que le malade sera soumis au traitement tonique (et notamment aux préparations de quinquina) pendant toute la durée de la suppuration. A ce point de vue, la thérapeutique de la pérityphlite suppurée ne présente aucune particularité qui la distingue de celle des vastes collections de pus susceptibles d'exposer aux phénomènes graves de la pyohémie et de la septicémie. Il me suffira d'ajouter relativement au siége de l'incision que Dupuytren considérait comme préférable l'ouverture de l'abcès à la paroi postérieure de l'abdomen. Dans un cas, il donna issue au pus en portant le bistouri à travers le muscle carré des lombes ; mais il s'agit là d'un fait exceptionnel et l'on peut dire qu'il est de règle de pratiquer l'incision à la paroi abdominale antérieure.

Dans les cas aigus ou subaigus, quand la résolution tarde trop à se faire, l'emploi des *révulsifs* donne souvent de bons résultats. On alternera les applications successives de vésicatoires volants, avec des frictions d'une pommade iodurée dans l'intervalle. A une période plus avancée encore, vous pourrez vous contenter de badigeonnages avec la teinture d'iode qui devront être répétés jusqu'à vésication de la peau.

Il est très-important, pendant toute la durée de l'affection, de *soutenir les forces* du malade à l'aide d'un régime approprié. L'aliment par excellence, celui dont la digestion est le plus facile et dont l'usage n'est jamais suivi d'irritation intestinale, c'est sans contredit le lait. Vous le prescrirez donc dès que les premiers phénomènes inflammatoires auront cédé aux antiphlogistiques ; les bouillons, l'eau rougie, puis les potages constitueront la seule alimentation pendant plusieurs jours, et c'est alors seulement que l'état aigu aura cessé que vous permettrez des aliments solides tels que les œufs, le poisson, la volaille, etc. Rien n'est plus important que cette gradation dans le régime des malades ; vous verrez certainement, comme je l'ai vu moi-même, des convalescents repris d'accidents nouveaux pour avoir cédé au désir de manger trop tôt des aliments de digestion moins facile.

La *convalescence* demande les plus grandes précautions. Il convient d'éviter soigneusement le froid et surtout les transitions brusques de température. Vous surveillerez ce qui se passe vers la région du cœcum, et vous n'hésiterez pas à prescrire des badigeonnages iodés ou même un vésicatoire volant dès que vous verrez reparaître soit de l'empâtement, soit même de la douleur spontanée ou à la pression. Enfin il importe au plus haut point d'éviter l'accumulation des matières dans l'intestin : vous entretiendrez donc la liberté du ventre soit à l'aide du régime, soit par l'emploi des laxatifs (rhubarbe, podophyllin); lorsqu'un purgatif sera devenu nécessaire, l'huile de ricin doit être préférée aux eaux minérales salines, pour les raisons que je vous ai déjà indiquées; ces dernières, toutefois, n'ont pas les inconvénients dont je vous ai parlé dans la période aiguë, puisque, pendant la convalescence, on peut faire un fréquent usage des purgatifs.

QUARANTE-DEUXIÈME LEÇON

DYSENTÉRIE AIGUË

La dysentérie est une inflammation spéciale du gros intestin dont les symptômes prédominants consistent en évacuations alvines peu copieuses, mais répétées et muco-sanguinolentes, évacuations accompagnées d'un ténesme ordinairement très-pénible. Ces manifestations symptomatiques correspondent d'habitude à un processus ulcératif ou mieux destructif tout particulier.

Il existe deux formes et même deux espèces de dysentérie, l'une *sporadique* et l'autre *épidémique* ou *endémo-épidémique*, chacune d'elles pouvant d'ailleurs être *aiguë* ou *chronique*. Elles ont de nombreux points de contact : la plupart des troubles fonctionnels se ressemblent, ainsi que les lésions anatomiques; mais la spécialisation des phénomènes généraux, dans la dysentérie épidémique, et surtout une étiologie toute particulière, ont permis aux nosologistes de créer deux espèces distinctes. Ainsi la dysentérie sporadique consisterait absolument en une affection locale, une colite, tandis que la dysentérie épidémique constituerait une maladie générale véritablement miasmatique. Et cependant, il faut bien le dire, souvent les deux espèces offrent la plus grande ressemblance et l'on trouve en outre un certain nombre de faits qui établissent entre elles une véritable transition ; aussi est-il préférable d'en faire parallèlement l'étude ; nous indiquerons en même temps les particularités qui leur appartiennent en propre.

Certaines CAUSES prédisposantes favorisent le développement de cette maladie. L'âge n'offre rien de bien spécial ; cependant on a cru reconnaître que la dysentérie atteint plus fréquemment les adolescents et les vieillards. Quant au sexe, l'homme y paraît plus exposé que la femme : peut-être faut-il voir dans ce fait la conséquence de certaines causes occasionnelles plus ou moins actives. La faible constitution des sujets semble intervenir jusqu'à un certain point dans cette étiologie ; tout au moins contribue-t-elle à rendre plus grave l'affection intestinale. Ces diverses causes prédisposantes sont banales : elles appartiennent en somme à presque toutes les maladies infectieuses et n'ont qu'une importance secondaire.

D'autres influences, plus puissantes, agissent tout

spécialement dans la forme sporadique et dans la forme épidémique de la dysentérie; nous les passerons successivement en revue.

Dans l'ÉTIOLOGIE DE LA DYSENTÉRIE SPORADIQUE, l'influence des *saisons* est remarquable : c'est en été et en automne que cette affection est le plus commune, surtout lorsque les chaleurs ont été très-prolongées. Les températures élevées ont en conséquence une action prépondérante; il est très-probable que cette action doit être expliquée de deux façons : d'une part les refroidissements sont fréquents à cette époque de l'année où le corps est aisément en sueur, et d'autre part il y a des écarts de régime et notamment des abus de boissons froides ainsi que d'aliments excitants, destinés à réveiller l'appétit alors peu prononcé. Nous allons voir que cette double cause joue un rôle prédominant dans l'étiologie de la dysenterie.

Nous devons tenir grand compte de l'influence des *ingesta*. Combien peu d'individus résistent au plaisir de prendre des aliments aussi indigestes que les fruits verts ou acides? Cette cause, mise en doute, niée même par Stoll, Zimmermann et par Trousseau, paraît cependant très-réelle. De même, les aliments *altérés*, les viandes en décomposition par exemple, ont une action des plus nocives sur l'intestin. Dutroulau insiste beaucoup sur cette cause pour expliquer le développement de la dysentérie sporadique dans l'armée. Dans une ville assiégée, par exemple, pendant une famine, les habitants n'ont qu'une nourriture insuffisante et souvent malsaine. Si ce ne sont pas les seules causes à invoquer pour expliquer la dysentérie qui se développe dans ces circonstances, du moins ont-elles une notable influence.

De même, les liquides froids ingérés souvent en grande abondance, les boissons fermentées, surtout dans les pays chauds où le tube digestif a besoin des plus grands ménagements, ont une action très-grande. On a tout spécialement et à juste titre incriminé l'eau croupie : les exemples de cette action nocive sont nombreux et bien connus; je vous rappellerai par exemple l'usage si funeste des eaux vaseuses en Chine. Le Dr Carpentin, dans une thèse toute récente (1874), rapporte un fait intéressant de ce genre observé à la Guadeloupe (au camp Jacob) : les cas de dysentérie cessèrent brusquement dès que l'on remplaça l'eau de mauvaise qualité servant à la boisson par de l'eau de pluie recueillie dans des réservoirs.

Les fatigues, les excès de toute sorte, les influences morales ont également leur part dans l'étiologie de la dysentérie; mais il est incontestable que l'influence du milieu est pour beaucoup dans l'apparition des cas sporadiques. Un *air impur*, les *émanations* fétides, quelle qu'en soit la provenance, enfin les miasmes, poisons impondérables dont l'action ne peut être mise en doute : telles sont les conditions que présente le milieu où éclate cette dysentérie. Je ne puis insister sur cette étiologie, car elle touche à celle de la dysentérie épidémique, les cas de l'une et de l'autre étant fort semblables.

Je dois vous signaler encore l'influence que certains auteurs attribuent aux troubles digestifs, et surtout à la constipation, dans le développement de la dysentérie. Pour Virchow, il y aurait là une cause très-importante et à peu près exclusive de cette affection : les matières fécales, retenues dans l'intestin, y subiraient une décomposition putride, origine de tous les accidents ; nous verrons ce qu'il faut penser d'une théorie aussi absolue.

L'ÉTIOLOGIE DE LA DYSENTÉRIE ÉPIDÉMIQUE se rattache essentiellement aux conditions multiples désignées en hygiène sous le nom de *circumfusa*. L'encombrement des camps et des villes assiégées est la grande cause générale des épidémies dysentériques qui s'y développent ; j'ajouterai (et cette cause se confond bien souvent avec la précédente), la proximité des champs de bataille, dont les émanations délétères viennent vicier l'air. On en peut dire autant des marais, des cloaques vaseux, etc.

De même les bâtiments négriers (qui transportaient jadis les noirs victimes de la traite et sur lesquels les esclaves, d'ailleurs mal nourris, étaient entassés les uns sur les autres pendant une longue traversée) étaient souvent le théâtre d'épidémies désastreuses de dysentérie ; aujourd'hui encore, il en est trop souvent de même à bord des vaisseaux qui amènent aux Antilles les travailleurs venant de l'Inde et de l'Afrique.

Les *miasmes* agissent sur l'homme par une puissance occulte, et la dysentérie peut être regardée à juste titre comme une *maladie miasmatique*. L'infection et la contagion déterminées par les déjections dysentériques ont été fréquemment constatées [1]. S'agit-il de l'action de miasmes infectieux répandus par les malades atteints de dysentérie, ou au contraire le contage provient-il des évacuations elles-mêmes ? Vous pourrez lire sur ce sujet de très-intéressantes discussions, complètement résumées par les auteurs du *Compendium*. Un fait semble toutefois s'en dégager nettement : il ne paraît pas que le contact direct des dysentériques ou des vêtements et de la literie provenant de sujets malades, soit capable de contaminer les individus sains. La contagion se rattacherait donc matériellement à certaines émanations provenant des selles de dysentériques : l'infection, qui n'est que le mode de contagion pris dans son sens le plus large, en est la conséquence.

Quel que soit d'ailleurs le mode de contagion ou le processus de l'infection, un fait demeure certain, c'est que

---

1. Voyez comparativement les recherches de M. le professeur Jaccoud sur l'origine fécale de la fièvre typhoïde (*Acad. Méd.* 1877).

la dysentérie suit les masses d'hommes au milieu desquelles elle est née ; ainsi les régiments l'entraînent avec eux et la sèment en quelque sorte sur leur route ; ainsi la maladie se développe dans la région où les dysentériques ont été débarqués. Elle éclate sur les vaisseaux et s'y propage quelquefois d'une manière foudroyante. Enfin, lorsqu'elle prend naissance dans une petite localité, elle rayonne aux environs, comme si elle poursuivait les habitants qui la fuient.

Les *influences morales* doivent être rappelées ici, et, parmi les conditions étiologiques générales, c'est une des plus curieuses. A la suite des grandes batailles, on la voit éclater dans les armées, non pas chez les vainqueurs, mais bien chez les vaincus ; un exemple de ce fait est resté célèbre : c'est cette épidémie de dysentérie qui apparut après la bataille de Gœttingue. Il est facile de comprendre que l'influence dépressive est considérable et que l'organisme ainsi frappé demeure impuissant à réagir et succombe à l'influence des causes morbides.

La *dysentérie endémique* existe dans certaines contrées, surtout dans les pays chauds. D'une façon générale, on peut dire que, les causes qui favorisent ou déterminent l'évolution de la forme épidémique se trouvant à l'état de permanence, l'affection dysentérique règne endémiquement. Les influences de *climat*, de région, sont incon-

testables, mais parfois bien obscures. C'est ainsi, par
exemple, que, dans les régions intertropicales, cette
action nocive de la localité ne se fait pas sentir chez les
nouveaux arrivants dès le début de leur séjour, mais
bien après un certain temps (Saint-Vel, Dutroulau), pendant la seconde période de l'acclimatation, ou période de
dépression ; et cependant, chose singulière, la dysentérie
est rare chez les indigènes. Quoi qu'il en soit, passons
successivement en revue les divers facteurs dont l'action
combinée ou successive donne naissance à la forme
endémique.

Et d'abord la *chaleur* est une condition importante.
C'est en effet dans les régions tropicales et surtout dans
l'hémisphère boréal que règne à l'état endémique la
dysentérie, que M. Rufz n'a pas craint d'appeler le *fléau
des pays chauds*. On la retrouve aux Antilles, au Sénégal,
aux Indes, en Cochinchine, en Algérie; mais je dois
dire tout de suite qu'elle existe aussi dans le Groënland.
On ne peut donc pas soutenir que la *chaleur proprement
dite* soit la circonstance occasionnelle de l'endémicité.
Serait-ce donc le *refroidissement ?* Cette explication est
d'autant plus plausible que, d'après Schurrer, la véritable cause de la dysentérie au Groënland est la brusquerie des variations de température. En Égypte,
M. Pruner-Bey a spécialement constaté l'influence nocive
du refroidissement nocturne, lequel est très-considérable, surtout en été. D'autre part, on a remarqué que

dans les régions intertropicales la dysentérie endémique règne principalement pendant la saison d'hivernage, époque où le thermomètre dénote précisément les écarts de température les plus rapides. Il ne faut donc pas mettre surtout en cause la latitude, la région, mais bien plutôt la température et le climat.

Un des facteurs dont l'importance a été le plus discutée dans cette étiologie est sans contredit l'*impaludisme*. Depuis longtemps déjà, on a remarqué sa coïncidence très-commune avec la dysentérie endémique. Zimmermann et surtout Haspel, Cambay et Dutroulau ont insisté sur cette condition tellurique. Haspel admet même que l'hépatite, la dysentérie, les fièvres palustres constituent les manifestations multiples d'une seule cause, l'intoxication paludéenne.

C'est qu'en effet, dans les régions où règne la dysentérie à l'état endémique, au Sénégal, au Mexique, en Cochinchine, etc., il est très-fréquent de constater l'existence de la fièvre intermittente. Cette coïncidence toutefois n'est pas absolument constante et l'on a vu, par contre, le dessèchement de marais supprimer dans un pays la fièvre paludéenne, mais non la dysentérie : le fait a été plusieurs fois noté en Algérie. De même aussi, l'on cite des contrées humides où la dysentérie est en permanence, mais non l'impaludisme, et réciproquement. Il résulte de ces faits que la concomitance des deux maladies, tout en étant extrêmement commune ne constitue pas une règle absolue. On ne peut par suite admettre l'infection tellurique comme cause univoque de la dysentérie et de la fièvre palustre.

On a cherché l'explication de l'endémicité dans la *nature du sol*. Le Dr Godineau, dans une thèse soutenue à Montpellier en 1844, a rapporté à la nature volcanique du sol le développement de la dysentérie endémique aux Antilles; mais cette assertion ne se peut soutenir. Il n'est pas rare, en effet, de voir dans une même contrée des régions indemnes au voisinage de pays infectés : à la Guadeloupe, par exemple, la dysentérie endémique est fort commune à la Basse-Terre, tandis qu'il n'y en a pas ou à peine à la Pointe-à-Pitre; on pourrait citer de nombreux exemples analogues.

L'influence de *l'altitude* paraît plus réelle. Des faits très-intéressants ont été rapportés par M. Carpentin dans la thèse que je vous citais tout à l'heure; l'altitude moindre semble en effet rendre plus facile le développement endémique de la dysentérie. Mais comment s'exerce l'influence de l'altitude? Est-ce par la pureté plus ou moins grande de l'air que l'on respire, par la qualité de l'eau potable? Doit-on y voir la conséquence de l'humidité plus forte dans les contrées basses ou même d'une tension électrique différente? Il est actuellement impossible de donner à ces questions une réponse nette et précise; peut-être ces différents facteurs ont-ils chacun leur part dans cette action incontestable de l'altitude; entre tous, l'*humidité* doit effectivement tenir une place importante dans l'étiologie de la dysentérie endémique, car vous savez que l'atmosphère des pays chauds situés au bord de la mer est fortement chargée de vapeurs.

Enfin la *mauvaise alimentation* se joint à toutes ces causes morbifiques et constitue parfois la condition déterminante; de même, Dutroulau a signalé l'influence nocive de la boisson fermentée connue sous le nom de tafia.

En résumé, la dysentérie épidémique reconnaît pour cause principale la saison chaude et l'encombrement; la dysentérie endémique est indéniable, mais nous ne lui connaissons pas encore un mode étiologique univoque. Quant à la cause positive de la dysentérie, nous devons avouer, avec Trousseau, qu'elle nous échappe encore.

Les *récidives* de la dysentérie, quelle qu'en soit la forme, sont fréquentes : tous les observateurs sont d'accord sur ce point. Le fait d'avoir contracté une première fois cette maladie semble même constituer une sorte de prédisposition, sans que l'on puisse toutefois en donner une explication satisfaisante en dehors de la persistance de quelques lésions dans le gros intestin, à la suite d'une première atteinte du mal.

Il est à peu près impossible d'étudier séparément l'ANATOMIE PATHOLOGIQUE de la dysentérie sporadique et celle des formes épidémique ou endémique. La prémière, en effet, guérit le plus souvent. Il en résulte que nous ne connaissons pas très-bien les altérations cadavériques qui appartiennent aux cas légers, et ne pouvons les préjuger qu'en nous fondant sur le nombre et la nature des évacuations alvines. Cependant, dans quelques cas de mort, on a constaté des différences qui portaient notamment sur les ulcérations de l'intestin : c'est de là que vient probablement la divergence d'opinion de certains observateurs à cet égard ; nous verrons bientôt ce qu'il faut en penser.

Les lésions qui caractérisent la dysentérie occupent surtout, et presque exclusivement, le *gros intestin*. Il n'est pas rare de les voir commencer sur la face cœcale de la valvule de Bauhin, suivre en augmentant de nombre et d'étendue les côlons, enfin devenir très-confluentes sur le rectum ; quelquefois elles sont surtout cohérentes dans le cœcum, puis diminuent progressivement pour reparaître au rectum ; mais c'est ce dernier ainsi que l'S iliaque qui sont le siége de prédilection des lésions dysentériques. C'est là que Dutroulau les a notées dans la dysentérie endémique des Antilles ; il en est de même en Algérie. Par contre, aux Indes, c'est le cœcum qui serait plus particulièrement affecté. En Égypte, M. Pruner-Bey a noté que les lésions débutent par le rectum et s'étendent ensuite dans l'S iliaque et le côlon descendant ; puis elles occupent le cœcum et consécutivement le côlon ascendant, de telle sorte qu'à un certain moment il reste une zône intermédiaire où les altérations sont à peine accentuées : le gros intestin finit cependant par être atteint dans sa totalité.

Lorsque l'on ouvre la cavité abdominale d'un dysentérique, on peut deviner déjà, au seul *examen extérieur du tube intestinal*, le siége et la nature même des altérations. D'ordinaire, le gros intestin est dilaté, rempli de liquides; il est rouge, tacheté de marbrures bleuâtres ou d'une teinte rougeâtre plus ou moins foncée, lesquelles sont surtout accentuées au niveau des bosselures; des arborisations vasculaires sous-péritonéales en sillonnent la surface. Certains observateurs ont noté la situation anomale du gros intestin, qui a parfois quitté la grande cavité abdominale pour se loger dans l'excavation pelvienne.

Quelquefois la *séreuse péritonéale* est partiellement dépolie; son endothélium a disparu et il existe un œdème sous-séreux plus ou moins notable; parfois enfin, on y remarque de véritables fausses membranes et même des perforations de l'intestin, avec leurs conséquences habituelles, ce qui tient au grand développement en profondeur qu'ont atteint les ulcérations que nous allons trouver au niveau de la surface muqueuse.

Si vous ouvrez l'intestin, vous en trouvez la face interne extrêmement altérée. Lorsque la mort a eu lieu même peu de jours après le début de la maladie, on constate déjà au niveau de la muqueuse des pertes de substance, des *ulcérations*. Ces lésions sont, sinon tout à fait constantes, comme les anciens l'avaient déjà vu et comme l'ont constaté un grand nombre d'auteurs modernes, notamment MM. Gély (de Nantes) et Thomas (de Tours), du moins extrêmement fréquentes. Leur *nombre* est très-variable : toujours multiples, elles existent parfois en quantité considérable, puisque l'on a pu en compter jusqu'à 145 (Dutroulau); elles occupent indifféremment toute la surface de la muqueuse, mais sont abondantes surtout au niveau des dépressions qui correspondent aux bosselures intestinales.

Leurs *dimensions* sont très-variables : sur le même intestin, elles peuvent mesurer seulement 2 à 4 millimètres, ou bien en occuper toute la circonférence (Dutroulau). Leur *forme*, ordinairement arrondie, est quelquefois ovalaire à grand diamètre dirigé transversalement; parfois, elle est sinueuse, ce qui tient à la réunion, à la cohérence de plusieurs ulcérations. Enfin, on peut les voir former une vaste perte de substance sur laquelle tranchent de petites saillies dites tuberculeuses, que l'examen microscopique montre constituées par des débris de la muqueuse.

Les *bords* des ulcérations dysentériques sont ordinairement saillants, taillés à pic, quelquefois décollés, et dans ces cas on trouve les traces d'une suppuration sous-jacente (Dutroulau). Ils offrent une coloration rouge très-vive et parfois même sont le siége d'une véritable infiltration sanguine plus ou moins considérable. Le fond de l'ulcération est d'ailleurs presque toujours inégal, irrégulier, souvent tomenteux, mais jamais absolument lisse.

Les *tuniques de l'intestin* sont plus ou moins altérées, suivant les cas. La muqueuse, en dehors des régions ulcérées, est rouge, épaissie, vascularisée et de consistance habituellement diminuée; de même, la couche sous-muqueuse paraît constituée par un tissu partout uniforme dont les détails de structure sont peu visibles; quelquefois elle est envahie par un phlegmon sous-muqueux (Naumann). Quant aux couches musculeuse, sous-séreuse et péritonéale, leur épaississement et même leur augmentation de consistance sont de règle. Le travail ulcératif atteint plus ou moins profondément les diverses tuniques; lorsqu'une perforation intestinale s'est faite sur un point (ce qui est rare), on trouve une perte de substance plus ou moins large, effectuée le plus souvent au milieu d'une plaque gangréneuse occupant toute l'épaisseur du gros intestin (Dutroulau). Le siége de cette perforation est d'ailleurs très-variable : le cœcum, les côlons et le rectum paraissent à peu près également atteints.

Voilà quelles sont à l'œil nu les lésions incontestables et incontestées. Reste maintenant à en rechercher le processus. Deux doctrines se trouvent en présence pour expliquer la formation des ulcérations dysentériques :

pour l'une, l'ulcération est consécutive à une *fausse membrane;* pour l'autre, l'ulcération est déterminée par la mortification, la *gangrène vraie* de la muqueuse intestinale. Exsudat pseudo-membraneux d'une part, et de l'autre gangrène de la muqueuse, telles sont donc les lésions sur lesquelles sont fondées les deux théories.

La théorie de l'exsudat pseudo-membraneux, de l'exsudat dit croupal des Allemands, est-elle exacte? Quelquefois, il est vrai, l'on aperçoit disséminées sur la muqueuse, des plaques d'apparence pseudo-membraneuse, tantôt larges, tantôt de petite dimension ; mais sont-ce là de véritables fausses membranes? Aucunement; l'histologie montre le contraire, et d'ailleurs l'examen macroscopique lui-même ne permet pas de les considérer comme des produits pseudo-membraneux, car ces plaques blanchâtres se continuent avec le derme muqueux, ainsi que l'ont démontré MM. Masselot et Follet.

Nous pouvons donc rejeter l'exsudat superficiel croupal. Reste la théorie de la gangrène de la muqueuse : et cette mortification, cette gangrène vraie est un fait aujourd'hui indéniable. A cette manière de voir, nous devons également rattacher l'opinion allemande, qui considère l'ulcération comme le résultat d'un *exsudat diphthérique* (Virchow, Rokitansky, Niemeyer), puisque pour ces auteurs, l'expression de diphthérie est en quelque sorte l'équivalent de gangrène. Virchow, en effet, a noté la formation, dans les couches de la muqueuse, d'un exsudat fibrineux solide lequel, comprimant les vaisseaux, supprimerait la vitalité de la muqueuse. Par conséquent, les opinions des divers auteurs ne diffèrent en réalité qu'au point de vue du mode même de la mortification.

La gangrène d'ailleurs varie beaucoup suivant que la dysentérie est sporadique ou endémo-épidémique. Pour Dutroulau, la mortification de la muqueuse est le fait essentiel, capital dans cette dernière forme ; très-rapidement, de grandes eschares se produisent, mesurant quelquefois plusieurs centimètres d'étendue ; tous les médecins de la marine qui ont pratiqué des autopsies de dysentériques sont d'accord sur ce fait. M. Pruner-Bey, Lebert ont également bien vu ces eschares.

Ces lambeaux mortifiés, quelquefois énormes, sont parfois encore flottants, décollés, et, comme le dit Dutroulau, permettent de prendre la nature sur le fait ; plus tard, on les trouve ramollis, grisâtres, putrilagineux et complètement détachés. Leurs dimensions peuvent être considérables (Cambay, Haspel) : pour ne vous citer que quelques faits parmi les plus remarquables, je vous dirai que Dutroulau a vu un malade guérir après avoir expulsé une eschare de 35 centimètres ; le Dr Catteloux a rapporté un cas où 52 centimètres de muqueuse ont été frappés de sphacèle.

Les recherches toutes récentes de M. Kelsch, publiées dans les *Archives de physiologie* pour 1873, ont fait faire un pas considérable à la connaissance du processus anatomo-pathologique. Se fondant sur des études histologiques, cet auteur a fait remarquer que la destruction de la muqueuse est plus profonde qu'on ne le croirait au premier abord. La surface inégale et irrégulière de l'intestin ulcéré présente en effet de petites saillies, dites tuberculeuses, bien vues et décrites par tous les observateurs ; or que sont ces saillies ? Une coupe passant par l'une d'elles montre qu'elle est constituée par des débris de la muqueuse intestinale : on trouve en effet, irrégulièrement disposées dans cet îlot perdu au milieu de l'ulcère, quelques glandes remplies de mucus, ayant conservé leur épithélium cylindrique presque normal ou à peine granuleux. Ces touffes de muqueuse intacte présentent un développement vasculaire extraordinaire ; et, sur tout le reste de l'ulcération, les éléments constitutifs de la muqueuse ont à peu près complètement disparu.

La *couche sous-muqueuse* qui forme en partie le fond même de l'ulcération est le siége, ainsi que la couche musculaire sous-glandulaire de la muqueuse (Cornil), d'une prolifération extrême de cellules embryonnaires. Celles-ci, accumulées en certains points, forment parfois des amas purulents, lesquels sont étendus en nappe et soulèvent la membrane muqueuse ; au milieu de ces éléments embryonnaires apparaissent quelques débris de fibrine. Cet exsudat inflammatoire est-il très-abondant? Il peut comprimer les vaisseaux de la muqueuse, arrêter la circulation (et par conséquent la vie) dans cette portion de la muqueuse : la gangrène en est la conséquence, et c'est ainsi que se forme l'ulcération (Charcot, Baly, Kelsch).

Les vaisseaux sous-muqueux sont très-développés, et particulièrement les *lymphatiques*. Ces derniers, d'après M. Kelsch, sont très-dilatés et remplis de grosses cellules polyédriques, constituées par l'endothélium tuméfié et en partie détaché.

Les *follicules clos* sont gonflés, énormes, gorgés de cellules lymphatiques (Cornil); ils font une saillie plus ou moins notable à la surface de la muqueuse. Le ramollissement puriforme n'y est pas rare : les follicules clos se perforent et donnent naissance à un ulcère arrondi, en cupule, déjà noté par Rokitansky et par Bamberger. Il y a donc deux sortes d'ulcération bien différentes et pourtant très-remarquables par ce fait que le procédé est le même pour l'une comme pour l'autre; seulement, dans la première, il se fait une mortification étendue de la muqueuse par développement rapide de tissu embryonnaire dans les couches profondes de la sous-muqueuse (d'où compression des vaisseaux nourriciers), tandis que la seconde est consécutive à la mortification cellulaire des follicules clos.

Quelles sont les *phases* par lesquelles passent les lésions dysentériques avant d'atteindre cette période de complet développement que nous venons de décrire? Les recherches de M. Gély, de MM. Masselot et Follet ont bien éclairé cette question. L'entérite suraiguë qui caractérise la dysentérie commence par une rougeur congestive de la muqueuse; l'épithélium intestinal se détache rapidement, et l'on peut le retrouver dans les selles, sous forme de lambeaux opalescents plus ou moins étendus que l'on a pris souvent pour des fausses membranes. Bientôt, dans les cas légers, les exulcérations apparaissent, occupant en général le sommet des replis muqueux; les follicules clos, enflammés et tuméfiés, sont très-visibles et forment (Thomas et Gély) des sortes de points noirs, autour desquels commencerait l'ulcération. Dans les cas graves, de larges lambeaux de la couche muqueuse, rapidement privés de vie, se sphacèlent et sont détachés sous forme d'eschares grisâtres et putrilagineuses d'étendue variable. Quant aux follicules, détruits probablement avec une grande rapidité, puisque M. Kelsch ne les a pas retrouvés, ils laissent à leur place une ulcération arrondie.

Malgré l'étendue de ces lésions, la *cicatrisation* est cependant possible; mais elle varie un peu selon le degré d'intensité des altérations produites, suivant la profondeur et l'étendue des pertes de substance. C'est ainsi que les petites ulcérations folliculeuses, agrandies quelque temps par le travail de suppuration qui les avait produites, se comblent assez vite; mais, à un moment donné, elles sont susceptibles de se rétracter, et cette cicatrice peut présenter quelque danger pour l'avenir.

Quant aux larges ulcérations qui sont consécutives aux eschares étendues, elles peuvent aussi se cicatriser; cependant la muqueuse détruite ne se régénère plus. Il se fait une sorte de fausse muqueuse (semblable à celle qui tapisse les trajets fistuleux), laquelle, avec le temps, se rétracte et peut amener à sa suite les conséquences les plus graves.

Le *contenu* du gros intestin varie suivant l'époque, plus ou moins rapprochée du début, à laquelle la mort a eu lieu; il est en rapport avec les modifications présentées par les évacuations alvines. A l'autopsie, on trouve ordinairement une certaine quantité de liquide sanguinolent plus ou moins décomposé; quelquefois la quantité de sang est très-abondante : une véritable entérorrhagie s'est produite par perforation d'un vaisseau important. Souvent, vous ne rencontrerez qu'une sérosité plus ou moins fétide, et lorsque le malade a succombé à une période avancée de l'affection, l'intestin contient un liquide louche ou même absolument purulent.

Telles sont les lésions du gros intestin : toutefois les altérations de la dysentérie ne se localisent pas à son niveau; elles retentissent souvent plus ou moins sur les divers organes. Et d'abord les *ganglions* mésentériques et abdominaux correspondants sont d'ordinaire gros, rouges, fort injectés et ramollis; on les aurait même trouvés quelquefois suppurés.

L'*intestin grêle* est le plus ordinairement à peu près sain; parfois cependant on y rencontre de petites ulcérations; on a prétendu, mais à tort, que ces ulcérations s'étaient faites aux dépens des plaques de Peyer; au contraire, la surface de ces dernières est tout à fait lisse. Dans certains cas, comme dans ceux de M. Kelsch par exemple, des lésions s'étant produites dans l'intestin grêle, absolument comme dans la diarrhée de Cochinchine, on a pu constater la destruction d'un grand nombre de glandes de Lieberkühn.

L'*estomac* n'est ordinairement que peu ou point altéré : quelquefois il est le siége d'un ramollissement de nature cadavérique; rarement il est rouge et injecté.

Quant au *foie*, il ne présente rien de particulier à noter dans la dysentérie sporadique, ou tout au plus existe-t-il une légère congestion de son réseau vasculaire. Par contre, dans la dysentérie des pays chauds, l'organe hépatique est généralement tuméfié, hyperémié et souvent ramolli, très-rarement induré. Il n'est pas rare d'y trouver tantôt un seul abcès (c'est le cas le plus ordinaire), tantôt plusieurs foyers purulents de volume variable et ordinairement tardifs : il en existait quatre dans un des faits rapportés par M. Kelsch.

Nous ne savons pas encore d'une façon certaine quel

est le mode de production de ces abcès du foie secondaires à la dysentérie. Sont-ils, comme le prétend Niemeyer, le fait d'embolies infectieuses? N'est-ce pas plutôt le signe d'une pyohémie, ainsi que l'admettait Trousseau? Nous ne pouvons donner encore une solution satisfaisante à ces différentes questions [1].

La *rate* est tantôt saine et tantôt hyperémiée, ramollie; il est probable, dans ce dernier cas, que les lésions sont d'origine paludéenne. Les *reins*, rarement rouges et congestionnés, sont d'ordinaire parfaitement sains, même au microscope (Kelsch).

Le *cœur* est rempli de caillots, quelquefois le muscle cardiaque est ramolli. Enfin un certain nombre d'analyses du *sang* ont été faites : on a noté surtout l'hydrémie (Œsterlen); mais, en outre, le sang subit une diminution considérable de la fibrine et des globules (Masselot et Follet), et aussi de l'albumine (Œsterlen, Lehmann). Ce dernier fait, la diminution de l'albumine, paraît être un point capital : il permet de comprendre l'extrême débilité dans laquelle tombent les convalescents de dysentérie et les hydropisies que l'on a pu signaler à la période de convalescence.

Quant aux lésions qui caractérisent les *complications*, tantôt elles consistent en hémorrhagies plus ou moins

---

[1]. Les recherches récentes de MM. Kelsch et Kiener (*Archives de physiologie*, 1878), sur les altérations paludéennes du foie, rendent très-probable l'existence d'une altération parenchymateuse de la glande hépatique, aboutissant à la formation d'abcès multiples.

considérables, et tantôt ce qui est fort rare, on constate les traces d'une péritonite aiguë par propagation ou par perforation. D'autres fois, c'est une gangrène étendue de la muqueuse que l'on trouve : je vous ai déjà fait connaître ces cas, dans lesquels 35 et 52 centimètres de muqueuse étaient sphacélés. Il n'est pas très-rare en outre de rencontrer des invaginations intestinales, lesquelles ne semblent pas toutes d'origine agonique, mais peuvent être parfois rattachées aux lésions de la dysentérie elle-même.

QUARANTE-TROISIÈME LEÇON

DYSENTÉRIE AIGUË (SUITE).

Pour bien connaître la symptomatologie de la dysentérie, il est absolument nécessaire, en raison des nombreuses différences qui les séparent, d'étudier séparément le tableau clinique de la forme sporadique et celui de la forme épidémique.

La DYSENTÉRIE SPORADIQUE peut être, selon les cas, *légère* et bénigne (c'est le fait ordinaire), ou au contraire *grave*. Dans ces deux circonstances, les symptômes sont néanmoins les mêmes, quoique avec une intensité différente.

Un des premiers phénomènes qui annoncent le début de la maladie consiste dans les modifications que subissent les *évacuations alvines*. Ces évacuations ont plusieurs caractères intéressants, fournis par leur grand nombre, leur faible abondance, enfin par la nature des matières rendues.

La *fréquence des selles* est déjà très-marquée même dans les formes les plus légères : dans les vingt-quatre heures, le malade se présente 8 et 10 fois au moins à la garderobe, souvent 15 ou 20 fois et plus. Toutefois le nombre des évacuations journalières ne dépasse guère ce nombre et n'atteint point les chiffres extrêmes que l'on a notés dans la dysentérie épidémique. On peut dire en effet, d'une façon générale, que la fréquence des selles est subordonnée à la gravité de la maladie.

La *petite quantité des matières* rendues est un fait capital. Ce caractère peut manquer quelquefois au début, en raison des évacuations de matières fécales contenues encore dans le gros intestin, ou bien lorsque la dysentérie succède à un état de diarrhée simple. Mais bientôt les selles prennent leur type remarquable, qui persiste pendant toute la durée de la maladie. C'est à peine en effet si les dysentériques évacuent chaque fois quelques cuillerées de liquides : assez souvent, il semble qu'ils aient rendu des crachats muqueux et sanguinolents. Par moments même, les malades éprouvent des besoins absolument illusoires qui ne sont suivis d'aucun résultat.

Enfin la *nature* des évacuations mérite d'être notée : nous avons dit qu'au début elles consistent quelquefois en matières fécales; ce caractère peut se reproduire, mais d'une façon exceptionnelle, pendant toute la durée de l'affection. Presque toujours, les selles sont constituées par une petite quantité de mucosités demi-transparentes, semblables à une sorte de mucilage opalescent et comparées à juste titre à du frai de grenouille (Stoll) : elles contiennent très-vite du sang, avec lequel elles sont mélangées plus ou moins intimement ou qui forme des stries, ce qui rappelle alors assez exactement les crachats pneumoniques (Trousseau). Il est très-rare que les mucosités glaireuses soient jaunâtres, parce que d'ordinaire la bile ne coule plus dans l'intestin ou n'y afflue qu'en petite quantité. Parfois enfin, les matières sont muco-purulentes ; mais c'est là un fait rare dans les cas bénins ; il n'en est pas de même dans les formes graves.

En même temps apparaissent des *douleurs* abdominales, qui diffèrent de celles de l'entérite simple. En effet, dans cette dernière affection, elles consistent en simples coliques survenant surtout avant les selles : dans la dysenterie, au contraire, les douleurs sont vives, cuisantes, et se montrent par accès. Elles siégent dans les régions occupées par le gros intestin, c'est-à-dire les flancs, l'épigastre, et se concentrent dans la fosse iliaque gauche, où les malades éprouvent une pénible sensation de pesanteur qui se propage jusque vers le rectum. Sous l'influence de la répétition des évacuations alvines, les douleurs se propagent jusqu'à l'anus : le malade y accuse une sensation de brûlure, de constriction douloureuse, d'épreintes violentes qui donnent lieu au *ténesme*, sur la nature duquel nous nous expliquerons bientôt. Ces accès de douleur sont excessivement pénibles, et s'accompagnent de la série des phénomènes qui, vous le savez, existent dans tous les cas de douleurs abdominales, et surtout intestinales, de quelque gravité. C'est ainsi que le faciès est tiré, les yeux sont cernés, excavés; l'expression du visage dénote un abattement, une prostration extrêmes.

Cependant l'état du ventre reste assez souvent normal; parfois se montre un certain ballonnement, qui peut demeurer partiel. La palpation, la pression, réveillent les douleurs, qu'il est possible de suivre et de localiser sur le trajet du gros intestin et en particulier du côlon descendant, et qui beaucoup plus rarement se généralisent à toute la cavité abdominale.

Les *troubles fonctionnels* se développent en général assez vite. La soif apparaît, plus ou moins intense selon le nombre et l'abondance des selles, mais elle est en général très-marquée. L'appétit, parfois conservé, est plus souvent diminué, parce qu'il n'est pas rare que les signes de l'état saburral se manifestent; aussi la langue, qui peut être normale pendant quelque temps, se couvre-t-elle d'ordinaire d'un enduit blanchâtre de plus en plus épais. En même temps, des nausées se produisent, très-rarement suivies de vomissements; si même vous voyez apparaître des vomissements tant soit peu persistants, tenez-vous en garde, et craignez le développement d'une complication.

L'état général varie très-notablement suivant les cas : quelquefois l'apyrexie est à peu près complète, sauf un certain état fébrile du début. Cette *fièvre initiale* passe vite ; cependant M. Roger a vu des cas où la température oscillait autour de 38°,5 pendant toute la durée de la maladie. En général, on peut dire que, dans les formes sporadiques, la fièvre de la dysentérie est ordinairement légère ; un peu de chaleur, une accélération médiocre du pouls, la sécheresse de la peau, plus souvent quelques sueurs : tels sont les signes habituels de cet état pyrétique. Ajoutons encore que les urines deviennent rares, qu'elles sont foncées, chargées de sels.

La MARCHE de la maladie est essentiellement variable. Tantôt le *début* est brusque, subit ; le malade, bien portant quelques heures auparavant, est pris tout à coup de douleurs abdominales, de coliques et d'évacuations alvines très-répétées. En même temps, un certain malaise s'accuse et se prononce ; quelquefois la fièvre éclate, mais il est rare qu'elle s'accompagne de frissons ou même de frissonnements ; enfin, les phénomènes se complètent, et la dysentérie suit sa marche.

Tantôt, au contraire, le début de l'affection est précédé de *prodromes ;* un malaise plus ou moins grand se développe : le malade est abattu ; une courbature que rien n'explique l'arrête dans ses travaux; certains troubles de l'appétit surviennent, les digestions sont difficiles; bref, le terrain est préparé lorsque les accidents caractéristiques apparaissent.

Tantôt enfin c'est après une diarrhée en quelque sorte prémonitoire que la dysentérie s'établit, les phénomènes de l'entérite catarrhale prodromique persistant encore ou même celle-ci paraissant terminée.

La *durée* totale de la dysentérie sporadique n'est pas la même lorsque la maladie est légère et bénigne, ou quand elle est plus intense.

Dans la *forme légère* ou bénigne, les phénomènes morbides sont passagers. Les évacuations alvines, qui indiquent en quelque sorte la marche de la maladie, conservent pendant quelques jours seulement le caractère muco-sanguinolent, en même temps que le ténesme persiste. Puis bientôt le ténesme s'atténue, disparaît; les selles deviennent bilieuses et reprennent graduellement les caractères habituels des matières fécales. Les douleurs diminuent simultanément; enfin la *guérison* est d'ordinaire définitive; mais la convalescence dure habituellement quelques jours, et les forces ne reviennent qu'au bout d'un temps relativement long.

Lorsque la dysentérie sporadique affecte la forme *intense* ou même *grave*, l'état général est beaucoup plus mauvais, l'affaiblissement se prononce; le malade tombe rapidement dans un état de prostration profonde. En même temps, le ventre se ballonne et devient fort douloureux ; les selles sont très-nombreuses ; le ténesme rectal et même vésical apparaît. Les évacuations alvines, sanguinolentes, et parfois sanglantes au début, sont, au bout de quelques jours, constituées par un liquide plus abondant, louche, puis puriforme, roussâtre, très-fétide, riche en albumine et contenant des produits membraniformes qui ne sont en réalité que des lambeaux d'épithélium intestinal (Laboulbène) et non pas des pseudo-membranes véritables : en un mot, les symptômes indiquent clairement le développement des ulcérations. La *guérison* est encore possible, elle n'est même pas rare ; mais elle ne devient guère définitive qu'après une série d'alternatives d'amélioration et d'empirement. La maladie peut aussi passer à l'état chronique. Enfin la *mort* est parfois la conséquence de la profondeur des lésions, du développement de quelque complication ou de la malignité de la maladie ; les phénomènes se rapprochent alors de ceux de la forme épidémique.

Les symptômes de la dysentérie épidémique et endémo-épidémique sont les mêmes que ceux de la dysentérie sporadique, mais grandement modifiés dans leur intensité et dans leurs caractères.

Les *évacuations alvines*, par exemple, présentent une fréquence extrême : on en compte plusieurs par heure ; certains malades vont 100, 150 et 200 fois par jour à la garde-robe; d'ordinaire, c'est surtout la nuit que les selles sont le plus répétées.

Les matières sont toujours peu abondantes; seulement la proportion de sang rendu est relativement considérable. Il est au contraire très-rare que les mucosités glaireuses soient blanchâtres, et ne contiennent pas de sang; cet aspect des selles constitue la forme décrite sous le nom de *dysentérie blanche*. Si peu abondants que soient les liquides rendus, leur quantité totale finit cependant par devenir considérable, et c'est là une grande cause de débilitation, parce que le malade perd ainsi une certaine quantité de *sang* et d'albumine. Il en résulte que, lorsque ces dysentériques guérissent, la convalescence est difficile et lente; et d'autre part cette source de débilitation peut devenir le point de départ de certaines complications.

Les *évacuations alvines* subissent dans leur aspect les modifications successives déjà notées. Au début, on y peut rencontrer des matières fécales, quelquefois même très-dures, auxquelles succèdent bientôt les mucosités sanguinolentes, puis sanglantes. Plus tard, les malades rendent une sérosité mousseuse qui contient des grumeaux, des détritus membraneux; puis les selles prennent l'aspect de la raclure de chair : leur odeur horriblement fétide, rappelle absolument celle des macérations anatomiques. Elles ne contiennent pas de bile, ce qui est probablement en partie la cause de leur fétidité, car vous savez que la bile versée dans l'intestin a des propriétés antiputrides. Si on laisse déposer ces liquides dans un vase, on les voit se séparer en trois couches superposées : la première, la plus superficielle, est constituée par des mucosités et de la sérosité ; la seconde, ou moyenne, est formée par du mucus et du sang ; enfin la troisième contient du sang pur et des détritus membraneux qui représentent les débris de la muqueuse sphacélée et éliminée par lambeaux plus ou moins volumineux. D'ailleurs l'examen microscopique permet de retrouver, dans ces restes informes, les glandes en tube de la muqueuse (Baly, Charcot).

Enfin, plus tard, les selles sont constituées par une matière putrilagineuse, méconnaissable, et qui indique la lésion profonde de l'intestin. Parfois cependant, même à une période très-avancée de la maladie, on a pu y rencontrer de grands lambeaux qui peuvent atteindre, nous l'avons vu, des dimensions considérables et qui sont constitués par l'exfoliation d'une partie de la muqueuse. S'agit-il alors d'une simple mortification de cette membrane, ou bien s'est-il produit une invagination de l'intestin ? Cette dernière hypothèse a été soutenue ; mais elle est contredite par les faits où l'on a constaté à l'autopsie l'existence de grandes eschares à demi détachées et encore adhérentes à la muqueuse.

La douleur acquiert vite le caractère spécial à la maladie : elle devient le *ténesme*. La moindre colique, le plus petit mouvement, l'ingurgitation de quelques gouttes de liquide, la sensation du froid, suffisent à faire renaître cette douleur caractéristique, qui devient ainsi presque incessante. Dans quelques circonstances, elle peut céder brusquement, au grand étonnement du malade, alors que les symptômes fonctionnels et généraux persistent ou même s'aggravent : ne soyez pas dupes de cette prétendue amélioration, qui doit au contraire faire craindre la gangrène, accident redoutable dont nous nous occuperons bientôt. En somme, indépendamment des douleurs intestinales, des coliques si pénibles dont l'expression ancienne (*tormina ventris*) montre bien le caractère spécial, la dysentérie est essentiellement marquée par le ténesme, c'est-à-dire par des douleurs anales affectant la forme d'épreintes et surtout par une sensation de brûlure que détermine le contact irritant des selles si fréquemment répétées.

On a maintes fois cherché à expliquer ces phénomènes, et l'on a dit que le ténesme n'était autre chose qu'une contracture du sphincter anal. Cette opinion, qui peut se soutenir pour la dysentérie sporadique, où la contracture du sphincter existe réellement, est difficile à admettre pour la dysentérie épidémique. Dans cette dernière, en effet, il y a bien plutôt un relâchement des fibres circulaires, ainsi que l'a fait voir Trousseau : examinez par le toucher le sphincter de l'anus, et vous le trouverez toujours relâché et mollasse, positivement entr'ouvert, tandis que la muqueuse rectale et anale, rouge, irritée, excoriée, est d'une sensibilité excessive. C'est dans cette véritable hyperesthésie que vous devez rechercher la cause du ténesme rectal produit vraisemblablement par la contraction des fibres longitudinales du rectum et par la douleur consécutive au passage des matières sur la muqueuse enflammée.

Souvent aussi, dans la dysentérie épidémique, il existe simultanément du *ténesme vésical* : des contractions très-pénibles de la vessie font alors incessamment rejeter quelques gouttes à peine d'une urine claire ou légèrement floconneuse. La sécrétion urinaire est en effet peu abondante, quelquefois même à peu près supprimée, absolument comme dans le choléra. Pour Dutroulau, le ténesme vésical annoncerait la gangrène et remplacerait le ténesme rectal disparu : cette assertion n'a pas été confirmée par les observations de M. Barallier.

L'état de l'abdomen est remarquable ; le ventre est ballonné, sensible à la pression, notamment au niveau de la fosse iliaque gauche et même de la droite, en général sur tout le trajet du gros intestin ; la grande extension de cette douleur est un indice très-valable de la gravité de la dysentérie.

Les *troubles digestifs* acquièrent dans cette forme une grande intensité. La soif est vive, pénible, incessante, tout à fait en rapport avec le grand nombre des selles et l'abondance des évacuations alvines. Cette soif est d'autant plus pénible que la moindre ingestion de liquide réveille les douleurs abdominales et le ténesme. L'appétit est bien moins souvent conservé que dans la dysentérie sporadique, si ce n'est toutefois dans les cas légers ou au début seulement des formes graves ; dans la forme inflammatoire, il est assez variable.

Les caractères que présente la *langue* sont en rapport avec l'existence de certaines complications : l'embarras gastrique existe-t-il, la langue est saburrale ; l'état bilieux est-il au contraire accentué, la langue offre alors un enduit spécial, jaunâtre : en même temps, l'inappétence, les nausées, les vomiturations même, prennent une importance plus grande. Dans les périodes plus avancées de la dysentérie, la langue devient rouge ; plus tard, elle offre une tendance à devenir sèche et même fuligineuse.

Les nausées ne sont pas rares ; mais les vomissements sont d'ordinaire l'indice d'une complication : quand ils deviennent fréquents, tenaces, porracés, ils annoncent plus particulièrement la péritonite ; mais alors des phénomènes tout particuliers éclatent simultanément et font reconnaître l'inflammation de la séreuse abdominale.

Ce qui domine dans l'ensemble des *symptômes généraux*, c'est l'affaiblissement, la tendance générale à l'adynamie, quoique cependant on rencontre certaines nuances dans ce tableau. Quoi qu'il en soit, la *déperdition des forces*, toujours rapide, est plus ou moins complète. Chez quelques malades, des *douleurs musculaires* ou même articulaires apparaissent, ce qui donne lieu à la forme dite rhumatismale de la dysentérie, sur laquelle nous aurons occasion de revenir et qui ne constitue pas réellement une forme, mais bien une complication ; d'autres fois, il se développe une véritable rachialgie, qui même est quelquefois initiale.

La prostration des forces, l'amaigrissement, font en général des progrès rapides et s'accompagnent bientôt d'une remarquable *tendance au refroidissement*. A ce moment, l'attitude du patient est caractéristique : il est accroupi dans son lit, les cuisses fléchies et ramenées vers l'abdomen comme pour conserver le plus qu'il est possible la chaleur qui fait défaut. Cette attitude des dysentériques à une période avancée de l'affection est fort importante au point de vue du pronostic, car elle indique un état très-grave. Dans ces conditions, les malades, dont les forces se perdent de plus en plus, restent immobiles dans leur lit, le moindre mouvement réveillant les douleurs musculaires et le ténesme.

La prédominance de tels ou tels symptômes a permis de créer des FORMES plus ou moins distinctes que l'on a multipliées outre mesure ; je vous parlerai seulement des plus importantes.

La *forme inflammatoire*, caractérisée par une forte réaction fébrile, s'observe surtout chez les sujets doués d'une constitution robuste. La fièvre, vive dès le début, persiste pendant toute la période d'état; elle affecte le type continu, bien qu'elle offre habituellement certaines exacerbations. Il s'agit bien réellement d'un état pyrétique et non pas d'une simple accélération temporaire du pouls en rapport avec les accès douloureux, car l'ascension de la température suit exactement l'augmentation du chiffre des pulsations : c'est qu'en effet la chaleur est forte, la peau sèche, plus rarement halitueuse. Les douleurs sont intenses, les selles sanglantes ; l'abdomen se ballonne et devient très-douloureux ; enfin le facies est vultueux et animé.

La *forme adynamique* est la plus fréquente : tantôt elle survient d'emblée, alors surtout que la dysentérie frappe des sujets faibles, des enfants, des femmes par exemple, ou encore des convalescents affaiblis par une maladie antérieure; tantôt elle succède à la forme inflammatoire. Dans les deux cas, elle s'annonce par un état d'abattement, de prostration tout de suite considérable: le facies exprime une complète indifférence. La bouche se sèche rapidement et se couvre de fuliginosités ; la langue est bientôt noire, comme rôtie; les yeux deviennent ternes et les narines pulvérulentes. Cependant les douleurs abdominales sont peu vives, ou à peine accusées par le malade; mais la pression les réveille encore : les selles sont involontaires. Les urines, peu abondantes, s'accumulent quelquefois dans la vessie, où elles séjournent et donnent lieu à une rétention plus ou moins considérable.

Lorsque ces symptômes adynamiques apparaissent subitement et simultanément, ils sont du plus fâcheux augure et annoncent le plus souvent le développement ou tout au moins l'imminence de la gangrène.

La *forme ataxique* offre une physionomie bien différente de la précédente : l'agitation, l'inquiétude sont de règle ; les malades se lèvent, marchent, remuent incessamment. Un état de *subdelirium* ne tarde pas à se caractériser soit par des paroles incohérentes, déraisonnables, soit par des actes : c'est ainsi que l'on voit les patients sauter hors du lit ; leurs bras, leurs mains sont agités d'un fort tremblement, de soubresauts des tendons ; la carphologie, le crocidisme, apparaissent au milieu d'une fièvre souvent assez vive. Ces phénomènes graves se prolongent d'ordinaire pendant plusieurs jours : assez habituellement, ils succèdent à la forme inflammatoire, et d'autre part ils sont ordinairement suivis par la forme adynamique.

Cet enchaînement des symptômes morbides nous permet de comprendre les *formes putrides*, malignes, des auteurs. Qu'un changement presque subit se produise dans les symptômes de l'état ataxique dont l'intensité s'accroît tout à coup et qui prennent un caractère grave, et la mort pourra survenir rapidement. D'autres fois apparaît quelque complication grave, la gangrène surtout, et la terminaison fatale se fait en quelque sorte insidieusement et en silence : c'est la *forme maligne* des anciens auteurs ; on n'est point prévenu de l'imminence de la mort par des symptômes alarmants et, selon la remarque singulière de Tissot, c'est le chien qui mord sans aboyer.

Sous le nom de *forme hépatique*, les auteurs ont décrit des phénomènes essentiellement différents. Pour quelques observateurs, en effet, cette forme de la dysentérie est caractérisée par les symptômes d'un *état bilieux* manifeste. La langue est chargée d'un enduit saburral, les vomissements ne sont pas très-rares, les téguments offrent une teinte subictérique, ainsi que les conjonctives ; enfin la fièvre présente les caractères que je vous ai maintes fois rappelés et notamment cette rémittence que vous connaissez trop bien pour qu'il soit besoin d'y revenir.

Plus généralement, on réserve la dénomination de forme hépatique aux cas où, en même temps qu'une fièvre vive et qu'une teinte subictérique, il existe une douleur intense localisée dans l'hypochondre droit, un gonflement manifeste du foie, une réelle dyspnée. Ces symptômes, qui annoncent la participation du foie au travail morbide, sont l'indice d'une *hépatite suppurée* développée d'ordinaire tardivement, car les abcès du foie sont presque toujours consécutifs à la dysentérie. Cependant, d'après certains auteurs, et notamment Annesley, l'hépatite pourrait précéder l'apparition des symptômes dysentériques.

La *forme intermittente* est bien distincte de la fièvre intermittente dysentérique, dans laquelle le flux intestinal n'est que le symptôme d'une fièvre pernicieuse se manifestant par des phénomènes intestinaux. Au contraire, la dysentérie à forme intermittente se caractérise par de simples rémissions suivies d'exacerbations douloureuses. Toutefois, il faut le dire, nous sommes encore mal édifiés sur cette variété clinique : est-elle bien une véritable forme de la dysentérie, ou constitue-t-elle une simple complication paludéenne de l'affection intestinale ? Il n'est pas encore possible de donner à ces questions une solution définitive.

Nous avons eu déjà l'occasion de signaler en passant la forme dite *rhumatismale*. En désignant sous ce nom la dysentérie accompagnée de rhumatisme articulaire, on détourne cette dénomination de son acception première. Pour Stoll, par exemple, la maladie rhumatismale n'est pas le rhumatisme articulaire ; en effet, le mot grec ρευμα signifie la matière morbifique presque synonyme de catarrhale. Et d'ailleurs, dans la variété que l'on décrit actuellement sous ce nom, il ne s'agit pas d'une forme particulière de la maladie, mais bien d'une véritable complication que vous pourrez quelquefois observer à la suite de la dysentérie (Dutroulau, Barallier) et plus particulièrement lorsque cessent les symptômes intestinaux.

Les COMPLICATIONS qui peuvent survenir dans le cours de la dysenterie sont nombreuses et toujours graves, cette gravité étant beaucoup plus grande dans les formes épidémique et endémique.

Les complications qui ont leur point de départ dans le foie vous sont maintenant bien connues et il est inutile d'y revenir ; mais je dois vous faire connaître les conséquences de la *perforation intestinale*. Elle peut déterminer, suivant son siége, soit un phlegmon circonscrit, soit une péritonite : les phlegmons circonscrits se localisent autour du cœcum (pérityphlite) ou du rectum (périproctite).

Quant à la *péritonite* aiguë, on l'a vu se développer par propagation : elle est alors ordinairement circonscrite par des adhérences ; ou bien elle est le fait d'une perforation, et dans ce cas, le plus souvent généralisée. Les symptômes qui accompagnent ces phlegmasies péritonéales sont en rapport avec l'étendue des lésions ; c'est ainsi que la péritonite circonscrite s'annonce par une douleur intense dans un point de l'abdomen, douleur accompagnée de vomissements et d'un frisson parfois violent, suivi de fièvre vive ; un ballonnement d'ordinaire partiel de l'abdomen ne tarde pas à se développer. Toutefois les symptômes fébriles, quoique très-intenses au début, peuvent quelquefois s'apaiser; les lésions se circonscrivent, et l'on a vu, dans ces cas, la péritonite guérir ou tout au moins s'atténuer et passer à l'état chronique.

Dans la péritonite généralisée, au contraire, la douleur s'étend, le ballonnement devient considérable, la fièvre conserve toute son intensité; le pouls est petit, serré, la face grippée; les vomissements deviennent incessants, et la mort arrive rapidement, souvent au milieu d'une algidité extrême.

Les *hémorrhagies* qui compliquent la dysentérie ont toujours l'intestin pour point de départ; l'existence des ulcérations intestinales, et du processus destructif dont elles sont la conséquence, vous permet d'en comprendre la raison. Ces entérorrhagies peuvent se faire dans deux conditions différentes. Tantôt les symptômes en sont obscurs et n'offrent rien qui les distingue de toute hémorrhagie interne : le malade est pris subitement d'une grande faiblesse; les téguments pâlissent, et une tendance syncopale se manifeste, en même temps que le ventre se ballonne; la mort peut même survenir sans autres phénomènes révélateurs de la perte sanguine. Tantôt, au contraire, des selles caractéristiques apparaissent sans même avoir été annoncées par aucun symptôme, et le malade rend ainsi une quantité variable de sang pur ou déjà en caillots. Dans tous les cas, ces hémorrhagies augmentent la faiblesse générale ; aussi sont-elles la cause de la mort, chez le plus grand nombre des malades ; si elles se montrent avec une certaine abondance, elles augmentent tout au moins la gravité, déjà si grande, de la maladie.

Je n'ai pas besoin d'insister de nouveau sur le développement possible d'un *rhumatisme articulaire* qui constitue une véritable complication de la dysentérie et non pas une heureuse éventualité capable d'exercer, par une sorte de révulsion, un influence favorable sur la marche de l'affection intestinale. Je ferai remarquer seulement que certaines névralgies peuvent ajouter une souffrance nouvelle aux douleurs de la dysentérie.

L'*impaludisme* constitue une grave complication susceptible d'intervenir dans deux conditions différentes. Le plus souvent, les manifestations paludéennes précédant la dysentérie ont déjà causé un état de faiblesse ou même de cachexie qui peut faciliter l'invasion de l'affection intestinale et la rend plus sévère, le patient n'ayant plus les forces nécessaires pour résister à une aussi sérieuse maladie. D'autre part, la fièvre palustre donne lieu parfois à des phénomènes intercurrents de forme grave, qui viennent singulièrement compliquer l'évolution de la dysentérie : la *fièvre pernicieuse* qui apparaît dans ce cas, affecte souvent la forme *cholérique*

Dutroulau). Une algidité extrême se montre alors tout à coup et s'accompagne de vomissements; en même temps, les déjections deviennent abondantes et prennent l'aspect des évacuations cholériques. La marche de cette fièvre pernicieuse est le plus souvent irrégulière : la mort en est la conséquence habituelle, mais non constante; dans les cas heureux, la dysentérie est d'ordinaire guérie en même temps que la fièvre paludéenne (Dutroulau).

La fièvre pernicieuse intercurrente n'est pas forcément cholériforme; quelquefois (Barallier) c'est la forme *algide*, et même, quoique rarement, la forme cérébrale. Dans tous ces cas, la marche des manifestations paludéennes est presque toujours fort irrégulière.

La *fièvre typhoïde* paraît être, dans de rares circonstances, une complication de la dysentérie. Ce fait toutefois a été vivement contesté, en raison de la confusion possible des symptômes typhoïdes de la dysentérie adynamique ou ataxique avec ceux d'une dothiénentérie intercurrente; mais la coïncidence des deux maladies a été bien et dûment constatée par les autopsies faites sur des sujets ayant présenté des symptômes mixtes appartenant à l'une et à l'autre affection. Sachez cependant que ces cas sont véritablement exceptionnels; ils ont été soigneusement observés par le D" Périer dans une épidémie survenue au camp de Châlons en 1859.

On a parlé d'*hydropisies* pouvant compliquer la dysentérie : elles ne s'observent pas en réalité. Ce qui existe, c'est une anémie profonde avec coloration grisâtre des muqueuses et des téguments : la peau est sèche, rugueuse, littéralement collée sur les saillies osseuses. En somme, les convalescents présentent un état de marasme, de *cachexie* réelle, moins accentuée toutefois qu'à la suite de la dysentérie chronique.

Un groupe de complications très-importantes, bien qu'elles soient encore mal connues, consiste dans les *paralysies* : ces paralysies sont ordinairement partielles, rarement diffuses et généralisées, comme celles qui surviennent à la suite des maladies aiguës graves. On a dit qu'elles pouvaient occuper la face, la langue, les lèvres, mais surtout un membre, et en particulier le membre inférieur : on a même signalé un fait de paralysie transverse. Ces akinésies sont tantôt *passagères* et tantôt permanentes, celles-ci de beaucoup les plus fréquentes ; ne doit-on pas, pour ces dernières, mettre en cause la moelle épinière ? Un des faits que nous avons rapportés, M. Roger et moi, dans notre travail sur la paralysie spinale infantile (*Société de biologie*, 1872), a trait précisément à un enfant affecté de dysentérie. En tout cas, ce que l'on peut affirmer, c'est que ces paralysies n'affectent pas, comme les paralysies diphthériques, la marche des akinésies amyotrophiques : d'autre part, elles s'accompagnent de douleurs et d'analgésies.

Après avoir étudié en détail les symptômes propres à chacune des deux formes de dysentérie, il nous est facile d'en étudier concurremment la MARCHE et les terminaisons. Toutes deux offrent le même *début :* tantôt et le plus souvent l'affection s'annonce simultanément par les phénomènes locaux et par les troubles fonctionnels auxquels succèdent assez vite les symptômes généraux et la fièvre, tantôt, mais plus rarement, par un état fébrile d'intensité variable. La marche de la maladie est assez fréquemment rapide, l'affection intestinale pouvant évoluer en quelques jours. D'autres fois, au contraire, les phénomènes se déroulent progressivement : les ulcérations se forment, suppurent, et marchent plus ou moins lentement vers la cicatrisation. La *durée* totale de la dysentérie est toujours assez longue, sauf dans les deux circonstances extrêmes, c'est-à-dire quand l'affection est très-bénigne ou inversement très-grave.

La *terminaison* varie suivant l'intensité des cas, les caractères de l'épidémie, l'état antérieur des sujets. Lorsque la *guérison* survient, elle peut s'annoncer par une amélioration graduelle ou bien subite ; les selles se modifient, deviennent bilieuses, puis fécales; les douleurs se calment, se localisent. Bientôt la soif s'apaise, les sécrétions se rétablissent, l'état général s'améliore : enfin la guérison est définitive, ou bien elle a lieu après un certain nombre de rechutes qui peuvent compromettre sérieusement la vie des malades.

Dans tous les cas, même les plus heureux, la *convalescence* s'établit et progresse lentement; il n'est pas rare que les douleurs rectales persistent un temps très-long; que des malaises, des troubles intestinaux se montrent fréquemment : les forces, en tout cas, ne reviennent jamais très-vite. D'autres fois, la guérison n'est pas complète; la dysentérie passe à l'*état chronique*.

La *mort* est trop souvent la terminaison de cette sévère affection. Elle peut être la suite de l'adynamie profonde où est tombé le sujet. Les phénomènes généraux graves, l'intensité des douleurs, les troubles nerveux, l'amaigrissement rapide et la déperdition considérable des forces, tels sont les symptômes qui conduisent à une terminaison funeste; il faut y joindre l'algidité, signe d'une grande importance. D'autre part, la mort peut survenir, plus ou moins hâtivement, causée par l'une des complications que nous avons étudiées.

Le PRONOSTIC général de la dysentérie offre habituellement une gravité réelle, surtout lorsqu'il s'agit d'une forme épidémique ou endémique; mais en dehors de cette sévérité absolue d'une maladie souvent plus terrible que le typhus et que la peste, il existe des variations considérables dans la prognose. C'est ainsi que dans la forme sporadique la mortalité est à peine d'un vingtième ou d'un trentième, tandis que dans la dysentérie endémique et épidémique il n'est pas rare de voir succomber la moitié des sujets atteints.

Tous les observateurs ont noté que la maladie est plus grave chez la femme, de même que chez l'enfant et chez les sujets naturellement débiles ou affaiblis par une maladie antérieure. L'intensité de certains symptômes constitue également un signe pronostique important : l'abondance des selles, surtout pendant la nuit (Dutroulau), l'existence du ténesme vésical, aggravent considérablement la prognose. Il en est de même des phénomènes qui annoncent l'ulcération et principalement la gangrène de l'intestin. Les diverses formes de la maladie n'ont pas non plus la même valeur pronostique : les formes adynamiques et algide sont toujours excessivement graves.

Le DIAGNOSTIC de la *dysentérie sporadique* est véritablement facile : la fréquence des selles, qui renferment du sang ou des matières muco-sanguinolentes, les épreintes, la sensation d'un corps étranger vers l'anus, pourraient à la rigueur faire croire à l'existence d'un *polype du rectum;* mais l'examen local, la marche de la maladie, le jeune âge des sujets, éclaireront facilement la diagnose.

Les *hémorrhoïdes enflammées*, malgré la douleur anale et des sécrétions muco-sanguinolentes qui les caractérisent, ne peuvent donner lieu à la moindre hésitation, puisqu'il suffit d'une simple inspection pour les reconnaître.

Un diagnostic différentiel moins aisé est celui de la dysentérie légère et d'une simple *entérite catarrhale aiguë*. Mais, dans celle-ci, les selles sont muqueuses, rarement teintées de sang, et d'ailleurs très-copieuses ; les coliques ne s'accompagnent pas de douleurs abdominales sourdes, localisées sur le trajet du gros intestin ; il n'y a point de ténesme ; enfin, malgré un certain état de faiblesse, le malade, tout épuisé qu'il puisse être par l'abondance des selles, ne présente pas l'abattement, la torpeur, le faciès, propres à la dysentérie.

Les *coliques de cuivre* se caractérisent par les signes d'une entéro-colite aiguë. Les douleurs vives sont surtout circum-ombilicales ; les selles sont bilieuses, verdâtres, abondantes.

Le *diagnostic de la dysentérie épidémique et endémique* présente des difficultés d'un autre ordre : c'est surtout avec certaines maladies générales que ces formes peuvent être confondues. La *fièvre pernicieuse à forme dysentérique* se distingue par l'absence des vives douleurs et du ténesme, par l'abondance des selles diarrhéiques constituées par une sérosité louche ou séro-sanguinolente rendue tout à coup en très-grande quantité, par l'invasion subite souvent annoncée par un frisson plus ou moins violent. Enfin la rate est volumineuse, et les accidents reparaissent sous forme d'accès intermittents ou rémittents plus ou moins nettement accusés.

La *fièvre typhoïde* se reconnaîtra aisément à son cycle défini, à sa diarrhée spéciale, abondante, sans coliques et surtout sans ténesme, etc. La coïncidence des deux affections peut seule donner lieu à de réelles difficultés de diagnostic que l'analyse minutieuse des symptômes permettra de surmonter.

Le *typhus* s'accompagne rarement de diarrhée ; il ne s'annonce point par des douleurs abdominales et anales vives ; il n'y a pas de ténesme, pas d'épreintes. Enfin l'éruption exanthématique spéciale est manifeste vers le quatrième jour.

Le *choléra* ne saurait être confondu avec la dysentérie : outre les phénomènes généraux qui sont graves d'emblée, les vomissements riziformes, les selles séreuses et abondantes, la teinte cyanique, l'extinction de la voix, l'existence de la barre épigastrique et non pas du ténesme, enfin la période de réaction, caractérisent suffisamment l'affection cholérique pour que la diagnose soit rapidement faite dans les cas habituels.

Enfin l'*hépatite aiguë franche* des pays chauds s'annonce par un frisson violent, une douleur vive à la région du foie, véritable point de côté hépatique (Dutroulau), une fièvre intense, l'augmentation de volume du foie. Au bout de quelques jours, il se fait une certaine détente en même temps que se développe un léger ictère, et les signes de la suppuration n'apparaissent en général qu'après une ou plusieurs reprises d'accidents aigus.

Le TRAITEMENT de la dysentérie diffère notablement, selon que la maladie est légère ou grave. Les diverses médications sont d'ailleurs les mêmes dans ces deux cas, quelle que soit la variété (sporadique, endémique ou endémo-épidémique).

Les *formes légères*, dont il faut d'ailleurs toujours se défier lorsque l'affection revêt la forme épidémique et surtout endémique, réclament en somme un traitement assez simple.

Au début des accidents, les *purgatifs* sont tout particulièrement indiqués, car ils donnent les meilleurs résultats; à une période avancée, leur action est beaucoup moins certaine. Ils agissent comme modificateurs locaux, comme médicaments substitutifs, et non pas seulement à titre de simples évacuants.

Parmi les purgatifs, les plus recommandés sont les *sels neutres*. Bretonneau et Trousseau ont réhabilité à ce point de vue les assertions de Stoll et de Zimmermann. On administre donc un ou même deux purgatifs salins dans les vingt-quatre heures : la dose doit être suffisante (25 à 30 grammes de sulfate de soude, 30 à 40 grammes de sulfate de magnésie) pour que les évacuations soient nombreuses.

Le calomel agit à peu près de la même manière que les sels neutres, mais il est d'une action peut-être moins certaine. Sous l'influence des divers purgatifs, les évacuations se modifient et la bile y apparaît de nouveau : il faut bien noter en effet que la teinte présentée par les matières après l'emploi du calomel n'est point dans ce cas la coloration verte tenant à un sulfure de mercure produit par la décomposition du sous-chlorure hydrargyrique.

Dès que l'action évacuante est terminée, il faut avoir recours aux *opiacés* et en particulier au laudanum de Sydenham, donné dans des quarts de lavement que l'on administrera à intervalles assez rapprochés pour en assurer l'absorption malgré la fréquence des garde-robes. La médication opiacée, prescrite d'emblée, même sans purgatif, rend quelquefois de grands services, mais seulement dans les formes très-légères : il convient d'ailleurs dans ce cas de ne pas insister trop longtemps si l'amélioration n'est pas presque immédiate.

Le *régime* est un des points les plus importants dans la thérapeutique de la dysentérie. La *diète* absolue, très-utile au début, ne doit pas être prolongée au delà de deux ou trois jours, en raison de l'affaiblissement rapide des malades. Elle sera tempérée par de légers potages, dont l'avantage est d'être absorbés sans laisser de résidus (Trousseau); le lait donné à doses espacées est quelquefois bien supporté. Quant aux boissons administrées ou mieux permises au malade, elles consistent surtout dans l'eau de riz, l'eau albumineuse; elles seront données en petite quantité à la fois, et la température en sera toujours tiède.

Enfin les applications diverses sur la paroi abdominale rendent de réels services, surtout lorsqu'elles sont chaudes : les cataplasmes par exemple, l'ouate, soulagent quelquefois beaucoup en calmant les douleurs ; les divers liniments opiacés, les badigeonnages de laudanum complètent avantageusement l'emploi de ces topiques.

Lorsque, malgré son apparence bénigne, la dysentérie résiste au traitement que je viens de vous exposer, il faut sans hésiter avoir recours aux médications réservées pour les formes graves; d'ailleurs les précautions que je vous indiquerai à propos du régime et de la convalescence de ces dernières sont de tout point applicables aux dysentéries légères.

Les *formes graves* réclament un traitement énergique. A l'époque où l'on considérait la dysentérie comme une inflammation simple, on préconisait les *antiphlogistiques;* aujourd'hui, on les emploie très-rarement et seulement au début, sous forme d'applications locales, ventouses scarifiées ou sangsues en petit nombre : encore ce traitement ne répond-il qu'à des phénomènes transitoires, et l'imminence de l'adynamie ne permet guère d'avoir recours à une médication spoliatrice. Les larges cataplasmes, les bains tièdes peuvent rendre à peu près les mêmes services, sans entraîner les mêmes inconvénients à leur suite.

C'est encore aux *évacuants* que l'on doit s'adresser de préférence au début de l'affection. Mais, dans ces formes graves, les purgatifs *salins* semblent moins avantageux que dans les dysentéries légères. Le *calomel* donné au début à la dose massive de 1 à 2 grammes, agit quelquefois puissamment et modifie d'une façon avantageuse les évacuations alvines; continué ou prescrit d'emblée à doses réfractées, il a donné aussi de bons résultats. Toutefois, comme le fait remarquer Dutroulau, il n'est pas exempt de grands inconvénients, et il expose en particulier à la stomatite mercurielle : aussi a-t-on cherché à agir par un autre moyen sur l'intestin. Dutroulau préfère le petit lait manné (500 grammes de petit lait et 30 grammes de manne), dont l'usage est continué plusieurs jours de suite, en général une semaine entière.

Le médicament le plus généralement employé est sans contredit l'*ipéca*, administré selon la *méthode brésilienne*, en infusion à la dose de 2 à 8 grammes dans 200 à 400 grammes d'eau bouillante, en ayant soin de répéter trois à cinq jours de suite l'infusion avec la même racine. On voit alors les vomissements cesser dès la seconde journée, et l'on n'obtient plus qu'une action purgative; toutefois, il n'est pas bien prouvé que le médicament ainsi préparé ait encore une grande puissance après le troisième jour [1]. On a parfois associé le calomel à l'ipéca : c'est ce qui constitue la base des pilules de Segond.

Toutes ces médications sont plus ou moins spécialement recommandées : les résultats obtenus laissent pourtant beaucoup à désirer, ce qui ne doit pas vous étonner lorsque vous vous rappelez les grands désordres qui existent dans le gros intestin. On a donc cherché à agir directement sur l'organe malade ; les agents *substitutifs* ont été souvent employés en lavements. Le nitrate d'argent administré de cette façon (ou même par la bouche), à titre de médication abortive, n'a guère donné de bons résultats ; on le réserve en général pour une période plus avancée de la maladie, après l'emploi des purgatifs par exemple : dans ces conditions, on peut en conseiller l'emploi ; les lavements iodés agissent de la même façon.

Les *astringents*, en particulier l'alun, l'extrait de Saturne, et parmi les substances végétales la ratanhia et le cachou, sont également conseillés et peuvent trouver leur application à la période ulcérative.

A cette même période, le sous-nitrate de bismuth a

---

[1]. M. le Dr Chouppe dans un travail très-remarquable (Recherches sur l'ipéca *in Progrès méd.* 1874) a attiré l'attention sur l'action puissante contre la diarrhée, de la décoction brésilienne donnée en lavements suivant la méthode de M. le Dr Bourdon. J'ai employé ce mode de traitement dans deux cas de dysentérie intense et j'en ai obtenu de bons résultats. Il est bon toutefois d'être prévenu que ces lavements sont alors très-douloureux et semblent momentanément accroître la maladie.

été employé à doses élevées, 50 à 80 grammes par jour, avec quelques succès (Brassac).

Les *sédatifs* doivent être maniés avec la plus grande précaution. Vous devrez en particulier redouter l'action de l'opium, qui est un stupéfiant et qui d'autre part a l'inconvénient d'amener la constipation ; l'action de la belladone n'est pas constante ; aussi ne peut-on la recommander. Quel que soit le traitement employé, restent comme complément les émollients et même les révulsifs appliqués sur la paroi abdominale.

Vous devez attacher la plus grande importance au *régime*. Il consistera en une diète modérée : les boissons permises seront l'eau d'orge, l'eau de riz, l'eau panée, au besoin l'eau albumineuse, toujours à une température un peu chaude et peu sucrées. Le petit lait, le lait coupé et même pur, les bouillons, l'eau vineuse seront permis de bonne heure ; on y joindra assez vite les œufs peu cuits et mieux encore battus dans le bouillon. La volaille, les poissons bouillis, les viandes blanches et surtout noires ne devront être donnés qu'après le rétablissement des garde-robes normales.

Lorsque le malade est assez heureux pour échapper aux premiers accidents, la guérison définitive n'est pas encore assurée : vous ne l'obtiendrez qu'au prix d'une surveillance attentive pendant toute la durée de la *convalescence*. Vous devrez prendre garde aux moindres accidents, car souvent une rechute pourra compromettre la guérison déjà presque assurée. Aussi les précautions les plus minutieuses au point de vue de l'alimentation, l'usage prolongé du sous-nitrate de bismuth, sont-ils indispensables, ainsi qu'une attention scrupuleuse à éviter toute cause de refroidissement.

Le traitement des *complications* ne nous arrêtera pas longtemps. L'une des plus importantes dans les pays chauds, la fièvre intermittente, réclame l'emploi du sulfate de quinine à hautes doses, car elle se montre presque toujours sous forme d'accès pernicieux. Bien plus, on doit maintenir le patient pendant quelques jours sous l'action du sel quinique, afin de prévenir le retour de nouveaux accidents.

Je ne vous parlerai pas du traitement de la péritonite par propagation ou par perforation ; il ne présente rien qui soit spécial dans la dysentérie.

L'hépatite suppurée peut guérir seule, la collection purulente s'ouvrant dans une cavité voisine ; mais souvent aussi elle tue rapidement, malgré tous les traitements employés. Si toutefois le pus tend à se faire jour par la paroi abdominale, une intervention rapide à l'aide d'un trocart fin et de l'aspiration sous-cutanée ou avec un trocart volumineux constitue une précieuse ressource que l'on ne doit pas négliger (de Castro), car elle donne d'excellents résultats.

QUARANTE-QUATRIÈME LEÇON

DYSENTÉRIE CHRONIQUE

La dysentérie chronique est un mode de terminaison, un reliquat pathologique de la forme aiguë, bien plus qu'une maladie nouvelle et primitive. Pour quelques auteurs, M. Barallier entre autres, il s'agirait d'une véritable transformation de la dysentérie aiguë ; mais cette assertion n'est justifiée ni par les symptômes, ni par les lésions, ni même par l'étiologie de la maladie.

Les CAUSES de la *dysentérie* chronique sont, en réalité, assez complexes. Je vous signalerai en première ligne les *rechutes*, ou pour mieux dire les *récidives* de dysentérie aiguë : elles sont le plus ordinairement occasionnées par l'*endémie*, la forme chronique étant habituellement consécutive à la dysentérie aiguë endémique, rarement à la forme épidémique, mais presque jamais aux cas sporadiques. Les récidives peuvent être aussi déterminées par les causes antihygiéniques qui ont présidé au développement de la première attaque ou des attaques antérieures.

D'autres fois, la dysentérie chronique reconnaît pour causes appréciables les *recrudescences* survenues dans le cours d'une première atteinte de dysentérie aiguë. Ces recrudescences sont souvent occasionnées par un traitement mauvais ou mal approprié, tel que l'usage prolongé des débilitants, un régime défectueux, etc.; chez d'autres sujets, elles sont la conséquence des imprudences commises avant que la guérison ne soit complète (*refroidissements, fatigues*). Enfin il n'est pas rare de voir les retours de la maladie première se rattacher à des *excès* ou à des *écarts* de régime au début de la convalescence.

Diverses circonstances propres au malade peuvent être à elles seules les conditions étiologiques prédisposantes de la forme chronique : la mauvaise constitution native du sujet, l'épuisement causé surtout par l'impaludisme et par toute cachexie, favorisent ainsi le développement de cette affection. Les *lésions tuberculeuses* du parenchyme pulmonaire ou même de l'intestin ont pu être également considérées à juste titre comme des causes pouvant prédisposer à la chronicité. Inversement, le développement de la tuberculose n'est pas très-rare à la suite de cette forme de dysentérie : celle-ci fait-elle l'office d'un foyer d'appel fluxionnaire qui facilite l'évolution d'une manifestation tuberculeuse encore en puissance, ou bien agit-elle comme simple cause de débilitation? Il est difficile de se prononcer sur ce point; mais ce qui est remarquable, c'est la fréquence relative de la tuberculose chez les sujets atteints de dysentérie chronique.

L'étude des LÉSIONS ANATOMO-PATHOLOGIQUES constatées dans cette affection montre, comme pour la forme aiguë, qu'elles occupent surtout le *gros intestin;* toutefois elles n'y sont pas exclusivement limitées. On trouve des *ulcérations* en grand nombre surtout au niveau du rectum et de l'S iliaque : elles diminuent progressivement à mesure que l'on remonte vers l'intestin grêle; quelquefois aussi, on les rencontre, très-développées, dans le cœcum. Ces ulcérations sont en grand nombre, confluentes, et par suite sinueuses; bien plus rarement elles sont isolées. La destruction de la muqueuse est généralement étendue; il existe un boursouflement remarquable et les surfaces sont bourgeonnantes, mais la réplétion du réseau vasculaire est le plus souvent peu considérable : ces bourgeonnements ont été décrits sous le nom de tubercules dysentériques, mauvaise expression, qui peut prêter à la confusion. A la surface de la muqueuse se rencontre un liquide puriforme.

Presque toujours, une *cicatrisation partielle* des ulcérations s'est produite; variée de forme, quelquefois profonde et rétractile, elle peut donner lieu à des brides cicatricielles, à des déformations même considérables.

Dans l'intervalle des ulcérations, la muqueuse a subi les modifications d'un état inflammatoire chronique. Elle offre une teinte ardoisée ; son épaisseur, le plus souvent augmentée, est quelquefois diminuée, ce qui est surtout vrai au niveau des cicatrices, plus rarement entre les pertes de substance. Le plus souvent, la consistance de la muqueuse est fortement accrue, et son apparence est véritablement lardacée.

Les *recherches histologiques* (Cornil, Kelsch) ont révélé quelques détails intéressants. D'une manière générale, on peut dire que les lésions ressemblent à celles de l'état aigu. C'est ainsi que le *tissu sous-muqueux* est également le siége d'une prolifération cellulaire surtout marquée au voisinage des culs-de-sac des glandes de Lieberkühn, au niveau de la couche vasculaire de Döllinger : cette prolifération donne lieu à des bourgeonnements très-riches en vaisseaux, qui pénétrent entre les tubes glandulaires. Les glandes en tubes sont ainsi comprimées, atrophiées, détruites en partie ; elles manquent même absolument sur certains points qui correspondent aux régions où se sont produites les eschares de la muqueuse ; çà et là, elles sont atteintes de dégénérescence kystique.

Les *follicules clos* sont fréquemment altérés : ils sont le siége d'une ulcération remplie de mucus ; mais, chose curieuse, les cavités qui leur ont succédé sont tapissées par des cellules épithéliales cylindriques : d'où proviennent ces cellules? Pour M. Cornil, elles appartiennent aux glandes voisines de l'ulcération et dont la cavité contribue à limiter l'ulcère folliculeux. M. Kelsch, au contraire, tend à admettre que l'envahissement des follicules clos par les tubes glandulaires s'est fait par une sorte de dilatation et d'extension progressive de ces tubes vers le tissu folliculaire hypertrophié et ramolli.

Ces lésions, comme vous le voyez, se rapprochent beaucoup des altérations de la forme aiguë. Elles diffèrent beaucoup plus, au moins en apparence, de celles de la diarrhée chronique de Cochinchine, où, d'ordinaire, l'on ne trouve pas d'ulcérations, pas de destruction de la muqueuse intestinale, mais où cependant il existe un processus histologique très-analogue (Kelsch).

En dehors du gros intestin, on constate encore des altérations disséminées dans les autres viscères. L'*intestin grêle*, comme dans la dysentérie aiguë, est quelquefois atteint ; l'*estomac* lui-même peut être malade; mais c'est surtout dans le *foie* que se rencontrent les lésions les plus graves. Les abcès du foie sont en effet fréquents à la suite de la dysentérie chronique : le travail de suppuration peut être plus ou moins étendu; dans certains cas, le parenchyme est détruit, transformé en une ou plusieurs collections purulentes. Ces abcès, quelquefois multiples, peuvent se faire jour dans l'intestin, les voies biliaires, l'estomac, ou même dans les poumons et les plèvres, à travers le diaphragme, que l'on a pu trouver largement perforé (Dutroulau).

Les poumons sont parfois envahis par la tuberculose. Le tissu cellulaire semble fondu, la graisse ayant disparu totalement; il est rarement le siége d'un œdème. Les muscles, le cœur en particulier, sont décolorés, diminués de volume; quant aux cavités séreuses, il est très-rare d'y trouver des épanchements de sérosité. Enfin, indice d'une cachexie profonde, la thrombose spontanée des veines se rencontre parfois; on l'a observée non-seulement aux membres inférieurs, mais même à un membre supérieur (Barallier).

Les SYMPTÔMES de la dysentérie chronique sont ceux que nous avons rencontrés dans le cours de la forme aiguë, mais ils ont subi de notables modifications.

Le *ténesme*, par exemple, disparaissant plus ou moins vite, est remplacé par une pesanteur abdominale, quelquefois par une douleur assez vive avant les selles ou au moment même des garde-robes. Quant aux *évacuations* alvines, elles sont caractérisées d'ordinaire par la disparition du sang qui, dans la forme aiguë, était intimement mélangé aux sécrétions intestinales : cet aspect tout particulier des matières qui tient à la présence du sang ne se reproduit plus, à moins qu'à de certains moments, il n'y ait un retour subit de crises douloureuses aiguës.

D'autres fois, les ulcérations vasculaires donnent issue à une quantité de sang plus ou moins abondante, mais qui, dans ce cas, n'est jamais mêlée à des mucosités.

En dehors de ces circonstances tout à fait exceptionnelles, les selles de la dysentérie chronique sont *puriformes, purulentes même*, mélangées aux matières fécales lorsqu'il existe de la diarrhée, et, dans le cas contraire, séparées de ces dernières auxquelles elles constituent une sorte de manchon.

L'*abdomen* est rarement douloureux à la pression. Il n'y a pas non plus de ballonnement, sauf lorsqu'il survient des poussées aiguës intercurrentes, auquel cas les gaz se développent parfois dans la cavité intestinale qu'ils distendent. Il est au contraire habituel de trouver le ventre plat, extrêmement amaigri, flasque, ridé, et se laissant aisément déprimer sous les doigts.

Quant aux *troubles fonctionnels*, l'appétit, sauf à la période cachectique, est ordinairement conservé; parfois même il existe une véritable boulimie : aussi voyait-on, à l'époque où régnaient les doctrines de Broussais, les malades chercher par tous les moyens possibles à se procurer les aliments même les plus répugnants, pour éviter la diète à laquelle ils étaient rigoureusement soumis. La soif est variable, habituellement assez marquée. La langue n'est presque jamais normale, sauf pendant les rémissions plus ou moins passagères de la maladie : ses papilles sont à nu ; elle rougit, se dessèche, devient plus ou moins tardivement fuligineuse, et finit par se couvrir de muguet. Un certain état dyspeptique existe parfois, surtout à la fin de la maladie, lorsque les symptômes cachectiques se sont développés : il est très rare que l'on constate des douleurs d'estomac.

L'*état général* est remarquable par une apyrexie complète, sauf dans le cas de complication hépatique, ou lorsqu'il survient des accès de fièvre paludéenne, sauf aussi quand la fièvre hectique de la tuberculose se manifeste. N'oubliez pas en effet qu'en l'absence de troubles hépatiques, les accès fébriles pseudo-intermittents, doivent toujours faire craindre chez ces dysentériques le développement de tubercules pulmonaires.

Dans une affection qui compromet aussi gravement l'intégrité des voies digestives, l'*émaciation* s'accuse très vite. Non-seulement l'abdomen maigrit, mais encore le thorax, les membres, la face se décharnent; les pommettes deviennent saillantes, les yeux s'excavent, la peau semble collée sur les saillies osseuses. Une maigreur squelettique, tel est le caractère dominant de l'habitus extérieur chez les sujets en proie à la forme chronique de la dysentérie. Est-il nécessaire d'ajouter que l'anémie est profonde et s'accuse par la pâleur et la décoloration des téguments et des muqueuses ? Certains troubles dystrophiques peuvent même apparaître ; la peau se dessèche et devient écailleuse; chez les nègres, on a remarqué qu'elle prend un aspect des plus singuliers.

L'œdème des malléoles est rare ; les hydropisies séreuses sont tout à fait exceptionnelles. Il est intéressant de comparer cette rareté des épanchements dans les cavités séreuses avec l'existence fréquente de l'ascite à une période avancée de la cachexie paludéenne.

Les plus grandes variations s'observent dans la MARCHE et dans la durée de la maladie. Le *début* s'annonce toujours par une dysentérie aiguë, tantôt véhémente et tantôt légère. Puis les symptômes fébriles passagers et les douleurs se modifient, une guérison apparente survient, ou tout au moins une amélioration notable se produit ; malheureusement, elle est de courte durée : bientôt les accidents éclatent de nouveau, et dès lors, avec ou sans rémissions nouvelles, l'état chronique est finalement constitué.

La *durée* d'une telle affection est toujours longue et se chiffre par mois, par années même. Quant à la terminaison, la *guérison* est possible, ou du moins peut-on espérer une grande amélioration, qui s'obtient graduellement : c'est surtout chez les sujets qui, ayant contracté la maladie dans les pays chauds, ont été rapatriés, que ces éventualités heureuses se réalisent.

Bien plus fréquemment, la *mort* est le résultat de cette grave affection : elle est déterminée d'ordinaire par une cachexie progressive ; plus rarement, une péritonite par perforation emporte le malade en quelques heures. D'autres fois, une maladie hépatique intercurrente vient subitement compliquer la dysentérie chronique et faire naître des dangers nouveaux : cette complication a été signalée par tous les observateurs qui ont étudié la dysentérie des pays chauds, en particulier par M. Dutroulau et par M. Pruner-bey, M. de Castro, qui ont observé en Egypte. Enfin la tuberculose pulmonaire accélère souvent la terminaison funeste.

Les *complications* de la dysentérie chronique vous sont déjà connues : je ne ferai que vous rappeler la fièvre paludéenne, la péritonite aiguë et chronique, la pérityphlite, l'hépatite; enfin la tuberculose pulmonaire et intestinale.

Le PRONOSTIC de la maladie est donc très-sérieux, plus grave même que celui de la forme aiguë. Cependant, ici encore, il faut tenir compte de l'intensité variable de la dysentérie, de l'état constitutionnel du malade et des ressources de son organisme, ainsi que du traitement auquel il peut être soumis (le changement de climat étant d'une importance capitale), pour formuler un jugement dans une affection à évolution lente, mais qui n'est pas inévitablement mortelle.

Le DIAGNOSTIC est facile : une seule affection peut donner lieu à quelque confusion, c'est la *diarrhée chronique* de nos militaires et marins qui ont séjourné dans nos possessions cochinchinoises, surtout lorsque l'on n'a pu suivre le malade dès le début. Les symptômes sont en effet à peu près semblables à la période chronique de ces deux maladies. Mais, dans la diarrhée de Cochinchine, les anamnestiques ne font mention ni de ténesme ni de selles sanglantes : il s'agit au contraire dès le début d'une abondante diarrhée muqueuse ou muco-bilieuse, survenant surtout le matin. On ne trouve pas dans les garde-robes de débris membraneux ; on ne constate pas non plus d'exacerbations aiguës douloureuses. Les deux affections seront donc aisément distinguées l'une de l'autre [1].

La *diarrhée tuberculeuse* peut quelquefois aussi induire en erreur. Les symptômes ne sont cependant pas tout à fait les mêmes : abstraction faite du caractère des douleurs et du ténesme initial, l'évolution des lésions tuberculeuses est beaucoup plus lente ; les caractères des évacuations alvines sont différents ; enfin le ventre est fréquemment ballonné. Il faut ajouter que l'entérite tuberculeuse existe parfois sans que des signes de phthisie puissent être constatés dans les poumons. Rappelez-vous

---

1. M. le Dr Normand, dans un intéressant mémoire *Sur la diarrhée de Cochinchine*, publié dans les *Archives de médecine navale* pour 1877, a fait connaître la présence d'un signe important chez les sujets atteints de cette affection : c'est l'existence dans les matières fécales d'un ver nématoïde, attribué au genre *Leptodera* par M. Baray qui l'a dénommé anguillule stercorale. M. Libermann et M. Laveran ont constaté l'exactitude de cette assertion et ont pu, chez deux sujets dont ils ont fait l'autopsie, retrouver en abondance le parasite dans les mucosités que contenait l'intestin grêle. La présence de l'anguillule ne saurait donc être contestée ; mais nous ne sommes pas encore fixés sur le rôle qu'elle joue réellement dans la genèse et l'évolution de la diarrhée de Cochinchine.

d'ailleurs que la constatation de la tuberculose pulmonaire ne suffit point pour assurer le diagnostic, puisque la tuberculose peut succéder à la dysentérie chronique.

Les mêmes considérations sont applicables à la *diarrhée urémique*, dont la marche n'est ni aussi caractéristique ni aussi régulière que celle de la dysentérie. Les selles ne sont point purulentes; au contraire, les évacuations alvines sont séreuses et riches en carbonate d'ammoniaque : en outre les vomissements sont fréquents.

La première indication à remplir dans le TRAITEMENT de la dysentérie chronique est de soustraire le malade au foyer où il a contracté son affection intestinale; dans le cas d'endémie, le rapatriement a plus d'une fois amené une guérison jusqu'alors improbable : il a quelquefois suffi de changer de résidence sans quitter absolument la contrée tropicale où l'on a contracté la maladie. Vous trouverez dans la thèse du Dr Carpentin des faits de ce genre où l'air pur et l'influence d'une altitude élevée ont terminé une dysentérie ancienne et permis de mener à bonne fin une convalescence commencée sous de fâcheux auspices.

Les ulcérations intestinales qui caractérisent essentiellement la forme chronique de la dysentérie doivent être avant tout soumises à un *traitement local*. Cette indication sera d'autant plus facilement remplie que ces ulcérations siégent, comme vous le savez, à peu près exclusivement sur le gros intestin et en particulier au rectum : il est donc facile de les attaquer directement. Vous obtiendrez d'excellents résultats des lavements au nitrate d'argent (20 centigrammes à 1 gramme pour 125 à 250 grammes de véhicule), que l'on répétera matin et soir ; les solutions étendues de perchlorure de fer répondent aussi parfaitement à cette indication. Vous n'oublierez pas du reste qu'il convient, avant d'administrer le lavement médicamenteux, d'assurer le contact de la substance active sur les ulcérations, par l'évacuation et le lavage de l'intestin à l'aide de grands lavements d'eau simple rendus immédiatement; au contraire, la solution médicamenteuse sera gardée aussi longtemps qu'il sera possible. D'ailleurs l'action puissante du sel d'argent et du perchlorure ferrique pourra être complétée par celle des astringents végétaux employés dans l'intervalle et bientôt tout seuls dès que l'amélioration sera devenue sensible.

A l'intérieur, vous prescrirez de préférence le sousnitrate de bismuth dont Monneret a bien fait connaître le mode d'emploi et les avantages : j'ai pu en constater moi-même les bons effets. Six à douze grammes par jour suffiront, à condition que le sel bismuthique soit exactement porphyrisé (Bouchardat); il sera préférable de prescrire ce médicament au commencement même des repas.

Le *régime* alimentaire des dysentériques doit être l'objet des plus minutieuses précautions. Il importe en effet que les aliments permis soient tout à la fois d'une digestion facile et d'une absorption aussi complète que possible, avec de faibles résidus. Broussais avait beaucoup insisté sur ce point : il préférait les bouillons, les potages, les farines et les pâtes alimentaires. De nos jours, on prescrit avec avantage le lait et les aliments dans lesquels le lait entre pour une grande part; les médecins de la marine, notamment, soumettent leurs malades à ce régime exclusif et en obtiennent d'excellents résultats. Les aliments solides ne devront être donnés que progressivement et avec les grandes précautions que je vous ai déjà fait connaître à propos de la dysentérie aiguë.

Vous n'oublierez pas d'ailleurs que le traitement de cette forme chronique est quelquefois entravé par des poussées aiguës ou subaiguës. Il convient, dans ces circonstances, d'avoir recours soit aux purgatifs, soit à l'usage momentané de l'ipéca et de ne reprendre le traitement de l'état chronique qu'après la cessation complète de toute manifestation aiguë.

QUARANTE-CINQUIÈME LEÇON

CANCER DE L'INTESTIN

Beaucoup moins fréquent que celui de l'estomac ou du foie, le cancer de l'intestin est peut-être la moins rare de toutes les autres localisations viscérales de cette nature, le carcinome utérin excepté.

Les notions que nous possédons sur cette affection au point de vue de l'ANATOMIE PATHOLOGIQUE laissent beaucoup à désirer, car nous ne sommes pas encore parfaitement fixés sur la forme à laquelle appartient le plus souvent la néoplasie. On décrit généralement les trois variétés suivantes, à savoir : l'encéphaloïde, le squirrhe, et l'épithélioma cylindrique, qui, d'après M. Cornil, serait très-fréquent [1]. A quelque variété qu'il appartienne, le cancer de l'intestin peut être *primitif* ou *secondaire*. Dans ce dernier cas, il se développe par propagation, consé-

---

[1]. Sur trois autopsies de cancer intestinal que j'ai faites cette année, y avait deux épithéliomes cylindriques et un carcinome aréolaire.

cutivement à un carcinome de l'estomac, du foie, de l'utérus, plus rarement du pancréas ou même de la rate. Il est exceptionnel de l'observer dans le cas de généralisation du cancer.

Le *siége* de la néoplasie est assez variable. Par ordre de fréquence, on la rencontre principalement sur le gros intestin, où elle serait quatre ou cinq fois plus commune que sur l'intestin grêle proprement dit : cette dernière localisation est véritablement rare. Naumann prétend, il est vrai, que ce cancer est beaucoup plus fréquent dans le duodénum que partout ailleurs; mais cette assertion, admissible à la rigueur si elle s'applique aux néoplasmes propagés de l'estomac, cesse d'être vraie pour le cancer primitif, qui est au contraire très-exceptionnel dans cette portion du tube digestif. Le carcinome du gros intestin s'observe donc souvent : nous ne pouvons insister ici sur sa fréquence dans le rectum et à l'anus, l'étude du cancer rectal étant tout spécialement du ressort de la chirurgie. Vous trouverez l'S iliaque souvent affecté [1]; il en est de même du côlon, surtout au niveau des deux coudes que forme sa portion transverse avec les côlons ascendant et descendant. Le Dr Chanut, auteur d'une bonne monographie sur ce sujet, a fait remarquer que le cancer affecte tout spécialement les différentes courbures de l'intestin. Au cœcum, la néoplasie

---

1. Sur une statistique de 108 cas empruntés à Haven, à Coupland et Morris, à M. Duchaussoy, le Dr Bulteau a trouvé le rectum et l'S iliaque affectés 72 fois.

est assez rare ; on la rencontre cependant à l'orifice iléo-cœcal, et même à l'appendice vermiforme (Esche).

Quel que soit le mode de début, le point de départ histologique du cancer de l'intestin, qu'il soit né d'abord dans le tissu sous-muqueux, ou au contraire dans la couche muqueuse (aux dépens de l'épithélium des glandes ou du tissu conjonctif), son apparence extérieure est toujours la même. Il constitue en effet tantôt des *plaques* cancéreuses plus ou moins étendues, tantôt des noyaux, en nombre variable, tantôt enfin un *anneau* véritable. Dans ce dernier cas, de beaucoup le plus fréquent et qui correspond probablement à une phase plus avancée du mal, on constate sur l'intestin l'existence d'un cylindre de dimensions variables, pouvant atteindre jusqu'à 5 et 6 centimètres de longueur. Cet anneau, dont l'épaisseur est toujours grande et quelquefois considérable (elle mesurait 6 centimètres dans un cas observé par Ruysch), détermine dans le calibre de l'intestin un *rétrécissement* dont le diamètre peut être extrêmement réduit au point de permettre à peine le passage d'une plume d'oie ou même de corbeau ; cet orifice est quelquefois difficile à découvrir au premier abord, caché qu'il est au milieu des bourgeons cancéreux. On a signalé dans quelques cas rares l'existence de deux anneaux successifs.

Vue par sa face externe, la *tumeur cancéreuse* paraît plus ou moins volumineuse ; sa surface, tantôt et le plus souvent lisse, tantôt au contraire inégale, bosselée, est blanchâtre, sillonnée par des vaisseaux plus ou moins nombreux et volumineux. Sa face interne ou muqueuse ne tarde pas à présenter des saillies, des sortes de bourgeons habituellement très-vasculaires, fongueux, exulcérés. D'autres fois, la néoplasie, de consistance dure et réellement squirrheuse, est le siége d'un processus ulcératif qui amène la destruction progressive de la tumeur et parfois la cessation au moins momentanée de la sténose, d'où le rétablissement passager du cours des matières intestinales. Il peut se faire que l'*ulcération* marche avec une grande rapidité, et l'on peut voir, à la faveur d'adhérences, des fistules s'établir et faire ainsi communiquer l'intestin avec l'estomac ou le duodénum (Maillot).

Le *péritoine*, en effet, ne reste pas longtemps indemne : en général, autour de la néoplasie existent des exsudats, des adhérences plus ou moins lâches au milieu desquels on retrouve des noyaux carcinomateux de nombre et d'étendue variables[1]. D'autres fois, la séreuse tout entière est le siége d'un processus phlegmasique, soit qu'il se

[1]. Chez une femme de mon service atteinte d'un épithéliome cylindrique du côlon transverse, j'ai vu survenir une péritonite cancéreuse et, à l'ombilic, un épithéliome secondaire : celui-ci, né primitivement à la face profonde de la région, a envahi les téguments et a fini par constituer au niveau de la cicatrice ombilicale une grosse masse ulcérée du volume d'un gros œuf de pigeon. Je viens pareillement d'observer le développement d'un cancer ulcéré de l'ombilic chez une femme qui présentait les symptômes d'un carcinome du cardia, et une péritonite de même nature. Il n'est pas nécessaire d'insister sur l'importance diagnostique de ces tumeurs, d'ailleurs fort rares, puisque M. le D*r* Blum n'en a réuni que deux exemples dans son mémoire sur les tumeurs de l'ombilic chez l'adulte (*Arch. méd.*, 1876).

développe une péritonite par perforation, ce qui est très rare, soit plutôt que l'on constate les lésions d'une péritonite chronique, de nature cancéreuse. Un épanchement abdominal existe alors ; il est le plus souvent constitué par une sérosité jaunâtre, d'autres fois sanguinolente, et peut devenir très-abondant.

L'intestin est presque toujours le siége de certaines lésions qui sont le fait de l'obstacle apporté au cours des matières alvines. La dilatation de l'intestin en arrière de cet obstacle est en effet constante : elle peut être unique, ou double lorsque deux anneaux cancéreux et par suite deux rétrécissements sont superposés à une certaine distance l'un de l'autre. Cette *rétro-dilatation* est parfois considérable et permet de comprendre comment, dans l'opération de l'anus artificiel, l'intestin, rempli de matières, se présente de lui-même à la plaie des téguments. En même temps, les parois intestinales se distendent, s'amincissent, s'altèrent et peuvent même se rompre lorsque l'occlusion est absolue.

Les *ganglions lymphatiques* de l'abdomen (mésentériques, lombaires et iliaques, suivant le siége du cancer) sont gros, durs, et manifestement cancéreux : l'histologie fait voir qu'ils sont totalement envahis par le processus néoplasique. De même, les vaisseaux chylifères ont été trouvés deux fois (Andral) remplis et comme injectés par la matière cancéreuse. Legendre a noté les altérations analogues du canal thoracique.

Enfin on peut rencontrer dans les divers organes des lésions de même nature. Le péritoine, le mésentère, le foie, l'utérus même peuvent être affectés secondairement par propagation directe du cancer. Plus rarement, on a pu constater (et j'ai vu moi-même), dans les poumons et les os, des noyaux néoplasiques attribuables à la généralisation de la néoplasie ; cette rareté tient à la marche relativement rapide de l'affection intestinale.

L'ÉTIOLOGIE du cancer de l'intestin est, comme pour toute affection carcinomateuse, des plus obscures.

L'*âge* du sujet paraît constituer une condition prédisposante d'une importance incontestable : le cancer intestinal s'observe essentiellement chez l'adulte, en particulier après quarante ans; par exception, M. Rathery, dans son excellente thèse de 1870, l'a noté chez l'enfant. Je dois ajouter que les *hommes* en sont plus spécialement frappés. Le reste de l'étiologie demeure complètement inconnu : on a dit que la constipation, la dyspepsie prédisposaient au cancer intestinal, mais on a certainement pris l'effet pour la cause. Il est probable que l'hérédité doit jouer un certain rôle ; mais nous manquons de documents précis sur ce point.

Les SYMPTÔMES du cancer de l'intestin sont très-variables suivant le siége du néoplasme, l'état de la tumeur, et l'existence d'un rétrécissement plus ou moins marqué.

Quelquefois les symptômes de cette maladie sont absolument nuls ; le cancer de l'intestin est alors *latent*, ainsi que Grisolle et d'autres auteurs l'ont parfaitement indiqué : cette particularité s'explique par l'absence de diminution du calibre intestinal ; mais le plus souvent des troubles fonctionnels existent et se caractérisent de la façon suivante.

Une *douleur* abdominale se montre, parfois très-marquée, lancinante, mobile, erratique ou au contraire fixe dans un point de l'abdomen ; toutefois ce symptôme peut faire défaut. Ce qui domine avant tout, c'est la *constipation ;* elle est habituelle et on le comprend sans peine d'après le siége et la configuration de la lésion cancéreuse ; on peut dire aussi qu'en général les selles deviennent de moins en moins fréquentes. Dans certains cas, elles sont dures et modifiées dans leur forme, diminuées de volume, étirées, comme passées à la filière ; ce caractère est presque constant lorsque le rétrécissement cancéreux occupe la partie inférieure du gros intestin.

Des *débâcles* considérables alternent avec la constipation : le malade rend tout à coup une énorme quantité de matières dont les dernières sont souvent demi-liquides, ce qui tient à l'existence d'un léger catarrhe intestinal ; de là résulte une véritable alternative de longues périodes de constipation suivies de diarrhée passagère.

Il est assez commun de constater quelques hémorrhagies [1]. Le *sang* rendu avec les selles a généralement subi des modifications variables suivant le siége de l'ulcération cancéreuse dans un point de l'intestin plus ou moins rapproché de l'estomac. Assez souvent, quand la lésion occupe le rectum ou son voisinage, un écoulement ichoreux se fait par l'anus.

L'appétit diminue et se perd plus ou moins vite, et les nausées sont même fréquentes : l'apparition des vomissements peut indiquer une complication gastrique ou péritonéale; mais plus fréquemment ce symptôme est tardif et doit être alors rattaché à une occlusion commençante. La langue, d'abord normale, présente plus tard une tendance à la sécheresse : elle rougit, se desquame et se couvre souvent de muguet dans les dernières périodes de la maladie.

L'*état du ventre* est très-important à bien connaître : d'ordinaire, l'abdomen présente une tendance au ballonnement. Ce ballonnement, déterminé par la présence de gaz et de matières intestinales accumulées, est quelquefois passager, mais il se répète fréquemment.

On constate assez souvent par la palpation méthodique la présence d'une *tumeur* abdominale. Elle est ordinairement située assez bas dans la fosse iliaque, à l'hypogastre, soit que son point de départ corresponde à cette région, soit qu'elle y ait été entraînée par son propre poids. Elle

---

[1]. M. le professeur Laboulbène signale la fréquence des hémorrhagies dans les cas de fongus hématode.

est d'ailleurs mobile, mais à des degrés divers, suivant que les adhérences péritonéales existent ou non : ses dimensions, sa forme sont sujettes à de grandes variations. Le palper et la percussion montrent que la masse morbide est tantôt indolente, et tantôt extrêmement sensible, alors même qu'il n'existe pas de douleurs spontanées.

Les parois abdominales sont quelquefois distendues par un *épanchement abdominal;* très-inconstant d'ailleurs, il est ordinairement tardif, tantôt libre, et tantôt moins mobile, retenu qu'il est par des adhérences. Quelquefois même, on peut rencontrer les signes d'une péritonite chronique adhésive : la douleur à la palpation, une sensation de froissement produite par les adhérences, quelquefois même un petit bruit de crépitation fine perceptible à l'auscultation, annoncent cette complication sérieuse.

Les *symptômes généraux* consistent essentiellement en une anémie progressive plus ou moins rapide. Les muqueuses, la peau, se décolorent, les bruits vasculaires et cardiaques apparaissent, alors même qu'il n'y a pas eu d'hémorrhagie intestinale; enfin la teinte spéciale propre à la cachexie cancéreuse peut se montrer, mais elle est d'ordinaire tardive. Alors la cachexie devient de plus en plus marquée, l'amaigrissement s'accuse, les forces se perdent; les hydropisies se développent sous la forme soit d'œdème malléolaire double (de nature dyscrasique), soit d'œdème douloureux d'un seul membre, indice d'une phlegmatia alba dolens commençante.

Le *début* de la néoplasie est toujours obscur : la maladie s'annonce toutefois par certains malaises survenant pendant la digestion, tels qu'un peu de météorisme ou des douleurs fugaces ; d'assez bonne heure on remarque une tendance notable à la constipation, souvent accompagnée par de véritables débâcles. Cependant la constipation tend de plus en plus à s'établir ; bientôt surviennent des phénomènes généraux et des troubles fonctionnels plus ou moins marqués : l'amaigrissement s'accentue. Parfois, au milieu de phénomènes déjà graves, une détente brusque se produit dans tous les symptômes fonctionnels, et les selles reparaissent avec ou sans diarrhée : soupçonnez alors la fonte ulcérative du néoplasme, ou bien l'établissement d'une communication anomale de l'intestin envahi avec une portion inférieure du tube digestif.

La *durée* de la maladie est toujours longue ; elle est de plusieurs mois et même d'une année ou très-rarement de deux. La *terminaison* est fatale : c'est la mort à échéance plus ou moins éloignée, assez souvent, par suite de la *cachexie* progressive avec ou sans hydropisies ; l'amaigrissement est en général assez rapide, les forces se perdent, le malade tombe dans le marasme, et il succombe lentement dans un état d'émaciation squelettique. Il n'est pas très-rare de voir survenir une phlegmatia alba dolens. M. Jaccoud a vu mourir un malade à la suite d'accidents cérébraux de nature comateuse.

D'autres fois, la mort est la conséquence de l'*occlusion* intestinale : l'arrêt des évacuations alvines est le point de départ d'accidents très-graves et plus ou moins promptement mortels.

Quelques rares exemples montrent que la marche de la maladie peut être tout d'un coup abrégée par une *entérorrhagie* mortelle. Ailleurs la *péritonite* est le point de départ d'accidents ultimes, soit par le fait d'une perforation promptement fatale, à cause de l'absence totale d'adhérences, soit que la phlegmasie ait été localisée par d'anciennes adhésions suffisantes pour mettre obstacle à l'épanchement des matières intestinales, mais non à l'extension du processus inflammatoire. D'autres fois, sans qu'il y ait ouverture de l'intestin, la mort peut être la conséquence d'une péritonite cancéreuse proprement dite.

Enfin le développement extensif du carcinome s'observe lorsque la marche de la maladie reste lente ; elle s'annonce par l'apparition de symptômes nouveaux qui indiquent l'*envahissement d'autres organes*, en particulier de l'estomac, du foie, des voies biliaires. Quand le cancer intestinal se généralise, le poumon plus rarement envahi ne donne lieu d'ordinaire qu'à des phénomènes très-obscurs ou nuls. D'ailleurs, ce qui domine dans ces diverses circonstances, c'est le tableau symptomatique de la cachexie.

Le PRONOSTIC de la maladie est donc fatal ; il est subordonné notamment à l'imminence d'une obstruction intestinale toujours possible : la liberté des évacuations alvines est en effet d'une importance extrême. Il ne faudra pas trop se fier à la détente générale des symptômes, qui se rattache ordinairement à l'ulcération cancéreuse : cette détente, parfois passagère, peut faire place à de nouveaux phénomènes d'occlusion ou aux signes de la cachexie progressive.

Le DIAGNOSTIC du cancer intestinal doit se faire dans deux conditions assez distinctes, suivant que l'on trouve ou non une tumeur abdominale.

Lorsqu'il n'existe pas de tumeur, les difficultés sont beaucoup plus grandes. C'est qu'en effet la constipation persistante et l'amaigrissement ne suffisent point pour permettre de songer au carcinome intestinal ; le développement des symptômes généraux, et en particulier de l'état cachectique, chez un sujet avancé en âge, ne constitue guère qu'une somme de probabilités suffisante pour soupçonner, mais non pour affirmer la nature du mal. Dans ces circonstances, on peut confondre l'affection qui nous occupe avec la *tuberculose intestinale*. N'oubliez pas cependant que cette dernière se développe de préférence chez un sujet jeune, qu'elle s'accompagne presque constamment de fièvre hectique, enfin que les symptômes pulmonaires font rarement tout à fait défaut. D'ailleurs les troubles intestinaux ne sont pas absolument semblables à ceux du carcinome, puisqu'ils consistent bien plutôt en alternatives de constipation et de diarrhée que dans une constipation persistante suivie de véritables débâcles.

Toutes les fois que l'*on constate la présence d'une tumeur abdominale*, si les symptômes généraux et les troubles fonctionnels existent simultanément et dans leur complet développement, le doute n'est point possible. Il est cependant une erreur que l'on commet quelquefois, bien qu'elle soit assez difficile à comprendre. Elle consiste à croire à l'existence d'un cancer intestinal alors qu'il s'agirait simplement d'une *tumeur stercorale* : il suffit de tenir compte de la forme tout à fait irrégulière et variable de cette dernière, de ses dimensions considérables, de sa consistance pâteuse et mollasse, qui permet de la déprimer, enfin de l'effet d'un purgatif qui la fait disparaître, pour éviter aisément une semblable confusion.

Un *carcinome de l'estomac* a pu être pris pour un cancer du côlon et réciproquement. D'ordinaire cependant, les troubles des fonctions gastriques, la dyspepsie, les vomissements, le siége et les caractères de la douleur, ses rapports avec l'heure des repas, la constipation habituelle et constante sans aucune débâcle, enfin la marche de la maladie suffisent amplement pour caractériser l'affection stomacale.

Les *tumeurs du mésentère*, et surtout le *cancer de l'épiploon*, donnent lieu, comme il est facile de le comprendre, à de grandes difficultés, car ils se développent dans les mêmes régions que le carcinome intestinal. Toutefois, si l'on se rappelle que ces tumeurs néoplasiques sont ordinairement en plaques, qu'elles s'accompagnent seulement de légers troubles fonctionnels, sauf à une période avancée de leur évolution, que l'ascite y est fréquente et hâtive, souvent même considérable, tandis que les troubles des fonctions intestinales sont nuls ou peu importants, il sera en somme souvent possible d'arriver à les reconnaître.

Quant à l'*ascite*, qui, vous le savez, complique parfois le cancer de l'intestin, sa présence crée des difficultés nouvelles, car elle met obstacle au palper abdominal.

Le diagnostic de la néoplasie intestinale une fois établi, il est important de rechercher quels sont les signes qui peuvent permettre d'en déterminer le *siége* dans telle ou telle portion de l'intestin. Lorsque le *duodénum* est atteint, il existe quelquefois des symptômes d'une affection gastrique, ce qui se comprend sans peine, puisqu'alors le néoplasme est voisin du pylore. Mais le siége de la douleur plus ou moins éloigné de la région épigastrique, les modifications moins grandes de l'appétit, enfin l'absence de vomissements hématiques seront des indices précieux. La marche de la maladie est d'ailleurs différente, et il existe en outre une certaine tendance à l'ictère chronique par occlusion du canal cholédoque.

L'envahissement du *côlon* se reconnaît à la région occupée par la tumeur, et au ballonnement général de l'abdomen. Si la lésion est rapprochée de l'S iliaque, les matières alvines sont modifiées dans leur forme.

Quant au *rectum*, le toucher permettra toujours de reconnaître s'il est atteint, au moins dans sa partie inférieure. D'ailleurs les névralgies symptomatiques, les troubles de la miction, attireraient l'attention plus spécialement vers cette région de l'intestin.

Le TRAITEMENT d'une aussi grave maladie ne peut que s'adresser aux symptômes, et les indications à remplir peuvent être réduites à un très-petit nombre.

Il faut avant tout *éviter l'accumulation des matières intestinales.* Il conviendra principalement de prescrire un régime approprié : l'alimentation devra consister essentiellement en laitage, bouillons, pâtes, fécules, œufs, viandes hachées et en purée, en un mot en substances très-nutritives, mais qui offrent le grand avantage de laisser le moins de résidus possible, parce qu'elles sont presque complètement absorbées dans le travail de la digestion. L'usage des laxatifs sera d'ailleurs presque toujours nécessaire et viendra puissamment en aide au régime : la rhubarbe, l'huile de ricin, le podophyllin, au besoin même les eaux laxatives diverses, seront successivement employés. Il conviendra d'éviter soigneusement la moutarde blanche, le charbon, la fleur de soufre et les substances analogues, qui augmenteraient le volume des matières fécales et risqueraient de produire une tumeur stercorale.

Il n'est pas souvent nécessaire de *calmer les douleurs*, puisque, sauf complication, le carcinome intestinal n'est pas une affection très-douloureuse. Dans le cas toutefois où cette indication se présenterait, il faudrait employer non pas les opiacés, qui produisent la constipation, mais les préparations de jusquiame et le chloral.

L'état cachectique plus ou moins précoce sera traité par les moyens habituels que vous connaissez déjà. Il est indispensable d'insister le plus possible sur une alimentation réparatrice, sur l'emploi des vins généreux et des divers médicaments toniques.

Parmi les *complications* qui peuvent nécessiter un traitement spécial, je vous signalerai surtout (bien qu'elles soient rares) les hémorrhagies intestinales, pour vous recommander d'éviter autant qu'il sera possible de les combattre par des astringents. Vous devrez préférer les applications froides et même glacées sur le ventre ou de lavements d'eau à la glace; les acides, et notamment l'eau de Rabel, les eaux dites hémostatiques, constituent la meilleure médication interne. Il va sans dire que la ligature des membres, et même les ventouses Junod, présentent des avantages dont vous pourrez tirer parti.

Quant à l'ascite et à la péritonite, elles ne sont l'objet d'aucune indication spéciale. J'en dirai autant de la diarrhée ultime, qui survient quelquefois à la période d'ulcération destructive du néoplasme.

Enfin, chez certains malades, *l'obstacle au cours des matières fécales* devient absolu, et l'on est appelé à décider alors une question délicate d'intervention chirurgicale. L'état général du patient, la part qui appartient en propre à l'obstacle mécanique dans l'amaigrissement du sujet, en un mot les circonstances qui permettent d'espérer une suffisante prolongation de la vie, lorsque le cours des matières sera rétabli : telles sont les considérations qui devront vous engager à tenter l'opération de l'anus artificiel.

QUARANTE-SIXIÈME LEÇON

DE L'OCCLUSION INTESTINALE

L'occlusion intestinale comprend sous une dénomination unique tous les états pathologiques désignés sous les noms divers d'étranglement interne, volvulus, iléus, coliques de miserere, passion iliaque, incarcération et rétrécissement de l'intestin, etc. On peut la définir : tout obstacle mécanique au cours des matières intestinales qui ne reconnaît pas pour cause l'engagement de l'intestin dans un orifice normal ou accidentel des parois abdominales. Cette dernière affection est décrite dans les traités de chirurgie sous le nom de hernie étranglée ; c'est qu'en effet l'occlusion intestinale qui en est la conséquence est véritablement toute spéciale, au point de vue clinique et thérapeutique.

Nous étudierons en même temps l'ANATOMIE PATHOLOGIQUE de l'occlusion intestinale et les conditions étiologiques qui lui donnent naissance. Et d'abord, les causes peuvent, au point de vue anatomique, être divisées en trois classes bien distinctes, suivant que l'obstacle siége à *l'intérieur de l'intestin*, qu'il est situé *en dehors de l'intestin*, ou bien enfin qu'il existe *dans les parois intestinales* elles-mêmes. Nous passerons successivement en revue les différentes lésions qui constituent l'obstacle, et nous rechercherons ensuite quelles sont les altérations qui se développent consécutivement à l'occlusion, et quelles en sont les conséquences.

Les causes *cavitaires*, comme on les a appelées, consistent en *corps étrangers* contenus dans l'intestin. Ces corps ont deux origines bien distinctes : tantôt en effet ils proviennent de l'extérieur, tantôt ils ont pris naissance dans les cavités digestives. Je ne puis vous énumérer tous ceux qui peuvent être ingérés par la bouche : il vous suffira de savoir qu'ils sont très-différents au point de vue non-seulement de leur nombre, mais encore de leur volume. J'ajouterai toutefois qu'ils déterminent rarement à eux seuls des accidents d'obstruction complète de l'intestin. Lisses ou rugueux, digestibles ou non, quelquefois constitués par des substances médicamenteuses agglomérées, telles que la magnésie, par exemple, ces corps étrangers consistent d'autres fois en helminthes, particulièrement en ascarides lombricoïdes réunies en paquets. Le Dr Fidelin, dans sa thèse inaugurale (1873), en a réuni quelques faits, notamment une observation de M. Campenon, où il existait une masse volumineuse formée par plus de 300 ascarides agglomérées.

Ailleurs, il s'agit de matières fécales durcies, de *tumeurs stercorales*, soit qu'une accumulation de phosphates ammoniaco-magnésiens et de sels de chaux ait donné lieu à un véritable calcul, à un *entérolithe* (bézoard), ou qu'il s'agisse d'une accumulation de poils [1] ou de cheveux (égagropile). D'autres fois enfin, la concrétion intestinale reconnaît pour origine la présence d'un calcul biliaire qui, ayant séjourné un temps plus ou moins long dans l'intestin, a formé le noyau de l'entérolithe.

Les *obstacles siégeant dans les parois intestinales* sont de plusieurs sortes. Un premier groupe est constitué par la série des *lésions organiques* de ces parois. Tantôt ce sont des excroissances polypeuses de dimensions variables, mais qui, en raison de leur poids parfois considérable, prédisposent surtout aux invaginations. Ces tumeurs, qui présentent assez souvent une forme ovoïde, allongée, pédiculée, sont habituellement constituées par un tissu d'apparence muqueuse, mollasse, pouvant être aisément déchiré, dans lequel on trouve des glandes en tube hypertrophiées, parfois des kystes et une couche de cellules épithéliales cylindriques.

---

1. M. le professeur Robin, qui a eu l'occasion d'étudier un cas de ce genre, a pu s'assurer que les concrétions étaient formées de poils végétaux (ils provenaient de l'épicarpe du caryopse de l'orge), mélangés à des fibres et des vaisseaux d'origine végétale, le tout coloré par la bile.

Tantôt c'est une hypertrophie des couches musculaires ou de la couche sous-muqueuse qui forme une sorte de valvule et devient la cause de l'obstruction, tantôt enfin ce sont des *dégénérescences cancéreuses* ou sarcomateuses qui, vous le savez, produisent souvent les mêmes résultats.

Les *rétrécissements* fibreux de l'intestin, qu'ils soient consécutifs à une entérite simple, ou de cause à peu près inconnue, ou au contraire cicatriciels, ont pour résultat l'obstruction intestinale. Cependant les ulcérations de la fièvre typhoïde ne produisent probablement jamais l'occlusion, tandis que celles de la dysentérie en sont une cause relativement fréquente, ce qui tient à ce fait qu'elles peuvent occuper toute la circonférence de l'intestin. Quant aux ulcérations tuberculeuses, on les a vues quelquefois parvenir à un état de cicatrisation assez avancée pour produire un commencement d'obstruction intestinale [1].

Un second groupe de lésions des parois est constitué par les *invaginations* pathologiques (qu'il ne faut pas confondre avec les invaginations de l'agonie) et qui sont déterminées par la pénétration, par l'intussusception d'une anse d'intestin dans l'intestin voisin. Cette péné-

---

[1]. Consultez, au sujet de ces rétrécissements annulaires de l'intestin, la description qu'en a donnée M. Leudet dans sa *Clinique médicale de l'Hôtel-Dieu de Rouen*, et la thèse d'agrégation du Dr Spillmann. (Paris, 1878).

tration se fait le plus ordinairement d'une anse supérieure dans un anse inférieure, suivant le cours des matières intestinales : c'est l'invagination *descendante;* plus rarement de bas en haut, constituant alors l'invagination *rétrograde.* Chez les très-jeunes enfants, il est assez commun de rencontrer en divers points de l'intestin, et en particulier dans l'intestin grêle, un certain nombre de ces invaginations, parfois 8 à 12 (Hervieux), évidemment développées pendant la période d'agonie, et qui permettent d'étudier aisément leur constitution anatomique : ces lésions agoniques se rencontrent fréquemment aussi chez les chiens.

Les parois intestinales ainsi invaginées sont disposées de manière à former une enveloppe extérieure dite la *gaîne,* dans laquelle font saillie deux parois intestinales accolées par leur face séreuse et constituant ce qu'on nomme le *boudin,* qui pénètre dans la gaîne au niveau d'une sorte d'anneau d'étranglement ou *collier*. Ce collier se trouve différemment situé, selon le processus de l'intussusception ; il occupe la partie supérieure dans l'invagination descendante, le bout inférieur quand l'intussusception est rétrograde. Cette dernière, d'ailleurs, est presque toujours agonique, sauf dans les cas où il existe concurremment deux invaginations, l'une ascendante et l'autre descendante, ce qui est fort rare. Quant au mésentère, il suit l'anse invaginée et, pénétrant avec elle dans la gaîne, il y détermine une traction latérale : le boudin présente en conséquence une courbure dont la concavité est tournée vers le mésentère, et le collier, pour la même raison, a une forme elliptique et non pas circulaire. Trois parois intestinales constituent habituellement la masse morbide qui est dite alors à trois tuniques; les deux internes (celles qui forment le boudin) sont en contact par leurs faces séreuses, qui deviennent, par ce fait même, assez vite adhérentes, tandis que la face interne ou muqueuse de la gaîne, se trouvant en rapport avec une autre face muqueuse, est toujours libre de toute adhérence. Ces faits sont très-importants à connaître, car ils permettent de comprendre l'évolution ultérieure de ces lésions.

Il arrive quelquefois, dans l'anus contre nature par exemple, ou dans le prolapsus du rectum, que la partie invaginée ne comprenne que deux tuniques, lesquelles sont alors en rapport par leur face externe ou péritonéale. Par contre, l'invagination peut être double, c'est-à-dire qu'une nouvelle portion d'intestin a pénétré dans la première invagination : M. Duchaussoy, dans un travail intéressant publié dans les Mémoires de l'Académie de médecine pour 1860, en a réuni quatre observations; dans ces circonstances, l'intussusception comprend cinq parois intestinales. Quelquefois même, le travail d'engaînement va plus loin, et une troisième portion d'intestin pénètre dans les deux autres : c'est l'invagination à sept tuniques; dans ces cas, les lésions occupent toujours le gros intestin, qui seul peut contenir une masse aussi volumineuse.

Le siége de l'invagination est à peu près aussi souvent l'intestin grêle que le gros intestin. Toutefois, chez les adultes, la lésion se localise de préférence dans le premier, surtout vers la fin de l'iléon. Au contraire, les enfants présentent plus fréquemment l'invagination du gros intestin, surtout de l'S iliaque; quelquefois même, ils offrent simultanément les invaginations de l'une et de l'autre région de l'intestin [1].

La valvule iléo-cœcale, à travers laquelle s'engage si souvent l'iléon, affecte par rapport à lui des dispositions spéciales : tantôt en effet elle coiffe l'extrémité de l'intestin grêle qui l'a repoussée, tantôt elle lui donne passage, l'enserre et lui forme un véritable collier d'étranglement qui constitue l'obstacle absolu à la réduction.

Le mésentère est habituellement tiraillé, engagé partiellement dans l'intussusception [2]; on a même vu le pancréas pénétrer avec les intestins dans le côlon descendant (Baud).

La forme et la longueur de l'invagination sont très-variables selon les cas : ici, elle mesure quelques centimètres à peine; là, elle embrasse une grande partie du

---

1. M. Bulteau, dans une très-bonne thèse sur l'occlusion intestinale (1878), a noté que sur 703 faits empruntés à divers auteurs l'invagination était 392 fois iléo-cœcale ou iléo-colique.
2. Cette pénétration du mésentère contribue peut-être à compléter l'occlusion par le procédé que M. le Dr Berger a fait connaître pour l'étranglement interne.

gros ou du petit intestin ; quelquefois il s'est produit une énorme intussusception qui occupe presque toute la longueur des deux intestins simultanément. La forme de ces masses est d'ordinaire plus ou moins allongée.

Lorsqu'il existe une vraie tumeur, surtout dans les cas d'invagination double ou triple, on aperçoit sur sa face péritonéale à l'une de ses extrémités une sorte d'infundibulum plissé en cul de poule, lequel constitue le point d'entrée de l'intestin invaginé (du boudin dans la gaine); on rencontre presque toujours à ce niveau une rougeur, une injection très-vives des parois, au milieu d'adhérences péritonéales; parfois même, on y constate les lésions d'une péritonite intense. Vient-on à ouvrir cette tumeur, on trouve d'abord le collier d'invagination plus ou moins rétréci, induré, épaissi et formant collet d'étranglement ; les altérations des tuniques varient depuis la simple rougeur congestive, jusqu'à l'ulcération et à la gangrène. Le calibre de l'orifice intestinal, au centre même de l'intussusception, persiste toujours en partie : on y peut introduire une sonde, parfois même le doigt ; d'ailleurs on rencontre toutes les variations de calibre possibles. Cet orifice est tantôt simple, lorsque l'invagination occupe l'un ou l'autre intestin, tantôt double, lorsque l'iléon a pénétré dans le gros intestin, auquel cas la valvule de Bauhin constitue un second orifice concentrique au premier.

Les lésions du boudin invaginé peuvent présenter trois

degrés (Duchaussoy). L'injection vasculaire avec érosions superficielles constitue le premier; le second consiste en ulcérations avec adhérences péritonéales; enfin, dans le troisième, la gangrène s'est produite et donne lieu à une perforation. N'oubliez pas cependant que la portion mortifiée peut s'éliminer et être rendue par l'anus : dans ces cas, les surfaces séreuses des deux tuniques internes (celles qui forment le boudin) sont rapidement le siége d'adhérences plastiques parfois assez solides pour empêcher la perforation; la guérison est alors possible, mais non constante.

Dans certaines autopsies, on trouve aussi la lésion, qui a causé l'invagination, ici un polype de l'intestin, là une bride.

Nous arrivons maintenant au troisième ordre des causes de l'occlusion intestinale, celles qui agissent en dehors de l'intestin, ou *causes extrinsèques* Elles peuvent manifester leur action de deux façons : par *compression* progressive ou même rapide de l'intestin, ou par *étranglement* réel, absolument analogue à l'étranglement herniaire.

Les *tumeurs* de l'abdomen, quels qu'en soient la nature, la forme, le siége même, compriment parfois l'intestin et peuvent aller jusqu'à l'aplatir complètement. Toutefois il faut remarquer que ces considérations s'appliquent surtout aux tumeurs intra-pelviennes : d'ailleurs, indépendamment de l'effacement complet du calibre de l'intestin par compression, lorsqu'il s'agit d'un néoplasme viscéral ou péritonéal, à l'obstacle mécanique il peut s'ajouter la propagation du cancer aux parois intestinales.

Les *brides péritonéales*, restes d'une péritonite ancienne, peuvent également déterminer l'obstruction de l'intestin. Elles proviennent parfois chez la femme d'une pelvi-péritonite et, dans ces cas, s'étendent de l'utérus ou de ses annexes aux parties voisines : le Dr Nouet a réuni dans sa thèse (1874) quelques faits de ce genre. D'une manière générale, la forme de ces brides péritonéales, souvent épiploïques, est fort différente. Tantôt elles sont tendues comme une corde d'un point de l'abdomen à un autre, et l'intestin s'étrangle sur cette vive arête : j'ai observé un de ces faits chez un enfant de quatorze ans, chez lequel j'ai trouvé, à l'autopsie, de longues et très-minces cordes péritonéales mesurant au moins 15 centimètres de longueur et consécutives à des tubercules du péritoine. Tantôt ces brides sont contournées, formant un véritable anneau plus ou moins irrégulier.

Quelquefois l'anse intestinale (il s'agit alors de l'intestin grêle) s'est engagée à travers un orifice du mésentère; ce dernier peut être en effet perforé, par suite d'une disposition anatomique qui n'est pas extrêmement rare. Je vous signalerai de même la présence possible de *diverticules péritonéaux*, à l'intérieur desquels peut pénétrer et s'étrangler une anse d'intestin : de là résultent les hernies intra-iliaques, anté-vésicales, celles du ligament large, décrites par M. Parise, et les hernies intra-pelviennes signalées par M. Faucon dans un travail récent. Une anomalie du péritoine qui n'est pas rare chez les cryptorchides et les monorchides peut être semblablement le point de départ d'une occlusion intestinale (Besnier). D'autre part, il existe dans la cavité abdominale, au-dessous du foie, un orifice normal, l'hiatus de Winslow, à travers lequel on a vu pénétrer une anse intestinale, susceptible de s'étrangler dans l'arrière-cavité des épiploons (hernie rétro-péritonéale de Treitz).

Les *diverticules de l'intestin*, que l'on rencontre chez quelques sujets, ont une certaine tendance à s'enrouler autour d'une anse ou à s'engager dans les orifices anomaux. Ainsi disposés autour de l'intestin, les diverticules contournés occasionnent l'étranglement en formant soit un nœud simple, soit même un nœud double (Parise). Un diverticule normal, l'appendice iléo-cœcal, peut produire les mêmes accidents, soit que sa longueur exceptionnelle lui permette de se nouer sur une anse intestinale, soit que, contractant des adhérences avec les organes voisins, même avec le rectum (Rostan), il forme un anneau accidentel où une anse intestinale vient s'étrangler.

Enfin l'intestin dans ses mouvements étendus peut se tordre sur lui-même, anse à anse, et donner lieu à une variété d'obstruction intestinale, le *volvulus* ou *étranglement rotatoire* (Rokitansky). Les torsions intestinales peuvent se produire très-différemment selon les cas. C'est ainsi que l'on peut trouver une simple *flexion* ou un coude de l'intestin, particulièrement du côlon, flexion qui efface de la sorte la cavité de l'organe; d'autres fois, il s'est produit une *véritable torsion* de l'intestin autour de son axe; le cœcum, l'S iliaque sont surtout le siége de ces enroulements favorisés par la laxité du mésentère correspondant.

Enfin les nœuds proprement dits de l'intestin sont plus rares : leur mode de production est absolument inexplicable.

Ces divers modes d'occlusion ont pour conséquence des *lésions de l'intestin* qui sont à peu près les mêmes dans les divers cas. Et d'abord le *bout supérieur* est toujours dilaté, rempli de gaz (le météorisme abdominal a même été considéré par quelques auteurs comme une cause puissante de l'invagination). Des matières alvines, et une quantité souvent considérable de liquides et de mucosités, dont l'accumulation est quelquefois occasionnée par l'emploi des purgatifs, distendent habituellement ce bout supérieur. D'ordinaire aussi, les parois de l'intestin sont amincies; quelquefois au contraire, lorsque l'occlusion s'est produite lentement, par suite d'adhérences péritonéales, par exemple, l'épaisseur de ces parois est notablement accrue, en raison même de la lutte longtemps soutenue contre l'obstacle et qui a déterminé l'hypertrophie de la couche musculaire. En général, ce segment de l'intestin est rouge, enflammé ; il n'est pas rare d'y rencontrer quelques hémorrhagies interstitielles et de petites ulcérations. La gangrène peut même exister sous forme de plaques de petites dimensions ; exceptionnellement, elle est étendue. Enfin les perforations se rencontrent fréquemment : tantôt l'ouverture de l'intestin est unique ; et tantôt il y a plusieurs perforations. On peut d'ailleurs constater l'absence ou la présence d'adhérences protectrices qui ont, dans quelques cas, circonscrit l'inflammation du péritoine et favorisé la formation d'une fistule stercorale.

Le *bout inférieur* est au contraire revenu sur lui-même ; il est rarement altéré, quelquefois seulement par propagation de lésions de voisinage.

Les altérations du *péritoine* sont toujours subordonnées à celles de l'intestin. Quand il n'y a pas de perforation, il existe souvent une rougeur, une injection vasculaire très-marquées, et la séreuse est dépolie ; mais, lorsque la perforation s'est produite, on rencontre les traces d'une péritonite aiguë, et en particulier un épanchement séro-purulent ou contenant des flocons fibrineux, et des dépôts de fausses membranes sur les viscères de l'abdomen.

Enfin on peut trouver des lésions dans les divers organes, mais elles sont subordonnées à la cause anatomique de l'occlusion : c'est ainsi qu'on rencontrera par exemple des altérations tuberculeuses ou cancéreuses.

Quelques mots suffiront pour compléter l'ÉTIOLOGIE générale des occlusions intestinales.

Tous les *âges* paraissent exposés à ce terrible accident. L'enfance semble surtout prédisposée aux étranglements par brides péritonéales et par diverticules, ainsi qu'à l'obstruction par invagination. M. Duchaussoy a remarqué que les invaginations se montrent surtout avant quatre ans. M. Guéniot a même observé un cas d'invagination produite pendant la vie intra-utérine [1]. Les adultes sont principalement sujets de trente à cinquante ans à l'invagination; on a noté la fréquence du volvulus de vingt à soixante ans. Le sexe féminin est peut-être le moins exposé aux diverses causes d'occlusion.

Les *excès d'alimentation* ont été souvent incriminés; il en est de même des efforts brusques et violents. Ces derniers surtout (de même que pour l'étranglement herniaire) ont paru dans quelques circonstances avoir contribué à faire engager les anses intestinales dans l'hiatus de Winslow ou dans les orifices mésentériques.

L'influence des phlegmasies intestinales dans la pro-

---

[1]. Le Dr Leichtenstern conclut de recherches statistiques très-étendues (sur 593 cas) que l'invagination est surtout fréquente dans le cours de la première année. C'est également la conclusion d'un mé moire tout récent de M. Tordeus (Bruxelles, 1879).

duction de l'invagination a été admise autrefois par Dance. Vogel adopte cette étiologie, que Rilliet et M. Barthez considèrent comme exacte dans un certain nombre de cas.

Enfin on a noté quelques récidives, soit que les accidents se reproduisent au niveau d'une bride péritonéale persistante, soit par suite d'une invagination nouvelle.

La PATHOGÉNIE de l'occlusion intestinale, quelle qu'en soit la cause, est facile à concevoir. Une diminution plus ou moins complète du calibre de l'intestin s'effectue et devient le point de départ d'un obstacle mécanique plus ou moins absolu au cours des matières. Quelquefois cependant, cet obstacle est incomplet, dans la plupart des observations d'invagination par exemple; il en résulte des symptômes un peu spéciaux que je vous signalerai bientôt; quelquefois même, le passage des matières intestinales paraît parfaitement possible à l'autopsie : que signifie alors cette absence d'obstruction, malgré des accidents mortels ?

Il s'agit, dans ce cas, d'un de ces *pseudo-étranglements* dont le Dr Henrot a réuni un certain nombre d'observations dans une thèse très-intéressante (Paris, 1865). On doit admettre avec lui que des troubles fonctionnels graves de la paroi musculaire de l'intestin ont causé tous les désordres. Tantôt il y a eu paralysie par inflammation péritonéale (mais ces faits ne peuvent nous arrêter, car ils sortent de notre cadre); tantôt au contraire il s'est produit une paralysie réflexe de nature nerveuse et sans lésions anatomiques persistantes. Nous reviendrons sur ces cas à propos de la diagnose.

Les SYMPTÔMES de l'occlusion intestinale varient considérablement selon les cas ; je vous ferai d'abord connaître ceux qui s'observent d'une façon constante, et nous reprendrons ensuite en détail les phénomènes qui sont plus particulièrement propres à chaque variété d'obstruction.

Les troubles fonctionnels consistent d'abord en une *douleur* qui manque très-rarement ; c'est même presque toujours le symptôme initial. Peu intense au début, elle devient bientôt fort pénible, excessive ; les malades se roulent sans repos ni trêve, en poussant des cris déchirants : c'est la *colique de miserere*. Cette douleur est, au commencement de la maladie, assez souvent locale, avec des exacerbations et des irradiations dans toute la cavité de l'abdomen ; assez rapidement, elle se généralise. D'ailleurs le moindre mouvement l'exagère, même l'abaissement du diaphragme pendant l'inspiration : aussi la dyspnée est-elle habituelle ; la pression l'accroît également, mais à un faible degré. Parfois les caractères de la sensation douloureuse se modifient brusquement : ce n'est plus la même colique; une péritonite s'étant développée, le malade accuse la sensibilité la plus vive à une pression même superficielle.

La *constipation* est rarement initiale : d'ordinaire, après le début des signes de l'obstruction, le malade rend encore une ou deux selles plus ou moins abondantes, résultant de l'évacuation du bout inférieur de l'intestin. Quelquefois même, les garde-robes peuvent persister, mais les matières sont incomplètement rendues : ce fait s'observe dans certains cas d'invagination, d'inflexion intestinale, ou même lorsque les brides péritonéales produisent une obstruction partielle. Même avec un étranglement complet, il n'est point rare que le malade ait des évacuations liquides, séro-muqueuses, qu'il ne faut pas confondre avec des matières fécales, car elles sont uniquement la conséquence d'une irritation sécrétoire, parfois occasionnée par les lavements, ou même par un certain degré de phlegmasie de l'intestin. En même temps que s'établit la constipation, l'émission des gaz par l'anus cesse rapidement et d'une façon absolue.

Les *vomissements* constituent le troisième symptôme important (c'est aussi, en général, le plus tardif), et ils complètent alors le tableau clinique de l'affection. Quelquefois ils sont précoces : c'est ce que vous verrez assez souvent dans le volvulus, par exemple. Ces vomissements, d'abord alimentaires, deviennent bientôt mucobilieux ; enfin, ils prennent plus ou moins vite l'odeur et la couleur des évacuations diarrhéiques : ce sont les vomissements fécaloïdes, dont la valeur est grande au point de vue du diagnostic. Je dois cependant ajouter que Spring, d'après des expériences de vivisection, dit avoir constaté que le contenu intestinal situé dans une poche formée par une dilatation paralytique de l'intestin grêle, y subit les modifications qui se passent finalement dans le gros intestin.

Dans l'occlusion intestinale, la soif est constante, mais variable d'intensité ; elle est en effet en rapport d'une part avec l'abondance des vomissements, de l'autre avec le siége de l'étranglement dans un point plus ou moins rapproché de l'estomac. L'inappétence apparaît rapidement ; la langue, au début, n'offre pas de caractères bien marqués ; bientôt elle prend la couleur des matières vomies, puis elle rougit et enfin se dessèche.

L'état de l'abdomen fournit des signes d'une grande valeur. Dès le début, on voit apparaître le *ballonnement* abdominal, d'abord partiel et localisé en un point variable du ventre, ainsi que l'a fait remarquer Laugier, à qui nous devons de connaître l'importance clinique de ce symptôme (signe de Laugier). C'est ainsi que ce ballonnement est premièrement circum-ombilical, lorsque l'occlusion occupe l'intestin grêle ; quand, au contraire, il s'annonce par une distension rapide et précoce de tout l'abdomen, l'obstacle siége selon toute probabilité sur le gros intestin. A quoi tient ce météorisme si rapide ? On l'a diversement expliqué : il est certainement le fait d'un défaut d'expulsion ; mais il est probable qu'il tient aussi en partie à une sécrétion plus abondante des gaz intestinaux. En tout cas, la distension du ventre ne tarde pas à se généraliser, à devenir considérable et à produire ou tout au moins à accroître la gêne respiratoire.

Au palper, on trouve que la souplesse de l'abdomen est en partie conservée au début des accidents; mais bientôt il existe une rénitence plus ou moins marquée: les anses intestinales gonflées font souvent alors une saillie notable et, soulevant les parois abdominales, deviennent visibles sous les téguments. Quant à la présence d'une tumeur, c'est un signe très-inconstant; on ne le constate guère que dans certaines variétés d'occlusion, dans l'invagination par exemple, ou quand il existe des masses formées par d'anciennes adhérences, ou encore lorsque l'étranglement est produit par des brides péritonéales superficielles.

L'état général est remarquable par une apyrexie, complète au début, et qui persiste souvent jusqu'à la fin de la maladie. Par contre, le pouls est quelquefois fréquent, surtout au moment des crises douloureuses; mais il est petit, dépressible et offre les caractères du pouls abdominal que l'on rencontre toujours dans les affections douloureuses du ventre. D'ailleurs la température du corps n'est pas accrue; elle est même abaissée de 1 à 2 degrés au-dessous de la normale, sauf lorsqu'il survient une péritonite aiguë : les chiffres fournis par le thermomètre (en général 36° à 35° 5 dans l'aisselle), ont donc une réelle importance diagnostique. Quoiqu'il n'y ait pas de fièvre, le corps est couvert de sueurs visqueuses.

L'état des forces est rapidement modifié ; bientôt, le malade tombe dans la prostration, dans la stupeur ; la voix s'éteint ; l'adynamie devient profonde. Le faciès est grippé, abdominal ; les yeux sont excavés ; souvent, une cyanose asphyxique apparait. En outre, une dyspnée excessive, que n'explique aucune lésion pulmonaire, est de règle ; le hoquet existe souvent, sans toutefois qu'il soit toujours l'indice d'une péritonite. Il existe en définitive toute une série de phénomènes nerveux d'ordre réflexe, dont le point de départ est dans la constriction des nerfs mésentériques et qui permettent de comprendre la pathogénie des divers symptômes et l'extrême gravité de l'affection. Dans certains cas où la mort est rapide (en 48 et même en 24 heures), on a vu survenir des crampes dans les mollets et parfois des spasmes convulsifs des muscles de l'avant-bras et de la main [1].

Le *début* de l'occlusion intestinale varie extrêmement. Parfois le malade a présenté déjà quelques antécédents pathologiques du côté de l'abdomen et en particulier une péritonite généralisée ou surtout circonscrite, quelquefois même chronique, tuberculeuse. Puis apparaissent au bout d'un temps variable des symptô-

---

1. Voyez le mémoire du professeur Gubler sur le péritonisme (*Journal de thérapeutique*, 1876).

mes assez vagues et toujours fugaces, tels que des douleurs abdominales, le ballonnement du ventre, un certain malaise. En même temps survient une tendance manifeste à la constipation, qui fait place par intervalles à des débâcles.

D'autres fois, le début de l'occlusion intestinale est brusque et subit : une douleur violente se fait sentir tout à coup ; des vomissements pénibles, répétés, se produisent, et le tableau de l'obstruction intestinale est bien vite complété. C'est ce qui a lieu dans le cas de volvulus ou même d'invagination.

La *durée* des accidents est également très-différente : elle dépend en effet non-seulement de l'état de constriction de l'intestin et des causes de l'occlusion, mais encore de l'intensité des symptômes observés. Dans la majorité des cas, les accidents durent quelques jours seulement, quatre à six, et même moins, ou se prolongent pendant des semaines et même plusieurs mois. On peut affirmer, en effet, en s'appuyant sur les observations, que l'occlusion intestinale constitue assez souvent (en particulier lorsqu'il s'agit d'un rétrécissement ou d'une invagination), une affection de plus longue durée qu'on ne le croit d'ordinaire.

La *guérison* est possible : les phénomènes morbides cessent alors au bout d'un temps variable : les gaz, les liquides intestinaux sont rendus en masse, et l'on peut même retrouver parfois dans les matières fécales la cause de tous les accidents, un corps étranger, une masse stercorale, par exemple. D'autres fois, le malade rejette en une ou plusieurs fois par les selles une portion plus ou moins considérable de parois intestinales sphacélées : l'invagination s'est guérie par la mortification et l'élimination de l'anse invaginée. Ailleurs, mais plus rarement, la bride péritonéale qui étranglait l'intestin s'est rompue. Dans tous ces cas, dès que l'obstacle disparaît, il est habituel que l'état général se modifie promptement, et d'ordinaire la convalescence est courte.

Une autre terminaison consiste dans la *formation d'une fistule* intestinale, consécutive au développement d'une péritonite circonscrite; celle-ci détermine des adhérences, et par suite limite un foyer de suppuration qui gagne les parois abdominales.

Dans la majorité des cas, la *mort* est la conséquence de l'arrêt définitif du cours des matières intestinales. Elle peut survenir soit à la suite de péritonite, soit même avant toute lésion inflammatoire de la séreuse abdominale : dans ce dernier cas, les phénomènes graves progressent, les vomissements sont incessants, le facies s'altère, l'affaiblissement s'accentue, les accidents nerveux éclatent, et la terminaison funeste ne se fait pas longtemps attendre.

Le PRONOSTIC des occlusions intestinales est donc toujours très-sérieux, alors même que l'obstruction est incomplète et que les phénomènes semblent peu graves au début. Si le malade échappe à la mort, s'il guérit de son attaque, on doit encore concevoir pour l'avenir les craintes les plus grandes.

Vous devez d'ailleurs tenir le plus grand compte des causes probables de l'obstruction, ainsi que du degré de l'étranglement ; les brides, les cicatrices intestinales, les rétrécissements organiques, le volvulus, sont incontestablement les plus graves. L'invagination intestinale est déjà moins fatale : quant aux corps étrangers de l'intestin, et surtout aux amas de matières stercorales, qui peuvent être évacués par l'anus, le pronostic en est beaucoup plus favorable. Enfin vous devrez baser aussi la prognose sur l'âge du malade, sur sa force de résistance probable et sur la connaissance de ses antécédents pathologiques.

QUARANTE-SEPTIÈME LEÇON

DE L'OCCLUSION INTESTINALE (FIN).

Le DIAGNOSTIC de l'obstruction intestinale est quelquefois très-difficile. Et d'abord certains états morbides graves peuvent simuler l'occlusion de l'intestin.

L'intensité des douleurs abdominales, la constipation opiniâtre, les vomissements, peuvent faire croire, dans certaines conditions spéciales, à une attaque de *colique saturnine*. Cependant, même en l'absence de tout renseignement étiologique, le ventre, dans la colique de plomb, semble aplati, et la paroi antérieure collée contre le rachis; le foie est petit (Potain), la langue humide; enfin la marche de la maladie diffère de celle de l'occlusion, et la constipation peut persister longtemps. En outre, le facies du malade présente une teinte anémique et même jaunâtre, les gencives offrent habituellement le liseré dit saturnin. Ces deux signes, l'anémie et le liseré, n'ont pas toutefois une valeur diagnostique absolue, attendu que le saturnisme ne met aucunement à l'abri des causes de l'occlusion intestinale.

La *colique hépatique* est plus facilement reconnaissable ; il y a même fort peu de ressemblance entre les symptômes qui lui appartiennent et ceux de l'obstruction. D'ailleurs le siège de la douleur, bien que variable, est d'ordinaire localisé dans l'hypochondre droit ou à l'épigastre ; les vomissements existent, il est vrai, mais il n'y a pas de constipation ; enfin la marche et la durée de l'affection ne sont pas les mêmes.

Une autre maladie d'allure parfois irrégulière lorsqu'elle ne répond pas exactement au tableau classique, le *choléra*, pourrait à la rigueur être confondue avec l'occlusion intestinale, surtout lorsque la diarrhée dite prémonitoire a fait défaut, ce qui est en somme assez fréquent, puisque les choses se passent ainsi dans le tiers des cas, ainsi que je l'ai fait voir (*Soc. méd. des hôpitaux*, 1873). Mais vous n'oublierez pas que les cholériques n'ont pas de douleurs abdominales : ils éprouvent seulement une sensation de barre à l'|épigastre ; d'ailleurs, outre que les vomissements sont rapidement caractéristiques et ne s'accompagnent pas de ballonnement du ventre, la diarrhée ne tarde guère à apparaître, sauf dans les cas très-rares de choléra sec. Bientôt enfin surviennent les crampes et aussi les phénomènes de cyanose et d'algidité, qui, vous le savez, sont inconstants et en général très-tardifs dans l'étranglement interne. L'erreur inverse serait plus facilement commise pendant une épidémie cholérique où il existe une tendance générale à trouver chez tout malade atteint de troubles digestifs, les symptômes de la maladie asiatique ; en tout cas, la confusion ne saurait être que momentanée.

Nous arrivons maintenant à un diagnostic plus compliqué. Tous les signes de l'occlusion intestinale ou à peu près peuvent en effet appartenir à la *hernie étranglée*. La confusion, malaisée lorsque la tumeur herniaire est volumineuse ou accusée par le malade, devient très-difficile à éviter pour les hernies petites, marronnées, et dont le patient lui-même ne connaît pas l'existence ; or, chez les sujets gras par exemple, la recherche de la tumeur est extrêmement incommode. En règle générale, toutes les fois que vous vous trouverez en présence d'un sujet présentant les signes d'une occlusion intestinale, vous devrez d'abord explorer les anneaux avec le plus grand soin et à plusieurs reprises, songer ensuite aux hernies plus rares, hernies de la ligne blanche et obturatrices : ces dernières s'annoncent assez souvent par une sensation d'engourdissement dans la cuisse, par des douleurs irradiées le long du nerf obturateur ou du crural. Songez aux hernies diaphragmatiques ; examinez attentivement toutes les régions de la paroi abdominale qui peuvent être, quoique très-exceptionnellement, le siége de hernies, le triangle de J.-L. Petit, en particulier, et le périnée ; et, alors seulement que vous n'aurez trouvé nulle part de point douloureux ou de tumeur, vous pourrez admettre l'existence d'un étranglement interne.

Une affection relativement assez fréquente a donné lieu quelquefois à des méprises bien grossières : je veux parler des *rétrécissements du rectum*, d'origine souvent syphilitique, à la suite desquels l'obstacle au cours des matières peut être complet. Pour les reconnaître, il suffit de songer à leur possibilité : le toucher rectal lèvera tous les doutes.

Abordons maintenant l'histoire d'une affection où les mêmes phénomènes morbides éclatent, où se déroule un tableau clinique identique : ce sont les *pseudo-étranglements*. Quel que soit le point de départ de ces accidents ; que la paralysie intestinale qui les produit (d'après M. Henrot) soit de nature *inflammatoire, réflexe, nerveuse*, peu importe, l'essentiel est d'avoir ces faits toujours présents à la mémoire, car on peut, par exemple, assister au développement d'une péritonite aiguë accompagnée des symptômes complets d'un étranglement interne. Quelle que soit d'ailleurs l'explication proposée pour ces troubles complexes, le diagnostic sera toujours des plus ardus, d'autant plus que la péritonite aiguë peut être consécutive aux étranglements internes [1]. Je n'insiste pas sur ces faits; qu'il vous suffise d'y songer et de vous les rappeler à l'occasion.

Il est encore une affection grave décrite sous le nom d'*iléus nerveux*. Cet état morbide consiste en phénomènes spasmodiques ayant l'intestin pour siège : des contractions antipéristaltiques se produisant, pourraient donner lieu à un obstacle complet au cours des matières intestinales; mais ces faits ne sont pas encore assez nombreux pour que j'aie à vous en exposer le diagnostic différentiel.

Reconnaître la cause qui a produit l'occlusion intestinale est un point très-intéressant, mais très-difficile. Les phénomènes morbides sont presque toujours identiques; c'est à peine s'il existe quelques nuances dans la forme du début, dans les phénomènes précurseurs, dans l'intensité des symptômes et des signes physiques, enfin dans la marche de la maladie. Telles sont néanmoins les diverses données que nous devons utiliser pour reconnaître la cause de l'obstruction.

Considérées à un point de vue absolument clinique,

---

1. M. Duplay a réuni dans un mémoire récent (*Archives de médecine*, 1876) des observations de péritonite aiguë par perforation dans lesquelles les symptômes étaient, à quelques nuances près, ceux de l'étranglement interne. L'élévation constante et initiale de la température dans tous ces faits permettrait seule d'établir un diagnostic que la ressemblance des phénomènes morbides rend fort difficile.

les occlusions intestinales peuvent être divisées en *quatre classes :* la première comprend les rétrécissements organiques (c'est-à-dire le cancer, les rétrécissements cicatriciels, les compressions); la seconde est formée par le volvulus et les brides péritonéales, la troisième par les invaginations, et la quatrième par les corps étrangers de l'intestin.

Vous connaissez déjà les *rétrécissements organiques* et les *compressions de l'intestin ;* aussi serai-je bref à leur sujet. Les phénomènes morbides par lesquels s'annoncent ces affections sont essentiellement caractérisés par la lenteur de leur début : depuis un temps assez long d'ordinaire, les fonctions digestives sont troublées par une constipation plus ou moins tenace, tantôt passagère et tantôt permanente, les matières semblant même comme passées à la filière. De plus, les débâcles sont de règle et s'accompagnent souvent de crises douloureuses, peu intenses au début, mais qui deviennent graduellement plus pénibles et plus persistantes ; enfin, après plusieurs ébauches d'accidents graves, l'occlusion devient complète. Cette fois encore, et jusqu'à la fin, la marche des phénomènes est lente et l'apparition des vomissements tardive ; les douleurs n'offrent pas, le plus souvent, ce degré de brusque véhémence que l'on constate dans le cas de volvulus ou d'étranglement produit par des brides péritonéales. Quelquefois, surtout dans certaines coarctations siégeant sur l'S iliaque, les matières stercorales s'accumulent peu à peu au dessus du rétrécissement, et finalement la perforation se produit avec la péritonite suraiguë consécutive. Tels sont les symptômes habituels, mais non constants de cette variété d'occlusion intestinale.

Le *volvulus* et l'*étranglement interne par brides péritonéales* se caractérisent par des symptômes un peu différents des précédents. Le début est d'ordinaire subit, violent : tantôt chez un sujet d'une bonne santé habituelle, tantôt chez des malades ayant eu une péritonite ou même quelquefois des attaques antérieures d'obstruction, apparaît d'emblée une douleur intense, déchirante, rapidement suivie de vomissements répétés, pénibles, et devenant assez vite fécaloïdes. La constipation est absolue, le ballonnement du ventre rapide ; les phénomènes, très-intenses, rendent le tableau de la maladie vraiment effrayant ; jamais on ne trouve de tumeur proprement dite, comme dans l'invagination. La mort arrive plus ou moins rapide, et même sans que la péritonite ait le temps de se développer. Les symptômes se déroulent en somme avec la même violence que dans certaines hernies étranglées, et le malade succombe au milieu de cet état de cyanose et d'algidité que les chirurgiens ont appelé le choléra herniaire.

L'*invagination* débute d'une façon variable, quelquefois rapide, moins brusque que le volvulus ; d'ordinaire, les symptômes se développent avec lenteur. Presque toujours, l'occlusion survient dans le cours d'une santé parfaite; très-rarement elle est précédée des symptômes vagues d'une affection intestinale, telle que les polypes par exemple. Le tableau de la maladie se constitue graduellement : c'est la constipation qui prédomine sur tous les autres phénomènes ; encore le plus souvent n'est-elle pas absolue, et le malade peut rendre quelques matières alvines et même des gaz par l'anus. La douleur est ordinairement d'une intensité médiocre, mal localisée et même assez vite généralisée; quelquefois il existe des épreintes anales, produites par la présence du boudin invaginé dans le rectum. Les vomissements sont tardifs et en tout cas inconstants, les matières rendues par l'anus deviennent muco-sanguinolentes, et chez les enfants on peut même voir survenir une véritable entérorrhagie (Markwiek). Ordinairement, les évacuations alvines sont teintées de sang, parfois dès le premier jour; plus tard elles deviennent plus ou moins noirâtres, fétides; on y trouve assez fréquemment des lambeaux mortifiés de la muqueuse et des parois intestinales. Ces lambeaux ont des dimensions très-variables, depuis quelques millimètres jusqu'à plusieurs centimètres. Forbes rapporte un cas où la portion d'intestin rendue par l'anus aurait mesuré 12 pieds [1].

---

1. M. Debrou a récemment publié un cas de guérison chez un enfant qui avait expulsé plus d'un mètre d'intestin grêle (*Gazette des hôpitaux*, 1878).

Cet état peut se prolonger six, huit, quinze, vingt, trente jours et plus[1]. Dans ces conditions, la mort est assez souvent attribuable à l'épuisement des forces : le cours des matières s'étant rétabli, le malade est pris d'une diarrhée fétide et persistante dans laquelle on retrouve des détritus gangréneux ; cependant la guérison n'est pas très-rare : elle est complète, absolue, ou bien il persiste des symptômes non douteux d'un rétrécissement de l'intestin.

Pendant les premières phases de la maladie, l'examen de l'abdomen peut fournir, mais d'une façon exceptionnelle, des indications précieuses. C'est ainsi que la palpation fait quelquefois percevoir une tumeur abdominale, de forme oblongue ou cylindroïde, de siége variable, de dimensions plus ou moins grandes, mobile, et qui présenterait même des contractions vermiculaires. Quant à la vacuité relative de la région du flanc droit, signalée par Dance, c'est un symptôme plutôt théorique auquel je ne puis attacher une grande valeur. Reste le toucher rectal, qui, lorsqu'il s'agit d'intussusception siégeant à la partie inférieure du gros intestin ou arrivant jusqu'à la fin du rectum, permettra de sentir une tumeur arrondie, mollasse, présentant un orifice à son centre et par suite parfaitement caractéristique.

---

1. M. Rafinesque a rassemblé dans sa thèse sur les invaginations intestinales chroniques (Thèses de Paris, 1878) 56 observations dans lesquelles la maladie, presque toujours méconnue, a duré depuis plusieurs mois (3 mois en moyenne) jusqu'à un an et plus.

Les *corps étrangers* de l'intestin et en particulier les *tumeurs stercorales* donnent lieu à des symptômes d'obstruction dont le début est ordinairement très-lent. Chez dès individus constipés, qui se plaignent souvent d'un ballonnement plus ou moins considérable du ventre après le repas, et présentent certains phénomènes cérébraux, tels que céphalalgie, éblouissements, migraine, si l'on voit survenir les symptômes d'un arrêt complet des matières fécales, il faudra penser à une tumeur stercorale. Au début des accidents, la palpation méthodique de l'abdomen permettra souvent de constater dans l'une ou l'autre région iliaque, surtout la gauche, une masse plus ou moins volumineuse, de consistance molle et pâteuse, point ou peu douloureuse, parfois mobile dans la cavité abdominale, et sur laquelle les purgatifs auront en général une action rapide.

Un troisième point du diagnostic sur lequel il est quelquefois extrêmement important d'être fixé, c'est la connaissance du *siége des lésions ;* car la prognose de la maladie et les indications thérapeutiques sont en partie subordonnés à la localisation de l'affection intestinale. Lorsque l'on assiste au début des accidents, on peut tirer un bon parti du signe de Laugier, du point où se fait sentir la douleur et qui est parfois indiqué par le malade, enfin des symptômes fournis par la palpation de l'abdomen et même par le toucher rectal ou vaginal.

La précocité plus ou moins grande des vomissements, la nature même des matières vomies doivent être prises en sérieuse considération. Si en effet, même à la fin de la maladie, ces dernières n'ont pas pris l'aspect des matières fécaloïdes, il faut craindre que l'obstacle n'occupe la fin du duodénum ou les premières parties du jéjunum. M. Besnier, dans son excellent mémoire, attache également une certaine importance au siége de la douleur initiale en un point correspondant à l'intestin grêle ou au gros intestin.

Quant à la quantité des urines, qui serait d'autant moindre que la lésion intestinale serait plus rapprochée de l'estomac, c'est là un signe tout à fait théorique et qui tromperait souvent. Vous voyez donc que la diagnose du siége est très-difficile, car vous ne pourrez le plus souvent l'établir que d'après de simples nuances plutôt que sur des signes bien caractéristiques.

Le TRAITEMENT des occlusions intestinales varie selon la nature de l'obstacle; vous comprenez par conséquent toute l'importance qu'il y aurait à connaître avec le plus de précision possible la variété et la cause de l'obstruction.

Les *corps étrangers* de l'intestin réclament l'administration répétée de divers purgatifs. Vous emploierez d'abord les sels neutres, qui offrent l'avantage de provoquer un afflux de liquides capables de délayer les matières accumulées, puis les drastiques, notamment l'huile de croton à la dose d'une à trois gouttes prises en pilules ou dans du pain à chanter ou encore mêlées à l'huile de ricin; la gomme gutte donne aussi d'assez bons résultats : en somme, vous devrez agir vite et avec énergie. Employés concurremment, les lavements purgatifs avec le sulfate de soude, l'infusion de séné, le sirop de nerprun, sont aussi très-utiles. A l'aide de lavements copieux on parvient également à faire cesser l'obstacle matériel : les injections forcées, introduites à l'aide de sondes rectales, ont quelquefois produit d'excellents résultats, surtout lorsque la tumeur stercorale occupe le rectum.

Le *volvulus* et les *brides péritonéales* réclament un traitement d'abord médical, puis quelquefois chirurgical. La médication purgative, ayant pour but de rétablir le cours des matières, doit être employée avec le plus grand ménagement. Vous commencerez donc par prescrire un sel neutre, puis un drastique; mais vous n'insisterez pas plus longtemps, et vous ferez ensuite usage de lavements purgatifs. De même, vous n'abuserez pas de la glace : employée convenablement, elle rend quelquefois de bons services et offre l'avantage de calmer la douleur, en même temps qu'elle diminue le volume des gaz et réveille la contraction intestinale (O. Masson, Jaccoud).

Le café à haute dose a été préconisé (Méplain, thèse

de Paris, 1868) : on a expliqué son effet utile par l'action de la caféine sur les fibres lisses de l'intestin. On a de même prescrit la strychnine, l'ergot de seigle, pour exciter les contractions de ces fibres.

L'électricité a été souvent conseillée : elle agirait soit en augmentant l'activité de la tunique musculaire de l'intestin, soit même en faisant cesser la paralysie de cette tunique. On a fait usage des courants continus et plus ordinairement des courants intermittents; toutefois les résultats n'ont pas toujours répondu aux espérances qu'avait fait concevoir ce mode de traitement[1]. Enfin, on employait autrefois les balles de plomb et le mercure métallique, dans le but d'agir par le poids du métal, qui permettrait de désobstruer l'intestin. Ces agents thérapeutiques ne sont plus guère employés de nos jours.

Le *traitement chirurgical* du volvulus et des brides répond à plusieurs indications bien distinctes. Lorsque le météorisme est considérable, la distension intestinale peut suffire à elle seule pour amener la paralysie des tuniques musculaires de l'intestin, laquelle vient encore aggraver les symptômes de l'occlusion. Pour faire cesser l'accumulation des gaz, la *ponction de l'intestin* faite avec

---

1. M. Henrot et M. Bucquoy ont publié l'année dernière des faits qui semblent démontrer l'utilité de l'électrisation par les courants induits. M. Henrot applique (comme l'a conseillé M. Onimus pour les courants continus) un des excitateurs dans le rectum et l'autre sur la paroi de l'abdomen.

un trocart capillaire a donc été pratiquée (Labric) ; elle est d'ailleurs inoffensive, puisqu'aussitôt après que l'instrument a été retiré, la petite plaie intestinale se referme sans que l'issue des matières alvines soit possible. Employées dans des limites restreintes, les ponctions capillaires peuvent rendre de réels services.

La *ponction aspiratrice* n'est dans le cas actuel qu'une modification de la ponction capillaire et répond à peu près aux mêmes indications. Il est en effet incontestable qu'elle ne peut servir qu'à l'évacuation des gaz et nullement à celle des matières accumulées dans le bout supérieur.

Enfin, lorsque l'occlusion est complète, ou quand des accidents graves commencent à se développer, on a pu songer à lever l'obstacle en allant à sa recherche par la gastrotomie ; les résultats obtenus jusqu'à ce jour n'ont pas toujours été de nature à encourager de nouvelles tentatives dans cette voie[1]. A cette période avancée du mal, il n'y a plus guère de ressources que dans une opération de *gastro-entérotomie* pratiquée dans le but de créer une issue artificielle aux matières contenues dans l'intestin. L'opération peut être faite suivant la méthode de Littre ou de Callisen, l'une et l'autre

---

1. Depuis les succès obtenus à la suite de l'ovariotomie, les chirurgiens semblent pratiquer plus volontiers la gastrotomie (ou mieux laparotomie). M. Le Dentu la conseille formellement dans le cas d'invagination survenant chez un enfant de 5 à 10 ans (*Journal de Thérapeutique*, 1876). Consultez également la discussion qui vient d'avoir lieu cette année même à la *Société de chirurgie*.

offrant des avantages et des inconvénients ; la connaissance précise du siége permettrait seule d'agir sûrement en pratiquant soit l'incision inguinale, soit l'incision lombaire. D'ailleurs suivant la remarque de Dupuytren confirmée par M. Nélaton, l'ouverture faite dans le flanc permet toujours d'arriver sur une anse intestinale gonflée appartenant au bout supérieur. Il va sans dire que l'on aura soin de pratiquer la suture de l'intestin avec les lèvres de la plaie abdominale avant d'inciser l'anse distendue pour la vider de son contenu. L'opération, pratiquée avec toutes les précautions nécessaires et à un moment où l'état général du malade n'est pas trop compromis, lorsque surtout il n'y a point de péritonite, constitue une ressource précieuse, à laquelle on ne doit point négliger de recourir.

Les *rétrécissements* de l'intestin seront traités à peu près de la même façon que le volvulus, car ils ne présentent guère d'indications différentes. Lorsque la diminution de calibre est le fait d'une affection organique, il importe, avant de se décider à une intervention chirurgicale, d'apprécier attentivement la part qui, dans les phénomènes morbides, incombe à l'obstacle mécanique et à la diathèse. Il est incontestable que les opérations devront être réservées pour les cas où le malade peut espérer de vivre avec un anus artificiel pendant un temps suffisamment long.

Le traitement des *invaginations* doit être conduit avec une grande prudence. Vous ne devrez pas oublier en effet que le rétablissement spontané du cours des matières est possible (par le sphacèle du boudin) et que d'ailleurs l'occlusion n'est pas toujours absolue. Il est de plus nécessaire de tenir un très-grand compte des phénomènes généraux et en particulier de l'existence possible des complications péritonéales. Quoi qu'il en soit, je dois vous mentionner la tentative heureuse faite par M. Bosia pour refouler dans le gros intestin, à l'aide d'une sonde œsophagienne, le boudin invaginé. On a également employé avec avantage des injections forcées, des douches faites avec de l'eau de Seltz et l'insufflation du bout inférieur de l'intestin[1]. Quant au traitement chirurgical, vous ne devrez y avoir recours qu'après l'insuccès complet des moyens que je viens de vous indiquer.

1. Ransford a publié récemment (*The Lancet*, 1877) un fait d'invagination observé chez un enfant de six mois traité avec succès par l'insufflation du rectum, au moyen d'un soufflet, deux jours après le début des accidents d'occlusion : la séance dura dix minutes et fut bientôt suivie d'une débâcle complète.

QUARANTE-HUITIÈME LEÇON

DES HÉMORRHOIDES

La dénomination d'hémorrhoïdes sert à désigner d'une façon générale non-seulement les tumeurs vasculaires du rectum, mais encore la rectorrhagie, c'est-à-dire le flux sanguin provenant de cette portion de l'intestin. L'étude que nous allons faire sera donc plus compréhensive que ne le comporterait le point de vue chirurgical, qui embrasse seulement dans sa définition les tumeurs vasculaires du rectum.

C'est qu'en effet la première difficulté qui se présente est la question de savoir si toute hémorrhoïde est nécessairement caractérisée par une tumeur vasculaire. En d'autres termes, la raison anatomique des hémorrhoïdes réside-t-elle dans une altération des vaisseaux, ou simplement dans une modification fonctionnelle du système vasculaire? Nous nous trouvons en présence de deux grandes théories qui, de tout temps, ont divisé les pathologistes : l'une restreint tout le processus morbide à l'état anatomique des veines du rectum ; l'autre explique tous les désordres par les modifications fonctionnelles que peut subir la circulation rectale. Or, si nous nous en rapportons à l'opinion émise par les chirurgiens, la première interprétation serait toujours vraie, tandis qu'un grand nombre de médecins ont soutenu la doctrine opposée. Toutes deux me semblent exclusives, car, si l'on constate d'ordinaire l'existence de tumeurs, il est des cas dans lesquels elles font absolument défaut ; tout dépend des circonstances où l'on observe.

C'est qu'en effet les LÉSIONS ANATOMIQUES des hémorrhoïdes ne sont encore connues que par des recherches faites dans les pays froids ; c'est là une fâcheuse lacune, ainsi que nous le verrons à propos de l'étiologie, puisque dans certaines contrées, en Orient par exemple, il existe des flux hémorrhoïdaux sans tumeur, et que ces faits y sont même relativement communs.

Quant à la *tumeur hémorrhoïdale* elle-même, elle comporte plusieurs degrés qui sont en rapport d'une part avec l'intensité des lésions et d'autre part avec l'ancienneté de la tumeur. Quelquefois on ne trouve aucune altération appréciable à l'autopsie (Raige-Delorme, Bérard) ; mais les hémorrhoïdes réapparaissent sous l'influence d'injections faites dans le système veineux. Il faut pour cela prendre soin d'injecter avec précaution et simultanément la veine hypogastrique et la mésaraïque inférieure. Vous connaissez en effet les anastomoses qui relient ces deux ordres de vaisseaux et l'absence de valvules dans les veines du rectum; il en résulte que, sans la double injection, le liquide pourrait refluer du système veineux général dans celui de la veine porte sans distendre les vaisseaux du rectum.

Quant au contraire la tumeur est ancienne, elle persiste après la mort; la seule existence d'une hémorrhoïde constatée sur le cadavre permet donc d'affirmer que l'ectasie veineuse avait commencé à se développer depuis un temps assez long.

Le siége de ces tumeurs hémorrhoïdales a permis d'en établir deux variétés distinctes : les unes *internes* ou mieux *sus-sphinctériennes*, et les autres *externes* ou *sous-sphinctériennes*. Cette division n'est nullement artificielle; elle est absolument basée sur la réalité des faits comme vous le verrez bientôt : il en résulte des différences notables au point de vue anatomo-pathologique et clinique. Quant aux tumeurs internes, elles remontent plus ou moins haut dans le rectum, et même jusqu'auprès de l'S iliaque (J.-L. Petit).

La forme de la tumeur, variable à l'extrême, est en partie subordonnée à son volume et à son étendue : ici, ce sont des grosseurs marronnées, là un demi-anneau ou même une couronne entière formée de masses bosselées, d'autres fois des sortes de grains suspendus à un pédicule à la façon d'une grappe (Ledran). D'ailleurs, je le répète, le volume de ces tumeurs est des plus différents.

L'étude de l'hémorrhoïde permet d'y reconnaître une enveloppe formée par les téguments et une partie centrale éminemment vasculaire. Les *téguments* sont constitués par la muqueuse ou par la peau qui sont adhérentes à la masse morbide par l'intermédiaire de la couche sous-muqueuse (ou sous-cutanée) épaissie et indurée. Quant au *tissu de la tumeur*, il a donné lieu à de nombreuses discussions. Les uns ont voulu y trouver des varices veineuses, d'autres des dilatations capillaires, des tumeurs érectiles, d'autres encore des hémorrhagies interstitielles, des kystes sanguins même. Ces diverses opinions ont le tort d'être exclusives, car toutes sont vraies ou inexactes selon les cas : tout dépend en effet du degré d'évolution de la lésion, qui donne lieu à une grande diversité en rapport avec les différentes périodes de la maladie.

Au début, il s'agit bien, comme l'ont montré Jobert et Blandin, de dilatations veineuses [1], de *véritables varices* des veines rectales ; mais bientôt apparaissent des anses

---

1. J'ai pu vérifier l'exactitude de ce fait dans un cas que je viens d'étudier. Les tumeurs, de date récente, étaient uniquement constituées par la simple dilatation des vaisseaux de la muqueuse et surtout de la sous-muqueuse. Les parois vasculaires, partout conservées, ne présentaient encore aucune communication anomale.

vasculaires nouvelles (sous forme d'ampoules ou de doigts de gant), lesquelles, d'abord indépendantes les unes des autres, s'accolent, se réunissent, se fusionnent. A ce moment, des communications anomales s'établissent entre les vaisseaux contigus, et par suite le tissu hémorrhoïdaire prend l'*apparence caverneuse* : c'est ce qui explique l'opinion de quelques auteurs qui qualifiaient ce tissu d'érectile (Béclard, Laënnec, Delpech).

A *un degré plus avancé* encore, les veines dilatées peuvent s'enflammer; des coagulations d'étendue variable se forment alors dans les vaisseaux. Il en résulte que le sang forme ici des caillots dont la partie liquide se résorbe graduellement et qui, se calcifiant progressivement, donnent lieu aux *phlébolithes;* là, comme emprisonné, il reste à demi liquide dans des sortes de poches et forme des *kystes hématiques.*

Les fibres du sphincter se trouvent en rapport avec la masse morbide formée de vaisseaux dilatés et de tissu conjonctif induré : souvent, les fibres dissociées du sphincter externe recouvrent les tumeurs.

L'*âge* joue un rôle important dans l'ÉTIOLOGIE des hémorrhoïdes. On connaît à peine cette maladie chez les enfants : cependant on en a cité quelques exemples (Klein, Trnka, Lannelongue). C'est entre trente et cinquante ans qu'elle est particulièrement fréquente.

Tous les auteurs s'accordent à reconnaître que cette

affection s'observe souvent chez la *femme ;* seul peut-être entre tous, Stahl prétend le contraire. On a parlé encore de l'influence de la constitution ; j'aurai l'occasion de m'expliquer bientôt à cet égard.

Au point de vue des conditions étiologiques, les hémorrhoïdes peuvent se diviser en deux classes véritablement bien distinctes, à savoir les hémorrhoïdes de *cause mécanique*, et les hémorrhoïdes dites *constitutionnelles*.

Tout obstacle au cours de la circulation dans la veine porte est susceptible d'occasionner des hémorrhoïdes, d'autant plus facilement que la disposition anatomique des veines rectales dépourvues de valvules les prédispose à se dilater. Il faut aussi tenir grand compte de ce fait que la circulation en retour peut être gênée, les veines de la muqueuse traversant, pour sortir du rectum, de véritables boutonnières musculaires formées par les fibres du sphincter : il résulte de ce fait que les veines situées en dedans de la tunique musculeuse sont turgescentes et gorgées de sang, tandis que les veines qui lui sont extérieures présentent un état de vacuité remarquable (Verneuil).

Quoi qu'il en soit, les causes mécaniques peuvent être divisées en deux classes suivant qu'elles sont passagères ou permanentes. Les *compressions passagères* déterminent des tumeurs hémorrhoïdales qui peuvent prendre fin avec la cause qui leur a donné naissance : la plus fréquente est sans contredit la *grossesse :* de même que, dans son cours, il existe fréquemment des varices aux membres inférieurs, de même on peut rencontrer des dilatations variqueuses occupant les veines pelviennes, hémorrhoïdales et aussi les veines vulvaires et vaginales. Toutes les autres tumeurs curables, en particulier les kystes de l'ovaire, sont dans des conditions identiques par rapport aux varices du rectum.

Certaines *causes permanentes* agissent plus ou moins directement sur le développement des hémorrhoïdes. En première ligne, les tumeurs de l'*excavation pelvienne*, en particulier celles de l'utérus (les myômes utérins entre autres), les tumeurs de la vessie, et peut-être même celles de la prostate donnent lieu à des hémorrhoïdes symptomatiques. Je vous citerai ensuite les maladies de la *veine porte* (oblitérations, pyléphlébite), qui déterminent cependant des hémorrhagies intestinales supérieures plutôt que des hémorrhoïdes, ce qu'il est d'ailleurs facile de prévoir en raison des nombreuses anastomoses du système porte avec les veines des parois de l'abdomen : ces derniers vaisseaux peuvent jusqu'à un certain point suppléer à l'arrêt de la circulation dans la veine porte, comme l'ont bien fait connaître les travaux de M. le professeur Sappey.

Quant aux maladies du foie, à la *cirrhose* en particulier, les auteurs allemands semblent avoir exagéré la fréquence des hémorrhoïdes qu'elles occasionnent; même dans la cirrhose, les varices rectales sont inconstantes, ainsi que Monneret l'avait indiqué.

Dans les *maladies de la rate,* la dilatation des veines du rectum ne devrait pas faire défaut. Vous savez en effet que, d'après la théorie de Dobson, l'organe splénique serait un véritable diverticulum de la veine porte; mais les faits cliniques ne confirment pas cette vue théorique, au moins en ce qui concerne la maladie qui nous occupe.

Les affections *cardiaques*, surtout les lésions de la valvule *mitrale*, peuvent être le point de départ des hémorrhoïdes ; l'emphysème *pulmonaire* semble également exercer une influence analogue. Est-ce bien par un mode d'action purement mécanique, ou n'y aurait-il pas plutôt une même diathèse qui frapperait simultanément divers appareils ? Cette dernière explication est tout au moins fort plausible.

On peut rapprocher des conditions étiologiques qui agissent d'un façon mécanique certaines causes locales que l'on pourrait appeler *irritantes.* La *constipation* en est un exemple remarquable; il est cependant assez difficile d'en expliquer le mode d'action, car nous devons reconnaître que les faits sont ordinairement complexes; le régime alimentaire, le genre de vie dont la constipation est quelquefois la conséquence, peuvent en effet prédisposer aux hémorrhoïdes ; mais il faut tenir compte de la cause mécanique représentée par les efforts de défécation et les pressions exercées par le bol fécal sur la muqueuse du rectum, ainsi que de l'afflux sanguin consécutif à l'irritation produite par la présence prolongée des matières alvines : vous savez en effet que dans la constipation la muqueuse de l'intestin devient turgescente. La défécation avec effort pénible et prolongé peut en outre déterminer l'étranglement d'une tumeur hémorrhoïdale à travers l'orifice anal. Quant aux purgatifs drastiques, ils agissent en déterminant une vive irritation suivie d'un afflux sanguin dans le réseau vasculaire.

Les hémorrhoïdes dites *constitutionnelles* ou *idiopathiques* reconnaissent des causes assez complexes.

Je rappelerai, d'abord, une observation qui est de tous les temps : c'est l'*influence du climat*. Depuis Hippocrate, on signale la fréquence des hémorrhoïdes en Grèce, en Égypte. M. Fauvel a bien constaté cette particularité en Turquie, pendant son séjour à Constantinople, et moi-même j'ai eu maintes fois l'occasion d'en vérifier la parfaite exactitude : on peut dire sans aucune exagération que l'existence des hémorrhoïdes est presque un fait constant chez les Orientaux. Cette prédominance, toute spéciale à ces contrées, s'explique probablement par le climat et aussi par le régime, par le genre de vie; quant à l'intoxication paludéenne, que l'on a cru pouvoir faire intervenir pour rendre compte de cette circonstance pathologique, rien ne prouve qu'elle puisse avoir une influence réelle.

Le *tempérament sanguin*, la pléthore, ont été souvent invoqués pour expliquer le développement des hémorrhoïdes ; il y a effectivement, chez les pléthoriques, une turgescence du système vasculaire qui doit prédisposer beaucoup aux varices rectales. On a également incriminé la *mauvaise hygiène*, et en particulier l'alimentation trop riche et surtout trop azotée, le défaut d'exercice, la vie sédentaire et les professions qui nécessitent la station assise pendant plusieurs heures consécutives.

L'*hérédité* entre pour une part considérable dans cette étiologie : l'observation de chaque jour le démontre surabondamment. On a voulu se rendre compte de son mode d'action par l'existence de circonstances hygiéniques et d'un genre de vie semblables chez les parents et chez leurs descendants ; cette manière de voir ne peut évidemment s'appliquer qu'à un nombre restreint d'hémorrhoïdaires, et l'influence de l'hérédité s'explique beaucoup mieux par l'action des diathèses, dont je dois maintenant vous entretenir.

C'est qu'en effet les hémorrhoïdes ont des rapports remarquables et indéniables avec certaines *diathèses*. En ce qui concerne le rhumatisme et la goutte, les faits sont trop nombreux et trop démonstratifs pour laisser la moindre place au doute : on a pu suivre et j'ai souvent vu moi-même la coïncidence des diverses manifestations diathésiques et des hémorrhoïdes, leur succession et leur alternance; il m'est souvent arrivé d'affirmer à des sujets atteints de varices rectales qu'ils devaient être arthritiques, et l'examen ultérieur me donnait toujours raison.

Quant à la diathèse herpétique ou dartreuse, les rapports étiologiques semblent nettement établis. Je serai moins affirmatif en ce qui concerne la *diathèse dite hémorrhoïdaire*, admise par quelques pathologistes : peut-être y a-t-il quelque chose de vrai dans cette vue théorique; mais ces assertions auraient besoin d'une démonstration plus complète. Je dois seulement vous rappeler, en terminant, que Stahl avait considéré les hémorrhoïdes comme un vrai réservoir contenant le sang en excès de l'organisme, puis à un certain moment le trop-plein sortirait de l'économie et amènerait chez le malade une crise salutaire.

Les SYMPTÔMES des hémorrhoïdes peuvent se grouper en deux catégories. Les uns tiennent à la congestion, au flux hémorrhoïdal, les autres à la tumeur proprement dite. Ces deux ordres de phénomènes peuvent d'ailleurs rester séparés ou au contraire coïncider; d'ordinaire ils se succèdent régulièrement, les symptômes congestifs annonçant l'apparition très-prochaine de la tumeur ou son développement plus considérable.

Les *phénomènes de congestion* s'accusent par des troubles locaux consistant en une véritable gêne, une sensation de pesanteur, ressenties à l'anus ou au périnée; en même temps surviennent fréquemment de faux besoins de défécation. Il est en outre habituel que certains troubles des fonctions urinaires aient lieu simultanément : c'est ainsi que les mictions sont fréquentes ; ou bien du ténesme vésical se produit, la dysurie s'établit ; parfois aussi, chez certains malades, se montrerait de l'excitation génésique. En même temps, la région anale est le siége d'un gonflement, d'une tension plus ou moins considérable ; elle devient en outre plus chaude; quelquefois des contractions douloureuses du sphincter se font sentir.

Les symptômes généraux sont d'abord caractérisés par quelques troubles nerveux; les malades se plaignent de maux de tête qui s'accompagnent ordinairement de troubles de la vue (vertiges, mouches volantes, etc.) et de l'ouïe (tintements, bourdonnements d'oreille); le sommeil est habituellement agité, troublé par des rêves ou des cauchemars. En même temps surviennent certains désordres de l'appareil digestif : on observe à peu près constamment une soif assez vive, une inappétence parfois absolue ; la constipation est de règle.

Le pouls devient rapide, plein, le facies se colore. Est-ce là de la fièvre? Evidemment non, car la température reste normale; mais c'est un état congestif, véritable éréthisme vasculaire, indice de la perte de sang imminente : en somme, ce sont des symptômes du *molimen hæmorrhagicum*.

A ce moment, deux faits peuvent se produire : ou bien on voit les phénomènes morbides cesser graduellement sans aucun flux sanguin concomitant, ou bien au contraire une *hémorrhagie* dite *critique* s'effectue.

Dans ce dernier cas, le sang est rendu par l'anus, tantôt rouge, liquide, et tantôt coagulé ; la quantité en est d'ailleurs variable, quelquefois assez considérable. Les mêmes phénomènes se répètent à plusieurs reprises pendant un ou deux jours et même davantage selon les cas, parfois sans que l'examen le plus attentif fasse découvrir aucune tumeur veineuse du rectum. Les phénomènes de congestion locale s'atténuent rapidement, les phénomènes généraux disparaissent; bientôt tout rentre dans l'ordre, et le retour à la santé est complet.

Lorsqu'il existe des *tumeurs hémorrhoïdales*, elles siègent tantôt au-dessous du sphincter externe (hémorrhoïdes externes), tantôt au-dessus (hémorrhoïdes internes). Les premières ou sous-sphinctériennes sont recouvertes par des téguments d'autant plus minces que les tumeurs sont plus proches de l'anus ; c'est, dans certains cas, presque une membrane muqueuse (hémorrhoïdes muqueuses décrites par M. le professeur Gosselin). Leur aspect est d'ailleurs différent : pendant les crises congestives, elles sont tendues, violacées, dures, douloureuses au contact, et leur surface est le siége d'une irritation plus ou moins vive. Dans l'intervalle des poussées congestives, elles sont molles, flasques, et les téguments qui les recouvrent, complètement ridés : ce sont les *marisques*. Quant aux hémorrhoïdes sus-sphinctériennes, elles manifestent leur présence par des phénomènes semblables à ceux de la congestion et du flux hémorrhoïdal, surtout par une sensation de pesanteur. Au toucher, on trouve des masses molles, rappelant la sensation que l'on éprouve en touchant une varicocèle : sous l'influence d'un effort, ces masses, de volume variable, font aisément saillie à l'orifice anal; elles peuvent même sortir, demeurer ainsi hors de l'anus, et, dans ce cas, donnent souvent lieu aux phénomènes dits d'étranglement hémorrhoïdaire.

La MARCHE de la maladie varie extrêmement, surtout suivant que les hémorrhoïdes sont de nature symptomatique ou constitutionnelle.

L'existence et le développement des *hémorrhoïdes symptomatiques* sont subordonnés à leur cause première. Sont-elles *passagères*, dans la grossesse par exemple, qui en est la forme type, les phénomènes de congestion apparaissent, mais sont en général peu accentués, tandis que les symptômes de la tumeur prédominent; quelquefois un léger écoulement sanguin se produit, mais il est d'ordinaire peu abondant. Après l'accouchement, les hémorrhoïdes disparaissent tout à fait, sauf à se reproduire à la prochaine gestation; d'autres fois, mais beaucoup plus rarement, elles persistent, l'état de gravidité n'étant intervenu qu'à titre de circonstance occasionnelle.

Quand la cause de ces hémorrhoïdes est *permanente*, la tumeur est soumise à toutes les éventualités possibles, et le patient reste notamment sous le coup des complications habituelles; cependant la guérison spontanée est encore possible, ou bien on peut voir les tumeurs hémorrhoïdales persister sans la moindre gêne pour le malade.

Les hémorrhoïdes *constitutionnelles* ou *idiopathiques* s'annoncent au contraire par des phénomènes de congestion très-accentués sans que l'existence du flux sanguin soit constante; le plus souvent cependant, les symptômes du molimen hémorrhagique se manifestent, puis l'écoulement de sang détermine une détente générale; un grand soulagement en est la conséquence. Il faut toutefois prendre garde à la quantité de sang perdue à des intervalles plus ou moins rapprochés, car une *anémie* profonde peut en être le résultat : alors le facies s'altère, la peau et les muqueuses se décolorent, des troubles digestifs et cardio-vasculaires apparaissent; la cause de tous ces phénomènes morbides n'est autre que l'hémorrhagie trop répétée ou trop abondante fournie par la tumeur.

La *durée* totale de la maladie est entièrement subordonnée à deux circonstances : à la cause productrice des hémorrhoïdes, et à l'état des tumeurs rectales.

La *terminaison* peut être la *guérison*, et nous avons vu dans quelles conditions elle s'effectue ; mais plus souvent, la maladie passe à l'état chronique, et son évolution ultérieure est dès lors subordonnée à l'existence de complications. La *mort* peut même survenir soit par hémorrhagies abondantes, ce qui est une éventualité très-rare, soit par un accident intercurrent.

Nombreuses et variées sont en effet les COMPLICATIONS des hémorrhoïdes. Et d'abord, un accident propre aux tumeurs sus-sphinctériennes seulement est l'*étranglement ;* il se produit lorsque la tumeur veineuse, s'échappant sous l'influence d'un effort de défécation, ne peut plus rentrer dans le rectum. Le gonflement s'accuse alors de plus en plus ; la tension augmente dans cette masse vasculaire, et une douleur locale très-vive s'y fait sentir, avec des irradiations plus ou moins éloignées. Des phénomènes généraux surviennent d'ordinaire et se caractérisent par l'insomnie, l'agitation, et la fièvre. La terminaison de cet accident est variable : ou bien il survient un flux sanguin abondant qui vide la tumeur et lui permet de rentrer dans l'anus ; ou bien la réduction sans perte de sang se fait spontanément ou à la suite d'un taxis.

Un mode de terminaison qui n'est pas très-rare consiste dans la *gangrène* partielle ou même totale de la tumeur hémorrhoïdale. Les symptômes de ce sphacèle sont subordonnés à l'étendue de la mortification en surface et en profondeur. Vous pourrez voir, sur des hémorrhoïdes internes procidentes et étranglées, se développer des plaques noirâtres comprenant une partie du tégument muqueux, et qui, au bout d'un temps variable, se détachent en donnant naissance à un certain écoulement de sang plus ou moins fétide : la tumeur diminue de volume, se réduit spontanément, et le patient guérit sans avoir couru de danger sérieux. D'autres fois, on a vu des phénomènes généraux graves survenir, et les malades succomber à la pyohémie : ces faits toutefois sont véritablement exceptionnels.

L'inflammation des hémorrhoïdes est au contraire une complication assez commune. Elle peut survenir *avec ou sans étranglement* de la tumeur ; c'est ainsi qu'on l'a parfois observée dans les hémorrhoïdes externes. Elle s'annonce par une douleur vive, une chaleur pénible, un gonflement plus ou moins marqué de la masse morbide, qui devient rouge et pâteuse. La marche des symptômes est variable : tantôt il se forme simplement une *coagulation* spontanée dans les veines enflammées ; la tumeur devient dure, condylomateuse ; elle rétrocède, et il ne reste plus à sa place qu'une masse charnue qui peut guérir définitivement en passant à l'état de phlébolithe. D'autres fois, la tumeur, enflammée, suppure ; cet accident d'ailleurs très-rare, est extrêmement grave, car on l'a vu devenir le point de départ d'une pyohémie.

L'inflammation reste souvent superficielle, érythémateuse : elle donne lieu alors à un écoulement blanchâtre que l'on a décrit sous le nom de leucorrhée hémorrhoïdale ou encore d'hémorrhoïdes blanches. La muqueuse enflammée, souvent érodée, fournit une légère suppuration d'odeur fétide, mélangée parfois d'un peu de sang. D'ordinaire, les téguments de la région anale sont rouges, irrités, ou même légèrement exulcérés.

Une autre complication fréquente des hémorrhoïdes consiste dans la *fissure anale*, qui le plus fréquemment est la conséquence d'une ulcération. Elle se montre principalement lorsque l'hémorrhoïde est marginale ou bien sous-sphinctérienne. Les phénomènes caractéristiques de la fissure apparaissent, notamment la douleur extrême pendant et surtout après les garde-robes. Le diagnostic en est facile ; vous n'oublierez pas qu'il faut toujours, en cas de fissure anale, se défier de l'existence possible d'hémorrhoïdes encore latentes.

Beaucoup plus rares sont les *fistules anales*. Cependant un abcès de la marge de l'anus ou circum-rectal est toujours possible, et la fistule n'est pas un accident auquel on ne doive songer dans ces circonstances.

Le cancer du rectum ou de l'anus, consécutif aux hémorrhoïdes, a été considéré comme une complication éloignée, mais possible. Aujourd'hui, on n'admet plus guère cette complication ; encore moins croit-on à la transformation possible des hémorrhoïdes en cancer.

Le pronostic varie également suivant la cause de l'affection. Il faut tenir compte aussi du flux et de la congestion hémorrhagipare, de l'existence de tumeurs dont la variété sus ou sous-sphinctérienne comporte une évolution toute différente, la première pouvant toujours exposer aux phénomènes, parfois graves, de l'étranglement.

Enfin les complications possibles et parfois sérieuses que nous venons d'étudier, en particulier l'anémie, l'étranglement, la gangrène, modifient notablement la prognose générale de la maladie.

Le diagnostic des hémorrhoïdes est ordinairement fort simple ; toutefois quelques difficultés peuvent se présenter. Lorsque par exemple les tumeurs sont internes et que le flux se produit, on peut croire à une *entérorrhagie* : certes, quand le sang a été modifié par son séjour dans le tube digestif, lorsqu'il est rendu noir et mélangé plus ou moins intimement aux matières fécales, ou quand les caillots sont poisseux, l'erreur n'est guère possible ; mais par contre, si le sang est pur et rouge, il doit provenir de la partie inférieure du gros intestin et très-probablement du rectum. Vous serez alors en droit de soupçonner les hémorrhoïdes et même d'affirmer leur existence, sauf lorsque le malade aura été atteint antérieurement de dysentérie, auquel cas le diagnostic de l'ulcération intestinale est infiniment probable.

Chez les enfants, on a bien souvent méconnu la présence de *polypes muqueux du rectum*. Méfiez-vous toujours de ces prétendues hémorrhoïdes chez les très-jeunes sujets : vous savez qu'à cet âge, elles sont fort rares. Je viens tout récemment encore de constater la présence d'un polype rectal chez un garçon de cinq ans, soigné depuis plusieurs mois pour une soi-disant tumeur hémorrhoïdale. Notez d'ailleurs qu'il est habituel, dans le cas de polype, que le sang soit rendu en petite quantité; d'ailleurs l'écoulement anal est muco-sanguinolent, le molimen hémorrhagique fait défaut ; enfin les signes physiques éclairent tellement le diagnostic que ce serait une négligence coupable de ne pas pratiquer le toucher en cas de doute.

Je n'insisterai pas sur la *chute du rectum* ; la connaissance des conditions étiologiques qui président à son développement et la simple inspection de l'anus permettront d'éloigner immédiatement l'idée d'hémorrhoïdes procidentes.

Quant aux tumeurs syphilitiques de l'anus, aux plaques muqueuses végétantes et souvent ulcérées, les symptômes locaux en sont tellement caractéristiques et surtout si nettement dissemblables de ceux des tumeurs hémorrhoïdales, qu'il est à peine utile de rappeler que, dans ces circonstances, il y aura en outre des phénomènes généraux qui révèleront l'existence de la syphilis constitutionnelle.

Le TRAITEMENT des hémorrhoïdes présente des indications toutes différentes suivant la phase de la maladie et les diverses complications qui peuvent survenir. C'est ainsi que les *symptômes de congestion* (surtout lorsqu'il s'agit d'hémorrhoïdes internes) commandent l'emploi des divers antiphlogistiques et des dérivatifs. Vous donnerez la préférence aux sangsues appliquées autour de l'anus, soit en nombre relativement considérable (12 à 15 simultanément), soit en petite quantité (2 ou 3 par exemple), mais en ayant soin d'en renouveler l'application à intervalles rapprochés. Les bains de pieds sinapisés, les sinapismes à la face interne des cuisses, soulagent aussi les malades. Si les phénomènes morbides ne s'amendent pas rapidement ou si l'état anémique s'oppose aux émissions sanguines, vous obtiendrez de bons résultats de l'emploi des applications froides ou glacées, notamment de l'introduction de glace en fragments dans l'anus; vous arriverez de la sorte à calmer assez vite la tension pénible de la région, sans faire courir au malade les prétendus dangers de la rétrocession hémorrhoïdaire.

On admet généralement (et cette opinion a cours parmi les gens du monde et aussi auprès de nombreux praticiens) qu'il faut respecter le *flux sanguin*, sous peine de voir survenir de graves phénomènes morbides. Cette opinion est basée sur quelques faits exacts : il est certain que chez les sujets habitués à perdre du sang à peu près régulièrement et qui d'ailleurs présentent les caractères accentués de la pléthore, l'écoulement sanguin fait souvent disparaître ou tout au moins atténue les phénomènes de congestion céphalique. Lors donc que la perte sanguine est modérée, on peut se dispenser de la combattre; mais quand elle est trop forte, quand elle affaiblit réellement le malade, il est indiqué d'en diminuer l'abondance. Les divers astringents, et par-dessus tout les lavements d'eau glacée, sont les meilleurs moyens à employer dans ce but.

Lorsque l'écoulement sanguin, par sa grande quantité et sa fréquente répétition, produit l'*anémie intense* avec toutes ses conséquences, il y a lieu d'intervenir. Vous prescrirez alors les préparations ferrugineuses, les divers toniques, et surtout vous conseillerez une alimentation reconstituante; l'hydrothérapie sera également très-indiquée. Vous chercherez en outre à prévenir le retour du flux sanguin : un excellent moyen consiste à faire prendre tous les matins au malade un lavement frais qui permettra aux garde-robes de se faire sans les efforts répétés qu'entraîne la constipation habituelle et qui sont trop fréquemment le point de départ de l'écoulement du sang. Que si, malgré ces soins minutieux et suffisamment prolongés, l'anémie s'éternisait par suite d'hémorrhagies nouvelles, si surtout l'état du malade s'aggravait, vous ne devriez pas hésiter à conseiller une opération chirurgicale, destinée à détruire les *tumeurs* par l'un des différents procédés imaginés dans ce but [1].

Je vous signalerai seulement pour mémoire le traitement des diverses *complications* qui résultent de la présence des hémorrhoïdes et notamment leur inflammation, leur étranglement, et la gangrène; les indications qu'elles fournissent sont particulièrement du domaine de la chirurgie. J'en dirai tout autant de la fissure anale, qui, vous le savez, n'est pas très-rare chez les hémorrhoïdaires.

---

[1]. M. le professeur Verneuil, se fondant sur la disposition anatomique qu'il a fait connaître et que j'ai exposée dans le cours de cette leçon, a conseillé et pratiqué avec succès la dilatation forcée à l'aide de speculums bivalves, dans le but d'obtenir la guérison radicale des hémorrhoïdes.

TABLE DES MATIÈRES

PREMIÈRE LEÇON. — Considérations générales sur les maladies du tube digestif 1

DEUXIÈME LEÇON. — Stomatite simple ou érythémateuse 21
Division des stomatites, 21. — Etiologie de la stomatite simple, 24. — Tableau symptomatique, 25. — Marche et terminaisons, 29. — Diagnostic, 31. — Traitement, 33.

TROISIÈME LEÇON. — Stomatite mercurielle 35
Etiologie, 35. — Symptômes, 40. — Les formes graves, 45. — Forme chronique, 47. — Diagnostic, 48. — Traitement, 50.

QUATRIÈME LEÇON. — Stomatite ulcéro-membraneuse 54
Historique, 54. — Etiologie, 57. — Symptômes, 60. — Marche, 65. — Anatomie pathologique, 68. — Diagnostic, 71. — Traitement, 73.

CINQUIÈME LEÇON. — Le muguet 77
Etude anatomo-pathologique, 77. — Causes, 85. — Symptômes, 90. — Marche, 95. — Diagnostic, 97. — Traitement, 99.

SIXIÈME LEÇON. — Les aphthes 101
Leur étiologie, 102. — Etude anatomique et symptômes, 105. — Marche, 110. — Diagnostic, 113. — Traitement, 114.

SEPTIÈME et HUITIÈME LEÇONS. — Stomatite diphthérique. . . 117
Ses symptômes et sa marche, 117. — Diagnostic, 120.
    Gangrène de la bouche 121
Son étiologie, 122. — Symptômes, 124. — Marche et terminaisons, 126. — Lésions anatomiques, 130. — Diagnostic, 132. — Traitement, 133.
    Résumé des maladies de la bouche 134

NEUVIÈME LEÇON. — Angine catarrhale aigue 139
Division des angines, 139. — Etiologie de l'angine catarrhale, 141. — Symptômes, 144. — Ses variétés : Angine gutturale, 152. — Amygdalite, 153. — Angine pharyngée, 155. — Marche, 158. — Diagnostic, 161. — Traitement, 165.

DIXIÈME LEÇON. — Angine catarrhale chronique 169
Etiologie, 169. — Symptômes, 173. — Variétés de siége, 176. — Marche, 178. — Diagnostic, 180. — Traitement, 181.

ONZIÈME LEÇON. — Angine granuleuse. 184
Etiologie, 184. — Symptômes, 187. — Marche et terminaisons, 193. — Diagnostic, 196. — Traitement, 197.

DOUZIÈME LEÇON. — Hypertrophie des amygdales 200
Lésions anatomiques, 200. — Causes, 201. — Symptômes, 203. — Marche et terminaisons, 207. — Diagnostic, 209. — Traitement, 211.

TREIZIÈME LEÇON. — Angine phlegmoneuse. 214
Etiologie, 215. — Péri-amygdalite : Ses symptômes, 217. — Sa marche, 222. — Amygdalite suppurée, 224. — Abcès rétro-pharyngiens, 225. — Diagnostic, 229. — Traitement, 233.

QUATORZIÈME LEÇON. — Angine rhumatismale. 238
Ses causes, 239. — Symptômes, 240. — Marche, 242. — Diagnostic, 244. — Traitement, 245.

QUINZIÈME LEÇON. — Angine érysipélateuse 247
Etiologie, 248. — Symptômes, 250. — Ses propagations diverses, 254. — Propagation aux voies respiratoires, 257. — Marche, 259. — Terminaisons, 261. — Lésions anatomo-pathologiques, 263. — Diagnostic, 265. — Traitement, 268.

SEIZIÈME LEÇON. — Angine herpétique. 271
Ses causes, 271. — Symptômes, 273. — Marche, 279. — Complications : Croup herpétique, 281. — Pronostic, 284. — Diagnostic, 285. — Traitement, 287.

DIX-SEPTIÈME LEÇON. — Angine diphthérique. 290
Historique, 291. — Etiologie, 293. — Inoculations et expériences sur les animaux, 297. — Anatomie pathologique des formes bénignes, 300. — Des formes malignes, 304. — Etude histologique, 308. — Lésions viscérales, 312. — Le foie et les reins, 313. — Appareil respiratoire, 314. — Muscles, 315. — Appareil circulatoire, 316.

DIX-HUITIÈME LEÇON. — Angine diphthérique (suite) 320
Symptômes de la forme commune ou légère, 320. — Signes objec-

tifs, 322. — Symptômes généraux, 325. — Marche, 326. — Croup, 329. — Symptômes de la forme toxique, 330. — Coryza couenneux, 334. — Diphthérie cutanée, 336. — Exanthèmes, 339. — Marche, 341. — Terminaisons, 342. — Pronostic, 344. — Diagnostic, 345.

DIX-NEUVIÈME LEÇON. — ANGINE DIPHTHÉRIQUE (fin) 350

Traitement : Prophylaxie, 350. — Traitement local, 351. — Traitement général, 354.

ANGINES COUENNEUSES SECONDAIRES 357

Angines couenneuses de la scarlatine, 357. — Ses symptômes, 359. — Son diagnostic, 363. — Sa nature, 364. — Angine couenneuse des typhiques, 366.

VINGTIÈME LEÇON. — PARALYSIES DIPHTHÉRIQUES 369

Aperçu historique, 369. — Symptômes : Forme localisée, 371. — Forme généralisée, 374. — Marche et terminaisons, 380. — Pronostic, 383. — Diagnostic, 384. — Anatomie pathologique, 386. — Etiologie, 387. Paralysies consécutives aux maladies aiguës, 389. — Pathogénie, 392. — Traitement, 394.

VINGT ET UNIÈME LEÇON. — GANGRÈNE DU PHARYNX 396

Aperçu historique, 396. — Etiologie, 398. — Symptômes, 401. — Marche et terminaisons, 405. — Diagnostic, 407. — Anatomie pathologique, 409. — Traitement, 410.

VINGT-DEUXIÈME LEÇON. — DE L'OESOPHAGITE 413

Etiologie, 414. — Lésions anatomiques, 415. — Symptômes, 418. — Marche et variétés, 421. — Diagnostic, 425. — Traitement, 426.

VINGT-TROISIÈME LEÇON. — OEsophagisme 429

Etiologie, 429. — Symptômes, 432. — Marche et terminaisons, 436. — Diagnostic, 437. — Traitement, 440.

VINGT-QUATRIÈME LEÇON. — CANCER DE L'OESOPHAGE 442

Anatomie pathologique, 442. — Symptômes, 448. — Marche et complications, 453. — Diagnostic, 454. — Traitement, 457.

VINGT-CINQUIÈME LEÇON. — EMBARRAS GASTRIQUE 459

Aperçu historique, 460. — Étiologie, 461. — Symptômes, 462. — Marche, 467. — Diagnostic, 469. — Traitement, 471. — Nature, 472.

VINGT-SIXIÈME LEÇON. — GASTRITE AIGUE 476

Causes, 476. — Lésions anatomiques, 478. — Gastrite phlegmoneuse, 480. — Symptômes, 482. — Marche et formes, 485. — Diagnostic, 487. — Traitement, 489.

TABLE DES MATIÈRES

VINGT-SEPTIÈME LEÇON. — Gastrite chronique.. 491
Étiologie, 491. — Anatomie pathologique, 495. — Symptômes, 499. — Marche et terminaisons, 503. — Diagnostic, 505. — Traitement, 507.

VINGT-HUITIÈME LEÇON. — Ramollissement de l'estomac. . . . 511
Anatomie pathologique, 511. — Causes, 513. — Symptomatologie, 514. — Nature, 515.

Ulcère simple de l'estomac. 518
Étiologie, 518. — Lésions anatomiques, 521.

VINGT-NEUVIÈME LEÇON. — Ulcère simple de l'estomac (fin). . 528
Symptômes, 528. — Marche et terminaison, 533. — Pronostic, 535. — Diagnostic, 536. — Traitement, 538. — Nature et pathogénie, 541.

TRENTIÈME LEÇON. — Cancer de l'estomac. 544
Anatomie pathologique, 544. — Squirrhe, 548. — Encéphaloïde, 550. — Cancer colloïde, 552. — Épithéliome, 553. — Propagations diverses, 555. — Étiologie, 558.

TRENTE ET UNIÈME LEÇON. — Cancer de l'estomac (fin). . . . 561
Symptômes, 561. — Signes physiques, 566. — Symptômes généraux, 569. — Marche, 570. — Diagnostic, 573. — Cancer du cardia, 576. — Cancer du pylore, 577. — Traitement, 579.

TRENTE-DEUXIÈME LEÇON. — Dilatation de l'estomac. 581
Étiologie, 581. — Lésions anatomiques, 584. — Symptômes, 586. — Forme aiguë et forme chronique, 588. — Diagnostic, 589. — Traitement, 591.

TRENTE-TROISIÈME LEÇON. — Perforations, ruptures et fistules de l'estomac 593
Étiologie, 593. — Altérations anatomo-pathologiques, 596. — Fistules stomacales, 600. — Symptomatologie, 602. — Marche et terminaisons, 604. — Symptômes des fistules, 605. — Diagnostic, 607. — Traitement, 609.

TRENTE-QUATRIÈME LEÇON. — De la gastrorrhagie. 612
Étiologie, 612. — Symptômes, 617. — Marche, 621. — Pronostic, 622. — Diagnostic, 623. — Gastrorrhagies simulées, 626. — Traitement, 627.

TRENTE-CINQUIÈME LEÇON. — De la gastralgie. 629
Étiologie, 629. — Symptômes, 635. — Gastralgie aiguë, 639. — Gastralgie chronique, 641. — Diagnostic, 642. — Diagnostic de la cause, 645. — Traitement, 646.

TRENTE-SIXIÈME LEÇON. — De la dyspepsie 649
La dyspepsie est un symptôme, 649. — Ses causes, 651. — Symptomatologie, 657. — Phénomènes généraux, 666.

TRENTE-SEPTIÈME LEÇON. — De la dyspepsie (fin). 672
Marche, 672. — Lésions organiques ultimes, 673. — Pronostic, 674. — Diagnostic, 675. — Traitement : il est subordonné à la connaissance des causes, 679. — Prescriptions hygiéniques, 680. — Traitement des divers symptômes de la dypepsie, 683.

TRENTE-HUITIÈME LEÇON. — Des vomissements. 690
Étude du symptôme, 691. — Matières vomies, 693. — Vomissements incoercibles, 695. — Étude des causes, 696. — Diagnostic, 707. — Traitement, 709.

TRENTE-NEUVIÈME LEÇON. — Entérite aigue. 713
Lésions anatomiques, 713. — Conditions étiologiques, 716. — Symptômes, 718. — Marche, 721. — Entérite cholériforme, 722. — Diagnostic, 724. — Diagnostic du siége, 726. — Traitement, 728.

QUARANTIÈME LEÇON. — Entérite chronique. 732
Lésions anatomiques, 732. — Étiologie, 735. — Symptômes, 737. — Marche, 740. — Terminaisons, 742. — Diagnostic, 743. — Traitement, 745.

QUARANTE ET UNIÈME LEÇON. = Typhlite 748
Altérations anatomiques, 748. — Causes, 753. — Symptômes, 757. — Marche et terminaisons, 760. — Abcès de la fosse iliaque, 762. — Diagnostic, 765. — Traitement, 769.

QUARANTE-DEUXIÈME LEÇON. — Dysentérie aigue. 774
Ses causes, 775. — Étiologie de la dysentérie sporadique, 776. — Étiologie de la dysentérie épidémique, 778. — Étiologie de la dysentérie endémique, 780. — Anatomie pathologique, 784. — Histologie, 791.

QUARANTE-TROISIEME LEÇON. — Dysentérie aigue (fin). . . . 798
Symptômes de la dysentérie sporadique, 798. — Sa marche et ses formes, 802. — Symptômes de la dysentérie épidémique et endémo-épidémique, 804. — Ses formes, 810. — Complications de la dysentérie, 815. — Marche et terminaisons, 820. = Pronostic, 821. — Diagnostic, 822. — Traitement des formes légères, 825. — Traitement des formes graves, 827.

QUARANTE-QUATRIÈME LEÇON. — Dysentérie chronique. . . . 832
Ses causes, 832. — Lésions anatomo-pathologiques, 834. — Symptômes, 837. = Marche et terminaisons, 840. — Diagnostic, 841. — Traitement, 843.

QUARANTE-CINQUIÈME LEÇON. — Cancer de l'intestin. 846
Anatomie pathologique, 846. — Étiologie, 851. — Symptômes, 851. — Marche, 855. — Complications, 856. — Diagnostic, 857. — Diagnostic du siége, 859. = Traitement, 860.

DAMASCHINO.

QUARANTE-SIXIÈME LEÇON. — DE L'OCCLUSION INTESTINALE. . . . 863
Anatomie pathologique, 863. — Invaginations, 866. — Lésions de l'intestin, 874. — Étiologie, 876. — Pathogénie, 877. — Symptômes, 878. — Marche et terminaisons, 882.

QUARANTE-SEPTIÈME LEÇON. — OCCLUSION INTESTINALE (fin). . . 886
Diagnostic, 886. — Diagnostic de la variété d'occlusion, 890. — Invaginations, 892. — Diagnostic du siége, 895. — Traitement, 896.

QUARANTE-HUITIÈME LEÇON. — DES HÉMORRHOÏDES. 902
Lésions anatomiques, 902. — Étiologie, 906. — Symptômes, 912. — Marche, 915. — Complications, 917. — Diagnostic, 920. — Traitement, 922.

www.ingramcontent.com/pod-product-compliance
Lightning Source LLC
Chambersburg PA
CBHW070801020526
44116CB00030B/942